The Geography Coloring Book 3rd Edition

世界地理
地圖著色手冊

維恩・凱彼特Wynn Kapit ◎著

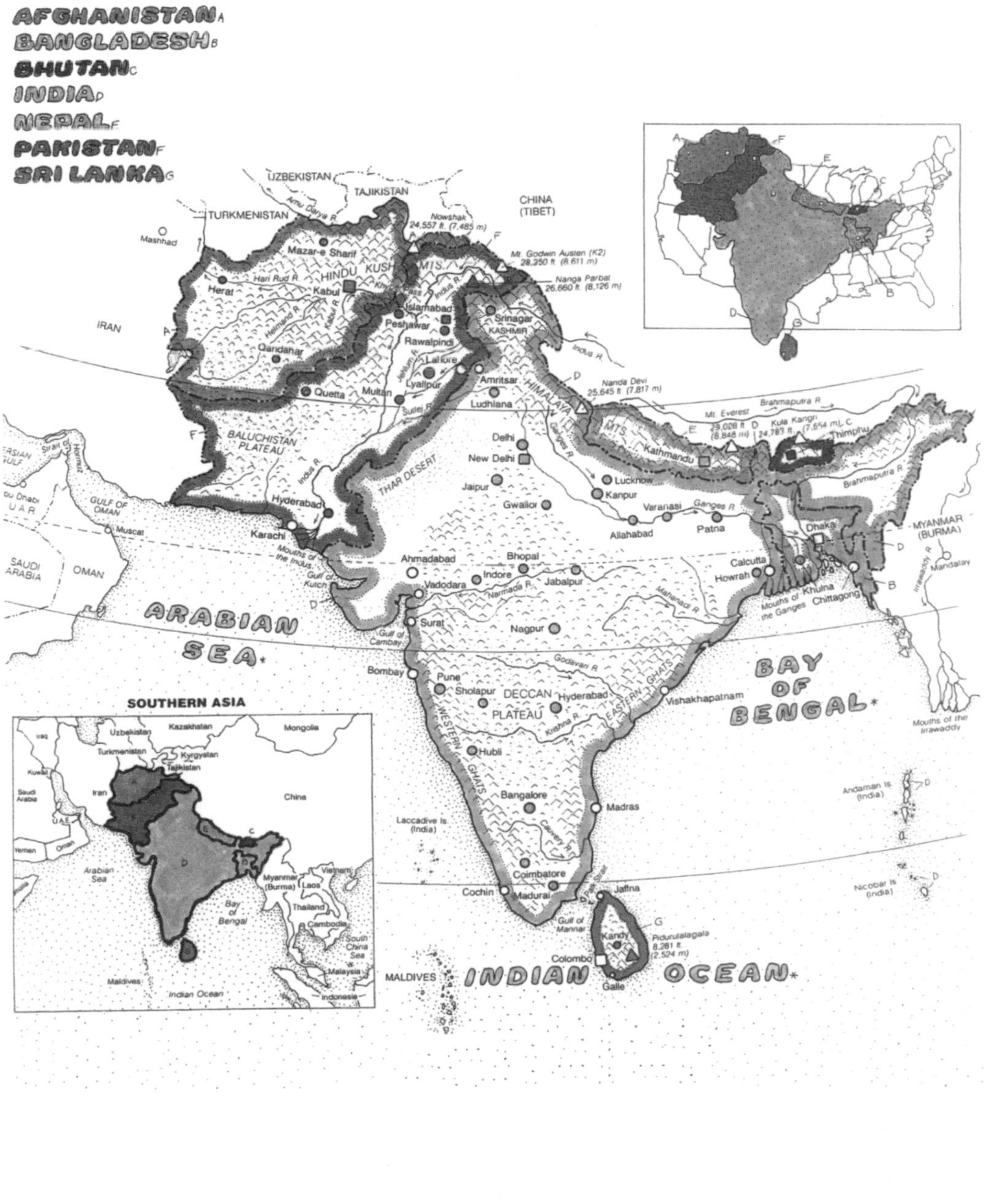

獻給

我的妻子勞倫（Lauren）以及我們的兒子尼爾（Neil）和艾略特（Eliot）。

致謝

感謝 Gerry Ichikawa 及位於聖塔芭芭拉的 TypeStudio 提供美術字型。

本書修訂版審訂者：

賴致瑋　高雄新莊高中地理科教師
黃柏欽　高雄女中地理科教師

目錄

THE CONTINENTS 大陸

NORTH AMERICA 北美洲

SOUTH AMERICA 南美洲

地圖

EUROPE 歐洲

地圖

COMPARATIVE SIZES OF NATIONS 國家規模比較

INDEX 索引

PREFACE TO THE THIRD EDITION
第三版序文

第三版《世界地理地圖著色手冊》以讀者方便閱讀來編排。本書分為十二大類，六十七個主題地圖，每個主題地圖都有一頁著色地圖，還有介紹文字。編排方式有總覽效果，讀者在著色過程，可得知各個地圖豐富的意義。

明顯的大標題不需著色，用意在於可快速而清楚地辨認。在標題下，字體呈氣球狀圓鼓中空的名稱與地名，是本書著色系統的基本部份，也是著色的重點。

本書共有六十七個重新編繪的新地圖，包括二十個人口最密集的國家，地圖中的尺寸為相對而非絕對。人口數量的依據是根據人口成長比例的預估，這些數字只是粗略估算。低開發國家由於正確數據無法取得，加上許多國家的出生率也在下降，因此並不代表正確數據。非工業化國家的出生率，雖然人口數字成長可觀，但成長程度已逐漸降低。

為了讓讀者更能專注每個地圖的主題，額外增加世界主題地圖（地圖 55-65，145-167 頁），因此讀者在著色前可先閱讀文字。相關專業名詞如天氣、氣候、風的類型、洋流、植物多樣性、土地使用、人口、種族、語言以及宗教等，都匯集在這些世界主題地圖綜合說明。熟悉這些專業名詞，能加強本書的實用性。

世界上有八個歷史性的帝國領土，特別是伊斯蘭帝國與鄂圖曼帝國，在如今國際恐怖主義時代（尤其是來自伊斯蘭國家好戰組織的威脅）更具重要性。除了有地圖描繪，伊斯蘭教義更有搭配文字說明。這些古老帝國與現代地圖的連結，相信更能夠幫助讀者了解當前世界的文化差異與衝突。

本書最末，在「索引／字典／小考」的名詞後面，隔了一段距離才寫上答案解釋。這種編排方式可自我測驗，讀者可遮住名詞後面的解釋，自行說出答案，或遮住解釋以回想名詞，在自學使用上非常便利。相信對你的國際觀一定大有幫助。

WYNN KAPIT
維恩・凱彼特

HOW TO USE AND COLOR THIS BOOK
如何使用並著色本書

請務必花幾分鐘來閱讀以下高 CP 值的説明和建議，可以幫助你事半功倍。聰明的人都知道這兩頁要多讀幾次，畢竟第一次要完全消化內容不太可能。當你有一些著色概念，你會實際感受到這兩頁的訊息有多麼重要。其中大部分都是常識，正式動手後你會比較清楚，不過還是有些需要事先注意的事項和符號。

COLORED PENS OR PENCILS
彩色筆或色鉛筆

推薦使用極細彩色簽字筆或色鉛筆，不要用蠟筆。有灰色或淺藍的 12 色組合已足夠使用。有些地圖會需要超過 12 種顏色，因此同樣的顏色可能會使用兩次以上。色筆顏色越多，呈現效果會越好，使用本書獲得的樂趣更多。建議不妨到販售單枝筆類的美術用品店，可以買到更多顏色的淺色筆。淺色不會掩蓋地圖上的細節。如果你只有一般的 12 色，請用最淺的顏色來著色最大的國家。深色則用於勾勒頁面最大面積的區域。

HOW THE BOOK IS ORGANIZED
本書的編排方式

本書由六十七個獨立地圖構成。每張地圖由兩頁組成，左頁為一張大圖，右頁則是文字敘述。國家名稱以空心字體標在文字敘述頁上。國家名稱及相對應的國家地圖，請用相同顏色來著色。

本書分成十二個部份，呈現不同的大陸。每個部份右頁起都有一篇介紹的導言。**導言頁無需著色**。每個部份的第一張地圖都是政治板塊地圖，介紹板塊內的國家。第二頁則呈現自然地景：主要河流、山脈或土地範圍。其他地圖則分別描述各個國家，依照地區分類（西北部、中南部等）。在這些地圖中，你通常會為一個國家著色三次：一、勾勒大地圖的輪廓。二、比較尺寸的小圖。三、各國與美國比較。本書封面地圖即顯示此著色系統的進行方式，請參考封面。

WHAT THE VARIOUS SYMBOLS MEAN

本書符號意義

人口
POPULATION

城市 CITY	CAPITAL 首都	超過一百萬人	CITY OR CAPITAL 城市或首都
○	□	over 1,000,000	○
○	□	250,000 – 1,000,000	○
○	□	100,000 – 250,000	○
○	□	Less than 100,000 少於十萬人	City symbols in neighboring countries that are not colored 在鄰近國家間未被著色的符號

△ MOUNTAIN PEAK 山峰
✳ COLOR GRAY 以灰色著色
-¦- DON'T COLOR 不要著色

ABBREVIATIONS 縮寫
I. Island 島
Is. Islands 島嶼
L. *Lake* 湖
Mt. *Mountain* 山
Mts. *Mountains* 山區
R *River* 河

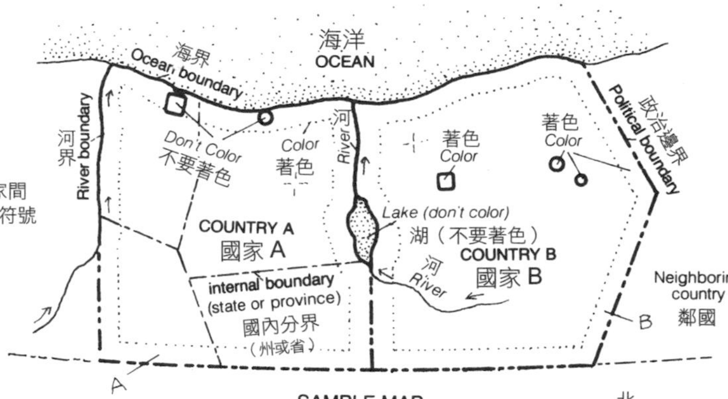

SAMPLE MAP
範例地圖

地圖表面細節的解釋
EXPLANATION OF MAP SURFACE DETAIL

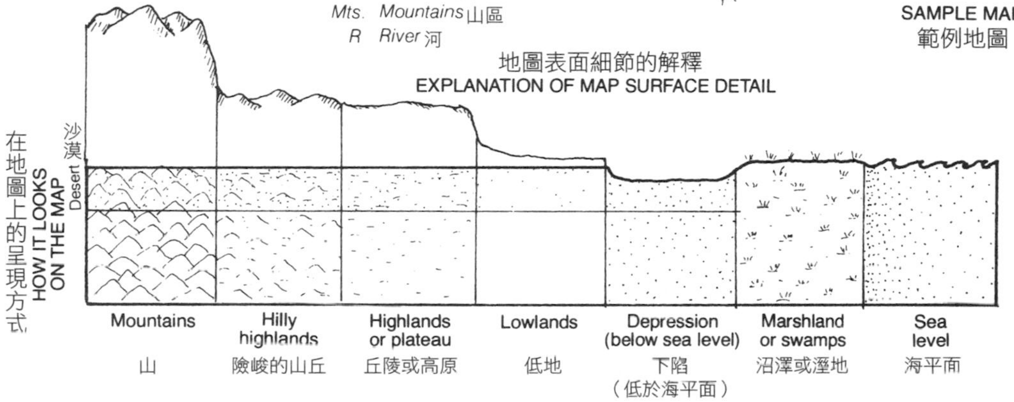

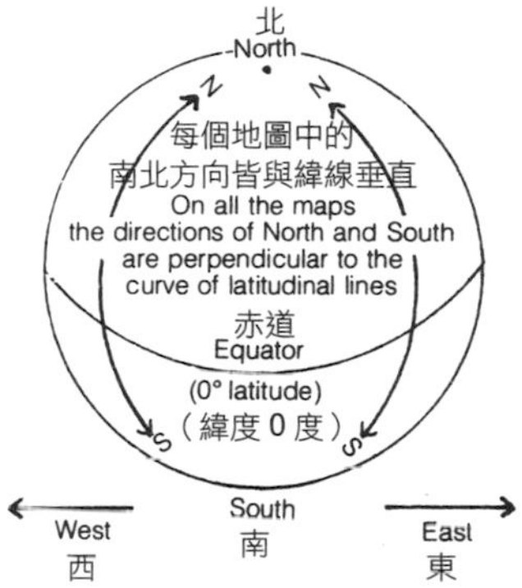

COLORING PROCEDURES

著色順序

若地圖上的城市名稱（圓圈或方塊圖形記號）落在已著色邊界中，不必再著色；若落在著色區域內部，請將名稱圖形以相同顏色上色（見本書封面）。山峰也用同樣的方式（三角形）。注意，圓圈大小並不代表城市面積的實際大小，而是代表人口（見上方「符號意義」）。主要城市的人口數量可能看似很少，因為這些數字意指城區的人口，而非整個大都會地區人口。

有時你會發現一些橫跨兩個國家或州的大湖。大多情況下，邊界通常會落在湖的中央，但為了清楚呈現湖泊，本書將邊界畫在湖邊，所以湖泊不要著色。

著色的時候，不妨順便查看你正在著色國家的細節。特別著重有哪些鄰近國家。主要城市有被限制在特定區域內嗎？是否能夠推測原因？沿著主要河流的流向（由小箭頭標注），在人口分布方面，河流是否扮演重要角色？你是否可以借由地形、赤道或極點的距離來預測氣候？或氣候與主要水資源之間的關係？請注意每個地圖的距離比例尺，因為每個地圖的比例尺都不同。

如果你不是從本書的第一個地圖開始著色，至少也應該從每個大主題的第一個地圖開始。只需要在地圖上粗黑線條輪廓位置上色即可。需要著色的位置，例如國家的輪廓（在粗黑邊界和虛線之間。如果一個國家已經完全塗滿顏色，裡面標示的城市或首都的圓圈或方塊，不需要另外著色）。另外，相似區域的組合，例如一組島嶼，不管有沒有標明，應該以同樣的顏色來標注。

每個名詞的空心字，要用不同的顏色來著色，如果顏色已經用完，可以重複使用，但臨近的國家則避免使用相同顏色（為避免重複，可在地圖上先將國家著色，再以同一顏色，將名稱著色）。特別注意兩個符號：星號（✱）都要著灰色（或淺藍色，若你沒有灰色），包括國家地圖和名稱。「不要著色」（十字星號-¦-）表示不要塗任何顏色。

特別注意「著色註解（CN）」。代表需要請你釐清的部份，或提醒著色的順序等。在著色之前，請先讀一讀，看看有什麼需要注意的地方。

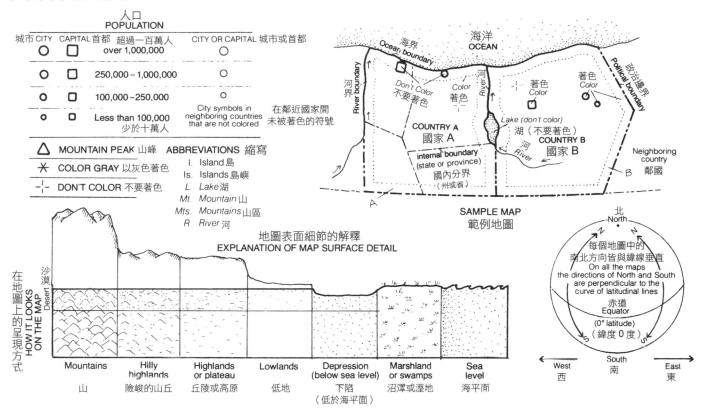

GLOSSARY OF GEOGRAPHICAL TERMINOLOGY
地理專有名詞解釋

在真正進入主要內容前，先以這兩頁介紹書中一些地理專有名詞來暖暖身。如果你沒有可以把下方專有名詞右下角字母從A到U著色的 21 色色筆，不用擔心，相同的顏色可重複使用。

請注意，例如下方 ARCHIPELAGO（群島）右下角的下標A，本書中凡是標題下標同樣為A的，請都要上同樣的顏色。下標為相同字母，代表要上同樣的顏色。

在這兩頁的圖例中，從 A 到 U 各舉出一個著名的範例作為參考。範例的地理名稱，請見小圖下方的解說文字。

ARCHIPELAGO$_A$ 群島
ATOLL$_B$ 環礁
BAY$_C$ 灣
CANYON$_D$ 峽谷
CAPE$_E$ 海角
CONTINENTAL DIVIDE$_F$ 大陸分水嶺
DELTA$_G$ 三角洲
ESTUARY$_H$ 河口
FJORD$_I$ 峽灣
GLACIER$_J$ 冰河
GULF$_K$ 海灣
HEADWATERS$_L$ 上游
ISLAND$_M$ 島嶼
ISTHMUS$_N$ 地峽
LAGOON$_O$ 潟湖
MESA$_P$ 方山
OCEAN CURRENTS$_Q$ 洋流
PENINSULA$_R$ 半島
PLATEAU$_S$ 高原
REEF$_T$ 島礁
STRAIT$_U$ 海峽

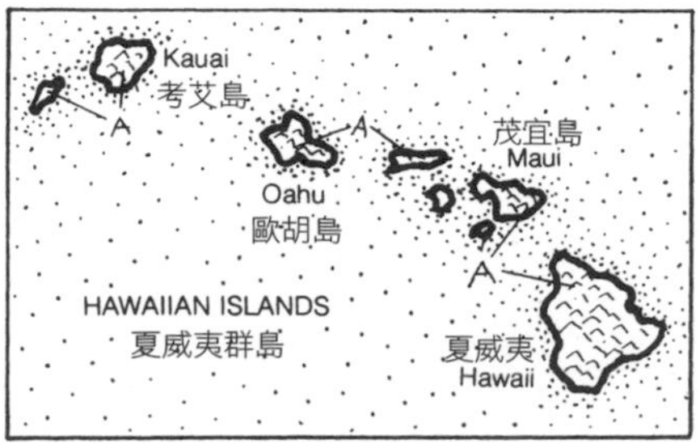

A為包含許多島嶼的水體或群島。如：夏威夷群島、希臘外海的愛琴海。

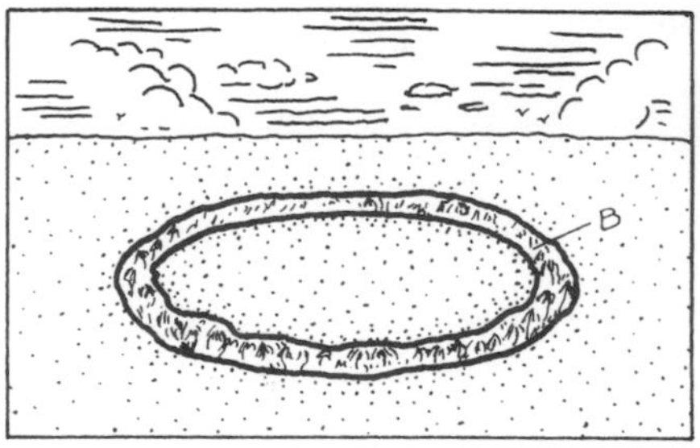

B為環狀珊瑚礁島圍繞而成的潟湖。環礁島通常由頂部下沉的海底火山構成。如：美國原子測試場，太平洋馬紹爾群島的比基尼環礁。

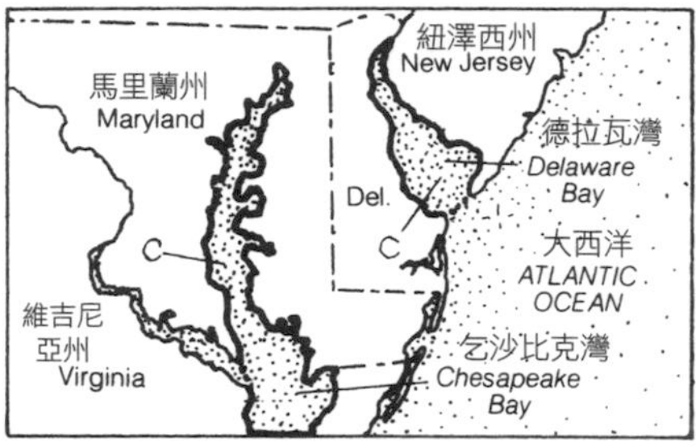

C為水體滲透的海岸線。通常中段較寬。比海灣 GULF 小，比河灣 COVE 大。如：德拉瓦和乞沙比克灣。

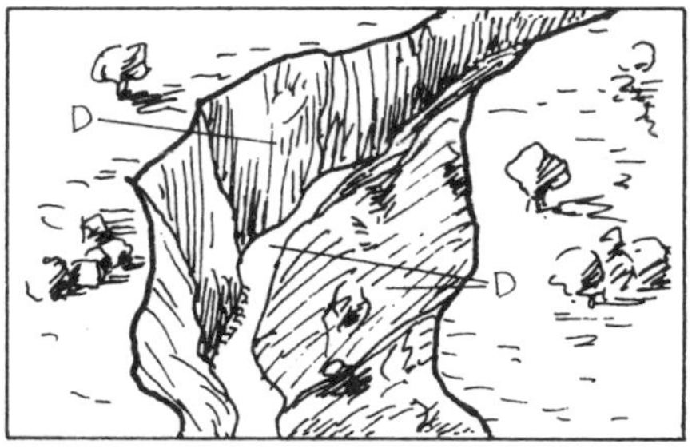

D為地球表面深且窄的地層下陷，通常有河流經過。峽谷，等同於峽。溝谷沒這麼深。如：亞利桑那州西北部大峽谷。

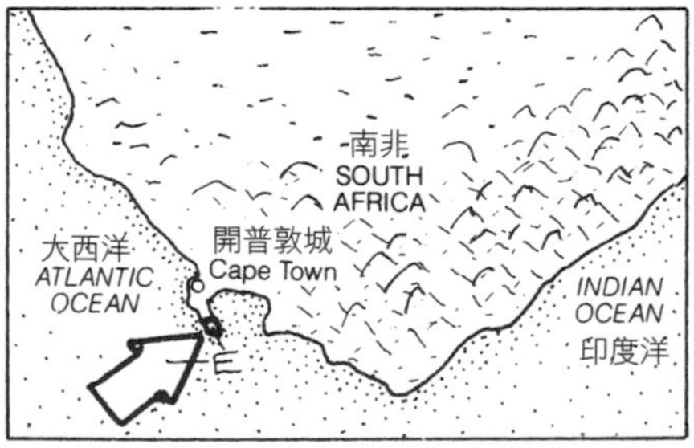

E為伸入海洋的小塊陸地。通常比半島小。巨大的海角通常被稱為岬或岬角。如：南非海角的好望角。

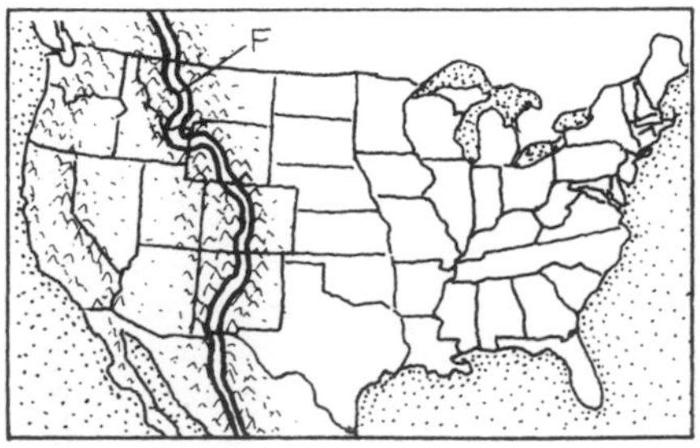

F為大陸的最高點，河流的起點。大分水嶺由洛基山脈的頂端命名，將河流分流至東與西。

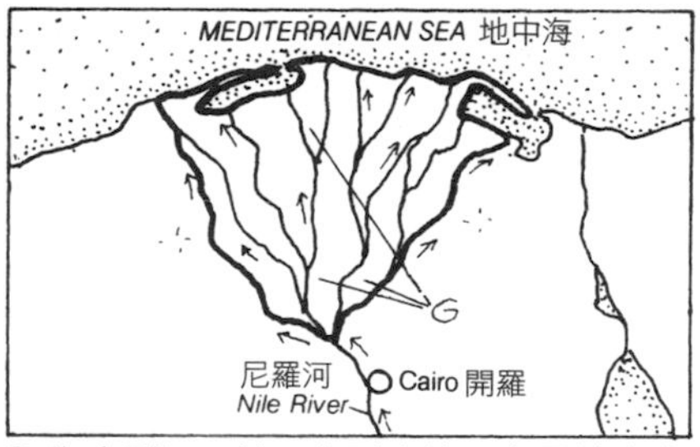

G 為大型河口的三角形土地。大量的土壤被河流運送至此，沒有被海岸的海水沖走而堆積。如：地中海的尼羅河三角洲。

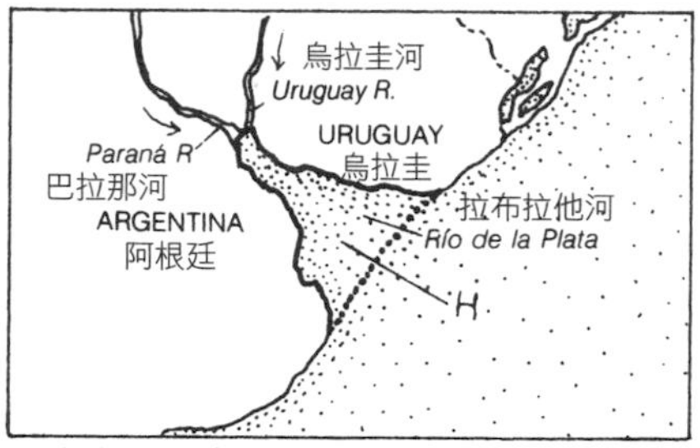

H 為與河流出口合併的出海口。河口的鹽分變化與河的流動、海潮有關。如：從阿根廷流至烏拉圭的拉布拉他河。

I為穿透海角山脈的狹窄、蜿蜒海口。陡峭岩壁沿線造就了峽灣，成為最壯觀的自然景觀之一。如：挪威的松恩峽灣為世界最長的峽灣。

J為充滿冰的河，由山坡向下緩慢流動或從主要範圍向外延伸。冰河的終點位於融化速度大於流速之處。冰島的瓦特納冰河為歐洲最大冰河。

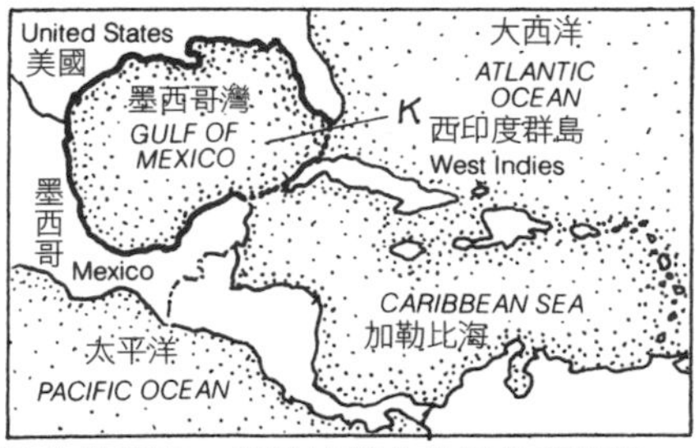

K 為海洋的一部分被彎曲的海角所阻擋。被較多陸地所阻擋的鹹水，可稱為「海」，如「鹹水湖」。圖中為墨西哥海灣。

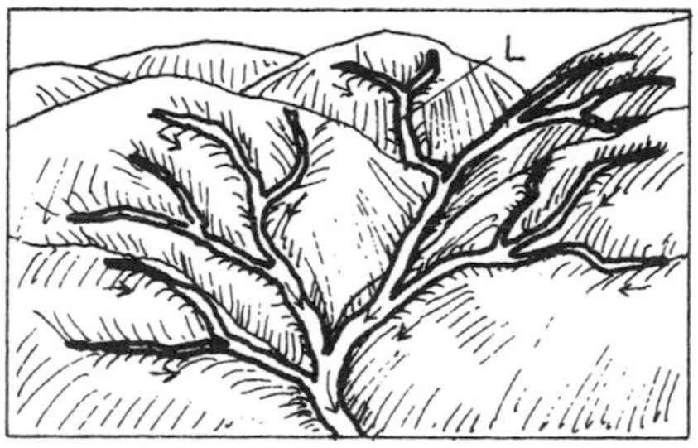

L 為河流上游，如湧泉、小溪、支流。上游通常可顯示／可反應分水嶺或流域範圍。集水區意指藉河流將水排出的範圍。如：阿爾卑斯山曾被稱為歐洲的源頭。

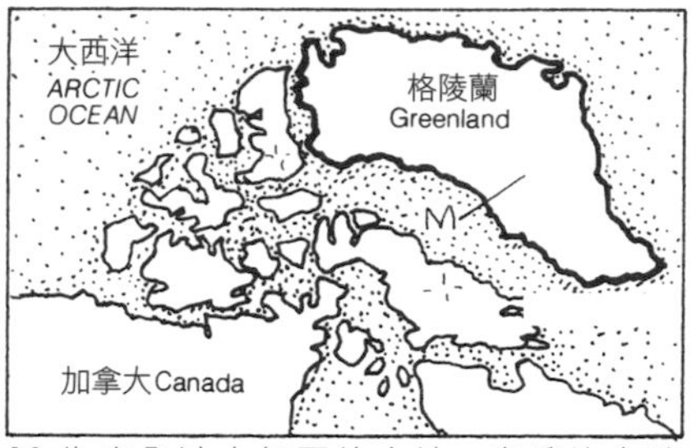

M 為完全被水包圍的土地。島嶼比大陸小，但比礁島、沙洲或一塊巨大岩石大。如：格陵蘭為世界最大的島。

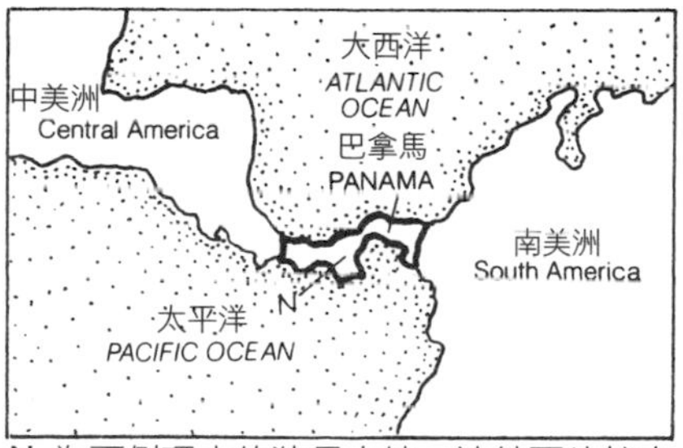

N 為兩側環水的狹長土地，連結兩片較大片陸地。如：連結中美與南美的巴拿馬地峽。

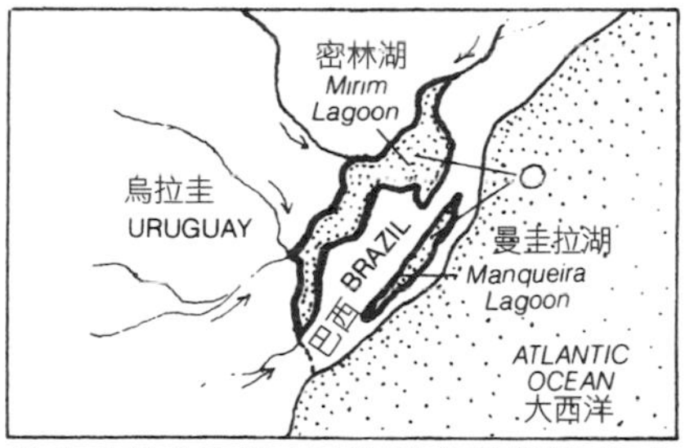

O 為在較大海洋中被沙洲或珊瑚礁區隔的小水體。潟湖可能接近海岸線，或被環礁包圍。如：巴西的密林湖。

P 為頂端平坦、其他面垂直而陡峭的高山。抗蝕的方山，會在週遭地區被侵蝕後留下。孤山為較小的方山。如：猶他州的紀念碑谷中有 305 公尺高的方山。

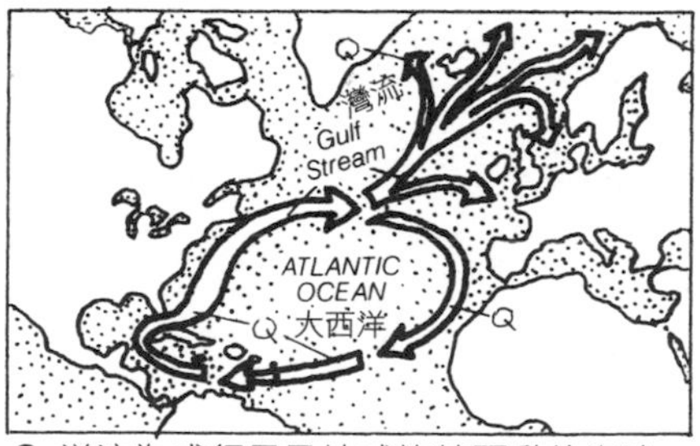

Q 洋流為盛行風及地球旋轉驅動的海流。在北半球順時針流動，南半球則是逆時針流動。如：北大西洋灣流。

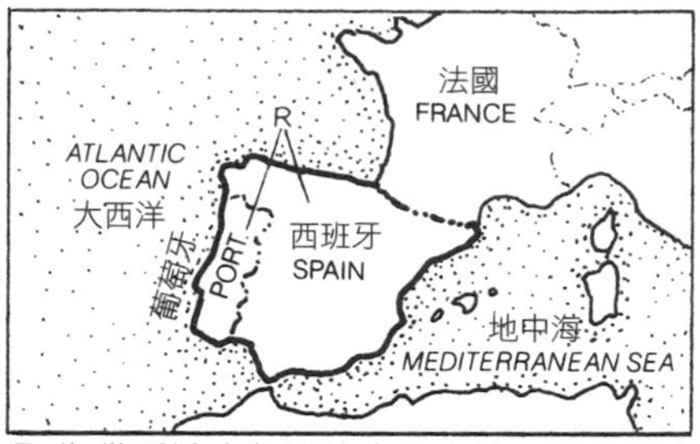

R 為幾乎被水包圍的大片土地。通常藉由一個狹窄的頸部連接大陸。如：歐洲的伊比利半島，西班牙與葡萄牙的所在位置。

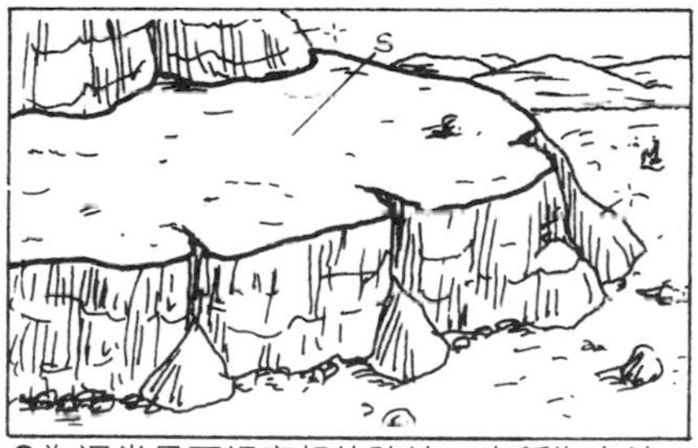

S為通常是平坦高起的陸地，也稱為台地。高原可由較低的地區升起，或是山脈地區。如：西班牙多位於梅塞塔高原。

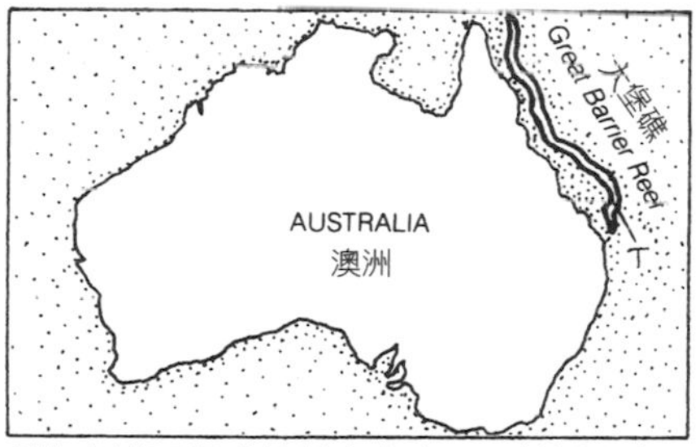

T為由岩石組成的低窄山脊，更普遍是由珊瑚礁組成，連結至海岸（裙礁）或落在海岸外（堡礁）。如：澳洲東北角的大堡礁。

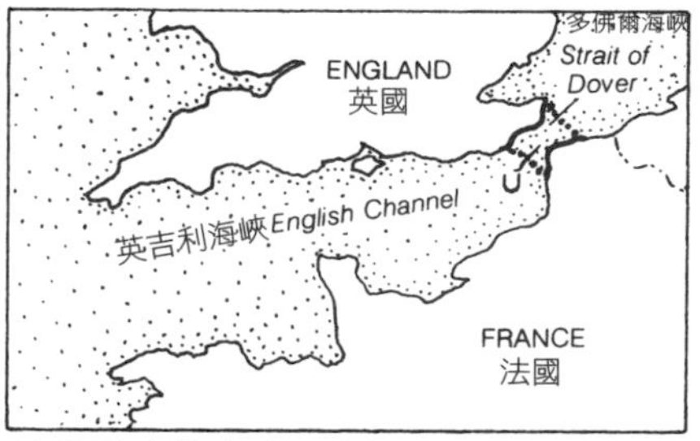

U 為狹窄的水路，連接另外兩個較大的水體。Channel比Strait寬。如果水較淺，則稱為 sound。如圖：英吉利海峽（English Channel）在多佛爾海峽（Strait of Dover）變成較窄的水道。

THE CONTINENTS
大陸
地圖 1、2

1 THE HEMISPHERES & EARTH ZONES
地表與各地球分區

- Western Hemisphere 西半球
  - North America, South America, and America
  - 北美洲、南美洲與南極洲
- Eastern Hemisphere 東半球
  - Europe, Asia, Africa, and Oceania
  - 歐洲、亞洲、非洲與大洋洲
- Earth Zones 地球各分區
  - Arctic or North Polar Zone 北極或北極圈
    - Arctic Circle 北極圈
  - North Temporate Zone 北溫帶地區
    - Tropic of Cancer 北回歸線
  - Tropical or Torrid Zone 熱帶地區
    - Equator 赤道
  - Topical or Torrid Zone 熱帶
    - Tropic of Capricorn 南回歸線
  - South Temporate Zone 南溫帶地區
    - Antarctic Circle 南極圈
  - Antarctic or South Polar Zone
  - 南極或南極圈
- Oceans 海洋
  - Pacific, Atlantic, Indian, and Arctic
  - 太平洋、大西洋、印度洋與北冰洋

西半球
WESTERN HEMISPHERE

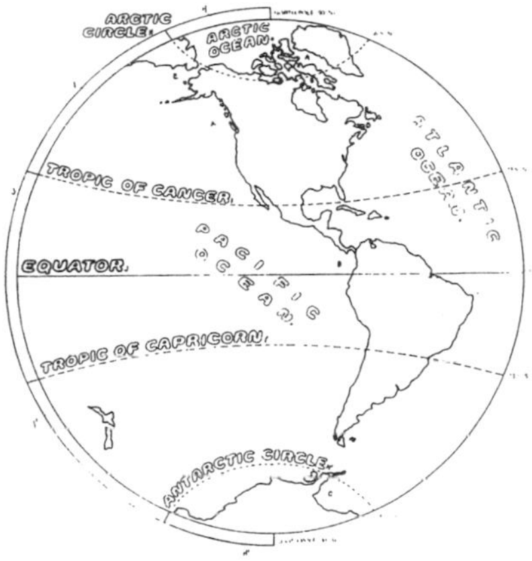

東半球
EASTERN HEMISPHERE

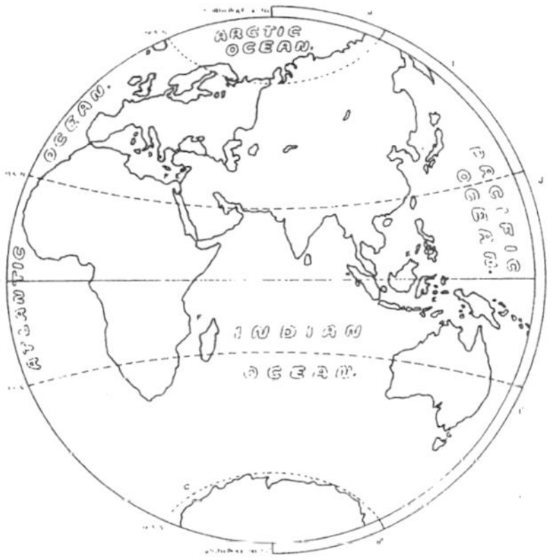

兩億年前
200 MILLION YEARS AGO

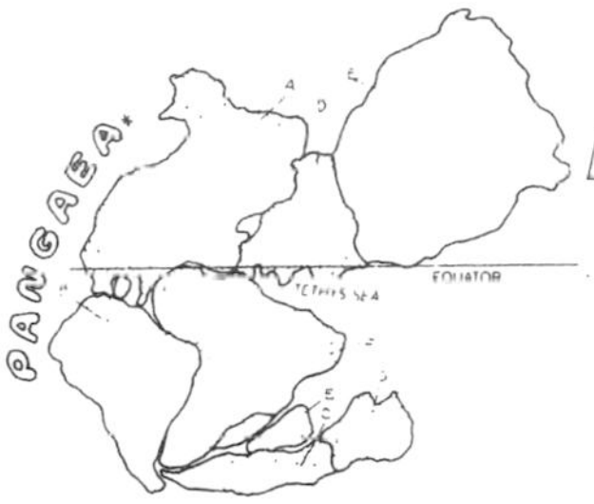

一億年前
100 MILLION YEARS AGO

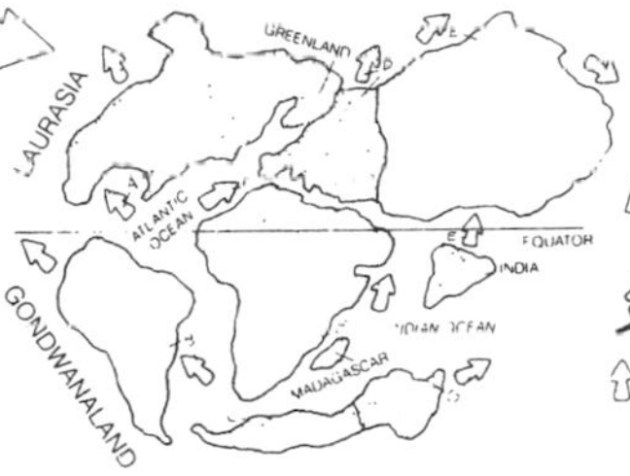

板塊運動
MOVEMENT OF CONTINENTS

目前
TODAY

五千萬年後
50 MILLION YEARS FROM TODAY

2 CONTINENTAL ACTIVITY
板塊活動

- Movement of the Continents 板塊運動
  - 200 Million Years Ago 兩億年前
  - 100 Million Years Ago 一億年前
  - Today 目前
  - 50 Million Years From Today 五千萬年後
- Volcano Sites 火山地區
- Earthquake Zones 地震帶

EARTHQUAKE ZONES 地震帶

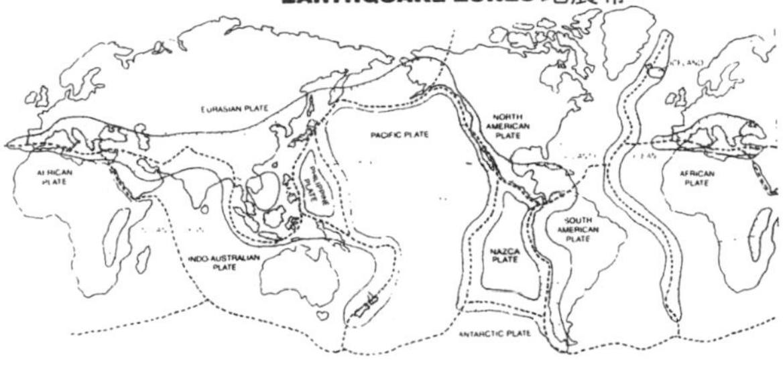

火山地區
VOLCANO ZONES

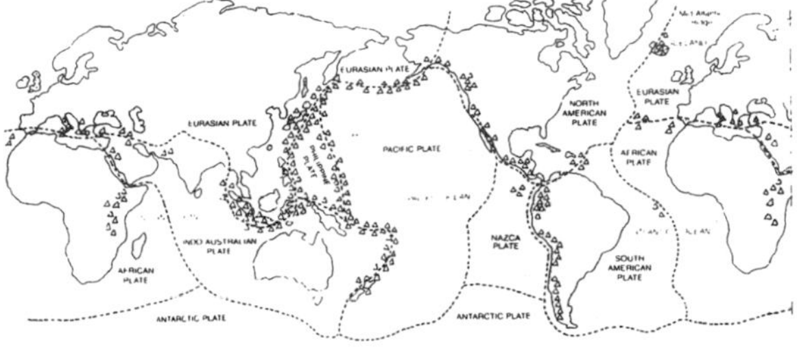

1 CONTINENTS OF THE WESTERN HEMISPHERE
西半球大陸

北美洲 NORTH AMERICA A
南美洲 SOUTH AMERICA B
南極洲 ANTARCTICA C

地球區域
EARTH ZONES

ARCTIC OR NORTH POLAR H 北極
NORTH TEMPORATE I 北溫帶
TROPICAL OR TORRID J 熱帶
SOUTH TEMPORATE I' 南溫帶
ANTARCTIC OR SOUTH POLAR H' 南極

CN：⑴將大陸著色。注意，右頁小圖有顯示完整南極洲。⑵海洋名請塗灰色或淺藍。⑶大圖地球外半圓框，代表每個地區的範圍。請連同地區名稱一起著色。

只有溫帶地區才會明顯有四季變化。北極圈距離北極點 23.5 度，為北極地區南界。北極圈內，冬季太陽不會升起。永夜的現象，一年之中在北極圈上僅一天但在北極點可長達六個月。相對的，夏季長時間呈現永晝的現象。南回歸線為熱帶地區的分界（南緯 23.5 度），是太陽升到頭頂正上方的最南平行線（冬季正午的至點，見地圖 44）。這條線也是南半球溫帶地區北界的標示，往南以南極圈（66.5°S）為終點（距南極 23.5 度）。南極圈則為南極地區的北界。

地球各區由假想緯線劃分，環繞球體，與赤道平行。上圖緯線並未與赤道平行，是因地圖投影的關係（在右頁的小圓球圖中即為平行）。熱帶地區面積最大也最熱，太陽總是直射此區的某些部份。熱帶以南、北回歸線為界。赤道橫跨熱帶地區中心，是南北兩極的中點，將地球分為南、北半球。熱帶的北界為北回歸線（北緯 23.5 度），太陽直射的最北平行線（夏季正午的至點，見 P117 地圖 44）。75%地球人口居住在北半球溫帶地區。

CONNTINENTS OF THE EASTERN HEMISPHERE
東半球大陸

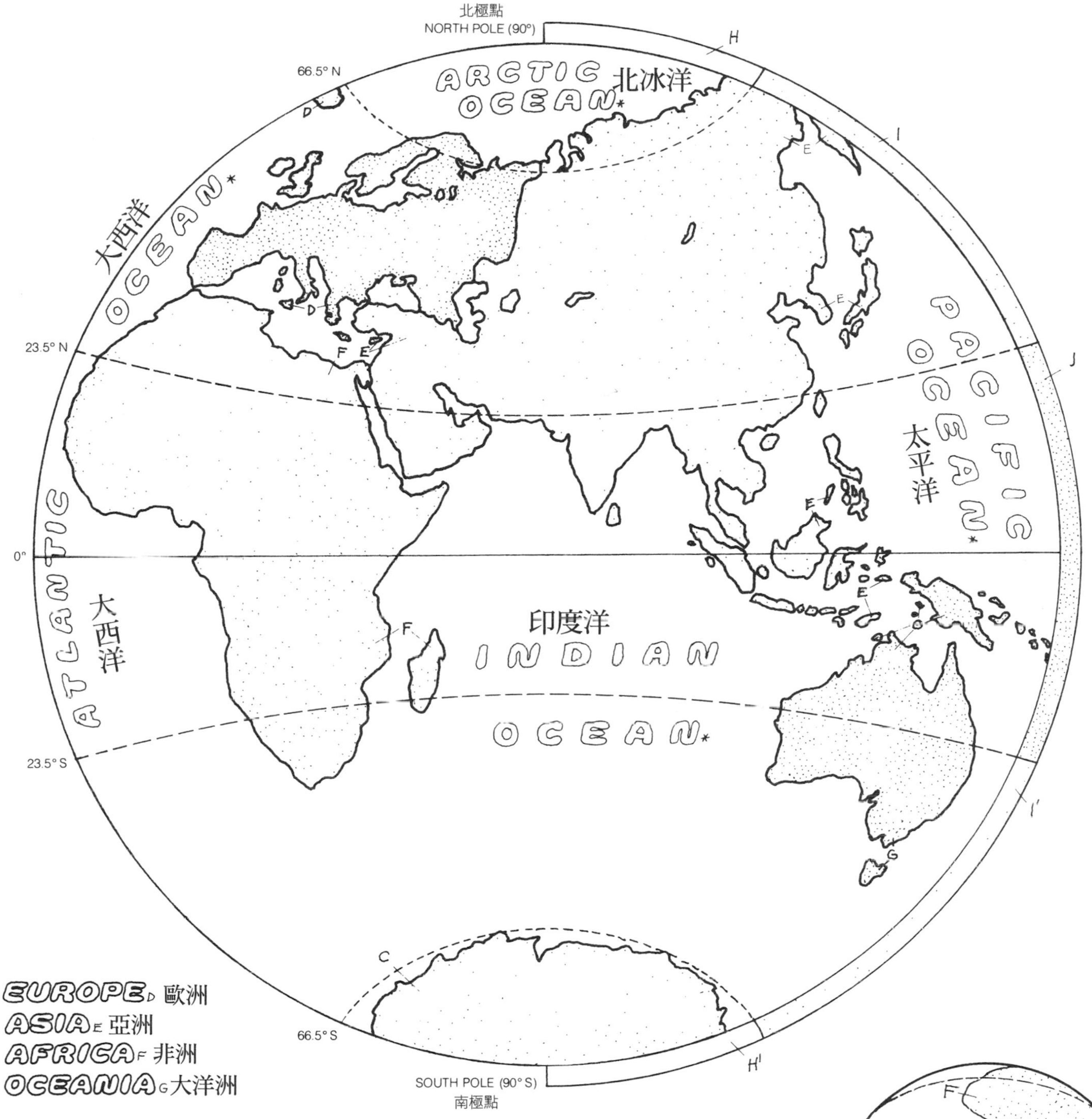

洲為大面積的土地，包含臨近島嶼，大部分被水包圍。七大洲的總面積不到地球表面積的 30%。除了七大洲，我們的「水之星球」地球被四大海洋與其他許多小海域（洋的延伸，部分被土地環繞）覆蓋。

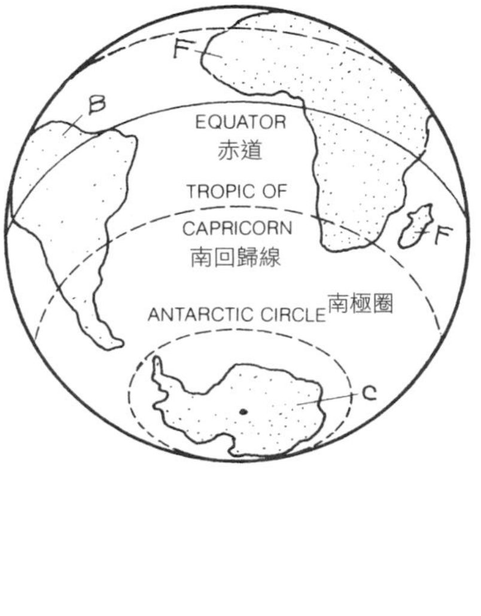

大陸	佔全球陸地面積百分比	土地面積　平方英里（平方公里）	佔全球人口總數百分比	人口總數
亞洲	29.5	17,230,000 sq. mi.（44,625,700 km²）	60.4	3,695,000,000
非洲	20.0	11,700,000 sq. mi.（30,279,600 km²）	12.9	820,000,000
北美洲	16.3	9,400,000 sq. mi.（24,346,680 km²）	8.2	485,000,000
南美洲	11.8	6,000,000 sq. mi.（17,871,400 km²）	5.7	345,000,000
南極洲	9.6	5,400,000 sq. mi.（13,986,000 km²）	—	—
歐洲	6.5	3,810,000 sq. mi.（9,867,900 km²）	12.4	740,000,000
大洋洲	5.2	3,300,000 sq. mi.（8,547,000 km²）	0.4	28,500,000

海洋	佔全球海洋面積百分比	海洋面積　平方英里（平方公里）	最深深度　英尺／公尺
大平洋	49.2	64,100,000 sq. mi.（165,890,800 km²）	36,170 ft.（11027m）
大西洋	24.6	32,220,000 sq. mi.（83,385,360 km²）	300,200 ft.（9207m）
印度洋	22.0	28,900,000 sq. mi.（74,793,200 km²）	24,440 ft.（7451m）
北冰洋	4.2	5,300,000 sq. mi.（13,716,400 km²）	—

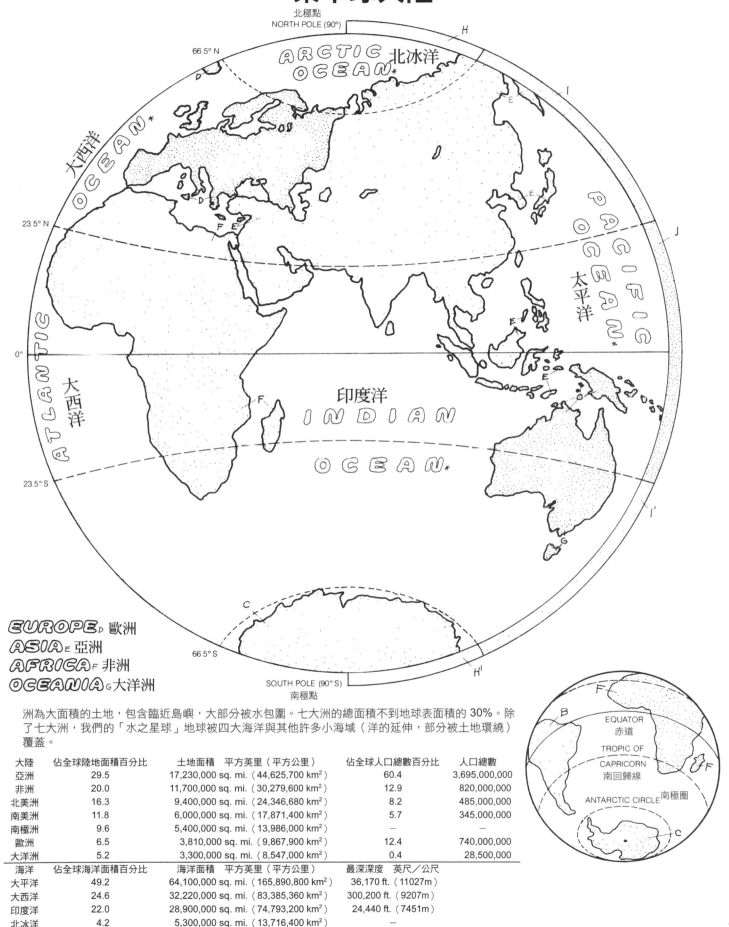

2 MOVEMENT OF CONTINENTS 板塊運動

NORTH AMERICA A 北美洲
SOUTH AMERICA B 南美洲
ANTARCTICA C 南極洲
EUROPE D 歐洲
ASIA E 亞洲
AFRICA F 非洲
OCEANIA G 大洋洲

CN：請用 18 頁地圖 1 同樣的顏色來著色。用很淺的顏色，將地震帶著色（I）。⑴將此頁的四個地圖皆上色，依序畫完一張再畫下一張。⑵右頁上方，著色火山地區的小三角形。⑶將地震帶著色（細平行線覆蓋地區）。

兩億年前
200 MILLION YEARS AGO

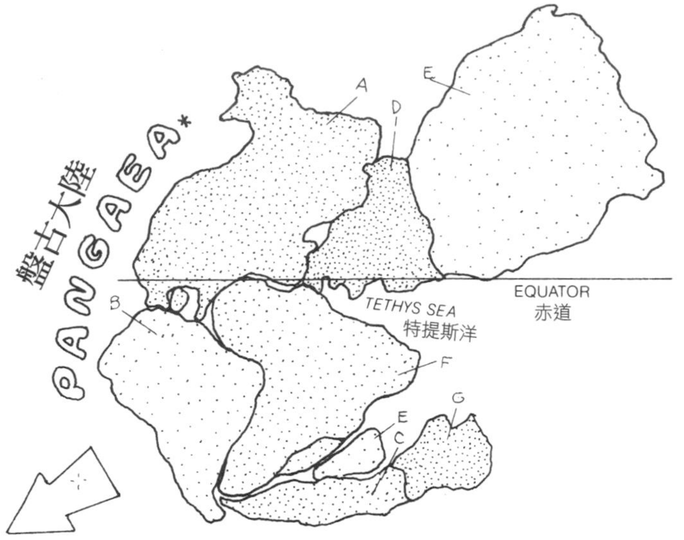

約兩億年前，地球為單一板塊，稱為盤古大陸（希臘文「全陸地」）。地中海前身一特提斯洋，將盤古大陸大致區分。根據推測，構成盤古大陸的板塊從其他未知的位置移到這裡。

一億年前
100 MILLION YEARS AGO

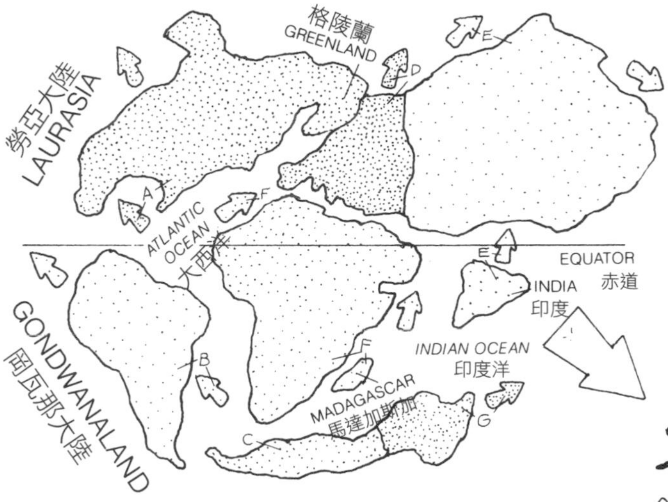

大約在一億年前，盤古大陸分為兩大部分：勞亞大陸（北美洲、歐洲和亞洲）與岡瓦那大陸（南美洲、非洲、澳洲與南極洲）。大西洋與印度洋在此時正在擴張。所有的板塊皆往北邊移動，同時，格陵蘭島正開始從北美洲分裂。

現在
TODAY

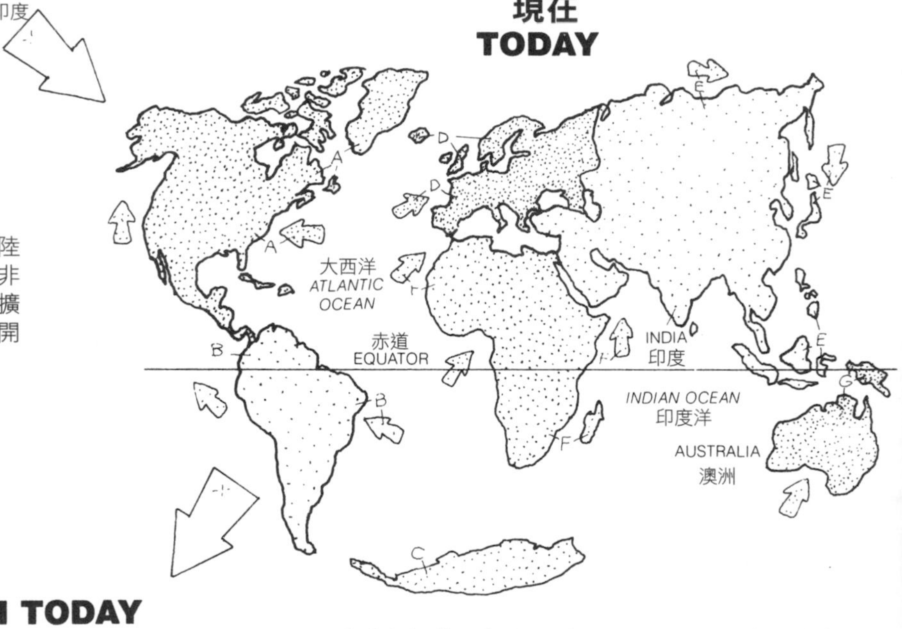

現在我們知道，澳洲距南極洲非常遠。印度為亞洲的一部分，仍在亞洲大陸下磨動，導致喜馬拉雅山脈上升。大西洋仍持續擴張，非洲與南美洲距離日益漸遠。注意北半球陸地漂移的如此之遠說明了為何可以在這些地方發現熱帶植物的遺跡。

五千萬年後
50 MILLION YEARS FROM TODAY

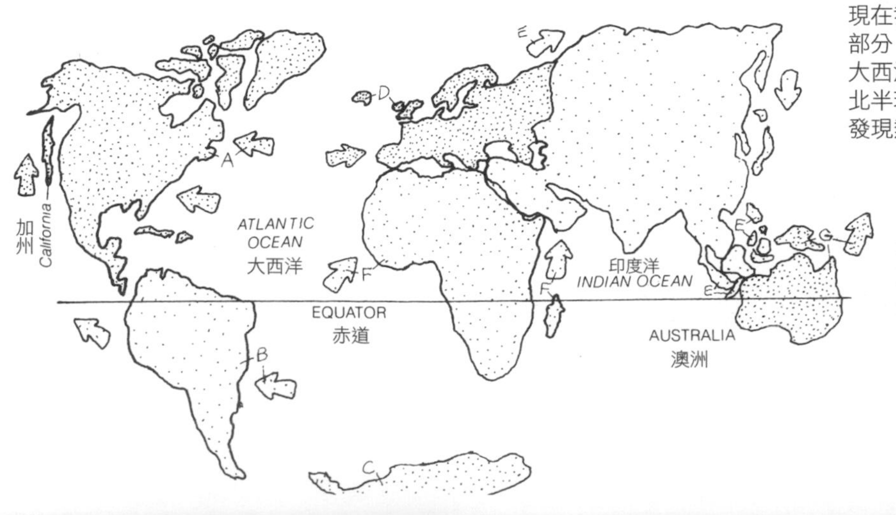

板塊運動趨勢持續，未來五千萬年，澳洲將成為亞洲的一部分，地中海域將因非洲的入侵而大幅減少，北冰洋擴大，加州有部分將朝阿拉斯加移動。

VOLCANO SITES 火山區

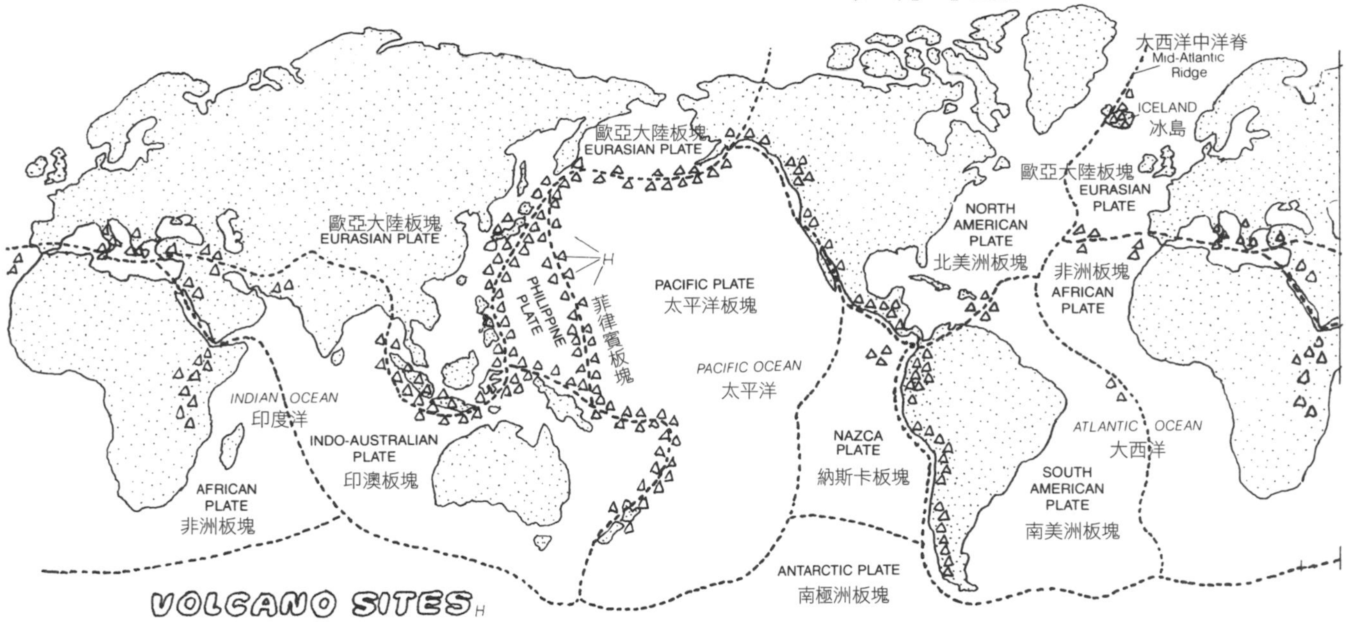

VOLCANO SITES H

火山區

多年來，科學家懷疑，為何碳化沉積、腐朽的熱帶植物會在北方地區被發現？為何熱帶非洲有證據顯示曾發生冰河活動？為何南美洲與非洲，兩個相反位置的海岸線卻相互結合？

20 世紀初，德國科學家韋格納試圖解釋這些現象。根據他的理論，大陸經過幾百萬年，已經改變位置，目前仍在移動中。因為這些板塊像大竹筏漂浮在地函（緊接地殼，占地球總體積的 80%）上，受到地球深層熱對流的推動。這些板塊厚 30 到 40 公里，地函則比板塊還要厚一百倍。本頁呈現的九個板塊為十八個已知板塊中最大的。板塊運動時往往伴隨著地震發生，每年平均移動約 2 到 5 公分。火山爆發時，岩漿透過地函裂縫噴發至地表，創造新的板塊。這個過程在大西洋中洋脊發生，靠近冰島。因此使較晚期形成的北美洲與歐亞大陸板塊分開，形成大西洋。

移動的板塊會移至某個地方，經常會與其他板塊產生推擠。當板塊推擠發生，被擠壓的板塊會構成新山脈的物質。世界最高的山，位於印度北部的喜馬拉雅山，在印澳板塊擁擠歐亞板塊的狀況下持續增高。板塊也有可能發生錯動，板塊間的錯動面稱之為。沿加州海岸延伸的聖安地斯斷層，使太平洋板塊（舊金山與洛杉磯所在地）與北美板塊分離。在未來三千萬年，太平洋板塊將向北移動 640 公里，舊金山對面的奧克蘭，位置將會被洛杉磯取代。未來五千萬年，洛杉磯將往阿拉斯加移動（左頁下圖）。

由於板塊移動的邊界活動，釋放了大量能量，產生地震與火山活動。太平洋邊界的海岸線與島嶼，位於地質活動劇烈的區域—太平洋火山帶（火環帶）。另一個主要地震與火山區位於亞洲東南方，往西延伸經過中國、亞洲西南方、南歐。

EARTHQUAKE ZONE 地震帶

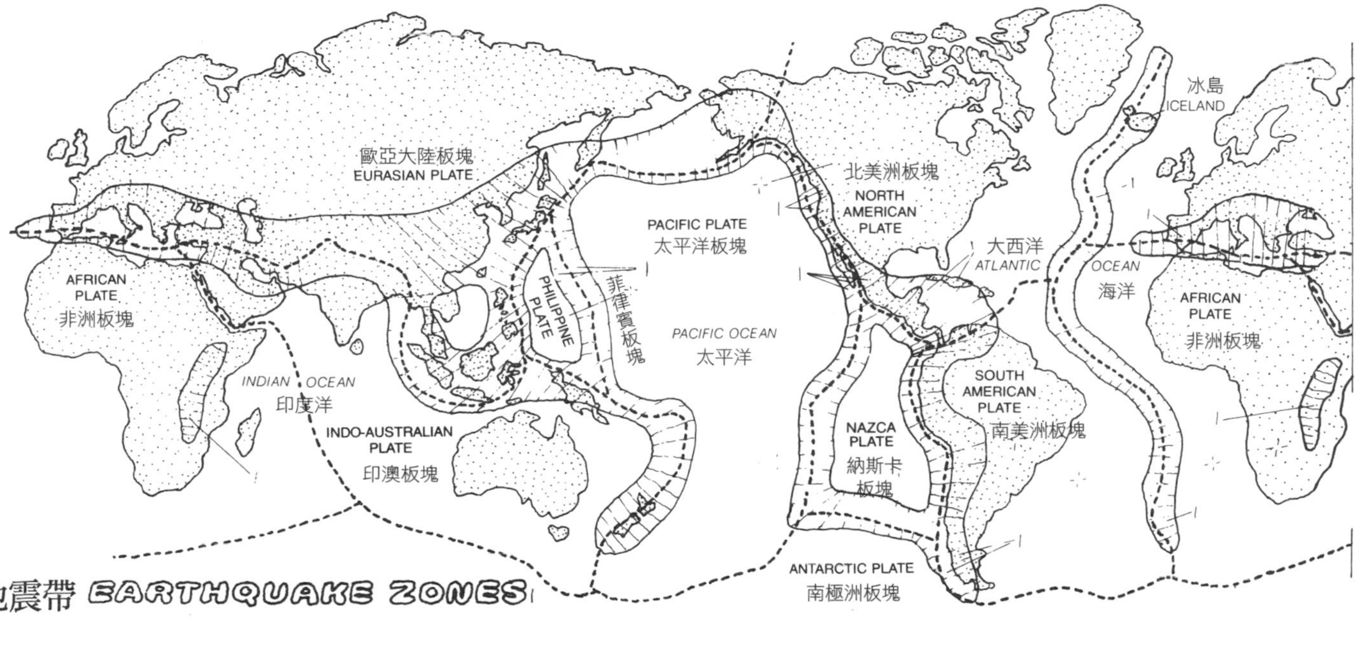

地震帶 EARTHQUAKE ZONES I

本頁不需著色

NORTH AMERICA 北美洲

地圖 3-13

3 THE COUNTRIES
國家

4 THE PHYSICAL LAND 自然地景

5 CANNADA & GREELAND
加拿大與格陵蘭

6 UNITED STATES
美國

7 NORTHEASTERN UNITED STATES
美國東北部

Connecticut, Delaware, Maine, Maryland, Massachusetts, New Hampshire, New Jersey, New York, Pennsylvania, Rhode Island, and Vermont
康乃狄克州、德拉瓦州、緬因州、馬里蘭州、麻薩諸塞州、新罕布夏州、紐澤西州、紐約、賓夕法尼亞州、羅德島與佛蒙特州

8 SOUTHEASTERN UNITED STATES
美國東南部

Alabama, Florida, Georgia, Kentucky, Mississippi, North Carolina, South Carolina, Tennessee, Virginia, and West Virginia
阿拉巴馬州、佛羅里達州、喬治亞洲、肯塔基州、密西西比州、北卡羅萊納州、南卡羅來納州、田納西州、維吉尼亞州與西維吉尼亞州

9 SOUTHCENTRAL UNITED STATES, ALASKA & HAWAII
美國中南部、阿拉斯加與夏威夷

Arkansa, Kansas, Louisiana, Missouri, Oklahoma, and Texas
阿肯色州、堪薩斯州、路易斯安那州、密蘇里州、奧克拉荷馬州與德州

10 NORTHCENTRAL UNITED STATES 美國中北部

Indiana, Illinois, Iowa, Michigan, Minnesota, Nebraska, North Dakota, Ohio, South Dakota, and Wisconsin
印第安那州、伊利諾州、愛荷華州、密西根州、明尼蘇達州、內布拉斯加州、北達科他州、俄亥俄州、南達科他州與威斯康辛州

11 WESTERN UNITED STATES 美西

Arizona, California, Colorado, Idaho, Montana, Nevada, New Mexico, Oregon, Utah, Washington, and Wyoming
亞利桑那州、加利福尼亞州、科羅拉多州、愛達荷州、蒙大拿州、內華達州、新墨西哥州、奧瑞岡州、猶他州、華盛頓州與懷俄明州

12 MEXICO & CENTRAL AMERICA 墨西哥與中美洲

Belize, COSTA rICA, El Salvador, Guatemala, Honduras, Nicaragua, and Panama
貝里斯、哥斯大黎加、薩爾瓦多、瓜地馬拉、宏都拉斯、尼加拉瓜與巴拿馬

13 WEST INDIES 西印度群島

Antigua & Barbuda, Bahamas, Barbeados, British Territories (Anguilla, Bermuda, British Virgin Islands, Cayman Islands, Montserrat, and Turks and Caicos Islands), Cuba, Dominica, Dominican Republic, French Territories (Guadeloupe and Martinique), Grenada, Haiti, Jamaica, Netherlands Antilles (Aruba, Bonaire, Curaçao, Saba, St. Eustatius, and St. Martin), Puerto Rico, St. Kitts & Nevis, St. Lucia, St. Vincent & Grenadines, Trinidad & Tobago, and Virgin Islands (U.S.)
安地卡及巴布達、巴哈馬、巴貝多、英屬西印度群島（安圭拉、百慕達、英屬維京群島、開曼群島、蒙特塞拉與特克斯和凱科斯群島）、古巴、多明尼加、多明尼加共和國、法屬西印度群島（瓜德羅普和馬堤尼克）、格瑞那達、海地、牙買加、荷屬安地斯（阿魯巴、博奈爾、古拉索、沙巴、聖佑達修斯與聖馬丁）、波多黎各、聖基茨和尼維斯、聖露西亞、聖文森及格瑞那丁、千里達及托巴哥和維京群島（美國）

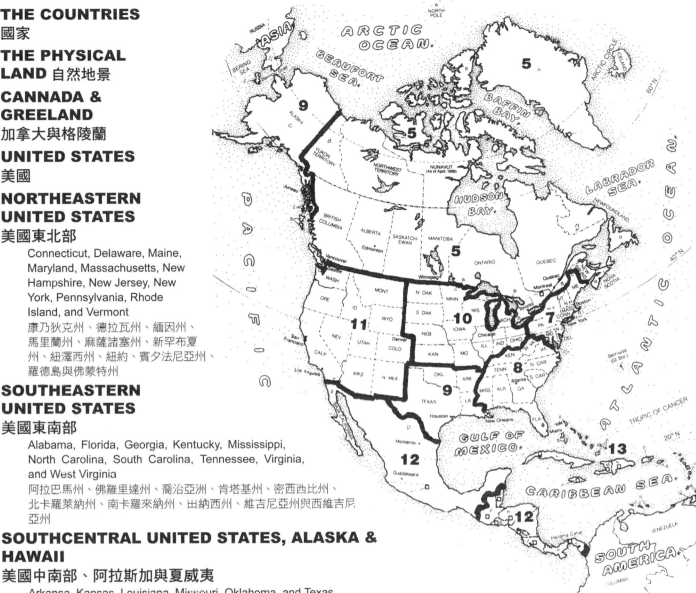

3

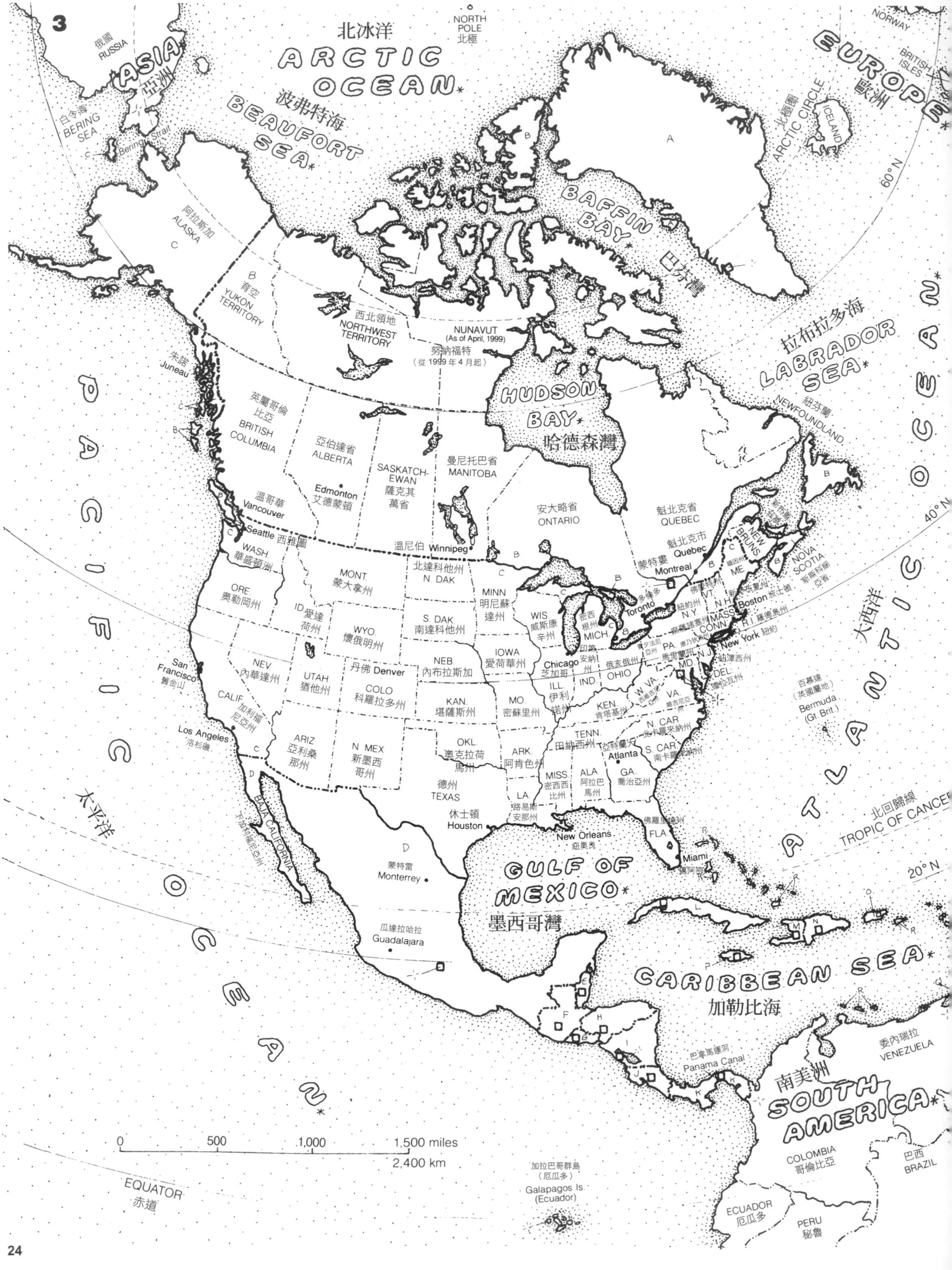
北冰洋
ARCTIC OCEAN*
NORTH POLE
北極
波弗特海
BEAUFORT SEA*
俄國
RUSSIA
ASIA
亞洲
白令海
BERING SEA
Bering Strait
阿拉斯加
ALASKA
育空
YUKON TERRITORY
西北領地
NORTHWEST TERRITORY
NUNAVUT
(As of April, 1999)
努納福特
(從 1999 年 4 月起)
BAFFIN BAY*
巴芬灣
NORWAY
EUROPE*
歐洲
BRITISH ISLES
ICELAND
北極圈
ARCTIC CIRCLE
60° N
拉布拉多海
LABRADOR SEA*
紐芬蘭
NEWFOUNDLAND
HUDSON BAY*
哈德森灣
朱諾
Juneau
英屬哥倫比亞
BRITISH COLUMBIA
亞伯達省
ALBERTA
SASKATCH-EWAN
薩克其萬省
曼尼托巴省
MANITOBA
Edmonton
艾德蒙頓
溫哥華
Vancouver
安大略省
ONTARIO
魁北克省
QUEBEC
魁北克市
Quebec
NEW BRUNS
NOVA SCOTIA
新斯科細亞省
40° N
Seattle 西雅圖
溫尼伯 Winnipeg
蒙特婁
Montreal
Toronto
多倫多
WASH.
華盛頓州
MONT.
蒙大拿州
北達科他州
N. DAK
MINN
明尼蘇達州
ORE.
奧勒岡州
ID.
愛達荷州
WYO.
懷俄明州
S. DAK.
南達科他州
WIS.
威斯康辛州
MICH.
密西根州
N.Y.
紐約州
VT.
N.H.
ME
MASS.
CONN.
R.I.
Boston
波士頓
New York
紐約
PA.
N.J.
MD.
DEL.
NEV
內華達州
UTAH
猶他州
丹佛 Denver
COLO
科羅拉多州
NEB.
內布拉斯加
IOWA
愛荷華州
Chicago
芝加哥
ILL.
伊利諾州
IND.
印第安納州
OHIO
俄亥俄州
W. VA.
VA.
San Francisco
舊金山
CALIF.
加利福尼亞州
KAN.
堪薩斯州
MO.
密蘇里州
KEN.
肯塔基州
N. CAR
北卡羅來納州
TENN.
田納西州
Los Angeles
洛杉磯
ARIZ
亞利桑那州
N. MEX
新墨西哥州
OKL.
奧克拉荷馬州
ARK.
阿肯色州
Atlanta
亞特蘭大
S. CAR.
南卡羅來納州
MISS.
密西西比州
ALA
阿拉巴馬州
GA.
喬治亞州
德州
TEXAS
LA.
路易斯安那州
休士頓
Houston
New Orleans
紐奧良
佛羅里達州
FLA.
Miami
邁阿密
大西洋
ATLANTIC OCEAN*
百慕達
(英國屬地)
Bermuda
(Gt. Brit.)
北回歸線
TROPIC OF CANCER
20° N
PACIFIC OCEAN*
太平洋
BAJA CALIFORNIA
下加利福尼亞州
蒙特雷
Monterrey
GULF OF MEXICO*
墨西哥灣
瓜達拉哈拉
Guadalajara
CARIBBEAN SEA*
加勒比海
巴拿馬運河
Panama Canal
委內瑞拉
VENEZUELA
南美洲
SOUTH AMERICA*
COLOMBIA
哥倫比亞
巴西
BRAZIL
ECUADOR
厄瓜多
PERU
秘魯
0
500
1,000
1,500 miles
2,400 km
加拉巴哥群島
(厄瓜多)
Galapagos Is.
(Ecuador)
EQUATOR
赤道

NORTH AMERICA: THE COUNTRIES 北美洲：國家

CN：⑴用很淺的顏色替地圖 3 的加拿大（B）和美國（C）上色。表示首都的小方塊不用著色。⑵只有較大的西印度島嶼／國家有標注名稱，需要分別著色。較小的島嶼／國家全部標示為「其他島嶼」（R）上同樣顏色（島嶼名稱見地圖 14）。⑶在圓球地圖上，將北美洲塗上灰色。下方的殖民地圖也需著色。

GREENLAND A / GODTHÅB (DENMARK) 格陵蘭／努克（丹麥）
CANADA B / OTTAWA 加拿大／渥太華
UNITED STATES C / WASHINGTON, D.C. 美國／華盛頓特區
MEXICO D / MEXICO CITY 墨西哥／墨西哥城

CENTRAL AMERICA 中美洲

BELIZE E / BELMOPAN 貝里斯／貝爾墨邦
GUATEMALA F / GUATEMALA CITY 瓜地馬拉／瓜地馬拉城
EL SALVADOR G / SAN SALVADOR 薩爾瓦多／聖薩爾瓦多
HONDURAS H / TEGUCIGALPA 洪都拉斯／德古西加巴
NICARAGUA I / MANAGUA 尼加瓜拉／馬納瓜
COSTA RICA J / SAN JOSÉ 哥斯大黎加／聖荷西
PANAMA K / PANAMA CITY 巴拿馬／巴拿馬城

WEST INDIES 西印度群島

CUBA L / HAVANA 古巴／哈瓦那
HAITI M / PORT-AU-PRINCE 海地／太子港
DOMINICAN REPUBLIC N / SANTO DOMINGO 多明尼加共和國／聖多明哥
PUERTO RICO O / SAN JUAN (US) 波多黎各／聖胡安（美國）
JAMAICA P / KINGSTON 牙買加／京斯敦
TRINIDAD & TOBAGO Q / PORT OF SPAIN 千里達及托巴哥／西班牙港
OTHER ISLANDS R 其他島嶼

北美洲涵蓋格陵蘭、中美洲及西印度群島，佔地24,346,000平方公里，為世界第三大板塊（次於亞洲大陸與非洲大陸）。總人口數 4 億 8500 萬人，為全球第四高（次於亞洲、歐洲與非洲）。北美洲的人口密度由北向南遞增。是最大且最北的國家，但加拿大人口數量只有美國的 10%。

大多數北美洲人皆為近四百年內由其他洲移居至此的後裔（除了南極洲以外），主要以歐洲移民為主。真正的原住民，被誤登陸東印度群島的哥倫布命名為「印第安人」，粗估有 5 百萬人左右。印第安人的祖先於 2 萬到 4 萬年前，末次冰河時期海平面降低時，橫跨陸橋移居至此。陸橋目前位於白令海峽下。因紐特人抵達時間較晚，大約 6 千年前進行同樣的遷徙。如今，大多數居住在南美的人，為歐洲與印第安祖先的混血，稱為「麥士蒂索人」（mestizo）。居住在美洲及西印度群島的黑人，為當時來自非洲的奴隸後裔。

維京人是第一批進駐北美洲的歐洲人。哥倫布抵達大約 500 年後，探勘、殖民與開發熱烈進行。1500 年代早期，擁有先進武力與軍隊的西班牙人，輕易征服西南美、墨西哥、中美與西印度群島的印第安人。英格蘭新教徒殖民北加拿大以及美國東沿海地區的十三個屬地。英國政權於兩百多年前正式結束，對語言、宗教及文化留下深遠的影響。英國與法國、荷蘭，持續佔領許多西印度群島島嶼，為北美洲最後的殖民遺跡。

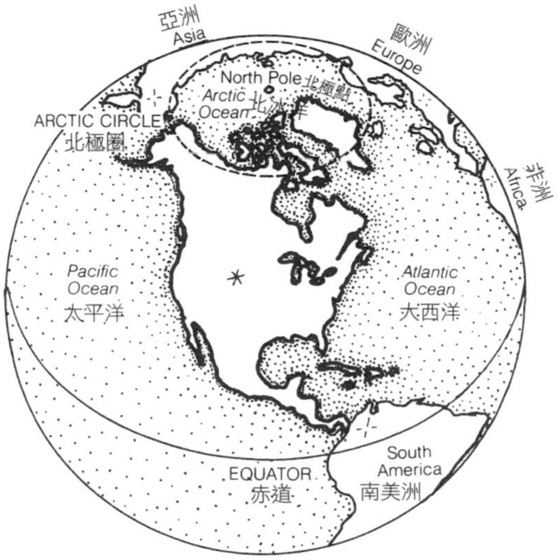

北美大陸由北極圈深處延伸至赤道附近。上圖可見，北美大陸幾乎完全位於南美洲的西部位置。

下圖顯示法國喪失北美洲掌控權前，歐洲在北美洲的殖民擴張。法國將密西西比河流域以東的土地割讓給英格蘭，並於 1803 年售出路易斯安那州，使美國領土變成兩倍。美國藉由戰爭、協議與交易的方式，向西班牙、墨西哥與俄國獲得更多的領土。

十八世紀所有權或影響
18TH CENTURY OWNERSHIP OR INFLUENCE

ENGLISH S 英格蘭
FRENCH T 法國
SPANISH U 西班牙
RUSSIAN V 俄國
NORWEGIAN & DANISH W 挪威與丹麥

4
北冰洋
ARCTIC OCEAN*
NORTH POLE
北極點
俄羅斯
RUSSIA
ASIA
亞洲
CHUKCHI SEA
BERING SEA
Bering Strait
聖勞倫斯（美國）
St. Lawrence I. (U.S.)
波弗特海
BEAUFORT SEA*
冰島
GREENLAND
巴芬灣
BAFFIN BAY*
北極圈
ARCTIC CIRCLE
ICELAND
NORWAY
挪威
EUROPE
歐洲
BRITISH ISLES
英國不列顛群島
DAVIS STRAIT
戴維斯海峽
拉布拉多海
LABRADOR SEA*
Hudson Strait
哈德遜海峽
ALASKA
阿拉斯加
YUKON TERRITORY
育空
GULF OF ALASKA
阿拉斯加灣
西北領地
NORTHWEST TERRITORY
NUNAVUT
(As of April, 1999)
努納福特
從 1999 年 4 月起）
英屬哥倫比亞
BRITISH COLUMBIA
HUDSON BAY*
哈德遜灣
NEWFOUNDLAND
紐芬蘭
ALBERTA
亞伯達省
薩克其萬省
SASKATCH-EWAN
MANITOBA
加拿大
CANADA
魁北克省
QUEBEC
GULF OF ST. LAWRENCE
ONTARIO
安大略省
NEW BRUNS
NOVA SCOTIA
新斯科細亞省
大西洋
ATLANTIC OCEAN*
PACIFIC OCEAN*
太平洋
WASH.
ORE.
ID.
MONT.
N. DAK.
北達科他州
明尼蘇達州
MINN.
南達科他州
S. DAK.
WYO.
WIS.
威斯康辛州
MICH.
密西根州
ME.
VT.
N.H.
MASS.
CONN.
R.I.
N.Y.
PA.
N.J.
DEL.
德拉瓦
MD.
美國 UNITED STATES
IOWA
NEV.
內華達州
UTAH
猶他州
COLO.
科羅拉多州
NEB.
內布拉斯加
KAN.
堪薩斯州
ILL.
伊利諾州
IND.
印第安納州
OHIO
俄亥俄州
VA.
維吉尼亞
KY.
肯塔基州
MO
密蘇里州
N. CAR.
北卡羅來納州
TENN.
田納西州
S. CAR.
南卡羅來納州
CALIF.
加利福尼亞州
ARIZ.
亞利桑那州
N. MEX.
新墨西哥州
奧克拉荷馬州
OKL.
ARK.
阿肯色州
MISS.
密西西比州
ALA.
阿拉巴馬州
GA.
喬治亞州
TEXAS
德州
LA.
FLA.
佛羅里達州
百慕達（英屬）
Bermuda (Gt. Brit.)
BAHAMA ISLANDS
巴哈馬群島
北回歸線
TROPIC OF CANCER
BAJA CALIFORNIA
Gulf of California
GULF OF MEXICO*
墨西哥灣
MEXICO
墨西哥
古巴
CUBA
HAI.
D.R.
海地
多明尼加共和國
P.R.
LESSER ANTILLES
小安地列斯群島
GREATER ANTILLES
JA.
CARIBBEAN SEA*
加勒比海
BEL.
貝里斯
GUA.
瓜地馬拉
HON.
宏都拉斯
EL S.
薩爾瓦多
NIC.
尼加拉瓜
C.R.
哥斯大黎加
PAN.
巴拿馬
巴拿馬運河
Panama Canal
委內瑞拉
VENEZUELA
哥倫比亞
COLOMBIA
0
500
1,000
1,500 miles
2,400 km
赤道
EQUATOR
加拉巴哥群島
（厄瓜多）
Galapagos Is.
(Ecuador)
厄瓜多
ECUADOR
秘魯
PERU
巴西 BRAZIL

NORTH AMERICA: THE PHYSICAL LAND
北美洲：自然地景

CN：你可能需要重複使用某些顏色。使用最淺的顏色將 S-X 和 2-6 著色（右圖地景分布）。⑴將所有大湖塗上同一種顏色（O）。將注入大奴湖（G¹）和溫尼伯湖（P¹）的河流，和湖泊都塗上同一種顏色。⑵右圖中的山頂和山脈名稱、水體使用灰色。

CANADIAN SHIELD₂ 加拿大盾地
EASTERN UPLANDS₃ 東部高地
CENTRAL PLAINS₄ 中央平原
WESTERN MOUNTAINS₅ 西部山脈
COASTAL LOWLANDS₆ 海岸低地

PRINCIPAL RIVERS 主要河流

ARKANSAS_A 阿肯色河
CHURCHILL_B 邱吉爾河
COLORADO_C 科羅拉多河
COLUMBIA_D 哥倫比亞河
FRAZER_E 弗雷澤河
MACKENZIE_F 馬肯吉河
  SLAVE_G 奴河
  PEACE_H 和平河
MISSISSIPPI_I 密西西比河
MISSOURI_J 密蘇里河
NELSON_K 納爾遜河
OHIO_L 俄亥俄河
RED_M 紅河
RIO GRANDE_N 格蘭德河
ST. LAWRENCE_O 聖勞倫斯河
N. & S. SASKATCHEWAN_P 北／薩斯喀徹溫河
SNAKE_Q 斯內克河
YUKON_R 育空河

MOUNTAIN PEAKS 山頂

LAND REGIONS 地景分布

派克峰、艾伯特山以及其他七十座位於科羅拉多落磯山脈的山峰皆高於 4,268 公尺。丹奈利峰為此大陸最高的山峰。波波卡特佩特火山為墨西哥與中美洲眾多活火山中最高的。

加拿大盾地為一廣大的岩層，為遠古的山脈完全被侵蝕後的遺跡。是大量未開採礦物的儲存地。覆蓋一層薄薄的土壤可以培植森林，但無法作為耕地。來自哈德森灣的水造成加拿大地盾大規模的湖泊。

PRINCIPAL MOUNTAIN RANGES 主要山脈

APPALACHIAN MTS._S 阿帕拉契山脈
CASCADE RANGE_T 喀斯開山脈
COAST MTS._U 海岸山脈
ROCKY MTS._V 落磯山脈
SIERRA MADRE (E)_W (W)_W' 馬德雷山脈（東）（西）
SIERRA NEVADA_X 內華達山脈

PRINCIPAL LAKES 主要湖泊

THE GREAT LAKES 五大湖
  L. SUPERIOR_O¹ 蘇必略湖
  L. HURON_O² 休倫湖
  L. MICHIGAN_O³ 密西根湖
  L. ERIE_O⁴ 伊利湖
  L. ONTARIO_O⁵ 安大略湖
GREAT BEAR L._Y 大熊湖
GREAT SLAVE L._G¹ 大奴湖
GREAT SALT L._Z 大鹽湖
L. WINNIPEG_P¹ 溫尼伯湖
L. NICARAGUA_1 尼加拉瓜湖

北美洲是具有最長海岸線的大陸，富有多樣變化地景與氣候：格陵蘭和加拿大的冰原地帶、美西和加拿大中部的常綠森林、落磯山脈高聳山峰、美國西南的荒漠、加勒比海上被棕櫚覆蓋的島嶼，及中美熱氣蒸騰的叢林。就連大陸的形狀也非常特殊：阿拉斯加至紐芬蘭寬達 7840km，但在巴拿馬地峽卻縮減至 48 公里。北端極點至南方熱帶地區的溫差可高達攝氏 93 度。格陵蘭（85%被冰覆蓋）部分地區和育空，有氣溫低至攝氏零下 76 度的記錄。加州死亡谷的最低地區，海平面以下 86 公尺曾高達攝氏 57 度高溫。

大陸大致上有三個地質區域：東部的高地為一非常古老、受侵蝕的山脈地帶；較為年輕、陡峭並且高地綿延的西部山脈，覆蓋大陸三分之一的面積，從阿拉斯加延伸至中美洲。上述兩者之間為中央平原、加拿大地盾及海岸低地之間的廣大平原（見上圖「地質分區」）。

北美洲有三個主要水系：⑴密西西比一密蘇里河區，成為此大陸最長的河流（6196 公里），往南流至墨西哥灣。⑵五大湖區（包括蘇必略湖，世界最大的活水湖）及聖羅倫斯河流至大西洋。⑶馬更些河和尼爾遜水系則往北流至加拿大水域。北美洲的河流流向大部分都受落磯山脈的影響（這種集水區域稱為大陸分水嶺）。北美洲河流西流至太平洋，東流至大西洋，北流至哈德森灣或北冰洋，南流至墨西哥灣，取決於河流源頭位於大分水嶺的方向而有不同。

5

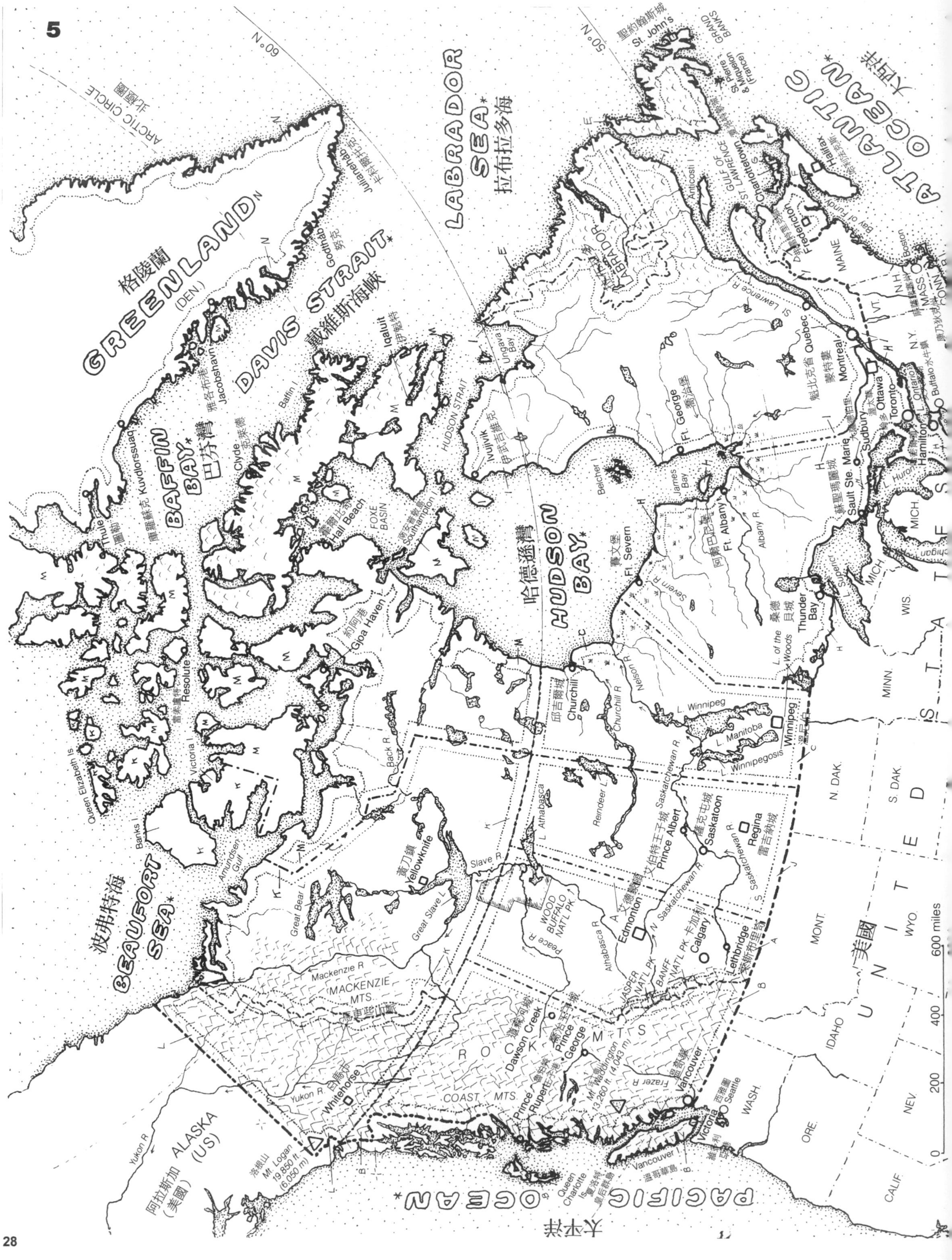

GREENLAND (DEN.) 格陵蘭
DAVIS STRAIT 戴維斯海峽
LABRADOR SEA 拉布拉多海
BAFFIN BAY 巴芬灣
HUDSON BAY 哈德遜灣
BEAUFORT SEA 波弗特海
ATLANTIC OCEAN 大西洋
PACIFIC OCEAN 太平洋
ARCTIC CIRCLE 北極圈
60°N
50°N
St. John's 聖約翰斯城
GRAND BANKS
St. Pierre & Miquelon (France)
GULF OF ST. LAWRENCE
Anticosti I.
Halifax
Charlottetown
Fredericton
Bay of Fundy
MAINE
N.H.
VT.
MASS.
Boston
CONN.
N.Y.
Buffalo 水牛城
Quebec 魁北克省
Montreal 蒙特婁
Ottawa 渥太華
Toronto 多倫多
Hamilton 漢密爾頓
L. Ontario
L. Huron
L. Superior
MICH.
WIS.
MINN.
Sudbury
Sault Ste. Marie 蘇聖瑪麗城
Thunder Bay 桑德貝城
St. Lawrence R.
LABRADOR 拉布拉多
Ungava Bay
HUDSON STRAIT
Iqaluit 伊魁特
Godthåb 努克
Julianehåb
Jacobshavn 雅各布港
Clyde 克來德
Baffin I.
Thule 圖勒
Kuvdlorssuaq
Hall Beach 霍爾比奇
FOXE BASIN
Southampton I.
Ivujivik 伊武吉維克
Belcher I.
James Bay
Ft. George 喬治堡
Ft. Albany 阿爾巴尼堡
Albany R.
Ft. Severn 賽文堡
Severn R.
Gjoa Haven 約阿港
Resolute 雷索盧特
Queen Elizabeth Is.
Victoria I.
Banks I.
Amundsen Gulf
Back R.
Churchill 邱吉爾城
Churchill R.
Nelson R.
L. of the Woods
L. Winnipeg
Winnipeg 溫尼伯
L. Manitoba
L. Winnipegosis
Saskatchewan R.
Reindeer L.
L. Athabasca
Slave R.
Yellowknife 黃刀鎮
Great Bear L.
Great Slave L.
WOOD BUFFALO NAT'L PK.
Peace R.
Athabasca R.
Prince Albert 艾伯特王子城
Saskatoon 薩克屯城
Regina 雷吉納城
Edmonton 艾德蒙吞
Calgary 卡加利
Lethbridge 萊斯布里奇
JASPER NAT'L PK.
BANFF NAT'L PK.
Mackenzie R.
MACKENZIE MTS.
ROCKY MTS.
COAST MTS.
Dawson Creek 道森河城
Prince George 喬治王子城
Prince Rupert 魯珀特王子港
Mt. Waddington 13,260 ft. (4,043 m)
Frazer R.
Vancouver 溫哥華
Vancouver I. 溫哥華島
Victoria 維多利亞
Seattle 西雅圖
Queen Charlotte Is. 夏洛特皇后群島
Whitehorse 白馬市
Yukon R.
Mt. Logan 19,850 ft. (6,050 m) 洛根山
ALASKA (US) 阿拉斯加（美國）
UNITED STATES 美國
N. DAK.
S. DAK.
MONT.
WYO.
IDAHO
WASH.
ORE.
NEV.
CALIF.
0 200 400 600 miles

NORTH AMERICA: CANADA & GREELAND
北美洲：加拿大與格陵蘭

CANADA* 加拿大

領土：9,971,500 平方公里。人口數：3,562 萬。首都：渥太華，約 106 萬人。政體：君主立憲制。語言：65%英語、20%法語；15%雙語。宗教：47%羅馬天主教、40%新教。出口物：木材、印刷、汽車、機械、魚類產品、糧食、石棉、鎳、鋅。氣候：西海岸氣候宜人；南部與東部夏季溫暖冬季寒冷；北部嚴寒。

加拿大，幾乎與歐洲一樣大，是世界上第二大的國家（次於俄國）。加拿大領土橫跨北美洲，從大西洋延伸至阿拉斯加，與美國共有世界上最長的無防衛邊界。領土比美國大 7%，人口卻只有美國的 10%。大多數加拿大人居住在距離美加邊界 320 公里範圍內。

除了少數民族的顯著成長，加拿大是一個承襲英國與法國雙重文化的國家（兩種語言皆為官方語言）。雖然 1763 年法國將加拿大的掌控權讓給英國，但身為少數的法國民族拒絕同化。如今，獨派團體正推動法屬魁北克省獨立。

加拿大擁有大量未開發資源。橫跨整個國家的寬廣森林，使加拿大成為世界紙與紙漿製造領導國家。擁有最多河流與湖泊（占約全世界三分之一的淡水水資源），提供交通路徑、灌溉與水力發電用途。加拿大與美國共享 5 座大湖泊。有 9 座周長超過 160 公里的湖泊，35 座超過 80 公里。具有兩條主要河流系統，馬更些河流域較長，但聖羅倫斯河道系統更為重要，使大西洋深入加拿大人口分布地帶與工業中心。

加拿大是由十個自治省與兩個領地構成的獨立聯邦國家，但加拿大人認英國女王為女王。加拿大屬於大英國協，這是一個由前殖民地以及現今屬地組成的全球組織。加拿大由六個區域組成：⑴位於大西洋時區內的紐伯倫瑞克省、紐芬蘭省、新斯科細亞省以及愛德華王子島省。這些小省份是最先被劃定的。是東海岸漁業的重鎮。將紐伯倫瑞克省與新斯科細亞省分開的芬迪灣，以 21 公尺高海浪聞名。紐芬蘭如詩如畫的海灣是維京拓荒者的家，他們在西元 1000 年前短暫建立一個稱為文蘭（Vinland）的殖民地。⑵魁北克是最大的省份，也是唯一法語和羅馬天主教為主的地區。除了巴黎，多數使用法語者，居住在蒙特婁。魁北克省幾乎被加拿大盾地覆蓋（地圖 4）。礦業與林業為主要產業。⑶安大略省，加拿大首都渥太華所在地，是人口最多也最工業化的省份。安大略省首府多倫多有 400 萬居民，也是加拿大商業與製造業的中心。安大略省的礦產，對加拿大在鎳、錫製造方面的世界地位有重要貢獻。⑷草原三省——亞伯達省、薩克其萬省與曼尼托巴省為無數麥田和牛場的家鄉。亞伯達省擁有世界最大（森林野牛國家公園）以及 2 座最美（班夫和卡斯珀）國家公園。溫尼伯，加拿大的「芝加哥」，為曼尼托巴省的首都，同時也是交通中繼站。⑸英屬哥倫比亞，加拿大太平洋沿岸，是最美的省份，擁有茂密的森林、白雪覆蓋的山脈及峽灣海岸線。林業與漁業為主要產業。溫哥華為該國最繁忙的海港。⑹育空、東北以及努納武特領地佔據三分之一的土地但只有 1%人口居住。1999 年 4 月，努納武特的領地被劃歸為西北領地之外。此地區比阿拉斯加大，將成為北美洲第一個由原住民掌權的主要地區。因紐特人（加拿大因紐特人）有 2 萬 6 千人，為主要人口，占 85%。大約 37 萬原生印第安人住在南方，分布整個地區。克朗代克掏金熱使育空聞名，但金礦現在已經不是此區最具價值的礦產。

幸運的加拿大擁有無數的天然資源與無限的土地提供人口成長。生活品質與美國相當。如同法語少數族群急於守護及自我認同，加拿大人總體來說也怕文化和經濟被南方的龐大鄰居吞噬。

CN：⑴將省或地域及名稱，還有地圖上的外圍著色。⑵先將格陵蘭在大地圖上的外圍著色，再將圓球圖著色（加拿大與北邊島嶼在這要上灰色）。

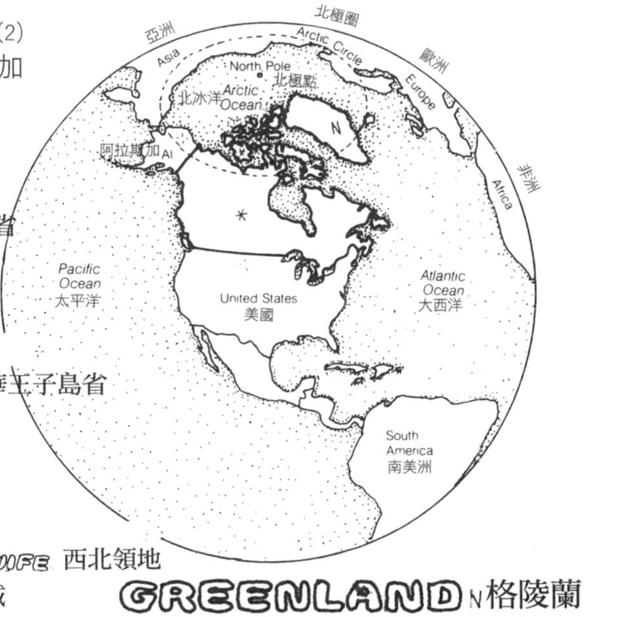

PROVINCES 省份

ALBERTA A EDMONTON 亞伯達省
BRITISH COLUMBIA B VICTORIA 英屬哥倫比亞省
MANITOBA C WINNIPEG 曼尼托巴省
NEW BRUNSWICK D FREDERICTON 紐伯倫瑞克省
NEWFOUNDLAND E ST. JOHN'S 紐芬蘭省
NOVA SCOTIA F HALIFAX 新斯科細亞省
PRINCE EDWARD I. G CHARLOTTETOWN 愛德華王子島省
ONTARIO H OTTAWA 安大略省
QUEBEC I QUEBEC 魁北克省
SASKATCHEWAN J REGINA 薩克奇萬省

TERRITORIES 領地

NORTHWEST TERRITORIES K YELLOWKNIFE 西北領地
YUKON TERRITORY L WHITEHORSE 育空地域
NUNAVUT M IQUALUIT 努納武特地域

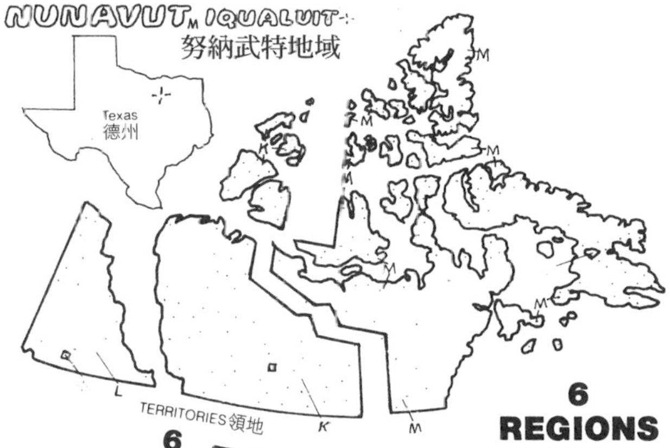

GREENLAND N 格陵蘭

領土：2,175,600 平方公里。人口數：5 萬。首都：努克，約 1 萬人。政體：丹麥自治省。語言：丹麥語、因紐特人方言。出口：漁業產品。氣候：嚴寒，但夏季較不嚴峻。

世界最大的島嶼及最冷的棲息地。人口侷限於西南角不被冰覆蓋、較暖的地區。山脈邊緣被巨大的冰層覆蓋，厚度約 1.6-3.2 公里，占島嶼 85%面積。由長年積雪累積而成的冰河冰被推送至海中，成為冰山，阻撓北大西洋海運。格陵蘭人是 982 年抵達的加拿大因紐特人人及丹麥移民的後裔。紅鬍子艾瑞克為了誘騙來自家鄉的移民者，將此地命名為「綠之地」（Greenland），他可能是被涼爽夏季轉綠的海岸線誤導。非常嚴寒的天氣在某種程度上與世界最高的自殺率有關。寒冬時期，漁業無法運行，失業率也跟著飆升。近期的金礦開採有望替格陵蘭帶來財富。

6 REGIONS 六個區域

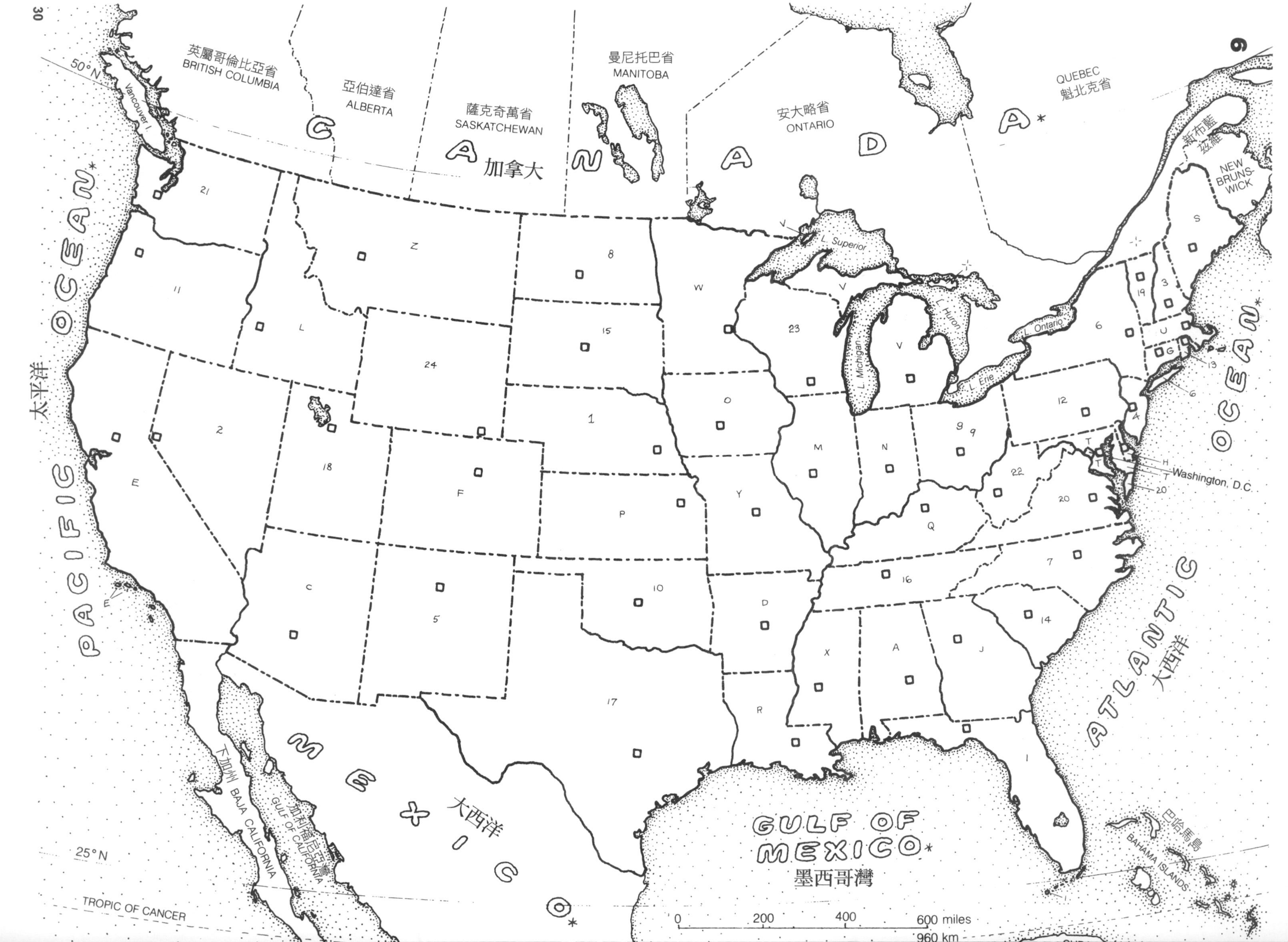
英屬哥倫比亞省
BRITISH COLUMBIA
亞伯達省
ALBERTA
薩克奇萬省
SASKATCHEWAN
曼尼托巴省
MANITOBA
安大略省
ONTARIO
QUEBEC
魁北克省
新布藍茲維
NEW BRUNSWICK
CANADA*
加拿大
Vancouver I.
50° N
PACIFIC OCEAN*
太平洋
ATLANTIC OCEAN*
大西洋
GULF OF MEXICO*
墨西哥灣
MEXICO*
大西洋
下加州 BAJA CALIFORNIA
加利福尼亞灣
GULF OF CALIFORNIA
巴哈馬島
BAHAMA ISLANDS
25° N
TROPIC OF CANCER
L. Superior
L. Michigan
L. Huron
L. Erie
L. Ontario
Washington, D.C.
21
11
Z
8
W
L
15
23
V
24
2
1
O
M
N
9
12
6
19
3
S
U
G
13
4
E
18
F
P
Y
Q
22
20
T
H
C
5
10
D
16
7
14
X
A
J
R
17
I
0 200 400 600 miles
960 km

NORTH AMERICA: UNITED STATES
北美洲：美國

ALABAMA A / MONTGOMERY 阿拉巴馬州／蒙哥馬利
ALASKA B / JUNEAU 阿拉斯加州／朱諾
ARIZONA C / PHOENIX 亞利桑那州／鳳凰城
ARKANSAS D / LITTLE ROCK 阿肯色州／小岩城
CALIFORNIA E / SACRAMENTO 加利福尼亞州／沙加緬度
COLORADO F / DENVER 科羅拉多州／丹佛
CONNECTICUT G / HARTFORD 康乃狄克州／哈特福德
DELAWARE H / DOVER 德拉瓦州／多佛
FLORIDA I / TALLAHASSEE 佛羅里達州／塔拉赫西
GEORGIA J / ATLANTA 喬治亞州／亞特蘭大
HAWAII K / HONOLULU 夏威夷州／檀香山
IDAHO L / BOISE 愛達荷州／博伊西
ILLINOIS M / SPRINGFIELD 伊利諾州／斯普林菲爾德
INDIANA N / INDIANAPOLIS 印第安那州／印第安那波里斯
IOWA O / DES MOINES 愛荷華州／得梅因
KANSAS P / TOPEKA 堪薩斯州／托皮卡
KENTUCKY Q / FRANKFORT 肯塔基州／法蘭克福
LOUISIANA R / BATON ROUGE 路易斯安那州／巴吞魯日
MAINE S / AUGUSTA 緬因州／奧古斯塔
MARYLAND T / ANNAPOLIS 馬里蘭州／安那波里
MASSACHUSETTS U / BOSTON 麻薩諸塞州／波士頓
MICHIGAN V / LANSING 密西根州／蘭辛
MINNESOTA W / ST. PAUL 明尼蘇達州／聖保羅
MISSISSIPPI X / JACKSON 密西西比州／傑克遜
MISSOURI Y / JEFFERSON CITY 密蘇里州／傑斐遜城
MONTANA Z / HELENA 蒙大拿州／海倫娜
NEBRASKA 1 / LINCOLN 內布拉斯加州／林肯
NEVADA 2 / CARSON CITY 內華達州／卡森城
NEW HAMPSHIRE 3 / CONCORD 新罕布夏州／康科德
NEW JERSEY 4 / TRENTON 紐澤西州／翠登
NEW MEXICO 5 / SANTE FE 新墨西哥州／聖塔菲
NEW YORK 6 / ALBANY 紐約／奧爾巴尼
NORTH CAROLINA 7 / RALEIGH 北卡羅來納州／羅里
NORTH DAKOTA 8 / BISMARCK 北達科他州／俾斯麥

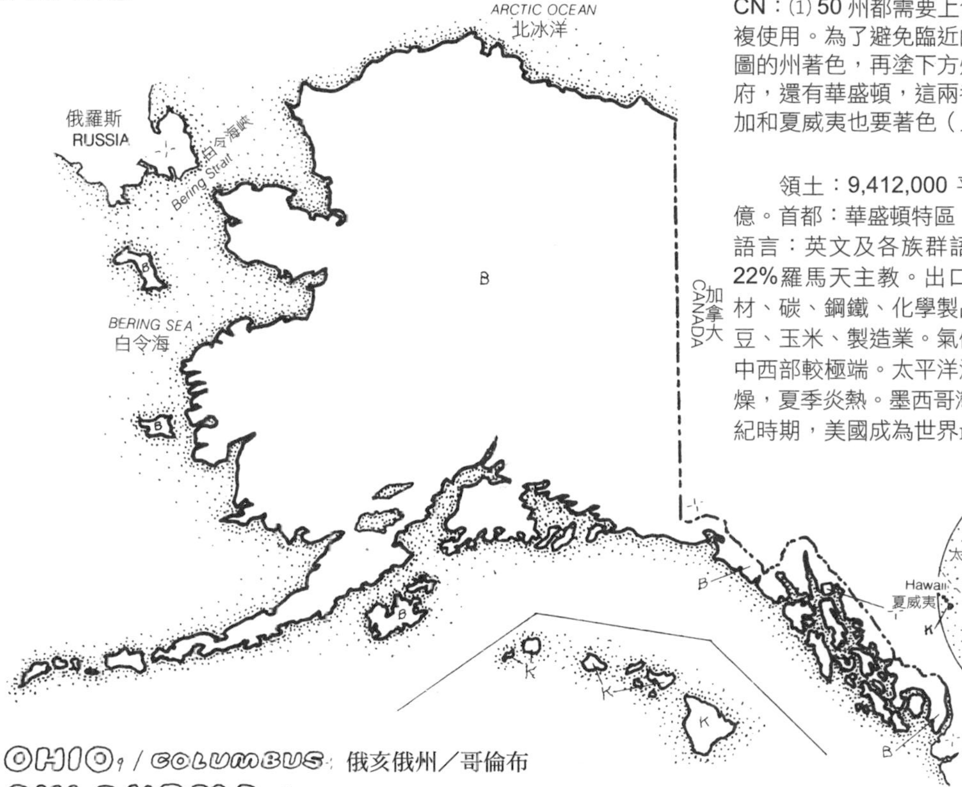

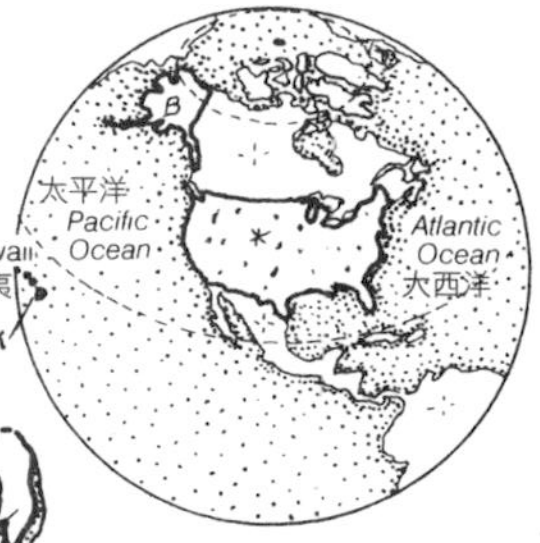

OHIO 9 / COLUMBUS 俄亥俄州／哥倫布
OKLAHOMA 10 / OKL 奧克拉荷馬州／奧克拉荷馬城
OREGON 11 / SALEM 奧勒岡州／塞勒姆
PENNSYLVANIA 12 / HARRISBURG 賓夕法尼亞州／哈里斯堡
RHODE ISLAND 13 / PROVIDENCE 羅德島／普羅維登斯
SOUTH CAROLINA 14 / COLUMBIA 南卡羅來納州／哥倫比亞
SOUTH DAKOTA 15 / PIERRE 南達科他州／皮爾
TENNESSEE 16 / NASHVILLE 田納西州／納許維爾
TEXAS 17 / AUSTIN 德州／奧斯汀
UTAH 18 / SALT LAKE CITY 猶他州／鹽湖城
VERMONT 19 / MONTPELIER 佛蒙特州／蒙彼利埃
VIRGINIA 20 / RICHMOND 維吉尼亞州／里奇蒙
WASHINGTON 21 / OLYMPIA 華盛頓州／奧林匹亞
WEST VIRGINIA 22 / CHARLESTON 西維吉尼亞州／查爾斯頓
WISCONSIN 23 / MADISON 威斯康辛州／麥迪遜
WYOMING 24 / CHEYENNE 懷俄明州／夏安

CN：(1) 50 州都需要上色，因此有些顏色必須重複使用。為了避免臨近的州顏色一樣，請先將地圖的州著色，再塗下方州名。小方塊代表州的首府，還有華盛頓，這兩者都不要著色。(2)阿拉斯加和夏威夷也要著色（比例相當）。

領土：9,412,000 平方公里。人口數：3.08 億。首都：華盛頓特區，57 萬人。政體：共和。語言：英文及各族群語言。宗教：33%新教、22%羅馬天主教。出口：機械、航空、電子器材、碳、鋼鐵、化學製品、紡織、棉、糧食、黃豆、玉米、製造業。氣候：溫帶氣候，僅北部與中西部較極端。太平洋海岸氣候溫和。西南方乾燥，夏季炎熱。墨西哥灣為副熱帶氣候。□20 世紀時期，美國成為世界最富裕強大的國家。領土世界排名第四（次於俄國、加拿大、中國），人口為世界第三（次於中國與印度）。美國受益於豐富的天然資源，理想的貿易地點，大片土地肥沃、氣候宜人，友善的鄰國，海域作為天然防禦屏障，無階級社會與經濟系統，有益個人發展，穩定的民主政府，人民擁有個人、宗教和經濟自由，具有百萬高動力的新移民。在美國的全盛時期，製造業、礦產業以及產品成長，遠超過其他國家，這裡的世界 6%人口，創造 50%的全球財富。1970 年代，美國開始面臨歐洲以及亞洲的競爭。對抗國際共產主義的戰爭成本（包括冷戰與一般戰爭），消耗美國資源。到 1980 年代晚期，歐洲共產主義和蘇維埃共產主義崩潰，美國不再有大敵。1990 年代晚期，崛起的亞洲經濟受意外崩盤。美國在架構完整、高效率製造業的條件下，再次證明其為全世界世界最強國家。

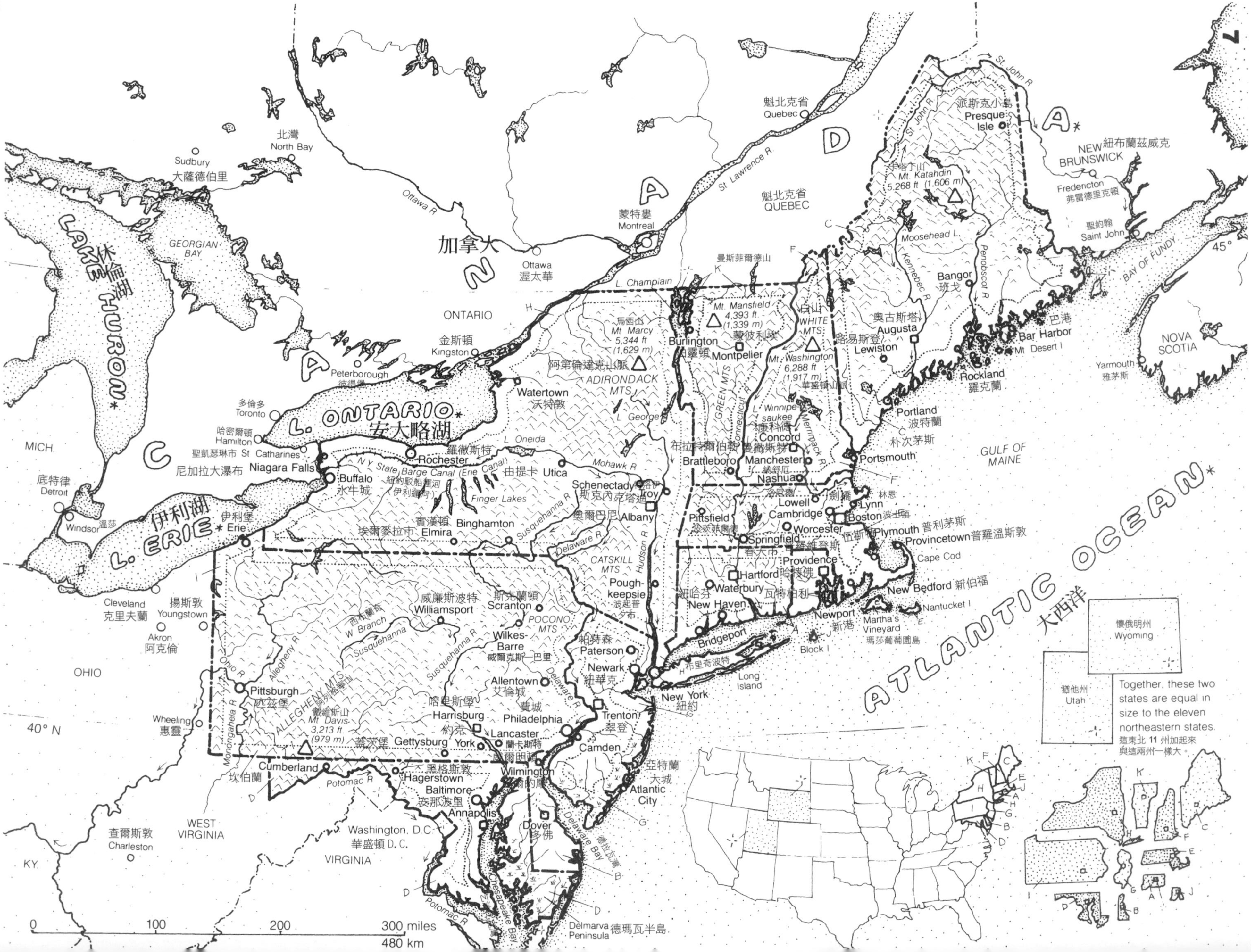

CANADA
加拿大
ONTARIO
魁北克省
QUEBEC
NEW BRUNSWICK
紐布蘭茲威克
NOVA SCOTIA
BAY OF FUNDY
GULF OF MAINE
ATLANTIC OCEAN
大西洋
LAKE HURON
休倫湖
GEORGIAN BAY
L. ONTARIO
安大略湖
L. ERIE
伊利湖
L. Champlain
L. George
L. Oneida
Finger Lakes
Moosehead L.
L. Winnipesaukee
St Lawrence R
Ottawa R
St John R
Kennebec R
Penobscot R
Merrimack R
Connecticut R
Mohawk R
Hudson R
Delaware R
Susquehanna R
W Branch Susquehanna
Allegheny R
Ohio R
Monongahela R
Potomac R
N Y State Barge Canal (Erie Canal)
紐約駁船運河 (伊利運河)
ADIRONDACK MTS
阿第倫達克山脈
GREEN MTS
WHITE MTS
白山
CATSKILL MTS
POCONO MTS
ALLEGHENY MTS
Mt Katahdin 5,268 ft (1,606 m)
Mt. Mansfield 4,393 ft (1,339 m)
Mt Marcy 5,344 ft (1,629 m)
Mt. Washington 6,288 ft (1,917 m)
Mt Davis 3,213 ft (979 m)
曼斯菲爾德山
Quebec
魁北克省
Montreal
蒙特婁
Ottawa
渥太華
North Bay
北灣
Sudbury
大薩德伯里
Kingston
金斯頓
Peterborough
Toronto
多倫多
Hamilton
哈密爾頓
St Catharines
聖凱瑟琳市
Niagara Falls
尼加拉大瀑布
Detroit
底特律
Windsor
溫莎
Fredericton
弗雷德里克頓
Saint John
聖約翰
Yarmouth
雅茅斯
Presque Isle
派斯克小島
Bangor
班戈
Augusta
奧古斯塔
Lewiston
路易斯登
Bar Harbor
巴港
Mt Desert I
Rockland
羅克蘭
Portland
波特蘭
Portsmouth
朴次茅斯
Burlington
Montpelier
Concord
Manchester
Nashua
Brattleboro
Lowell
Lynn
林恩
Cambridge
Boston
Worcester
Plymouth
普利茅斯
Provincetown
普羅溫斯敦
Cape Cod
Springfield
Pittsfield
Providence
Hartford
Waterbury
New Haven
Bridgeport
Newport
新港
New Bedford
新伯福
Nantucket I
Martha's Vineyard
瑪莎葡萄園島
Block I
Long Island
New York
紐約
Watertown
沃特敦
Rochester
羅徹斯特
Buffalo
水牛城
Utica
由提卡
Schenectady
Troy
Albany
Elmira
Binghamton
賓漢頓
Erie
伊利堡
Poughkeepsie
Scranton
Williamsport
威廉斯波特
Wilkes-Barre
Paterson
帕特森
Newark
紐華克
Allentown
艾倫城
Trenton
翠登
Philadelphia
費城
Harrisburg
Lancaster
York
Gettysburg
Camden
Pittsburgh
匹茲堡
Wilmington
Dover
多佛
Atlantic City
大城
Hagerstown
Baltimore
Annapolis
Cumberland
坎伯蘭
Washington, D.C.
華盛頓 D.C.
Delaware Bay
Chesapeake Bay
Delmarva Peninsula
德瑪瓦半島
Cleveland
克里夫蘭
Youngstown
揚斯敦
Akron
阿克倫
Wheeling
惠靈
Charleston
查爾斯敦
MICH.
OHIO
WEST VIRGINIA
VIRGINIA
KY.
40° N
45°
0
100
200
300 miles
480 km
懷俄明州
Wyoming
猶他州
Utah
Together, these two states are equal in size to the eleven northeastern states.
這東北 11 州加起來與這兩州一樣大。

NORTH AMERICA: NORTHEASTERN U.S. 北美洲：美國東北部

美國東北部的 11 州都曾是英國的十三個殖民地。其中六個新英格蘭州為康乃狄克州、緬因州、麻薩諸塞州、新罕布夏州、羅德島州與佛蒙特州。歷史還保留於這些地區的州名、紀念碑、學校、博物館及建築名稱。美國東北部以秋葉紛飛時的鮮明色彩聞名。紐約北部、佛蒙特州、新罕布夏州以及緬因州擁有漫長寒冷的冬天。

靠近新英格蘭區的中大西洋地區，包括紐約州、紐澤西州及賓夕法尼亞州，這些主要工業地區，為美國人口最集中處，從波士頓延伸至華盛頓連結而成的超大都市網。往南則是富有文化的德拉瓦州與馬里蘭州，過去曾擁有奴隸，在美國內戰時屬於南方邦聯，居民的忠誠與其他同屬北部聯邦的州完全不同。

東北方多數地區有山脈覆蓋，為古阿帕拉契山系的一部分，經長時間山頂已經被緩慢侵蝕撫平。唯一平地為馬里蘭州東部的大西洋海角平原、德拉瓦州以及紐澤西州東南方。往北，平原逐漸縮減為海灘與沙丘，到了緬因州形成陡峭的斷崖與海峽。

CONNECTICUT~A~ 康乃狄克州

佔地：12,963 平方公里。人口數：348 萬。首府：哈特福，約 12 萬人。經濟：飛機引擎、核能潛水艇、煙草、乳製品、保險。

康乃狄克河為新英格蘭地區最長的一條河，將佛蒙特州與新罕布夏州分開，往南流經麻薩諸塞州、康乃狄克州，最後流往長島海灣。在樹林茂密多丘陵的康乃狄克州，低窪、肥沃的河谷是昂貴煙草的生產地。康乃狄克州是促成美國內部及工業革命眾多發明與創新的發祥地。瓦特柏利附近的工業區被稱為「國家兵工廠」。哈特福成為保險業的重鎮已有兩百年。耶魯大學位於紐哈芬市，美國海岸警衛隊學院位於新倫敦市一個繁忙的海港。富裕的西南角是許多紐約客的家鄉。

DELAWARE~B~ 德拉瓦州

佔地：5292 平方公里。人口數：93 萬。首府：多佛，約 3.7 萬人。經濟：化學製品、家禽、食物加工品、漁業。

與馬里蘭州和維吉尼亞州都在德瑪瓦半島，為全美倒數第二小州，最寬處不到 56 公里。德拉瓦州是美國平均海拔最低的州。丘陵地帶位於北部的工業地區威爾明頓市（7 萬人），也是最大城，為美國杜邦化學公司總部，此化學巨擘在經濟與政治上主導德拉瓦長達兩世紀。威爾明頓市因規範商業的自由法條而聞名。許多位於其他地區的美國公司（前五百大的一半），都在德拉瓦註冊。1638 年，德拉瓦是瑞典的殖民地「新瑞典」，依序被荷蘭人和英國人統治，曾為賓夕法尼亞州的一部分。

MAINE~C~ 緬因州

佔地：86,076 平方公里。人口數：133 萬。首府：奧古斯塔，約 1.8 萬人。經濟：紙製品、海鮮、馬鈴薯、藍莓、船造業。

美國最東的緬因州，北半邊完全被加拿大環繞。緬因州是紙製品的主要製造地，有 90%被森林覆蓋，多數為紙廠擁有。每年夏天，成群結隊的訪客來到這如詩如畫、群岩環繞的海角。芒特迪瑟特島位於阿卡迪亞國家公園內，為新英格蘭區唯一的國家公園。緬因州的名稱由來是因為外海諸多島嶼，而其相對為「本土」（mainland）。繁忙港口波特蘭（6.6 萬人）是最大的海港。馬鈴薯為主要作物，著名的「緬因州龍蝦」為漁業的財富指標。

MARYLAND~D~ 馬里蘭州

佔地：27,096 平方公里。人口數：597 萬。首府：安那波里，約 3.8 萬人。經濟：貿易、電子產品、化學製品、食物加工品、菸草、家禽。口乞沙比克灣為豐富海鮮（特別是螃蟹、蛤與生蠔）的供應地，將馬里蘭州分為兩部分。東海岸為平坦、肥沃的蔬菜產地。較大的西海岸則人口密集，特別是靠近巴爾的摩與華盛頓特區附近。靠近阿帕拉契山脈，地形逐漸陡峭。巴爾的摩（82 萬人）是美國最忙碌的港口之一，也是貿易與製造業的中心，以綿延無盡的比鄰所建磚屋和大理石階梯而聞名。首府——安那波里，附近則是美國海軍學院所在地。馬里蘭州的北界曾被稱為梅森—迪克森線，將實行奴隸制度的南方各州與廢除奴隸制度的北方區隔開來。

MASSACHUSETTS~E~ 麻薩諸塞州

佔地：21,369 平方公里。人口數：674 萬。首府：波士頓，約 64 萬人。經濟：電子產品、精密工業、漁業、紡織、小紅梅產業。

麻薩諸塞州是商業、貿易、文化、工業、醫藥與教育的龍頭，大多產業都集中在大波士頓地區，為半數人口居住地。哈佛大學是美國最古老的大學，其他頂尖學院包括麻省理工學院，都位於劍橋。波士頓在 1630 年開發，為清教徒開拓者在科德角灣的普利茅斯岬登陸的 10 年後。殖民建築、博物館、紀念碑及名勝古蹟，明確反映這個地方過去的歷史。科德角灣半島、瑪莎葡萄園以及南塔克特列島，是大西洋海岸的避暑勝地。麻薩諸塞州已非衣料、紡織與鞋子的主要製造地，這些產業已經南移，進而移往國外，如今被電子和電機公司取代。

NEW HAMPSHIRE~F~ 新罕布夏州

佔地：24275 平方公里。人口數：132 萬。首府：康科德，約 4.2 萬人。經濟：木製品、電子產品、花崗岩、鞋、乳製品。口「花崗岩州」以多樣花崗岩遺跡聞名。新罕布夏州除了東南方的梅里馬克河沿岸聚落，首府康科德以及最大城曼徹斯特（11 萬人），之外其他地區幾乎全為山陵，海岸線很短，只有 21 公里，將馬薩諸塞州與緬因州分開。北方雄偉的白山山脈中的華盛頓峰（1917 公尺高），是美國東北最高的山。頂峰附近環繞著從不停歇的強風，曾經測得風速每小時高達 370 公里。

NEW JERSEY~G~ 紐澤西州

佔地：20,160 平方公里。人口數：893 萬。首府：翠登，約 8.4 萬人。經濟：化學製品、製藥、食物加工品、漁業。

「花園州」因其繁花盛開的溫室、果園以及物產豐饒的菜園得名。紐澤西州也是主要的工業州，為全國人口最密集的州，也是都市居民佔全州人口比例最高（95%）的州。許多居民通勤於費城與紐約之間。因此本州並沒有一個主要大城，紐華克（27 萬人）已為最大。紐澤西州是東北部的船運港口，紐約港為所有貨運交通的樞紐。大西洋城由於賭場性質，成為本州最受歡迎的海邊渡假聖地。

NEW YORK~H~ 紐約州

佔地：136,465 平方公里。人口數：840 萬。首府：奧爾巴尼，約 9.8 萬人。經濟：製造業、金融、貿易、衣物、農產品、乳製品。

雖然人口及製造輸出以加州領先，但紐約仍然是美國經濟與貿易的國家領導者。紐約市有「大蘋果」之稱，擁有 800 萬居民，如果不是全球的商業重鎮，也是美國商業重鎮。紐約是金融、貿易、時尚、廣告、出版、音樂、劇場及藝術的中心。商業的龍頭地位始於 1825 年伊利運河的啟用。運河連結摩和克與哈德遜河，使大湖區的中西部城市，能夠進入大西洋。荷蘭移民者原本將此地稱為「新尼日蘭」，並將此城市稱為「新阿姆斯特丹」，在曼哈頓下城地區興建城牆，防禦印地安人和英國人。「華爾街」如今是美國的金融中心。帝國大廈建於 1931 年，在世貿大樓雙子星大廈於 2001 年受到恐怖攻擊而倒塌後，再度成為紐約城最高的建築（391 公尺）。紐約郊區為農耕區。在加拿大邊界的尼加拉瀑布，尼加拉河以每年 2.5 至 8 公分的速率往伊利湖侵蝕。

PENNSYLVANIA~I~ 賓夕法尼亞州

佔地：119,151 平方公里。人口數：1,279 萬。首府：哈里斯堡，約 4.9 萬人。經濟：製造業、鐵與鋼、碳、食物加工品、乳製品與菇類。

建立者威廉．佩恩以宗教聖地為建設初衷。因位於其他十三個英格蘭殖民地中心，因此被稱為「磐石之州」。費城（155 萬人）是最大城，曾經是美國在殖民時期第一個首都及經濟、政治與文化中心。如今，仍然是主要河港及貿易、商業、文化以及教育中心。匹茲堡地區為巨型鋼、碳工業的心臟地帶。部分美國最富足的耕地位於東南地區——賓夕法尼亞州德裔區（因誤讀成為「荷」，實為「德」裔），為艾米許和門諾會的家鄉。

RHODE ISLAND~J~ 羅得島州

佔地：3,142 平方公里。人口數：105 萬。首府：普羅維登斯，約 17.8 萬人。經濟：珠寶、銀飾、紡織、家禽（羅德島紅雞）。

由於羅傑．威廉斯想要改革，而從麻薩諸塞州被流放至此，將羅德島建設為政治與宗教自由的聖地，信奉教會應和州治理分開，引起英國政府的不信任。羅德島是製造業的重要中心，以珠寶及銀飾聞名。擁有最大的工廠工人比例，只有 1%的居民為農民。群島分布的納拉甘西特灣為休閒區，占有本州很大比例。新港有美國最有名的為競賽遊艇、音樂祭及富麗堂皇的夏季房產。首府擁有超過 65%的人口。

VERMONT~K~ 佛蒙特州

佔地：24,870 平方公里。人口數：62 萬。首府：蒙彼利埃，約 7 千人。經濟：木製品、精密製造業、楓糖漿、花崗石、大理石、石棉、乳製品。

佛蒙特州是密西西比流域以東人口最少的州，都市人口比例也最低（30%）。伯靈頓（4.2 萬人）為最大城。湖與河是佛蒙特州主要的分界，為美國東北各州唯一不靠大西洋的州。「佛蒙特州」源自法語 ver mont，意指「翠綠山脈」。山上的採石場提供大多用以建造美國各城建築的花崗岩與大理石。廣大的森林提供許多產品，包括佛蒙特州最著名的純楓糖漿。

8
LAKE MICHIGAN
LAKE ERIE
Chicago 芝加哥
Cleveland 克里夫蘭
PENNSYLVANIA
費城
Philadelphia
NEW JERSEY
Pittsburgh 匹茲堡
0 100 200 300 400 miles
640 km
Wheeling 惠靈
MARYLAND
Potomac R.
Washington, D.C.
DEL.
Columbus 哥倫布
OHIO
Ohio R.
Morgantown
Clarksburg
Spruce Knob 4,862 ft. (1,482 m)
Arlington
Alexandria
Potomac R.
40° N
Indianapolis 印地安那波里
辛辛那提 Cincinnati
INDIANA
Ohio R.
Huntington
Charleston
Rappahannock R.
Chesapeake Bay
Cape Charles
ILLINOIS
Charlottesville
Richmond
路易斯維爾 Louisville
Frankfort
Lexington
New R.
James R.
Norfolk
Virginia Beach
St Louis 聖路易斯
Newport News
Portsmouth
Kitty Hawk
Owensboro 歐文斯伯勒
Mammoth Cave
Kentucky R.
Black Mtn. 4,145 ft. (1,263 m)
Roanoke 洛亞諾克
RIDGE MTS.
5,729 ft (1,747 m)
Kerr Res.
Mississippi R.
Ohio R.
Bowling Green
L. Cumberland
Green R.
Mt. Rogers
Roanoke R.
MISSOURI
L. Barkley
BLUE
Winston-Salem
Greensboro
Durham
Kentucky L.
Cumberland R.
Oak Ridge
Knoxville
Mt. Mitchell 6,684 ft (2,038 m)
Raleigh 羅里
Tar R.
Neuse R.
Pamlico S.
Clingmans Dome 6,643 ft. (2,025 m)
Tennessee R.
Asheville
Nashville
Great Smoky Mts. Nat'l Park
Charlotte
Fayetteville
ARKANSAS
曼非斯
Memphis
Chattanooga
Greenville
Cape Fear R.
Wilmington
Tennessee R.
Huntsville
Brasstown Bald 4,784 ft. (1,458 m)
Hartwell L.
Sassafras Mt. 3,554 ft. (1,084 m)
Florence
Pee Dee R.
Mississippi R.
Tennessee R.
加茲登 Gadsden
L. Sidney Lanier
Athens
Saluda R.
Columbia 哥倫比亞
Santee R.
L. Marion
Myrtle Beach
伯明翰 Birmingham
Atlanta
Clark Hill L.
Augusta
Chattahoochee R.
L. Sinclair
Charleston
Greenville
Tuscaloosa
Macon
Oconee R.
Savannah R.
ATLANTIC OCEAN*
大西洋
Yazoo R.
Big Black R.
Coosa R.
Columbus
Ocmulgee R.
Vicksburg
Flint R.
Savannah
Meridian
Montgomery
Altamaha R.
Jackson
Albany
Tombigbee R.
Alabama R.
Dothan
Valdosta
Okefenokee Swamp
Natchez
Pearl R.
Chattahoochee R.
Jacksonville
LOUISIANA
L. Seminole
塔拉赫西 Tallahassee
St. Augustine
Baton Rouge
Apalachicola R.
Suwannee R.
Gainesville
Mississippi R.
Biloxi
Gulfport
Mobile
Pensacola
Panama City
St. Johns R.
Daytona Beach
New Orleans
Orlando
Cape Canaveral
GULF OF MEXICO*
墨西哥灣
Tampa
Lakeland
St. Petersburg
Sarasota
Lake Okeechobee
Grand Bahama I.
W. Palm Beach
Ft. Myers
The Everglades
Ft. Lauderdale
BAHAMA ISLANDS
Miami
Bimini Is.
EVERGLADES NAT'L PARK
25° N
Dry Tortugas
Key West
FLORIDA KEYS
Andros I.
STRAITS OF FLORIDA

NORTH AMERICA: SOUTHEASTERN U.S.

北美洲：美國東南部

漫長而炎熱的夏季、溫和的冬季、充沛的降水，以及肥沃的土壤使美國東南部成為農作物主要產地。棉花、菸草及花生為指標性作物。南部包括德州、路易斯安那州、阿肯色州以及奧克拉荷馬州，曾是「棉花的國度」。第二次世界大戰後，產業重心轉移至製造業，北方的公司南移尋找便宜、不隸屬工會的勞力。新英格蘭紡織廠遷至更靠近棉花產地的地區。種族隔離政策的結束，消除了南方的汙名。冷氣空調的供應，進一步增長北方移民至此。唯有西部擁有較多成長。然而南部的傳統魅力，並沒有因工業化以及北方「洋基佬」而減少。

東南部各州擁有豐厚、成長速度快的軟木森林，生產美國40%的木材。除了佛羅里達半島，此地從阿帕拉契山脈向東傾斜，往下形成丘陵遍布的高地（皮蒙特地區），延伸至大西洋海岸的平坦平原。主要城市集中在皮蒙特地區因為河川奔流，提供水力發電。南方的河流，特別是密西西比河及其支流，在商業、農耕、休閒上扮演重要角色。此地區幾乎所有大湖都因興建水壩而形成。

華盛頓特區（或積哥倫比亞特區）是美國的首都，不屬於任何一州。華盛頓特區擁有當地自治政府，受議會管轄。位於波多馬克河的馬里蘭州側（因此曾屬於馬里蘭州），占地179平方公里，65萬人口。華盛頓都會區較大包括部分馬里蘭州與維吉尼亞州。

ALABAMA A 阿拉巴馬州

佔地：133,667 平方公里。人口數：484 萬。首府：蒙哥馬利，約 20 萬人。經濟：木材與紙業、鐵與鋼、棉花、花生、胡桃、黃豆、紡織。

當地富含鋼鐵製品（鐵、煤以及石灰岩）礦物，伯明翰市（21 萬人）成為南方鋼鐵與重工業中心。農耕業原本以棉花相關產業為主，由於蟲害（象鼻蟲）而受創。農民被迫多元發展，現今致力於各種作物耕植。這樣的轉變帶來財富與安穩，改建設象鼻蟲紀念碑以茲紀念。蒙哥馬利市為內戰期間南方聯盟的第一個首都。100 年後，成為促進人權運動。馬丁路德金發起之「聯合抵制公車運動」的發源地。亨茨維爾的馬歇爾太空飛行中心，在美國太空計劃中開發許多火箭與導彈。

FLORIDA B 佛羅里達州

佔地：151,939 平方公里。人口數：1,989 萬。首府：塔拉赫西，約 18 萬人。經濟：觀光、柑橘、牲畜、磷礦、蔬菜、甘蔗、電子產品。□佛羅里達州為狹長（720 公里）低平的半島，伸入副熱帶海洋中，是美國人口成長最快的州之一。溫和的氣候使作物可終年生長。退休人口使本州成為美國人口最老化的地區，大量觀光客帶著小孩到奧蘭多的迪士尼樂園、卡納維爾角的甘迺迪太空中心、聖奧古斯丁（1565 年第一個歐洲移民在美國的殖民聚落）、佛羅里達礁島群及埃弗格雷茲國家公園等地。埃弗格雷茲國家公園是一個沼澤密布的廣大地區，但土壤與水源則因建設熱潮而被覆蓋。南佛羅里達州因古巴移民，呈現邁阿密（41 萬人）的拉丁風情。佛羅里達州擁有龐大的柑橘產業，幾乎美國所有的冷凍柳橙汁都在此製造。美國大多數磷礦（肥料的主要原料）也在佛羅里達州開採。北佛羅里達為美國主要牧牛區。

GEORGIA C 喬治亞州

佔地：152,489 平方公里。人口數：1,010 萬。首府：亞特蘭大，約 44 萬人。經濟：木材、航空、大理石、棉花、菸草、黃豆、花生、家禽、桃子。

喬治亞州由英國國王喬治二世得名。是密西西比河以東最大州，也是成長最快的州之一。首為亞特蘭大市，是美國東南的商業、貿易、財經中心。豐富的樹種，特別是松樹，覆蓋 70%地區，製造世界一半的松脂品（焦油、樹脂、松節油）。喬治亞東南部為濕地與沼澤覆蓋的平地（奧克佛諾基沼澤地是野生動物居所）、海灣（狹窄的流流出口）及草原茂密的大草原。薩凡納是喬治亞州第三大城（14 萬人），也是歷史上重要的海港，未受內戰破壞，保有大量戰前建築。

KENTUCKY D 肯塔基州

佔地：104,662 平方公里。人口數：441 萬。首府：法蘭克福，約 2.7 萬人。經濟：煤礦、菸草、木材、波本威士忌、賽馬。

「青草之州」得名自大片的綠色青草丘陵地，為中北部人口集中區。肯塔基州多為丘陵高地，往西傾斜至密西西比河。肯塔基州培育最好的賽馬，製造極佳的波本威士忌，是美國第一煤礦區，也是第二大菸草製造地。主要觀光區為猛獁洞國家公園，世界最大的洞穴系統（480 公里）。路易斯維爾城（25 萬人）是最大城，為俄亥俄河重要的河港，也是肯塔基州賽馬會的家鄉。諾克斯堡為美國政府擁有的金塊儲藏地。

MISSISSIPPI E 密西西比州

佔地：123,494 平方公里。人口數：299 萬。首府：傑克遜，約 17 萬人。經濟：棉花、木材與紙業、海軍備品、黃豆。

密西西比州設立前，曾被法國、英國、西班牙治理。由於棉花生產，曾為最富裕的州之一，但由於南北戰爭的破壞，百年來漸漸復原。二次世界大戰前沒有工業發展，如今擁有全美最具展望的造林計劃，特別是密西西比河沿岸沖積土壤區（因洪水氾濫而堆積的土壤）及橫跨密西西比河與阿拉巴馬的「黑腰帶」地區（深色肥沃的土壤地帶），是肥沃的耕地。墨西哥灣地區是熱門觀光區，為蝦業的發源地。密西西比州的原始生活風貌曾被威廉．福克納寫成小說。

NORTH CAROLINA F 北卡羅萊納州

佔地：139,509 平方公里。人口數：994 萬。首府：洛里，約 43 萬人。經濟：菸草、紡織設備、木材及木製傢俱。□西部的藍嶺山脈的聖米歇爾山（2,038 公尺）為密西西比河以東的最高山。多丘陵、肥沃的派德蒙地區為主要人口聚集地，也是工業中心及菸草田。東部為草原、沼澤及大西洋沿岸平原。面海則為島嶼、沙洲及礁石，與佛羅里達州東海岸類似，但更險峻，沙洲的變化與海底礁石使許多船隻觸礁，哈特拉斯角因此被稱為「大西洋墓園」。稍北的基蒂霍克是沙洲的延伸，因萊特兄弟在 1903 年首度成功飛行而著名。

SOUTH CAROLINA G 南卡羅萊納州

佔地：80,580 平方公里。人口數：483 萬。首府：哥倫比亞，約 13 萬人。經濟：菸草、紡織、紙製品、化學製品。□查爾斯頓為本州第二大城（12 萬人），是 1670 年建立的忙碌港口，但依然能感受「老南方」的魅力與風情，從前殖民地主保留的英國貴族生活情調。由於決心維持奴隸制經濟，使南卡羅來納州成為第一個脫離聯邦的州（南北戰爭第一槍）。如今受惠於 12 條從西部「上州」沖刷至東部「下州」的河流，使水力發電興盛，工業經濟迅速擴張。首府哥倫比亞位於中心地帶，是上下州移民的緩衝區。

TENNESSEE H 田納西州

佔地：108,981 平方公里。人口數：654 萬。首府：納許維爾，約 65 萬人。經濟：化學製品、食物加工品、汽車、棉花、菸草、紡織。

田納西州因為田納西河，南流至阿拉巴馬州又回流，因此全州被切為三部分。田納西河谷管理局（TVA）沿著河岸建造 32 座水壩，設立蓄水池和湖水休閒區，並提供田納西州及其他七個鄰州的水力發電能源。棉花與黃豆為平坦肥沃的西部地區的主要作物。曼菲斯城位於密西西比河上方的斷崖區，是最大城兼忙碌的河港，納許維爾是首府兼第二大城，為美國鄉村音樂的重鎮（著名「大奧普里」音樂廳所在）。橡樹嶺是美國第一個核子反應爐的所在地，提供第一顆原子彈的原料。

VIRGINIA I 維吉尼亞州

佔地：105,716 平方公里。人口數：832 萬。首府：里奇蒙，約 21 萬人。經濟：化學製品、菸草、觀光、造船、紡織、食物、木材。

沃爾特．雷利爵士將維吉尼亞州以伊麗莎白女王一世命名，意指「處女女王」。維吉尼亞州的歷史可追溯至 1607 年建立詹姆士城，為當時北美洲第一個英格蘭殖民地。維農山莊與蒙蒂塞洛，以及前美國總統喬治華盛頓、湯瑪士傑佛遜的老家（本州也是其他六位美國總統的出生地）、阿靈頓國家公墓、藍嶺山脈、雪倫多亞河谷及許多內戰遺址（本州是主要戰地）皆為觀光景點。近海處為本州經濟要角。維吉尼亞海灘（44 萬人）為第一大城，諾福克郡（24 萬人）次之，是造船業及美國海軍設施中心。

WEST VIRGINIA J 西維吉尼亞州

佔地：62,629 平方公里。人口數：185 萬。首府：查爾斯頓，約 5 萬人。經濟：煤礦、鐵與鋼、木材、化學製品、玻璃器具、大理石。□西維吉尼亞州大部分的人口及製造業中心，皆靠近俄亥俄河。與其他州比較，西維吉尼亞州有更大的比例的山巒覆蓋。是密西西比河東部海拔最高的州。崎嶇的地形孕育高度自主意識的居民。1859 年，約翰．布朗在哈珀斯費里（現為國家公園）帶領反奴隸制度抗爭行動。內戰開打時，強烈反對奴隸制度的西維吉尼亞州居民，與倡行分離主義的維吉尼亞州切割，建立自己的州，加入聯邦政府。西維吉尼亞州的經濟大多仰賴煤礦開採及工業生產。由於工業開採和林木砍伐，破壞許多美景，現今已著手進行自然修復工作。

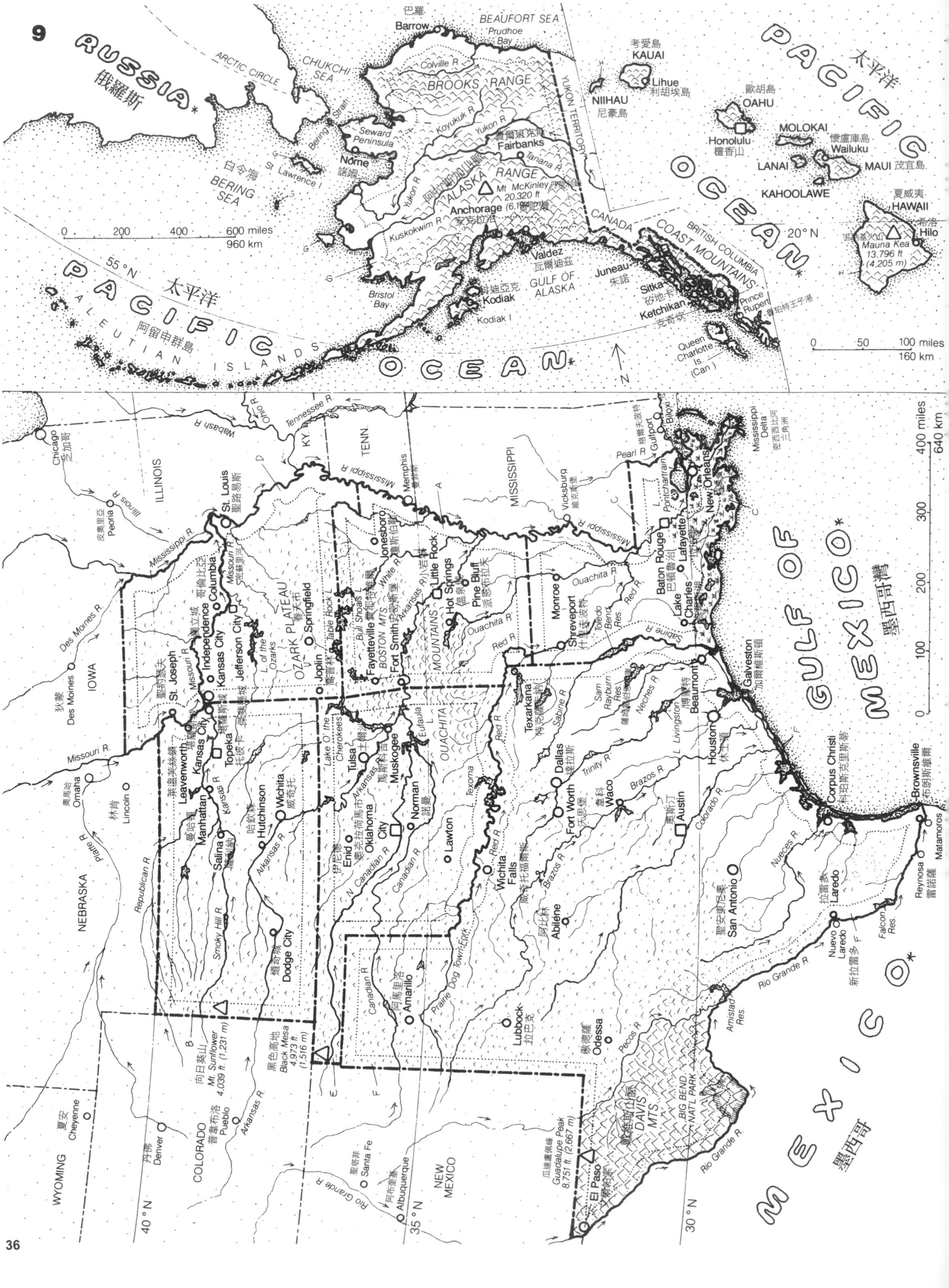
RUSSIA
俄羅斯
ARCTIC CIRCLE
CHUKCHI SEA
BEAUFORT SEA
Barrow
巴羅
Prudhoe Bay
Colville R
BROOKS RANGE
YUKON TERRITORY
Bering Strait
Seward Peninsula
Nome
諾姆
Koyukuk R
Yukon R
Fairbanks
費爾班克斯
Tanana R
ALASKA RANGE
阿拉斯加山脈
Mt McKinley 麥金利山
20,320 ft
(6,194 m)
Anchorage
安克拉治
St Lawrence I
BERING SEA
白令海
Kuskokwim R
0 200 400 600 miles
960 km
55° N
PACIFIC OCEAN
太平洋
ALEUTIAN ISLANDS
阿留申群島
Bristol Bay
Kodiak
科迪亞克
Kodiak I
Valdez
瓦爾迪茲
GULF OF ALASKA
CANADA
Juneau
朱諾
Sitka
矽地卡
Ketchikan
克奇坎
COAST MOUNTAINS
BRITISH COLUMBIA
Prince Rupert
魯珀特王子港
Queen Charlotte Is. (Can)
N
KAUAI
考愛島
Lihue
利胡埃島
NIIHAU
尼豪島
OAHU
歐胡島
Honolulu
檀香山
MOLOKAI
摩洛凱島
Wailuku
懷盧庫島
LANAI
MAUI
茂宜島
KAHOOLAWE
HAWAII
夏威夷
20° N
Hilo
希洛
Mauna Kea
毛納基火山
13,796 ft
(4,205 m)
0 50 100 miles
160 km
PACIFIC OCEAN
太平洋
Chicago
芝加哥
ILLINOIS
Wabash R
Ohio R
Tennessee R
KY.
TENN.
Mississippi R
Memphis
孟菲斯
MISSISSIPPI
Pearl R
Gulfport
Biloxi
Mississippi Delta
密西西比河三角洲
St. Louis
聖路易斯
Illinois R
Peoria
皮奧里亞
Vicksburg
維克斯堡
L Pontchartrain
New Orleans
Baton Rouge
巴頓魯治
Lafayette
Jonesboro
Little Rock
小岩城
Pine Bluff
派恩布拉夫
Hot Springs
White R
Arkansas R
Monroe
Ouachita R
Red R
Shreveport
什里夫波特
Toledo Bend Res.
Sabine R
Lake Charles
Galveston
加爾維斯頓
Beaumont
Houston
休士頓
Corpus Christi
科珀斯克里斯蒂
Brownsville
布朗斯維爾
Matamoros
GULF OF MEXICO
墨西哥灣
Des Moines R.
Des Moines
狄蒙
IOWA
Missouri R.
Columbia
哥倫比亞
Jefferson City
Independence
Kansas City
St. Joseph
Springfield
OZARK PLATEAU
L. of the Ozarks
Table Rock L.
Bull Shoals L.
BOSTON MTS.
Joplin
Fayetteville
Fort Smith
Texarkana
OUACHITA MOUNTAINS
Sam Rayburn Res.
Neches R
L Livingston
Omaha
奧馬哈
Lincoln
林肯
NEBRASKA
Platte R
Leavenworth
Topeka
Manhattan
Kansas R
Salina
Hutchinson
Wichita
Tulsa
Lake O' the Cherokees
Muskogee
Eufaula L
Oklahoma City
Norman
Lawton
Enid
N Canadian R
Canadian R
Dallas
Fort Worth
Waco
Trinity R
Brazos R
Austin
Colorado R
San Antonio
Nueces R
Laredo
Nuevo Laredo
Reynosa
Falcon Res.
Rio Grande R
Wichita Falls
Red R
L Texoma
Abilene
Republican R.
Smoky Hill R.
Arkansas R
Dodge City
Amarillo
Prairie Dog Town Fork
Lubbock
Odessa
Pecos R
Amistad Res.
MEXICO
墨西哥
DAVIS MTS.
BIG BEND NAT'L PARK
Mt. Sunflower
4,039 ft. (1,231 m)
Black Mesa
4,973 ft.
(1,516 m)
WYOMING
Cheyenne
COLORADO
Denver
Pueblo
NEW MEXICO
Santa Fe
Albuquerque
Rio Grande R
Guadalupe Peak
8,751 ft. (2,667 m)
El Paso
40° N
35° N
30° N
0 100 200 300 400 miles
640 km

NORTH AMERICA: SOUTHCENTRAL U.S.

北美洲：美國中南部、阿拉斯加與夏威夷

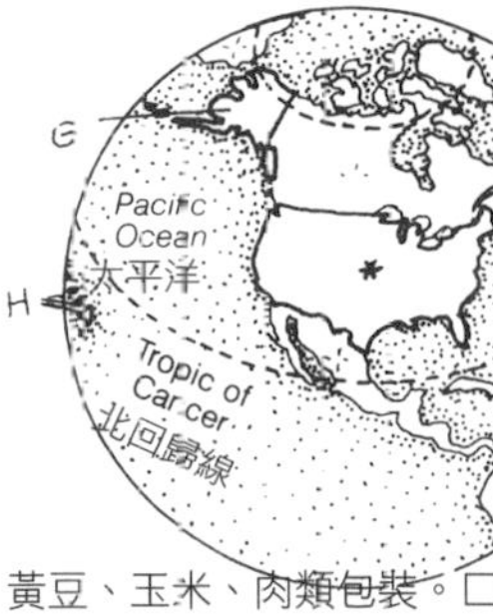

上圖所示的六個州，堪薩斯州與密蘇里州通常被劃為中西部，其他四州則歸為南部，內戰斯間皆屬於南方聯盟。奧克拉荷馬州為印第安保留區，仍常有抗爭。

石油是推動德州、奧克拉荷馬州及路易斯安那州經濟的主要因素，天然氣產量的重要性也日漸提升。阿拉斯加北方海岸發現豐富的石油儲量，成為主要的石油產地。各州經濟逐漸受國際石油價格影響。

ARKANSAS A 阿肯色州

佔地：137,537 平方公里。人口數：296 萬。首府：小岩城，約 19 萬人。經濟：木材、稻米、肉雞、石油、天然氣、礬土。□阿肯色州以自然風景（特別是天然溫泉）與戶外活動聞名。有超過 40 座療癒性溫泉，每年吸引數百萬觀光客。溫泉位於溫泉國家公園，多數位於城內。阿肯色州的稻米與肉雞產量，帶領當地發展。擁有美洲唯一鑽石礦山，觀光客可以無條件帶走任何他們發現的鑽石！東北部密西西比河沿岸則富含沖積土壤資源，奧索卡地區也有肥沃的田地。阿肯色州是美國鄉村人口最高的州之一。

KANSAS B 堪薩斯州

佔地：212,900 平方公里。人口數：290 萬。首府：托彼卡，約 12 萬人。經濟：小麥、牛隻、石油、天然氣、航空。□本州為美國小麥主要製造地，擁有一段極富西部色彩的歷史，牛仔、神槍手、酒吧與馬車。位於阿比林市和道奇城的火車終點站，是德州運送牛隻的最末站。就地理位置而言，堪薩斯州靠近內布拉斯加州的邊界，為美國本土 48 州中心。人口主要集中於本州東半部，富含沖積土壤，降雨量充足。西部則較為乾燥，林地稀疏，地勢由平坦逐漸向落磯山脈山腳升至 1220 公尺高。自 1930 年起土地保護、灌溉、水壩與蓄水池，改善了堪薩斯州的乾燥情況。威奇托城為本州最大城（38 萬人），也是本州首屈一指的私人飛機製造地。

LOUISIANA C 路易斯安那州

佔地：125,575 平方公里。人口數：465 萬。首府：巴頓魯治，約 22 萬人。經濟：石油與天然氣、化學製品、鹽、硫磺、黃豆、糖、蝦。□密西西比河的淤泥（懸浮在水中的土粒），構成廣大的三角洲，為了防止洪水，河岸築起大片堤防。本州的墨西哥灣沿岸有數百個支流、島嶼、沙洲、淺灘與沼澤，孕育大批鵜鶘和白鷺，也是北美洲野鴨、野鵝的冬季棲息地。紐奧良市（37 萬人）是最大城，位於墨西哥灣上方，為船運中心，也因高級餐廳、「舊世界」建築、街頭藝術、迪克西蘭爵士樂與 Mardi Gras 嘉年華會，成為美洲最受歡迎的觀光地區之一。本州另一個「異國」風貌為當地的民法體系，根據拿破崙拿破崙法典制定。多數南半部居民為卡津（Cajun）及克裡奧爾（Creole）族裔，多信仰羅馬天主教。卡津族人為早期新斯科舍加拿大移民的後裔，母語為法語方言和英文。克裡奧爾族則為法國或西班牙血統。本州北方早期則由白種盎格魯薩克遜人開拓，因此南北路易斯安那州的民族有所不同。

MISSOURI D 密蘇里州

佔地：180,345 平方公里。人口數：606 萬人。首府：傑弗遜城，約 43 萬人。經濟：運輸設備、鉛、黃豆、玉米、肉類包裝。□密蘇里州位居中心，便於進入美國最大河流的地理位置，曾是 19 世紀貿易與運輸的中心。在獨立期間，通往西部聖塔菲與奧勒岡的路徑由此開始。快馬郵遞負責美國西半部的郵務，範圍從密蘇里州西部邊界的聖喬瑟夫城至加州。美國最高的紀念碑位於靠近密西西比河上游的聖路易斯城（31 萬人）。大拱門高 192 公尺。大拱門是為了彰顯曾為歷史上的西部入口而設立。聖路易斯城與堪薩斯城（46 萬人）是主要航空、鐵路及貨運中心，為重要內陸運輸城。密蘇里州是運輸設備的大製造地，有汽車、飛機、火車、公車及航空設備。奧札克高地區為受歡迎的休閒區，也是美國最大的鉛礦開採工業區。

OKLAHOMA E 奧克拉荷馬州

佔地：180,953 平方公里。人口數：387 萬。首府：奧克拉荷馬市，約 61 萬人。經濟：石油與天然氣、牛隻、小麥。□「奧克拉荷馬」原為印第安語，意指「紅人的領土」。但第一聲槍響在 1889 年引爆，白人移民老展開大規模土地掠奪，印第安人失去了大部分土地權。搶在 1889 年前宣誓土地擁有權的人，稱為 Sooner，意指捷足先登的移民，如今這個暱稱包括所有奧克拉荷馬州人。本州隨處可見石油開採機器，甚至奧克拉荷馬市首府前的草皮上也可以看見。土爾沙（39 萬人）是第二大城，稱為「世界的石油首都」。隨著無數阿肯色河探勘計劃展開，開啟通往密西西比河的交通，土爾沙成為重要的內陸河港。草地提供大型牛肉產業發展，造成土壤貧脊。1930 年代乾旱的影響，以及數以千計的「俄克拉荷馬農夫移民」被寫入約翰．史坦貝克《憤怒的葡萄》書中。

TEXAS F 德州

佔地：691,872 平方公里。人口數：2,696 萬。首府：奧斯汀，約 88 萬人。經濟：石油與天然氣、牛隻、棉花、硫磺、機械、電子產品。□阿拉莫是一座聖安東尼奧教堂，紀念被墨西哥軍隊殲滅的德州革命者（包括吉姆．鮑威和大衛．克拉克）。1836 年，「永懷阿拉莫」的團結號召，帶領德州軍隊迎向勝利，脫離墨西哥獨立，九年後正式成為美國一州。如今阿拉斯加州已經取代德州成為美國面積最大的州，但德州仍以在石油、天然氣、硫磺、柏油及石膏，居美國第一地位而自豪。德州擁有大片牧場與農田，孕育牛隻、馬匹、綿羊、山羊以及棉花，著名的金氏牧場面積甚至比羅德島還要大。德州的生產總值位居美國第三，僅次於加州與紐約州。休士頓（219 萬人）為主要港口，是貿易和製造業中心。約翰遜太空中心就在達拉斯城（125 萬人）附近，與沃斯堡城（79 萬人）同為石油、銀行業以及保險業的心臟地帶，是人口集中區，形成美國最大都會區之一。

ALASKA G 阿拉斯加州

ALASKA & HAWAII

佔地：1,517,603 平方公里。人口數：73 萬。首府：朱諾，約 3.2 萬人。經濟：石油、天然氣、木材、漁業、黃金。□阿拉斯加是阿留申語，意思是「偉大的土地」。為德州的兩倍大，海岸線比美國所有州加起來還要長，擁有北美洲最高山（丹奈利峰 6,194 公尺）。1867 年，當時美國國務卿西華德向國會施壓，要求以 720 萬美金買下這塊「俄國的美國」。儘管一英畝只要兩分錢（一公頃五分錢），這項交易被戲稱為「西華德的蠢事」。美國與俄國以 80 公里長的白令海峽為界。這是一個幾乎寸草不生，但富含未開採礦物與天然資源的地區，是美國防禦的最前線。冬季只有南部及東南部，與其他美國北部城市有相似的溫和氣候，其他地區都非常嚴寒。朱諾為本州首府，臨近英屬哥倫比亞，只能藉由航空或海運抵達。巴羅城位於北冰洋海岸貧脊之地，是世界最大的因紐特人聚落。1968 年，巴羅城東方的普陀灣發現大量石油。為了將石油運輸到瓦爾迪茲城（位於阿拉斯加海峽威廉王子灣），興建了一條長 1280 公里的管線，1989 年發生了慘烈的石油外洩事件。阿拉斯加州最糟的天氣與最宜人的風景都在阿留申群島，群島向西延伸 2720 公里長。二次大戰期間，日本軍隊佔領其中最外側的兩座島，這也是日軍唯一入侵北美洲的地區。

HAWAII H 夏威夷州

佔地：16,706 平方公里。人口數：142 萬。首府：檀香山，約 37 萬人。經濟：軍用品、觀光、鳳梨、糖。□完全由火山造成，夏威夷州由 130 座中太平洋島嶼組成，群島分布 2400 公里，相當於舊金山和紐約之間的距離。西元前 750 年左右，玻利尼西亞人從東南亞移居到此。1778 年，英國探險家詹姆士．庫克發現此地，命名為三明治群島。夏威夷較其他州擁有最多元的族群，包括極高比例的亞洲人（58%）。夏威夷人主要居住在五個大島，跟隨阿拉斯加州在 1959 年成為美國第 50 州。美好的天氣、副熱帶環境、天生好客及輕航機旅遊，使觀光商機崛起。位於歐胡島上的檀香山，是商業中心，擁有本州三分之一人口。珍珠港同樣位於歐胡島，為海港及海軍基地，在 1941 年被日本襲擊，美國因此加入第二次世界大戰。「大島」由五座火山組成，其中兩座仍在活動。茂宜島是世界最寬的休火山口（11.2 公里）。最翠綠的島——可愛島，山頂是地球最潮溼的地方，平均年降雨量可達 1168 公分。

10

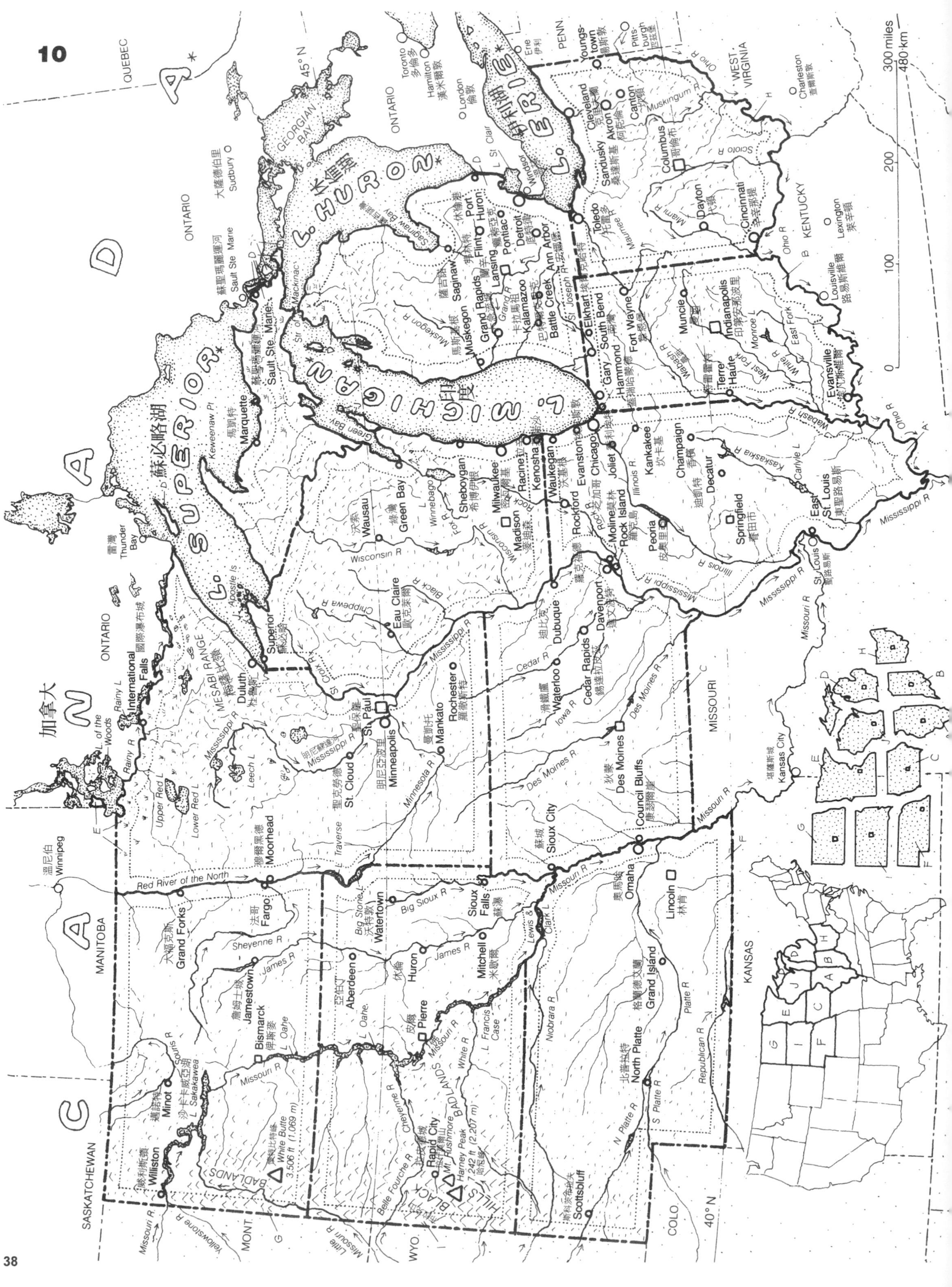

CANADA
加拿大
SASKATCHEWAN
MANITOBA
ONTARIO
QUEBEC
MONT.
WYO.
COLO.
KANSAS
MISSOURI
KENTUCKY
WEST VIRGINIA
PENN.
40° N
45° N
L. SUPERIOR
蘇必略湖
L. MICHIGAN
L. HURON
L. ERIE
伊利湖
GEORGIAN BAY
Winnipeg
溫尼伯
Thunder Bay
International Falls
國際瀑布城
Duluth
Superior
Marquette
Sault Ste. Marie
Sudbury
Toronto
多倫多
Hamilton
London
Williston
Minot
Bismarck
Jamestown
Grand Forks
Fargo
Moorhead
Aberdeen
Huron
Pierre
Mitchell
Rapid City
Sioux Falls
Watertown
Sioux City
Omaha
Lincoln
Grand Island
North Platte
Scottsbluff
Council Bluffs
Des Moines
Waterloo
Cedar Rapids
Davenport
Dubuque
Rochester
Mankato
Minneapolis
St. Paul
St. Cloud
Eau Claire
Wausau
Green Bay
Sheboygan
Milwaukee
Madison
Racine
Kenosha
Waukegan
Evanston
Chicago
Rockford
Rock Island
Moline
Peoria
Springfield
Decatur
Champaign
Kankakee
Joliet
St. Louis
East St. Louis
Kansas City
Gary
Hammond
South Bend
Elkhart
Fort Wayne
Muncie
Indianapolis
Terre Haute
Evansville
Louisville
Lexington
Cincinnati
Dayton
Columbus
Toledo
Sandusky
Cleveland
Akron
Canton
Youngstown
Pittsburgh
Charleston
Detroit
Windsor
Ann Arbor
Battle Creek
Kalamazoo
Lansing
Flint
Pontiac
Port Huron
Saginaw
Grand Rapids
Muskegon
Erie
Mackinac
Saginaw Bay
Green Bay
Keweenaw Pt
Apostle Is
MESABI RANGE
BADLANDS
BLACK HILLS
White Butte
3,506 ft (1,069 m)
Harney Peak
7,242 ft (2,207 m)
Mt. Rushmore
L. Sakakawea
L. Oahe
L. Francis Case
L. of the Woods
Rainy L
Upper Red L
Lower Red L
Leech L
L. Traverse
L. Winnebago
Red River of the North
Missouri R.
Mississippi R.
Yellowstone R
Ohio R
Wabash R
Illinois R.
Wisconsin R
Des Moines R
Platte R
Minnesota R
300 miles
480 km

NORTH AMERICA: NORTHCENTRAL U.S. 北美洲：美國中北部

由堪薩斯州與密蘇里州（地圖 9）鄰州，組成美國中西部，是世界最物產豐饒的農耕區之一。居中的地理位置，使中北部各州的交通得以連接主要河流（密西西比河、密蘇里河、俄亥俄河）、五大湖區以及聖羅倫斯海道，還有延伸的鐵路及公路網絡。這些州的下半部組成「玉米帶」。生產美國用以餵養牛隻的高價值玉米，這些牛隻在屠宰前被送到這裡加肥。小麥是人類最重要的食用穀物之一，生長在此區西部。靠北部的州以「春麥」為主，靠南則為「冬麥」。除了這兩道「麥帶」，還有一條「乳製品帶」橫跨中北部。威斯康辛州，乳製品的佼佼者，四個密西西比河以東的州，為農產品生產者，同時也是工業發電廠所在。這些州座落於北明尼蘇達州、威斯康辛州及密西根州的鐵礦儲藏區、東部的阿帕拉契山脈煤礦儲藏區之間。加拿大聖羅倫斯海道完成後，開闢通往大西洋的通路（地圖 6），大湖區各洲間的商務因而擴張至國際貿易。除了北明尼蘇達州、威斯康辛州以及密西根州，此區域樹木稀少，大多為陡峭的丘陵或平坦的草原，向西延伸，漸漸升高至 1524 公尺。

ILLINOIS A 伊利諾州

佔地：145,963 平方公里。人口數：1228 萬。首府：春田市，約 1.7 萬人。經濟：玉米、黃豆、重型機械、食物加工品、豬、煤礦、電子產品。□伊利諾州為農業及工業的代表州，主要生產玉米、黃豆、肉類產品，提供耕地、道路建造設備和柴油引擎。芝加哥（300 萬人）是美國最大的運輸港口，由航空、船運、鐵路、貨運及巴士總站，較其他北美城市處理更多乘客和船運。隨著聖羅倫斯海道的啟用，芝加哥成為世界最忙碌的內陸河港，是中西部貿易、金融以及文化中心。110 層樓高的希爾斯塔，曾為世界最高（443 公尺），歐海爾機場則為世界最忙碌的機場。本州超過 60%人口居住在大芝加哥地區。費米國立加速器實驗室是原子研究的先驅，位於巴達維亞市郊。伊利諾州幾乎全部被水包圍：密西根湖、密西西比河、伊利諾河、俄亥俄河、沃巴什河。

INDIANA B 印第安那州

佔地：93,893 平方公里。人口數：659 萬。首府：印第安那波里斯，約 82 萬人。經濟：煤礦、鐵與鋼、電子與食物加工品、玉米、黃豆、豬、石灰岩。□土地大小排名美國第三十八，印第安那州在農業和工業方面是數一數二。密西根湖沿岸 80km 長的蓋瑞哈蒙德，是世界最大的工業區，為鋼鐵、化學製品、石油精煉、普通製造業的心。印第安那波里是首府及商業中心，是各州貨運路線的牲口供應集樞紐。印第安那波里是著名 Indianapolis 500 賽車的發源地。聖母大學位於南灣市。附近的埃爾克哈特，為樂團與管弦樂器的主要生產地。運用在國家建築的石灰岩，都來自印州南部的採石場。

IOWA C 愛荷華州

佔地：145,693 平方公里。人口數：310 萬。首府：狄蒙，約 20 萬人。經濟：玉米、豬、黃豆、食物加工品、農耕機具。□在藝術家格蘭特·伍德的畫作中，金光閃閃、輕緩起伏的山丘，反映出豐饒的農業。由於過去冰河活動，造成的深層、肥沃的表土，佔有美國 25%最好的農耕地。雖然佔地與人口數為中型，愛荷華州在食物加工品生產僅次於加州。與伊利諾州輪流擔任主要玉米供應者。豬隻供應第一、黃豆生產第二，牛隻飼育則與其他州並駕齊驅（美國大多牛隻在宰殺前會被送到此地進行「玉米飼育」）。四分之一的食物產量外銷至海外。

MICHIGAN D 密西根州

佔地：150,731 平方公里。人口數：991 萬。首府：蘭辛，約 11.4 萬人。經濟：汽車、機械、鐵礦、食物處理、鹽以及觀光。□受到五大湖中的四座湖包圍，密西根州全區幾乎都有湖岸線，由兩半島組成，形似拳擊手套的較大半島，擁有多數人口、工廠以及農田，僅 3%人口住在富含鐵礦的上方半島上。頂端是世界最忙碌的運河之一：蘇聖瑪麗運河，連結蘇必略湖及休倫湖。北方的森林（擁有超過 10000 座湖泊）和延伸的湖岸線，讓密西根州成為美國數一數二的休閒區。與其他類似地區比較，弗林特、蘭辛及龐蒂克的汽車與卡車，在底特律（68 萬人）製造。在穀物處理方面，巴特爾克里克以製作早餐穀片聞名。美國許多淡水魚產自密西根州的內陸魚塭。

MINNESOTA E 明尼蘇達州

佔地：218,514 平方公里。人口數：545 萬。首府：聖保羅，約 29 萬人。經濟：乳製品、穀物、鐵礦、木材、電子產品。□印第安語的「明尼蘇達」意指「天藍的水」，如實呈現這片擁有許多河流、川流、沼澤、瀑布以及超過 15000 座湖泊的土地。冰河活動將全州大部份地區侵蝕平坦，東北方富含鐵礦的蘇必略丘陵（平緩岩質的加拿大盾地的一部份）起伏不大。此區的梅薩比嶺，是世界最大的露天採礦場，已開採鐵礦超過 80 年。雖然高等級的礦物已經採盡，新科技的使用則可持續開採次級礦物。礦物與木材和穀物一起，從五大湖區最忙碌的兩個港口：杜魯斯與蘇碧略（威斯康辛州）運出。半數人口（包含美國最多的斯堪地那維亞人）住在雙子市明尼亞波里（40 萬人）與聖保羅市，為商業與文化的現代中心。著名的梅約診所位於羅徹斯特。穀物與乳製品為明尼蘇達州贏得「麵包與奶油之州」的美名。

NEBRASKA F 內布拉斯加州

佔地：200,270 平方公里。人口數：188 萬。首府：林肯，約 26 萬人。經濟：小麥、玉米、牛隻、豬、食物加工品、紫花苜蓿、石油。「玉米脫殼隊之州」在玉米產量排名第三，紫花苜蓿產量排第一、牛產量排第二（次於德州）。幾乎 95%的土地為農耕用地。玉米田座落於本州較潮溼的東半部，小麥與牛隻則在西半部。整個州種植許多種類的飼牛糧草。最大城－奧馬哈市（43 萬人），為主要牲口交易中心及金融保險業的樞紐。內部拉斯加美國唯一一個一院制的州，議員遴選不需黨派推派。19 世紀時，內部拉斯加人為許多西部拓荒者提供服務。著名的奧勒岡州通道，沿著普拉特河和北普拉特河綿延。

NORTH DAKOTA G 北達科他州

佔地：183,042 平方公里。人口數：73 萬。首府：俾斯麥，約 6.7 萬人。經濟：石油、褐煤礦、小麥、麻布、向日葵種子、大麥、燕麥。在這人口稀疏的州，只有四個城市擁有超過 2.5 萬居民，法哥市為最大城（9 萬人）。氣候變化極大，很酷熱、充滿沙塵的夏季到嚴寒、冰雪暴的冬季，使人口幾乎沒有成長。北達科他州是美國數一數二的褐煤（一種軟煤礦）、春麥與硬麥（後者用於製作義大利麵）、向日葵種子與大麥的產地。煤礦與石油藏量在崎嶇的西部地區開採。狹窄的紅河河床，位於東部邊界，肥沃古河床令人讚嘆，19 世紀時挪威人與德國人移居至此。建在密蘇里河上的蓋瑞森水壩造就了沙卡卡威亞湖，長 285 公里。

OHIO H 俄亥俄州

佔地：106,739 平方公里。人口數：1,159 萬。首府：哥倫布市，約 82 萬人。經濟：機械、航空零件、鐵與鋼、煤礦、橡膠製品、玉米、黃豆。□除了適度的土地大小，俄亥俄州的戰略位置、煤礦藏量及肥沃的土壤，成為主要的工業與農業大州。在橡膠製品、機械工具、鐵與鋼、航空零件、普通製造業、玉米、黃豆與豬隻產業方面，都不遜於其他領先州。本州又稱「七葉樹州」，由於農耕進行整地前，土地被七葉樹覆蓋。克里夫蘭市（39 萬人）人口低於首都哥倫布市（82 萬）。位於俄亥俄河的辛辛那提市，吸引印第安那州與肯塔基州的通勤者與經商者。

SOUTH DAKOTA I 南達科他州

佔地：199,648 平方公里。人口數：85 萬。首府：皮爾，約 1.3 萬人。經濟：食物處理、觀光、小麥、牛隻、綿羊、黃金。□觀光是僅次於農業的最大產業。觀光客造訪黑山（洛基山脈東部最高的山）、惡地國家公園（沙漠中怪異的岩石、泥土地形），拉什莫爾山上的總統石像（華盛頓、林肯、傑佛森與羅斯福）。戴德伍德城曾經是西部開發前線最目無法紀的城市，也是淘金者、賭徒、舞女、神槍手的聖地。黑山仍可開採黃金，也是蘇族印第安人的精神家鄉，在 1870 年代被入侵的採礦者驅逐。因為土地被掠奪，蘇族印第安人後裔已經獲得國會的補償。本州缺乏管理，只有三個城市超過 2.5 萬人口，蘇瀑城為最大城（16 萬人）。密蘇里河將本州分成高低不平的西部，以及平坦、肥沃的東部。1930 年代，密蘇里河上四個大水壩的建造，創造了灌溉、水力發電的資源。

WISCONSIN J 威斯康辛州

佔地：145,386 平方公里。人口數：575 萬人。首府：麥迪遜，約 24 萬人。經濟：乳製品、引擎、渦輪、食物、紙、啤酒。□威斯康辛州被稱為美國牛奶場，生產美國 40%的起司，但主要經濟收入來自工業：紙製品、船隻外部與大型除草機的引擎、啤酒釀造及食物處理。北部的北密西根州半島，為受歡迎的休閒區。過去曾經大量伐木，如今極為成功的造林計劃，重整覆蓋半個州的威斯康辛森林。密爾瓦基城（59 萬人）為最大城，是工業中心，美國啤酒釀造重鎮，也是最大德裔美國人社區。德國式幼兒園於 100 年前引進美國，建立在威斯康辛州小村落中。威斯康辛州是社會福利最進步的州，有立法保障就業、醫療等福利。

11

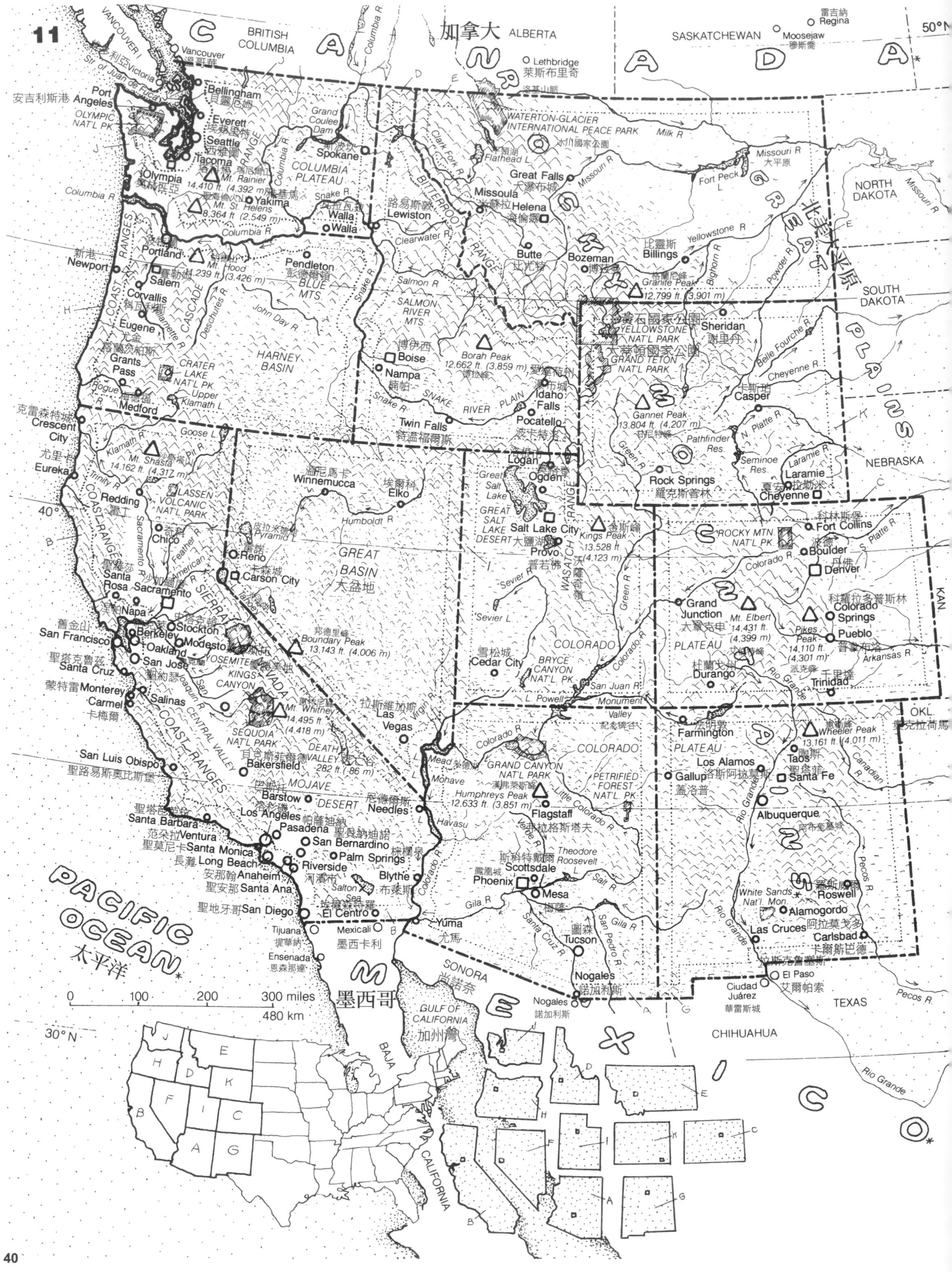
CANADA
加拿大
BRITISH COLUMBIA
ALBERTA
SASKATCHEWAN
Vancouver
Victoria
Lethbridge
萊斯布里奇
Moosejaw
Regina
雷吉納
50° N
Bellingham
Port Angeles
安吉利斯港
OLYMPIC NAT'L PK.
Everett
Seattle
Tacoma
Olympia
Spokane
Grand Coulee Dam
COLUMBIA PLATEAU
Mt. Rainier 14,410 ft. (4,392 m)
Mt. St. Helens 8,364 ft. (2,549 m)
Yakima
Walla Walla
Lewiston
Columbia R.
Snake R.
WATERTON-GLACIER INTERNATIONAL PEACE PARK
Flathead L.
Milk R.
Missouri R.
Fort Peck L.
Great Falls
Missoula
Helena
Butte
Bozeman
Billings
Yellowstone R.
Granite Peak 12,799 ft. (3,901 m)
NORTH DAKOTA
SOUTH DAKOTA
GREAT PLAINS
北美大平原
ROCKY MTS.
Portland
Mt. Hood 11,239 ft. (3,426 m)
Newport
Salem
Corvallis
Eugene
CASCADE RANGE
COAST RANGES
Pendleton
BLUE MTS.
SALMON RIVER MTS.
Boise
Nampa
Borah Peak 12,662 ft. (3,859 m)
SNAKE RIVER PLAIN
Idaho Falls
Pocatello
Twin Falls
HARNEY BASIN
CRATER LAKE NAT'L PK.
Grants Pass
Medford
Upper Klamath L.
YELLOWSTONE NAT'L PARK
GRAND TETON NAT'L PARK
Sheridan
Casper
Gannet Peak 13,804 ft. (4,207 m)
Pathfinder Res.
Seminoe Res.
Rock Springs
Laramie
Cheyenne
NEBRASKA
Crescent City
Eureka
Mt. Shasta 14,162 ft. (4,317 m)
Goose L.
Redding
LASSEN VOLCANIC NAT'L PARK
Chico
40°
Winnemucca
Elko
Humboldt R.
Pyramid L.
GREAT BASIN
大盆地
Reno
Carson City
L. Tahoe
Logan
Ogden
Great Salt Lake
GREAT SALT LAKE DESERT
Salt Lake City
Provo
Kings Peak 13,528 ft. (4,123 m)
WASATCH RANGE
Sevier L.
Fort Collins
ROCKY MTN. NAT'L PK.
Boulder
Denver
Grand Junction
Mt. Elbert 14,431 ft. (4,399 m)
Colorado Springs
Pikes Peak 14,110 ft. (4,301 m)
Pueblo
Arkansas R.
Durango
Trinidad
KAN.
Santa Rosa
Sacramento
Napa
Stockton
San Francisco
Berkeley
Oakland
Modesto
San Jose
Santa Cruz
Monterey
Carmel
Salinas
SIERRA NEVADA
YOSEMITE
KINGS CANYON
Boundary Peak 13,143 ft. (4,006 m)
Mt. Whitney 14,495 ft. (4,418 m)
SEQUOIA NAT'L PARK
DEATH VALLEY -282 ft. (-86 m)
Las Vegas
Cedar City
BRYCE CANYON NAT'L PK.
COLORADO PLATEAU
L. Powell
San Juan R.
Monument Valley
Farmington
Wheeler Peak 13,161 ft. (4,011 m)
OKL.
San Luis Obispo
Bakersfield
MOJAVE DESERT
Barstow
Needles
Mead
GRAND CANYON NAT'L PARK
Humphreys Peak 12,633 ft. (3,851 m)
Flagstaff
PETRIFIED FOREST NAT'L PK.
Gallup
Los Alamos
Taos
Santa Fe
Albuquerque
Santa Barbara
Ventura
Los Angeles
Pasadena
San Bernardino
Santa Monica
Long Beach
Palm Springs
Riverside
Anaheim
Santa Ana
Salton Sea
Blythe
Theodore Roosevelt L.
Scottsdale
Phoenix
Mesa
San Diego
El Centro
Yuma
Tucson
White Sands Nat'l. Mon.
Roswell
Alamogordo
Las Cruces
Carlsbad
Pecos R.
Rio Grande
PACIFIC OCEAN
太平洋
Tijuana
Mexicali
Ensenada
MEXICO
墨西哥
SONORA
Nogales
El Paso
Ciudad Juárez
TEXAS
CHIHUAHUA
GULF OF CALIFORNIA
加州灣
BAJA CALIFORNIA
0 100 200 300 miles
480 km
30° N

NORTH AMERICA: WESTERN U.S. 北美洲：美國西部

美國除了佛羅里達州及少數石油為主要經濟的州，美西是美國成長速度最快的地區。第二次世界大戰後，東北部及中西部人口逐漸往西部與南部遷徙。西部各州，除了華盛頓州與奧勒岡州，其它大多是仰賴灌溉的沙漠地區。西部擁有美國最有張力的地景：最高的山、最高的高原、最深的峽谷、最潮溼的溫帶雨林以及最乾燥的沙漠。西部邊緣為海岸山脈，東部外圍則為落磯山脈，涵蓋了海岸山脈、喀斯喀特山脈和內華達山脈。座落其間的盆地與高原，有時被稱為山間區，是受到小山脈包圍的平坦地區。

ARIZONA A 亞利桑那州

佔地：295,130 平方公里。人口數：673 萬。首府：鳳凰城，約 151 萬人。經濟：電子產品、製造業、銅、金屬、棉花、牛隻、觀光。□水庫、灌溉以及空調，將荒蕪的沙漠化為爆炸性成長的工業與農業經濟。多數人口在較熱和較乾的南半部居住與工作。圖森市（52 萬人）和鳳凰城為農業及工業中心。亞利桑那州的霍比、納瓦霍和阿帕契部落，組成美國最大的印第安人口（12 萬人）。臨近鳳凰城，卡薩格蘭德市為美國第一個公寓式房屋區，為一具有 800 年歷史的四層樓磚牆（日曬乾燥磚）結構建築。宏偉的大峽谷是科羅拉多河侵蝕（以及雨水和融雪的沖刷）600 萬年後的產物。位於峽谷底部約 1.6 公里深處的石頭，有 20 億年歷史。

CALIFORNIA B 加利福尼亞州

佔地：411,033 平方公里。人口數：3,880 萬。首府：沙加緬度，約 47 萬人。經濟：航空、太空設備、電子產品、石油、製造業與棉花。□為製造業與農業輸出和人口最多的州，加州成為全世界第六大經濟體。溫和、地中海型的氣候，提供條件，讓灌溉 800 公里的肥沃中央河谷，可終年農耕。加州是數一數二的工業州，也是水果、堅果、蔬菜、棉花、花卉產地。洛杉磯（388 萬人）陽光普照、五彩繽紛、平坦、不規則、有霾害，是美國第二大城市，種族最多元，也是世界排名製造業的中心。好萊塢為世界娛樂產業重鎮。舊金山（83 萬人）與洛杉磯相反，有狹小的半島、高聳山丘、電車、維多利亞式建築、寒冷的夏季涼霧、金門大橋。發展最快的城市是聖地牙哥市（135 萬人）和聖約瑟市（90 萬人）。加州多變的風景，有吸睛的海岸線、白雪覆蓋的山脈、肥沃的河谷、茂密的森林以及炎熱的沙漠。具有 48 州中最高的山－惠特尼峰（4,418 公尺）。60 英里外是死亡谷，為地球西半球的最低點（-86 公尺）及最熱點。加州的紅木是世界最高的樹，美洲杉則為最大，4000 歲的刺果松則是最老的樹。

COLORADO C 科羅拉多州

佔地：269,878 平方公里。人口數：535 萬。首府：丹佛，約 64 萬人。經濟：石油、煤炭、精密製造業、採擴、牛隻、觀光。□平均海拔 2073 公尺，科羅拉多州是全美最高的州。落磯山脈高於 4268 公尺的 50 座山頭有超過一半位於本州，是科羅拉多河和格蘭特河的源頭及密蘇里河支流的源頭。製造業、農業以及觀光取代採礦帶來的財富，成為經濟發展的依據。科羅拉多落磯山脈擁有無數的頁岩油蘊藏量。人口集中地位在乾燥的東部斜坡，水源透過山中管線運輸，以利取用大分水嶺西邊的較大水流量。丹佛是一個商業樞紐，本州有超過四分之三的人口居住於在丹佛都會區。美國空軍學院位於斯普林斯，臨近有一座山，是北美防空司令總部。

IDAHO D 愛達荷州

佔地：216,420 平方公里。人口數：163 萬。首府：博伊西，約 21 萬人。經濟：馬鈴薯、木材、銀、食物加工、採礦。□如詩如畫的美景，散布在這個人口稀疏、環山群繞的州，北方狹長的土地被劃為自然保護區。數以千計的湖泊、川流、洞穴、高聳的瀑布、陡峭的峽谷（位於斯內克河的地獄谷比大峽谷還深）吸引觀光客。大多數城市與農莊，座落在南方大量灌溉的斯內克河平原。美國最大量的馬鈴薯在此地種植，是除了猶他州外美國最大規模的摩門教徒社區。沿著斯內克河的大型探勘計劃，穿越哥倫比亞河打通往太平洋的公路。愛達荷州是銀製品、磷酸鹽與鉬（用於強化鋼）的主要製造地。

MONTANA E 蒙大拿州

佔地：381,377 平方公里。人口數：102 萬。首府：海倫娜，約 2.9 萬人。經濟：石油、小麥、牛隻。□蒙大拿是西班牙語，意指「山丘」，五分之三的土地為東部的高原區，以小麥、牛隻與綿羊為主要產業。壯麗的風景位於加拿大邊界的冰川國家公園，約有 60 條冰河仍在移動。早期白人移民者大多為了淘金挖銀而來，在這個人口不多的州，有許多小村落，多由落磯山脈的礦產城發展而來。最大城，比靈斯城（10 萬人）與大瀑布城（5.9 萬人）位於高原區。富含黃金、銀及寶貴的礦石，蒙大拿州被稱為「寶藏州」，但石油已經成為主要的收入來源。蒙大拿由於牧牛人和印第安傳統儀式，傳承「牛仔與印第安人」的印象。

NEVADA F 內華達州

佔地：286,325 平方公里。人口數：283 萬。首府：卡森市，約 5.4 萬人。經濟：博弈、觀光、黃金、採礦、製造業。□成長速度最快，也因為內華達山脈阻擋在太平洋生成的風暴，成為美國最乾燥的州。內華達州完全仰賴灌溉計劃，不過博弈、休閒娛樂、自由離婚與結婚的法律制度、合法娼妓，因此前來的數百萬觀光客們，不用擔心沒有酒喝。鬼城的存在，標示 19 世紀淘金、淘銀的熱潮。山脈朝南北兩端延伸，圍繞內華達州的高盆地地形，平均海拔達 1524 公尺。美國政府擁有內華達州 87%的土地，設立研發核能、核武的測試中心。

NEW MEXICO G 新墨西哥州

佔地：314,996 平方公里。人口數：208 萬。首府：聖塔菲，約 6.9 萬人。經濟：石油、天然氣、煤礦、鈾、電子產品、牛隻、綿羊、觀光。□這個崎嶇不平而美麗的州，擁有漫長的人類歷史：石器時代文明、幾世紀的印第安住民、西班牙佔領、墨西哥統治、南方邦聯佔領、建州之前、成為美國聯邦中的一個州。首府聖塔菲城，仍在使用美國最老的政府建築，1609 年由西班牙人建立。與其他美國城市比較，擁有獨特的紅褐色磚建築。現今屬於美國的第一條公路建造於 1581 年，自聖塔菲通往墨西哥城。本州最大城與製造中心－阿布奎基城，美國政府在此設置太空與核能研發中心。新墨西哥州擁有大量鈾儲藏量。第一顆原子彈在洛斯阿拉莫斯製造，在阿拉莫戈多城附近引爆。

OREGON H 奧勒岡州

佔地：251,337 平方公里。人口數：397 萬。首府：塞勒姆，約 16 萬人。經濟：木材產品、小麥、食物加工品、電子產品。□奧勒岡州有兩種截然不同的的氣候，標示本州的特殊性。聳立的喀斯喀特山脈以西，天氣溫和潮溼，擁有奧勒岡州最廣大的森林及肥沃的威拉米特河谷，主要城市、工業區及物產豐饒的農田皆位於此。奧勒岡州是美國首屈一指的木材生產州。奧勒岡州東半部有三分之二由乾燥的高地組成，氣溫變化大。灌溉使這個農業地區產量豐富。波特蘭市（60 萬人）為最大城，是哥倫比亞河的重要港口，哥倫比亞河提供西北部最大的水力發電能源。奧勒岡州如詩如畫的觀光景點如：火山口湖（美國最深的湖泊，位於死火山的火山口）、哥倫比亞河與斯內克河的陡峭峽谷、太平洋岸邊有崎嶇的斷崖的，以及白雪覆蓋的胡德山。

UTAH I 猶他州

佔地：219,922 平方公里。人口數：294 萬。首府：鹽湖城，約 19 萬人。經濟：石油、煤炭、重型機具、電子產品、採礦。□猶他州多沙漠也多山。主要收入來自礦產，可耕地少於 10%。大多數人口居住在境內唯一肥沃的地區，於大鹽湖及沃薩奇嶺之間的狹長地帶。西半部，是大盆地區，古邦納維爾湖遺跡，此區由石頭般堅硬的鹽地，以及大鹽湖兩者組成，比海水還要鹹六倍。淡水注入湖中，沒有其他出路，而蒸發留下鹽渣。首都鹽湖城，是摩門教會總部，摩門教徒佔本州 70%人口。鹽湖城在 1847 年由摩門教領導人楊百翰創建，在教會廢止一夫多妻制前，猶他州的成立被國會延宕了 50 年。摩門教徒的生育率一直是美國平均生育率的兩倍。靠近亞利桑那州邊界有兩座自然奇觀：紀念碑谷，比沙漠地面高出 305 公尺的巨大的紅色岩沙地形；布萊斯峽谷，以侵蝕岩石結構的絕美色彩與奇異造型聞名。

WASHINGTON J 華盛頓州

佔地：176,612 平方公里。人口數：706 萬。首府：奧林匹亞，約 4.8 萬人。經濟：木材、航空、造船業、水果、漁業。□普吉特海灣地區擁有數以百計的島嶼、天然港、森林、瑞尼爾山、兩座山嶺，以及從 1980 年起已經爆發數次的聖海倫火山。普吉特灣以西是潮溼原始的奧林匹克山脈。西雅圖（65 萬人）為最大城，為航太巨擘波音公司的據點之一。喀斯喀特山脈以東，是由古代岩漿冷凝形成的大型高原，原本是不毛之地，哥倫比亞河上的水壩提供水與電，成為物產豐饒的農耕區。大古力水壩是美國最大的水泥水壩。華盛頓比其他州生產更多蘋果和啤酒花（用來釀造啤酒）。

WYOMING K 懷俄明州

佔地：253,571 平方公里。人口數：58 萬。首府：夏安，約 6.2 萬人。經濟：石油、天然氣、煤炭、鈾、牛隻、綿羊。□為美國第九大州，人口卻不多。主要產業為綿羊與牛隻養殖，由牛仔進行放牧，牛仔大多來自拉丁美洲。除了「野性西部」的美稱，懷俄明州又被稱為「平等州」，因為這裡是第一個賦予女性投票權、掌握公共事務以及擔任陪審團的州。1925 年，甚至有第一位女性政務官接任亡夫未完成的職務。美國兩座最美麗的國家公園，位於懷俄明州的落磯山脈：最大、歷史也最悠久的黃石國家公園，以及大蒂頓國家公園。卡斯珀市（5.9 萬人）是本州最大城。

12

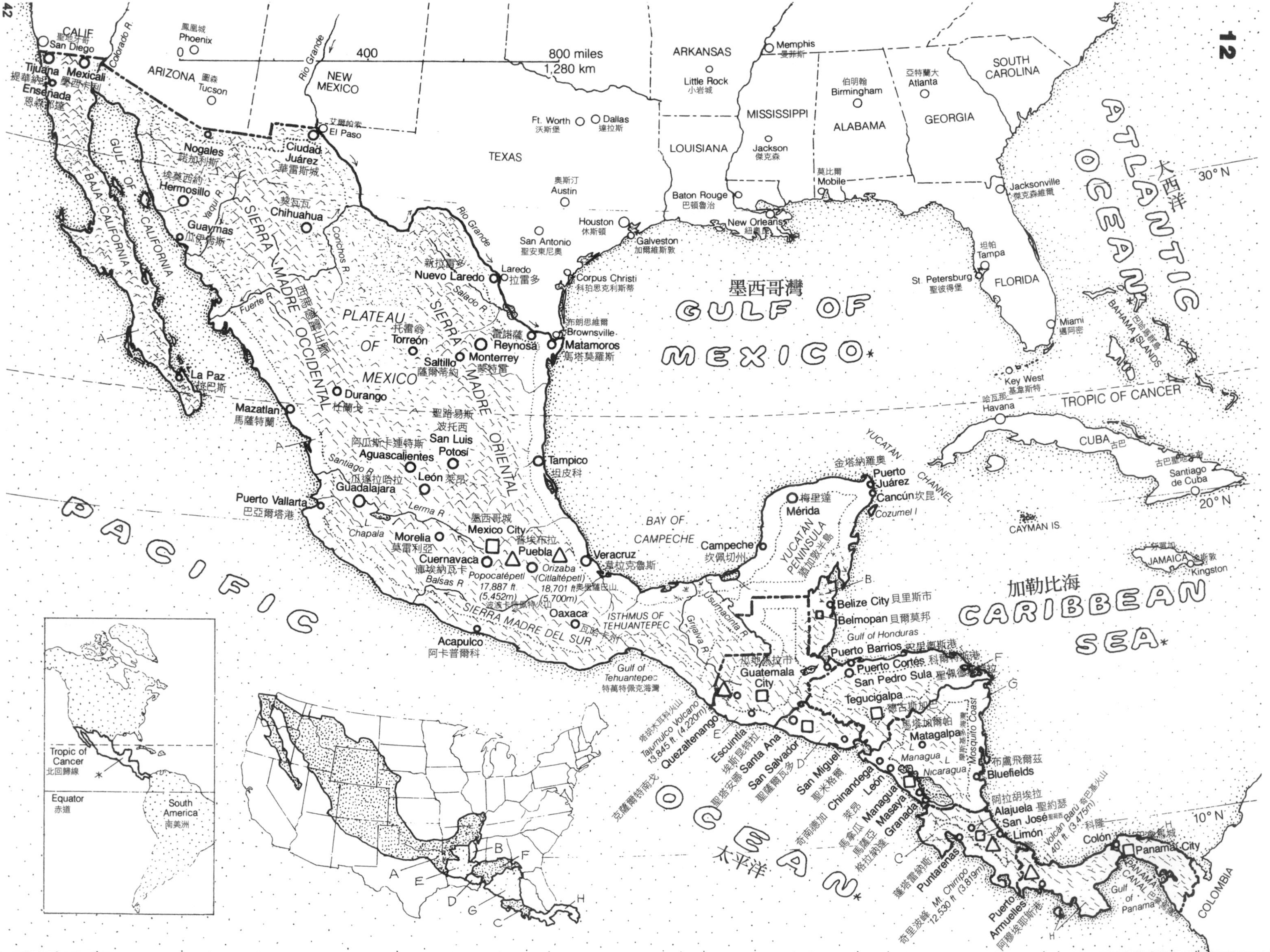
ATLANTIC OCEAN
大西洋
GULF OF MEXICO*
墨西哥灣
CARIBBEAN SEA*
加勒比海
PACIFIC OCEAN*
太平洋
0
400
800 miles
1,280 km
30° N
20° N
10° N
TROPIC OF CANCER
CALIF.
San Diego
Tijuana
Mexicali
Ensenada
Colorado R.
ARIZONA
Phoenix
鳳凰城
Tucson
圖森
NEW MEXICO
Rio Grande
TEXAS
El Paso
Ft. Worth
沃斯堡
Dallas
達拉斯
Austin
奧斯汀
San Antonio
聖安東尼奧
Houston
休斯頓
Galveston
加爾維斯敦
Corpus Christi
科珀思克利斯蒂
Laredo
拉雷多
Brownsville
布朗思維爾
ARKANSAS
Little Rock
小岩城
LOUISIANA
Baton Rouge
巴頓魯治
New Orleans
MISSISSIPPI
Jackson
傑克森
Memphis
曼菲斯
ALABAMA
Birmingham
伯明翰
Mobile
莫比爾
GEORGIA
Atlanta
亞特蘭大
SOUTH CAROLINA
FLORIDA
Jacksonville
傑克森維爾
Tampa
坦帕
St. Petersburg
聖彼得堡
Miami
邁阿密
Key West
基韋斯特
BAHAMA ISLANDS
Havana
哈瓦那
CUBA
古巴
Santiago de Cuba
CAYMAN IS.
JAMAICA
Kingston
GULF OF CALIFORNIA
BAJA CALIFORNIA
Nogales
諾加利斯
Hermosillo
埃莫西約
Yaqui R.
Guaymas
瓜伊馬斯
La Paz
拉巴斯
Ciudad Juárez
華雷斯城
Chihuahua
契瓦瓦
Conchos R.
SIERRA MADRE OCCIDENTAL
西馬德雷山脈
Fuerte R.
PLATEAU OF MEXICO
Torreón
托雷翁
Durango
杜蘭戈
Mazatlan
馬薩特蘭
Nuevo Laredo
新拉雷多
Salado R.
Saltillo
薩爾蒂約
Monterrey
蒙特雷
Reynosa
雷諾薩
Matamoros
馬塔莫羅斯
SIERRA MADRE ORIENTAL
San Luis Potosí
聖路易斯波托西
Aguascalientes
阿瓜斯卡連特斯
León
萊昂
Santiago R.
Guadalajara
瓜達拉哈拉
Puerto Vallarta
巴亞爾塔港
Lerma R.
Chapala
L.
Tampico
坦皮科
Morelia
莫雷利亞
Mexico City
墨西哥城
Puebla
普埃布拉
Cuernavaca
庫埃納瓦卡
Popocatépetl
17,887 ft.
(5,452m)
Orizaba
(Citlaltépetl)
18,701 ft.
(5,700m)
Balsas R.
Veracruz
韋拉克魯斯
Oaxaca
瓦哈卡
SIERRA MADRE DEL SUR
Acapulco
阿卡普爾科
ISTHMUS OF TEHUANTEPEC
Gulf of Tehuantepec
特萬特佩克海灣
BAY OF CAMPECHE
Campeche
坎佩切州
Mérida
梅里達
YUCATAN PENINSULA
猶加敦半島
YUCATAN CHANNEL
Puerto Juárez
Cancún
坎昆
Cozumel I.
Usumacinta R.
Grijalva R.
Belize City
貝里斯市
Belmopan
貝爾莫邦
Gulf of Honduras
Puerto Barrios
Puerto Cortés
San Pedro Sula
Guatemala City
瓜地馬拉市
Tajumulco Volcano
13,845 ft. (4,220m)
Quezaltenango
克薩爾特南戈
Escuintla
埃斯昆特拉
Santa Ana
聖塔安娜
San Salvador
聖薩爾瓦多
San Miguel
聖米格爾
Tegucigalpa
德古斯加巴
Matagalpa
馬塔加爾帕
Mosquito Coast
Chinandega
奇南德加
León
萊昂
Managua
馬拿瓜
Masaya
馬薩亞
Granada
格拉納達
Managua L.
Nicaragua L.
Bluefields
布盧飛爾茲
Alajuela
阿拉胡埃拉
San José
聖約瑟
Limón
Puntarenas
蓬塔雷納斯
Mt. Chirripo
12,530 ft (3,819m)
Volcan Barú
401 ft. (3,475m)
Puerto Armuelles
Colón
Panama City
PANAMA CANAL
Gulf of Panama
COLOMBIA
A
B
C
D
E
F
G
H
Tropic of Cancer
北回歸線
Equator
赤道
South America
南美洲

NORTH AMERICA: MEXICO & CENTRAL AMERICA 北美洲：墨西哥與中美州

自墨西哥以南七個中美洲國家，組成南北美洲之間的陸橋。除了貝里斯與薩爾瓦多，其餘五國皆臨太平洋海岸和大西洋海岸。中墨西哥南部以下，為熱帶氣候，除了海拔較高地區（人口主要居住區）之外，終年炎熱。墨西哥北部山嶺盤據，東西馬德雷山脈匯集，形成延伸至中美洲的火山系統。劇烈的地震、颶風及活火山對此地區造成威脅。過去的火山活動滋養了土壤，配合充足的降雨，穩定溫暖的溫度，在山區生產許多品質優良的咖啡。水氣蒸騰的海岸種植香蕉，為此區第二主要農作物。

除了貝里斯受到英國影響，中美洲各國的語言、文化及宗教，可以看見 1500 年代起 300 年的西班牙統治歷史。方濟會教士使印第安人改信羅馬天主教，他們漸漸過著西班牙的生活形態。原住民人口幾乎被殺戮、奴役而滅絕，更由於缺乏抗體，受歐洲瘟疫傳染而死亡。Mestizos（麥士蒂索人）是印第安與西班牙後裔混血，為中美洲主要組成人口。少數繼承純種印第安血統的部落，居住在與世隔絕的地區。

19 世紀初期，中美洲許多國家脫離西班牙統治而獨立。約兩百年後，大多數人民依然貧窮，土地、財富及政治權利幾乎由權貴掌握（地主）。在歷史中，美國長久以來一直將影響力延伸至中美洲，凡是美國感受到經濟利益或政治安全威脅，便會干預各國事務。

MEXICO A 墨西哥

佔地：1,972,549 平方公里。人口數：1.2 億。首都：墨西哥城，約 885 萬人。政體：共和。語言：西班牙語。宗教：羅馬天主教。出口：石油、交通工具、鋼、化學製品、銀、咖啡、棉花、瓊麻、樹膠。氣候：溫帶到熱帶。□世界最多的西班牙語人口，居住在東西兩座馬德雷山脈之間的高聳三角形高原上。墨西哥西北部有加州灣，與墨西哥主陸分開，稱為大加利福尼亞半島，為充滿山丘、沙漠及海灘的狹長（1280 公里）半島。墨西哥最大的梅蒂索人口（70%）以印第安血統為傲。20 世紀墨西哥壁畫家里維拉、奧羅茲科及西凱洛斯，著重描繪古印第安壁畫傳統。在西班牙征服者摧毀阿茲特克文明前，墨西哥是進步的馬雅與托爾特克文明發源地，建設與埃及一樣著名的金字塔。墨西哥都會區（2100 萬人）為世界級巨型、高成長率及霾害區，建立於古阿茲特克文明的首都地區。墨西哥的人口高成長率，使這國家有半數以上人口在 20 歲以下。墨西哥在 20 世紀早期，進行推動憲政設立的革命，使社會、經濟、政治的大重整。不幸地，由於單一政黨從 1929 年起執政，改革一直無法完全實現。1990 年代不斷地經濟衰退與復甦、武裝暴動、政治重整。墨西哥富含礦產，是製銀業的佼佼者，也許擁有世界最大的石油藏量。也是瓊麻（一種製造繩索的麻纖維）和糖膠樹膠（口香糖的基本成分，原料產自猶加敦半島的雨林）主要產地。墨西哥只有 12%土地有耕種，但穀物種類很多，多數販售至美國冬季市場。

BELIZE B 貝里斯

佔地：22,947 平方公里。人口數：33 萬。首都：貝爾莫邦，約 7 千人。政體：君主立憲制。語言：英語，部分西班牙語。宗教：60%羅馬天主教，40%新教。出口：糖、木材、柑橘、香蕉、海鮮。氣候：熱帶。□位於猶加敦半島東南角，貝里斯原本為英屬宏都拉斯，為此區唯一使用英語的國家。因為貝里斯茂密的叢林及潮溼的海岸，所以沒有受到西班牙侵襲。首都貝爾莫邦（5 萬人）是熱帶硬木（桃花心木與花梨木）的重要出口港。半數人口為黑人或黑白混血，五分之一人口為馬雅人後裔。在瓜地馬拉停止宣稱貝里斯為領土之後，種族間的緊張氣氛已消弭。

COSTA RICA C 哥斯大黎加

佔地：50,816 平方公里。人口數：487 萬。首都：聖荷西，約 28 萬人。政體：共和國。宗教：羅馬天主教。出口：咖啡、香蕉、木材、食物。氣候：熱帶。□此區以哥斯大黎加的生活品質最高、索人比例最高（97%）、識字率最高、小地主比例最高，民主政體建立的歷史也最長。是拉丁美洲唯一沒有軍隊常駐的國家，所以導致國內情勢較為不穩定，畢竟拉丁美洲危害民主政體的主因，往往都是源自軍隊。哥斯大黎加佔有西部的巴拿馬地峽三分之一的土地，是適合種植咖啡的高原。

EL SALVADOR D 薩爾瓦多

佔地：21,249 平方公里。人口數：634 萬。首都：聖薩爾瓦多，約 46 萬人。政體：共和。語言：西班牙語。宗教：羅馬天主教。出口：咖啡、棉花、糖、木材、紡織、糧食。氣候：熱帶。□這群山繚繞的國家是中美洲最小、人口也最密集的地區，也是唯一沒有濱臨大西洋的地方。與鄰近國家相比，薩爾瓦多較工業化，但創造的工作機會無法和爆炸成長的人口成正比。城市與農田大多座落於中部高地區，種植咖啡及主要經濟作物。超過 90%人口為梅蒂索人、3%印第安人，5%的白人地主控制土地。嚴重的貧富差距造成革命運動，造成軍閥控制境內許多地區。1992 年簽訂和平協議，正式結束長達 12 年的內戰。

GUATEMALA E 瓜地馬拉

佔地：108,904 平方公里。人口數：1,547 萬。首都：瓜地馬拉市，約 125 萬人。政體：共和。語言：西班牙語以及印第安方言。宗教：羅馬天主教、新教。出口：咖啡、香蕉、木材、棉花、樹膠。氣候：熱帶。□瓜地馬拉在中美洲擁有比例最高的純種印第安人（55%），大多為延續 2000 年馬雅文化的後裔，是在西元 900 年神秘滅亡的古文明帝國。北部低地叢林有蒂卡爾城遺址，是在馬雅帝國時期一個由石頭建築與金字塔建造的城市。如今國家已被西化，但印第安人仍居住在祖傳的村落中，麥士蒂索瓜地馬拉人（ladinos）集中在南部高地。首都瓜地馬拉市位於高原最高處，也是中美洲最大城。20 世紀，瓜地馬拉市受到三次嚴重地震破壞，高地受到約 27 座火山爆發的影響。過去數十年，武裝政府曾興起低程度的戰爭，以抵擋抗議土地分配不均的游擊抗爭者。儘管有民選總統，但暴力仍持續。三分之一瓜地馬拉人，因美國傳教士而轉變成為新教徒。拉丁美洲天主教會因對窮人太過憐憫而被指責，由於國家進行左翼活動，教會變成軍隊攻擊的目標。拉丁美洲的傳教士工作成果以瓜地馬拉最佳，前軍隊領導甚至變成「重生」的基督徒（福音教派和基本教義派的基督徒）。

HONDURAS F 宏都拉斯

佔地：109,479 平方公里。人口數：809 萬。首都：德古斯加巴，約 100 萬人。政體：共和。語言：西班牙語。宗教：羅馬天主教。出口：香蕉、咖啡、木材、採礦、牛隻。氣候：熱帶。□如果有任何拉丁美洲國家配得上「香蕉共和國」稱號，非宏都拉斯（此區最窮的國家）莫屬。屬於美國公司擁有的耕地佔地極廣，位於肥沃而潮溼的加勒比海岸。宏都拉斯唯一的鐵路是為了將香蕉托運至海岸出口港。因為擁有大片耕地及大量未開採的礦物，擁有雄厚的經濟潛力。首都德古斯加巴以富裕的山中銀礦城而發跡。

NICARAGUA G 尼加拉瓜

佔地：148,770 平方公里。人口數：608 萬。首都：馬拿瓜，約 70 萬人。政體：共和。語言：西班牙語。宗教：羅馬天主教。出口：咖啡、棉花、糖、香蕉、肉類。氣候：熱帶。□為中美洲最大國，土地呈三角形，分為三個不同特色的地區：充滿沼澤和雨林的摩斯基多海灣，中央高地的山脈，以及肥沃、崎嶇的太平洋地區，也是中美洲最大湖－尼加拉瓜湖的所在位置。尼加拉瓜湖是世界唯一淡水鯊魚的棲息地，由於火山爆發阻塞海灣，鯊魚無法逃出所致。首都馬拿瓜以及主要城市等物產豐饒的耕地，大多位於太平洋地區。20 世紀馬拿瓜被地震摧毀兩次。尼加拉瓜人口有 85%為梅蒂索人、10%黑白混血、5%印第安人。米斯基托印第安人，是英國治理加勒比海沿岸時期，被帶到尼加瓜拉的黑人奴隸後裔。1979 年，經過 30 年的壓抑，尼加瓜拉總統安納斯塔西奧．索摩查被左翼桑地諾民族解放陣線推翻。由於美國擔心共產主義的滲透，組織「反對」團體，對桑地諾民族解放陣線宣戰。雖然反對團體無法獲得民眾普遍支持，多年來的戰爭，迫使桑地諾民族解放陣線服膺美國的訴求進行民主選。1990 年，聯合政黨擊敗桑地諾民族解放陣線，贏得政權。

PANAMA H 巴拿馬

佔地：75,641 平方公里。人口數：386 萬。首都：巴拿馬城，約 88 萬人。政體：共和。語言：西班牙語。宗教：羅馬天主教。出口：香蕉、咖啡、桃花心木、蝦。氣候：熱帶。□平均一天有 33 艘船駛經巴拿馬運河，使巴拿馬獲得「世界的十字路口」美名。西班牙人利用穿過山脈間的天然缺口，用騾（馬驢混血）將印加黃金由南美西岸運送至此。美國幫助巴拿馬建國，協助興建巴拿馬運河。1903 年，巴拿馬獲得美國的協助，脫離哥倫比亞（位於運河的另一邊）而獨立。美國興建的運河長 80 公里，於 1914 年啟用。1979 年，美國同意賦予巴拿馬管理權，可掌管運河附近橫跨地峽，一片寬 16 公里的地帶。1999 年美國停止所有巴拿馬運河的管理。巴拿馬人大多在運河區工作與生活。巴拿馬城位於太平洋終點，科隆市（7.8 萬人）則位於加勒比海一端。1980 年代晚期，美國要求巴拿馬推翻曼紐爾．諾列加將軍，由於他握有大權，對美國利益有損。1989 年，美國入侵巴拿馬，將諾列加將軍帶回邁阿密，藉控訴毒品交易的罪名而判刑，並在美國服刑。

NORTH AMERICA: WEST INDIES
北美洲：西印度群島

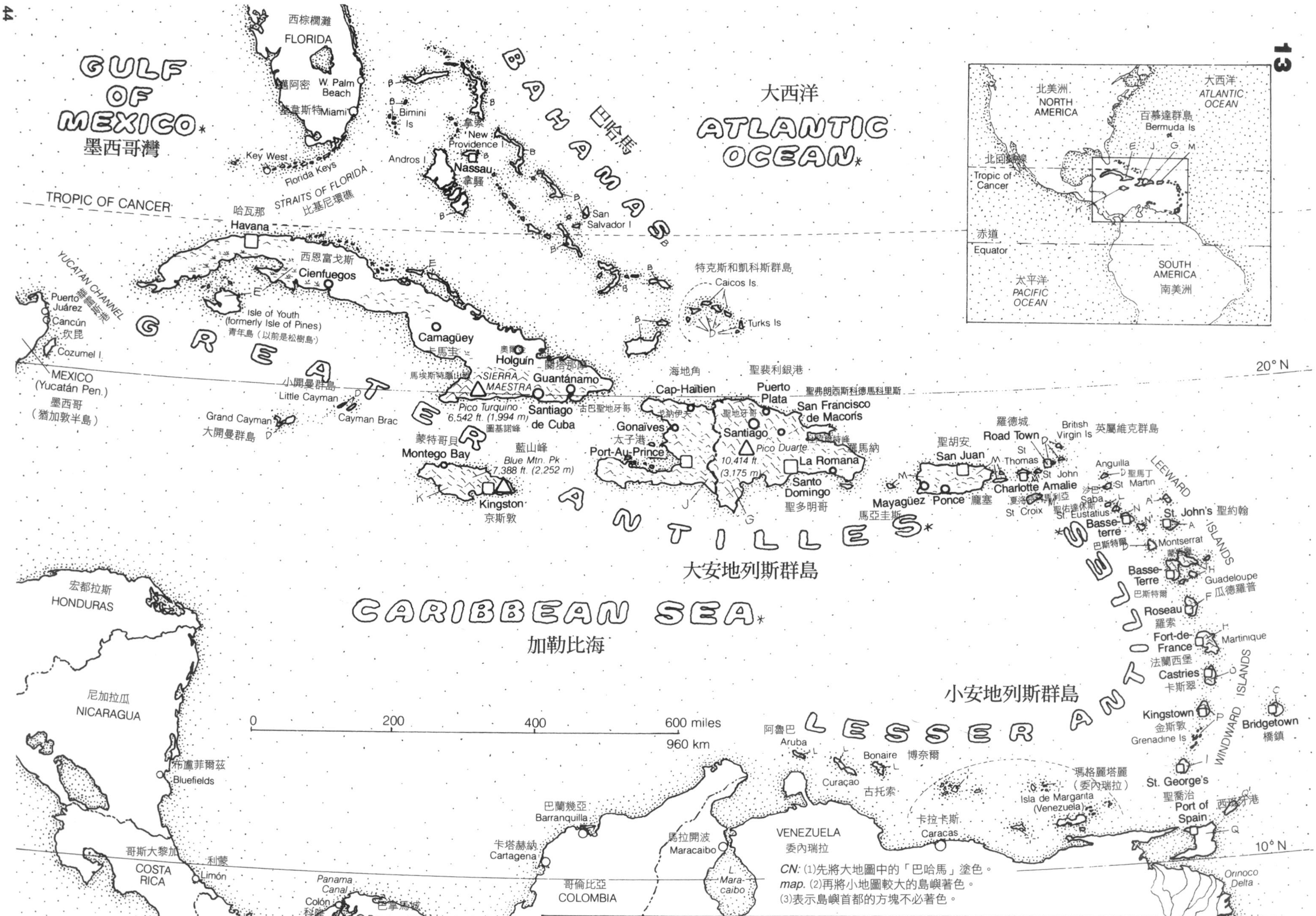

CN: (1)先將大地圖中的「巴哈馬」塗色。
map. (2)再將小地圖較大的島嶼著色。
(3)表示島嶼首都的方塊不必著色。

哥倫布堅信自己在東印度登陸，將此地命名為「印度群島」。1492 年至 1500 年，哥倫布展開四段前往西印度群島的航程，命名許多島嶼，建立西班牙屬地。西班牙將這些島嶼視為新世界開拓與掠奪的基地。經過一世紀，其他歐洲國家陸續登陸這些富饒地區，爭奪殖民地，因此當地原住民被歐洲人大規模驅逐，就算能挺過歐洲來的傳染病，也會因過勞、毆打、酷刑而死。非洲人被迫取代這些印地安人在耕地和種植園的工作。除了古巴與波多黎各，西印度群島主要為純種或黑白混血的黑人奴隸後裔。天主教盛行於西班牙和法國殖民地，英屬、荷屬、丹麥屬，和實行巫毒的美屬海地島嶼，則盛行新教。二次世界大戰以後，多數島嶼獨立。

西印度群島有超過 7000 座無人島、小礁島、珊瑚礁島及礁岩，構成加勒比海北方與東方的邊界。島嶼可分成三組：⑴巴哈馬群島，為佛羅里達州外海的礁島。⑵大安地列斯群島，包括較大的古巴島，伊斯帕尼奧拉島（由海地和多明尼加共和國共有）、牙買加及波多黎各，為海水面上升所形成的大陸島。⑶小安地列斯群島，是由火山島組成的島弧區。東方吹來的信風，讓此熱帶地區氣溫宜人。農作物在火山土或沖積土上生長。糖生產為第一，香蕉第二。觀光逐漸成為各島嶼的主要產業。

ANTIGUA A & BARBUDA A'
安地卡及巴布達

佔地：445 平方公里。人口數：8.9 萬。首都：聖約翰，約 3.6 萬人。政體：君主立憲制。語言：英語。宗教：新教。出口：糖、棉花、蘭姆酒、輕工業。□安地卡為兩座島中較大的島，首都聖約翰位於此地，擁有全國超過 98%人口。

BAHAMAS B 巴哈馬

佔地：13,939 平方公里。人口數：37 萬。首都：拿索，約 24 萬人。政體：君主立憲制。語言：英語。宗教：新教。出口：熱帶水果、魚類產品、石油化學製品。□巴哈馬距離佛羅里達州 80 公里，有超過 2000 座島嶼和珊瑚礁，其中只有 29 座有住人。哥倫布可能曾在新世界的薩爾瓦多島登陸。美國獨立戰爭開打，南方對英格蘭忠誠的開拓者，帶著奴隸逃往巴哈馬。這裡是外國遊客的天堂，現在吸引更多來自外國的銀行存款。

BARBADOS C 巴貝多

佔地：430 平方公里。人口數：28 萬。首都：橋鎮，7466 人。政體：君主立憲制。語言：英語。宗教：多數為新教。出口：糖、糖蜜、蘭姆酒、魚。□巴貝多是世界上人口最密集的國家之一，群島最東邊的國家。巴貝多曾被稱為「熱帶地區的英格蘭」。居民講英式英語、玩板球、左駕車。

BRITISH TERRITORIES D
英屬西印度群島

安圭拉：91 平方公里。人口數：1.5 萬。首都：山谷市。百慕達：53 平方公里，西印度群島以北的系列島嶼，距南卡羅來納州東方約 1,360 公里。人口數：約 6.5 萬。首都：哈密爾頓。英屬維京群島：153 平方公里。人口數：約 2.2 萬。首都：羅德鎮。開曼群島：259 平方公里。人口數：5.8 萬。首都：喬治城。蒙特塞拉：98 平方公里。人口數：1 萬。首都：普利茅斯。特克斯和凱科斯群島：430 平方公里。人口數：3.3 萬。首都：科伯恩城。

CUBA E 古巴

佔地：114,527 平方公里。人口數：1,127 萬。首都：哈瓦那，約 210 萬人。政體：單一政黨社會主義共和國。語言：西班牙語。宗教：羅馬天主教。出口：糖、菸草、鎳、柑橘、魚。□距離佛羅里達州 114 公里的古巴島，是西印度群島最大的島嶼。古巴生產世界最大出口量的糖與著名的菸草。哥倫布看到原住民抽雪茄，將菸草帶回歐洲。古巴的主要族群為西班牙人後裔。卡斯楚的共產政權（西半球唯一的共產政權）使蔓延拉丁美洲的貧窮、饑餓、疾病和文盲問題得到解除。雖然民主與政治自由程度低，卻有更大的經濟自由，可應付蘇聯結束援助結束的危機，以及美國數十年來對古巴的禁運令。1998 年教宗訪問古巴，為自由帶來一線生機。2015 年，美國宣布與古巴恢復外交關係，解除禁運。

DOMINICA F 多米尼克

佔地：764 平方公里。人口數：7.1 萬。首都：羅梭，約 2 萬人。政體：共和。語言：英語。宗教：幾乎為羅馬天主教。出口：香蕉、椰子。□多明尼加是星期天的意思，也是哥倫布第一次踏上這塊土地的那天。極端崎嶇的地形，繁密的雨林，奇異的野生生態。加勒比人是加勒比海唯一存留的印地安原住民，約有數百人住在一個小保護區中。加勒比人是一個從南美洲遷徙至西印度群島的好戰部落，他們的名字 cannibal 就是「食人族」字義的由來。

DOMINICAN REPUBLIC G
多明尼加共和國

佔地：48,563 平方公里。人口數：1,040 萬。首都：聖多明哥，約 220 萬人。政體：共和國。語言：西班牙語。宗教：羅馬天主教。出口：糖、咖啡、可可、食物加工品、黃金、鎳。□公認哥倫布埋葬在多明尼加的首都聖多明尼哥，是西半球最古老的歐洲城市，是早年西班牙探索拉丁美洲的總部。聖多明尼哥大學在 1535 年創校。多明尼加和海地共有崎嶇的伊斯帕尼奧拉島（該島至 1844 年等為海地所有），多明尼加佔三分之二。

FRENCH TERRITORIES H
法屬西印度群島

法屬安地斯包括：瓜德羅普，八個島嶼的集合，1,774 平方公里。人口數：約 43 萬。首都：巴斯特爾。馬堤尼克，1,103 平方公里。人口數：約 41 萬。首都：法蘭西堡。

GRENADA I 格瑞那達

佔地：344 平方公里。人口數：10 萬。首都：聖喬治，約 4400 人。政體：君主立憲制。語言：英語、法語方言。宗教：羅馬天主教、新教。出口：香蕉、肉豆蔻、釘錘、糖。□格瑞那達是「香料之島」，1983 年美國入侵，推翻馬克思主義政府。因美國當時顧慮格瑞那達可能成為拉丁美洲共產主義的散布地。

HAITI J 海地

佔地：27,752 平方公里。人口數：1,032 萬。首都：太子港，約 130 萬人。政體：共和。語言：海地方言、法語。宗教：巫毒、羅馬天主教。出口：咖啡、糖、可可。□海地，是早期西班牙伊斯帕尼奧拉島的殖民地，後來被法國海盜奪取，成為法國屬地。1804 年，奴隸叛變，海地成為加勒比海地區第一個獨立國，也是世界第一個黑人共和國。貪汙和壓迫的獨裁者（有兩位為父子，杜瓦利埃「爸爸醫生」與「小孩醫生」）讓海地成為西半球最窮困、識字率最低的國家，後來被人民推翻。

JAMAICA K 牙買加

佔地：10,992 平方公里。人口數：271 萬。首都：京斯敦，約 60 萬人。政體：君主立憲制。語言：英語。宗教：幾乎都是新教。出口：鋁土礦、糖、香蕉、咖啡、蘭姆酒、菸草。□曾經是最重要的糖與奴隸中心，牙買加是世界（鋁礦）的主要生產地。豐厚的降雨造就茂密森林、奔流的河川與瀑布。牙買加如詩如畫的美景與無憂無慮的生活方式，對觀光客而言最有吸引力，掩蓋了貧窮問題。

NETHERLANDS ANTILLES L
荷屬安地斯

荷蘭屬地包含兩組群島：⑴靠近委內瑞拉的阿魯巴、博奈爾與古拉索。阿魯巴實際上已於 1996 年獨立。阿魯巴：193 平方公里。人口數：約 10 萬。首都：奧拉涅斯塔德。博奈爾：288 平方公里。人口數：約 1.6 萬。首都：克拉倫代克。古拉索：444 平方公里。人口數：約 15 萬。首都：威廉斯塔德。阿魯巴與古拉索有大型器材，可精煉委內瑞拉石油。⑵波多黎各以東為沙巴、聖佑達修斯以及聖馬丁南部，皆為非常小的島嶼。

PUERTO RICO M 波多黎各

佔地：8,897 平方公里。人口數：354 萬。首都：聖胡安，約 43 萬人。政體：美國聯邦自治區。語言：西班牙語、英語。宗教：羅馬天主教。出口：藥物、化學製品、輕工業、糖、香蕉、咖啡。□根據 1898 年美西戰爭，美國向西班牙要求割讓原屬西班牙的殖民地波多黎各。在美國的幫助與投資下，波多黎各成為西印度群島最工業化的島嶼。波多黎各人多為西班牙後裔，是美國公民，但不能直選總統。是否成為美國一州，一直是頗具爭議的政治議題。

ST. KITTS N - NEVIS N' 聖基茨和尼維斯

佔地：262 平方公里。人口數：5.4 萬。首都：巴士地，約 1.5 萬人。政體：君主立憲。語言：英語。宗教：新教。出口：糖、棉花、蔬菜。□聖基茨和尼維斯是一個 2 座島連成的國家，位於波多黎各東方。人口主要住在聖基茨（也稱為聖克里斯多福），此地曾是英國開發加勒比地區的基地。

ST. LUCIA O 聖露西亞

佔地：614 平方公里。人口數：18 萬。首都：卡斯翠，約6萬人。政體：君主立憲。語言：英語。宗教：羅馬天主教。出口：香蕉、椰子、輕工業。□法語方言是盛行的第二語言，是這座島嶼的歷史證據：1978 年獨立前，依序被英國和法國統治。

ST. VINCENT & GRENADINES P
聖文森及格瑞那丁

佔地：389 平方公里。人口數：10 萬。首都：金斯敦，約 1.6 萬人。政體：君主立憲。語言：英語、法語。宗教：新教、羅馬天主教。出口：香蕉、椰子、竹芋。□聖文森及格瑞那丁由一百座島嶼鏈所組成。

TRINIDAD Q & TOBAGO Q'
千里達及托巴哥

佔地：5,154 平方公里。人口數：134 萬。首都：西班牙港，約 6.4 萬人。政體：共和。語言：英語。宗教：羅馬天主教、新教。出口：石油產品、柏油、糖、蘭姆酒。□千里達已經生產石油一百多年。也將 11 公里外的委內瑞拉出產石油加以精煉。彼奇湖是世界最大的天然柏油儲藏地。千里達舞曲（Calypso）通常是敲擊空油桶製成的鼓，一起演奏與歌唱。40%人口為「真正的」印度人，是 19 世紀來自印度的移民。千里達非常工業化，托巴哥只有 5%人口，較鄉村化。

VIRGIN ISLANDS (U.S.) M'
維京群島（美國）

佔地：342 平方公里。人口數：13 萬。首都：夏洛特阿馬利亞，約 18 萬人。政體：自治區。語言：英語。宗教：新教。出口：精煉石油產品、輕工業、蘭姆酒。□維京群島因哥倫布見原始美景而命名。1917 年，美國從丹麥手中買下地形崎嶇的維京群島。聖克洛伊為最大、最工業化的島嶼。聖約翰大部分為國家公園。聖湯馬士是購物者天堂，很受觀光客喜愛。

本頁不需著色

SOUTH AMERICA 南美洲

地圖 14-17

14 THE COUNTRIES 國家

15 THE PHYSICAL LAND 自然地景

16 NORTHERN COUNTRIES & BRAZIL 北方國家與巴西

Colombia, French Guiana, Guyana, Suriname, and Venezuela
哥倫比亞、法屬圭亞那、蓋亞那、蘇利南與委內瑞拉

17 ANDEAN COUNTRIES 安地斯國家

Bolivia, Chile, Ecuador, and Peru
玻利維亞、智利、厄瓜多與秘魯

RIVER PLATE COUNTRIES 河床國家

Argentina, Paraguay, and Uruguay
阿根廷、巴拉圭、烏拉圭

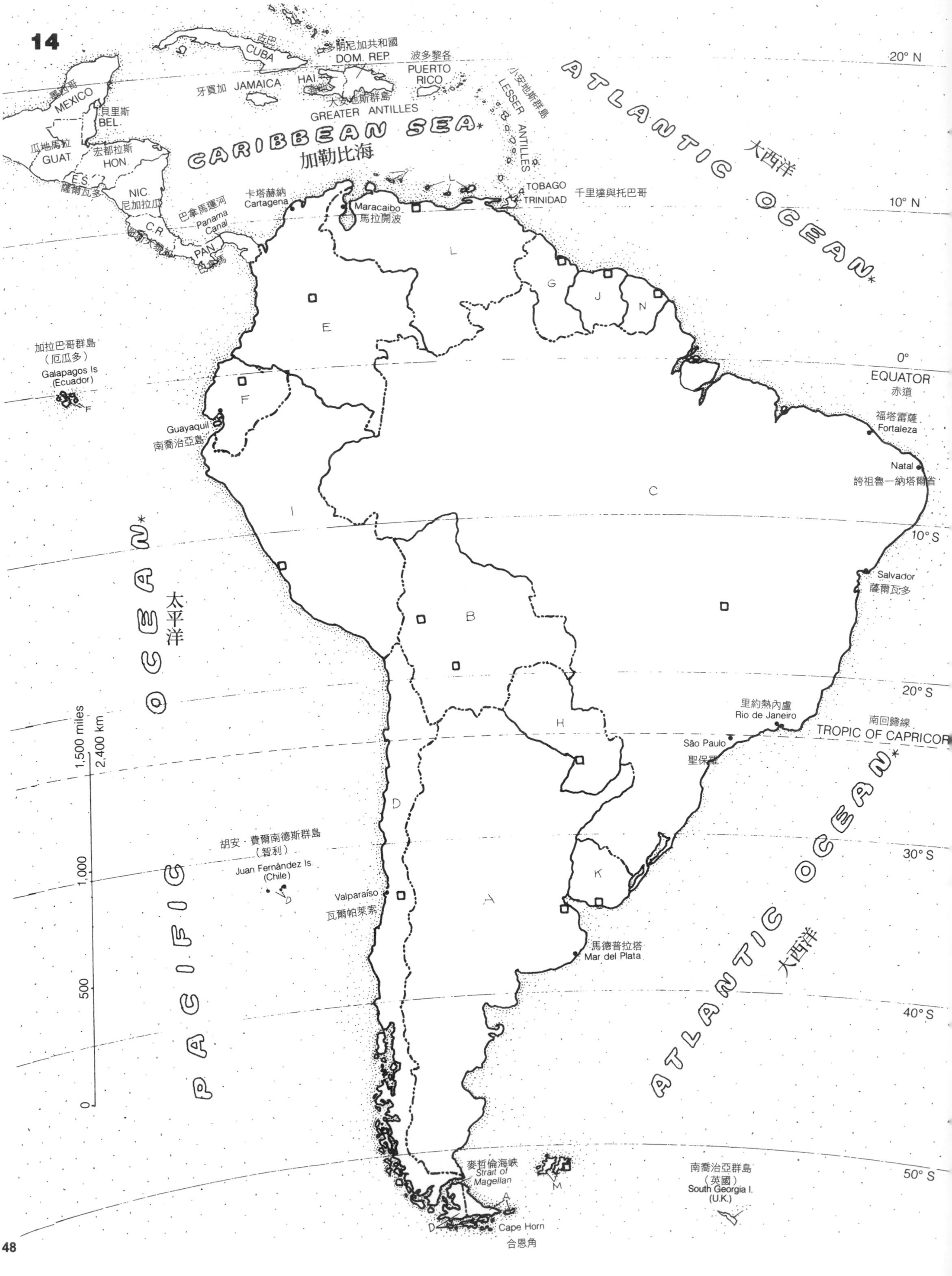
古巴
CUBA
多明尼加共和國
DOM. REP.
波多黎各
PUERTO RICO
牙買加 JAMAICA
HAI.
大安地斯群島
GREATER ANTILLES
小安地斯群島
LESSER ANTILLES
ATLANTIC OCEAN*
大西洋
墨西哥
MEXICO
貝里斯
BEL.
瓜地馬拉
GUAT.
宏都拉斯
HON.
E.S.
薩爾瓦多
NIC.
尼加拉瓜
C.R.
巴拿馬運河
Panama Canal
PAN.
巴拿馬
CARIBBEAN SEA*
加勒比海
卡塔赫納
Cartagena
Maracaibo
馬拉開波
TOBAGO
TRINIDAD
千里達與托巴哥
20° N
10° N
0°
EQUATOR
赤道
加拉巴哥群島
（厄瓜多）
Galapagos Is
(Ecuador)
F
Guayaquil
南喬治亞島
L
G
J
N
E
C
I
B
H
K
D
A
M
福塔雷薩
Fortaleza
Natal
詩祖魯一納塔爾省
10° S
Salvador
薩爾瓦多
PACIFIC OCEAN*
太平洋
20° S
里約熱內盧
Rio de Janeiro
南回歸線
TROPIC OF CAPRICOR
São Paulo
聖保羅
30° S
胡安・費爾南德斯群島
（智利）
Juan Fernández Is.
(Chile)
Valparaíso
瓦爾帕萊索
馬德普拉塔
Mar del Plata
ATLANTIC OCEAN*
大西洋
40° S
麥哲倫海峽
Strait of
Magellan
50° S
南喬治亞群島
（英國）
South Georgia I.
(U.K.)
Cape Horn
合恩角
1,500 miles
2,400 km
1,000
500
0

SOUTH AMERICA: THE COUNTRIES
南美洲：國家

INDEPENDENT NATIONS 獨立國家

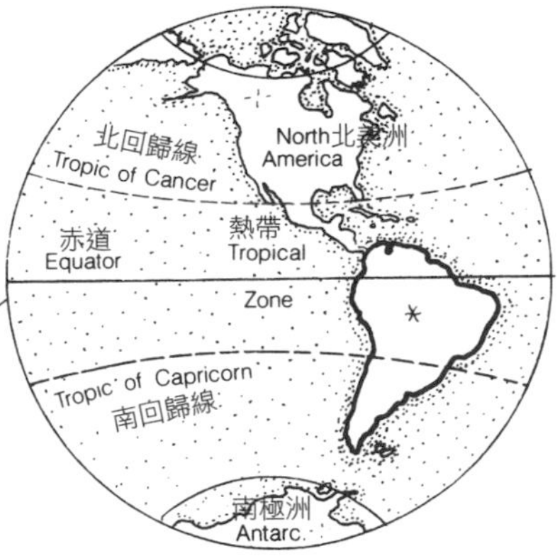

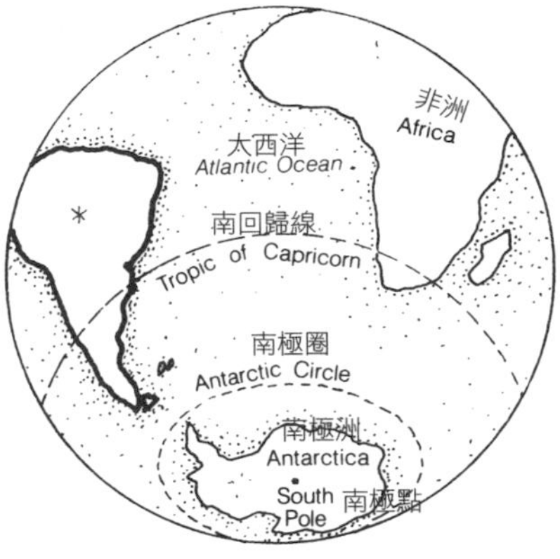

ARGENTINA A / BUENOS AIRES 阿根廷／布宜諾斯艾利斯

BOLIVIA B / LA PAZ, SUCRE 玻利維亞／拉巴斯

BRAZIL C / BRASÍLIA 巴西／巴西利亞

CHILE D / SANTIAGO 智利／聖地牙哥

COLOMBIA E / BOGOTÁ 哥倫比亞／波哥大

ECUADOR F / QUITO 厄瓜多／基多

GUYANA G / GEORGETOWN 蓋亞那／喬治城

PARAGUAY H / ASUNCIÓN 巴拉圭／亞松森

PERU I / LIMA 秘魯／利馬

SURINAME J / PARAMARIBO 蘇利南／巴拉馬利波

URUGUAY K / MONTEVIDEO 烏拉圭／蒙特維多

VENEZUELA L / CARACAS 委內瑞拉／卡拉卡斯

由上圖可見，南美洲位於北美洲的東方，大多位在熱帶地區。赤道以南的季節變化，與北半球相反（例如一月是南半球最熱的月份）。南美洲是距離南極大陸最近的大陸。

FOREIGN POSSESSIONS
外來政權

FALKLAND ISLANDS M / STANLEY 福克蘭群島／史丹利

FRENCH GUIANA N / CAYENNE 法屬圭亞那／開雲

南美洲，世界第四大大陸（17,871,000 平方公里），擁有 3.45 億人口。是極端發展的代表：富裕的城市與悲慘的貧民窟、石器時代文化與現代城市地區、人口密集海岸與曩無人煙的地帶、富含天然資源卻無採用辦法。其中最強烈的對比莫過於超富裕的精英份子與窮困的人民。

此區多國家困於經濟蕭條和過重的外債負擔，羅馬天主教會的影響造成人口爆炸成長，使經濟問題變得更加嚴重。羅馬天主教會跟著西班牙征服者進入南美洲，將原生印第安人口的宗教及文化轉變為傾向歐洲。原住民被迫在礦坑、農場、殖民地工作，許多人因此死亡。重量武裝的西班牙人，征服了五百年歷史的印加文明，就像他們摧毀墨西哥的阿茲特克古文明一樣。印加人後裔仍是秘魯、厄瓜多和玻利維亞的主要人種。本地最早的居民被認為在約兩萬年前自北美洲移居至此，又經過一萬年才遷徙至南美大陸南部。半數以上的南美洲人為麥士蒂索（印第安與歐洲人祖先的混血，說西班牙語、西化）、黑白混血（黑人與歐洲血統）及純種印第安人與黑人，其他為歐洲人。東海岸只有少數印第安人其他幾乎被殖民者殲滅，因此黑人被運送至此取代印第安人。阿根廷和烏拉圭的移民者，鼓勵歐洲移民到南美，彌補減少的奴隸，因此現在這些國家有很多歐洲人。當圭亞那廢除奴隸制度，黑人離開耕地，英國與荷蘭轉而到印度與東南亞尋找勞力來源。圭亞那及蘇利南現今受到亞洲勞工移民的後裔主導。

19 世紀初期，革命的浪潮掃過南美洲。歐洲勢力由於內戰而大幅削減，造成殖民地崩潰。新國家依民主立憲制建立，但真正落實民主的卻很少。兩個世紀以來，極端富裕及極具影響力的家族，支持獨裁者或軍政府，以保住自己的土地。目前的政治趨勢傾向民選政府，但缺乏有意義的土地重整，這些崛起的民主必須挑戰動盪的政治環境與貧窮問題。

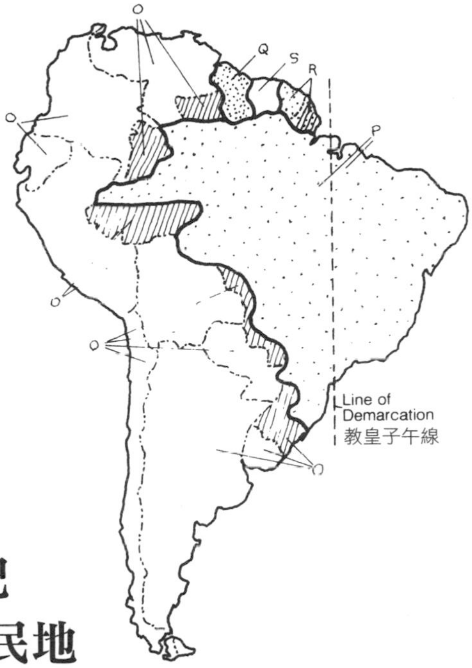

18 世紀歐洲殖民地
18TH CENTURY EUROPEAN COLONIES

SPAIN O 西班牙

PORTUGAL P 葡萄牙

GREAT BRITAIN Q 大英帝國

FRANCE R 法國

NETHERLANDS S 荷蘭

1494 年，哥倫布發現新大陸的兩年後，教宗為了防止未來衝突，頒布「教皇子午線」，成為南美洲勢力的依歸。教宗將界線以東的土地分給葡萄牙，以西歸西班牙。不久，葡萄牙得到許可，向西擴展巴西殖民地。這兩個國家都不想要滿是沼澤的海角和東北方崎嶇的森林，後來被英國（蓋亞那）、荷蘭（蘇利南）、法國（法屬圭亞那）所佔領，這三個國家不理會教宗在南美洲或其他任何地方的意旨。上圖垂直虛線是巴西向鄰近地區取得的土地。

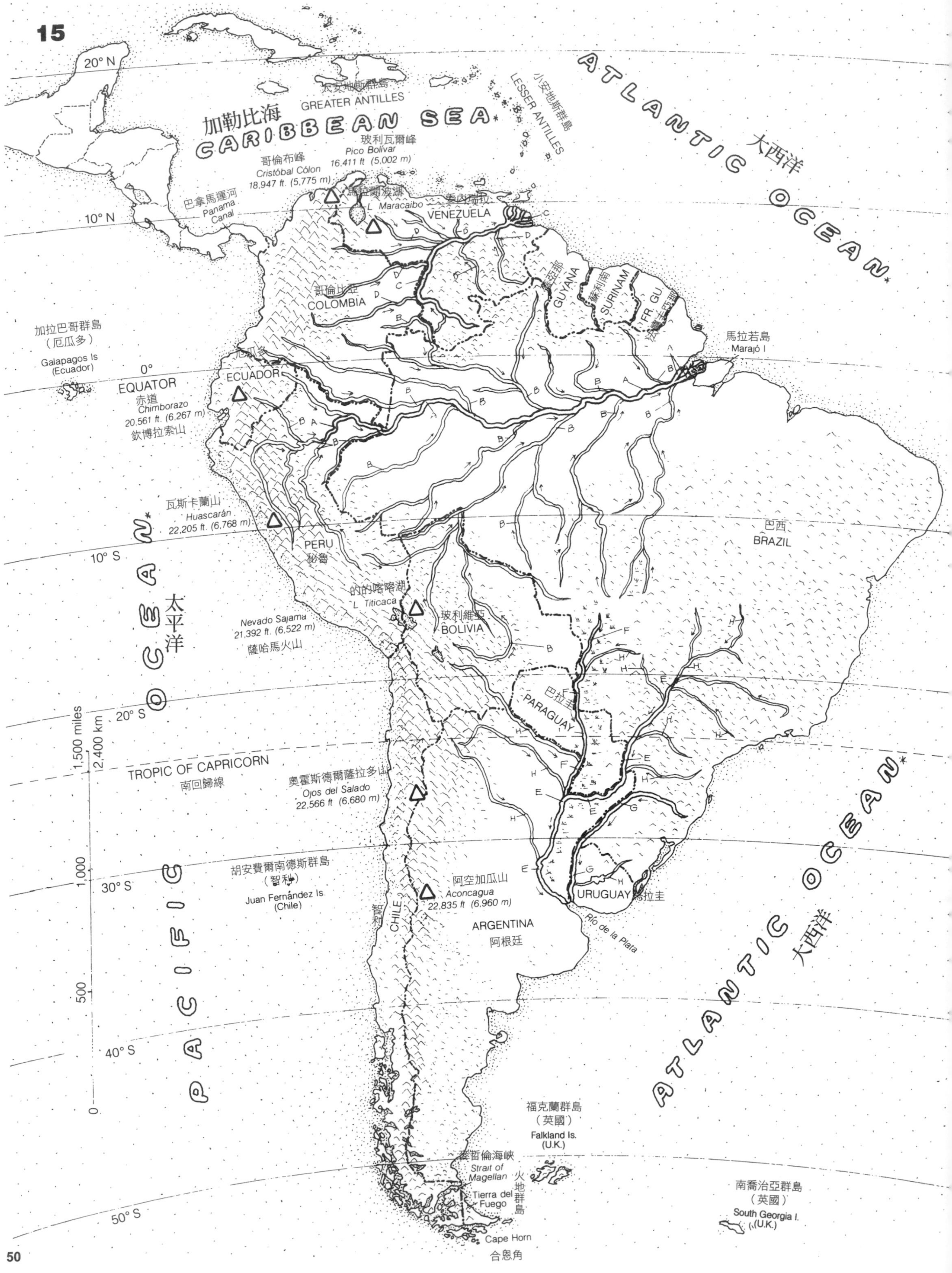
20° N
10° N
0°
EQUATOR
赤道
10° S
20° S
TROPIC OF CAPRICORN
南回歸線
30° S
40° S
50° S
大安地斯群島
GREATER ANTILLES
小安地斯群島
LESSER ANTILLES
加勒比海
CARIBBEAN SEA*
ATLANTIC OCEAN*
大西洋
PACIFIC OCEAN*
太平洋
哥倫布峰
Cristóbal Cólon
18,947 ft. (5,775 m)
玻利瓦爾峰
Pico Bolívar
16,411 ft (5,002 m)
巴拿馬運河
Panama Canal
L Maracaibo
VENEZUELA
委內瑞拉
哥倫比亞
COLOMBIA
GUYANA
SURINAM
蘇利南
FR. GU.
馬拉若島
Marajó I
加拉巴哥群島
（厄瓜多）
Galapagos Is
(Ecuador)
厄瓜多
ECUADOR
Chimborazo
20,561 ft. (6,267 m)
欽博拉索山
瓦斯卡蘭山
Huascarán
22,205 ft. (6,768 m)
PERU
秘魯
巴西
BRAZIL
的的喀喀湖
L Titicaca
Nevado Sajama
21,392 ft. (6,522 m)
薩哈馬火山
玻利維亞
BOLIVIA
巴拉圭
PARAGUAY
奧霍斯德爾薩拉多山
Ojos del Salado
22,566 ft (6,680 m)
胡安費爾南德斯群島
（智利）
Juan Fernández Is.
(Chile)
阿空加瓜山
Aconcagua
22,835 ft (6,960 m)
智利
CHILE
ARGENTINA
阿根廷
URUGUAY
烏拉圭
Río de la Plata
福克蘭群島
（英國）
Falkland Is.
(U.K.)
麥哲倫海峽
Strait of Magellan
火地群島
Tierra del Fuego
Cape Horn
合恩角
南喬治亞群島
（英國）
South Georgia I.
(U.K.)
1,500 miles
2,400 km
1,000
500
0

SOUTH AMERICA: THE PHYSICAL LAND
南美洲：自然地景

CN：⑴將左頁主要河流（A,C,E,F,G）用深色或淺色擇一，統一色系，支流則塗淺。⑵西海岸各國的山頂塗灰色或淺藍。⑶此頁下方小分布地圖也要著色。

MAJOR RIVER SYSTEMS
主要河流系統

AMAZON A 亞馬遜河
TRIBUTARIES B 支流
ORINOCO C 奧里諾科河
TRIBUTARIES D 支流
RÍO DE LA PLATA ∴ 拉布拉他河
PARANÁ E 巴拉那州
PARAGUAY F 巴拉圭
URUGUAY G 烏拉圭
TRIBUTARIES H 支流

LAND REGIONS 地景分布

ANDES MOUNTAINS I 安地斯山脈
GUIANA HIGHLANDS J 圭亞那高地
BRAZILIAN HIGHLANDS K 巴西高原
CENTRAL PLAINS ∴ 中央平原
LLANOS L 洛斯亞諾斯
SELVAS M 薩瓦斯
GRAN CHACO N 大查科
PAMPAS O 彭巴草原
PATAGONIA P 巴塔哥尼亞

中央平原分隔東部高地及西部的安地斯山脈區。洛斯亞諾斯是哥倫比亞與委內瑞拉的牧牛區。薩瓦斯是亞馬遜盆地的雨林區，覆蓋部分巴西、秘魯及玻利維亞地區。大查科乾燥、樹叢繁盛，屬於玻利維亞、多歸巴拉圭所有，部分歸為阿根廷，以高大的白堅木聞名。廣大、肥沃、綠意盎然的彭巴草原，是提供阿根廷的麵包籃。巴塔哥尼亞是阿根廷南部寒冷、颳風的沙漠地形。

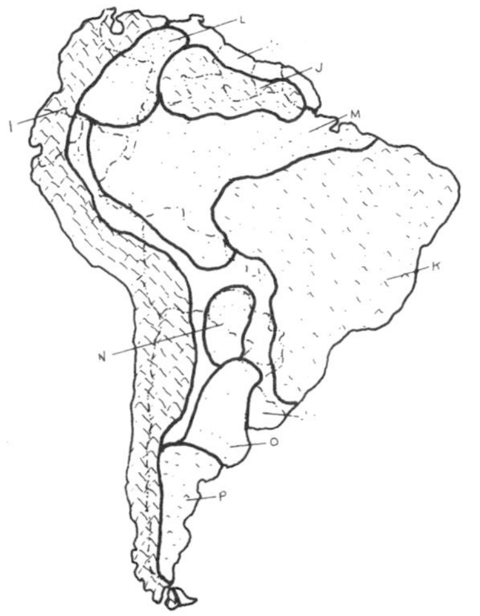

南美洲在將近兩億年前與非洲大陸分離（見地圖 2），兩者地質相似。南美洲與北美洲形狀都呈冰淇淋筒狀，北邊較寬廣、南邊較窄。南北兩塊大陸都分為三個區塊：東部的古老高地，較年輕且較高的西部山脈，還有中部廣闊的平原。在南美洲，古老的高地為東北方崎嶇的圭亞那高地，以及東部人口密集的巴西高原。安地斯山脈是世界最長且高度第二的山脈（次於喜馬拉雅山脈）。安地斯山脈從加勒比海到合恩角，向西延伸 7200 公里，海拔較高地區終年白雪覆蓋即使在赤道地區也是如此。阿空加瓜山（6960 公尺）是安地斯山脈近 40 座比北美最高峰麥金利山（6195 公尺）還要高的山脈中，最高的一座。此地納斯卡板塊持續向東移動，隱沒於南美板塊下方，使安地斯山脈持續升高（見地圖 2）。此處的地質變動，屬於環太平洋地區「火環帶」的部份（見地圖 2）。

中央平原地區主要由亞馬遜盆地中的河流、雨林所組成。亞馬遜河是世界流量最大的河，是僅次於尼羅河的第二長河（6400 公里）。源自秘魯安地斯山脈，亞馬遜河流向橫跨整片大陸，運載 20%世界總河水量。水流強勁，甚至在距離河口 80 公里遠處的大西洋也能測量到淡水。部分流域仍未有人探索，原始部落徹底與世隔絕。亞馬遜由歐洲探險家根據希臘女戰神命名，聲稱看見原始部落中的女人參與戰鬥。雨林（薩瓦斯）是世界最大雨林，正以驚人速率遭到破壞。雨林有「地球之肺」的稱號，吸收二氧化碳、排放氧氣。科學家認為排氧植物的大幅減少，還有燃燒樹叢的煙，會加重溫室效應。亞馬遜盆地擁有超過十萬種動植物，多數為特有種，由於棲息地遭到破壞，面臨絕種危機。總括而言，南美洲因相對的隔絕性而富有特殊的動植物。原生動物體型較小，最大的貘類似於小馬體型。

其他兩個重要的河流系統，是奧里諾科河與拉布拉他河。奧里諾科河發源於圭亞那高地，流往大西洋的途中，經過哥倫比亞與委內瑞拉草原，形成一個寬廣的弧形。拉布拉他河系統包含許多支流，提供阿根廷、玻利維亞、巴西、巴拉圭與烏拉圭必要交通路徑。經過一個稱作 Riode la Plata 的河口，進入大西洋。布宜諾斯艾利斯與蒙特維於河口兩岸對峙。巴西與巴拉圭，在巴拉那河建設伊泰普水電站，完成世界最大的水力發電建設。同樣在此地區，由世界最大的伊瓜蘇瀑布，將巴西與阿根廷隔開。伊瓜蘇瀑布由於季節水流，最多會出現二百七十五個瀑布。

兩個主要湖泊為馬拉開波湖與的的喀喀湖。的的喀喀湖為最大湖，位於安地斯山脈，介於秘魯與玻利維亞之間，海拔 3659 公尺，全世界最高的可通航湖泊，以湖岸蘆葦編織而成的小船聞名，更值得一提的是同樣用蘆葦編成的漂浮島。房屋蓋在這些漂浮島嶼上。

秘魯海岸及智利北部的一條狹窄帶狀地區，有世界最乾燥的沙漠。長 960 公里的亞他加馬沙漠，某些部分從來沒降雨紀錄。這片位在海岸附近、非常不尋常的不毛之地，是因為秘魯涼流（見地圖 59）與安地斯山脈交互作用的結果。熱帶海洋的暴風，通過涼流會降溫，抵達海岸時早已流失水分。安地斯山脈會阻擋來自東邊的暴風。海岸線遠處（秘魯涼流範圍外）是世界最潮溼的地區——哥倫比亞的太平洋沿岸地區。南美洲不如北美洲有氣溫的劇烈差異，雖然水氣蒸騰的赤道地區、安地斯山脈上的冰河、阿根廷的炎熱沙漠、南端寒冷的火地群島。東南海岸的氣溫，因巴西暖流變得溫和（見地圖 59）。

Brazil is nearly 10% larger than the United States, without Alaska and Hawaii.

扣掉阿拉斯加與夏威夷，巴西幾乎比美國還要大 10%。

SOUTH AMERICA: NORTHERN COUNTRIES & BRAZIL
南美洲：北方國家與巴西

此地雖位於熱帶地區的中心，南美洲北方五個國家，從水氣蒸騰的海角低地到寒冷、終年覆雪的安地斯山脈，溫差範圍非常大。在哥倫比亞與委內瑞拉，大多數人口居住在安地斯山脈三條平行延伸區域間的高河谷。由於內陸為圭亞那高地，部分尚未被開發，因此蓋亞那、蘇利南及法屬圭亞那的居民，則住在較熱的海角地帶，這些高地可能是西班牙與葡萄牙沒有侵略此地的原因。委內瑞拉高地擁有世界最高的瀑布，原本無人知曉的天使瀑布（979 公尺）比尼加拉大瀑布高 20 倍，直到 1935 年被一架美國飛機在高空發現。哥倫比亞與委內瑞拉人口為印第安混血、西班牙人與非洲族裔。這兩個國家有 20%的人，為西班牙殖民者的白種人後裔。跟其他拉丁美洲國家一樣，由少數白人佔據土地和產業以及控制政府。在其他三個較小的國家中，白人少於人口的 3%。圭亞那與蘇利南以亞洲人為主，是來自印度和印尼的派遣勞工後裔，因奴隸制度瓦解而前來南美洲。

COLOMBIA A 哥倫比亞

佔地：1,138,952 平方公里。人口數：4,832 萬。首都：波哥大，約 676 萬人。政體：共和。語言：西班牙語。宗教：羅馬天主教。出口：咖啡、紡織、香蕉、翡翠、黃金。氣候：依海拔高度不同，有炎熱或極寒的天氣。□哥倫比亞具有兩種地理區隔：一、是唯一同時濱臨大西洋與太平洋的國家，二、是唯一藉陸路進入南美洲的入口（經巴拿馬）。哥倫比亞出口世界 90%的翡翠，但真正的珍寶是高品質咖啡，產量僅次於巴西。近年來，古柯鹼與大麻成為經濟作物大宗。毒販受政府壓迫，轉而向城市散播。毒品交易主要在麥德林（218 萬人），是肥沃安地斯河谷的三座城市之一。波哥大為首都也是文化中心，麥德林是金融與工業中心，也是紡織業的主要生產地。哥倫比亞人口數為南美洲第三大。哥倫比亞東部三分之二，為連結奧里諾科河與亞馬遜盆地的綠意草原（洛斯亞諾斯），人煙稀少。由於國內陸路旅行受大然地形限制，哥倫比亞領先南美各國，成為第一個擁有商業飛行航線的國家。

FRENCH GUIANA B 法屬圭亞那

佔地：91,168 平方公里。人口數：25 萬。首都：開雲，約 5.8 萬人。政體：法國海外特殊行政區。語言：法語。宗教：羅馬天主教。出口：香蕉、蝦、糖、硬木。氣候：熱帶。□法屬圭亞那是此地僅存的外國殖民地。近 100 年來，作為海外受刑殖民地。惡魔島是蓋亞納 3 座最邪惡的監獄之一，曾經是法國送來的政治犯的地獄。另一個曾為監獄殖民地的是庫魯，現在是歐洲太空總署衛星計劃的發射地點。此法屬地區非常窮困，只能依靠法國生存。

GUYANA C 蓋亞那

佔地：215,229 平方公里。人口數：79 萬。首都：喬治城，約 13 萬人。政體：共和。語言：英語、克里奧爾語、印度語。宗教：35%印度教、55%基督教、10%伊斯蘭教。出口：鋁土礦、糖、冰。氣候：熱帶。□蓋亞那（英屬蓋亞那）像一個亞洲國家而非拉丁美洲國家。多數的亞洲商，掌握商業活動，常與較少數的黑人（40%）產生衝突，這些黑人是非洲奴隸的後裔，非洲隸被解放後原本的工作為亞裔勞工所取代。黑人握有政治權利，建立社會主義政府。克里奧爾語為所有地方方言的結合，與英語一起使用。許多海角地區，包括首都喬治城，都低於海平面，受到運河及堤防系統保護，很多是 300 年前由荷蘭人所建設。喬治城以在加勒比海島常見的白色木屋聞名。蓋亞那是世界鋁土礦的主要生產地。1970 年代，外來美國邪教進入，造成惡名昭彰的瓊斯鎮大屠殺，因領導煽動而造成集體自殺。

SURINAME D 蘇利南

佔地：163,792 平方公里。人口數：53 萬。首都：巴拉馬利波，約 24 萬人。政體：共和國。語言：荷語。宗教：35%基督教、30%印度教、20%伊斯蘭教。出口：鋁土礦、鋁、香蕉、木材。氣候：熱帶與潮溼。□歷史上最糟的交易，17 世紀荷蘭人以新荷蘭與新阿姆斯特丹（紐約州與紐約城），與英國交換南美洲的蘇利南，原本稱為荷屬圭亞那，現在的蘇利南，是一個真正的南美洲大鎔爐。和平共處的民族有印度人、印尼人、黑白混血、黑人、印第安原住民、中國人及歐洲人，使用共同語言。黑奴後裔稱為「叢林黑人」，在林木茂密的地區過著非洲原始生活。蘇利南跟蓋亞那一樣是鋁土礦的主要產地。

VENEZUELA E 委內瑞拉

佔地：912,052 平方公里。人口數：3,041 萬。首都：卡拉卡斯，約 450 萬人。政體：共和。語言：西班牙語。宗教：羅馬天主教。出口：石油、鐵與鋼、咖啡、糖、棉花、食物加工品。氣候：隨海拔而異。□委內瑞拉在西班牙語中意指「小威尼斯」。早期的探險家第一次見到在馬拉開波湖沿岸淺水處，高腳式建築的印第安村莊時，想起了這個義大利城市。湖水的黑色軟泥，讓委內瑞拉在 1930 年代成為世界第一個出口石油的國家，也是南美洲最富裕的國家。不過石油帶來的財富，只讓掌控階級更加富裕。政府背負龐大的外債，不斷累積的欠款，使石油收入不敷出，甚至還降價求售。委內瑞拉擁有南美最大的鐵儲藏量，還有持續擴張的鋼鐵工業。首都卡拉卡斯，現代而繁榮，不過跟其他拉丁美洲國家一樣，被殘破的城鎮環繞。政府已經著手土地重整和社會福利計劃，提升鄉村生活品質，減少人口往過度密集的城市遷徙。委內瑞拉大多土地有奧里諾科河流經，河谷是沖積平原，同時受洪水或乾旱的影響。

BRAZIL F 巴西

佔地：8,511,983 平方公里。人口數：約 2 億。首都：巴西利亞，約 248 萬人。政體：共和。語言：葡萄牙語。宗教：羅馬天主教。出口：咖啡、香蕉、黃豆、棉花、牛肉、木材、汽車、機械、鐵礦。氣候：亞馬遜地區為熱帶、東北方為副熱帶、巴西利亞高原為溫帶。□世界第五大的國家。幾乎占南美洲一半土地，除了厄瓜多與智利外，與其他南美國家皆相鄰。巴西擁有超過半數的南美洲總人口。10 個人口超過百萬的都市。巴西是拉丁美洲的農業、採礦及工業主要國。僅管開發的土地僅不到 5%，但巴西在咖啡、香蕉、甘蔗仍是全世界領先的國家，南部高地供應全世界人約 30%的咖啡，氣候炎熱、潮溼的夏季與溫和、乾燥的冬季，適合咖啡生長。龐大的咖啡園在葡萄牙語中稱為「法曾達斯」（fazendas），西班牙語中是「莊園」的意思。大量生產黃豆、牛肉、棉花、木材。富含礦產，鐵礦藏量多，幾乎所有重要礦物都有蘊藏。通貨膨脹劇烈，1980 年代達到 1000%。1990 年第一個民選總統——費南多．科洛爾，主張徹底的簡樸政策。巴西是聯邦共和國，由二十三個州、三個遠方領地、巴西利亞聯邦區組成。1822 年，巴西脫離葡萄牙獨立，成為南美洲唯一的君主政體國家。雖然很早成為共和國（1889 年起），也曾歷極權統治。

巴西大量人口、財富及工業都位於大西洋沿岸，就像於 19 世紀的美國，但巴西人不像美國人往西部遷移，巴西政府已經興建公路，提供免費土地，甚至把首都遷至距離海岸 965 公里的未來之城巴西利亞。亞馬遜雨林由於是木材來源及放牧地，無數森林被移平，地貌變化劇烈。為了回應國際關切，巴西立法誓言限制雨林伐木。巴西是拉丁美洲唯一擁有葡萄牙語言和文化的國家，但葡萄牙後裔只占少數。大多數巴西人移民自歐洲其他國家、穆斯林及亞洲國家。全球羅馬天主教徒居住在巴西的數量最高。40%人口非白人：卡巴克羅人（印第安與白人混血）、黑白混血、原生印第安人，有些居住可追溯至石器時代的亞馬遜盆地。除了對原生印第安人的歧視（幾乎發生在所有開發中國家），巴西的種族關係大致良好。教育不普及是經濟發展的主要阻礙。

巴西分成三個部分：⑴亞馬遜盆地是一個非常溫暖潮溼的雨林，人口稀疏只有印第安部落。⑵東北方是林木繁茂的平原，覆蓋大西洋邊界。30%人口居住於此。經常乾旱。⑶中央及南部高地（巴西利亞高地）有 75%農業、80%礦產和製造業，還有超過 50%的人口，為巴西氣候最佳地區。聖保羅（2036 萬人）是拉丁美洲成長速度最快的工業中心，里約熱內盧（632 萬人）是商業與貿易中心。里約是渾然天成的海港城，自然山脈環繞，幾乎與主要陸地隔離。里約以鋪張的四天四夜嘉年華會聞名，在基督教齋戒日舉辦。

廣闊的土地、宜人的氣候，加上尚未開發的天然資源，巴西擁有強國的潛力。水力發電建設，有助於發展工業。巴西與巴拉圭已建設伊泰普水壩，位於巴拉那河，是全世界最大的水力發電廠。南方是巨大的伊瓜蘇瀑布，具有更大的水力發電潛力。

17

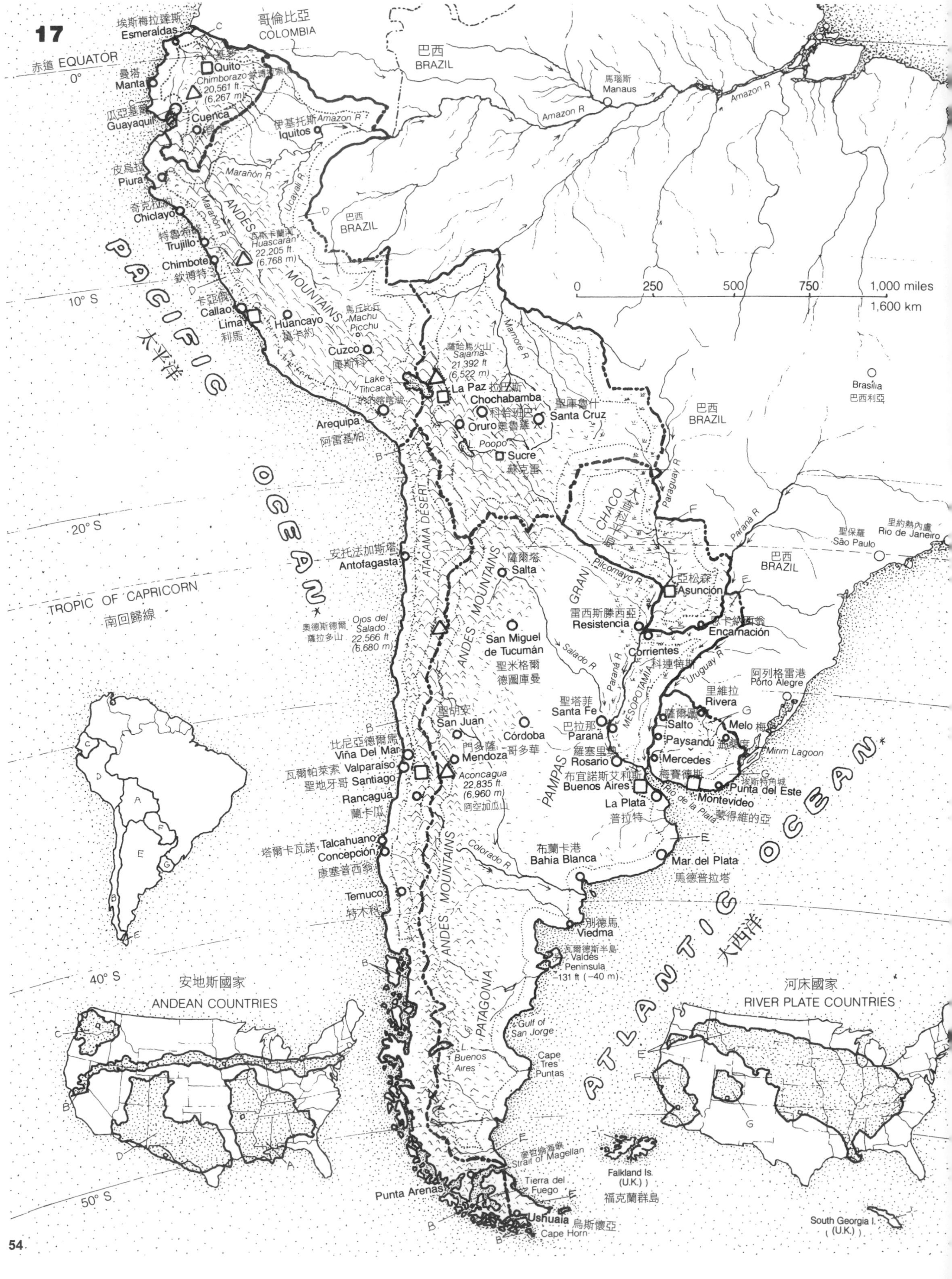

哥倫比亞
COLOMBIA
巴西
BRAZIL
赤道 EQUATOR
0°
埃斯梅拉達斯
Esmeraldas
Quito
曼塔
Manta
Chimborazo
20,561 ft.
(6,267 m)
瓜亞基爾
Guayaquil
Cuenca
伊基托斯
Iquitos
Amazon R
馬瑙斯
Manaus
皮烏拉
Piura
Marañón R
ANDES
MOUNTAINS
Ucayali R
奇克拉約
Chiclayo
Trujillo
Huascarán
22,205 ft.
(6,768 m)
Chimbote
欽博特
10° S
卡亞俄
Callao
Lima
利馬
Huancayo
馬丘比丘
Machu Picchu
Cuzco
庫斯科
PACIFIC
太平洋
OCEAN
Sajama
21,392 ft
(6,522 m)
Lake Titicaca
La Paz
Chochabamba
Oruro
聖庫魯什
Santa Cruz
Poopo
Sucre
蘇克雷
Arequipa
阿雷基帕
Mamore R
0
250
500
750
1,000 miles
1,600 km
Brasília
巴西利亞
巴西
BRAZIL
CHACO
大平原
Paraguay R
Paraná R
聖保羅
São Paulo
里約熱內盧
Rio de Janeiro
20° S
安托法加斯塔
Antofagasta
ATACAMA DESERT
薩爾塔
Salta
ANDES MOUNTAINS
GRAN
Pilcomayo R
亞松森
Asunción
TROPIC OF CAPRICORN
南回歸線
Ojos del Salado
22,566 ft
(6,880 m)
San Miguel de Tucumán
聖米格爾德圖庫曼
Salado R
雷西斯滕西亞
Resistencia
Corrientes
Encarnación
Uruguay R
MESOPOTAMIA
阿列格雷港
Porto Alegre
里維拉
Rivera
Salto
Melo
Paysandú
Mercedes
Mirim Lagoon
聖胡安
San Juan
Córdoba
聖塔菲
Santa Fe
Paraná
Viña Del Mar
Valparaíso
Santiago
聖地牙哥
Mendoza
Aconcagua
22,835 ft.
(6,960 m)
Rosario
布宜諾斯艾利斯
Buenos Aires
PAMPAS
La Plata
普拉特
Rio de la Plata
Montevideo
Punta del Este
Rancagua
Talcahuano
Concepción
Colorado R
布蘭卡港
Bahia Blanca
Mar del Plata
馬德普拉塔
ATLANTIC OCEAN
大西洋
Temuco
特木科
Viedma
Valdés Peninsula
-131 ft (-40 m)
40° S
安地斯國家
ANDEAN COUNTRIES
河床國家
RIVER PLATE COUNTRIES
PATAGONIA
Gulf of San Jorge
L. Buenos Aires
Cape Tres Puntas
Strait of Magellan
Falkland Is.
(U.K.)
福克蘭群島
Tierra del Fuego
Punta Arenas
50° S
Ushuaia
烏斯懷亞
Cape Horn
South Georgia I.
(U.K.)

SOUTH AMERICA 南美洲

ANDEAN COUUNTRIES 安地斯國家

安地斯山將厄瓜多、秘魯與玻利維亞分為三個區塊：西部海岸沙漠、中部山嶺及東部雨林。在安地斯山脈地區，人們居住在海拔 4573 公尺高處，生活非常嚴峻。遍布山丘的地形，寒冷、空氣含氧量低，讓居民肺活量變大，四肢矮短結實。主要食物為馬鈴薯，這裡就是馬鈴薯數千年前的發源地。「安地斯的駱駝」羊駝，體型小、沒有駝峰的一種駱駝，提供貨運羊毛、肉與獸皮。安地斯國家擁有西半球最多的印第安人口，大多為高度發展的印加文明的後裔，在被西班牙摧毀前曾輝煌 500 年。

BOLIVIA A 玻利維亞

佔地：1,098,420 平方公里。人口數：1,067 萬。首都：拉巴斯，約 270 萬人。蘇克雷，約 19 萬。政體：共和。語言：西班牙語，兩種印第安方言。宗教：羅馬天主教。出口：天然氣、錫、咖啡、銀、棉花。氣候：除了東北方以外乾燥。□沒有海岸與足夠的公路、鐵路或水運，四面環陸的玻利維亞，是南美洲最貧窮的國家。世界最高的首都拉巴斯（3659 公尺）位於安地斯山脈的高地（阿爾蒂普拉諾高原），所有政府機關都在此運作，只有司法首都蘇克雷的最高法院不在此地。人口由 50% 印第安人與 35% 麥士蒂索。多數玻利維亞人使用印第安母語，富裕的中產階級使用西班牙語。國名來自有「南美華盛頓」之稱的前總統西蒙．玻利瓦，他終結西班牙統治玻利維亞 300 年。玻利維亞漫長的獨裁史與軍閥統治，在 1952 年結束，工人領導革命，重建政府。經 12 年又被軍閥推翻。1985 年恢復民主政治。玻利維亞由於與智利、巴拉圭戰爭，失去大片富含礦產的土地和重要的太平洋沿岸。

CHILE B 智利

佔地：756,928 平方公里。人口數：1,762 萬。首都：聖地牙哥，約 512 萬人。政體：共和。語言：西班牙語。宗教：羅馬天主教。出口：銅、鐵礦、化學製品、水果、魚。氣候：非常乾燥到非常潮溼。□這是一片狹長土地，長度與美同寬，但平均寬度卻不到 240 公里，是世界最窄的國家，智利。北方的阿他加馬沙漠的降雨量為零，南邊狂風吹襲的島嶼降雨量則超過 508 公分。東部有三分之一被安地斯山脈佔據。大多數人口侷限在中央河谷，位於海岸山脈與安地斯山脈間，屬於地中海型氣候區。蓬塔阿雷納斯，位於麥哲倫海峽，是世界最南的主要城市。阿根廷的烏斯懷亞，火地群島上的一個城市，位於更南端。麥士蒂索人占人口的 70%，但 20% 的歐洲人則造就智利城市的歐洲風貌。1973 年舉行民主選舉，馬克思主義在 1973 年被軍方，在第一位總統與革命領導人貝爾納多．奧希金斯的自由政策下，智利擁有漫長的政治自主傳統。軍閥統治在 1989 年結束，土地重新規劃，允公的財產回歸各小地主。為世界最大的銅製造地。智利的復活島（見地圖 36）以未知的巨大石像聞名，位於主陸西部 3680 公里處。

ECUADOR C 厄瓜多

佔地：279,720 平方公里。人口數：1,574 萬。首都：基多，約 161 萬人。政體：共和。語言：西班牙語。宗教：羅馬天主教。出口：石油、香蕉、咖啡、魚類產品。氣候：根據海拔高度變化。□厄瓜多是西班牙語，意指「赤道」。迷人的首都基多，位在距赤道 24 公里處，但海拔高達 2744 公尺，樂為「永春城」。炎熱、多沼澤的海岸，生產世界最多的香蕉作物，與羽毛般輕的輕木。當地的棕櫚樹葉用以製造厄瓜多著名的「巴拿馬帽」。幾乎所有出口貨品都經過最大城兼商業中心──瓜亞基爾港（150 萬人）。政治上保守的首都基多，受益於瓜亞基爾進步自由的政策。麥士蒂索人達到 55% 人口，印第安人佔 30%，其餘為白人精英。安地斯山脈以東為「奧蓮蒂」，是原始的亞馬遜盆地。石油蘊藏開採自此，穿越安地斯山脈，運送到埃斯梅拉達斯港。厄瓜多外海 960 公里處的加拉巴哥島（見地圖 14），此隔絕地帶居住的動植物，演化出獨特的品種。達爾文在 19 世紀初造訪，助其發表進化論。

PERU D 秘魯

佔地：1,285,158 平方公里。人口數：3,038 萬。首都：利馬，約 847 萬人。政體：共和國。語言：西班牙語。宗教：羅馬天主教。出口：銅、鉛、銀、鋅、魚、咖啡、海鳥糞肥料。氣候：沿岸溫和乾燥，安地斯以東為熱帶。□曾為印加文明中心，現在為南美洲第三大國家。印加文明的財富，吸引當時的西班牙人將利馬城設為南美洲帝國總部。安地斯城的庫斯科，為西半球人類居住最悠久的城市，曾為印加文明首都。馬丘比丘的地勢較高，城牆遺跡直到 1900 年代早期才被發現。超過 900 萬名印加後裔，組成西半球最大的印第安人口國家，人民大多貧窮。城市、農田與工廠設在海岸沙漠，由來自安地斯山脈的水所灌溉。涼流阻礙降雨（見地圖 15），卻提供大量的海洋資源。秘魯為魚類的主要出口地，大多是作為動物飼料的鯷魚。魚群吸引了海鳥，排泄物成為肥料工業的材料。漁業過度捕撈，造成海鳥數量和糞肥產量降低。19 世紀期間，位於東北方叢林的亞馬遜河源頭，伊基托斯海港在橡膠潮時期興建，至今仍有大西洋船隻往來交易。

RIVER PLATE COUNTRIES 河床國家

河床國家由南美洲第二大河所連結。拉布拉他河注入大西洋，巴拉那河與烏拉圭河為其支流。這三個國家的首都都位於河川的運輸要衝。阿根廷與烏拉圭的人民為歐洲後裔，教育程度高，是此區最繁榮的兩個國家。巴拉圭四面環陸，人民多為麥士蒂索人，多年來深受軍政府壓迫之苦。這三個國家都說西班牙語，都出產瑪黛茶，是一種裝在葫蘆裡用銀吸管飲用的土產茶。

ARGENTINA E 阿根廷

佔地：2,785,545 平方公里。人口數：4,145 萬。首都：布宜諾斯艾利斯，約 1,370 萬人。政體：共和。語言：西班牙語。宗教：羅馬天主教。出口：牛肉、獸皮、綿羊、羊毛、穀物、棉花與食物。氣候：北方溫和，南方較冷。□阿根廷是世界主要牛隻出口國，為南美洲面積與人口第二大的國家。本世紀早期，因牛肉與麥片的銷量，讓阿根廷成為全球最富裕的國家。1946 年在胡安．裴隆的經濟政策下，農業被課以重稅，用以支付社會計劃，外商投資被國營企業阻擋，導致阿根廷出現經濟問題。阿根廷由多國籍人口組成。西班牙語混合義大利口音。布宜諾斯艾利斯是個歐洲風格的城市。阿根廷分為五個區域：⑴西部安地斯山區，有西半球最高峰－阿空加瓜山（6950 公尺）。⑵北部的大查科的森林區。⑶延伸為「兩河流域」之意，潮溼的農業區，由巴拉那河與烏拉圭河環繞。⑷彭巴草原，樹木少、多草的平原，具有肥沃的耕地、牛仔看守的放牧地區，是主要人口和工業中心。⑸巴塔哥尼亞，乾燥、狂風，人口多的地區，佔據南部高地。巴塔哥尼亞南方為火地群島，由阿根廷與智利共同擁有。往東 480 公里處為英國屬地福克蘭群島，阿根廷稱為馬爾維納斯群島。1982 年，阿根廷以武力奪取這些島嶼，失敗導致國內政治混亂，軍政府的瓦解。

PARAGUAY F 巴拉圭

佔地：406,752 平方公里。人口數：680 萬。首都：亞松森，約 68 萬人。政體：共和。語言：西班牙語、巴拉圭語。宗教：羅馬天主教。出口：牛肉、獸皮、單寧酸、咖啡、棉花。氣候：溫暖潮溼。□這四面環陸的國家，由巴拉圭河分為兩個不同區域：大查科以西與奧蓮多以東。巴拉那河使巴拉圭可通往大西洋，與巴西共同興建的大型水力發電水壩，帶來重要收入。在大查科，不同季節的乾旱和潮溼程度，差異很大，生產特殊的白堅木（斷斧樹），是一種非常難破壞的硬木，太重無法漂浮，用來製造鐵軌枕木、電線桿和鋪路材料，可用來製造單寧酸（用於剝製獸皮）。由於深信大查科涵藏石油，巴拉圭在 1932 年耗費巨大的戰爭中，從玻利維亞取得此地。巴拉圭人大多居住在奧蓮多的溫和地區，使用巴拉圭母語為第二語言。經過斯特羅斯納將軍 35 年的獨裁壓迫，巴拉圭現為民主國家。

URUGUAY G 烏拉圭

佔地：177,415 平方公里。人口數：340 萬。首都：蒙德維的亞，約 130 萬人。政體：共和。語言：西班牙語。宗教：羅馬天主教。出口：肉類產品、獸皮、羊毛、紡織。氣候：溫和潮溼。□直到 1950 年代，烏拉圭是「南美洲瑞士」的模範社會。農業經濟繁榮，政治與社會政策是南美最先進。不過當世界商品價格下跌，烏拉圭無法再承擔社福費用。新的保守方向，造成政治不安，都市游擊運動，社會變動造成軍閥掌權，在重建規則的過程中，烏拉圭成為全世界政治犯比例最高的國家。1985 年成立民選政府。烏拉圭平緩的草原地形，氣候常年溫和。人口以西班牙與義大利後裔為主，為中南美洲最都市化的國家。烏拉圭將國家的所有土地都加以運用，為世界少見。

本頁不需著色

歐洲

地圖 18-27

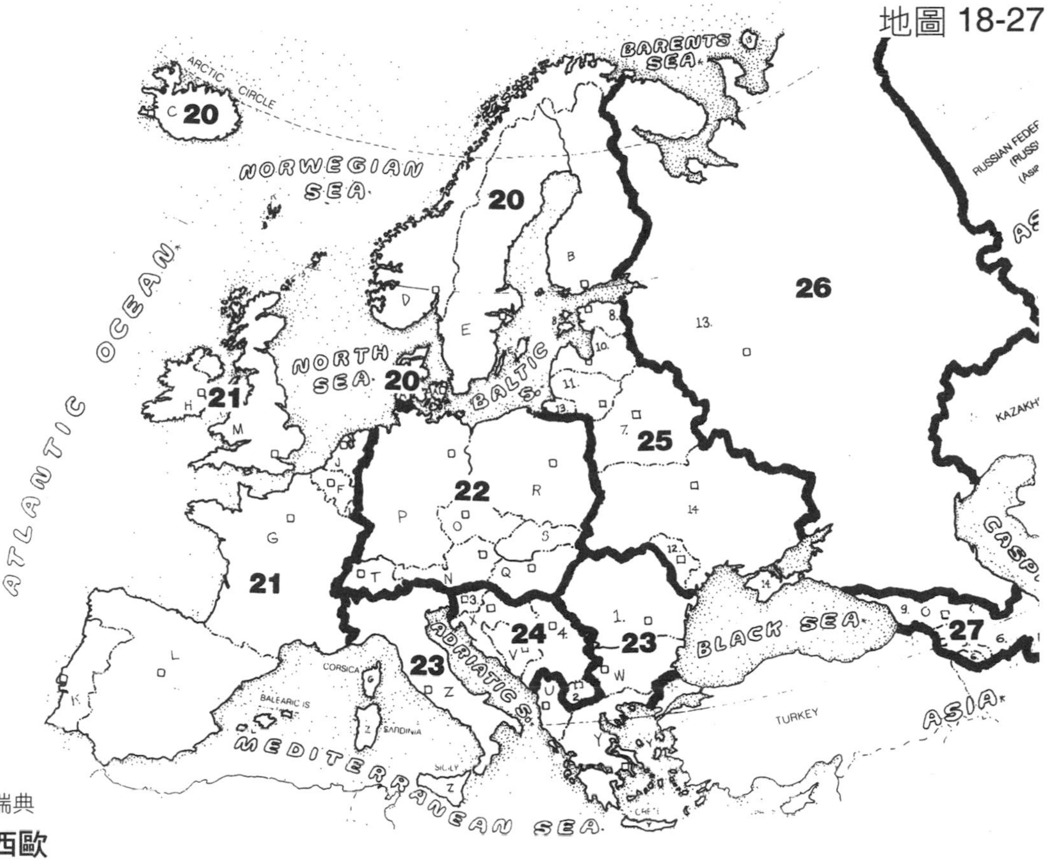

18 THE COUNTRIES 國家

19 THE PHYSICAL LAND 自然地景

20 NORTHERN EUROPE 北歐

Finland, Iceland, Denmark, Norway, and Sweden

芬蘭、冰島、丹麥、挪威與瑞典

21 WESTERN EUROPE 西歐

Andorra, Belgium, France, Ireland, Luxembourg, Monaco, Netherlands, Portugal, Spain, and United Kingtom (Great Britain and Northern Ireland)

安道爾、比利時、法國、愛爾蘭、盧森堡、摩納哥、荷蘭、葡萄牙、西班牙與英國（大不列顛與北愛爾蘭）

22 CENTRAL EUROPE 中歐

Austria, Czech Republic, Germany, Huingary, Liechtenstein, Poland, Slovakia, and Switzerland

奧地利、捷克共和國、德國、匈牙利、列支敦斯登、波瀾、斯洛伐克與瑞士

23 SOUTHEASTERN EUROPE I 東南歐 I

Albania, Buulgaria, Greece, Italy, Malta, Romania, San Marino, and Vatican City

阿爾巴尼亞、保加利亞、希臘、義大利、馬爾他、羅馬尼亞、聖馬利諾與梵蒂岡

24 SOUTHEASTERN EUROPE II 東南歐 II

Nations of the Former Yugoslavia:

Bosnia & Herzegovina, Croatia, Macedonia, Slovenia, and Yugoslavia (Serbia & Montenegro)

前南斯拉夫國家：

波士尼亞與赫塞哥維納、克羅埃西亞、馬其頓共和國、斯洛維尼亞與南斯拉夫（塞爾維亞與蒙特內哥羅）

25 EASTERN EUROPE I 東歐 I

Former Soviet Baltic Republics:

Estonia, Latvia, and Lithuania

Kaliningrad Oblast (Russia)

Former Soviet Eastern European Republics:

Belarus, Moldova, and Ukraine

前蘇維埃波羅的海共和國：

愛沙尼亞、拉脱維亞與立陶宛；加里寧格勒（俄國）；前蘇維埃東歐共和國：白俄羅斯、摩爾多瓦與烏克蘭

26 EASTERN EUROPE II 東歐 II

Russian Federation (Russia)

俄羅斯聯邦（俄國）

27 EASTERN EUROPE III & ASIA 東歐 III 與亞洲

Former Soviet Caucasus Republics:

Armenia, Azerbaijan, and Georgia

Former Soviet Asian Republics:

Kazakhstan, Kyrgyzstan, Tajikistan, Turkmenistan, and Uzbekistan

前蘇維埃高加索共和國：亞美尼亞、亞賽拜然與喬治亞；前蘇維埃亞洲共和國：哈薩克、吉爾吉斯斯坦、塔吉克、土庫曼與烏茲別克

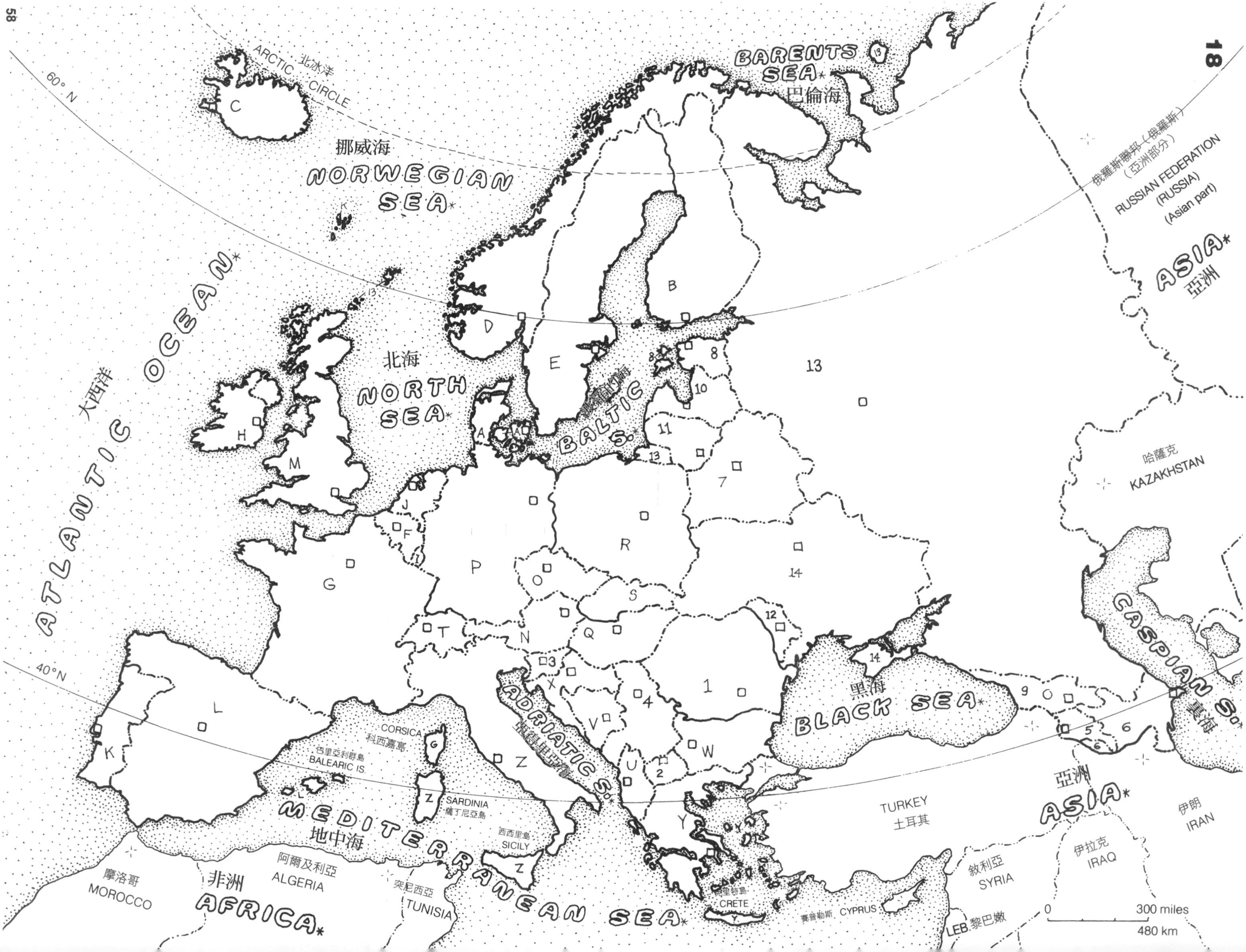
ARCTIC CIRCLE
北冰洋
60° N
40° N
挪威海
NORWEGIAN SEA*
BARENTS SEA*
巴倫海
北海
NORTH SEA*
BALTIC S.*
ATLANTIC OCEAN*
大西洋
RUSSIAN FEDERATION (RUSSIA) (Asian part)
俄羅斯聯邦（俄羅斯）（亞洲部分）
ASIA*
亞洲
哈薩克
KAZAKHSTAN
CASPIAN S.*
裏海
BLACK SEA*
黑海
ADRIATIC S.*
CORSICA
科西嘉島
BALEARIC IS.
巴里亞利群島
SARDINIA
薩丁尼亞島
SICILY
西西里島
MEDITERRANEAN SEA*
地中海
CRETE
克里特島
CYPRUS
賽普勒斯
TURKEY
土耳其
ASIA*
亞洲
伊朗
IRAN
伊拉克
IRAQ
敘利亞
SYRIA
LEB.黎巴嫩
摩洛哥
MOROCCO
阿爾及利亞
ALGERIA
突尼西亞
TUNISIA
非洲
AFRICA*
0
300 miles
480 km
A
B
C
D
E
F
G
H
J
K
L
M
N
O
P
Q
R
S
T
U
V
W
X
Y
Z
1
2
3
4
5
6
7
8
9
10
11
12
13
14

EUROPE: THE COUNTRIES 歐洲：國家

NORTHERN 北歐

DENMARK A COPENHAGEN：丹麥／哥本哈根
FINLAND B HELSINKI：芬蘭／赫爾辛基
ICELAND C REYKJAVIK：冰島／雷克雅維克
NORWAY D OSLO：挪威／奧斯陸
SWEDEN E STOCKHOLM：瑞典／斯德哥爾摩

WESTERN 西歐

BELGIUM F BRUSSELS：比利時／布魯塞爾
FRANCE G PARIS：法國／巴黎
IRELAND H DUBLIN：愛爾蘭／都柏林
LUXEMBOURG I LUXEMBOURG：盧森堡／盧森堡
NETHERLANDS J AMSTERDAM：荷蘭／阿姆斯特丹
PORTUGAL K LISBON：葡萄牙／里斯本
SPAIN L MADRID：西班牙／馬德里
UNITED KINGDOM M LONDON：英國／倫敦

CENTRAL 中歐

AUSTRIA N VIENNA：奧地利／維也納
CZECH REPUBLIC O PRAGUE：捷克／布拉格
GERMANY P BERLIN：德國／柏林
HUNGARY Q BUDAPEST：匈牙利／布達佩斯
POLAND R WARSAW：波蘭／華沙
SLOVAKIA S BRATISLAVA 斯洛伐克／布拉提斯拉瓦
SWITZERLAND T BERN：瑞士／伯恩

歐洲是世界第二小的洲（僅大於澳洲），人口 7.4 億，是第三大（次於亞洲與非洲），因此是人口最密集的洲，多居住在工業化地區，如英國、荷蘭、比利時、法國北部、德國、波蘭南部、捷克、北部義大利、烏克蘭及俄羅斯。

冰島、挪威北部、瑞典及芬蘭人口最少。地圖 18 只顯示最大的四十個國家。不包含的列支敦斯登、摩納哥、聖馬利諾及梵蒂岡，將在地圖 21、22、23 討論。烏拉山脈為歐洲的東部邊界，將俄羅斯分為歐亞兩部份，俄羅斯的亞洲部分（西伯利亞），比歐洲部分大三倍以上，但俄羅斯仍被認為屬於歐洲國家，因為大多數俄羅斯人居住在烏拉山脈以西，且表現出歐洲文化特徵。土耳其因為只有 3%的土地位於歐洲大陸，被歸類於亞洲，而且文化較傾向東方。

SOUTHEASTERN 南歐

ALBANIA U TIRANA：阿爾巴尼亞／地拉那
BOSNIA & HERZEGOVINA V SARAJEVO：波士尼亞與赫塞哥維納／塞拉耶佛
BULGARIA W SOFIA 保加利亞／索菲亞
CROATIA X ZAGREB：克羅埃西亞／札格瑞布
GREECE Y ATHENS：希臘／雅典
ITALY Z ROME：義大利／羅馬
ROMANIA 1. BUCHAREST：羅馬尼亞／布加勒斯特
MACEDONIA 2 SKOPJE：馬其頓共和國／史高比耶
SLOVENIA 3 LJUBLJANA：斯洛維尼亞／盧比安納
SERBIA 4 BELGRADE：南斯拉夫／貝爾格勒

EASTERN 東歐

ARMENIA 5 YEREVAN 亞美尼亞／葉里溫
AZERBAIJAN 6 BAKU：亞塞拜然／巴庫
BELARUS 7 MINSK：白俄羅斯／明斯克
ESTONIA 8 TALLINN：愛沙尼亞／塔林
GEORGIA 9 TBILISI：喬治亞／提比里斯
LATVIA 10 RIGA：拉脫維亞／里加
LITHUANIA 11 VILNIUS：立陶宛／維爾紐斯
MOLDOVA 12 KISHINEV 摩爾多瓦／基希涅夫
RUSSIAN FEDERATION 13 MOSCOW：俄羅斯／莫斯科
UKRAINE 14. KIEV：烏克蘭／基輔

由山脈、河流、湖泊、海灣、海峽、半島形成的自然疆界，產生獨一無二的文化。居民主要的語言來自四種印歐洲語系：⑴塞爾特語系（布列塔尼語、愛爾蘭語、蘇格蘭塞爾特語、威爾斯語）。⑵拉丁一羅馬語系（法語、義大利語、葡萄牙語、羅馬尼亞語、西班牙語）。⑶日耳曼語系（荷蘭語、英語、德語及斯堪地那維亞語：丹麥語、冰島語、挪威語、瑞典語）。⑷斯拉夫語系（保加利亞語、捷克語、波蘭語、俄語、塞爾維亞語一克羅埃西亞語和斯洛伐克語）。

基督教是主要宗教，羅馬天主教最為廣泛傳播，以西南歐地區為主。基督教新教分會主導大英地區、斯堪地那維亞及北歐。東正教教會是東歐、東南歐的主要宗教。猶太教由於第二次世界大戰，猶太人被德國人殲滅四分之三（大約 600 萬人）而減少。

CN：⑴有些顏色可能不只用一次，請先將地圖的國家著色，再將名稱著色，以避免地圖的臨近國家塗同樣的顏色。⑵下方兩個地圖的歐洲地區，請塗灰色或淺藍。

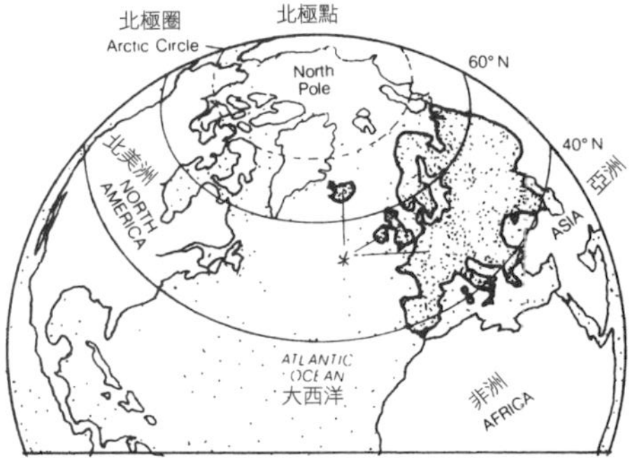

歐洲跟加拿大一樣向北方伸展。倫敦的位置是紐約往北 1040 公里。不過因為暖流的影響（歐洲的北大西洋流），西歐比加拿大等其他相似海拔地區，有更溫和的氣候。

歐洲佔地 9867900 平方公里，比美國大約 10%（已計入阿拉斯加與夏威夷）。

1980 年代前，沒人可以預料，共產主義在蘇聯及受箝制的東歐國家會結束。到了 1990 年代，共產主義和蘇聯都消失，蘇聯的十五個共和國全部獨立，最大的俄羅斯成為俄羅斯共和國。蘇聯主導的東方集團，將掌權者驅逐。南斯拉夫解體，產生五個民主國家。東歐共產國家及西歐民主國家的北大西洋公約組織（NATO），兩者超過 40 年的冷戰終於結束。1990 年代晚期，北大西洋公約組織開始承擔維持和平的重要角色，前東方集團國家尋求加入。十五個國家組成的經濟組織歐盟（EU，2004 年又有另外 28 國加入），化解了歐洲各國的傳統貿易障礙，於 2002 年推行共同貨幣「歐元」取代 19 國的當地貨幣（不包括英國、瑞典、丹麥），當時約 3 億人口捨棄法郎、馬克、里拉等貨幣。歐盟的長期目標是創立「歐洲聯邦」。

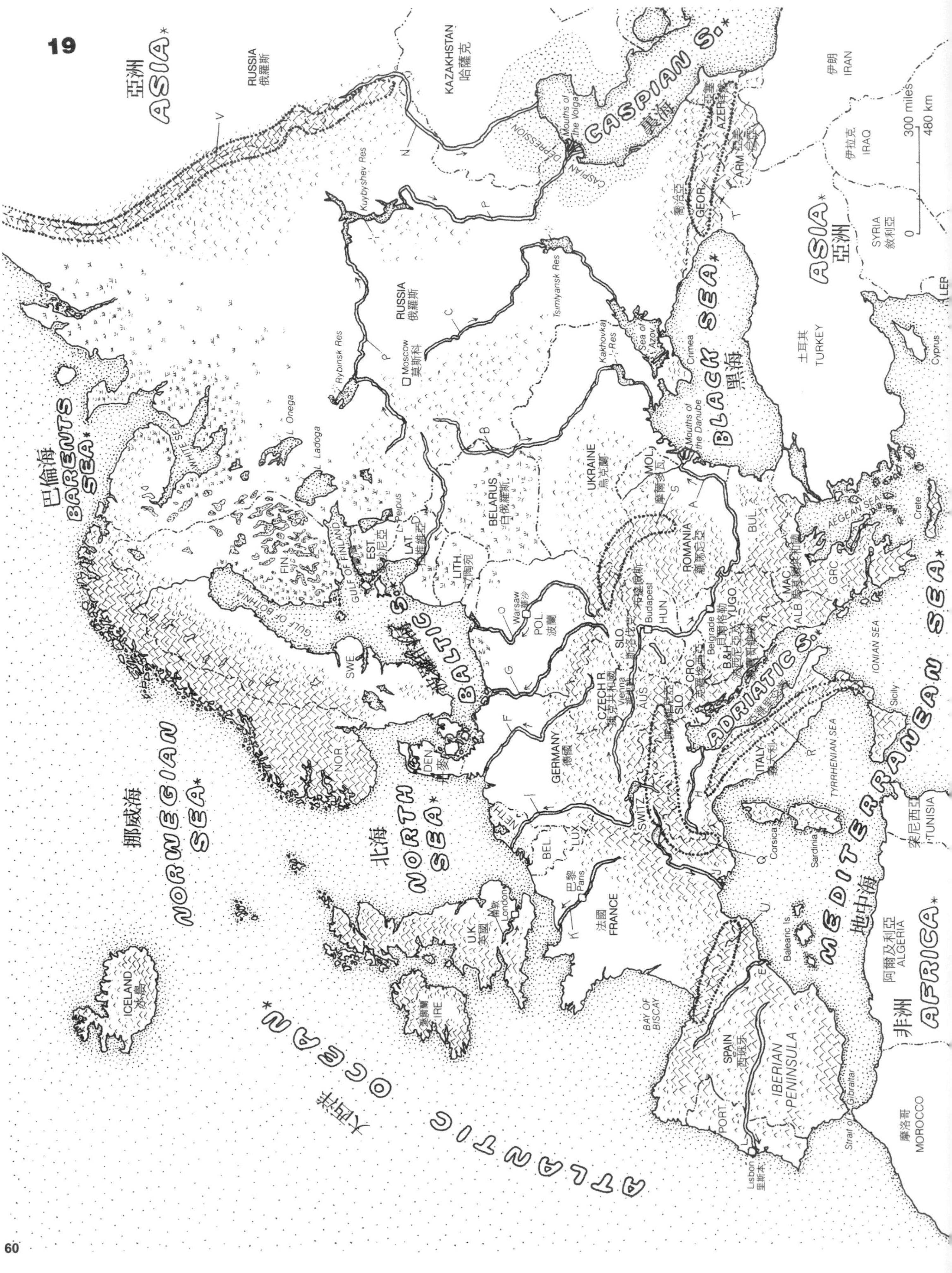
ASIA* 亞洲
RUSSIA 俄羅斯
KAZAKHSTAN 哈薩克
CASPIAN S.* 裏海
Mouths of the Volga
CASPIAN DEPRESSION
IRAN 伊朗
AZER.
ARM.
GEOR.
IRAQ 伊拉克
SYRIA 敘利亞
300 miles
480 km
Kuybyshev Res
Tsimlyansk Res
Rybinsk Res
Moscow 莫斯科
Sea of Azov
Crimea
Kakhovka Res
BLACK SEA* 黑海
Mouths of the Danube
TURKEY 土耳其
Cyprus
BARENTS SEA* 巴倫海
WHITE SEA
L. Onega
L. Ladoga
L. Peipus
FIN
GULF OF FINLAND
GULF OF BOTHNIA
EST.
LAT.
LITH.
BELARUS 白俄羅斯
UKRAINE 烏克蘭
MOL.
ROMANIA 羅馬尼亞
BUL.
AEGEAN SEA
Crete
MAC.
ALB.
GRC.
IONIAN SEA
YUGO.
Belgrade
B.&H.
CRO.
SLO.
HUN.
Budapest
POL. 波蘭
Warsaw 華沙
BALTIC S.*
SWE.
NOR.
DEN.
CZECH R.
AUS.
Vienna
GERMANY 德國
NETH.
BEL.
LUX.
SWITZ.
ADRIATIC S.*
ITALY 義大利
Sicily
TYRRHENIAN SEA
Corsica
Sardinia
TUNISIA 突尼西亞
MEDITERRANEAN SEA* 地中海
NORWEGIAN SEA* 挪威海
NORTH SEA* 北海
FRANCE 法國
Paris 巴黎
London 倫敦
U.K. 英國
IRE 愛爾蘭
ICELAND 冰島
BAY OF BISCAY
Balearic Is.
ALGERIA 阿爾及利亞
AFRICA* 非洲
SPAIN 西班牙
IBERIAN PENINSULA
PORT.
Lisbon 里斯本
Strait of Gibraltar
MOROCCO 摩洛哥
ATLANTIC OCEAN* 大西洋

EUROPE: THE PHYSICAL LAND
歐洲：自然地景

CN：將本頁的 W-Z 著上最淺的顏色。⑴河流名字著色。⑵主要山脈著色（包括上方大地圖的黑點區）。⑶本頁右圖主要地形分布著色，再把下圖主要山脈的三角形塗灰色或淺藍。

西北方山脈 NORTHWEST MOUNTAINS W
北歐平原 NORTH EUROPEAN PLAIN X
中央高地 CENTRAL UPLANDS Y
阿爾卑斯山系 ALPINE SYSTEM Z

歐洲是許多半島的集合體，形成亞洲大陸的西部半島。有些地理學家把歐亞兩塊大陸看成一塊「歐亞大陸」。多半島地形讓歐洲擁有相對比其他洲都還要長的海岸線。由於許多歐洲國家擁有進入海洋的通道，因此歐洲擁有漫長的造船、探險、外國貿易及漁業歷史。由於狹小的直布羅陀灣阻擋深冷的大西洋洋流，因此主要漁業在大西洋海岸，而非直布羅陀灣的地中海區。由於黑海高度汙染，漁業發展非常有限。

山脈是區隔歐洲地形的主要角色。俄羅斯的烏拉山脈形成歐洲東界。西北方的挪威、瑞典及大英帝國地區和部分愛爾蘭，大部分由山脈組成，這些較低的山脈公認屬於阿帕拉契山脈的一部分，兩億年前由北美洲和歐洲的推擠形成（見地圖2）。較大、較高、形成時間較近的阿爾卑斯山系橫跨南歐，從西班牙延伸至俄羅斯。阿爾卑斯山系包含超過 1000 條冰河，和幾乎所有的歐洲最高峰，除了鄰近裏海位於高加索山脈的歐洲最高峰厄爾布魯士峰。裏海是世界最大的鹹水湖，水平面是歐洲最低點（−27 公尺）。環繞裏海的土地稱為裏海盆地，也低於海平面。

PRINCIPAL RIVERS
主要河流

DANUBE A 多瑙河
DNEPR B 聶伯河
DON C 頓河
DVINA (W) D 西德維納河
EBRO E 厄波羅河
ELBE F 易北河
ODER G 奧得河
PO H 波河
RHINE I 萊茵河
RHÔNE J 隆河
SEINE K 塞納河
TAGUS L 太加斯河
THAMES M 泰晤士河
URAL N 烏拉河
VISTULA O 維斯拉河
VOLGA P 窩瓦河

PRINCIPAL MOUNTAIN RANGES 主要山脈

ALPS Q 阿爾卑斯山脈
APENNINES R 亞平寧山脈
CARPATHIANS S 喀爾巴阡山脈
CAUCASUS T 高加索山脈
PYRENEES U 庇里牛斯山脈
URALS V 烏拉山脈

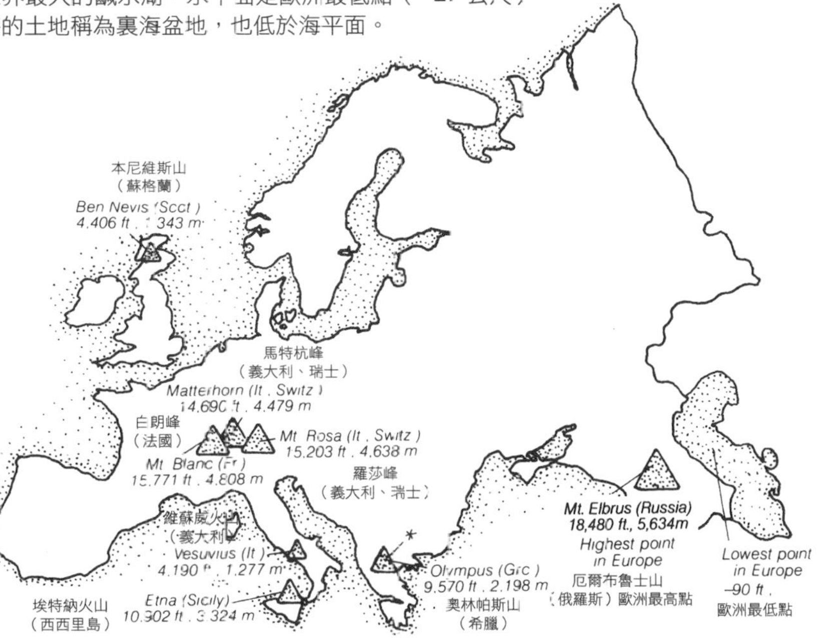

PRINCIPAL MOUNTAIN PEAKS
主要山峰

PRINCIPAL LAND REGIONS
主要地形分布

歐洲最物產豐饒的農業與工業地區是北歐平原，包括大部分歐洲俄羅斯地區、波羅的海國家、波蘭、德國北部、荷蘭、比利時、法國北部、英國東南部。此區也曾是歐洲最血腥的戰場，平坦的土地及隆起的山丘是軍隊入侵的天然通道。縱觀歐陸，北部平原與阿爾卑斯山系之間，是人口較少、多岩的中央高地。多數居民住在這肥沃河谷的小農莊裡。

歐洲廣佈的河流系統自古以來最長的河流，窩瓦河（3510 公里）提供俄羅斯和北部、南部海岸稠密人口的通道，是一個大河和運河系統的核心。西歐最長的河流，多瑙河（2842 公里）向東流經三個首都。萊茵河（1520 公里）往北流向瑞士、德國、荷蘭，進入北海。萊茵河所承載的商業航運比全世界任何一條河川都還要多。

歐洲的氣候差異很大，因受到北大西洋流調節，形成西北海岸潮溼溫和，大陸內陸氣溫非常極端。南歐宜人的地中海氣候（溫和、潮溼的冬天及溫暖、乾燥的夏季）使世界其他相似氣候的地區以此命名（加州、智利中部、南非海角及部分澳洲南岸）。

20

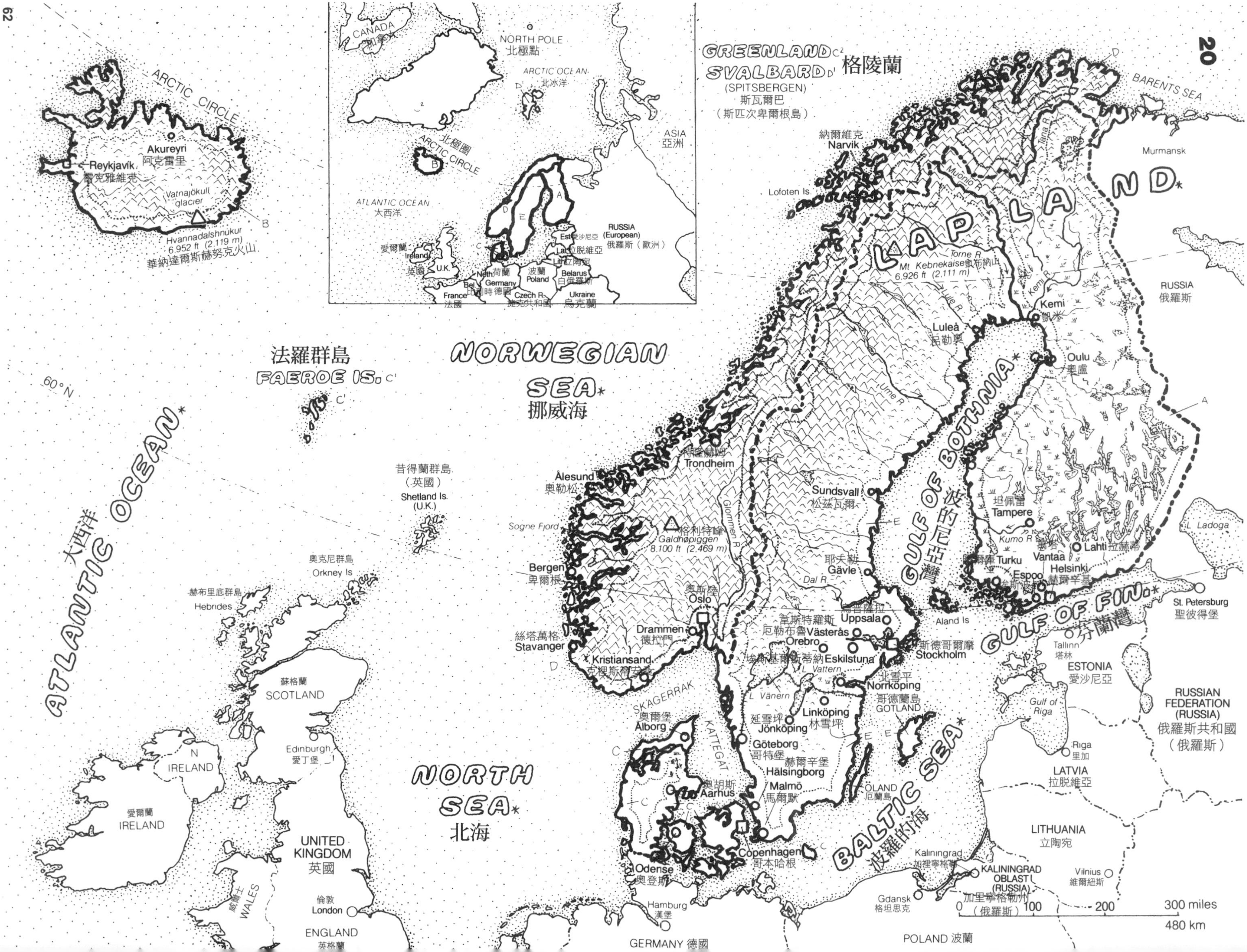
GREENLAND 格陵蘭
SVALBARD (SPITSBERGEN) 斯瓦爾巴（斯匹次卑爾根島）
BARENTS SEA
Murmansk
LAPLAND
RUSSIA 俄羅斯
Narvik 納爾維克
Lofoten Is.
Muonio R
Tana R
Torne R
Mt Kebnekaise 凱布訥山 6,926 ft (2,111 m)
Lule R
Kemi R
Kemi 凱米
Luleå 呂勒奧
Oulu 奧盧
Ume R
GULF OF BOTHNIA 波的尼亞灣
NORWEGIAN SEA 挪威海
FAEROE IS. 法羅群島
60° N
ATLANTIC OCEAN 大西洋
Shetland Is. (U.K.) 昔得蘭群島（英國）
Orkney Is 奧克尼群島
Hebrides 赫布里底群島
Trondheim
Ålesund 奧勒松
Sogne Fjord
Galdhøpiggen 8,100 ft (2,469 m) 格利特峰
Glommen R
Bergen 卑爾根
Stavanger 絲塔萬格
Kristiansand 克里斯蒂安桑
Drammen 德拉門
Oslo 奧斯陸
Sundsvall 松茲瓦爾
Gävle 耶夫勒
Dal R
Uppsala 烏普薩拉
Västerås 韋斯特羅斯
Örebro 厄勒布魯
Eskilstuna 埃斯基爾斯蒂納
Stockholm 斯德哥爾摩
L Vänern
L Vättern
Norrköping 北雪平
Linköping 林雪坪
Jönköping 延雪坪
Göteborg 哥特堡
Hälsingborg 赫爾辛堡
Malmö 馬爾默
GOTLAND 哥德蘭島
ÖLAND 厄蘭島
SKAGERRAK
KATTEGAT
Ålborg 奧爾堡
Aarhus 奧胡斯
Odense 奧登斯
Copenhagen 哥本哈根
Tampere 坦佩雷
Kumo R
Turku
Vantaa
Lahti 拉赫蒂
Espoo
Helsinki 赫爾辛基
Aland Is
GULF OF FIN. 芬蘭灣
St. Petersburg 聖彼得堡
L Ladoga
Tallinn 塔林
ESTONIA 愛沙尼亞
Gulf of Riga
Riga 里加
LATVIA 拉脫維亞
LITHUANIA 立陶宛
Vilnius 維爾紐斯
RUSSIAN FEDERATION (RUSSIA) 俄羅斯共和國（俄羅斯）
KALININGRAD OBLAST (RUSSIA) 加里寧格勒州（俄羅斯）
Kaliningrad 加里寧格勒
Gdansk 格坦思克
POLAND 波蘭
BALTIC SEA 波羅的海
Hamburg 漢堡
GERMANY 德國
NORTH SEA 北海
SCOTLAND 蘇格蘭
Edinburgh 愛丁堡
UNITED KINGDOM 英國
London 倫敦
ENGLAND 英格蘭
WALES 威爾士
N IRELAND
IRELAND 愛爾蘭
Reykjavik 雷克雅維克
Akureyri 阿克雷里
Vatnajökull glacier
Hvannadalshnukur 6,952 ft (2,119 m) 華納達爾斯赫努克火山
ARCTIC CIRCLE
CANADA 加拿大
NORTH POLE 北極點
ARCTIC OCEAN 北冰洋
ARCTIC CIRCLE 北極圈
ATLANTIC OCEAN 大西洋
ASIA 亞洲
RUSSIA (European) 俄羅斯（歐洲）
Ireland 愛爾蘭
U.K. 英國
Est 愛沙尼亞
Lat 拉脫維亞
Lith 立陶宛
Belarus 白俄羅斯
Poland 波蘭
Neth 荷蘭
Germany 德國
Bel 比利時
France 法國
Czech R. 捷克共和國
Ukraine 烏克蘭
0 100 200 300 miles
480 km

EUROPE: NORTHERN 歐洲：北歐

CN：⑴將大地圖中的丹麥（C）和法羅群島（C[1]）塗上淺色。⑵北部的 Lapland 字樣塗上灰色或淺藍。⑶上頁方框小地圖的北冰洋斯瓦爾巴群島（D[1]）請塗色。

北歐五國擁有相似的歷史，其中只有丹麥、挪威及瑞典屬於斯堪地那維亞國家，而五國間緊密維繫北歐理事會員關係。中世紀時，這些國家在政治上都受丹麥治理。斯堪地那維亞語有日耳曼語源，兩者很相似，在這三個國家通用。芬蘭亞洲語系及種族來源則與鄰近國家明顯不同。北歐五國民主、繁榮、社會進步、識字程度高、社會福利健全，實行自由市場經濟，丹麥、挪威及瑞典仍保留君王。斯堪地那維亞是維京人的家鄉，是航海家的兇猛部族。他們曾探險北美洲東北部（比哥倫布早 500 年），侵襲英國的不列顛群島、北歐及北俄羅斯。從 9 世紀到 11 世紀，瑞典維京人東行至俄羅斯，丹麥和挪威維京人則探索北冰洋以及北美洲。

北歐國家的地形是冰河活動的強力證據。冰河活動造就了數千個湖泊、河流、峽灣、島嶼、冰磧（遺跡）。北大西洋（灣流）使氣候溫和，但不包括北方內陸。整個區域都是漫長黑暗的冬天。斯堪地那維亞人將北極圈北部地區稱為「午夜太陽之地」，夏季永晝兩個月，冬天則是兩個月的永夜。此區域也稱作拉普蘭區，是大約 6 萬拉普蘭人的家（矮小、穿著多彩、長相似亞洲人）。拉普蘭人（比較喜歡被稱為薩米人）抗拒所有想要同化他們的政府，他們在稱作 Sapmi 的北冰洋地區，過著馴鹿游牧生活，在國界內任意漫遊。

FINLAND A 芬蘭

佔地：336,750 平方公里。人口數：543 萬。首都：赫爾辛基，約 59 萬人。政體：共和。語言：芬蘭語、6%瑞典語。宗教：路德教。出口：木材、紙製品、合板、製造業以及引擎產品、獸皮、紡織。氣候：北方寒冷多雪。□芬蘭森林密布，擁有 6 萬座湖泊。在南方的湖泊與運河區，蒸汽船在鄉間來回航行 320 公里。芬蘭繁榮的經濟仰賴木材及紙製品，有全世界最大的合板工廠，政府小心控制伐木業保護環境。芬蘭享有全世界最高的工業成長率。科技出口業甚至輸出整座工廠。儘管南部生長季節短，農場仍舊物產豐饒。芬蘭有優異的布、居家用品及傢俱設計，並有兩位 20 世紀最厲害的建築師：阿爾瓦爾．阿爾托及埃列爾．沙里寧，沙里寧的兒子埃羅，因設計美國聖路易斯大拱門而著名。芬蘭人與斯堪地那維亞人不同，為亞洲移民者的後裔。他們的語言與愛沙尼亞語和匈牙利語相關，都來自希伯來文語源。芬蘭人個性堅韌，熱衷古法桑拿浴：先在火烤的岩石加熱房間進行烘烤，再泡進冰水。芬蘭首都是 1975 年赫爾辛基協定簽訂的地方，為促進世界和平留下里程碑。回顧歷史，芬蘭曾被瑞典和俄羅斯統治。芬蘭在多次戰爭中將領土割讓給俄羅斯及蘇維埃，經過第二次世界大戰，兩者關係已改善，蘇維埃式微前，曾是芬蘭主要貿易夥伴。

ICELAND B 冰島

佔地：102953 平方公里。人口數：32 萬。首都：雷克雅維克，約 11.9 萬人。政體：共和。語言：冰島語。宗教：路德教。出口：魚類產品、鋁、羊毛、綿羊產品。氣候：溫帶。□曾是挪威與丹麥的殖民地，離北美較近，離歐洲反而遠。冰島樹木稀少，雖有歐洲最大的冰河－瓦特納冰川，實際並不冰冷。有北大西洋流經過，海港幾乎不結冰，某些海岸區甚至終年都有綠草覆蓋。冰島也曾被稱為「冰與火之島」。冰島是全世界地震活動最頻繁的國家，火山爆發形成的新島嶼使國土變大（見地圖 2），有溫泉。「間歇噴泉」（geyser）的名稱來自冰島眾多溫泉中最著名的蓋錫爾（Geysir）溫泉，間歇噴發可高達 61 公尺。主要產業是漁業及魚類產品製造業，因此領海受到嚴格保護。冰島的識字程度（99%）為全世界最高。雷克雅維克是全世界最北的首都，每人平均比其他城市擁有更多的書店。冰島語和維京移民者說的古諾爾斯語極為相似。冰島國會是世界最古老的代議士政體，在 9 世紀時由維京人建立。

SCANDINAVIAN COUNTRIES 斯堪地那維亞國家

DENMARK C 丹麥

佔地：42,352 平方公里。人口數：561 萬。首都：哥本哈根，約 140 萬人。政體：君主立憲：語言：丹麥語。宗教：路德教。出口：肉、魚、乳製品、機械、瓷器、製藥、傢俱。氣候：溫和潮溼。□天然資源少，但低平的肥沃土地（受冰河冰磧石的作用）提供居民良好的生活品質。丹麥食物如奶油、起司、培根及火腿為高穩定農產業的高產值出口貨物。集合農場有規定大小，農夫必須通過證照考試。丹麥是居家用品及傢俱的主要製造地，國際以「丹麥式時尚」稱之。多數丹麥人在日德蘭半島以東許多島嶼上居住和工作，交通以輪船聯繫。丹麥完全被水環繞，擁有超過 500 座島嶼。哥本哈根位在最東北方的島上，距離瑞典 16 公里遠處，是首都和文化、工業中心。港邊有安徒生童話的小美人魚像。哥本哈根的中心是著名的趣伏里花園遊樂園區，是北歐的休閒中心。丹麥擁有不列顛群島北部的格陵蘭與法羅群島，這兩個自治區最早都是由維京探險家發現。

NORWAY D 挪威

佔地：323,631 平方公里。人口數：508 萬。首都：奧斯陸，約 61 萬人。政體：君主立憲。語言：兩種挪威語及多種方言。宗教：路德教。出口：石油、魚、木製品、化學製品、鋁、船。氣候：沿岸和南部溫和。□挪威是最北的斯堪地那維亞國家，群山環繞的高地，耕地少，只有 3%土地用來耕耘。農田限於奧斯陸附近的南部低地，為首都及工業、文化及休閒中心。挪威如詩如畫的西海岸擁有超過 10 萬座島嶼，特殊的美景來自宏偉的峽灣，長而狹窄的海口，穿透陡峭的海岸懸崖。「維京」源自古諾爾斯語中的「維克」（vik），意指「入口」。最長的松恩峽灣長達 204 公里。海岸線長 2720 公里，但若加上數千個島嶼和峽灣，還要更長好幾倍。漁業再也不是挪威的主要產業，已被來自北海的石油以及天然氣產業取代。挪威變得富裕，如何運用財富漸漸成為重要的問題。挪威進口鋁土礦，以生產鋁。除了石油與天然氣外，挪威的便宜能源使人民享有世界上最多的水力發電能源。白雪覆蓋的山嶺，不僅提供水力能源，也提供挪威人最喜歡的休閒活動－滑雪。

SWEDEN E 瑞典

佔地：443,124 平方公里。人口數：959 萬。首都：斯德哥爾摩，約 79 萬人。政體：君主立憲。語言：瑞典語。宗教：路德教。出口：機械、木材、汽車、交通設備。氣候：南部溫帶。□資本主義與社會主義都讚美的瑞典，或稱作「中庸之國」。公共及私人經營權，共享盈利導向的工業經濟，提供居民高生活品質和大範圍的社會福利服務。瑞典人比其他國家每人的假日消費更高。多數人口居住在城市的公寓中，很多人擁有鄉村房產。除了漫長灰暗的冬天，瑞典算是完美的國家，也是北歐最大的國家，從山丘傾斜而下的長窄平原，往東延伸至波羅的海（與挪威共有）。超過一半國土被森林覆蓋，森林的成長由與芬蘭一樣普遍的調整計劃控制。維納恩湖是西歐最大的活水湖，為哥特堡與波羅的海運河連結中心。東北岸 1 年有 6 個月都結冰。多數瑞典人住在南方低地區域。斯德哥爾摩位於波羅的海，建立在 14 座橋樑連結的島嶼上。瑞典產業仰賴三個豐富的資源：鐵礦、木材、水力發電。瑞典具有獨特的保護環境方法，避免工業傷害。有大量駐軍，跟瑞士一樣保持中立，以避免戰爭。

21

Orkney Is.
Hebrides
蘇格蘭
SCOTLAND
艾伯丁
Aberdeen
Ben Nevis
本尼維斯山
4,405 ft.
(1,343 m)
愛丁堡
Edinburgh
北海
NORTH SEA
挪威
NORWAY
瑞典
SWED
丹麥
DENMARK
哥本哈根
Copenhagen
NORTH CHANNEL
55° N
倫敦德里郡
Londonderry
N. IRE.
Glasgow
格拉斯哥
紐卡索
Newcastle
Belfast
IRISH SEA
Leeds
Manchester
曼徹斯特
都柏林
Dublin
利物浦
Liverpool
Sheffield
英格蘭
ENGLAND
Limerick
利默里克
Shannon R.
愛塞湖
（須德海）
IJsselmeer
(Zuider Zee)
西弗里西亞群島
West Frisian Is.
Hamburg
漢堡
Berlin
阿姆斯特丹
Amsterdam
海牙 The Hague
Rotterdam
鹿特丹
伯明翰
Birmingham
Cork
科克
WALES
威爾斯
SAINT GEORGE'S CHANNEL
Cardiff
倫敦
London
Severn R.
Thames R.
德國
GERMANY
BRISTOL CHANNEL
布里斯托海峽
Bristol
布里斯托
Dover
多佛
STRAIT OF DOVER
Antwerp
科隆
Cologne
Bonn 波昂
法蘭克福
Frankfurt
Southampton
南安普敦
Plymouth
普利茅斯
ENGLISH CHANNEL
Brussels
Liège
Lille
里爾
Luxembourg
盧森堡
Le Havre
CHANNEL IS.
Guernsey
Jersey
巴黎
Paris
Seine R.
Meuse R.
Brest
布雷斯特
Metz
梅茲
史特拉斯堡
Strasbourg
Moselle R.
奧爾良
Orléans
Rhine R.
Basel
AUSTRIA
Loire R.
Nantes
南特
Bern 巴塞爾
波恩
SWITZ.
日內瓦
Geneva
Rhône R.
JURA MTS.
比斯開灣
BAY OF BISCAY
里昂
Lyon
Mt. Blanc
15,771 ft.
(4,808 m)
米蘭
Milan
白朗峰
15,771 英尺
（4,808 公尺）
義大利
ITALY
45° N
Turin
圖靈
熱那亞
Genoa
ALPS
阿爾卑斯山
RIVIERA
波爾多
Bordeaux
Garonne R.
摩納哥
MONACO
奧維耶多
Oviedo
畢爾包
Bilbao
Toulouse
土魯斯
Nice
尼斯
PYRENEES MTS.
GULF OF LYON
Marseille 馬賽
GALICIA
BASQUE PROVINCES
巴斯克地區
ANDORRA
安道爾
CORSICA
科西嘉島
Ebro R.
CATALONIA
Douro R.
Porto
波多
Saragossa
薩拉戈薩
Barcelona
巴塞隆納
埃什特雷拉山
Estrela
6,000 ft
(1,829 m)
馬德里
Madrid
Tagus R.
沙丁尼亞
（美大利）
SARDINIA
(Italy)
大西洋
ATLANTIC OCEAN
馬略卡島
Majorca
MESETA PLATEAU
梅賽塔高地
Lisbon
里斯本
Guadiana R.
瓦倫西亞
Valencia
BALEARIC IS.
巴利亞利群島
地中海
MEDITERRANEAN SEA
莫夕亞
Murcia
Guadalquivir R.
塞維利亞
Seville
Córdoba
哥多華
穆拉森山
Mulhacén
11,411 ft. (3,478 m)
卡塔赫納
Cartagena
Málaga 馬拉加
Algiers
（英國）
TUNISIA
STRAIT OF GIBRALTAR
Gibraltar (Gt. Brit.)
直布羅陀
ALGERIA
0
100
200
300 miles
480 km
非洲
AFRICA
摩洛哥
MOROCCO
大西洋
Atlantic Ocean
芬蘭
Finland
挪威
Norway
瑞典
Sweden
北海
North Sea
Russia 俄羅斯
Baltic
Den
Lith
Belarus
德國
Germany
波蘭
Poland
捷克共和國
Czech R.
Ukraine
烏克蘭
Austria
Hun
Romania
Mol
Switz.
Slov.
Cro.
Italy
義大利
Yugo.
Bulgaria
Black
Alb.
Mac.
Greece
希臘
Turkey
土耳其
突尼西亞
Tunisia
Mediterranean Sea
地中海
摩洛哥
Morocco
阿爾及利亞
Algeria
利比亞
Libya
埃及
Egypt
印第安那州
IND
ILL
伊利諾州
OHIO
俄亥俄州
KY
肯塔基州
TENN
田納西州

EUROPE: WESTERN
歐洲：西歐

CN：⑴先幫英國各島著色。⑵法國與西班牙之間的安道爾（國家）不要著色。⑶最後將地中海各島著色。

BELGIUM A 比利時

佔地：30,499平方公里。人口數：1,120萬。首都：布魯塞爾，約100萬人。政體：君主立憲。語言：佛萊明語、法語、日耳曼語。宗教：羅馬天主教。出口：鋼鐵和引擎製品、食物、紡織、玻璃器皿。氣候：溫帶、潮溼。□布魯塞爾是許多經濟、政治與軍事組織的基地，第二次大戰後成為實質上的西歐首都。是歐盟（EU）總部所在地，終極目標為聯合歐洲所有國家。鋼是比利時最大產業，農田是歐洲生產量最高的（面積卻最小）。比利時分為兩部分，北方的弗萊明族，使用荷蘭方言，南方則是說法語的瓦隆族，這兩個部分彼此疏遠，與臨近邊界的國家反而較親近。平坦、居戰略位置，曾是其他國家入侵的戰場。拿破崙在比利時近郊村莊慘遭「滑鐵盧」（最後戰役）。

FRANCE B 法國

佔地：549,864平方公里。人口數：6,630萬。首都：巴黎，約224萬人。政體：共和。語言：法語及其他方言。宗教：羅馬天主教。出口：煤礦、鐵礦、汽車、食物、葡萄酒、紡織。氣候：西部溫帶，內陸為大陸型氣候，南方則為地中海型氣候。□西歐最大的國家法國，是一個融合文明及鄉村氣息的地方。法國精於外交、科學、藝術、建築、音樂、文學、時尚、葡萄酒與美食，是充滿農莊、鄉鎮與村莊的國家，也是歐洲最大的農業國家。如詩如畫的地區，與有名的葡萄酒（香檳、波爾多、博根地等）連結。一想到法國，便想到法國首都巴黎，是首選觀光大城，擁有宏偉的建築、博物館（羅浮宮）、教堂（聖母院）、公園、林蔭大道、餐廳、高級時尚及19世紀工程奇蹟——艾菲爾鐵塔。法國已經成為歐洲高科技的領導者，建造世界最大核電廠及交通運輸系統（TGV高速火車），也是商業航空（協和式客機與空中巴士）設計以及太空探索（亞利安火箭）的共同研究者。變化多端的鄉村地區，面朝3座海洋（北海、大西洋以及地中海）的海岸線，內陸是農田與高地，東南方是高聳的阿爾卑斯山系（包括白朗峰）。

安道爾。位於庇里牛斯山高處，佔地465平方公里，6.9萬人。使用加泰羅尼亞語，此共和國被法國與西班牙虛位，安道爾為君主立憲國，西、法兩位親王為虛位元首治理，共有郵務、學校、貨幣。觀光客享受免稅購物和高品質的滑雪聖地。

摩納哥。佔地1.9平方公里，這個位於蔚藍海岸上，只有3.7萬人的國家，堪稱「迷你」。優雅、免稅生活吸引百萬富翁，摩納哥在美國女星葛瑞絲．凱莉嫁給蘭尼埃三世時登上國際新聞頭版。王宮位於首都摩納哥。蒙地卡羅是著名賭場所在地。

IRELAND C 愛爾蘭

佔地：70,186平方公里。人口數：459萬。首都：都柏林，約52萬人。政體：共和。語言：塞爾特語和英語。宗教：羅馬天主教。出口：肉與乳製品、紡織、科技、威士忌。氣候：溫和潮溼。□潮溼的氣候，富石灰的土壤，讓鄉間綠草叢生，也使愛爾蘭獲得「翡翠島」的名號。觀光是主要產業，外來高科技投資產生爆炸性發展，停止自1840年代長達150年的馬鈴薯枯萎病移民潮（主要移居至美國）。泥煤是一種易燃的泥土，是愛爾蘭的主要能源。開採自潮溼、多孔的沼澤區，佔國土的六分之一。塞爾特語是傳統語言，人民保有語言傳統。愛爾蘭誕生許多優秀的英語作家，蕭伯納、史威夫特、喬埃斯、王爾德、葉慈、貝克特等人。

LUXEMBOURG D 盧森堡

佔地：2,580平方公里。人口數：54萬。首都：盧森堡，10萬人。政體：君主立憲。語言：法語、日耳曼語、盧森堡語。宗教：羅馬天主教。出口：鋼與化學製品。氣候：大陸型氣候。□比「低」鄰國荷蘭的地勢較高，擁有丘陵與河谷、森林、城堡、古典的村莊，盧森堡也比荷蘭更美麗。首都盧森堡是銀行業與金融的中心。大型鋼鐵工業是盧森堡繁榮的命脈。居民必須學習三種語言：政府事務使用法語、書寫用日耳曼語、日常對話則使用盧森堡語（一種日耳曼語方言）。

NETHERLANDS E 荷蘭

佔地：41,544平方公里。人口數：1,680萬。首都：阿姆斯特丹，約77萬人。政體：君主立憲。語言：荷語。宗教：40%羅馬天主教、25%新教。出口：工程與乳製品、天然氣、鑽石切割、花朵。氣候：溫和潮溼。□比利時與盧森堡在1830年獨立前，屬於尼德蘭，尼德蘭指「低國家」。過去六百年，荷蘭填海造陸，因而增加40%的領土，這些土地稱為「開拓地」，荷蘭人建築堤防、溝渠和運河加以保護。首都阿姆斯特丹建立在開拓地上。蒸汽及電力取代風力發電，成為幫浦的動力來源。鬱金香田附近的風車，仍是荷蘭熟悉的風景。阿姆斯特丹街道到處都是腳踏車，也是貿易、商業以及製造業中心。鹿特丹（61萬人），位於萊茵河上，通往大西洋，是世界最忙碌的海港之一。

PORTUGAL F 葡萄牙

佔地：91,945平方公里。人口數：1,046萬。首都：里斯本，約53萬人。政體：共和。語言：葡萄牙語。宗教：羅馬天主教。出口：軟木塞、橄欖、木製品。葡萄酒、沙丁魚。氣候：溫和，南部為地中海型氣候。□西歐最貧窮的國家，主要出口農產品：世界最大片軟木森林的軟木塞、橄欖油以及優良葡萄酒（主要是波特酒與馬德拉酒）。波特酒產自圍繞第二大城波爾多（31萬人）的地區。大多數人口居住在寬廣、肥沃的海岸地帶。優良的天氣、教堂建築、城堡及古典的村莊，造就成長的觀光生意。里斯本位於太加斯河河口的內海陸地，是歐洲最美麗的首都之一。葡屬亞速以及馬德拉群島（見地圖39）是農業區，也是受歡迎的度假勝地。

SPAIN G 西班牙

佔地：504,750平方公里。人口數：4,677萬。首都：馬德里，約316萬人。政體：君主立憲。語言：西班牙語、巴斯克語、卡德蘭語、加利西亞語。宗教：羅馬天主教。出口：汽車、葡萄酒、橄欖製品、軟木塞。氣候：西部溫和，內陸為大陸型氣候，東南部為地中海型氣候。□好天氣及低消費，讓「陽光普照的西班牙」成為歐洲最受歡迎的觀光地區。庇里牛斯山將西班牙與歐陸其他地區分隔，由於距離北非只有16公里，使西班牙融合西方文化與摩爾文化的特殊文化（摩爾人佔領西班牙超過700年）。大多數觀光客前往地中海岸遊覽，還有很多人到內陸欣賞鬥牛和宏偉的藝術、中世紀城堡、壯觀的自然風景。西班牙與葡萄牙共享崎嶇的伊比利半島，崎嶇乾燥的高地，稱為梅塞塔高原。首都馬德里的公路和鐵路四通八達，是西班牙文化、工業以及商業中心。西班牙傳統，例如午休（中午的休息時段）及晚飯前散步，在工業化後漸漸成為奢侈品。加利西亞自治區是巴斯克的一省，還有加泰隆尼亞居民，都使用自己的語言（與「古巴斯克語」無關），因此長期爭取獨立。驚奇之城巴塞隆納（160萬人）是西班牙第二大城，也是加泰隆尼亞首府。直布羅陀巨巖（高426公尺）位於地中海海口，佔據長6.4公里的狹長半島，受英國人控制將近3世紀。英國人拒絕離開，仍在直布羅陀保有海軍基地。

UNITED KINGDOM H 英國

佔地：243,919平方公里。人口數：6,410萬。首都：倫敦，約830萬人。政體：君主立憲。語言：英語，部分威爾斯語以及塞爾特語。宗教：新教。出口：工業製品、汽車、化學製品、食物、紡織。氣候：溫帶潮溼。□不列顛群島包括英國（大不列顛和北愛爾蘭）與愛爾蘭共和國。大不列顛島包括英格蘭、蘇格蘭和威爾斯。英國首都倫敦，也是英格蘭首都。「英國」、「大不列顛」、「不列顛」以及「英格蘭」幾個名稱基本上可以通用，但各有不同意義。最早在20世紀時，歷史上最大的帝國－大英帝國，治理全球四分之一地區。如今日不落帝國消失，仍留下影響。英國仍是由前殖民地、現獨立國家與領地所組成的大英國協宗主國。不列顛群島最近一次被外族入侵，是1066年的諾曼征服，由於受英吉利海峽保護，不受歐陸侵略。英吉利海峽由上次冰河時期海水升高造成。位於蘇格蘭北部和威爾斯西部的崎嶇山丘，適合飼養牲口。英格蘭東南方擁有大量高產值農地。威爾斯擁有島上最豐富的煤礦藏量，首都卡地夫（32萬人）以及人口密集的地區，都位於狹窄的海岸平原上。貝爾法斯特（27萬人）是北愛爾蘭首府，為兵家必爭之地，在南方的愛爾蘭共和國1921年脫離英國獨立前，貝爾法斯特稱為阿爾斯特，是愛爾蘭的北方一省。飽受貧苦折磨的少數北愛天主教徒，具有統一愛爾蘭的訴求，由於新教的武裝反制，持續發生暴力抗爭。住在美麗蘇格蘭的驕傲、獨立民族，與數百年前移民到北愛爾蘭的新教徒，使用共同的塞爾特語，並具有共同遺產。愛丁堡（49萬人）的石頭建築，讓蘇格蘭首都成為絕美的城市。格拉斯哥（59萬人）位於西海岸，是蘇格蘭的工業中心。外海有3座人口稀疏的群島：赫布里底群島、奧克尼群島、昔德蘭群島（見地圖20）。英格蘭南部英吉利海峽靠近法國海岸線的海峽群島，其中最大的澤西與格恩西島（著名牛隻育種地）為旅遊勝地，也專門出口穀物。80%英國人口，集中在人口密集的英格蘭。米德蘭郡是工業重鎮，伯明翰（107萬人）則為最大的工業城。從17世紀工業革命開始，英國耗費大量煤炭及鐵資源。倫敦位於歷史悠久的泰晤士河畔，為英國文化中心，也是世界貿易中心。1970年代在北海發現的石油，扭轉二次世界大戰之後英國的經濟衰退。

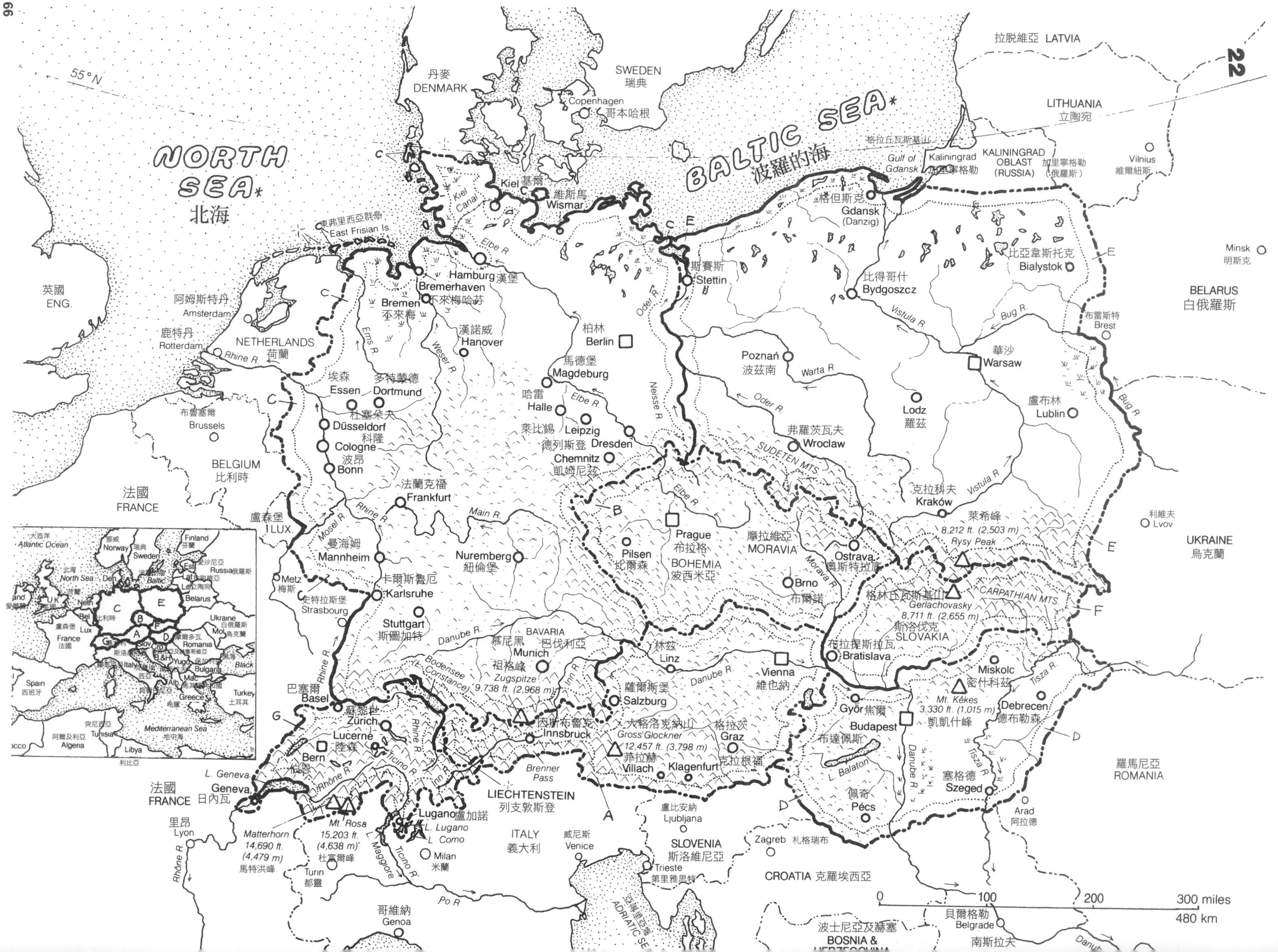
NORTH SEA*
北海
BALTIC SEA*
波羅的海
SWEDEN
瑞典
DENMARK
丹麥
Copenhagen
哥本哈根
LATVIA
拉脫維亞
LITHUANIA
立陶宛
KALININGRAD OBLAST (RUSSIA)
Kaliningrad
Gulf of Gdansk
Vilnius
維爾紐斯
Minsk
明斯克
BELARUS
白俄羅斯
UKRAINE
烏克蘭
Lvov
利維夫
ROMANIA
羅馬尼亞
Arad
阿拉德
Belgrade
貝爾格勒
南斯拉夫
CROATIA 克羅埃西亞
Zagreb 札格瑞布
BOSNIA &
波士尼亞及赫塞
SLOVENIA
斯洛維尼亞
Ljubljana
盧比安納
Trieste
第里雅思特
ADRIATIC SE
亞得里亞海
Venice
威尼斯
ITALY
義大利
Milan
米蘭
Genoa
哥維納
Turin
都靈
Po R
FRANCE
法國
Lyon
里昂
Rhône R.
ENG.
英國
Amsterdam
阿姆斯特丹
Rotterdam
鹿特丹
NETHERLANDS
荷蘭
Brussels
布魯塞爾
BELGIUM
比利時
LUX
盧森堡
East Frisian Is.
東弗里西亞群島
Kiel Canal
Kiel
基爾
Wismar
維斯馬
Hamburg
漢堡
Bremerhaven
不來梅哈芬
Bremen
不來梅
Hanover
漢諾威
Elbe R.
Weser R.
Ems R.
Rhine R.
Essen
埃森
Dortmund
多特蒙德
Düsseldorf
杜塞朵夫
Cologne
科隆
Bonn
波昂
Frankfurt
法蘭克福
Main R.
Mosel R.
Mannheim
曼海姆
Karlsruhe
卡爾斯魯厄
Metz
梅斯
Strasbourg
史特拉斯堡
Stuttgart
斯圖加特
Nuremberg
紐倫堡
Berlin
柏林
Magdeburg
馬德堡
Halle
哈雷
Leipzig
萊比錫
Dresden
德列斯登
Chemnitz
凱姆尼茲
Stettin
斯賽斯
Oder R.
Neisse R.
Gdansk (Danzig)
格但斯克
Bydgoszcz
比得哥什
Bialystok
比亞韋斯托克
Brest
布雷斯特
Bug R.
Vistula R.
Warsaw
華沙
Poznań
波茲南
Warta R.
Lodz
羅茲
Lublin
盧布林
Wroclaw
弗羅茨瓦夫
SUDETEN MTS.
Kraków
克拉科夫
Rysy Peak
萊希峰
8,212 ft. (2,503 m)
Prague
布拉格
BOHEMIA
波西米亞
Pilsen
比爾森
MORAVIA
摩拉維亞
Morava R.
Ostrava
奧斯特拉瓦
Brno
布爾諾
CARPATHIAN MTS.
Gerlachovasky
格林亞科斯基山
8,711 ft. (2,655 m)
SLOVAKIA
斯洛伐克
Bratislava
布拉提斯拉瓦
Miskolc
密什科茲
Mt. Kékes
3,330 ft. (1,015 m)
凱凱什峰
Debrecen
德布勒森
Tisza R.
Danube R.
Szeged
塞格德
Győr
焦爾
Budapest
布達佩斯
L. Balaton
Pécs
佩奇
Vienna
維也納
Linz
林茲
BAVARIA
巴伐利亞
Munich
慕尼黑
Inn R.
Zugspitze
祖格峰
9,738 ft. (2,968 m)
Bodensee (L. Constance)
Salzburg
薩爾斯堡
Gross Glockner
大格洛克納山
12,457 ft. (3,798 m)
Innsbruck
因斯布魯克
Brenner Pass
Graz
格拉茨
Villach
菲拉赫
Klagenfurt
克拉根福
LIECHTENSTEIN
列支敦斯登
Basel
巴塞爾
Zürich
蘇黎世
Lucerne
陸森
Bern
伯恩
L. Geneva
Geneva
日內瓦
Matterhorn
14,690 ft. (4,479 m)
馬特洪峰
Mt. Rosa
15,203 ft. (4,638 m)
杜富爾峰
Ticino R.
L. Maggiore
Lugano
盧加諾
L. Lugano
L. Como
A
B
C
D
E
F
G
55°N
0
100
200
300 miles
480 km
Atlantic Ocean
大西洋
Norway
挪威
Sweden
瑞典
Finland
芬蘭
Russia
俄羅斯
North Sea
北海
Baltic
Belarus
Ukraine
白俄羅斯
Romania
Bulgaria
Black
Turkey
土耳其
Greece
希臘
Mediterranean Sea
地中海
Libya
利比亞
Tunisia
突尼西亞
Algeria
阿爾及利亞
Spain
西班牙
France
法國
Italy
Lux
UK
Neth
Bel
Den

EUROPE: CENTRAL
歐洲：中歐

CN：瑞士與奧地利中間的列支敦斯登不要著色。

第二次世界大戰戰敗後，德國分裂成東西德兩個國家。歐洲則分裂成兩個陣營：西方自由市場民主國家以及東方的共產國家（受蘇維埃控制）。奧地利、列支敦斯登、瑞士屬於西方陣營，捷克斯洛伐克、匈牙利、波蘭屬於東方陣營。冷戰期間的共產經濟只能提供人民基本需求，西方卻日趨繁榮。1989 年東部陣營人民崛起，推翻共產主義領導人，進一步推行多黨選舉、自由市場經濟並重建信仰自由。歐洲共產主義超乎預期的轉變與瓦解在 1990 德國統一達到巔峰。

AUSTRIA A 奧地利

佔地：83,850 平方公里。人口數：847 萬。首都：維也納，約 174 萬人。政體：共和。語言：日耳曼語（許多方言）。宗教：羅馬天主教。出口：工程、化學製品、林業製品。氣候：夏季潮溼，冬季乾冷。□奧地利國土主要由阿爾卑斯山脈所組成（比例比瑞士還高），高聳的山峰佔 70%國土（瑞士為 60%）。奧地利以滑雪勝地、音樂節以及養身 spa 聞名，以莫札特出生地的薩爾茨堡音樂節最知名。位於義大利邊界的因斯布魯克南方，為中歐通往阿爾卑斯山的主要入口——布倫納山口，為組成奧地利、瑞士、義大利的巨大鐵公路網之一部分。奧地利位於歐洲中心，因而得名「歐洲十字路口」。佛洛伊德的家鄉維也納，在第二次世界大戰前，曾是歐洲文化、教育、科學、醫藥中心。戰後維持政治重要性，扮演東西歐的緩衝區。許多國際組織在奧地利設立總部。肥沃的多瑙河河谷，高產值的小農田，滿足大部分人民需求。奧地利具有高效率的工業，並受益於阿爾卑斯山河水的水力發電。奧地利特別關注保護城市與鄉村的環境，設立許多嚴格的法令嚴加保護。

CZECH REPUBLIC B 捷克共和國

佔地：78,703 平方公里。人口數：1,052 萬。首都：布拉格，約 124 萬人。政體：議會民主。語言：捷克語。宗教：羅馬天主教。出口：製造商品、機械、交通設備、化學製品、金屬、食物。氣候：大陸型氣候。□捷克共和國為捷克斯洛伐克的西半部，二次大戰後合併捷克地區的波西米亞、西部的摩拉維亞，東部的斯洛伐克，長達 75 年。捷克與斯洛伐克兩者完全相反，捷克受到奧地利與德國影響，工業化、繁榮、人民開化。斯洛伐克受匈牙利統治數世紀，多數為不識字的農奴後代。二次大戰後，由於接受蘇維埃統治近 50 年，使斯洛伐克教育普遍，工業化和人民的生活品質提升，但捷克的生活卻因共產主義而品質低落。1993 年，捷克斯洛伐克獨立 4 年後，政治解體成為兩個國家。首都布拉格是歐洲歷史最悠久的作曲家重鎮。

GERMANY C 德國

佔地：356,866 平方公里。人口數：8,062 萬。首都：柏林，約 337 萬人。政體：共和。語言：日耳曼語。宗教：南方為羅馬天主教，北方為路德教。出口：汽車、工程與化學製品、褐煤、食物、紡織。氣候：沿海溫帶，內陸為大陸型氣候。□德國在二次世界大戰引起嚴重破壞，卻也在世界文學、哲學、科學、醫藥及最經典的音樂（巴哈、布拉姆斯、貝多芬、舒伯特與華格納）方面貢獻良多？戰敗後，德國分裂為東、西德。東柏林成為東德首都，與西德的西柏林連結。在西方援助下，西柏林成為資本主義示範地，造成東柏林被迫建立柏林圍牆，防止人民潛逃。柏林圍牆在 1990 年倒塌，東西德經 40 年的分裂終於統一。西德從二次世界大戰的灰燼中爬起來，成為世界第四大工業經濟體，東德則為第十大，此成就更為可觀，因為在戰前東德幾乎都是農田，人口只有四分之一。德國的主要工業中心及礦產，位於西魯爾區和萊茵河谷，也是歐陸最大的工業區。除了俄羅斯，德國人口是歐洲最多的。主要城市座落於西邊的萊茵河畔。萊茵河谷南部以葡萄園和城堡聞名。漢堡（173 萬人）在靠近北海的易北河區，是第二大城、忙碌的港口以及北德文化中心。南邊巴伐利亞首都慕尼黑（138 萬人）以啤酒節聞名，是主要工業中心。東德是世界褐煤（低等級軟煤）的領導生產者。德國與波蘭共享的多沼澤波羅的海地區，不適合農耕。

HUNGARY D 匈牙利

佔地：93,032 平方公里。人口數：989 萬。首都：布達佩斯，約 173 萬人。政體：共和。語言：匈牙利語。宗教：羅馬天主教。出口：交通工具、製藥、家禽、鋁土礦、鋼。氣候：夏季溫和，冬季為大陸型氣候。□匈牙利人和斯洛伐克鄰居不同，是馬扎爾人後裔，9 世紀時從中俄羅斯遷徙至此。匈牙利語稱為馬扎爾語，源自芬蘭語和愛沙尼亞語。多瑙河從中垂直將匈牙利分成兩半，東方是低平的農耕平原（古海洋遺跡），西邊則是多丘陵地區，有熱門休閒區巴拉頓湖，是中歐最大的湖泊。多瑙河分割的兩個城市「布達」和「佩斯」組成首都及工業中心，有全國四分之一人口居住在布達佩斯都會區。匈牙利的農業封建制度，因政治重整及共產主義引進的現代科技而有改良，但 1980 年代的經濟成長是由於匈牙利在東波羅的海國家地區所推行的經濟與政治改革，最終導致 1989 年引發革命。

POLAND E 波蘭

佔地：312,677 平方公里。人口數：3,853 萬。首都：華沙，約 171 萬人。政體：共和。語言：波蘭語。宗教：羅馬天主教。出口：工程製品、鋼、木材、食物、煤炭、硫磺。氣候：大陸性氣候隨距海距離增加而更顯著。□波蘭是位於北歐平原的平坦國家。地形自波羅的海岸升高，一直到與捷克與斯洛伐克共有的山陵疆界為止。縱觀歷史，波蘭的領土多次受入侵的軍隊所改變。第二次世界大戰始於德國入侵波蘭西方邊界。德國在波蘭大開殺戒，殺害 600 萬波蘭人和 300 萬猶太人（歐洲最大的猶太社群）。首都華沙被剷平，後來完全重建，恢復老城區原貌。戰後，波蘭因為土地疆界調整而西移，東部三分之一割給蘇維埃

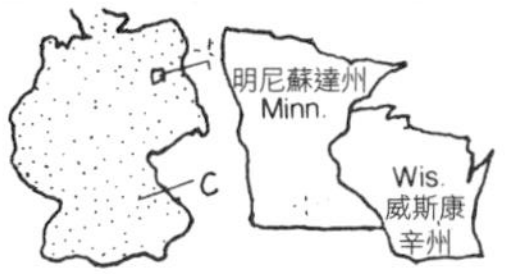

（現在的白俄羅斯與烏克蘭），但獲得德國東普魯士地區（戰前德國割讓的波羅的海地區）。蘇維埃合併北半部，稱為加里寧格勒州（現為俄國飛地）。波蘭也獲得但澤港（現稱為格但斯克）以及奧德—尼斯河以東的德國地區（弗羅茨瓦夫）。因為這些疆界改變，波蘭放棄石油、鉀鹽、森林、農田，接收的波羅的海沿岸，具有兩個現成港口、資源豐富的耕地、煤礦儲藏量及現代工業區。受惠於無數煤藏，經濟體從農業變為工業。1980 年代早期，來自格但斯克的船塢工人，在萊赫．瓦文薩的領導下，成立反共產主義的團結聯盟，有強大的天主教會支持。這些行動屬於東波羅的海國家發動，因而讓他們脫離共產主義及蘇維埃。

SLOVAKIA F 斯洛伐克

佔地：48,845 平方公里。人口數：541 萬。首都：布拉提斯拉瓦，約 42 萬人。政體：議會民主制。語言：斯洛伐克語。宗教：羅馬天主教：出口：機械、化學製品、食物。氣候：大陸型氣候。□關於斯洛伐克如何在 1993 年成為獨立國家的介紹，請參考捷克共和國部分。斯洛伐克人，在文化上與匈牙利、俄羅斯相近，在歷史上第一次獨立。布拉提斯拉瓦是歐洲的新首都，是這個荒涼的國家唯一的大城市。

SWITZERLAND G 瑞士

佔地：41,287 平方公里。人口數：808 萬。首都：伯恩，約 12 萬人。政體：共和。語言：70%日耳曼語、20%法語、9%義大利語，各種方言。宗教：52%新教、45%羅馬天主教。出口：工程以及化學製品、科學儀器、製藥、巧克力、鐘錶、起司。氣候：高地氣候。□瑞士（Switzerland）生活品質為全歐洲最高。壯觀的阿爾卑斯山，覆蓋瑞士大半南方地區，是終年觀光景點。金字塔狀的馬特洪峰（4,479 公尺）是世界最壯麗的高山之一。阿爾卑斯山脈是歐洲的分水嶺，使萊茵河流向北海，隆河流向地中海，提契諾河流向亞德里亞海（通過波河），因河流向黑海（通過多瑙河）。萊茵河上的巴塞爾是主要河港城市，官方語言為日耳曼語，但多數人使用「瑞士日耳曼語」方言。政治穩定度（長約 200 年中立）讓瑞士銀行成為外國人最愛儲蓄銀行。1990 年代，由於二戰時期納粹從窮人身上搜刮的財富，建設了瑞士銀行系統的基礎。由於日後瑞士拒絕承認這些財產來自猶太人，因而造成瑞士在政治與金融方面嚴格中立的名聲受到質疑。2002 年，瑞士違背維持中立、獨立的傳統，投票希望能成為聯合國會員。

列支敦斯登。位於康士坦豔湖南方、萊茵河東岸，瑞士與奧地利中間的一個小國（158 平方公里），擁有 3.3 萬日耳曼語系居民。列支敦斯登的公共建設仰賴瑞士：貨幣通行、郵務遞送、電信服務……等等。仰賴觀光業、輕工業、販售郵票，以及來自世界數百家避稅的公司。

23
德國
GERMANY
瑞士
SWITZERLAND
列支敦斯登
LIECHTENSTEIN
奥地利
AUSTRIA
特里格拉夫峰
Triglav
9,393 ft. (2,865 m)
SLOVAKIA
斯洛伐克
Budapest
布達佩斯
匈牙利
HUNGARY
烏克蘭
UKRAINE
摩爾多瓦
MOLDOVA
UKRAINE
烏克蘭
Odessa
Rhône R
Ticino R
Rhine R
Lugano
Inn R
ALPS
阿爾卑斯山
Maggiore
Como
Garda
Verona
維洛那
Milan米蘭
Turin
都靈
PO VALLEY
Po R
Genoa
熱那亞
Ljubljana
盧比安納
SLOVENIA
斯洛維尼亞
Zagreb
札格瑞布
CROATIA
克羅埃西亞
Trieste
Venice
威尼斯
Gulf of Venice
Sava R
法國
FRANCE
尼斯
Nice
MONACO
摩納哥
Gulf of Genoa
熱那亞灣
LIGURIAN SEA
Bologna
波隆那
Florence
佛羅倫斯
Arno R
Elba
厄爾巴島
聖馬利諾
SAN MARINO
ADRIATIC SEA
亞德里亞海
DALMATIAN COAST
Split
史普利特
波士尼亞及赫塞哥維納
BOSNIA & HERZEGOVINA
Sarajevo
塞拉耶佛
Dubrovnik
杜布羅夫尼克
佛伊弗迪納
VOJVODINA
Danube R
Belgrade
貝爾格勒
SERBIA
塞爾維亞
Morava R
YUGOSLAVIA
南斯拉夫
MONTENEGRO
蒙特內哥羅
KOSOVO
科索沃
Tisza R
Cluj
克盧日一納波卡
Timisoara
蒂米什瓦拉
CARPATHIAN MTS
喀爾巴阡山脈
Moldoveanu
摩爾多維亞努峰
8,343 ft. (2,543 m)
TRANSYLVANIAN ALPS
Ploiești
普洛耶什蒂
Ialomita R
Bucharest
布加勒斯特
Olt R
Iași
雅西
Prut R
Siret R
Galati
加拉茨
Mouths of the Danube
多瑙河口
45° N
Constanța
康斯坦察
Ruse
魯塞
Varna
瓦爾納
黑海
BLACK SEA
Burgas
布爾加斯
巴爾幹山脈
BALKAN MTS
Iskăr R
Sofia
索菲亞
Stara Zagora
舊扎戈拉
Plovdiv
普羅夫迪夫
Musalla Mt
9,596 ft. (2,925 m)
RHODOPE MTS
Maritsa R
Struma R
土耳其
TURKEY
Istanbul
伊斯坦堡
Bosporus
Sea of Marmara
馬摩拉海
Evros R
科西嘉島
(法國)
CORSICA
(France)
梵蒂岡
VATICAN CITY
Rome
羅馬
Tiber R
APENNINES
Foggia
福賈
Naples
那不勒斯
Vesuvius
4,190 ft
(1,277 m)
維蘇威火山
Bari
巴里
Gulf of Taranto
Strait of Otranto
SARDINIA
薩丁尼亞島
Cagliari
卡里加利
第勒尼安海
TYRRHENIAN SEA
Shkodër
Tirana
地拉那
Durrës
都拉斯
Vlorë
夫羅勒
Skopje
史高比耶
MACEDONIA
Vardar R
Strimon R
Kavála
卡瓦拉
Salonika
塞薩洛尼基
Olympus
奧林巴斯山
9,570 ft
(2,198 m)
PINDUS MTS
Lárisa
拉里薩
Vólos
佛洛斯
AEGEAN SEA
Aegean Islands
愛琴海群島
Dardanelles
達達尼爾海峽
土耳其
TURKEY
ASIA
亞洲
Gulf of Corinth
科林斯灣
Patras
帕特雷
PELOPONNESUS
伯羅奔尼撒
Athens
Piraeus
比雷埃夫斯
Rhodes
羅德島
SEA OF CRETE
克里特島
CRETE
Iráklion
伊拉克利翁
35° N
西西里島
SICILY
Palermo
巴勒摩
Messina
墨西拿
Strait of Messina
Reggio di Calabria
雷焦卡拉布里亞
Etna
埃特納火山
10,902 ft
(3,324 m)
Catania
卡塔尼亞
愛奧尼亞海
IONIAN SEA
Ionian Is.
愛奧尼亞島
地中海
MEDITERRANEAN SEA
MALTA馬爾他
突尼斯
Tunis
突尼西亞
TUNISIA
非洲
AFRICA
0
100
200
300 miles
480 km
Russia
俄羅斯
Poland
波蘭
Germany
UK
Neth
Belg
Lux
France
法國
Switz
Czech R
Austria
Slov
Hun
Cro
B&H
Yugo
Ukraine
烏克蘭
Mol
摩爾多瓦
Black Sea
Spain
西班牙
Turkey
土耳其
Mediterranean Sea
地中海
Tunisia
Algeria
阿爾及利亞
Libya
利比亞
Egypt
埃及
Syria
Leb
Isr
Jordan

EUROPE: SOUTHEASTERN I

歐洲：東南歐 I

南歐海岸地區，享有地中海型氣候的乾熱夏季，以及溫和宜人的多雨冬季。這些土地曾有濃密的森林，不過幾世紀以來的伐木、大火、過度放牧以及有限的降雨，使原始林木幾乎消失。雖然土地只有局部肥沃，經灌溉可種植葡萄、橄欖、無花果、椰棗、柑橘類水果及栗子。

ITALY$_A$ 義大利

佔地：301,054 平方公里。人口數：5983 萬。首都：羅馬，約 276 萬人。政體：共和。語言：義大利語以及許多方言。宗教：羅馬天主教。出口：工程以及食物產品、汽車、塑膠、葡萄酒、絲綢。氣候：除北部，其他皆為地中海型氣候。□義大利跟希臘一樣，提供觀光客古老的經典古文明（羅馬帝國）風景，此外，南義的地形、氣候、水文也跟希臘非常相似。北義則有更多觀光景點：宏偉的藝術、建築、美術館、歌劇院、音樂節，更往北則有阿爾卑斯山及高山湖美景。北邊的波河河谷是全南歐最富裕的工業和農業區。義大利是世界第五大工業勢力。米蘭是義大利的工商業中心，都靈是汽車製造首府，熱內亞為最忙碌的海港。富裕的北方與南部的貧窮，形成強烈對比。威尼斯位於亞得里亞海北岸，最獨特，運河取代街道，到處是宏偉的藝術和華麗的建築。地理位置居中的佛羅倫斯，是義大利首屈一指的美術館與文藝復興藝術城市。美麗的義大利阿爾卑斯山脈湖區，靠近瑞士邊界。首都「永恆之城」羅馬在第勒尼安海岸附近，是古羅馬帝國的首都遺址，大多數羅馬藝術品及建築，都由天主教會主導。天主教會的世界總部在梵蒂岡，是一個羅馬城內的獨立國家。那不勒斯是南義唯一主要城市，也是工業中心，風景秀麗，距離活火山──維蘇威火山約 11 公里，龐貝城與其他兩個城市兩個羅馬城市曾因其爆發而掩埋。西西里島距離靴形義大利半島趾尖部位最近只有 3.2 公里，是地中海最大的島嶼。西西里島是義大利黑手黨家鄉。西西里島的山脈有歐洲最高的活火山──埃特納火山（3,324 公尺），是義大利半島有梁山脈亞平寧山脈的延伸。分隔西西里島的墨西拿海峽，可能是沉入海平面的山脈。向西經過第勒尼安海，薩丁尼亞島是地中海第二大島，當地文化記錄著入侵的印記。往北在科西嘉島（法國）與義大利主陸之間的是厄爾巴島，拿破崙被放逐的地方。

梵蒂岡。位於羅馬城，全世界最小的國家，人口只有 842 人。梵蒂岡掌管無數教堂，包括聖彼得教堂、使徒宮（教宗的家）。是輝煌藝術品的基地，像是由米開朗基羅繪製的西斯廷教堂天花板。

聖馬利諾。曾是中世紀義大利城區，人口 3.1 萬，是世界最老也最小（61 平方公里）的共和國。位於亞平寧山脈，面向亞得里亞海。跟其他郵票大小般的國家一樣，主要收入來源是販售郵票。

馬爾他。約 42 萬人居住的西西里島南方三小島（310 平方公里）組成的國家。最大的島嶼馬爾他，幾世紀中曾被無數入侵者佔領。英國是最後一個掌控馬爾他的國家，在此建立海軍基地，現為繁忙的造船廠。

BALKAN COUNTRIES

巴爾幹國家

阿爾巴尼亞、保加利亞、希臘、羅馬尼亞以及其他前南斯拉夫五個國家（下頁地圖）佔據巴爾幹半島。「巴爾幹」在土耳其語中是「山脈」。由於貧瘠的環境和過時的農耕法，農業並不發達。在許多鄉村地區，驢子是主要交通工具。在第二次世界大戰期間，希臘為此區唯一的非共產國家，但 1989 年東歐革命潮來到巴爾幹地區，除了阿爾巴尼亞，共產主義皆失守。到了 1990 年代，共產主義皆已成往事。由於世界經濟大蕭條導致轉型為資本主義的巴爾幹半島成為「歐洲最窮角落」。巴爾幹半島同時也是種族及宗教仇恨強烈的地區，發生在國家之間或各國國內。這些仇恨情緒在第一次大戰以後，因為國界被重劃而挑起，少數人口被困在敵對國家，而更加惡化，多年來的共產主義只控制了表面問題，待各國獨立後，問題徹底浮現，造成這些國家的情況比前南斯拉夫時期更加悲慘。

ALBANIA$_B$ 阿爾巴尼亞

佔地：28,748 平方公里。人口數：290 萬。首都：地拉那，約 41 萬人。政體：共和。語言：阿爾巴尼亞語。宗教：70%伊斯蘭教。出口：食物加工品、葡萄酒、礦產。氣候：海岸為地中海型氣候，內陸為大陸型氣候。□無論領土、人口及每人平均收入等，皆為巴爾幹半島最小的國家，山丘之國被共產主義政府控制，鎮壓人民 40 年，由於開放政策與其他共產國家不和諧，因此在民主與共產世界中孤立。1967 年關閉所有清真寺與教堂，成為世界第一個官方無神主義國。受土耳其治理 500 年，成為歐洲第一個以伊斯蘭教徒為主的國家。阿爾巴尼亞是最後一個結束共產執政的歐洲國家，不過情勢仍然嚴峻。多數居民由奧特朗托海峽遷移義大利。

BULGARIA$_C$ 保加利亞

佔地：110,912 平方公里。人口數：726 萬。首都：索菲亞，約 121 萬人。政體：共和。語言：保加利亞語。宗教：東正教。出口：食物加工品、糧食、金屬、紡織、高科技。氣候：大陸型氣候至地中海型氣候。□保加利亞已轉型為工業經濟，但仍是巴爾幹半島的主要農業國家，也是東歐的冬天糧食供應來源國。世界最大的玫瑰精油產量，用來製造香水。拜占庭式建築、人造藝術品以及優格（發酵乳）消耗量，反應出曾被土耳其治理 500 年。在保加利亞與阿爾巴尼亞不同，人民並沒有轉信伊斯蘭教，這是由於俄國人在 1878 年於保加利亞將土耳其人驅逐的結果，因此保加利亞仍以基督徒為大宗，普遍信仰東正教。仇恨土耳其的記憶，在國家意識中非常深化，1984 年政府強迫境內土耳其人和穆斯林信徒（150 萬）改為「保加利亞名字」，並禁止在公共場合說土耳其語。此政策在 1990 年廢除。

GREECE$_D$ 希臘

佔地：131,840 平方公里。人口數：1,081 萬。首都：雅典，約 72 萬人。政體：共和。語言：希臘語。宗教：東正教。出口：食物加工品、橄欖、葡萄酒、柑橘類水果。氣候：地中海型氣候□具有超過四百座陽光普照的蔚藍島嶼，無鬥爭的歷史、美食、音樂與舞蹈，都是希臘的特色。幾乎所有的愛琴海群島（以及許多土耳其海岸外的島嶼）都屬於希臘。克里特島是最大的島嶼，是 5000 年前高度發展的米諾斯文明遺址。希臘大多為崎嶇的半島，科林斯灣和運河，分隔南角的伯羅奔尼撒與希臘主陸地。伯羅奔尼撒是波希戰爭古戰場，也是雅典人和斯巴達人的古戰場。希臘的航海傳統（歐洲最古老）可追溯至此時期。如今，希臘擁有世界最大的商業船隊。古希臘的心臟──雅典衛城（高城），位於雅典中部山丘上，建築遺跡大約建於 2500 年前，是西方文化和民主思想的誕生地。現代希臘經過工業劇烈變化，而農業在經濟仍有重要性。除了常見的地中海作物（橄欖、葡萄、椰棗、柑橘），還有小麥、棉花、菸草。

ROMANIA$_E$ 羅馬尼亞

佔地：237,500 平方公里。人口數：2,012 萬。首都：布加勒斯特，約 191 萬人。政體：共和。語言：羅馬尼亞語。宗教：東正教。出口：工程、化學製品、食物加工品、石油。氣候：大陸型氣候。□羅馬尼亞人的歷史和語言，可回溯至兩千年前羅馬帝國統治時期。曾是歐洲石油藏量最大國家，納粹時期主要供應戰爭燃料，現在已消耗殆盡。1980 年代，在共產領導人尼古拉．壽西斯古的暴政下，經濟衰退。1989 年，政府被推翻，民怨造成獨裁者被驅逐。第二次世界大戰前，人民生活較輕鬆，首都布加勒斯特意指「巴爾幹半島的巴黎」，模仿法國首都的設計。現代羅馬尼亞的生活，對受壓迫的少數裔匈牙利馬札爾族人（歐洲最大的少數民族）很辛苦，他們的祖先由於第一次世界大戰國界重劃而受困。許多人居住在特蘭西瓦尼亞（吸血鬼德古拉公爵的家）的農業及休閒區，位於該國的西部。羅馬尼亞境內綿延喀爾巴阡山脈，由北向南延伸寬廣的弧形。往東是多瑙河注入黑海處，形成一個巨大的三角洲，有 300 種鳥類棲息。

24

波士尼亞及赫塞哥維納的目前分界
CURRENT DIVISION OF BOSNIA & HERZEGOVINA
Banja Luka
巴尼亞盧卡
Brcko
Sarajevo
塞拉耶佛
Mostar
莫斯塔爾
UKRAINE
CZECH REPUBLIC
捷克共和國
New Jersey
紐澤西州
Maryland
馬里蘭州
Delaware
德拉瓦州
Danube R.
SLOVAKIA
斯洛維尼亞
維也納
Vienna
布拉提斯拉瓦
Bratislava
佛蒙特州
Vermont
新罕布希爾州
New Hampshire
AUSTRIA 奧地利
布達佩斯
Budapest
Kentucky
肯塔基州
匈牙利
HUNGARY
MUSLIM-CROAT FOUNDATION F
BOSNIA SERB REPUBLIC G
穆斯林克羅埃西亞聯邦
塞族共和國
義大利
ITALY
Triglav
9,391 ft.
(2,863 m)
Drava R.
Maribor
馬里博爾
Sava R.
Nova Gorica
Ljubljana
盧比安納
札格瑞布
Zagreb
Trieste
Koper
GULF OF VENICE
Rijeka
Pula
普拉
Subotica
蘇博蒂察
VOJVODINA
佛伊弗迪納
茲雷尼亞寧
Zrenjanin
諾威薩
Novi Sad
奧西耶克
Osijek
斯拉沃尼亞布羅德
Slavonski Brod
羅馬尼亞
ROMANIA
達爾馬提亞
Danube R.
Bihac
比哈奇
Prijedor
普里耶多爾
Banja Luka
巴尼亞盧卡
布爾奇科
Brcko
Belgrade
貝爾格勒
Tuzla
圖茲拉
DALMATIA
奇夫爾尼山
Cvrsnica
7,299 ft.
(2,225 m)
Dinara
6,002 ft.
(1,830 m.)
迪納拉山
塞拉耶佛
Sarajevo
Gorazde
戈拉日代
莫斯塔爾
Mostar
Split
史普利特
克拉古耶瓦茨
Kragujevac
Morava R.
SERBIA
塞爾維亞
ADRIATIC
亞得里亞海
杜米托爾
Durmitar
8,272 ft.
(2,522 m)
科索沃
KOSOVO
BULGA
保加利亞
MONTENEGRO
蒙特內哥羅
普里斯提納
Pristina
Dubrovnik
杜布羅夫尼克
Pec
佩奇
Podgorica
波德里查
義大利
ITALY
Finland
Norway
Sweden
Russia
North Sea
Ireland
U.K.
Germany
Poland
Belarus
Ukraine
France
Czech R.
Austria
Romania
Portugal
Spain
Italy
Bulgaria
Black Sea
Georgia
Turkey
Greece
Mediterranean Sea
地中海
Tunisia
Morocco
Algeria
Libya
Egypt
Jordan
Saudi Arabia
Red Sea
Syria
Iraq
Atlantic Ocean
Kumanovo
Skopje
史高比耶
ALBANIA
阿爾巴尼亞
Tetevo
8,856 ft.
(2,700 m)
泰托沃
Vardar R.
Tirane
地托那
Bitola
比托拉
SEA
塞薩羅
Thessa
STRAIT OF OTRANTO
奧特朗托海峽
希臘
GREECE
愛奧尼亞海
IONIAN SEA
0
100
200 miles
320 km
克基拉島 CORFU

EUROPE: SOUTHEASTERN II
歐洲：東南歐 II

NATIONS OF THE FORMER YOUGOSLAVIA 前南斯拉夫國家

1918 年，數個多元而敵對的文化，同意結盟成為前南斯拉夫，此舉令人不解。前南斯拉夫融合了五個主要大國（和二十個以上小國），使用三種「官方」語言，2 種不同字母，奉行 3 種不同宗教。面臨這些阻礙，一個國家能成功建立的機會到底有多大？答案顯然是「零」，但結果卻要耗費 70 年去彌補錯誤。現在 5 國各自獨立，地理上位處南斯拉夫，1918 創立當時的失誤持續導致悲劇性的結果。

南斯拉夫意指「南方斯拉夫族之地」，前南斯拉夫不同族裔的各國居民，擁有相同的斯拉夫遺產。約西元 5 世紀，來自中歐與東歐的斯拉夫族，開始往南遷徙，進入羅馬帝國領土。斯拉夫族進駐西部地區，建立克羅埃西亞、斯洛維尼亞以及一部分波士尼亞－赫塞哥維納。他們使用羅馬（拉丁）拼音，宗教信仰繼承羅馬天主教。往東發展的斯拉夫移民，成為如今的塞爾維亞、蒙特內哥羅及馬其頓共和國，使用古斯拉夫字母，奉行東正教（11 世紀從羅馬天主教會分裂的基督教分支）。

幾世紀以來，這些國土被外來政權統治：奧匈帝國掌管克羅埃西亞、斯洛維尼亞、部分波士尼亞，波士尼亞東部以及其他部分被鄂圖曼土耳其帝國統治近 500 年，直到 19 世紀後半為止。1914 年，奧匈帝國王儲，法蘭茲斐迪南大公，在波士尼亞首都賽拉耶佛，被波士尼亞－塞爾維亞國家主義者刺殺，造成第一次世界大戰爆發。兩大帝國隨著戰爭結束而瓦解，其他巴爾幹半島國家則獨立（塞爾維亞與蒙特內哥羅已在四十年前獨立）。1918 簽署停戰協議，這些國家的人民，以斯拉夫為傲，深信團結的力量，共同建立君主立憲國「南斯拉夫王國」。1929 年，塞爾維亞君王廢除憲法，更名為南斯拉夫，實施獨裁統治直到二戰期間。隨著克羅埃西亞人與斯洛維尼亞人對塞爾維亞的抵抗，各國間緊張度逐漸升高。

克羅埃西亞與塞爾維亞之間的仇恨，造成 1941 年德軍與軸心國聯軍，入侵南斯拉夫。由於克羅埃西亞同為法西斯政府，納粹德軍允許克羅埃西亞維持獨立。戰爭期間，克羅埃西亞執行第一次南斯拉夫的「種族清洗」，處死數千名猶太人與塞爾維亞人。日後塞爾維亞承認對克羅埃西亞人的暴行，就是對當時事件的報復。其他地區組織抵抗軍，對抗軸心國入侵者。最成功的是南斯拉夫民族解放軍和游擊隊，由克羅埃西亞共產主義者狄托元帥領軍，於 1945 年，國家英雄狄托元帥治理克羅埃西亞，建立共產主義政府。

狄托嚴防種族衝突。採取允許工人經營集合農場與工廠（小農完全免於政府控制）的共產主義策略，獨立共和國實行自治，開放世界貿易與觀光。不像其他東歐共產集團，狄托元帥不依賴莫斯科，獨立方針得到西方經濟支援，讓南斯拉夫成為共產世界的工業先驅。1980 年狄托死後，歷來在族裔上的敵對與憎恨爆發，使高效能的政府失靈。

1991 年，克羅埃西亞與斯洛維尼亞宣布從塞爾維亞獨立。塞爾維亞仍認為自己屬於前南斯拉夫，因此戰爭從塞爾維亞爆發，派遣軍隊幫助克羅埃西亞與斯洛維尼亞境內的塞爾維亞人。在斯洛維尼亞國內，戰爭只持續 10 天，在聯合國監控下，有更多塞爾維亞人口的克羅埃西亞停火。1997 年，克羅埃西亞境內，由塞爾維亞控制的東斯洛維尼亞地區，歸還克羅埃西亞。

波士尼亞與赫塞哥維納在 1992 年宣布獨立，波士尼亞境內三個種族之間立即爆發戰爭，此 3 種族為：羅馬天主教的克羅埃西亞人、東正教的塞爾維亞人、穆斯林。波士尼亞的塞爾維亞人，得到塞爾維亞南斯拉夫的武力援助，著手進行種族滅絕性的「種族清掃」計畫，意圖殺死穆斯林或驅離波士尼亞。被激進塞爾維亞激怒的西方國家，因而對南斯拉夫實施嚴格的經濟禁令，以削弱對波士尼亞塞爾維亞人的武力支持。在 1995 年北大西洋公約組織協議停火，已有約 25 萬波士尼亞人被殺，難民超過 200 萬。由於南斯拉夫的武力援助已斷絕，波士尼亞塞爾維亞總統，被迫與克羅埃西亞和穆斯林領袖，一起在美國俄亥俄州的岱頓城簽屬和平協議，將波士尼亞與赫塞哥維納分為兩個自治區：穆斯林克羅埃西亞聯邦佔國土 51%，塞爾維亞共和國為 49%（見右頁小地圖）。北大西洋公約組織派遣六萬軍隊（兩萬為美國人）在當地維持和平。

SERBIA AND MONTENEGRO
塞爾維亞與蒙特內哥羅

2002 年 3 月，歐盟居中協調，讓塞爾維亞與蒙特內哥羅（屬於前南斯拉夫社會主義聯邦共和國，1992 年合併建立新國家——南斯拉夫聯盟共和國）簽屬協議，建立結構鬆散的國家，口簡稱「塞蒙」。歐盟的動機在避免蒙特內哥羅從前南斯拉夫脫離，以免鼓動波士尼亞、科索沃（南斯拉夫在阿爾巴尼亞邊界的部分領土）分裂。主要還是基於歐盟長期擴張、容納所有國家的可能性。承認南斯拉夫共和國的結束（與更名），對於雙方國會來說都充滿不確定性。因此於 2006 年解散。

BOSNIA & HERZEGOVINA A
波士尼亞與赫塞哥維納

佔地：51,233 平方公里。人口數：382 萬。首都：賽拉耶佛，約 31 萬人。政體：共和國。語言：塞爾維亞-克羅埃西亞語。宗教：40%回教、32%東正教、5%羅馬天主教。出口：機械、製造業商品、食品。氣候：夏季炎熱冬季寒冷，沿岸為地中海型氣候。口簡稱波士尼亞。土耳其入侵者在 15 世紀時，入侵山巒、森林遍布的波士尼亞北部與多岩的赫塞哥維納南部。尖塔、圓頂、清真寺及市集，都是土耳其曾經統治此地 400 年的證據。首都賽拉耶佛是東西的融合之地，赫塞哥維納地區的首都莫斯塔爾較具土耳其風情。土耳其引進伊斯蘭教，形成穆斯林大社群，卻由於塞爾維亞暴政與難民潮而減少。波士尼亞曾是前南斯拉夫最落後而窮困的共和國。

CROATIA B 克羅埃西亞

佔地：56,538 平方公里。人口數：428 萬。首都：札格瑞布，約 79 萬人。政體：議會民主。語言：塞爾維亞-克羅埃西亞語。宗教：77%羅馬天主教、11%東正教。出口：機械、交通設備、製造商品、化學品、紡織、食物商品。氣候：內陸為大陸型氣候，沿岸為地中海型氣候。口南斯拉夫解體之前，克羅埃西亞曾是共和國內第二大繁榮及工業化國家，但多年戰爭削弱工業現代化和外國投資。1985 年，克羅埃西亞從塞爾維亞奪回東邊三分之一領土。境內有大量來自波士尼亞的難民和穆斯林難民。克羅埃西亞的達爾馬提亞區擁有 1760 公里海岸線與島嶼，為世界知名休閒區。另一個主要觀光海岸為受威尼斯影響的西北角伊斯特拉地區。克羅埃西亞是歐洲最古老的國家之一，為西元 924 年建立的天主教國家。

MACEDONIA C 馬其頓共和國

佔地：24,856 平方公里。人口數：211 萬。首都：史高比耶，約 49 萬人。政體：民主。語言：70%馬其頓語、21%阿爾巴尼亞語。宗教：67%東正教、30%伊斯蘭教。出口：製造業商品、機械、紡織、菸草、食物。氣候：大陸型氣候。口馬其頓共和國，「神奇的考古王國」，為石器時代以降無數古文明的誕生地。西元前四世紀，為大馬其頓帝國北部（涵蓋現今的希臘北部以及部分保加利亞）與亞歷山大帝國的發源地。1371 年土耳其人抵達前，馬其頓共和國曾被佔領多次。1913 年巴爾幹戰爭爆發，馬其頓共和國被塞爾維亞與希臘平均瓜分，而保加利亞則分到一點點。馬其頓共和國與塞爾維亞後來加入南斯拉夫，1945 年狄托前總統認為馬其頓共和國是一個獨立民族（擁有自己的語言），因此將馬、塞兩地分離，使馬其頓為南斯拉夫之獨立一國，是唯一前南斯拉夫國家採非暴力手段獨立出來的國家，非常幸運。出於與希臘著名的北方一省同名，希臘曾與馬其頓爆發爭端，最後決定過渡期間名稱為「前南斯拉夫馬其頓共和國」，後爭議解除。

SLOVENIA D 斯洛維尼亞

佔地：20,296 平方公里。人口數：205 萬。首都：盧比安納，約 27 萬人。政體：民主。語言：斯洛維尼亞語。宗教：羅馬天主教。出口：交通設備、製造商品、化學品。氣候：沿岸為地中海型氣候，東半部為大陸性氣候。口為最繁榮的前南斯拉夫國家，與西歐經濟關係深遠。不具種族多樣性（多數人民為斯洛維尼亞人），因此較不受南斯拉夫人（塞爾維亞人）介入，和平獨立。作為前共和國中最歐洲化的國家，斯洛維尼亞加入歐盟。亞得里亞海港城科佩爾位於北界，為重要的渠道，提供四面環陸的奧地利與匈牙利貿易通道。崎嶇的地區有豐富的碳、汞、鉛、鋅。位於遙遠北部的朱利安阿爾卑斯山，為前南斯拉夫最著名的滑雪地區。

YUGOSLAVIA E (SERBIA AND MONTENEGRO)
前南斯拉夫（塞爾維亞與蒙特內哥羅）

佔地：102,350 平方公里。人口數：1,120 萬。首都：貝爾格勒，約 130 萬人。政體：共和國。語言：塞爾維亞-克羅埃西亞語。宗教：65%東正教、19%伊斯蘭教。出口：機械以及交通設備、製造商品、化學品、食品。氣候：內陸為大陸性氣候，海岸為地中海型氣候。南斯拉夫於 1929 年至 2003 年存在，延續的塞爾維亞與蒙特內哥羅存在於 2003 年至 2006 年。由於經濟與克羅埃西亞、斯洛維尼亞等前南斯拉夫的工業中心，緊密相繫，因此南斯拉夫瓦解，造成塞爾維亞嚴峻的情勢。為前南斯拉夫的糧食產地。由於舊政府前共產主義者，拒絕摒棄傳統社會主義政策，加上超過 20 萬名來自克羅埃西亞所驅逐的塞爾維亞難民，使經濟雪上加霜。蒙特哥內羅是斯洛伐克的亞得里亞海之窗，屬於達爾馬提亞觀光海岸。1998 年科索沃（阿爾巴尼亞邊界一省）發生革命，訴求脫離南斯拉夫而獨立。塞爾維亞人以殘忍手段報復，將阿爾巴尼亞族人驅逐出科索沃。北大西洋公約組織出面調停，迫使塞爾維亞人撤退。聯合國和平部隊介入。2006 年塞爾維亞與蒙特內哥羅分別獨立。

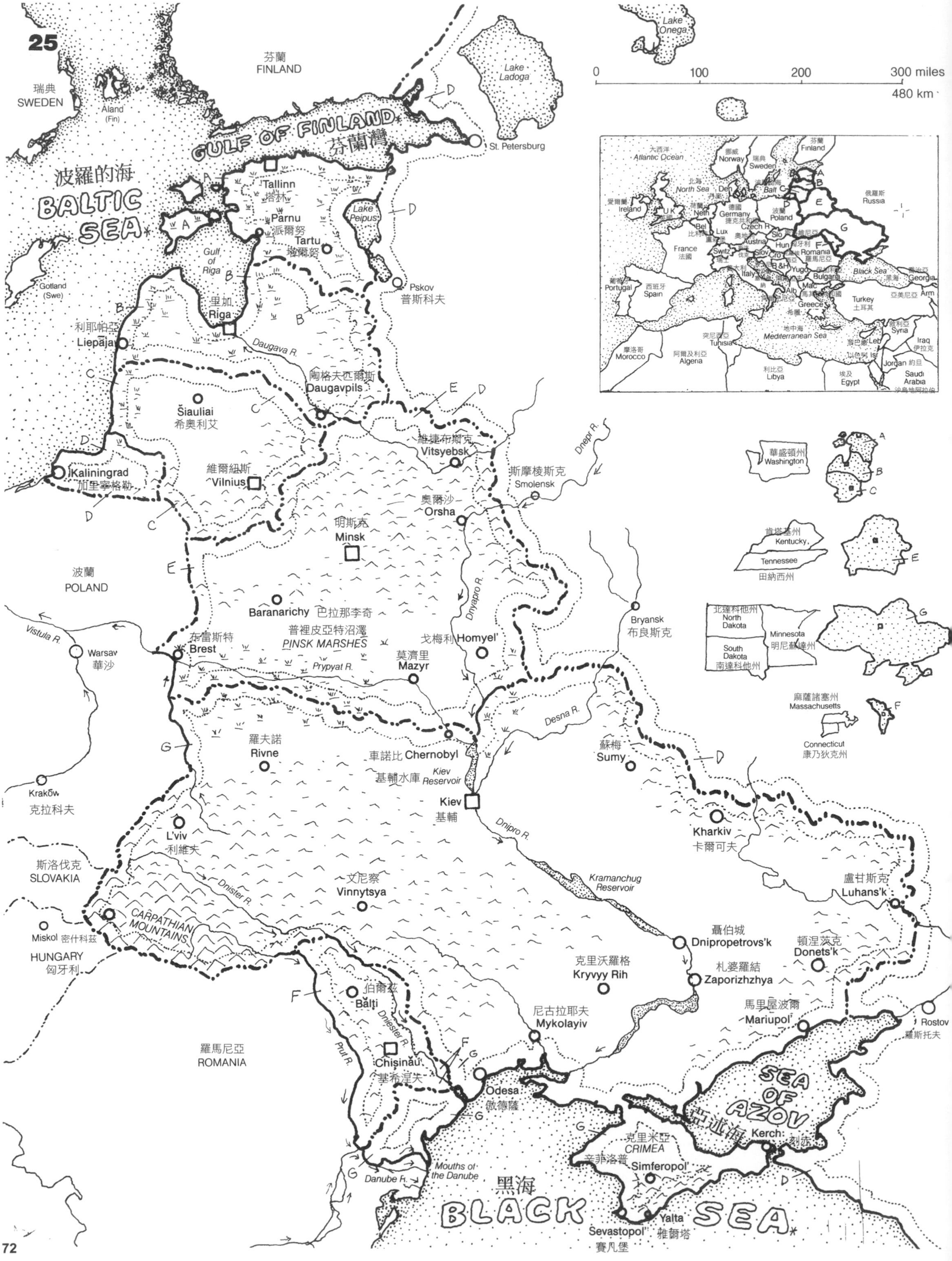
25
芬蘭
FINLAND
瑞典
SWEDEN
Aland (Fin)
GULF OF FINLAND
芬蘭灣
St. Petersburg
Lake Ladoga
Lake Onega
0
100
200
300 miles
480 km
波羅的海
BALTIC SEA
Tallinn
塔林
Parnu
派爾努
Tartu
塔爾努
Lake Peipus
Gulf of Riga
Pskov
普斯科夫
Gotland (Swe)
里加
Riga
利耶帕亞
Liepaja
Daugava R.
陶格夫匹爾斯
Daugavpils
Šiauliai
希奧利艾
維捷布斯克
Vitsyebsk
Dnepr R.
斯摩棱斯克
Smolensk
Kaliningrad
加里寧格勒
維爾紐斯
Vilnius
奧爾沙
Orsha
明斯克
Minsk
波蘭
POLAND
Baranarichy
巴拉那李奇
Dnyapro R.
Bryansk
布良斯克
Vistula R.
Warsav
華沙
布雷斯特
Brest
普裡皮亞特沼澤
PINSK MARSHES
戈梅利
Homyel'
莫濟里
Mazyr
Prypyat R.
Desna R.
羅夫諾
Rivne
車諾比
Chernobyl
基輔水庫
Kiev Reservoir
蘇梅
Sumy
Krakow
克拉科夫
Kiev
基輔
L'viv
利維夫
Dnipro R.
Kharkiv
卡爾可夫
斯洛伐克
SLOVAKIA
文尼察
Vinnytsya
Kramanchug Reservoir
盧甘斯克
Luhans'k
Dnister R.
CARPATHIAN MOUNTAINS
Miskol
密什科茲
HUNGARY
匈牙利
聶伯城
Dnipropetrovs'k
頓涅茨克
Donets'k
克里沃羅格
Kryvyy Rih
札婆羅結
Zaporizhzhya
伯爾茲
Balti
Dniester R.
尼古拉耶夫
Mykolayiv
馬里屋波爾
Mariupol'
Rostov
羅斯托夫
Prut R.
羅馬尼亞
ROMANIA
Chişinău
基希涅夫
Odesa
傲德薩
SEA OF AZOV
亞速海
Kerch
刻赤
克里米亞
CRIMEA
辛菲洛普
Simferopol'
Mouths of the Danube
Danube R.
黑海
BLACK SEA
Yalta
雅爾塔
Sevastopol'
賽凡堡
大西洋
Atlantic Ocean
挪威
Norway
瑞典
Sweden
芬蘭
Finland
北海
North Sea
Den
丹麥
Balt
俄羅斯
Russia
愛爾蘭
Ireland
UK
Neth
荷蘭
德國
Germany
波蘭
Poland
Bel
比利時
Lux
Czech R
捷克共和國
Slo
Hun
匈牙利
Austria
奧地利
France
法國
Switz
Slov
Cro
Romania
羅馬尼亞
B&H
Yugo
Bulgaria
保加利亞
Italy
義大利
Black Sea
黑海
Georgia
Arm
亞美尼亞
Portugal
葡萄牙
西班牙
Spain
Alb
Mac
Greece
希臘
Turkey
土耳其
Syria
敘利亞
地中海
Mediterranean Sea
Leb
Isr
Iraq
伊拉克
Jordan
約旦
突尼西亞
Tunisia
摩洛哥
Morocco
阿爾及利亞
Algeria
利比亞
Libya
埃及
Egypt
Saudi Arabia
沙烏地阿拉伯
華盛頓州
Washington
肯塔基州
Kentucky
Tennessee
田納西州
北達科他州
North Dakota
Minnesota
明尼蘇達州
South Dakota
南達科他州
麻薩諸塞州
Massachusetts
Connecticut
康乃狄克州

EUROPE: EASTERN I
歐洲：東歐 I

FORMER SOVIET BALTIC REPUBLICS
前蘇維埃波羅的海共和國

1940 年第二次世界大戰開端，蘇聯與德國簽訂協議，併吞波羅的海三個小國——愛沙尼亞、拉脫維亞與立陶宛，為最後加入蘇聯的共和國。三個小國歷史背景相近，獨立於 20 年前第一次世界大戰結束時。1 年內，納粹毀約，佔領波羅的海國家作為入侵蘇聯的第一步。1944 年，蘇聯再次奪取此三國，卻面臨當地人民激烈反抗。數千民愛國人士被殺，許多政治領袖、商人、知識份子被流放至蘇聯邊陲。在政治、工業、教育，蘇聯指派俄國移民取代高層。有助蘇聯進出波羅的海，也是俄國與其他歐洲國家間的緩衝區。愛沙尼亞與拉脫維亞的經濟以工業為主，享有蘇聯最高的生活品質。

1980 年代蘇聯開始失勢，愛沙尼亞、拉脫維亞與立陶宛是聯盟內最先反抗的國家。1991 年獨立後，開始與西歐進行經濟與軍事聯盟，堅決拒絕加入獨立國家國協（前蘇聯共和國的聯盟）。俄國駐軍最後從波羅的海地區撤離時，留下許多俄裔移民及後裔，約占三分之一愛沙尼亞與拉脫維亞人口，以及 9%立陶宛人口，不再握有權勢，加上不熟悉當地語言，因此愛沙尼亞與拉脫維亞的俄國人面臨敵對人口嚴重的歧視。許多人被迫離開從小成長的家園。

三個小國地形相似：海岸平坦，多溼地，沿俄國邊界逐漸變得多丘陵、多樹木。海岸曾經是觀光休閒區，由於工業成長的污染，使部份觀光區被迫關閉。靠近波羅的海，夏季氣候涼爽，冬季不嚴寒，降雨量平均。

ESTONIA A 愛沙尼亞

佔地： 45,100 平方公里。人口數：132 萬。首都：塔林，約 40 萬人。政體：共和。語言：愛沙尼亞語、俄語。宗教：路德教派、俄羅斯東正教。出口：紡織、交通工具、機械、化學品。氣候：溫和。□波羅的海三個小國中最北的國家，實際上是一個半島，北以芬蘭灣為界，西為波羅的海，西南為里加灣，東以楚德湖與俄羅斯分界。海岸分布數百座島嶼。與拉脫維亞、立陶宛擁有共同歷史，多次被丹麥、德國、瑞典、波蘭、俄國等統治，但愛沙尼亞人民識字率高，在文化及語言上與芬蘭相近。芬蘭人特別喜歡愛沙尼亞的海岸與歷史觀光景點。愛沙尼亞因豐富、天然的油頁岩，強化後共產時代的自由市場經濟發展，成為前蘇聯之中最繁榮、經濟安定的國家。

LATVIA B 拉脫維亞

佔地： 64,100 平方公里。人口數：199 萬。首都：里加，約 70 萬人。政體：共和。語言：拉脫維亞語、俄語。宗教：路德教、俄羅斯東正教。出口：石油產品、木材、食物、紡織。氣候：溫和。□拉脫維亞人又稱為 Letts，由「拉脫語（Lettish）」而來。拉脫維亞語是歐洲最古老的語言之一，可追溯至梵語（古印度語）。拉脫維亞的工業經濟產品多由首都里加運送出海，里加位於德維納河口，是波羅的海最忙碌的港口之一。拉脫維亞觀光海岸區，深受工業污染破壞。

LITHUANIA C 立陶宛

佔地：65,200 平方公里。人口數：294 萬。首都：維爾紐斯，約 53 萬人。政體：共和國。宗教：羅馬天主教。出口：電子產品、石油產品、化學品、食物。氣候：溫和。□立陶宛的俄裔人口不到 10%，前共產主義領導人仍在許多重要選舉中獲勝，掌握政府重要職位，因此立陶宛與俄國的關係比愛沙尼亞或拉脫維亞更好。在蘇聯工業化之前，立陶宛幾乎是農業國家，農業至今仍具有經濟重要性。儘管為共產主義背景，立陶宛領導人讓國家走向私有化和自由城場。首都維爾紐斯經第二次世界大戰劫後餘生，具有歷史地位。立陶宛原本擁有戰前歐洲最大的猶太族群（約占該國 8%人口），在納粹佔領期間被毀滅。

RUSSIA D 俄羅斯

加里寧格勒（俄羅斯）。與俄羅斯聯邦主體分離的小區，曾屬於東普魯士。第二次世界大戰末期，由於蘇維埃（蘇俄）的破壞佔領，存活的德國人幾乎被俄國人取代。目前能證明歷史曾存在數世紀德國文化的微小證據，普魯士為德國軍國主義重地。首府加里寧格勒佔百萬居民人口的一半，多數人不保有俄國或德國文化。加里寧格勒位於氣候溫和的波羅的海，有美麗豐饒的風景，因此吸引貿易與觀光。

FORMER SOVIET EASTERN EUROPEAN REPUBLICS
前蘇維埃東歐共和國

過去和現在，白俄羅斯、摩爾多瓦、烏克蘭，與波羅的海 3 小國都不太相似，除了宗教。不過，他們的宗教信仰各自為東正教的其他分支（東正教本身也是基督教的分支）。此地區與波羅的海國家不同，與俄國及其他前共和國保持聯繫，一起組成獨立國協。俄語不再是這些國家的官方語言，只有少數俄裔人口使用俄語。

BELARUS E 白俄羅斯

佔地：207,600 平方公里。人口數：946 萬。首都：明斯克，約 180 萬人。政體：共和立憲。語言：白俄羅斯語、俄語。宗教：東正教。出口：機械、交通設備、化學品、食物。氣候：極端大陸型氣候。□白俄羅斯（Belarus ）又稱白俄羅斯共和國（Belorussia）、白色俄羅斯（White Russia）。西部地帶（白俄羅斯的歷史地區）在第二次世界大戰後從波蘭手中奪走並加入蘇聯。白俄羅斯在獨立後，亞歷山大．盧卡申科 1994 年當選總統，經濟緩慢地私有化，致力恢復蘇維埃傳統，重現社會主義。1997 年，白俄羅斯與俄羅斯簽訂協議，進行經濟及軍事統一，但保持獨立。由於失敗的社會主義政策，加上 1986 車諾比核災無止盡的環境清理，以及日益增加的癌症病患治療影響，重創白俄羅斯。強勁的風把大量放射性物質從烏克蘭吹往的俄南部。

MOLDOVA F 摩爾多瓦

佔地：33,700 平方公里。人口數：356 萬。首都：奇西瑙（基希涅夫）約 67 萬人。政體：共和。語言：羅馬尼亞語。宗教：東正教。出口：糧食、葡萄酒、菸草、紡織。氣候：夏季溫暖，冬季溫和。□摩爾多瓦曾是蘇維埃共和國第 2 小國（僅比亞美尼亞略大），卻為人口最密集、農產最豐饒（就土地面積而言）。土地非常適合耕作，擁有肥沃、緩丘陵、宜人的天氣、充沛降雨量。缺乏能源資源，在脫離蘇維埃共和國獨立後，由於能源補給被俄羅斯切斷，導致發展中的工業計畫崩潰。之後與俄羅斯簽訂天然氣輸出協議。在摩爾多瓦及黑海之間，一道有 40 公里長的烏克蘭領土阻擱，導致摩爾多瓦無法直接與中東能源交易商往來。有在通往黑海的普河普魯特河（與羅馬尼亞邊界）興建港口的計劃。摩爾多瓦與羅馬尼亞有共通語言，在 1940 年蘇聯與納粹德國簽訂協議前，屬於羅馬尼亞東部領土。1991 年，摩爾多瓦人高呼回歸羅馬尼亞的意見。有懼於此，俄羅斯與烏克蘭少數族群，在聶斯特河東岸一塊帶狀土地，成立聶斯特河岸共和國，宣布獨立。摩爾多瓦後來加入獨立國協，恢復與前蘇維埃共和國的聯繫，於 1994 公投反對羅馬尼亞統一，並要求聶斯特河岸共和國回歸，但至今無結論。

UKRAINE G 烏克蘭

佔地：603,700 平方公里。人口數：4,588 萬。首都：基輔，約 270 萬人。政體：共和。語言：烏克蘭語、俄語。宗教：東正教。出口：煤炭、金屬、化學品、機械、交通設備以及食品。氣候：北方為大陸型氣候，南方沿岸為地中海型氣候。□蘇聯解體，失去烏克蘭對俄羅斯損失最慘重。面積約等同美國德州，生產前蘇聯超過 25%的農產品與工業產品，因此有蘇聯「麵包籃」之稱。自 1920 年代起，烏克蘭被蘇聯篡奪，烏克蘭人苦於農田集體化，粗估有 700 到 1000 萬人因蘇聯獨裁者史達林迫使交出田地而餓死。因此 1940 年歡迎納粹入侵，但戰爭結束時，有數百萬人喪失性命。蘇聯繼德國之後，將波蘭與羅馬尼亞領土納入烏克蘭疆界。烏克蘭與俄羅斯多年來爭奪黑海上的克里米亞半島所有權，居住在克里米亞半島與烏克蘭東部的俄國人抗爭要求回歸俄羅斯。克里米半島為前蘇聯最受歡迎的休閒地區，對俄具有重要戰略意義。主要的海港——賽凡堡，是俄羅斯地中海艦隊的母港，歸屬權有爭議。1996 年，烏克蘭將最後兩千個核彈頭交還俄羅斯，以交換國際貨幣基金組織援助。烏克蘭雖承受關閉車諾比剩餘核電廠的壓力，但缺乏處理核電廠的資金，且迫切需要能源，因此依然持續運作。

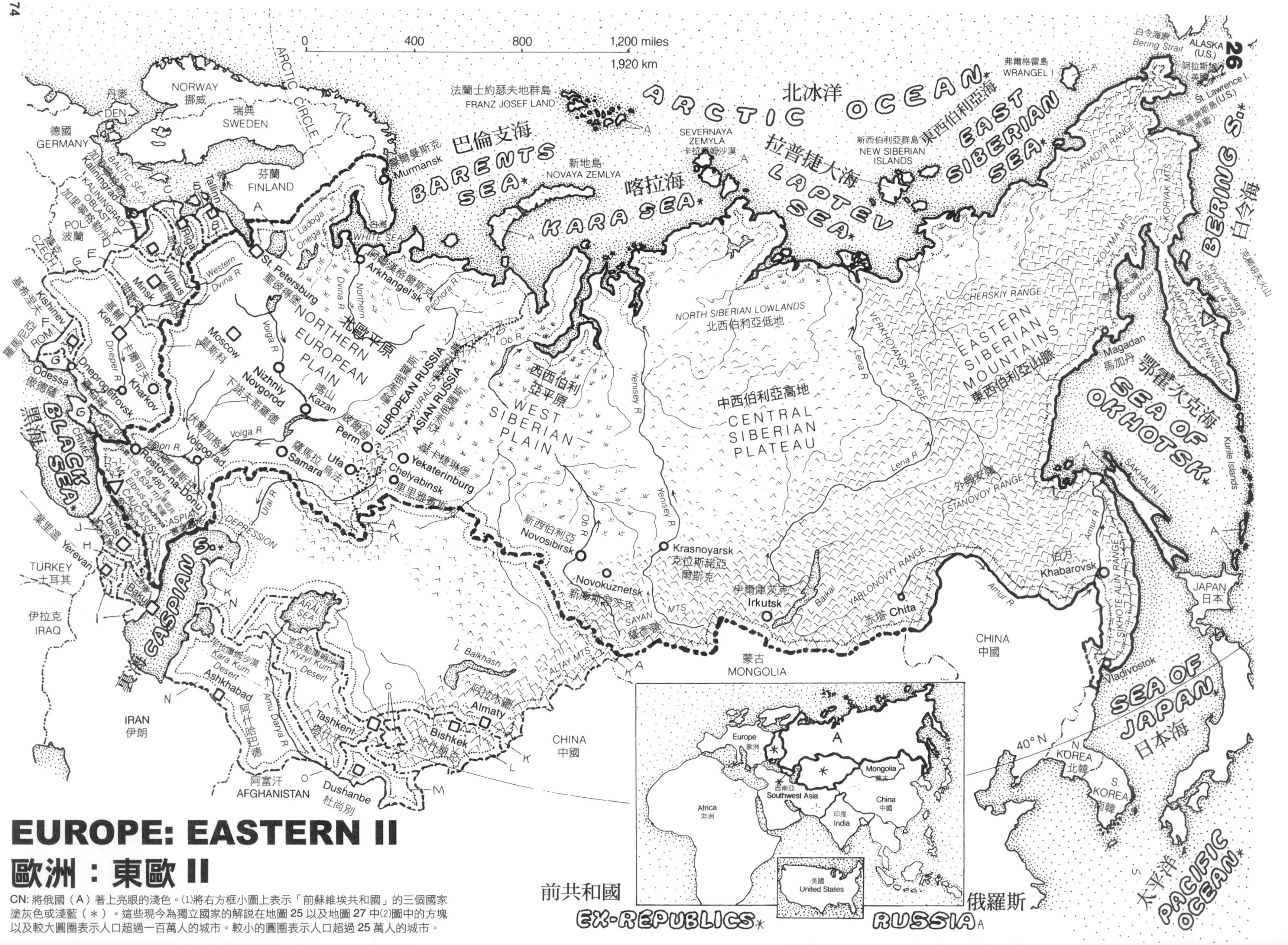

EUROPE: EASTERN II
歐洲：東歐 II

CN: 將俄國（A）著上亮眼的淺色。⑴將右方框小圖上表示「前蘇維埃共和國」的三個國家塗灰色或淺藍（＊）。這些現今為獨立國家的解說在地圖 25 以及地圖 27 中⑵圖中的方塊以及較大圓圈表示人口超過一百萬人的城市。較小的圓圈表示人口超過 25 萬人的城市。

RUSSIAN FEDERATION (RUSSIA)
FORMER SOVIET REPUBLICS

俄羅斯聯邦（俄國）
前蘇維埃共和國（前蘇聯）

ESTONIA B 愛沙尼亞
LATVIA C 拉脫維亞
LITHUANIA D 立陶宛
BELARUS E 白俄羅斯
MOLDOVA F 摩爾多瓦
UKRAINE G 烏克蘭
ARMENIA H 亞美尼亞
AZERBAIJAN I 亞塞拜然
GEORGIA J 喬治亞
KAZAKHSTAN K 哈薩克
KYRGYZSTAN L 吉爾吉斯斯坦
TAJIKISTAN M 塔吉克
TURKMENISTAN N 土庫曼
UZBEKISTAN O 烏茲別克

佔地：17,075,400 平方公里。人口數：1 億 4 千萬。首都：莫斯科，約 875 萬人。政體：聯邦（共和）。語言：官方語言為俄語，多種方言。宗教：俄羅斯東正教。出口：石油產品、天然氣、木材、金屬以及化學品。氣候：除了靠近裏海有一小塊幾乎是副熱帶氣候的地區外，大部份屬於極端大陸型氣候。只有夏季有限降雨。俄羅斯北部大多位在北極圈內，更北端（北極點）為苔原氣候。□蘇聯存在於 1922 到 1991 年間，以俄羅斯為主體而結盟的共和國聯邦，為當時世界上最大的國家。其中俄羅斯為前蘇聯中最大共和國，其他前蘇聯十四個共和國曾為完全或部份獨立國家，鄰近俄羅斯，多在 19 世紀時被俄羅斯帝國奪取，或經 1917 年俄羅斯革命，被蘇維埃聯邦入侵。這些共和國擁有不同種族、文化和宗教背景，唯一共同點是仇恨蘇維埃／共產主義以及官方語言被迫使用俄語。1990 至 1991 年間，蘇維埃聯邦式微，逐漸無法抵擋共和國分解。1992 年早期，蘇聯消失，變成十五個獨立國家。

前俄羅斯蘇維埃共和國（現正式名稱為俄羅斯聯邦，又稱俄羅斯或俄國）目前為二十一個自治共和國組成的聯邦（不包含 2014 年自稱獨立的克里米亞共和國）。前蘇聯首都莫斯科，現為俄國最大的城市及首都，境內有許多自治區，交雜不同文化。位於高加索山車臣共和國，與喬治亞共和國隔山而立，一直想脫離俄羅斯。1991 年蘇聯解體，車臣的伊斯蘭教人民宣稱獨立。俄羅斯軍隊在 1994 年入侵，1996 年撤軍，但在 1999 年對車臣反抗者進行武力鎮壓。車臣反抗已造成嚴重的損失，卻仍在持續中。

即使十四個前共和國已排除，俄羅斯仍然是世界最大的國家（幾乎為美國兩倍）。人口排名第六，次於中國、印度、美國、印尼以及巴西。領土大約 25%位於歐洲，剩下的西伯利亞地區位於烏拉山脈以東的亞洲。由烏拉山脈組成歐洲東界，是一系列低矮的山脈（平均海拔 1000 公尺），從北方喀拉海延伸至南方鹹海，延伸 2000 公里。

俄羅斯擁有世界第一的自然地景，包括：世界最大的森林（西伯利亞松樹林）、最大的平原（北歐與西伯利亞平原西部）、最深的活水湖（西伯利亞的貝加爾湖約 1.6 公里深，水量為北美大湖區所有湖水總和）、歐洲最大的湖（聖彼得堡附近的拉多加湖）、最高的山峰（高加索山的厄爾布魯士峰，高 5634 公尺）以及最長的河流（窩瓦河）。俄羅斯位置偏北，距離大西洋與太平洋暖流較遠，導致大多數地區冬天嚴寒漫長。西伯利亞東北部有世界最低溫（記錄為攝氏零下 68 度）。永久凍結區（常年結冰地帶）覆蓋幾乎整個北部，許多大河流以及運河系統在冬天都會結冰。

遼闊的俄羅斯，擁有豐富的礦產，是世界最大的石油、天然氣、鐵礦、木材、煤炭、鉛、錳、鈦、水銀、鉀肥供應地。若不是因為儲藏地位置較遠、不利的氣候、艱難地形、長途運送以及共產主義的錯誤領導，產量可以更大。

前蘇聯為世界最大的各種水果、穀物以及蔬菜供應商，不過大多數農產品來自比俄羅斯溫暖的其他共和國（主要是歐洲肥沃土地區，如烏克蘭、白俄羅斯、摩爾多瓦，以及位於亞洲的灌溉沙漠區）。比起較寒冷、較不肥沃而乾燥的俄羅斯，這些地區擁有更良好的生長環境。仰賴「外來」食物供應，是 1991 年蘇聯崩解後，除波羅的海 3 小國以外，由共和國組成獨立國家國協的主因之一，現有十一個會員國，為協助貿易、溝通、國家安全以及保護會員國的民族權利。

蘇聯解體，俄羅斯失去主要耕地，是面臨嚴峻的問題之一，還有精英掌控的不穩定政權、下降的工業以及農產量、高度通貨膨脹和低薪、擴散的環境污染、破產與無法治、大批軍隊民心低落、退步的醫療與福利服務、擴大的貧富差距等因素。解體之始，前共產主義領導（對不同對象忠誠）依然為權力中心，僅少數俄國人知道該如何進行這場資本主義遊戲而獲利，傳統俄國法律已經證明不適用於新經濟規則。

俄國（俄羅斯）境內許多種族融合，大多數為斯拉夫民族，文化可追溯至數 10 世紀以前，一般認為，維京探險家在西元 9 世紀從斯堪地那維尼登陸，佔領基輔（現為烏克蘭首都）附近大片地區，稱當地原住民稱為「羅斯」（Rus）。入侵者融入俄羅斯人口，10 世紀末，當地王子透過君士坦丁教會，引進基督教信仰，建立俄羅斯東正教教會。經過幾世紀，成吉思汗接管俄羅斯，由蒙古統治，直到 16 世紀第一個沙皇伊凡四世（恐怖伊凡）出現。

18 世紀初期，彼得大帝進行西化改革，開始擴張西部邊界，使俄羅斯帝國擴大，將當時的俄羅斯首都－聖彼得堡海港城，打造為「西方之窗」。他引入西方建築師，設計宏偉建築、博物館、林蔭大道，建築運河與橋樑網。約有 500 萬人居住在這個「北方威尼斯」，俄羅斯的文化中心。第二次世界大戰期間，聖彼得堡（蘇維埃政權稱為列寧格勒）由於德國納粹長達 3 年的圍攻，因饑荒而失去超過 100 萬人口。

18 世紀後半，凱薩琳二世採取俄羅斯擴張政策，加速西化。值得注意的是，1917 年俄羅斯革命，沙皇繼承者已將多數臨近土地納入俄羅斯帝國，後來組成蘇維埃聯邦。20 世紀之際，俄國連續出現軍隊叛變，削弱沙皇尼古拉二世政權，為 1917 年革命鋪路。第一個革命政府由亞歷山大．克倫斯基、溫和的社會主義孟什維克派系領導，經長達 4 年的內戰，被列寧領導的布爾什維克派打敗。1921 年，蘇維埃聯邦建立，1924 年列寧死前，在私有財產、科學以及藝術表達自由方面，實行包容政策。列寧死後，史達林掌權，隨即停止此自由。歷史學家對列寧並無好感，他建立的警察制度，造成他死後的恐怖統治。後繼者史達林，清算數千名反抗或叛變嫌疑犯，數百萬人在工業和農業強迫實行社會主義化中死亡，由於農奴拒絕農地變成集合農場，史達林下令謀殺或餓死大批人口。蘇維埃聯邦在二次大戰，國家重建與工業化的驚人成就，是奠基於俄羅斯人的痛苦。由於史達林的警察政府管制，廣大的西伯利亞禁區，成為政治異議者及罪犯的勞改營（古拉格群島）。

第二次世界大戰爆發，造成俄羅斯人更大的痛苦。史達林與希特勒在 1939 年簽訂互不侵犯條約，使俄羅斯對於德軍 1941 年的入侵毫無防備。俄羅斯嚴峻的冬季（曾擊敗拿破侖）以及人民的英勇行動（加上大量美國援助）聯合起來擊敗納粹侵犯。俄羅斯軍隊追趕撤退的德軍，橫跨東歐各國，在二戰繼續佔領土地。因為蘇維埃軍隊的存在，強化當地共產主義分子的力量，這些國家成為蘇聯的衛星國，歐洲降下「鐵幕」，美國及西歐其他民主盟友，與蘇聯以及東歐衛星國之間的冷戰就此展開。1953 年史達林過世，核武威脅得到解除，蘇聯繼承的領導人更具有能力，與西方達成各種正面協議。但直到戈巴契夫，才有領導人有勇氣和意願，來改變史達林所建立的政治格局。

美蘇長達 40 年的核武競爭，花費龐大，蘇俄野心的太空與導彈計劃，以及支持共產主義領導的全球「解放戰爭」，直接導致蘇聯的解體。雖然饑餓、瘟疫、失業率以及文盲率已解除，蘇聯的生活品質卻近似第三世界國家，嚴重落後工業化的西方。居家與日常用品資源不足，市場商品設計老舊，品質不良，想要購買的消費者經常大排長龍。食物缺乏的原因不只是天候，由於缺乏私有財產做為動機，集體農場的農人無意耕種。

1980 年代，戈巴契夫認知到，由於秘密控制經濟，蘇維埃（蘇俄）已經遠遠落後有動力的資本主義西方國家，因此開始大刀闊斧重建蘇維埃社會（稱為「perestroika」新思維改革）。計劃之一為政府組成、選舉以及個人表達自由的開放（稱為「glasnost」開放）。一開始，引進自由城場技術的嘗試，遭遇 70 年來共產主義豢養社會的抗拒，由於已習慣「幼有所養老有所終」，因此畏懼可能導致物價上漲、失業、競爭以及政府福利減少的系統。

對於壓制的鬆綁，莫斯科產生的劇烈變化，使東歐衛星國家及其他蘇聯共和國得到訊號，準備從蘇俄／共產主義的束縛中解放。最早也最具象徵意義的自由行動，是德國首都分為東西兩半柏林圍牆的倒塌。1990 年代，歐洲共產主義衰落，蘇聯的解體。俄羅斯開始舉行自由選舉，在俄國歷史上，俄國人第一次體會真正的民主。後繼掌權者面對自由城場政策（「休克療法」shock therapy）讓民眾造成痛苦。由於商業化社會，犯罪率升高，是關注重點之一。過去的共產主義雖然壓抑而苛刻，但依然有部分俄國人想要恢復安定。

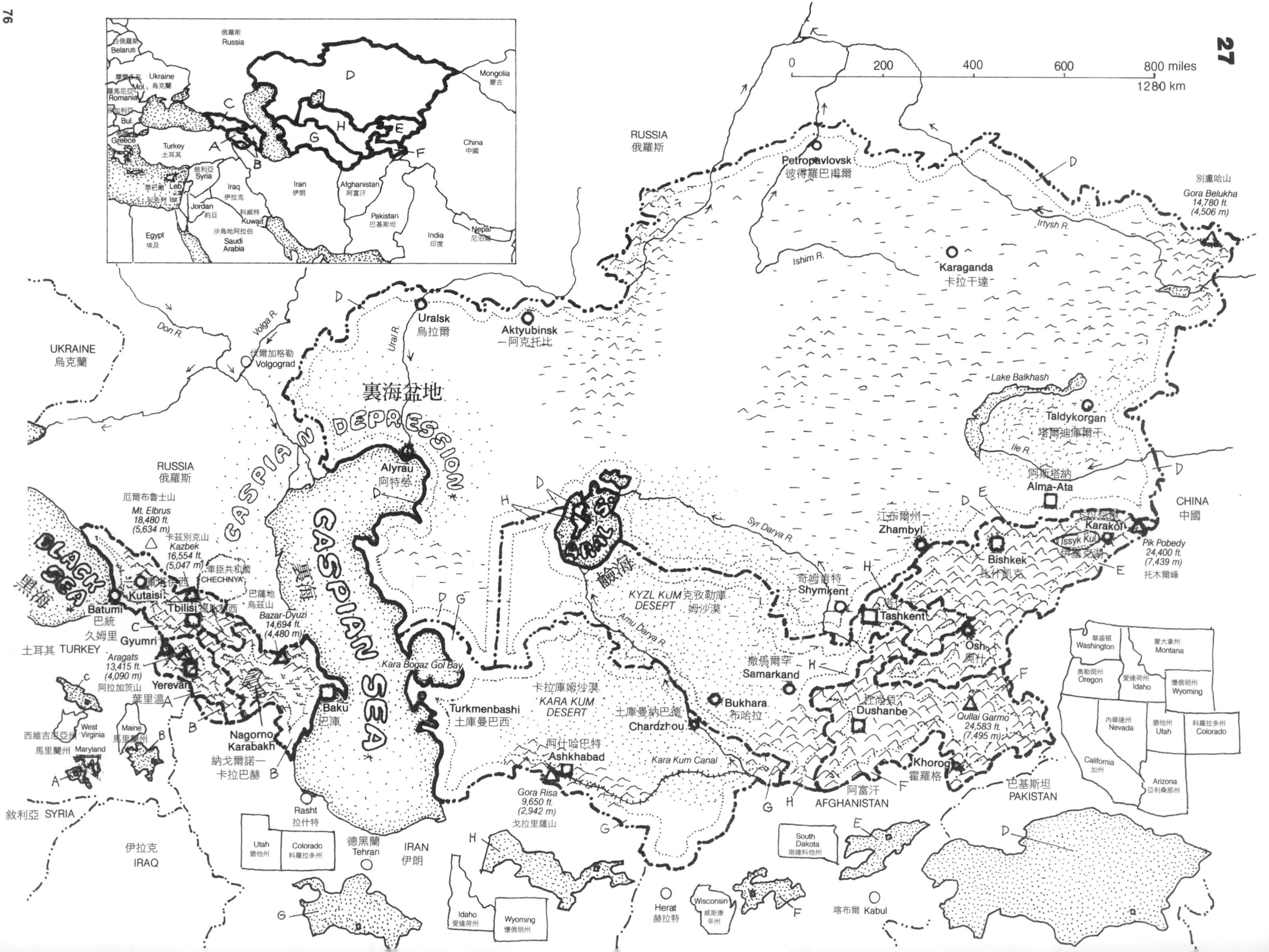
0
200
400
600
800 miles
1280 km
RUSSIA
俄羅斯
Petropavlovsk
彼得羅巴甫爾
Karaganda
卡拉干達
Ishim R.
Irtysh R.
別盧哈山
Gora Belukha
14,780 ft.
(4,506 m)
Uralsk
烏拉爾
Aktyubinsk
阿克托比
Ural R.
Volga R.
Don R.
伏爾加格勒
Volgograd
UKRAINE
烏克蘭
裏海盆地
CASPIAN DEPRESSION
Alyrau
阿特勞
Lake Balkhash
Taldykorgan
Ile R.
Alma-Ata
CHINA
中國
Karakol
Issyk Kul
Pik Pobedy
24,400 ft.
(7,439 m)
托木爾峰
Zhambyl
Bishkek
Syr Darya R.
奇姆肯特
Shymkent
Tashkent
Osh
KYZL KUM 克孜勒庫姆沙漠
DESERT
Amu Darya R.
撒馬爾罕
Samarkand
Bukhara
布哈拉
Dushanbe
Qullai Garmo
24,583 ft.
(7,495 m)
Khorog
霍羅格
Kara Kum Canal
AFGHANISTAN
阿富汗
巴基斯坦
PAKISTAN
卡拉庫姆沙漠
KARA KUM
DESERT
土庫曼納巴德
Chardzhou
阿什哈巴特
Ashkhabad
Gora Risa
9,650 ft.
(2,942 m)
戈拉里薩山
Turkmenbashi
土庫曼巴西
Kara Bogaz Gol Bay
CASPIAN SEA
裏海
Baku
巴庫
Rasht
拉什特
德黑蘭
Tehran
IRAN
伊朗
RUSSIA
俄羅斯
厄爾布魯士山
Mt. Elbrus
18,480 ft.
(5,634 m)
卡茲別克山
Kazbek
16,554 ft.
(5,047 m)
車臣共和國
CHECHNYA
巴薩地
烏茲山
Bazar-Dyuzi
14,694 ft.
(4,480 m)
BLACK SEA
黑海
Kutaisi
Batumi
巴統
Tbilisi
久姆里
Gyumri
土耳其 TURKEY
Aragats
13,415 ft.
(4,090 m)
阿拉加茨山
Yerevan
葉里溫
Nagorno
Karabakh
納戈爾諾－
卡拉巴赫
敘利亞 SYRIA
伊拉克
IRAQ
Herat
赫拉特
喀布爾 Kabul
West
Virginia
西維吉尼亞州
Maine
Maryland
馬里蘭州
Utah
猶他州
Colorado
科羅拉多州
Idaho
愛達荷州
Wyoming
懷俄明州
Wisconsin
威斯康辛州
South
Dakota
南達科他州
Washington
華盛頓
Montana
蒙大拿州
Oregon
奧勒岡州
Nevada
內華達州
California
加州
Arizona
亞利桑那州
俄羅斯
Russia
白俄羅斯
Belarus
Ukraine
烏克蘭
Mol.
Romania
羅馬尼亞
Bul.
Greece
Turkey
土耳其
敘利亞
Syria
Leb.
Isr.
Iraq
伊拉克
Jordan
約旦
Kuwait
科威特
沙烏地阿拉伯
Saudi
Arabia
Egypt
埃及
Iran
伊朗
Afghanistan
阿富汗
Pakistan
巴基斯坦
India
印度
Nepal
尼泊爾
China
中國
Mongolia
蒙古

EUROPE: EASTERN III & ASIA
歐洲：東歐 III 與亞洲

FORMER SOVIET AUCASUS REPUBLICS
前蘇維埃高加索共和國

高加索山脈 3 國--喬治亞、亞美尼亞以及亞塞拜然，可追溯至基督教以前的古老社會。具有戰略位置，十幾世紀以來受到羅馬人、拜占庭人、波斯人、阿拉伯人、蒙古人、俄國人的入侵與佔領。1991 年脫離前蘇聯而獨立，喬治亞與亞美尼亞由於種族衝突抗爭以及分離主義而分崩離析，摧毀脆弱的經濟。喬治亞的分離主義革命過於激烈，導致喬治亞政府必須向俄國請求駐軍穩定國家。這個協助的代價是與俄國簽訂削弱喬治亞主權的協定。從 1988 年起，亞美尼亞與亞塞拜然被捲入納哥諾-卡拉巴克共和國的衝突，納卡人口主要為亞美尼亞基督徒，但生活在伊斯蘭國家亞塞拜然。1995 年停火，情況依舊不穩定，此爭議地區的亞美尼亞人口目前依然尋求與亞美尼亞統一。

ARMENIA A 亞美尼亞

佔地：29,800 平方公里。人口數：326 萬。首都：葉里溫，約 106 萬人。政體：共和。語言：亞美尼亞語。宗教：亞美尼亞東正教。出口：工業產品、化學品與紡織。氣候：極端大陸型氣候。□四周環陸，地形崎嶇，位於小高加索山區，曾發生毀滅性地震。1988 年，10% 的工業與房屋在一次地震下摧毀。亞塞拜然阻礙亞美尼亞從地震中復原。亞美尼亞為世界最古老的社會之一，古帝國從黑海延伸至裏海。西元 300 年，亞美尼亞成為第一個訂定基督教為國教的國家，但基督教無法保護國家，阻擋後續無數入侵以及佔領。19 世紀早期（1828 年），亞美尼亞成為俄羅斯帝國的一部份。不到一百年後，形成人數可觀的亞美尼亞人口，居住在臨近的土耳其，這些人成為 20 世紀第一場大屠殺的受害者，大約有 100 萬亞美尼亞人被土耳其人屠殺。大多數倖存者逃往當時的俄羅斯亞美尼亞。亞美尼亞人對於工程、科學、文學等具有很大貢獻。

AZERBAIJAN B 亞塞拜然

佔地：86,000 平方公里。人口數：949 萬。首都：巴庫，約 300 萬人。政體：共和。語言：亞塞拜然語。宗教：伊斯蘭教（什葉教派）。出口：石油、天然氣、棉花與魚子醬。氣候：大陸型氣候，半乾燥氣候。□裏海沿岸發現石油藏量，為亞塞拜然經濟提供助力。這國家一向窮困，受到納哥諾-卡拉巴克共和國（亞塞拜然境內的亞美尼亞人居住地）的政治動亂以及與亞美尼亞漫長的衝突阻礙。1994 年停火後，與亞美尼亞的協商仍然持續，當地武裝居民佔領亞塞拜然領土，作為緩衝區，並興建通往亞美尼亞的道路。亞塞拜然另一邊的疆界是伊朗，大量亞塞拜然人居住在伊朗北部（相當於亞塞拜然國內人口），當地曾為亞塞拜然帝國的一部份。亞塞拜然與土耳其有緊密關係，關係在俄羅斯涉入納哥諾-卡拉巴克共和國爭議後停止。

GEORGIA C 喬治亞

佔地：69,700 平方公里。人口數：544 萬。首都：提弗利西，約 115 萬人。政體：共和。語言：喬治亞語。宗教：喬治亞東正教。出口：柑橘類植物、茶、食品以及工業產品。氣候：溫帶，沿岸地區為地中海型。□除了臨近黑海的低地（觀光休閒區），喬治亞地形受到大小高加索山主宰。屬於前蘇維埃共和國一員，1991 年獨立以來，造受殘暴種族對立與分離主義的摧殘。衝突事件不斷，造成開採礦產資源停滯，無法尋求可耕地，這些資源來自地中海型氣候以及靠近黑海的肥沃低地。喬治亞人及文化因長壽而受世人注目。文化及語言可追溯至 4 世紀早期。根據已停止的非官方記錄，喬治亞比世界各國、有更多超過 100 歲的居民。

FORMER SOVIET ASIAN REPUBLICS
前蘇維埃亞洲共和國

這五個西亞的伊斯蘭國家，曾是前蘇聯最窮的共和國。此區居民多為早年蒙古侵略者的後裔。幾世紀以來，他們過著游牧民族的生活，直到 19 世紀土地被俄羅斯帝國奪走，20 世紀蘇聯接管，強迫性工業化以及集合農場，造成這些遷徙部落生活，發生永久的改變。工業化造成龐大礦產的開採，興建工廠，也造成嚴重環境污染。大量灌溉計劃使農業擴張，水引流自阿姆河，注入世界第四大湖——鹹海（比北美休倫湖大）。鹹海完全被陸地環繞（哈薩克與烏茲別克），其實是座湖（裏海則是世界最大的湖）。因灌溉分支和蒸發，鹹海尺寸已縮小為 50 年前的三分之一，使曇花一現的漁業產業也跟著消失。鹹海的殺蟲劑污染並蔓延至地下水，造成生態災難。由於缺乏政治與經濟重建，不滿情緒在年輕成長的穆斯林人口間不斷升高，是恐怖主義的溫床。

KAZAKHSTAN D 哈薩克

佔地：2,717,300 平方公里。人口數：1,767 萬。首都：阿斯塔納，約 70 萬人。政體：共和國。語言：哈薩克語、俄語。宗教：伊斯蘭教（遜尼教派）、俄羅斯東正教。出口：石油、天然氣、煤炭、金屬與棉花。氣候：乾燥與極端大陸型氣候。□哈薩克國土面積巨大，在前蘇聯僅小於俄羅斯。擁有豐富礦產、農耕潛力，具有適合發展核能電廠、蘇維埃太空計劃、導彈設備以及兵工廠的地理位置，使得 20 世紀吸引數百萬俄羅斯人移居到哈薩克，造成境內俄國人與哈薩克人相等。至今仍與俄羅斯保持密切的軍事關係。工業化、礦產過度開發、濫用農業殺蟲劑，嚴重傷害環境。大型灌溉計劃，造成鹹海大面積乾涸。地形變化大，東部天山山脈向西延伸，經過草原和沙漠地帶，往下至裏海沿岸約 2400 公里長的低地。

KYRGYZSTAN E 吉爾吉斯

佔地：198,500 平方公里。人口數：490 萬。首都：比斯凱克（舊稱伏龍芝），約 87 萬人。政體：共和。語言：吉爾吉斯語、俄語、烏茲別克語。宗教：70%遜尼派伊斯蘭教、俄羅斯東正教。出口：羊毛、棉花、菸草、化學品。氣候：極端大陸型氣候。□這個群山繚繞的地區，嵌在哈薩克與中國之間，是吉爾吉斯游牧民族的家，曾武裝抵抗前蘇聯的強迫集合農場化與工業化。1991 年吉爾吉斯從前蘇聯成功獨立後，與境內少數烏茲別克民族間種族暴力不斷。烏茲別克民族希望在國內創建獨立國家，而吉爾吉斯的伊斯蘭民族希望與數千公里遠的土耳其建立較緊密的關係，有證據指出，吉、土兩國早期古文化相關，伊斯蘭教則在 7 世紀傳到吉爾吉斯。

TAJIKISTAN F 塔吉克

佔地：143,100 平方公里。人口數：805 萬。首都：杜尚別，約 54 萬人。政體：共和。語言：塔吉克語、烏茲別克語、俄語。宗教：80%遜尼派回教、5%什葉派伊斯蘭教。出口：棉花、水果、蔬菜油、鋁。氣候：大陸型氣候。□由於極端山陵地形，與其他前蘇聯亞洲共和國相比，塔吉克在歷史上較少受到外來者入侵，也因此造就塔吉克民族與其他鄰近民族不同，較不施行游牧。在地形上雖與鄰國烏茲別克相近，塔吉克卻使用與遠方的伊朗相同的波斯語系。1990 年代早期獨立後，塔吉克前共產主義政府，受到俄國的經濟援助，以對抗共產主義分子、基本教義派、國族主義者、親西歐派系。政治的不穩定，為窮困的經濟雪上加霜。

TURKMENISTAN G 土庫曼

佔地：488,100 平方公里。人口數：511 萬。首都：阿什哈巴特，約 91 萬人。政體：共和國。語言：土庫曼語。宗教：伊斯蘭教遜尼派。出口：棉花、葡萄、石油、天然氣與化學品。氣候：東部非常乾燥及大陸型氣候。□雖然距離土耳其非常遙遠，土庫曼人的語言：土庫曼語，其實是土耳其方言。土地大多被卡拉庫姆沙漠覆蓋，有阿姆河經過。南部灌溉計劃區，引自卡拉庫姆運河（1100 公里），使河水流往北部，進入鹹海。近年開始探堪裏海沿岸顯著的的石油和天然氣藏量。橫跨伊朗的地下管線埋藏計劃，使土庫曼能夠將天然氣運送到土耳其。

UZBEKISTAN H 烏茲別克

佔地：447,400 平方公里。人口數：2,556 萬。首都：塔什干，約 210 萬人。政體：共和。語言：烏茲別克語。宗教：伊斯蘭教（遜尼教派）。出口：棉花、紡織、肥料以及食物。氣候：漫長炎熱的夏天，冬季溫和。□烏茲別克是沙漠地形，由於受到河流充分灌溉，成為世界第三大棉花產地。人類移居可追溯至史前時代。這個由許多種族構成的國家，也是前蘇維埃亞洲共和國中人口最多的國家，烏茲別克人占 70%。烏茲別克是這些共和國中最後民主化的國家，前共產主義領導人贏得權利，恢復審查制度，限制個人自由。

本頁不需著色

ASIA 亞洲

地圖 28-34

28 THE COUNTRIES 國家

29 THE PHYSICAL LAND 自然地景

30 ASIA: MIDDLE EAST I 亞洲：中東 I

Cyprus, Israel, Jordan, Lebanon, Syria and Turkey
賽普勒斯、以色列、約旦、黎巴嫩、敘利亞與土耳其

31 ASIS: MIDDLE EAST II 亞洲：中東 II

Iran, Iraq,
Countries of the Arabian Peninsula:
Bahrain, Kuwait, Oman, Qatar, Saudi Arabia,
United Arab Emirates, and Yemen
伊朗、伊拉克；
阿拉伯半島國家：
巴林王國、科威特、阿曼、卡達、沙烏地阿拉伯、
阿拉伯聯合大公國與葉門

32 SOUTHERN ASIA 南亞

Afghanistan, Bangladesh, Bhutan, India, Maldives, Nepal, Pakistan, and Sri Lanka
阿富汗、孟加拉、不丹、印度、馬爾地夫、尼泊爾、巴基斯坦與斯里蘭卡

33 EASTERN ASIA 東亞

China, Japan, Macao, Mongolia, North Korea, South Korea, and Taiwan
中國、日本、澳門、蒙古、北韓、南韓與台灣

34 SOUTHEASTERN ASIA 東南亞

Brunei, Cambodia, East Timor, Indonesia,
Laos, Malaysia, Myanmar (Burma), Philippines,
Singapore, Thailand, and Vietnam
汶萊、柬埔寨、東帝汶、印尼、
寮國、馬來西亞、緬甸、菲律賓、
新加坡、泰國與越南

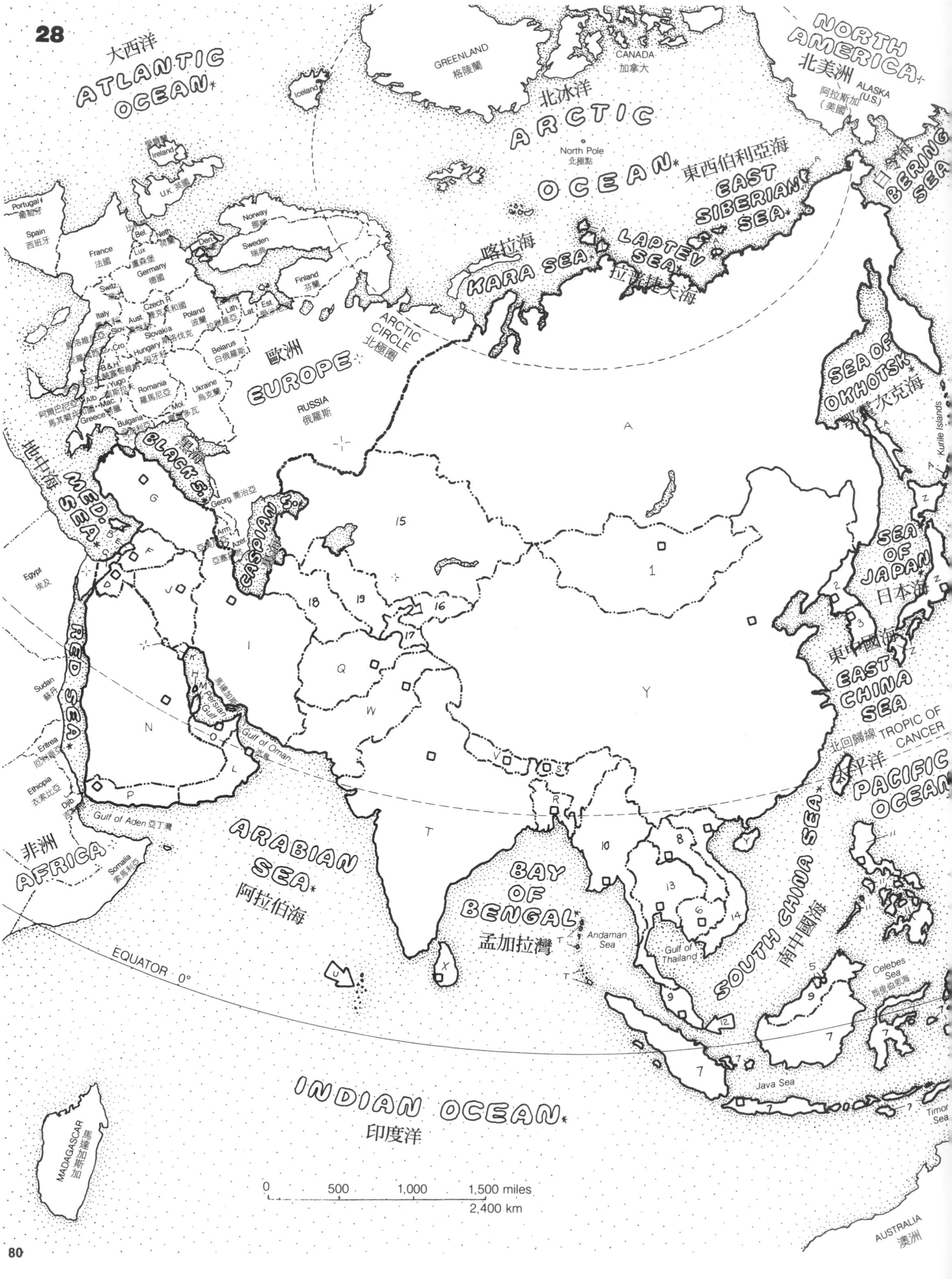
大西洋
ATLANTIC OCEAN*
GREENLAND
格陵蘭
CANADA
加拿大
NORTH AMERICA*
北美洲
ALASKA (U.S.)
阿拉斯加（美國）
Iceland
北冰洋
ARCTIC OCEAN*
North Pole
北極點
東西伯利亞海
EAST SIBERIAN SEA*
BERING SEA
喀拉海
KARA SEA*
LAPTEV SEA*
Ireland
U.K. 英國
Portugal
葡萄牙
Spain
西班牙
France
法國
Bel.
Lux
盧森堡
Neth.
荷蘭
Den.
Norway
挪威
Sweden
瑞典
Finland
芬蘭
Germany
德國
Switz.
Czech R.
捷克共和國
Poland
波蘭
Lith.
Lat.
Est.
Italy
Aust.
Slov.
Slovakia
Cro.
Hungary
B.&H.
Yugo.
Romania
羅馬尼亞
Belarus
白俄羅斯
Ukraine
烏克蘭
Mol.
Alb.
Mac.
Greece
Bulgaria
ARCTIC CIRCLE
北極圈
歐洲
EUROPE*
RUSSIA
俄羅斯
A
BLACK S.
MED. SEA*
Georg. 喬治亞
Arm.
Azer.
CASPIAN S.
Egypt
埃及
15
1
SEA OF OKHOTSK*
Kurile Islands
SEA OF JAPAN*
日本海
2
3
東中國海
EAST CHINA SEA
TROPIC OF CANCER
北回歸線
太平洋
PACIFIC OCEAN*
18
19
16
17
Q
I
W
Y
N
K
H
M
Persian Gulf
Gulf of Oman
RED SEA*
Sudan
蘇丹
Eritrea
Ethiopia
衣索比亞
Djib.
P
L
O
V
S
R
T
Gulf of Aden 亞丁灣
非洲
AFRICA
Somalia
索馬利亞
ARABIAN SEA*
阿拉伯海
BAY OF BENGAL*
孟加拉灣
Andaman Sea
10
8
13
6
14
Gulf of Thailand
SOUTH CHINA SEA*
南中國海
11
5
Celebes Sea
西里伯斯海
9
12
7
X
U
EQUATOR 0°
Java Sea
Timor Sea
INDIAN OCEAN*
印度洋
MADAGASCAR
馬達加斯加
0
500
1,000
1,500 miles
2,400 km
AUSTRALIA
澳洲

RUSSIA A (ASIAN PART) 俄羅斯（亞洲部分）

MIDDLE EAST I 中東 I

CYPRUS B / NICOSIA 賽普勒斯／尼古西亞

ISRAEL C / JERUSALEM 以色列／耶路撒冷

JORDAN D / AMMAN 約旦／安曼

LEBANON E / BEIRUT 黎巴嫩／貝魯特

SYRIA F / DAMASCUS 敘利亞／大馬士革

TURKEY G / ANKARA 土耳其／安卡拉

MIDDLE EAST II 中東 II

BAHRAIN H / MANAMA 巴林王國／麥納瑪

IRAN I / TEHRAN 伊朗／德黑蘭

IRAQ J / BAGHDAD 伊拉克／巴格達

KUWAIT K / KUWAIT CITY 科威特／科威特市

OMAN L / MUSCAT 阿曼／馬斯開特

QATAR M / DOHA 卡達／杜哈

SAUDI ARABIA N / RIYADH 沙烏地阿拉伯／利雅德

UNITED ARAB EMIRATES O / ABU DHABI 阿拉伯聯合大公國／阿布達比

YEMEN P / SANA 葉門／沙那

SOUTHERN 南亞

AFGHANISTAN Q / KABUL 阿富汗／喀布爾

BANGLADESH R / DHAKA 孟加拉／達卡

BHUTAN S / THIMPHU 不丹／辛布

INDIA T / NEW DEHLI 印度／新德里

MALDIVES U / MALE 馬爾地夫／馬律

NEPAL V / KATHMANDU 尼泊爾／加德滿都

PAKISTAN W / ISLAMABAD 巴基斯坦／伊斯蘭馬巴德

SRI LANKA X / COLOMBO 斯里蘭卡／可倫坡

EASTERN 東亞

CHINA Y / BEIJING 中國／北京

JAPAN Z / TOKYO 日本／東京

MONGOLIA 1 / ULAN BATOR 蒙古／烏蘭巴托

NORTH KOREA 2 / PYONGYANG 北韓／平壤

SOUTH KOREA 3 / SEOUL 南韓／首爾

TAIWAN 4 / TAIPEI 台灣／臺北

SOUTHEASTERN 東南亞

BRUNEI 5 / BANDAR SERI BEGAWAN 汶萊／斯里白加萬市

CAMBODIA 6 / PHNOM PENH 柬埔寨／金邊

INDONESIA 7 / JAKARTA 印尼／雅加達

LAOS 8 / VIENTIANE 寮國／永珍

MALAYSIA 9 / KUALA LUMPUR 馬來西亞／吉隆坡

MYANMAR (BURMA) 10 / RANGOON 緬甸／仰光

PHILIPPINES 11 / MANILA 菲律賓／馬尼拉

SINGAPORE 12 / SINGAPORE 新加坡／新加坡

THAILAND 13 / BANGKOK 泰國／曼谷

VIETNAM 14 / HANOI 越南／河內

WESTERN 西亞

KAZAKSTAN 15 / ALMATY 哈薩克／阿拉木圖

KYRGYZSTAN 16 / BISHKEK 吉爾吉斯／比斯凱克

TAJIKISTAN 17 / DUSHANBE 塔吉克／杜尚別

TURKMENISTAN 18 / ASHGABAT 土庫曼／阿什哈巴特

UZBEKISTAN 19 / TASHKENT 烏茲別克／塔什干

ASIA: THE COUNTRIES
亞洲：國家

CN: (1)把下面小地圖黑色線條的亞洲地區塗上灰色或淺藍（包括島嶼）。(2)右邊大地圖，將標示馬爾地夫（U）、新加坡（12）的兩個箭頭塗色。(3)注意，有關前蘇維埃共和國（西亞，地圖 15-19）地圖和文字，此處不再重複。

亞洲是地球上最大的大陸（44,625,700 平方公里），涵蓋 30%地球陸地總面積。從土耳其愛琴海岸，到日本的太平洋沿岸綿延 9600 公里，距離近似於從西伯利亞的北極苔原到赤道以南的熱帶印尼島嶼。亞洲擁有全球最多人口（36 億人），幾乎占世界人口 60%，也就是說，世界每 3 人就有 1 人住在中國或印度。因亞洲有許多極端乾燥或高山，因此世界最擁擠的人口中心大致多位於沿海或河谷。

亞洲由一條假想的界限與歐洲分隔，沿著烏拉山脈往南到裏海，再向西橫跨高加索山到黑海。西奈半島雖屬於非洲國家埃及的領土，卻是亞洲大陸的一部份。亞洲與非洲原本相鄰直到蘇伊士運河的興建。亞洲一度曾與北美大陸相連，但由於冰河融化導致海平面上升，在最後一次冰河時期，造成 80 公里長的白令海峽，將西伯利亞（俄羅斯）與阿拉斯加分開。

北亞（西伯利亞、蒙古以及中國北部）是亞洲人口最稀疏的地區。放牧為蒙古以及中國北部的主要產業。亞洲大多地區不開化，生活品質低落，但遠東地區，日本以及昔日的亞洲四小龍（香港、新加坡、南韓以及臺灣）的工業產值高，直到 1990 年代晚期經濟開始衰退。全世界最富裕的國家（平均每人）位於阿拉伯半島，這些沙漠君主國地區，有超過世界半數已知石油藏量。

亞洲是許多世界最古老的文明誕生地。中東的兩河流域、巴基斯坦印度河谷以及中國的黃河，是先進、繁榮社會的所在地。所有世界最主要的宗教都源自亞洲：猶太教、基督教以及伊斯蘭教來自中東；印度教、佛教、儒教、道教以及神道源自南亞與遠東地區。全世界擁有最多的信徒的基督教，在亞洲卻只是小眾。印度教，以印度與尼泊爾信徒為最多。伊斯蘭教，是世界第二大信仰，為巴基斯坦、孟加拉、馬來西亞、印尼、土耳其、伊拉克、伊朗以及阿拉伯國家的主要宗教。

亞洲人大致屬於高加索人種與蒙古人種（見地圖 63）。高加索人種包括中東（阿拉伯國家加上以色列、土耳其、伊拉克、伊朗以及阿富汗人）以及南亞印度人（印度、巴基斯坦與孟加拉人）。蒙古人種包括所有遠東民族以及東南亞民族。

29

大西洋
ATLANTIC OCEAN*
GREENLAND
格陵蘭
CANADA
加拿大
NORTH AMERICA
北美洲
ALASKA (US)
阿拉斯加（美國）
Iceland
冰島
北冰洋
ARCTIC OCEAN*
North Pole
北極點
東西伯利亞海
EAST SIBERIAN SEA*
Bering Strait
BERING SEA
愛爾蘭
Ireland
U.K.
英國
Portugal
葡萄牙
Spain
西班牙
France
法國
Bel.
Neth.
荷蘭
Lux.
盧森堡
Germany
德國
Den.
丹麥
Norway
挪威
Sweden
瑞典
Finland
芬蘭
喀拉海
KARA SEA*
LAPTEV SEA*
拉普捷夫海
Switz.
Italy
Austria
Czech R.
捷克共和國
Poland
波蘭
Slovakia
Hungary
Lith.
Lat.
Est.
Belarus
白俄羅斯
ARCTIC CIRCLE
北極圈
RUSSIA
俄羅斯
Romania
羅馬尼亞
Mol.
摩爾多瓦
Ukraine
烏克蘭
Yugo.
Alb.
Mac.
Greece
希臘
Bulgaria
保加利亞
EUROPE
歐洲
西伯利亞
（亞洲俄羅斯）
SIBERIA
(Asian Russia)
SEA OF OKHOTSK*
MED. SEA*
地中海
BLACK S.*
TURKEY
土耳其
CYP.
ISR.
以色列
LEB.
SYRIA
敘利亞
JOR.
約旦
IRAQ
伊拉克
Egypt
埃及
Georg.
Arm.
Azer.
CASPIAN S.*
Caspian Depression
死海
Aral Sea
哈薩克
KAZAKHSTAN
L. Balkhash
UZBEKISTAN
烏茲別克
TURKMENISTAN
土庫曼
吉爾吉斯斯坦
KYRGYZSTAN
塔吉克
TAJIKISTAN
L. Baikal
貝加爾湖
MONGOLIA
蒙古
GOBI DESERT
戈壁沙漠
日本海
SEA OF JAPAN*
N. KOR.
S. KOR.
Yellow Sea
紅海
RED SEA*
Sudan
蘇丹
TROPIC OF CANCER
KU.
Persian Gulf
IRAN
伊朗
AFGHANISTAN
阿富汗
西藏高地
PLATEAU OF TIBET
中國
CHINA
東中國海
EAST CHINA SEA*
Eritrea
厄利垂亞
SAUDI ARABIA
沙烏地阿拉伯
U.A.R.
Gulf of Oman
PAKISTAN
巴基斯坦
NEPAL
尼泊爾
臺灣
TAIWAN
PACIFIC OCEAN
太平洋
吉布提
Djib.
YEMEN
OMAN
阿曼
Gulf of Aden
INDIA
印度
INDIAN PENINSULA
印度半島
孟加拉
BANG.
緬甸
MYANMAR
LAOS
PHILIPPINES
菲律賓
Ethiopia
衣索比亞
非洲
AFRICA
ARABIAN SEA*
阿拉伯海
BAY OF BENGAL*
孟加拉灣
THAI
INDO-CHINA PENINSULA
CAM.
Hainan I.
海南島
VIETNAM
越南
SOUTH CHINA SEA*
南中國海
Somalia
索馬利亞
Andaman Sea
Gulf of Thailand
EQUATOR 0°
MALDIVES
馬爾地夫
SRI LANKA
斯里蘭卡
汶萊
BRU.
馬來西亞
MALAYSIA
Celebes Sea
INDIAN OCEAN*
印度洋
MALAY ARCHIPELAGO
馬來群島
Java Sea
INDONESIA
印尼
Java
爪哇
MADAGASCAR
馬達加斯加
0 500 1,000 1,500 miles
2,400 km
澳洲 AUSTRALIA
A
B
D
E
F
G
H
I
J
K
L
M
N
O
P
Q
R
S
T
U
V
W
X
Y

PRINCIPAL RIVERS
主要河流

AMU DARYA A 阿姆河
AMUR B 黑龍江
BRAHMAPUTRA C 布拉馬普得拉河
EUPHRATES D 幼發拉底河
GANGES E 恆河
HUANG HE (YELLOW) F 黃河
INDUS G 印度河
IRRAWADDY H 伊洛瓦底江
IRTYSH I 額爾齊斯河
LENA J 勒那河
MEKONG K 湄公河
OB L 鄂畢河
SALWEEN M 怒江
TIGRIS N 底格里斯河
XI JIANG (PEARL) O 西江（珠江）
YANGTZE P 長江
YENISEY Q 葉尼塞河

PRINCIPAL MOUNTAIN RANGES 主要山脈

ALTAI R 阿爾泰山脈
ELBURZ S 艾爾布士山
HIMALAYAS T 喜瑪拉雅山脈
HINDU KUSH U 興都庫什山脈
KUNLUN V 崑崙山脈
PAMIRS W 帕米爾山脈
TIAN SHAN X 天山山脈
URALS Y 烏拉山脈

LAND REGIONS 地形分布

DESERT Z 沙漠
RAIN FOREST 1 雨林
LOWLANDS 2 低地
MOUNTAINS 3 山脈
PLATEAU 4 高原
HIGHLANDS 5 高地
TUNDRA 6 苔原

ASIA: THE PHYSICAL LAND
亞洲：自然地景

地球上最高和最低的地方（珠穆朗瑪峰與死海）都在亞洲。亞洲擁有最高的山脈、最大也最高的高原、最大的沙漠、許多最長的河流、最深的湖、最大的森林區、最廣的平原、活動最頻繁的活火山、最多地震，以及最熱、最冷、最乾及最溼的氣候。這些極端地理造就亞洲具有許多廣闊但不適宜的居住環境。

亞洲最北的地區為西伯利亞北極圈（俄羅斯亞洲部份）。苔原的南部是一片巨大的高地區，涵蓋世界最大的針葉林。往西為世界最廣也最平坦的低地，西伯利亞平原。這些區域的南部，以及橫跨亞洲大陸中部從沙烏地阿拉伯到蒙古南方，是一片綿延的巨型沙漠、貧瘠高原以及崎嶇的山脈。與北美、南美或歐洲的山脈不同，亞洲廣大的山嶺位於大陸中心。此地區有世界最高的山峰環繞，西藏高原（4573 公尺）稱為「世界的屋脊」，是世界最高的有人高原。沿著西藏的南界為喜馬拉雅山，是世界最高的山脈，有最高峰珠穆朗瑪峰（8848 公尺）。這些在地質上的年輕山脈仍在升高，因為支撐印度次大陸的地質板塊仍在推擠歐亞大陸板塊下方（見地圖 2）。亞洲次大陸（印度半島）為一個三角形的高原，承受大量的季風降雨。東南亞的雨林位於中南半島、馬來半島與馬來群島，還有菲律賓群島。地震帶（馬來群島、菲律賓以及日本的島嶼）為地震活躍帶及山脈隱沒區。位於爪哇海的印尼諸島擁有世界最密集的活火山帶。中亞的山脈是大多數世界最長河流的源頭。長江（6265 公里）為世界第三長河（次於尼羅河與亞馬遜河），也是中國在交通、商業、灌溉以及水力發電方面最重要的河流。

亞洲十分廣大，內陸距離大西洋與太平洋的非常遠，較不受調節作用的影響，故此區具有地球最大的氣溫變動，而極圈地帶則終年嚴寒。中亞氣候只有游牧民族可以忍受。中東熾熱且乾燥，夏季氣溫最高可達攝氏 49 度。南亞以及東南亞較不熱，但高溼度和暴雨（夏季季風）造成另一種不舒適感。炎熱和雨水維繫此區主要作物稻米的產量。

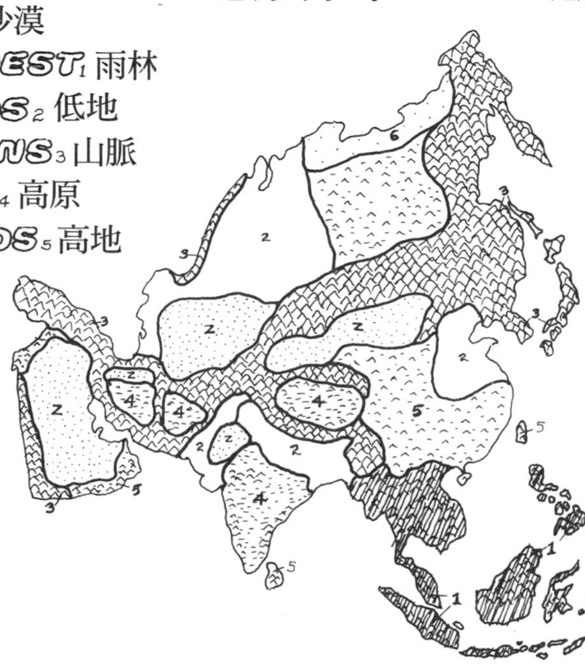

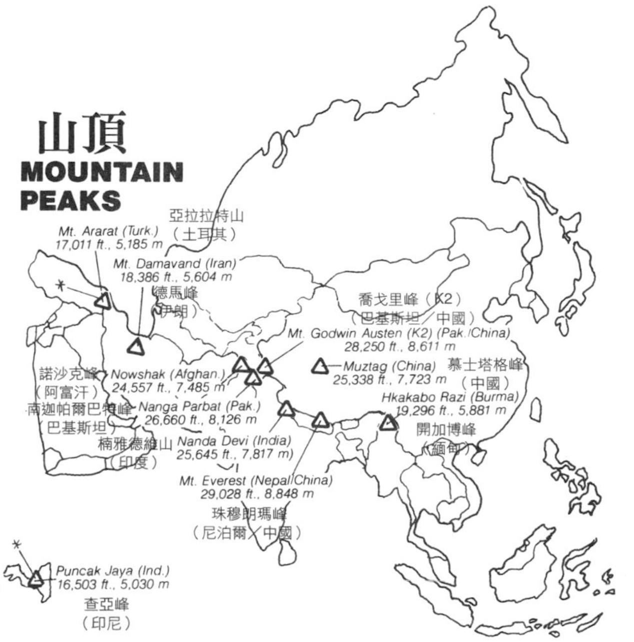

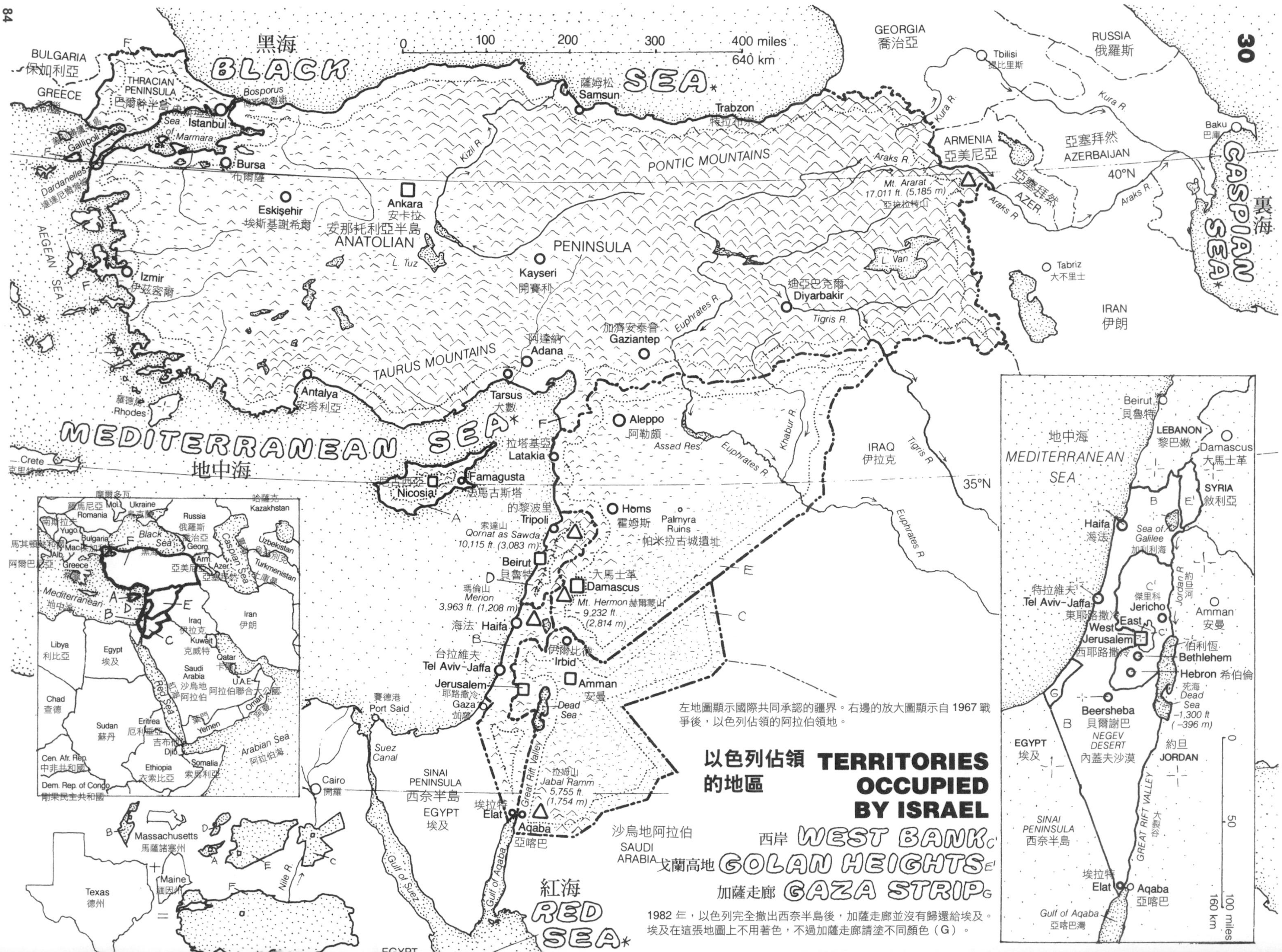

以色列佔領的地區 TERRITORIES OCCUPIED BY ISRAEL

左地圖顯示國際共同承認的疆界。右邊的放大圖顯示自 1967 戰爭後，以色列佔領的阿拉伯領地。

西岸 WEST BANK C'

戈蘭高地 GOLAN HEIGHTS E'

加薩走廊 GAZA STRIP G

1982 年，以色列完全撤出西奈半島後，加薩走廊並沒有歸還給埃及。埃及在這張地圖上不用著色，不過加薩走廊請塗不同顏色（G）。

ASIA: MIDDLE EAST I
亞洲：中東 I

中東國家主要由阿拉伯國家組成，其他則有塞普勒斯、伊朗、以色列與土耳其，阿拉伯國家主要使用阿拉伯語，信奉伊斯蘭教。伊朗與土耳其人不是阿拉伯人，但同為穆斯林（伊斯蘭信徒）。多數塞普勒斯人為希臘東正教基督徒，大多數以色列人則為猶太教徒。

雖然中東某些地區的石油藏量已經消耗殆盡，但猶太教徒、基督教徒與穆斯林在歷史和宗教方面仍然非常富足。此區不僅是猶太教與基督教的誕生地，耶路撒冷對穆斯林來說也是聖地。不幸地，宗教差異逐漸成為民族失和的主因。穆斯林與猶太教徒對立（阿拉伯國家與以色列戰爭），穆斯林之間也互相對立（黎巴嫩穆斯林派系各據山頭）。

甚至地球也在中東地區分裂：大裂谷是地殼上的一個大裂縫，從敘利亞南方開始，穿越紅海下方（見地圖 38）劃出以色列與約旦邊界，經過約旦河、加利利海與死海。死海為全世界鹽分最高的水體（28%鹽分，一般海水只有 3.5%鹽分），也是地球的最低點（海平面以下 −396 公尺）。缺乏海洋生命，一片沈寂，死海實至名歸。

CYPRUS A 賽普勒斯

佔地：9,251 平方公里。人口數：83 萬。首都：尼古西亞，約 31 萬人。政體：共和。語言：希臘語、土耳其語。宗教：希臘東正教、伊斯蘭教。出口：柑橘類、銅、葡萄酒、食品。氣候：地中海型氣候。□「塞普勒斯」（Cyprus）和「銅」（Copper）都源自希臘文中的 Kypros。目前為農業，成為這個擁有古老歷史、崎嶇美麗島嶼的主要產業。大英帝國是最後一個統治塞普勒斯的帝國，塞普勒斯在 1960 年獨立。新的憲政制度，讓多數的希臘東正教（77%）族群與少數的土耳其穆斯林結合，不過差異問題造成暴動，1974 年土耳其派軍進駐。聯合國隨後調停停火，畫界貫穿 5000 年歷史的首都尼古西亞，畫出島嶼北方三分之一的土地，由土耳其少數掌管，土耳其承認北塞普勒斯為獨立國家，而大部分其他人則認為，希臘族的南塞普勒斯政府才是真正的塞普勒斯國。

ISRAEL B 以色列

佔地：20,767 平方公里。人口數：813 萬。首都：耶路撒冷，約 38 萬人。政體：共和。語言：希伯來語、阿拉伯語。宗教：猶太教、伊斯蘭教。出口：橘子、製造業、精緻珠寶、電子產品。氣候：沿岸為地中海型氣候，內陸炎熱。□世界上五分之一的猶太人居住於 2000 年前祖先被逐離的這塊土地。十幾世紀以來，世界離散的猶太人期望能夠回歸。聖經使用的希伯來語，為以色列官方語言。19 世紀末，歐洲猶太人組織民族運動，創建家園。第一次世界大戰後，英國在同盟國協議下統治巴勒斯坦，允許歐洲猶太人移民。阿拉伯人的祖先已在巴勒斯坦居住 1500 年，由於猶太移民人口增多，要求英國限制移民數量。第二次世界大戰後，已移民的猶太人，還有大屠殺的倖存者施壓，聯合國將巴勒斯坦分為猶太區與阿拉伯區，耶路撒冷則受國際控制。阿拉伯國家拒絕此一安排，在 1948 年攻擊以色列新國，猶太人最後贏得勝利，要求半數原本屬於阿拉伯區的土地，並接受許多巴勒斯坦人。數千名巴勒斯坦人逃往臨近阿拉伯國家，因為他們認為阿拉伯國家獲勝後將不承認入以色列籍的巴勒斯坦人。但這些巴勒斯坦人及後裔在黎巴嫩、約旦與敘利亞形成 250 萬永久難民營。戰爭期間沒有離開以色列的巴勒斯坦人口成長為 7.5 萬（15%以色列人口）擁有自己的文化，相較在中東的阿拉伯人，這些巴勒斯坦人擁有較高的生活品質，遵守多數以色列人的權力，但被其他逃離的巴勒斯坦人歧視，有如被隔離的少數族群。以色列成立 40 年以來，經歷三次大戰，以色列從阿拉伯國家手中佔領額外的領土：埃及加薩走廊、敘利亞戈蘭高地以及耶路撒冷以東的約旦河西岸（見上面地圖的右下角）。巴勒斯坦解放組織（PLO）經過 8 年對以色列佔領西岸的暴力抗爭，還有國際施壓的幫助，使巴勒斯坦在 1994 年獲得西岸有限的自治區，也有目標最終讓以色列退軍的模糊計劃，但受到猶太移民的擴張，再加上雙方的極端主義者破壞和平的進展不斷受阻。在此區嚴格來說以色列與埃及以外的鄰國仍處於交戰狀態，以埃在 1979 年簽訂和平協議，同意以色列西奈半島歸還給埃及，保有加薩走廊。以色列先佔領耶路撒冷西部，後奪取耶路撒冷東部，包括舊城和古耶路撒冷遺跡。猶太人終於可以在「哭牆」祈禱，此地被認為是所羅門聖殿的一部份。舊城對基督徒以及穆斯林而言都非常神聖。這是耶穌一生中許多事件的發生地，穆斯林則相信這裡是穆罕默德上天堂的地方，耶路撒冷對於穆斯林而言幾乎與麥加、麥地那一樣神聖。以色列於 1950 年宣布耶路撒冷為首都，但不受國際承認，公認的首都為特拉維夫，與海法 2 座現代城市，為工業與商業中心。以色列在沙漠中建立起中東最富饒的農耕地。這個小國人口 800 萬，卻是世界武力最強大、科技最先進的國家，但力量大多來自美國援助、德國的賠償（彌補猶太人大屠殺的罪行），以及世界猶太人的經濟援助。

JORDAN C 約旦

佔地：97,384 平方公里。人口數：645 萬。首都：安曼，約 190 萬人。政體：君主制。語言：阿拉伯語。出口：製造、磷肥、菸草、石油製品。氣候：沙漠型氣候。□約旦四面環陸，僅有阿卡巴灣長 24 公里的海岸線，領土約有 80%為沙漠。這國家沒有歷史根源，是在第一次世界大戰後，鄂圖曼土耳其帝國瓦解，英國集結一部分與其他在中東獨立國家的殖民地，組成約旦。約旦唯一肥沃的土地位於約旦河谷，但在 1967 年六日戰爭，約旦河西岸一半土地連同約旦四分之一人口一併輸給以色列。約旦希望西岸能成為新巴勒斯坦人的家園，雖然以色列同意，但由於巴勒斯坦人為約旦的主要人口，以色列爭論約旦已經是巴勒斯坦國家。許多約旦人屬於前游牧民族-貝都因人。首都安曼成為此區的金融中心，取代被戰爭摧毀的黎巴嫩首都貝魯特。

LEBANON D 黎巴嫩

佔地：10,422 平方公里。人口數：482 萬。首都：貝魯特，約 36 萬人。政體：共和。語言：阿拉伯語。宗教：伊斯蘭教、羅馬天主教。出口：菸草、水果與蔬菜、小型工業產品。氣候：溫和，地形影響變化大。□1970 年代以前，美麗的黎巴嫩曾是此區最穩定而繁榮的國家。首都貝魯特有「中東的巴黎」之稱，原是金融與商業中心，提供約旦、伊拉克、敘利亞航運設施。1980 年代，黎巴嫩的內戰似無止盡：基督徒對戰穆斯林，穆斯林則起內鬨。羅馬天主教馬龍派組成阿拉伯國家中最高的基督教人口比例（40%）。阿拉伯大宗德魯茲派、遜尼派與什葉派穆斯林，爭奪由馬龍派掌握的傳統勢力，內戰於 1990 年代停止，但並不代表和平。黎巴嫩內戰前，可見地中海海灘、翠綠的海岸平原、白雪覆蓋的山脈（冬天）、貝卡谷地以及敘利亞沙漠的邊緣。黎巴嫩著名的雪松，已消耗殆盡，現有森林重建計劃。

SYRIA E 敘利亞

佔地：185,211 平方公里。人口數：2,271 萬。首都：大馬士革，約 171 萬人。政體：社會主義共和國。語言：阿拉伯語。宗教：伊斯蘭教。出口：棉花、紡織、菸草、水果、石油。氣候：海岸溫和，內陸乾燥。□敘利亞是一片充滿歷史與古文明的土地，位居駱駝商隊路線的中心，連結歐洲、亞洲與非洲大陸。東半部是河水灌溉區，幾千年來延續了中東地區的生命。兩河流域由底格里斯河、幼發拉底河造成，稱為「肥沃月彎」，呈圓弧形，從波斯灣往西北方延伸到整個敘利亞，往下伸入以色列。大馬士革是敘利亞首都，擁有 5000 年歷史，可能是世界最古老、常有人居住的城市。考古學家已開挖帕米亞遺跡數 10 年，不過想要完全揭開古貿易中心的真相，仍非常遙遠。敘利亞與黎巴嫩曾經同為鄂圖曼帝國的一部份，在第一次世界大戰後一起成為法國統治區。自 1946 年爭取獨立以來，受到繼起的軍政權統治。石油藏量是政府基本開銷來源。由於以色列依然佔領敘利亞西南（以色列的東北）的戈蘭高地，對於以色列依然有國族仇恨。2011 年起敘利亞爆發嚴重內戰，2015 年反對組織伊斯蘭國佔領敘利亞一半土地，造成大量難民。

TURKEY F 土耳其

佔地：779,486 平方公里。人口數：7,878 萬。首都：安卡拉，約 500 萬人。政體：共和。語言：土耳其語。出口：棉花、地毯、水果與堅果、菸草、鉻。氣候：色雷斯以及沿海為地中海型氣候，內陸為大陸型氣候。□土耳其位於兩個半島上，分屬兩個不同的洲。色雷斯半島是巴爾幹半島的南角，占土耳其領土 3%，馬摩拉海以及兩個狹窄的海峽：達達尼爾海峽以及博斯普魯斯海峽，使色雷斯半島與主陸分隔。安那托利亞半島（又稱小亞細亞）為群山環繞的高地。土耳其最大的城市，伊斯坦堡，橫跨博斯普魯斯海峽，跨居兩塊大陸。古希臘文明之前稱為拜占庭，羅馬人在西元 324 年設為羅馬帝國的首都，改名為君士坦丁堡。1453 年成為鄂圖曼帝國首都，土耳其人命名為伊斯坦堡。中東最高的亞拉拉特山（5186 公尺），位於土耳其東部與亞馬尼亞、伊朗的迷界處，有些人相信這座山是諾亞方舟的停泊處。底格里斯河、幼發拉底河源自土耳其。敘利亞與伊拉克擔心土耳其的水力發電與灌溉計劃可能削弱兩大河的水流。土耳其曾經是鄂圖曼帝國 500 年的心臟地帶（見地圖 47），掌控中東、北非和歐洲東南部，後由於第一次世界大戰與戰敗德國屬於同一陣線而崩解。土耳其現今的疆界是在 1923 年被劃定，同年成為共和國。第一個總統：凱末爾．阿法蒂爾克，提倡西化，屏棄傳統服飾（面紗、土耳其毯帽等）、阿拉伯字母、伊斯蘭學校、法律、一夫多妻制、歧視女性……等。儘管伊斯蘭基本教義崛起，仍在 1993 年選出第一個女性首相。

31

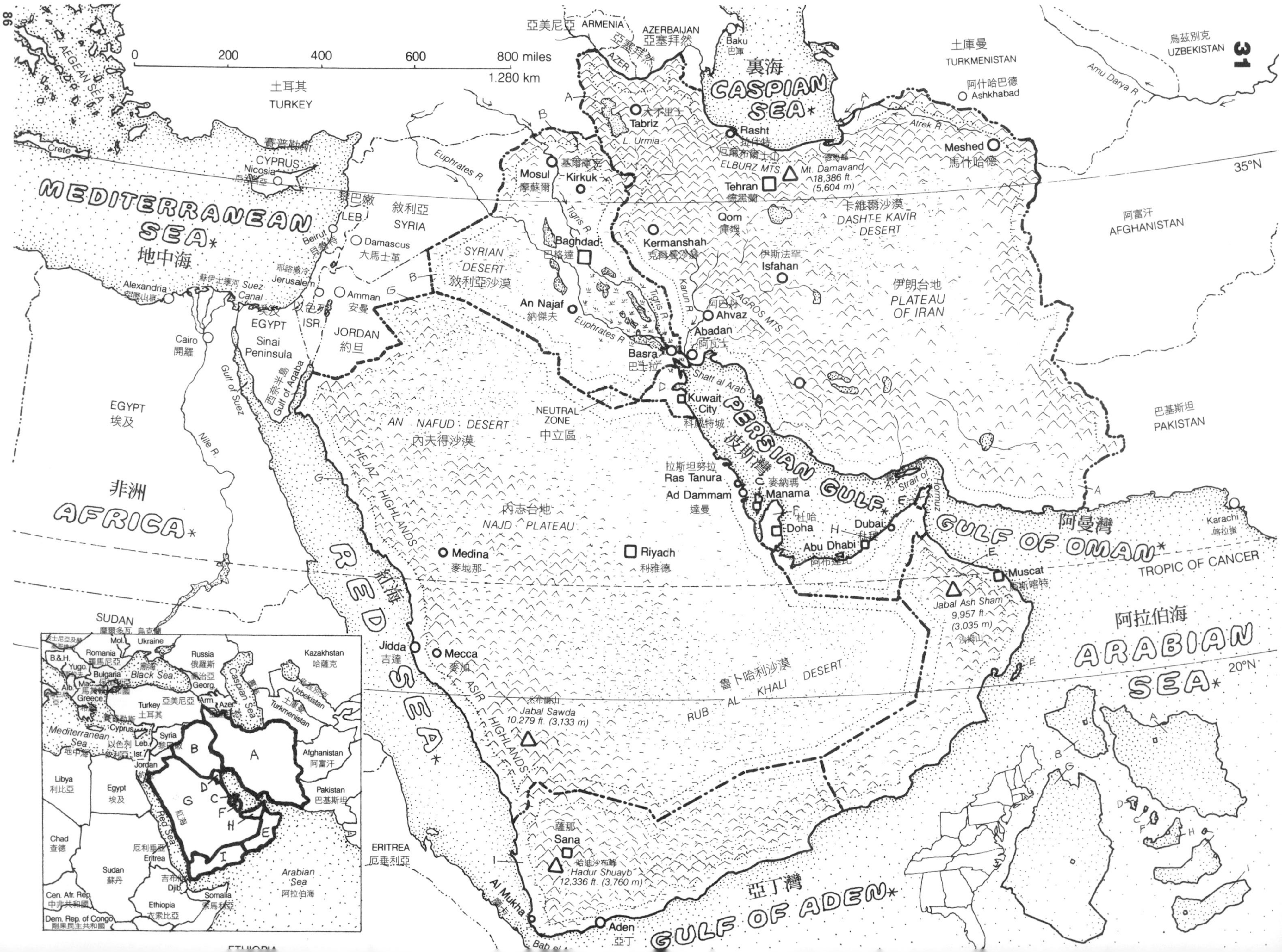
0 200 400 600 800 miles
1.280 km
AEGEAN SEA
Crete
土耳其
TURKEY
CYPRUS
Nicosia
MEDITERRANEAN SEA*
地中海
亞美尼亞 ARMENIA
AZERBAIJAN
亞塞拜然
AZER.
Baku
巴庫
裏海
CASPIAN SEA*
土庫曼
TURKMENISTAN
烏茲別克
UZBEKISTAN
Amu Darya R.
阿什哈巴德
Ashkhabad
Atrek R.
Meshed
馬什哈德
35°N
Tabriz
L. Urmia
Rasht
ELBURZ MTS.
Mt. Damavand
18,386 ft.
(5,604 m)
Tehran
Qom
Kermanshah
卡維爾沙漠
DASHT-E KAVIR
DESERT
阿富汗
AFGHANISTAN
伊斯法罕
Isfahan
伊朗台地
PLATEAU
OF IRAN
ZAGROS MTS.
Karun R.
Ahvaz
Abadan
Shatt al Arab
巴基斯坦
PAKISTAN
Mosul
Kirkuk
Tigris R.
Euphrates R.
Baghdad
巴格達
An Najaf
納傑夫
Basra
LEB.
Beirut
敘利亞
SYRIA
Damascus
大馬士革
SYRIAN
DESERT
敘利亞沙漠
Jerusalem
Amman
安曼
ISR.
以色列
JORDAN
約旦
Alexandria
Suez
Canal
EGYPT
Sinai
Peninsula
Cairo
開羅
Gulf of Suez
Gulf of Aqaba
EGYPT
埃及
Nile R.
非洲
AFRICA*
NEUTRAL
ZONE
中立區
Kuwait
City
科威特城
AN NAFUD DESERT
內夫得沙漠
HEJAZ HIGHLANDS
PERSIAN GULF*
波斯灣
拉斯坦努拉
Ras Tanura
Ad Dammam
達曼
Manama
麥納瑪
Doha
Strait of Hormuz
Dubai
Abu Dhabi
阿布達比
Karachi
喀拉蚩
GULF OF OMAN*
阿曼灣
TROPIC OF CANCER
Muscat
馬斯喀特
Jabal Ash Sham
9,957 ft.
(3,035 m)
內志台地
NAJD PLATEAU
Medina
麥地那
Riyach
利雅德
RED SEA*
紅海
Jidda
吉達
Mecca
麥加
魯卜哈利沙漠
RUB AL KHALI DESERT
阿拉伯海
ARABIAN SEA*
20°N
ASIR HIGHLANDS
Jabal Sawda
10,279 ft. (3,133 m)
薩那
Sana
Hadur Shuayb
12,336 ft. (3,760 m)
ERITREA
厄垂利亞
Al Mukha
Aden
亞丁
亞丁灣
GULF OF ADEN*
SUDAN
ETHIOPIA
A
B
C
D
E
F
G
H
I
Kazakhstan
哈薩克
Russia
俄羅斯
Ukraine
Romania
Bulgaria
Black Sea
Georg.
Arm.
Azer.
Caspian Sea
Uzbekistan
Turkmenistan
Turkey
土耳其
Cyprus
Syria
Leb.
Isr.
Jordan
Afghanistan
阿富汗
Pakistan
巴基斯坦
Mediterranean Sea
地中海
Libya
利比亞
Egypt
埃及
Chad
查德
Sudan
蘇丹
Red Sea
Eritrea
Djib.
Somalia
Ethiopia
衣索比亞
Arabian Sea
阿拉伯海
Cen. Afr. Rep.
中非共和國
Dem. Rep. of Congo
剛果民主共和國
Greece
B.&H.
Yugo.
Mac.
Alb.
Mol.

ASIA: MIDDLE EAST II
亞洲：中東 II

1970 年代，石油輸出國組織（OPEC）成立，縮減石油產量、抬高石油價格，成為此區的主要收入來源。這些國家一夕之間免稅與免費的社會福利與教育從窮困的沙漠中崛起，變成富裕的現代福利國家。1980 年代期間，伊朗與伊拉克受到毀滅性的戰爭，使其脫離石油帶來的富裕社會。伊拉克繼而在 1990 年陷入另一個悲慘的戰爭（見伊拉克）。儘管油價下跌，但仍比 OPEC 開始控制石油生產之前還要高。多數阿拉伯國家藉由國際或國內投資，賺取額外收入。

阿拉伯半島是世界最炎熱、最乾燥的地區之一，沒有河流或水流，地下水在綠洲或私人水井冒出。較富庶的國家仰賴海水淡化。半島上貧瘠的土地。從沿紅海分布的高地往東部波斯灣富含石油的低地傾斜分布的低地。大多數阿拉伯國家在 20 世紀中期脫離大英帝國，成為獨立國家，不過英語仍是第二語言，使用於商業界。

庫德斯坦是位於東土耳其、北伊拉克、伊朗西北方、敘利亞一小部分的一個區域，是一個「無疆界」的國家，仍在尋求政治定位，是庫德族的家鄉，由穆斯林組成的強悍而獨立的山區民族，大約有 2000 萬人口（中東最大的少數民族）。他們拒絕被任何政府同化，曾遭受土耳其和伊拉克以殘暴手段對待。伊拉克在 1980 年代兩伊戰爭期間，為了攻擊伊朗而以毒氣連帶攻擊庫德族村落。

IRAN A 伊朗

佔地：1,648,004 平方公里。人口數：7,500 萬。首都：德黑蘭，約 843 萬人。政體：伊斯蘭式共和。語言：波斯語（Farsi）。宗教：伊斯蘭教。出口：石油及石油產品、天然氣、棉花、魚子醬、波斯地毯。氣候：乾燥的大陸型氣候。□最後一任伊朗國王（Shah）試圖以石油帶來的無數利益，將伊朗現代化，這導致他在 1979 年失去政權。以柯梅尼為首的宗教保守人士掌權，以伊斯蘭律法治國。伊朗從此將自己孤立於全世界，後來受到伊拉克入侵，得到很少國際援助。兩伊長達 8 年的血腥戰爭，在 1988 年因陷入僵局而結束。伊朗（前波斯）位於巨大高地，平均海拔 1220 公尺，北部與西部以高山為界，呈巨大的V字型指向土耳其。面朝裏海的艾布士山北麓，是伊朗唯一足夠降雨量的農耕地區。裏海供應豐富的鱘魚卵，是重要的魚子醬工業地。首都德黑蘭位於艾布士山南麓，是中東最大的城市，也是伊朗文化、宗教與商業中心。

IRAQ B 伊拉克

佔地： 438,419 平方公里。人口數：3185 萬。首都：巴格達，720 萬人。政體：共和。語言：阿拉伯語、庫德語。宗教：伊斯蘭教。出口：石油、椰棗、銅、羊毛、獸皮。氣候：夏季炎熱、冬季溫和。□伊拉克生產世界 80%的椰棗，但石油仍是主要的收入來源。位於幼發拉底河與底格里斯河之間的肥沃土地，古時候稱為「美索不達米亞」平原（希臘語「兩河之間」），幫助人類在此建立最早的文明（9000 年）。蘇美人、亞述人、巴比倫人文明都在此建立。耕耘機、車輪以及書寫技術，普遍認為發源自肥沃月彎的東部。底格里斯河流經首都巴格達，曾經是阿拉伯帝國的心臟地帶，也是 9 世紀的知識中心，後被蒙古入侵，從此再無法恢復重要地位。由於國界的爭執，使伊拉克在 1980 年入侵伊朗，1990 年入侵科威特。入侵科威特，造成美國領導聯合國發起「沙漠風暴行動」，將伊拉克驅逐出科威特。聯合國對伊拉克實施經濟和武力禁運令（旨在刺激反對派對抗仍掌權的總統海珊）。海珊在 1990 年代造成無數危機，2006 年被伊拉克新政府處決。複雜混亂的政局一直延續至今日。

ARABIAN PENINSULA
阿拉伯半島

BAHRAIN C 巴林

佔地： 663 平方公里。人口數：123 萬。首都：麥納瑪，15 萬人。政體：尊長國。語言：阿拉伯語。宗教：伊斯蘭教。出口：石油及石油產品。氣候：夏季炎熱，冬季溫暖。□這個小國由位在波斯灣的 33 座島嶼所組成，巴林是其中的最大島，有橋樑連接至沙烏地阿拉伯。巴林王國藉石油藏量以及精煉沙烏地阿拉伯石油獲得財富，成為中東金融業與銀行業的中心，也是各國際企業的總部。巴林王國為酋長國（sheikdom），統治者稱為酋長（emir），控制內閣。

KUWAIT D 科威特

佔地：17,793 平方公里。人口數： 382 萬。首都：科威特市，30 萬人。政體：尊長國。語言：阿拉伯語。宗教：伊斯蘭教。出口：石油與天然氣。氣候：夏季炎熱。□科威特位於波斯灣西北角，可能擁有世界排名第 4 的石油蘊藏量。除了富裕的科威特居民，還有大量來自印度、伊朗、巴基斯坦的穆斯林勞工，並接納數十萬來自巴勒斯坦的難民，使人口不斷增多。1990 年伊拉克入侵。美國領導的國際軍隊驅逐伊拉克。

OMAN E 阿曼

佔地： 212,445 平方公里。人口數：280 萬。首都：馬斯喀特，64 萬人。政體：蘇丹國。語言：阿拉伯語。宗教：伊斯蘭教。出口：石油、椰棗、水果、菸草。氣候：極度炎熱。□古航海王國阿曼蘇丹國，簡稱阿曼，佔據阿拉伯半島的東南角。有一塊分離的領土伸進荷莫茲海峽，分隔波斯灣和阿曼灣。人口與農產集中在北部和南部海岸肥沃土地的少數降雨區。古地下運河系統提供額外水源。阿曼蘇丹國因石油收入而變得現代化。

QATAR F 卡達

佔地： 11,008 平方公里。人口數：169 萬。首都：杜哈，約 100 萬人。政體：酋長國。語言：阿拉伯語。宗教：伊斯蘭教。出口：石油。氣候：非常炎熱乾燥。□卡達是一個貧瘠、石油豐富的半島，從沙烏地阿拉伯邊界伸入波斯灣。石油將卡達從一個貧窮、靠海為生的國家，變成一個熱鬧而完全現代化的社會，每人平均財產比科威特還富有。極速成長的人口中，本地人少於三分之一。酋長為已經掌權超過百年的家族成員。

SAUDI ARABIA G 沙烏地阿拉伯

佔地：2,149,700 平方公里。人口數：2,760 萬。首都：利雅德，約 200 萬人。政體：君主制。語言：阿拉伯語。宗教：伊斯蘭教。出口：石油。氣候：除了高地其他地區炎熱。□沙烏地阿拉伯，幾乎佔整個阿拉伯半島，為主要石油出口國（美國與俄國為最大生產國）與 OPEC 主要成員國。擁有世界四分之一的石油蘊藏量。石油收入用以境外投資，並在國內興建大型工業。農業受限於炎熱、缺少河流，只有在紅海沿岸高地與肥沃的沙漠綠洲有農業發展。幾乎半數沙烏地人為貝都因游牧民族，不過南方的魯卜哈利沙漠（稱為「空曠的四分之一」）已無人居住。擁有伊斯蘭教中最神聖的聖地麥加與麥地那，使沙烏地阿拉伯在阿拉伯世界中擁有超越所有國家的地位。穆罕默德是伊斯蘭教的創教者，西元 570 年生於麥加，接收神的啟示，將所有日常生活細節規範，寫成伊斯蘭教聖典《古蘭經》，人民深信穆罕默德是猶太和基督教傳統中的最後 1 位偉大先知。伊斯蘭教主張一神論，但容許其他信仰。全球有超過 1 億個伊斯蘭教徒，每天朝麥加方向做 5 次禮拜。許多人造訪麥加，在大清真寺和最神聖的聖地克爾白（來自神的黑色方塊形狀建築）祈禱。由於《古蘭經》要求穆斯林教徒一生必須至少到麥加朝聖一次，每年有超過 100 萬名信徒來訪，因此提供住宿成為一個產業。麥地那是穆罕默德治理並在此死去的城市，與麥加同樣神聖。大多數阿拉伯穆斯林為遜尼教派的信徒。半數伊拉克人以及幾乎全數伊朗人為什葉派穆斯林教徒。什葉派教徒在阿拉伯國家通常比較貧窮，也是被壓迫的少數。伊朗的好戰什葉派教徒，因沙烏地阿拉伯傾向西方世界，因此向沙烏地阿拉伯提出質疑精神領袖的道德資格。遜尼派與什葉派間的衝突來自於穆罕默德死後伊斯蘭領導權的繼承各有不同的看法。伊斯蘭教禁止崇拜偶像，不可在藝術中表現生命體，例如活生生呈現人類、動物與植物，會被視為侵犯阿拉造物者的角色。這些限制造成伊斯蘭藝術和建築的特色，以色彩斑斕的裝飾和抽象表現，例如清真寺的尖塔（高而細）和著名的波斯地毯。

UNITED ARAB EMIRATES H
阿拉伯聯合大公國

佔地： 83,618 平方公里。人口數：250 萬。首都：阿布達比，50 萬人。政體：酋長聯邦制。語言：阿拉伯語。宗教：伊斯蘭教。出口：石油及石油產品。氣候：非常炎熱乾燥。□1971 年，英國撤出此區，不再成為特魯西爾各國的保護國與外國顧問因此由當地七個獨立的酋長國聯合起來成立阿拉伯聯合大公國，各酋長國擁有獨立權力的酋長。其中最大的酋長國、也是世界最富裕的國家為阿布達比聯邦政府負責防禦、外國政策以及經濟計劃等事務。

YEMEN I 葉門

佔地： 528,489 平方公里。人口數：2,477 萬。政體：共和。首都：薩那，約 175 萬人。語言：阿拉伯語：宗教：伊斯蘭教。出口：咖啡、棉花、椰棗、菸草、魚、石油。氣候：炎熱且潮溼。□葉門與南葉門分裂超過 300 年。南葉門（葉門人民民主共和國）原為阿拉伯世界中的唯一共產國家，南北葉門彼此間充滿敵意。當東歐的民主風潮吹到，南北葉門在 1990 年完成統一。以薩那為政治首都，亞丁則因石油精煉廠與造船設備成為經濟首都。葉門北部擁有高山與肥沃的土地，就阿拉伯半島而言，是非常特別的地理環境。位於非洲與亞洲之間的貿易重要通道，可追溯至聖經時期。最有名的出口物為咖啡，以港口摩卡命名。北部有反抗的穆斯林民族居住，這些擁有政治以及宗教權利的什葉派，反對著重經濟的遜尼派的現代化政策。南北葉門的衝突一直延續至今日。

32

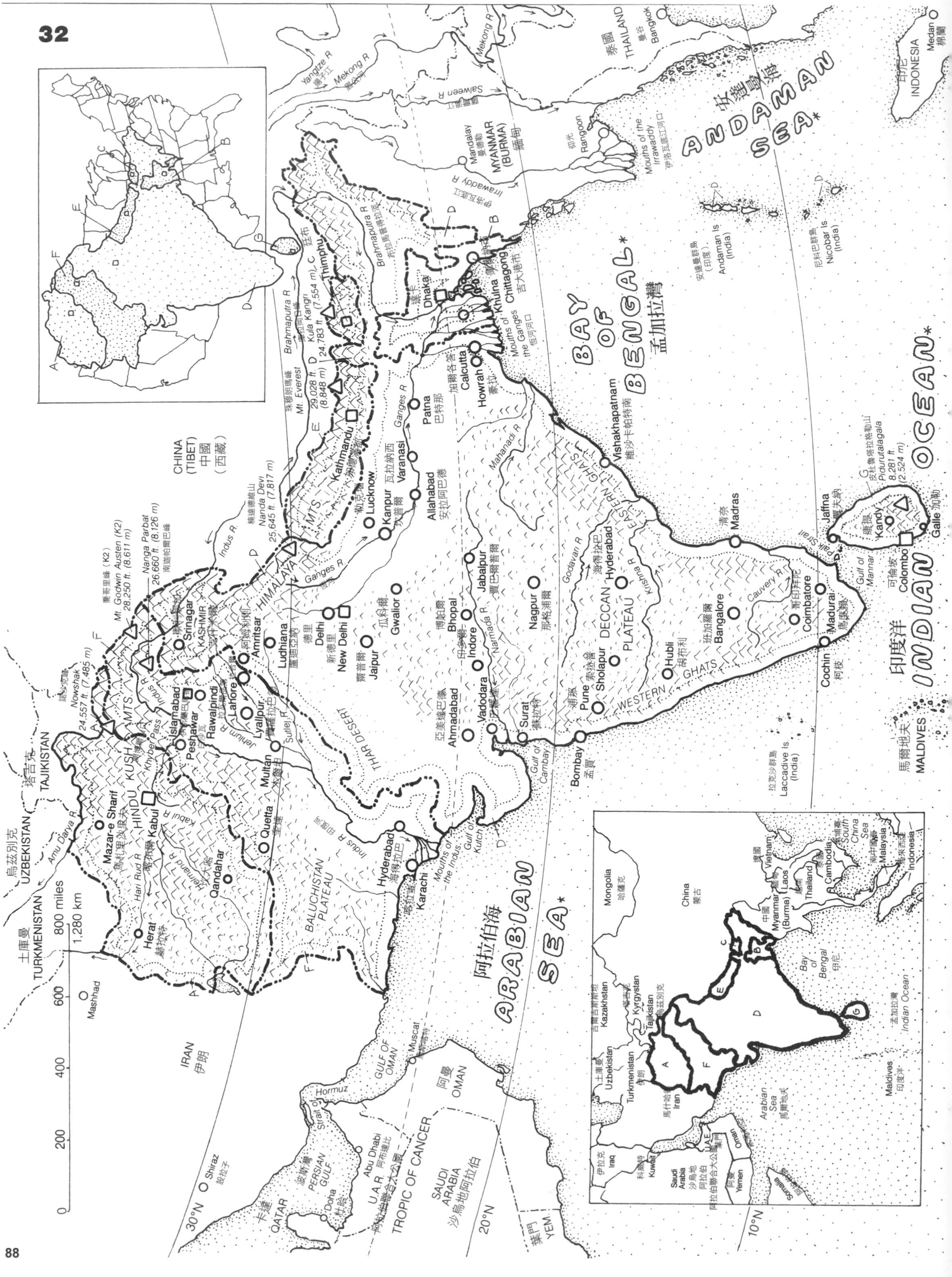

ARABIAN SEA*
阿拉伯海
BAY OF BENGAL*
孟加拉灣
ANDAMAN SEA*
安達曼海
INDIAN OCEAN*
印度洋
CHINA (TIBET) 中國（西藏）
IRAN 伊朗
TURKMENISTAN 土庫曼
UZBEKISTAN 烏茲別克
TAJIKISTAN 塔吉克
MYANMAR (BURMA) 緬甸
THAILAND 泰國
INDONESIA 印尼
OMAN 阿曼
SAUDI ARABIA 沙烏地阿拉伯
U.A.R. 阿拉伯聯合大公國
QATAR 卡達
YEM. 葉門
MALDIVES 馬爾地夫
TROPIC OF CANCER
30°N
20°N
10°N
0 200 400 600 800 miles
1,280 km
HINDU KUSH MTS.
HIMALAYA MTS.
KASHMIR
THAR DESERT
BALUCHISTAN PLATEAU
DECCAN PLATEAU
WESTERN GHATS
EASTERN GHATS
Mt. Everest 29,028 ft. (8,848 m) 珠穆朗瑪峰
Mt. Godwin Austen (K2) 28,250 ft. (8,611 m)
Nanga Parbat 26,660 ft. (8,126 m)
Nanda Devi 25,645 ft. (7,817 m)
Kula Kangri 24,783 ft. (7,554 m)
Nowshak 24,557 ft. (7,485 m)
Pidurutalagala 8,281 ft. (2,524 m)
Indus R.
Ganges R.
Brahmaputra R.
Mouths of the Indus
Mouths of the Ganges
Mouths of the Irrawaddy
Irrawaddy R.
Salween R.
Mekong R.
Yangtze R.
Narmada R.
Godavari R.
Krishna R.
Cauvery R.
Mahanadi R.
Amu Darya R.
Hari Rud R.
Helmand R.
Kabul R.
Jhelum R.
Sutlej R.
Khyber Pass
Gulf of Kutch
Gulf of Cambay
Gulf of Mannar
Palk Strait
Gulf of Oman
Persian Gulf
Strait of Hormuz
Kabul
Herat
Qandahar
Mazar-e Sharif
Islamabad
Peshawar
Rawalpindi
Lahore
Lyallpur
Multan
Quetta
Hyderabad
Karachi
Srinagar
Amritsar
Ludhiana
Delhi
New Delhi
Jaipur
Gwalior
Kanpur
Lucknow
Allahabad
Varanasi
Patna
Kathmandu
Thimphu
Dhaka
Khulna
Chittagong
Calcutta
Howrah
Ahmadabad
Vadodara
Surat
Bombay
Pune
Sholapur
Indore
Bhopal
Jabalpur
Nagpur
Hyderabad
Vishakhapatnam
Madras
Bangalore
Hubli
Coimbatore
Madurai
Cochin
Jaffna
Kandy
Colombo
Galle
Mandalay
Rangoon
Bangkok
Medan
Andaman Is. (India)
Nicobar Is. (India)
Laccadive Is. (India)
Mashhad
Shiraz
Doha
Abu Dhabi
Muscat
Mongolia
China
Kazakhstan
Kyrgyzstan
Tajikistan
Uzbekistan
Turkmenistan
Iran
Iraq
Kuwait
Saudi Arabia
Yemen
Oman
U.A.E.
Somalia
Myanmar (Burma)
Laos
Vietnam
Thailand
Cambodia
Malaysia
Indonesia
South China Sea
Arabian Sea
Bay of Bengal
Indian Ocean
Maldives

ASIA: SOUTHERN
亞洲：南亞

喜瑪拉雅山曾是蒙古國（使用中亞的藏緬語）、高加索國（使用南亞的印度—雅利安語）之間的天然疆界。數次的侵略與佔領，使南亞原生語言加入其他語言和方言。其中以英語最具影響力，是政治、商業、教育、科學統一使用的語言。印度、孟加拉、巴基斯坦曾為英屬印度帝國的一份子。1947年，印度教為主的印度爭取獨立。巴基斯坦成為穆斯林少數民族的家園（最後分成兩個獨立地區），東巴基斯坦在1971年政治分離，成為孟加拉。阿富汗與馬爾地夫也是伊斯蘭國家。尼泊爾為印度教國家，不丹與斯里蘭卡則以佛教為大宗。南亞是世界人口最密集的地區。龐大的人口集中在海岸地區、河口三角洲以及河谷（印度和孟加拉的恆河、布拉馬普得拉河，巴基斯坦的印度河）。這些國家的農業經濟完全仰賴夏季季風降雨。人口因醫療系統和衛生的進步而持續急劇成長。動物攻擊造成嚴重死亡，老虎、豹、大象、犀牛以及毒蛇等各種野生危險動物都在次大陸叢林中。喜瑪拉雅山中傳說有雪人存在，不過從未得到證實。

AFGHANISTAN A 阿富汗

佔地： 647,500 平方公里。人口數：3,042 萬。首都：喀布爾，330萬人。政體：單一政黨共和。語言：普什圖語、達裡語。宗教：伊斯蘭教。出口：天然氣、獸皮、乾果、棉花。氣候：乾燥與極端大陸型氣候。□四面環陸的阿富汗是一個充滿山陵的美麗國家。唯一肥沃的農耕地位於穿越國心臟地帶的興都率什山脈北部。在高聳山脈的南部為貧瘠的沙漠。1980年代血腥內戰，前蘇聯介入協助共產主義政府。反對派由各穆斯林團體組成，為保持傳統生活而戰。這些「穆罕默德軍」（聖戰士）由美國提供武器，最後迫使蘇聯撤退。宗教對於中央極權的抵抗，在阿富汗歷史中一再重複。90年代晚期，塔利班軍政府奪權。沙烏地阿拉伯人賓拉登，率領的穆斯林，在此訓練恐怖分子，對抗來自西方的影響。911攻擊美國世界貿易中心的恐怖事件之後，美國入侵阿富汗，協助反抗軍擊敗塔利班政權。

BANGLADESH B 孟加拉

佔地： 143,941 平方公里。人口數：2.4 億。首都：達卡，約1,440萬人。政體：共和。語言：孟加拉語。宗教：85%伊斯蘭教、印度教。出口：黃麻、茶、魚產品、獸皮。氣候：熱帶與豐厚的降雨量。□孟加拉是一個大三角洲（世界最大），由5條河流沖積形成，包括恆河以及布拉馬普得拉河。地球上最大量的降雨造成的常年水災，使鄉村到處都是船隻，暴風造成潮汐變化，是另一個威脅，1970年嚴重水災，死亡人數超過25萬人。在英國佔領印度期間，孟加拉成為說孟加拉語的穆斯林聚居處，1947年成為巴基斯坦國的東半部份，東西巴基斯相距1600公里，除相同的伊斯蘭信仰外，沒有其他的共同點，1971年孟加拉脫離巴基斯坦，西巴基斯圖攻擊，但在印度協助下，孟加拉終於獨立。食物生產的速度追不上人口增加的速度，是世界最窮困、最擁擠的地區之一。孟加拉為世界主要黃麻產地，用來製造繩子和麻布袋。

BHUTAN C 不丹

佔地：38,394平方公里。人口數：210 萬。首都：廷布，約7萬人。政體：君主制。語言：宗喀語（藏語方言）、尼泊爾語。宗教：70%佛教、印度教。出口：木材、水果、威士忌。氣候：非常潮溼，根據海拔氣溫變化大。□遠離塵囂的喜瑪拉雅王國，位於印度和西藏，是寓言中的香格里拉。不丹意指「龍的土地」，神話動物「龍」在國旗上保佑國家。大多數人居住在山腳與河谷。大約三分之二人口為藏傳佛教徒。許多喇嘛住在數百座堡壘般的寺院中。1960年代以前不丹為一個與世隔絕、的文盲國家，一個使國家現代化的政策正在進行中，前往印度的鐵路和航空路線已有改善。印度為不丹的國際事務保護者。

INDIA D 印度

佔地： 3,289,300 平方公里。人口數：約 12 億。首都：新德里，約 750 萬人。政體：共和。語言：印度語與英語（官方語言）、另有 850 種語言。宗教：83%印度教、11%伊斯蘭教。出口：鐵礦、茶、棉花、獸皮、紡織、橡膠。氣候：熱帶，分為三個季節：涼季、熱季與雨季。□印度是世界最大的民主國家，領土為美國的三分之一，卻擁有除了中國之外世界最多的人口。諷刺的是，這個貧窮、以農業為主的國家正在急劇發展成一個主要工業國家，也是科學家及技術專家的母國。印度教使印度團結在一起但800種方言又將彼此區隔。印度教是世界最古老的宗教之一，支持種姓制度，嚴格的階級結構，決定人民的生活方式。沒有人可以叛離與生俱來的種姓。主要有 4 種種姓，每個種姓底下又有幾百個次種姓，社會的位置決定於種姓。其中有百分之十五的印度教徒為「不可觸碰」的，屬於種姓制度的最底層。印度現代的法律，禁止種姓制度的歧視，不過傳統的階級差異仍控制人民生活。印度教徒都相信輪迴，人類有可能變成動物回到人世，所以，大多數印度人不吃肉，取牛奶，認為牛是神聖的，因此在主要城市的商業區可以看見牛隻，也任意遊走於農田，破壞糧食。印度的宗教有：穆斯林（11%）主要住在北部，基督徒（3%）住在東北。蓄鬍、戴頭巾的錫克教徒（2%），在印度北部旁遮普邦以暴力手段要求自治權。佛教徒（1%），耆那教（1%）敬畏所有生命體。南方的印度人為黑皮膚的達羅毗荼人後裔，也是印度最早的居住者，被淺色皮膚的北方雅利安人祖先，驅趕至南方。南部跟北部的印度人具有截然不同的文化。

印度北部以喜瑪拉雅山為界。肥沃的土地延伸至南方，為世界最大的沖積平原。這個人口密集的地區包括3條河谷：印度河、布拉馬普得拉河，還有沿岸都是寺廟的恆河。朝聖者在恆河的聖水中沐浴，取得精神純淨。呈三角形的印度半島是一個熱帶高原（德干高原），被東／西高止山脈圍住。印度有一個城市的居民超過100萬。許多英國人建造的城市很現代化，現今為富有或有政治影響力的印度人佔有。數千名游民在城市的街道上遊蕩。北印度的阿格拉是泰姬瑪哈陵所在位置，為世界最美麗的建築之一。印度王子為了最愛的妻子，建造這座白色大理石建築，為伊斯蘭教式的陵墓構造。甘地領導的非暴力運動，使印度脫離英國而獨立成為1960年代美國人權運動的典範。但印度沒有想像中的愛好和平，印度因國界而向中國、巴基斯坦暴力相向。印度與巴基斯坦之間爭奪美麗的克什米爾，經過聯合國調停，劃定了疆界，但爭議仍持續。印度指控巴基斯坦，協助穆斯林在印度掌控的地區中要求獨立。

馬爾地夫。伊斯蘭國家，由兩千座珊瑚礁島組成，位於印度末端西南方約480公里處。40萬人居住在兩百座島嶼上，大多數為斯里蘭卡人的後裔。馬律（10萬人）為首都。魚、椰子、觀光為主要產業。

NEPAL E 尼泊爾

佔地： 141,383 平方公里。人口數：3,000 萬。首都：加德滿都，約95萬人。政體：民主。語言：50%尼泊爾語，與其他語言。宗教：90%印度教、10%佛教。出口：食品、木頭、獸皮。氣候：從高地氣候到熱帶氣候皆有。□世界10座最高山峰，有8座在喜瑪拉雅山脈，佔據尼泊爾90%的土地，使這個國家的地形由山脈組成，寬度不到160公里，在這裡有下雪的喜瑪拉雅山頂，也有南方邊界的熱帶沼澤平原。尼泊爾是佛教創教者釋迦摩尼的誕生地（西元前560年）。尼泊爾著名的雪巴族是國際登山隊伍的嚮導。在廓爾喀軍率領下，脫離英國與印度而獨立，使尼泊爾成為南亞唯一能抵抗英國的國家。民主為這個貧窮國家帶來希望。2015年發生嚴重的尼泊爾地震。

PAKISTAN F 巴基斯坦

佔地： 803,936 平方公里。人口數：1.8 億。首都：伊斯蘭巴馬德，約115萬人。政體：共和。語言：烏爾都語。宗教：伊斯蘭教。出口：天然氣、棉花製品、紡織、地毯、米。氣候：非常乾燥以及大陸型氣候。□季風帶來熱空氣與冷空氣，但不潮溼，因此巴基斯坦完全仰賴印度河以及其他六個支流的水源，提供世界最大的灌溉系統所需的水源。印度河谷為古南亞文明遺跡所在。最大產業為棉花及棉花產品。許多貨物透過位於阿拉伯海的前首都喀拉蚩出口。巴基斯坦擁有許多族裔，有不同語言，僅有不到10%人口使用官方語言烏爾都語。這個國家的創立是印度穆斯林少數民族，雖是個保守的伊斯蘭國家，嚴格管制女性，但在1988年選出前領導之女班娜姬．布托為首相。2002年，巴基斯坦政府以限制國內的塔利班行動的方式協助在阿富汗美軍，因而捲入反恐怖行動戰爭。

SRI LANKA G 斯里蘭卡

佔地：65,610平方公里。人口數：1,980 萬。首都：可倫坡，220 萬人。政體：共和。語言：斯里蘭卡語、泰米爾語。宗教：75%佛教、18%印度教。出口：茶、橡膠、椰子、石墨。氣候：熱帶。□斯里蘭卡，舊名錫蘭，是一個美麗的熱帶島國，由「亞當之橋」長32公里的一系列沙島，連接至印度主陸東南端。以佛教徒為大宗（75%），泰米爾人印度教徒為少數（18%）。泰米爾族為爭取北部獨立區而進行游擊戰，派系戰爭摧毀斯里蘭卡早期希望成為經濟富裕的國家的承諾，直到2009年政府宣布內戰告終。人口主要居住在潮溼多丘的西南部，適合種茶。斯里蘭卡是世界第二大茶產地，也是高品質石墨的主要產地。

33

0 200 400 600 800 miles
1,280 km
50°N
40°N
30°N
20°N
RUSSIA
俄羅斯
KAZAKHSTAN
哈薩克
L. Balkhash
L. Zaysan
齋桑泊
Yenisey R.
葉尼塞河
Irkutsk
伊爾庫茨克
L. Baikal
貝加爾湖
Chita
赤塔
Shilka R.
Amur R.
黑龍江
Khabarovsk
伯力
SAKHALIN
(USSR)
庫頁島
(俄羅斯)
SEA
OF
OKHOTSK
Almaty
Bishkek
吉爾吉斯
KYRGYZSTAN
XINJIANG
新疆
Turpan
Depression
505 ft. (−154 m)
吐魯番窪地
ALTAI
MOUNTAINS
阿爾泰山
Selenge R.
Darhan
達爾汗
Ulan Bator
烏蘭巴托
GOBI
DESERT
戈壁沙漠
MANCHURIA
滿洲地區
(東北)
Qiqihar
Harbin
哈爾濱
Nen R.
Songhua R.
Ussuri R.
烏蘇里江
Vladivostok
Changchun
長春
Jilin
Liao R.
Shenyang
瀋陽
Fushun
Anshan
鞍山
Yalu R.
Chongjin
清津
Paektu Mt. 長白山
9,003 ft.
(2,744 m)
Hamhung
咸興
TIAN SHAN MTS.
天山山脈
Tarim R.
TAKLIMAKAN DESERT
塔克拉瑪干沙漠
Mt. Godwin Austen (K2)
28,250 ft. (8,611 m)
PAK
INNER MONGOLIA
內蒙古
Baotou
包頭
Beijing
北京
Tangshan
唐山
Tianjin
Lüda
旅大
Pyongyang
平壤
Nampo
南浦
Seoul
首爾
Inchon
仁川
Kwangju
光州
Taegu
大邱
Pusan
釜山
Bo Hai
渤海
Shandong
Peninsula
山東半島
Qingdao
青島
KUNLUN MOUNTAINS
崑崙山
Muztag
25,338 ft. (7,723 m)
西藏
TIBET
Shijiazhuang
石家莊
Taiyuan
太原
Huang He (Yellow) R.
黃河
Lanzhou
蘭州
Xi'an
西安
Zhengzhou
鄭州
Jinan
濟南
Grand Canal
大運河
Huainan
淮南
YELLOW
SEA*
黃海
INDIA
印度
Indus R.
PLATEAU OF TIBET
青藏高原
HIMALAYA
MOUNTAINS
喜馬拉雅山
Brahmaputra R.
Salween R.
Mekong R.
Yalong R.
Yangtze R.
CHINA
PROPER
中國本土
Chengdu
成都
Nanjing
南京
Shanghai
上海
Wuhan
武漢
Hangzhou
杭州
Shaoxing
紹興
NEPAL
尼泊爾
Mt. Everest
29,028 ft. (8,848 m)
BHUTAN
不丹
Ganges R.
Chongqing
重慶
Changsha
長沙
Nanchang
南昌
EAST
CHINA
SEA*
東中國海
MYANMAR
(BURMA)
緬甸
Kunming
昆明
Red R.
Guiyang
貴陽
Pingxiang
萍鄉
Xi Jiang (Pearl) R.
Guangzhou
(Canton)
廣州
(廣東)
Fuzhou
福州
Taipei
臺北
FORMOSA STRAIT
Kaohsiung
高雄
HONG KONG
香港
MACAO
澳門
Mandalay
曼德勒
VIETNAM
越南
Hanoi
Haiphong
海防市
Gulf of
Tonkin
LAOS
Vientiane
Hainan
Island
海南島
THAILAND
泰國
Rangoon
仰光
SOUTH
CHINA
SEA*
南中國海
PHILIPPINES
菲律賓
SEA
OF
JAPAN*
日本海
HOKKAIDO I.
北海道
Sapporo
札幌
Sendai
仙台
HONSHU I.
本州
Tokyo
東京
Yokohama
Mt. Fuji 富士山
12,388 ft.
(3,776 m)
Nagoya
Kyoto
京都
Kobe
神戶
Osaka
大阪
Hiroshima
SHIKOKU I.
四國
KYUSHU I.
九州
Nagasaki
長崎
KOREA STRAIT
RYUKYU ISLANDS
琉球群島
Okinawa
沖繩
PACIFIC OCEAN*
太平洋
TROPIC OF
CANCER
俄羅斯
Russia
哈薩克
Kazakhstan
吉爾吉斯斯坦
Kyrgyzstan
Tajikistan
Afghanistan
阿富汗
巴基斯坦
Pakistan
Nepal
尼泊爾
India
印度
Bangla
孟加拉
Myanmar
(Burma)
緬甸
Laos
Thailand
Cambodia
Vietnam 越南
Bay
of
Bengal
孟加拉灣
Sri Lanka 斯里蘭卡
East
China
Sea
Pacific
Ocean
太平洋
Philippines
菲律賓
South
China
Sea
南中國海
不丹
A
E

ASIA: EASTERN
亞洲：東亞

在人口最稠密的遠東地區邊緣，有個世上最荒涼的國家——蒙古。蒙古是唯一受到 1980 年代歐洲革命運動影響的亞洲共產主義國家。中國如今仍維持共產主義的政治手段，卻允許經濟依照日本以及亞洲四小龍（香港、南韓、新加坡、臺灣）的範例進行。這些國家曾引領世界經濟發展，但由於基礎 1997 年爆發亞洲金融風暴建立在不穩定的泡沫經濟上，復甦後，2008 年再度遭遇經濟衝擊。

幾世紀以來，古老的中國掌控了這個區域，影響周圍國家的語言、宗教與文化。20 世紀早期日本崛起。第二次世界大戰之初，日本的侵略，創造了一個遠至印度邊界的帝國，包括整個滿洲地區（中國東北，日本稱為滿洲國）、中國東部、韓國（朝鮮）、臺灣（福爾摩沙）、菲律賓群島、以及東南亞國家包括印尼、西太平洋島嶼以及阿拉斯加阿留申群島（日本在北美的佔據地）。

CHINA A 中國

佔地： 9,634,057 平方公里。人口數：13.6 億。首都：北京，2151 萬人。政體：共和國（共產主義）。語言：中文（中國北方話）、廣東話。宗教：20%儒教、7%佛教、2%道教。出口：加工產品、棉花、絲綢、紡織、茶、石油、石棉。氣候：西北部為乾燥與半乾燥氣候，東半部為溼潤的季風氣候，秦嶺淮河以北為溫帶季風，以南為副熱帶和熱帶季風氣候、夏季降雨豐富。□中國是世界最古老的文明古國，為第三大國家（次於俄羅斯與加拿大），擁有最多人口。中國東部沿海超過十億人集中在地球上每五個人就有一個居住在這裡。80%人口過著農村生活，超過 100 萬居民的城市超過 30 座。中國深受人口成長之苦，實行嚴格的一胎化政策。少數民族總人數超過 5000 萬，卻不到漢人人口數 6%。中文是象形文字。首都北京，毛澤東曾是共產主義革命的領導者。中國分為二十二個省、五個自治區、四個直轄市和二個特別行政區。西藏文化「自治區」被中國政府摧毀。東北為主要工業與農業區。在中北部高原的內蒙古，戈壁沙漠一部分。人口稀疏的西北地區新疆，有天山山脈、塔克拉瑪干沙漠與吐魯番窪地。中國有東部低地，中部和東南部丘陵。南方潮溼的季風氣候，使稻米可多次收成。中國東部肥沃的沖積平原是黃河與長江所沖積而成，2 條河都是發源於青藏高原。黃河由於河水夾帶的黃土，使河水成為黃色，因而得名。泥沙淤積造成黃河河床高於兩岸，容易造成洪水甚至改道。長江流經中國的商業心臟地帶，從世界最忙碌的港口上海，注入海中。中國東南方的村莊與城市，大多位於數百條河流與運河，也是交通要道。東海岸有世界最長的人口水道——連接北京與杭州的京杭大運河（1768 公里）。長城是世界最長的建築，蜿蜒 2400 公里，經過北部山脈與河谷，建造於兩千多年前，以抵禦北方游牧民族的攻擊。世界最大的建築三峽大壩在 2009 年完二，這是運用長江的水力發電建設。1949 年共產革命解決疾病與饑荒問題，卻沒有提升生活品質。1980 年代，中國的改革開放引進經濟重建與自由市場機制，卻以暴力鎮壓政治自由，導致天安門事件，透過電視廣播到全世界。

香港。有 729 萬人（93.6%中國人）擠在這個中國南部海岸的九龍半島與群島（1062 平方公里）上。1997 年，經過英國統治理 150 年後，香港回歸中國，意外造成亞洲四小龍的衰退，同年引發亞洲金融危機。近年來，香港大部分製造業轉而向中國內陸尋找廉價勞工。香港仍然是遠東地區的貿易、金融、觀光中心。從維多利亞港，可以環顧九龍地區的摩天大樓群。

澳門。在中國南方海岸，香港 64 公里以西，經歷葡萄牙統治 450 年，於 1999 年回歸中國。由隨處可見的地中海式建築可見葡萄牙的影響。由於香港禁止博弈，因此觀光客搭機前往澳門賭場。澳門曾是毒品（鴉片）貿易與外國走私貿易中心，當時有「東方摩洛哥」之稱。

JAPAN B 日本

佔地： 377,972 平方公里。人口數：1.2 億。首都：東京，約 1 億 3 千萬人。政體：君主立憲制。語言：日語。宗教：神道教、佛教。出口：汽車、貨車、船、消費型電子產品、化學品、魚、紡織。氣候：溫帶季風。北方寒冷。□「日出之國」從第二次世界大戰的毀滅中崛起，成為世界第二大工業經濟體。在美國以君主立憲制度與重建下，日本從軍國主義的戰爭機器蛻變，進口未加工原料，販售精良商品，產生大量收入，使日本快速恢復金融力量，直到亞州金融風暴。四分之三人口居住在本州，東京與橫濱大都會區擁有超過 2500 萬人口。日本的可耕地面積不大，最北的北海道為冬季休閒區，也是日本唯一的少數民族阿依努族的家鄉，這 2.5 萬名白種人為日本原住民後裔。北海道受親潮寒流影響而寒冷，南方島嶼因黑潮暖流而溫暖（見地圖 59）。神道教崇拜自然界許多神祇，可在日本的建築與造景中發現。大多數人多宗教混合，會慶祝佛教與神道教的節日。在家庭與政府都可見中國儒教的影響。現今日本文化為傳統與現代的結合，在夏季登富士山儀式中展現。富士山為神聖的火山，曾經只有宗教朝聖者，現已成為一般休閒活動，許多人為運動與美景而登山。白雪覆蓋的富士山，為日本最著名的形象。

NORTH KOREA C 北韓

佔地：120,953 平方公里。人口數：2,490 萬。首都：平壤，約 258 百萬人。政體：共和國（共產主義）。語言：韓語。宗教：官方不鼓勵任何信仰。出口：魚、石墨、鐵礦、銅、鉛、鋅。氣候：冬季嚴寒。□日本在第二次世界大戰投降，被迫撤出朝鮮半島（韓國），北韓被蘇聯佔領，南韓被美國佔領。這些國家先後撤出，朝鮮半島卻依然分裂。1950 年，北韓入侵南韓，美國與聯合國軍隊進入南韓協助。經過 3 年戰爭，軍隊僵持在原本的分界線北緯 38 度線上。美國軍隊保護南韓近 50 年。南北韓面積相近，但北韓富有礦產，南韓則有耕地以及 2 倍人口。韓語受古代中國與日本佔領的影響。經金日成長達 45 年的統治，北韓呈現喬治歐威爾小說《一九八四》中的情景，國內到處都是金日成照片。1991 年金日成死後，嚴峻的情勢在其子金正日的統治下持續。2011 年金正日離世後，其子金正恩繼承最高領導人之位，糧食短缺問題依然無解。

SOUTH KOREA D 南韓

佔地：100,210 平方公里。人口數：5,000 萬。首都：首爾，約 1,000 萬人。政體：共和國。語言：韓語。宗教：佛教、儒教、基督教。出口：消費型電子產品、汽車、紡織、化學品。氣候：溫和，夏季炎熱潮溼。□南韓從貧窮的農業國家成為「亞洲四小龍」之一，只花了 20 年。巨大財富的累積被大肆宣揚，與儒家傳統背道而馳（儒家思想通常將經商者歸為較低階層），讓貧富之間的氣氛更加緊張。1997 年金融危機使中產階級的地位下降。南韓的基督教人口佔（25%），是亞洲最大的基督教族群。統一教由文鮮明在南韓創立，總部則設在美國。

MONGOLIA E 蒙古

佔地： 1,564,116 平方公里。人口數：300 萬。首都：烏蘭巴托，約 117 萬人。政體：共和國。語言：蒙古語。宗教：佛教。出口：牲口、動物產品、氟石、鎢。氣候：乾燥與極端大陸型氣候。□這個世界最大的內陸國家，樹木比人還要稀疏。戈壁荒漠是世界最北的沙漠，佔據蒙古三分之一南方土地。13 世紀，蒙古人成吉思汗統治歷史上世界最大的陸地帝國，從東歐到中國沿海（見地圖 48）。帝國瓦解之後，經中國長期統治，此地區成為「外蒙古」。蒙古為前蘇聯忠誠的盟友，前蘇聯協助蒙古在 1924 年脫離中國而獨立。曾經為游牧民族，放牧牲口，居住在龐大、圓形、覆蓋毛毯的「蒙古包」裡生活。

TAIWAN F 臺灣

佔地： 36,193 平方公里。人口數：2,300 萬。首都：臺北，約 270 萬人。政體：共和國。語言：中文與方言。宗教：佛教、儒教、道教。出口：衣物、消費型電子產品、塑膠。氣候：副熱帶熱帶季風氣候。□1949 年，共產黨獲勝後，蔣介石軍隊與其跟隨者撤離中國，來到台灣建立「國民政府」。國民政府宣稱要反攻 160 公里的中國。不過在 1971 年，這個不太可信的夢想變得更加不可能外，因為中國在聯合國取代臺灣的位置。遠東「亞洲四小龍」光環已不再。居民多居住在沿海地區。內陸森林提供世界半數的樟樹需求，用在化學品、製藥與化妝品。在經濟上中國很歡迎臺灣的投資。

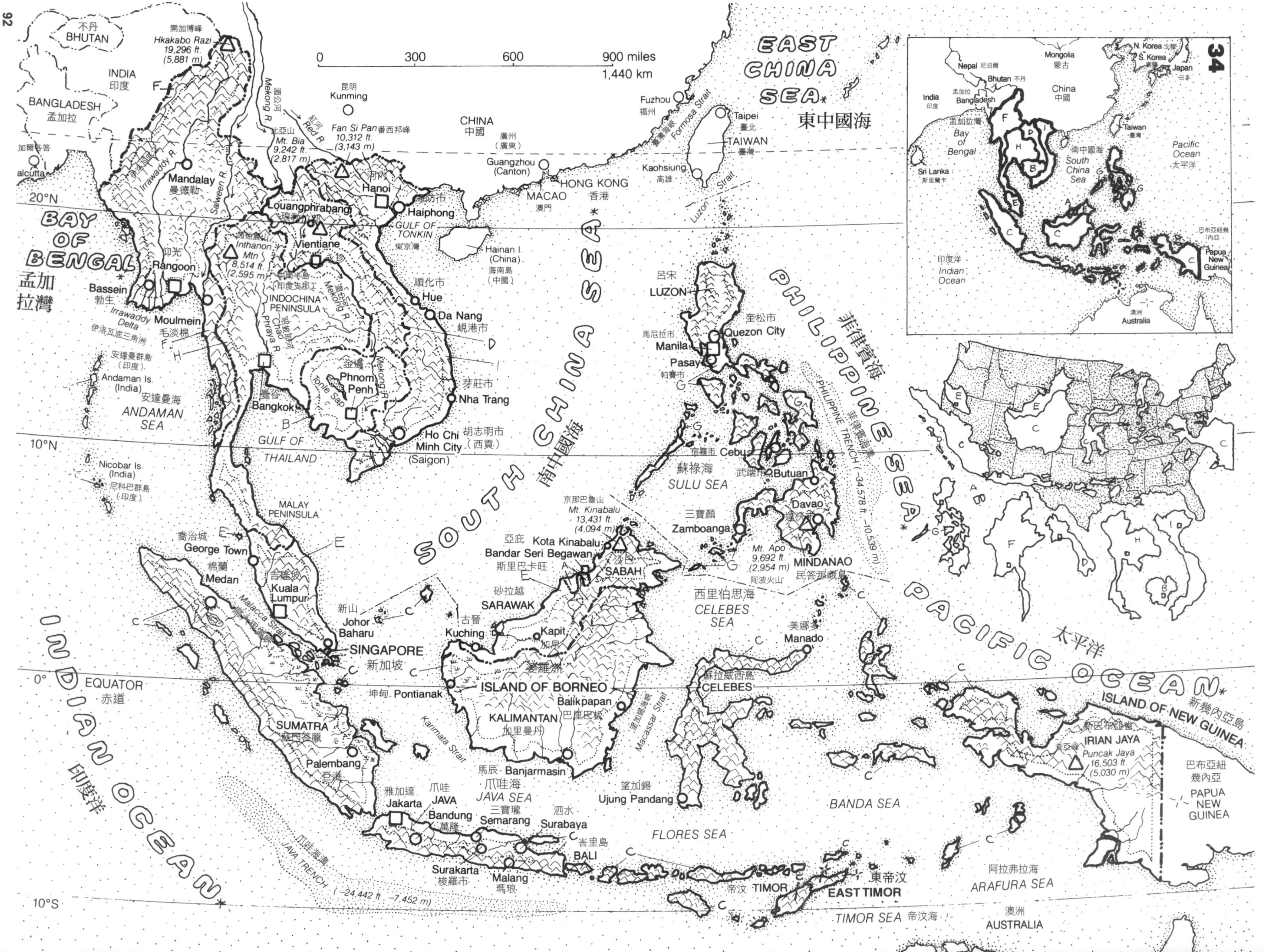
34
0 300 600 900 miles
1,440 km
EAST CHINA SEA
東中國海
SOUTH CHINA SEA
南中國海
PHILIPPINE SEA
菲律賓海
PHILIPPINE TRENCH (−34,578 ft. −10,539 m)
菲律賓海溝
PACIFIC OCEAN
太平洋
INDIAN OCEAN
印度洋
BAY OF BENGAL
孟加拉灣
ANDAMAN SEA
安達曼海
GULF OF THAILAND
GULF OF TONKIN
東京灣
SULU SEA
蘇祿海
CELEBES SEA
西里伯思海
JAVA SEA
爪哇海
FLORES SEA
BANDA SEA
TIMOR SEA
帝汶海
ARAFURA SEA
阿拉弗拉海
JAVA TRENCH (−24,442 ft. −7,452 m)
爪哇海溝
Formosa Strait
Luzon Strait
Malacca Strait
Karimata Strait
Macassar Strait
望加錫海峽
EQUATOR
赤道
20°N
10°N
0°
10°S
CHINA
中國
INDIA
印度
BHUTAN
不丹
BANGLADESH
孟加拉
AUSTRALIA
澳洲
PAPUA NEW GUINEA
巴布亞紐幾內亞
ISLAND OF NEW GUINEA
新幾內亞島
IRIAN JAYA
新因布亞省
Puncak Jaya
16,503 ft.
(5,030 m)
查亞峰
Hkakabo Razi
19,296 ft.
(5,881 m)
開加博峰
Fan Si Pan
10,312 ft.
(3,143 m)
番西邦峰
Mt. Bia
9,242 ft.
(2,817 m)
比亞山
Inthanon Mtn
8,514 ft.
(2,595 m)
Mt. Kinabalu
13,431 ft.
(4,094 m)
京那巴魯山
Mt. Apo
9,692 ft.
(2,954 m)
阿波火山
Mekong R.
湄公河
Red R.
紅河
Irrawaddy R.
Salween R.
Chao Phraya R.
湄南河
Tonle Sap
Irrawaddy Delta
伊洛瓦底三角洲
INDOCHINA PENINSULA
印度支那半島
MALAY PENINSULA
Kunming
昆明
Guangzhou
(Canton)
廣州
(廣東)
HONG KONG
香港
MACAO
澳門
Fuzhou
福州
Taipei
臺北
TAIWAN
臺灣
Kaohsiung
高雄
Hainan I.
(China)
海南島
(中國)
Hanoi
河內
Haiphong
海防市
Louangphrabang
琅勃拉邦
Vientiane
永珍
Hue
順化市
Da Nang
峴港市
Nha Trang
芽莊市
Ho Chi Minh City
(Saigon)
胡志明市
(西貢)
Phnom Penh
金邊
Bangkok
曼谷
Mandalay
曼德勒
Rangoon
仰光
Bassein
勃生
Moulmein
毛淡棉
Andaman Is.
(India)
安達曼群島
(印度)
Nicobar Is.
(India)
尼科巴群島
(印度)
Calcutta
加爾各答
George Town
喬治城
Medan
棉蘭
Kuala Lumpur
吉隆坡
Johor Baharu
新山
SINGAPORE
新加坡
SUMATRA
蘇門答臘
Palembang
巨港
Jakarta
雅加達
JAVA
爪哇
Bandung
萬隆
Semarang
三寶壟
Surabaya
泗水
Surakarta
梭羅市
Malang
瑪琅
BALI
峇里島
TIMOR
帝汶
EAST TIMOR
東帝汶
ISLAND OF BORNEO
婆羅洲
KALIMANTAN
加里曼丹
SARAWAK
砂拉越
SABAH
沙巴
Kuching
古晉
Pontianak
坤甸
Kapit
加帛
Balikpapan
巴里巴坂
Banjarmasin
馬辰
Bandar Seri Begawan
斯里巴卡旺
Kota Kinabalu
亞庇
CELEBES
蘇拉威西島
Manado
美娜多
Ujung Pandang
望加錫
LUZON
呂宋
Quezon City
奎松市
Manila
馬尼拉市
Pasay
帕賽市
Cebu
宿霧市
Butuan
武端市
Davao
達沃市
Zamboanga
三寶顏
MINDANAO
民答那峨島
Mongolia
蒙古
N. Korea
北韓
S. Korea
南韓
Japan
日本
Nepal
尼泊爾
Bhutan
不丹
Bangladesh
孟加拉
India
印度
China
中國
Taiwan
臺灣
Sri Lanka
斯里蘭卡
Bay of Bengal
孟加拉灣
South China Sea
南中國海
Pacific Ocean
太平洋
Indian Ocean
印度洋
Papua New Guinea
巴布亞紐幾內亞
Australia
澳洲

ASIA: SOUTHEASTERN 亞洲：東南亞

東南亞國家位於中南半島、馬來半島、馬來群島（南洋群島）以及菲律賓群島。此區域多山、多林、溫暖、極端潮溼，季節性降雨。河流與運河在許多地區扮演道路功能。住宅以高腳屋形式建造，來防洪水與野生動物。水景維持了人民日常魚類與稻米飲食。馬來西亞、印尼與泰國為世界主要的橡膠產地。橡膠樹在 19 世紀從南美洲進口。柚木、黑檀木、桃花心木與紫檀的熱帶硬木林，生長需要 200 年，但卻以成長速率被砍伐。大象在伐木工業擔任貨車功能，水牛是農耕的重要動物。汶萊、馬來西亞與印尼為伊斯蘭國家。中南半島上的國家，柬埔寨為共產主義，寮國與越南（包括法屬中南半島）為佛教國家。到處可見寺廟。英國曾經佔領汶萊、緬甸、馬來西亞與新加坡。荷蘭統治印尼（荷屬東印度）長達 300 年。東亞唯一的基督教國家菲律賓，曾受西班牙與美國統治。2002 年，東帝汶（見印尼）獨立。

BRUNEI A 汶萊

佔地：5,762 平方公里。人口數：40 萬。首都：斯里巴卡旺，約 14 萬人。政體：蘇丹國。語言：馬來語、英語。宗教：伊斯蘭教。出口：石油、天然氣、橡膠。氣候：炎熱潮溼。□汶萊跟富裕的阿拉伯石油國家相似，蘇丹王是世界最富有的人，富有的居民多為穆斯林。不徵稅，社會福利皆免費。大部分商業活動為華人（20%）發展。馬來西亞一個帶狀地區，將汶萊分為兩個部分。

CAMBODIA B 柬埔寨

佔地：181,035 平方公里。人口數：1,520 萬。首都：金邊，約 150 萬人。政體：君主立憲制。語言：高棉語。宗教：佛教。出口：橡膠、稻米、木材。氣候：熱帶。□柬埔寨呈圓盤狀，廣大的中央平原地區，圍繞著洞裡薩湖（大湖）。此湖提供魚肉蛋白質，泛濫平原可種植稻米。多數柬埔寨人是高棉族，此地最古老的民族自西元 700 年至 1200 年統治中南半島。1975 年，赤色高棉的激進共產主義，以恐怖主義殺害超過 100 萬名柬埔寨人。「殺戮戰場」遍布反抗者的屍體，有知識分子、牧師、記者、專家、自由主義者、教師、商人以及他們的家人，甚至任何戴眼鏡的人。城市宛如空城，居民被送往鄉下勞改。1979 年，越南武力驅趕赤色高棉，1989 年越南撤退，柬埔寨開始朝民主國家發展，目前實行君主立憲制度。

INDONESIA C 印尼

佔地：1,919,440 平方公里。人口數：2.4 億。首都：雅加達，約 1000 萬人。政體：共和制。語言：印尼語。宗教：伊斯蘭教。出口：石油、木材、橡膠、錫、咖啡、棕櫚油、糖。氣候：熱帶。□印尼擁有超過 1.7 萬座島嶼，座落赤道上。馬來群島為世界最長的島鏈（總長度大於美國東西長）。印尼為世界第四大人口國，因而成為世界最大伊斯蘭國家。將近 1.2 億人口居住在爪哇島，此島與美國阿拉巴馬州一樣大。只佔總人口數 2%的華人，掌握多數的經濟利益貪府的蘇哈托家族帶來很多經濟問題，1998 年，印尼於亞洲金融風暴經濟遭受重創，導致蘇哈托政權 1998 年下台。蘇哈托被指控在 1960 年代謀殺 50 萬名疑似共產主義者，並鎮壓與謀殺數千名東帝汶居民。東帝汶曾是葡萄牙殖民地，1970 年代被印尼併吞。東帝汶於 2002 脫離印尼獨立。印尼人相信靈魂，追隨伊斯蘭教導。峇里島位於爪哇島外海，印度教在此建立華麗的寺廟。峇里島壯闊的美景、音樂與舞蹈的高水準文化，吸引無數國際觀光客。最大州——加里曼丹，擁有婆羅洲富含石油的島嶼。印尼有許多地震活動，擁有最多活火山。1883 年，歷史上最大的喀拉喀托火山爆發，釀成巨災，爆炸聲傳到數千里外，火山灰噴發進入大氣層，影響地球多年氣候。

LAOS D 寮國

佔地：236,800 平方公里。人口數：650 萬。首都：永珍，約 78 萬人。政體：共和國（共產主義）。語言：寮語。宗教：佛教。出口：錫、咖啡、木材。氣候：熱帶。□四面環陸的寮國是一個貧窮的國家，夾在泰國與越南兩個歷史大國之間。由於公路交通不發達，以西界湄公河為主要通路，沒有鐵路。各民族居民居大多住在湄公河谷。寮國在越戰期間曾被美國嚴重轟炸，因為北越利用寮國作為「胡志明小徑」運輸軍火攻打南越。1975 年共產黨掌權，造成數千名寮國難民。

MALAYSIA E 馬來西亞

佔地：329,845 平方公里。人口數：3,000 萬。首都：吉隆坡，約 158 萬人。政體：君主立憲制。語言：馬來語、華語。宗教：50%伊斯蘭教、35%佛教。出口：石油、錫、橡膠、棕櫚油、辛香料。氣候：熱帶。□馬來西亞是個伊斯蘭教國的聯邦，富含石油的砂拉越與沙巴，位於婆羅洲北部地區。80%人口居住在馬來半島南端。為橡膠、錫與棕櫚油的主要製造國。1997 年，受到亞洲金融風暴撼動。握有政治權勢的穆斯林馬來人，與掌控經濟的華人佛教徒情勢持續緊張。

MYANMAR (BURMA) F 緬甸

佔地：676,578 平方公里。人口數：6,000 萬。首都：奈比多，約 92 萬人。政體：聯邦共和。語言：緬甸語。宗教：佛教。出口：稻米、柚木、糖、寶石、橡膠。氣候：熱帶。□緬甸的英文名稱原為「Burma」，軍閥獨裁者更改為「Myanmar」，長久受軍政府控制，與國際社會隔絕。伊洛瓦底江是該國的主要通路，流經農業與人口中心。伊洛瓦底江三角洲是世界重要的稻米產地。仰光為 2005 年之前的首都，仰光大金寺是一座擁有 2500 年歷史的寶塔，裝飾華麗，尖塔覆蓋金葉。周圍山區居住超過一百個不同民族的部落。

PHILIPPINES G 菲律賓

佔地：299,764 平方公里。人口數：1 億。首都：馬尼拉，約 150 萬人。政體：共和國。語言：菲律賓語、英語。宗教：羅馬天主教。出口：木材、椰乾、馬尼拉麻、糖、銅。氣候：熱帶溼潤熱帶季風。□菲律賓群島由 7000 座島嶼組成，只有十分之一有人居住，地震頻繁、火山活躍。最大的呂宋島與民答那峨島是全國三分之二人口的家。祖先主要是馬來人，其次為玻里尼西亞人。菲律賓的歷史與拉丁美洲國家相似，西班牙殖民長達 3 世紀（且 1521 年麥哲倫發現菲律賓），以天主教為主，首都馬尼拉的貧富差距大，現代建築與貧民窟形成驚人對比，貧窮蔓延導致左翼游擊行動，沒有土地重整規劃。1898 年美西戰爭之後，美國向西班牙要求割讓菲律賓，自此殖民 48 年。引進美式教育系統，英語為最主要語言。菲律賓為椰乾（椰子果肉）與馬尼拉麻的主要產地。稻米為主要作物，兩千年前高山裡就有梯田開始種稻。

SINGAPORE C 新加坡

新加坡，1819 年，英國東印度公司為了貿易而開發新加坡，從此成為東南亞主要船運港口。這個小島共和國（588 平方公里），有 2 座不到 2 公里長的通道，與馬來西亞連結。曾為「亞洲四小龍」之首，為金融、製造業、消費型電子產品、石油與橡膠製造、造船與船運產業中心。546 萬人口有四分之三為華人，主要居住在新加坡市區，以嚴格法律聞名。著名前總理李光耀執政 31 年，於 2015 年逝世。

THAILAND H 泰國

佔地：513120 平方公里。人口數：6600 萬。首都：曼谷，約 800 萬人。政體：君主立憲制。語言：泰語。宗教：佛教。出口：橡膠、錫、柚木、竹子、手工產品。氣候：熱帶。□泰國舊名暹羅，倚賴水為生。首都曼谷位於招批耶河口。昭批耶河下游平原，被譽為「泰國糧倉」，也是繁榮經濟的心臟地帶。河道運輸許多柚木林的伐木。各村莊都有自己的佛寺，每個泰國男孩都需度過幾個月的剃度生活。泰國的泰語字義是「自由國度」，有技巧的外交手段，使泰國 700 年來始終獨立。在第一次事件大戰期間，提供英國與法國武力援助，以交換維持泰國主權。國內有 20 多個民族，主要為泰族，佔人口總數 75 %，有大約 31.1%的泰國人口集中在曼谷等大城市。

VIETNAM I 越南

佔地：331210 平方公里。人口數：9000 萬。首都：河內，約 645 萬人。政體：共和國（社會主義）。語言：越語。宗教：佛教。出口：煤炭、木材、橡膠、稻米。氣候：熱帶。□越南多山脈。廣大人口集中在兩個三角洲地區，由海岸狹長的帶狀低地連接。首都河內在北部，位於淤泥染色的紅河三角洲上。南部的湄公河三角洲源自西藏，距離 5120 公里。最大的城市胡志明市，舊名西貢，人口 700 萬，位於湄公河三角洲，富有法國色彩。第二次世界大戰期間，胡志明領導越南共產分子抵抗日本侵略。1945 年脫離法國獨立。由於中國 900 年的佔領，越南仇恨中國。美國不顧這段歷史，誤以為共產主義領導的國族運動，為中國擴張主義所導致，因此決定介入越南政局。1960 年起，越共支持的北越，在南越發動游擊戰，南北越之間的越戰爆發，北越由蘇聯及中國支援，南越則主要由美國支援。這場戰爭不僅導致幾百萬名越南人死亡，駐越美軍也傷亡慘重。1975 年，長達 30 年的越戰結束，翌年南北越統一為越南社會主義共和國。此後中越邊境衝突仍不斷發生，1989 年兩國衝突結束。

本頁不需著色

OCEANIA 大洋洲

地圖 35, 36

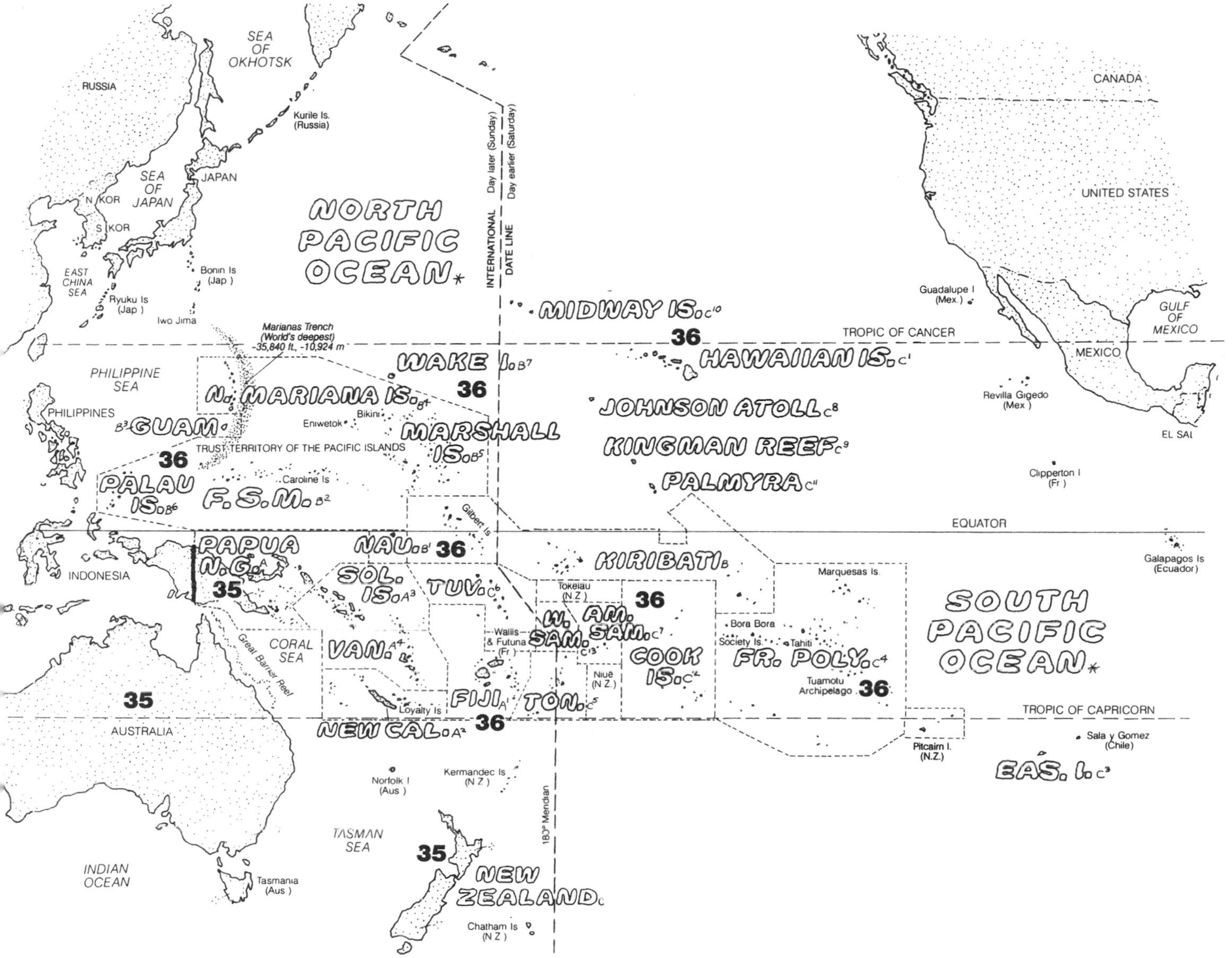

35 OCEANIA I 大洋洲 I

Australia, New Zealand, and Papua New Guinea
澳洲、紐西蘭與巴布紐幾內亞

36 OCEANIA II 大洋洲 II：

Melanesia: 美拉尼西亞：
Fiji, New Caledonia, Solomon Islands, and Vanuatu
斐濟、新喀里多尼亞、索羅門群島與萬那杜

Micronesia: 密克羅尼西亞：
Kiribati, Nauru, Palau, and U.S. Territories
吉里巴斯、諾魯、帛琉與美屬領地

Polynesia: 玻里尼西亞：
Cook Islands, Easter Island, French Polynesia,
Tonga, Tuvalu, U.S. Territories, and Western Samoa
庫克群島、復活島、法屬玻里尼西亞、
東加、吐瓦魯、美屬領地、西薩摩亞

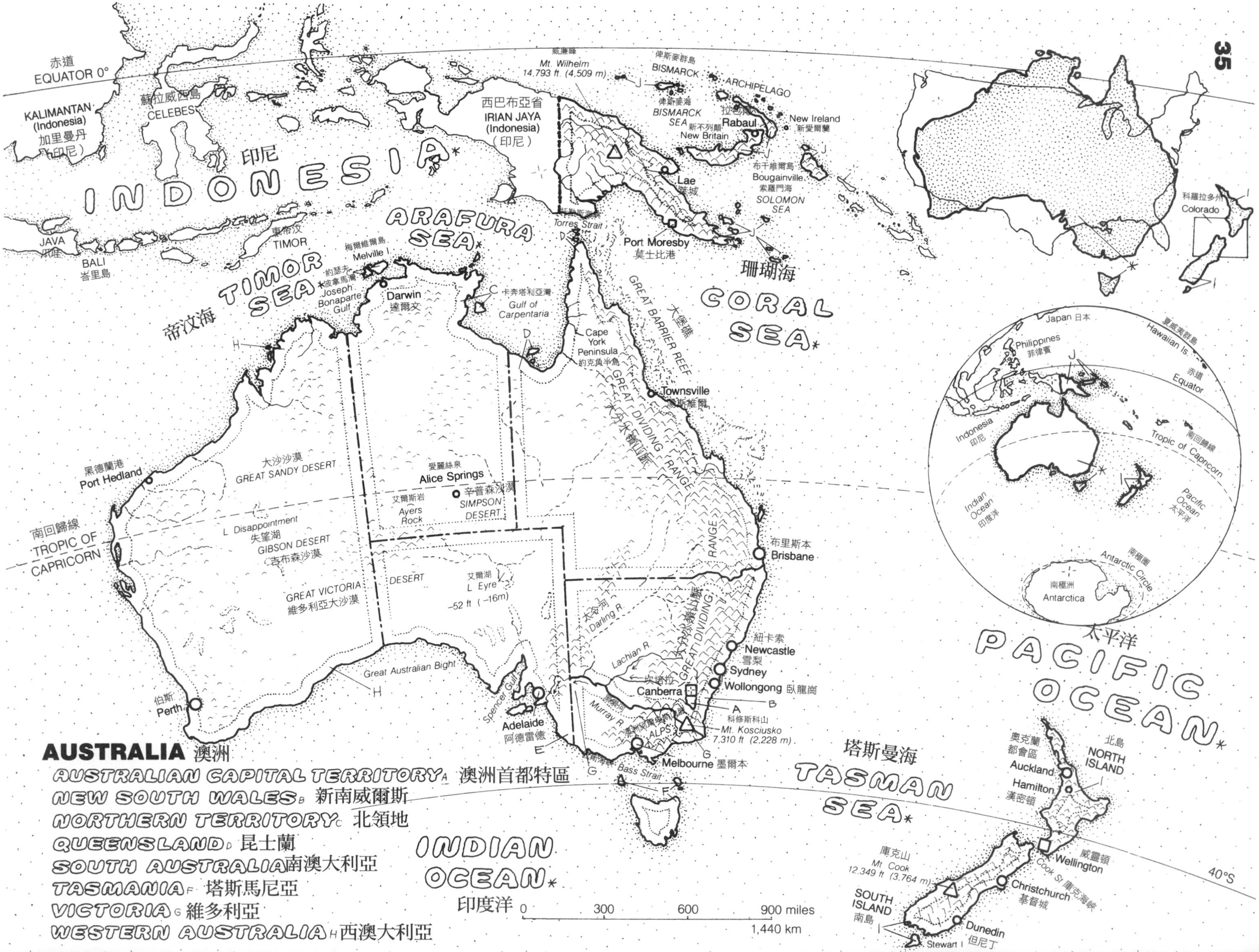
AUSTRALIA 澳洲
AUSTRALIAN CAPITAL TERRITORY A 澳洲首都特區
NEW SOUTH WALES B 新南威爾斯
NORTHERN TERRITORY C 北領地
QUEENSLAND D 昆士蘭
SOUTH AUSTRALIA E 南澳大利亞
TASMANIA F 塔斯馬尼亞
VICTORIA G 維多利亞
WESTERN AUSTRALIA H 西澳大利亞
赤道
EQUATOR 0°
KALIMANTAN (Indonesia)
加里曼丹（印尼）
CELEBES
印尼
INDONESIA*
JAVA
BALI
峇里島
TIMOR
帝汶海
TIMOR SEA*
ARAFURA SEA*
西巴布亞省
IRIAN JAYA (Indonesia)
（印尼）
威廉峰
Mt. Wilhelm
14,793 ft (4,509 m)
俾斯麥群島
BISMARCK ARCHIPELAGO
俾斯麥海
BISMARCK SEA
新不列顛
New Britain
Rabaul
New Ireland
新愛爾蘭
Lae
布干維爾島
Bougainville
索羅門海
SOLOMON SEA
Torres Strait
Port Moresby
莫士比港
珊瑚海
CORAL SEA*
梅爾維爾島
Melville I.
約瑟夫·波拿馬灣
Joseph Bonaparte Gulf
Darwin
達爾文
卡奔塔利亞灣
Gulf of Carpentaria
Cape York Peninsula
約克角半島
大堡礁
GREAT BARRIER REEF
Townsville
GREAT DIVIDING RANGE
大分水嶺山脈
黑德蘭港
Port Hedland
大沙沙漠
GREAT SANDY DESERT
愛麗絲泉
Alice Springs
艾爾斯岩
Ayers Rock
辛普森沙漠
SIMPSON DESERT
南回歸線
TROPIC OF CAPRICORN
L. Disappointment
失望湖
GIBSON DESERT
吉布森沙漠
GREAT VICTORIA DESERT
維多利亞大沙漠
艾爾湖
L. Eyre
−52 ft (−16m)
布里斯本
Brisbane
Darling R.
Lachlan R.
Murray R.
紐卡索
Newcastle
雪梨
Sydney
Wollongong 臥龍崗
坎培拉
Canberra
科修斯科山
Mt. Kosciusko
7,310 ft (2,228 m)
ALPS
Melbourne 墨爾本
Bass Strait
Great Australian Bight
Spencer Gulf
Adelaide
阿德雷德
伯斯
Perth
INDIAN OCEAN*
印度洋
0 300 600 900 miles
1,440 km
塔斯曼海
TASMAN SEA*
太平洋
PACIFIC OCEAN*
奧克蘭都會區
Auckland
Hamilton
漢密頓
北島
NORTH ISLAND
威靈頓
Wellington
Cook St. 庫克海峽
Christchurch
基督城
庫克山
Mt. Cook
12,349 ft (3,764 m)
SOUTH ISLAND
南島
Dunedin
但尼丁
Stewart I.
40°S
科羅拉多州
Colorado
Japan 日本
夏威夷群島
Hawaiian Is.
Philippines
菲律賓
赤道
Equator
Indonesia
印尼
南回歸線
Tropic of Capricorn
Indian Ocean
印度洋
Pacific Ocean
太平洋
南極圈
Antarctic Circle
南極洲
Antarctica

OCEANIA I
大洋洲 I

大洋洲分佈在一個廣闊的水域，有數千座島嶼四處分散。大洋洲且涵蓋 12800 公里寬，從澳洲到太平洋中部。澳洲是中最大的島，可稱為大陸，與其他大陸相比較，澳洲是最小、最乾、最低、最平也最古老的陸塊。在 30 億年的歷史中，澳洲大陸被不斷侵蝕，成為世界上唯一沒有高山的大陸，超過 1000 公尺的山地面積低於 1％。東岸大分水嶺山脈是澳洲大陸最高的山脈，科修斯科山海拔 2230 公尺，是全澳最高峰，南方山區提供冬季休閒活動，夏季融冰灌溉西部低地。越往澳洲與紐西蘭南部，氣候越涼爽。紐西蘭的兩個主要島嶼，在澳洲東南海面上 1920 公里，與平坦、炎熱、乾燥的澳洲相反。紐西蘭綠意盎然，多丘陵，氣候潮溼。南島一些山頂終年白雪覆蓋。

澳洲西部三分之二為低台地區，是沙漠面積大最的大陸。在這個台地與東部肥沃海岸的大分水嶺之間，有乾燥的低地——大自流盆地，有地下水，因受壓在地表缺口噴出。地下水源頭來自東邊的山脈，鹽分很高，不能飲用，造成土地耕種有限，但可供應數百萬隻綿羊放牧。因大分水嶺山脈阻擋東南信風，造成澳洲中部與西部的河流與湖泊幾乎全年乾燥（地圖上的虛線）。

大堡礁，世界最大的珊瑚礁，在澳洲東北海岸邊平行延伸 2000 公里。這個多彩的潛水勝地擁有 2500 座獨立珊瑚礁群，是數千種海洋生物的溫床。礁岩由數百種海洋珊瑚礁的骨骼形成，水溫常年攝氏 18.3 度。

澳洲與其它大洋洲的島嶼大部分是半乾燥或荒漠地帶，但生態環境極為豐富，包括從高地的荒原到熱帶的雨林，由於與其他大陸分離數百萬年（見地圖 2），許多植物與動物都是當地特有種。有袋類動物（具有體外育兒袋的哺乳類），最有名的是袋鼠，為澳洲獨有。非有袋類動物：鴨嘴獸與針鼴鼠，是全世界唯一會下蛋的哺乳類。此處只有一種胎生哺乳類：蝙蝠，其他哺乳類動物都沒有能力跨越海洋。澳洲野犬，在澳洲已經漫遊數千年的野生犬類，最早跟著原住民從亞洲而來。鴯鶓與食火雞，與駝鳥相似的大型鳥類。無尾熊，一種食葉、長得像泰迪熊的有袋類動物，出現在高大的尤加利樹上。尤加利樹上有超過 400 種生物物種，阿拉伯膠樹上有超過 600 種生物物種。

AUSTRALIA＊澳洲

佔地：7692024 平方公里。人口數：2313 萬。首都：坎培拉，約 35 萬人。政體：君主立憲制。語言：英語。宗教：新教。出口：羊毛、鐵礦、煤炭、鋁礬土、牛肉、穀片、糖。氣候：北方熱帶地區，豐厚冬季雨水，東海岸溫和，塔斯馬尼亞省涼爽潮溼，其他地區乾燥季節性炎熱。□澳洲是最小的大陸，卻是最大的國家之一（大約等於美國不含阿拉斯加），因為位處赤道南方，曾被稱為「南方大陸」。澳大利亞名稱來自拉丁文 australis 意指「南方」。澳洲海岸地區被荷蘭、葡萄牙、西班牙在 17 世紀早期發現。1770 年，庫克船長抵達此地，宣告屬於大英帝國。最早的移民來自英國海外服刑殖民，因此多年只有英國及愛爾蘭移民。澳洲為亞洲東南方的英國屬地，與英國相隔遙遠。1901 年獨立，第二次世界大戰後，允許其他歐洲族裔移民，後來移民法擴張，亞洲國籍也可移民，澳洲成為最多種族、文化的國家，將近四分之一人口為國外出生。第一批歐洲人進駐時，大陸上有大約 30 萬原住民，祖先在 2 至 5 萬年前移居至此。黑皮膚的游牧民族，由於歐洲傳染病與錯誤的治療，幾乎消失。澳洲政府努力使原住民人口增加（目前大約有 50 萬人），擁有部落土地以及文化，或者選擇融入澳洲社會。最知名的迴旋鏢，是原住民的發明。原住民的藝術作品吸引國際注目。

工業繁忙，最大的財富來源為採礦與農業。鋁礬土為世界最大開採地，有大量鐵礦、煤炭、鉛與鋅藏量。澳洲是世界羊毛主要產地，以美利諾綿羊為主，在炎熱、乾燥的內陸成長，因此也是羊肉與羊的主要出口國。牲口悠遊在氣候溫和的大荒漠（稱為「outback」），空間很大。由於澳洲面積太大，造成人口稀疏，內陸地區醫療資源必須飛機運送，有些兒童只能在家進行遠距教育。

澳洲人多居住在城市中。人口集中地區、農田與工業區是在東南方的新南威爾斯海岸。第一大城為雪梨是最大的城市（450 萬人），是世界最大的天然港之一。雪梨歌劇院，多瓣形的屋頂，仿造船帆。澳洲由六個州與兩個領地組成。澳大利亞首都領地很小，位於新南威爾斯，為首都坎培拉所在，也是唯一不靠海的大城。維多利亞是重要的農耕州，位於東南海岸。墨爾本為第二大城市（420 萬人），也是重要港口。塔斯馬尼亞州最小，位於大陸東南方外海的島嶼。大分水嶺南側陷落，形成巴斯海峽，餘脈形成塔斯馬尼亞島，是重要的蘋果種植地和觀光休閒區。昆士蘭位居東北角，大草原適合畜養牲口。北領地、南澳大利亞與西澳大利亞，此 3 州佔澳洲三分之二面積。除了南岸一條狹窄的地中海型氣候環狀地帶，多是貧瘠的沙漠。艾爾斯岩矗立在澳洲中部，可能是世界最大的獨立巨石塊，是原住民的聖物，從平坦的沙漠平地突然聳立，高 348 公尺，長 3 公里。只有 5%露出地面。

NEW ZEALAND，紐西蘭

佔地：268021 平方公里。人口數：424 萬。首都：威靈頓，約 40 萬人。政體：君主立憲制。語言：英語、毛利語。宗教：新教。出口：乳製品、羊肉、羊毛、水果、魚、紙製品。氣候：溫和，氣溫根據緯度與海拔而有所不同。□溫和的天氣、充足的降雨、肥沃的土壤，紐西蘭是良好的放牧地，因而成為世界最大的乳製品與羊肉出口國，也是第二大羊毛製造地。蘭花的收成時節剛好北半球冬季，因此常常供不應求。船運通過紐西蘭北島最大的城市奧克蘭（140 萬人），佔紐西蘭人口四分之三。

紐西蘭在 1642 年由荷蘭探險家亞伯塔斯曼發現，之後受到 700 年前來自波利尼西亞的毛利人驅逐。1769 年，庫克船長與原住民建立良好關係，英國人隨即進駐。19 世紀早期，毛利人想要驅離移民者，與英國軍隊開打，雙方到 1840 年簽訂和平協議，英國可在當地建立政權，並保證毛利人的土地所有權。協議的詮釋有爭議，目前受到政府致力於尊重毛利人的文明及財產權。毛利人約占人口的 10%，波利尼西亞後裔與紐西蘭歐洲後裔之間普遍通婚。紐西蘭一直都是政治進步的國家，是世界上第一個實行社會福利法的國家。1893 年，紐西蘭成為世界女性第一個擁有投票權的國家。

紐西蘭位處太平洋板塊隱沒印澳板塊的交界點（見地圖 2），有活躍的地理特性。北島中央為貧瘠的高地，活火山、煙霧蒸騰的噴氣孔（水蒸氣出口）、強力噴泉、滾燙的溫泉、冒泡的泥漿池，地勢險惡。1961 年建立世界第一個地熱發電廠。河川急流也提供水力發電。最高的山脈位於崎嶇的南島，西南海岸稱為菲奧德蘭。米爾福德峽灣有世界最高的海岸斷崖，高度數千公尺。少光、鹽水、淡水與溫水的特殊環境，造就獨特的海洋生態，形成世界最大的黑色珊瑚礁構造。紐西蘭沒有蛇類，有 1 種原生爬蟲類喙頭蜥，是由恐龍演化而來。恐鳥為巨大的鳥類（37 公尺高），因毛利部落捕獵而絕種。奇異果（kiwi）不只是水果，也是一種無翅鳥類，是紐西蘭的象徵。

PAPUA NEW GUINEA，巴布亞紐幾內亞

佔地：462840 平方公里。人口數：700 萬。首都：莫士比港，約 30 萬人。政體：君主立憲制。語言：英語、近 700 種方言。出口：銅、咖啡、可可亞、椰乾、木材。氣候：熱帶潮溼。□巴布亞紐幾內亞，包含紐幾內亞島東半部、俾斯麥群島、索羅門群島中的布加島與布干維爾島，以及約 600 座小島。世界最早的人類曾居住在這個國家，有些地區仍未被探索。深色皮膚的美拉尼西亞人擁有多種文化，使用超過 700 種語言。一般人使用極富方言色彩的英語。19 世紀末，島嶼北部被德國掌控，第一次世界大戰之後交給澳洲。巴布亞紐幾內亞在 1975 年獨立，成為大英國協成員國。

地圖 36 中，左邊垂直的虛線代表國際換日線。由東向西越過此線，日期需加一天；由西向東越過此線，日期需減一天。換日線是地球 24 條子午線（經線）之一，每條間隔 15 度，各代表 1 小時，1884 年在美國華盛頓召開的國際子午線會議上，各國決定將通過格林尼治天文台的經線作為標準零度經線（本初子午線）。

大洋洲 II：太平洋群島
OCEANIA II: PACIFIC OCEAN ISLANDS

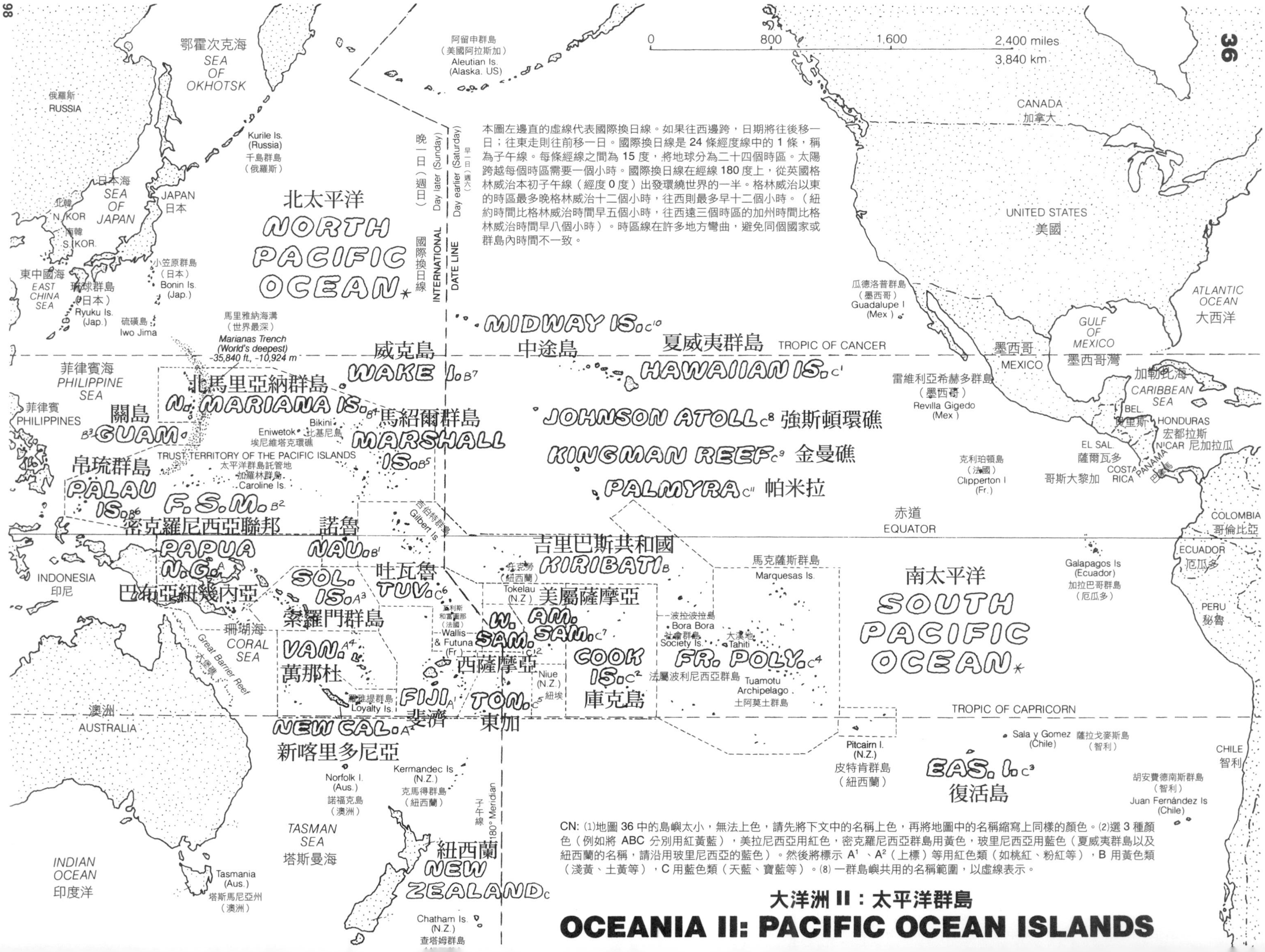

本圖左邊直的虛線代表國際換日線。如果往西邊跨，日期將往後移一日；往東走則往前移一日。國際換日線是 24 條經度線中的 1 條，稱為子午線。每條經線之間為 15 度，將地球分為二十四個時區。太陽跨越每個時區需要一個小時。國際換日線在經線 180 度上，從英國格林威治本初子午線（經度 0 度）出發環繞世界的一半。格林威治以東的時區最多晚格林威治十二個小時，往西則最多早十二個小時。（紐約時間比格林威治時間早五個小時，往西遠三個時區的加州時間比格林威治時間早八個小時）。時區線在許多地方彎曲，避免同個國家或群島內時間不一致。

CN: (1)地圖 36 中的島嶼太小，無法上色，請先將下文中的名稱上色，再將地圖中的名稱縮寫上同樣的顏色。(2)選 3 種顏色（例如將 ABC 分別用紅黃藍），美拉尼西亞用紅色，密克羅尼西亞群島用黃色，玻里尼西亞用藍色（夏威夷群島以及紐西蘭的名稱，請沿用玻里尼西亞的藍色）。然後將標示 A^1、A^2（上標）等用紅色類（如桃紅、粉紅等），B 用黃色類（淺黃、土黃等），C 用藍色類（天藍、寶藍等）。(8) 一群島嶼共用的名稱範圍，以虛線表示。

大洋洲島嶼位於太平洋西南方，區域分成：美拉尼西亞、密克羅尼西亞與玻里尼西亞。美拉尼西亞（黑島）是紐幾內亞與部分東南方島嶼，名稱來自居民的皮膚顏色。密克羅尼西亞（小島）名稱指島的尺寸，位於美拉尼西亞北方。玻里尼西亞（多島）為太平洋一個巨大三角區。

太平洋群島為珊瑚礁或沉潛火山伸出海面的結構。後者為地震與火山爆發活躍帶高聳的山頂能使水氣凝結，使火山島比礁島溼潤。老火山島的土壤，例如夏威夷，因逐漸瓦解的火山岩而肥沃。珊瑚礁是由碳酸鈣成份的珊瑚蟲骨骸形成，泥土較薄，大多為環礁（環狀島嶼，中間圍繞著潟湖）。以火山頂端為圓點，延圓周產生珊瑚礁，塌陷入海平面，形成珊瑚礁環繞的潟湖。

太平洋是世界最深、最大的海洋，涵蓋地球的一半。太平洋並非總是太平，西太平洋的颱風會造成可怕的災害，風勢通常比東太平洋與大西洋的颶風更強大。由於信風調節赤道熱量與溼度，大洋洲氣候舒適。

大洋洲在西方神話中，是「南方」的島嶼天堂，閃爍的白沙灘、搖曳的棕櫚樹、清澈的海水與迷人的原住民，追求無無拘無束的生活，食物無缺，整天唱歌跳舞。這是歐洲人在 16 世紀的想像，不過後來此地的原生社會，被殖民、疾病、基督教傳教士、商業發展與武力戰爭徹底改變。現在歐洲與亞洲移民是島嶼的主要人口，現代社會改變了傳統村落文化。

MELANESIA 美拉尼西亞

意指「黑島」，此地居民與澳洲原住民，為大洋洲膚色最深的民族。這些矮小、強而有力、捲髮的人，可能是最早亞洲移民的後裔。某些部落仍呈現石器時代的生活，習俗仍是以物易物。

FIJI A^1 斐濟

佔地：18274 平方公里。人口數：85 萬。首都：蘇瓦，約 7.7 萬人。政體：共和國。語言：英語、斐濟語、印度語。宗教：50%基督教、40%印度教。出口：糖、椰乾、黃金、石油。□斐濟 87%的土地由維提島和瓦努阿島 2 座大火山島組成，其餘還有 800 座島嶼，大多為較低的環狀礁島。19 世紀來自印度的勞工，後裔富裕，人數大於原居的美拉尼西亞人。

NEW CALEDONIA A^2 新喀里多尼亞

佔地：18575 平方公里。人口數：24 萬。首都：努美阿，約 9 萬人。政體：法國海外領地。語言：法語，方言。宗教：60%羅馬天主教、30%新教。出口：鎳、鐵、牛隻、咖啡。□主要由新喀里多尼亞島和洛亞蒂群島組成。曾經是世界最大的鎳產地。

SOLOMON ISLANDS A^3 索羅門群島

佔地：28450 平方公里。人口數：52 萬。首都：霍尼亞拉，約 5 萬人。政體：君主立憲制。語言：洋涇濱語、英語、方言。宗教：55%新教、20%羅馬天主教。出口：魚、香蕉、木材、椰乾。□索羅門群島有大洋洲最早的部落。第二次世界大戰的主要戰事發生地。

VANUATU A^4 萬那杜

佔地：12189 平方公里。人口數：22 萬。首都：維拉港，約 3.3 萬人。政體：共和國。語言：比斯拉馬語、英語、法語。宗教：基督教。出口：椰乾。□萬那杜有 80 座多山的島嶼，1906 年由英國與法國共同治理，稱為「新赫布里底群島」。1980 年獨立，為大英國協成員。

MICRONESIA 密克羅尼西亞

密克羅尼西亞「小島」位於美拉尼西亞北方。一般比美拉尼西亞人高、膚色較淺，沒有特殊外觀。長相近似於鄰居：亞洲人、美拉尼西亞人或玻里尼西亞人。密克羅尼西亞（與玻里尼西亞）的社會地位奠基於皇室與世襲階級。

KIRIBATI B 吉里巴斯

佔地：811 平方公里。人口數：10 萬。首都：塔拉瓦，約 5 萬人。政體：共和國。語言：吉里巴斯語、英語。宗教：45%羅馬天主教、40%新教。出口：椰乾、製造業、磷肥。□吉里巴斯為 33 座小島組成的國家，散布於赤道上 3800 平方公里的海域，擁有世界最大的海洋保護區。1979 年獨立，為大英國協成員。

NAURU B^1 諾魯

佔地：21 平方公里。人口數：9300。行政中心：雅連，約 1000 人。政體：共和國。語言：諾魯語、英語。宗教：65%新教、30%羅馬天主教。出口：磷肥。□諾魯為世界第三小的國家（僅大於梵蒂岡城與摩納哥），也是世界上最小的島國，是一個純磷酸岩高地，礦藏已耗竭，從外國獲得資金援助。1968 年獨立，為大英國協成員。

U.S. TERRITORIES B^2-B^7 美屬領地

1947 年，原本由日本人掌管的 2000 多座島嶼，經聯合國太平洋群島託管地條約，交給美國管理，包括：密克羅尼西亞聯邦（FSM，曾是加羅林島）、馬紹爾群島、北馬里亞納群島以及帛琉 200 座島嶼。其他島嶼在與美國的「自由聯合」狀態下成為自治區。美國給予這些託管地經濟援助和防禦。北馬里亞納群島為美國聯邦，跟波多黎各類似。另一個密克羅尼西亞群島的聯邦地區為關島，是其中人口最多的地區（16 萬人）。1990 年聯合國安理會正式結束密克羅尼西亞聯邦的託管地位，並在 1991 年成為聯合國正式會員國。

POLYNESIA 玻里尼西亞

玻里尼西亞「多島」位於太平洋中部的國際換日線以東地區。由超過 1000 座的島嶼組成，陸地總面積 2.6 萬平方公里，島嶼零星分布在太平洋中，人煙稀疏。玻里尼西亞人，可能是馬來人的祖先，在大洋州原住民中最高大、膚色最淺。玻里尼西亞人為高超的航海家，能夠徒手精準測量航線。紐西蘭（見地圖 35）與夏威夷（見地圖 5）為玻里尼西亞最大的島嶼。

COOK ISLANDS C^2 庫克群島

佔地：238 平方公里。人口數：2 萬。首都：阿瓦魯阿，約 9550 人。政體：紐西蘭自治區。語言：英語、毛利方言。宗教：新教。出口：椰乾與水果。□由 15 座島嶼組成的群島，其命名起源於詹姆斯·庫克船長，是紐西蘭的自由聯合國家。原住民與紐西蘭的毛利人有血緣關係。

EASTER ISLAND C^3 復活島

佔地：240 平方公里。人口數：2 萬。首都：阿瓦魯阿。政體：智利領地。語言：西班牙語。宗教：羅馬天主教。出口：羊毛。□以復活節命名。靠近智利外海，有超過 600 座、7 至 10 公尺的高大神秘石像，以火山岩雕刻的古文明而聞名。

FRENCH POLYNESIA C^4 法屬玻里尼西亞

佔地：4167 平方公里。人口數：27 萬。首都：巴皮提，約 2.6 萬人。政體：法國海外領地。語言：法語、大溪地語。宗教：50%新教、35%羅馬天主教。出口：椰乾、糖、水果、祖母石。□130 座法屬玻里尼西亞群島，包括社會群島與馬克薩斯群島。最大島嶼大溪地因法國畫家高更而不朽。

TONGA C^5 東加

佔地：748 平方公里。人口數：11 萬。首都：努瓜婁發，約 2.4 萬人。政體：君主立憲制。語言：東加語、英語。宗教：基督教。出口：椰乾與水果。□庫克船長命名為「友善之島」。東加的 150 座島嶼是玻里尼西亞最後一個王國。人種高大，體重非常重——前任國王體重曾超過 200 公斤。經濟仰賴在紐西蘭工作的東加人匯款。

TUVALU C^6 吐瓦魯

佔地：26 平方公里。人口數：1 萬。首都：富納富提，約 4000 人。政體：君主立憲制。語言：吐瓦魯語、英語。宗教：基督教。出口：椰乾。□吐瓦魯（為世界第四小國家，人口倒數第二。19 世紀時居住在吐瓦魯的人口，為現在的 3 倍，不過人口因歐洲人入侵，綁架原住民而減少。

U.S. TERRITORIES C^7-C^{11} 美屬領地

美屬薩摩亞（東薩摩亞）、金曼礁、強斯頓環礁、中途島與帕米拉。有約 8.5 萬人已從美屬薩摩亞搬遷至美國大陸（目前人口 5.7 萬），是美國最南的領土。中途島的 2 座島嶼受美國海軍管轄，第二次大戰期間太平洋戰區，美國在此戰勝日本偷襲，是戰勝的轉捩點。這些領地因為美國海岸領海的擴張而具有新的重要性。1983 年，美國跟進其他沿海國家，宣布長達 320 公里的「專屬經濟區」。1988 年，美國將「領海」從 4.8 公里擴張至 19 公里。外國商船無法進入 200 英里的區域，除非為公海或海底電纜，並無法探勘長 19 公里的美國海域。這個政策意味著任何美國擁有的任何大小島嶼，控制約 322 公里的漁業與礦業擁有權，此地無形建造出一個「美國溼地」面積與美國的陸地一樣大。專屬經濟區鼓勵無限制探勘海洋，卻沒獲得國際同意。

WESTERN SAMOA C^{12} 西薩摩亞

佔地：2934 平方公里。人口數：20 萬。首都：阿皮亞，約 3.7 萬人。政體：聯邦共和制。語言：薩摩亞語、英語。宗教：基督教。出口：椰乾與香蕉。□由 4 座島嶼組成，居民是高大強壯的大洋洲人。西薩摩亞在第一次世界大戰之前曾是德國殖民地，1962 年獨立，與澳洲和紐西蘭接近。

本頁不需著色

AFRICA 非洲

地圖 37-43

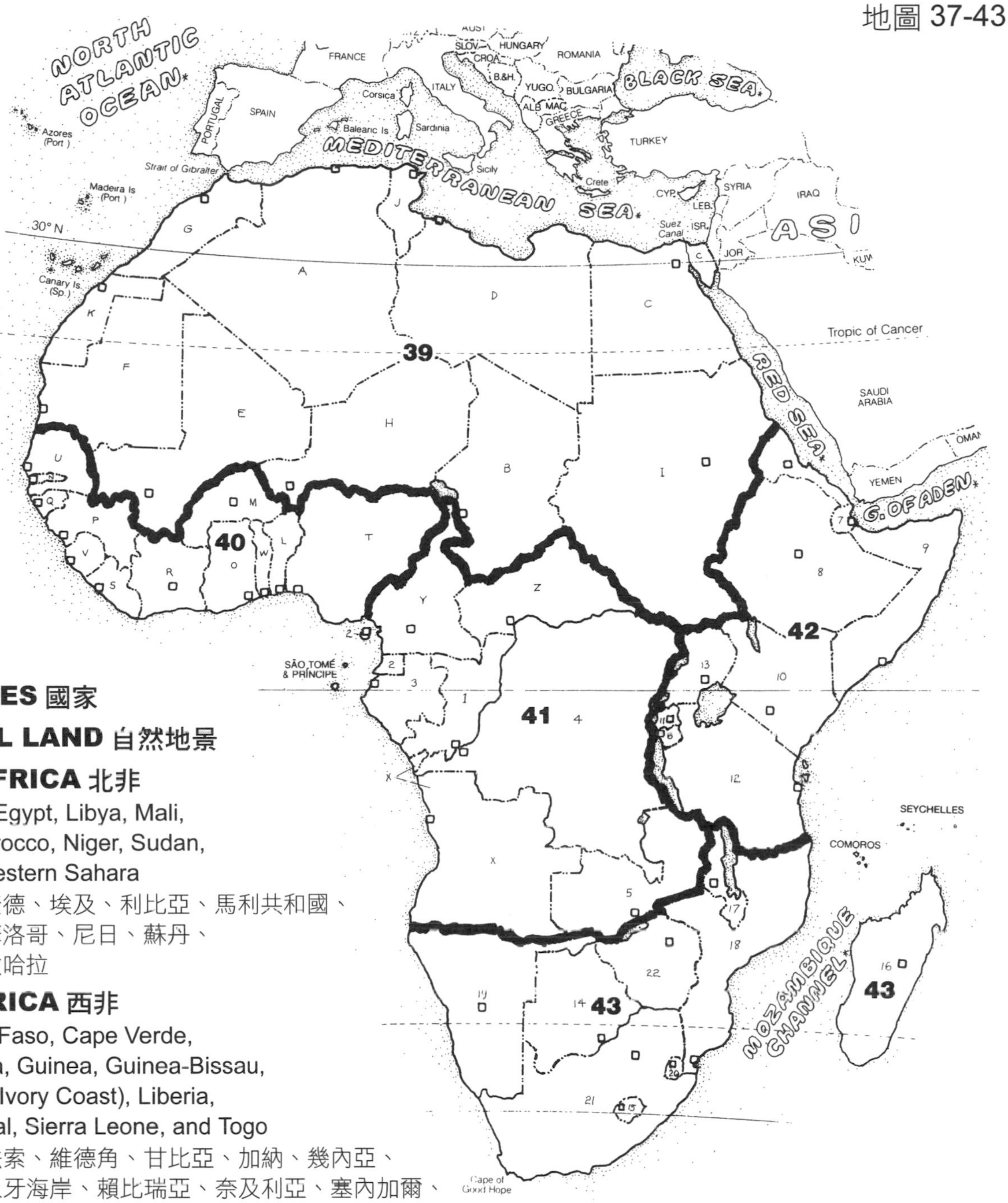

37 THE COUNTRIES 國家

38 THE PHYSICAL LAND 自然地景

39 NORTHERN AFRICA 北非

Algeria, Chad, Egypt, Libya, Mali, Mauritania, Morocco, Niger, Sudan, Tunisia, and Western Sahara

阿爾及利亞、查德、埃及、利比亞、馬利共和國、茅利塔尼亞、摩洛哥、尼日、蘇丹、突尼西亞與西撒哈拉

40 WESTERN AFRICA 西非

Benin, Burkina Faso, Cape Verde, Gambia, Ghana, Guinea, Guinea-Bissau, CôTE D'Ivoire (Ivory Coast), Liberia, Nigeria, Senegal, Sierra Leone, and Togo

貝南、布吉納法索、維德角、甘比亞、加納、幾內亞、幾內亞比索、象牙海岸、賴比瑞亞、奈及利亞、塞內加爾、獅子山共和國與多哥共和國

41 CENTRAL AFRICA 中非

Angola, Cameroon, Central African Republic, Congo, Democratic Republic of Congo, Equatorial Guinea, Gabon, São Tome & Príncipe, and Zambia

安哥拉、喀麥隆、中非共和國、剛果、剛果民主共和國、赤道幾內亞、加彭、聖多美普林西比與尚比亞

42 EASTERN AFRICA 東非

Burundi, Comoros, Djibouti, Eritrea, Ethiopia, Kenya, Mayotte, Rwanda, Seychelles, Somalia, Tanzania, and Uganda

蒲隆地、葛摩、吉布地、厄利垂亞、衣索比亞、肯亞、馬約特、盧安達、塞席爾、索馬利亞、坦尚尼亞、烏干達

43 SOUTHERN AFRICA 南非

Botswana, Lesotho, Madagascar, Malawi, Mauritius, Mozambique, Namibia, South Africa, Swaziland, and Ziimbabwe

波札那、賴索托、馬達加斯加、馬來威、莫三比克、納米比亞、南非、史瓦濟蘭、辛巴威

37

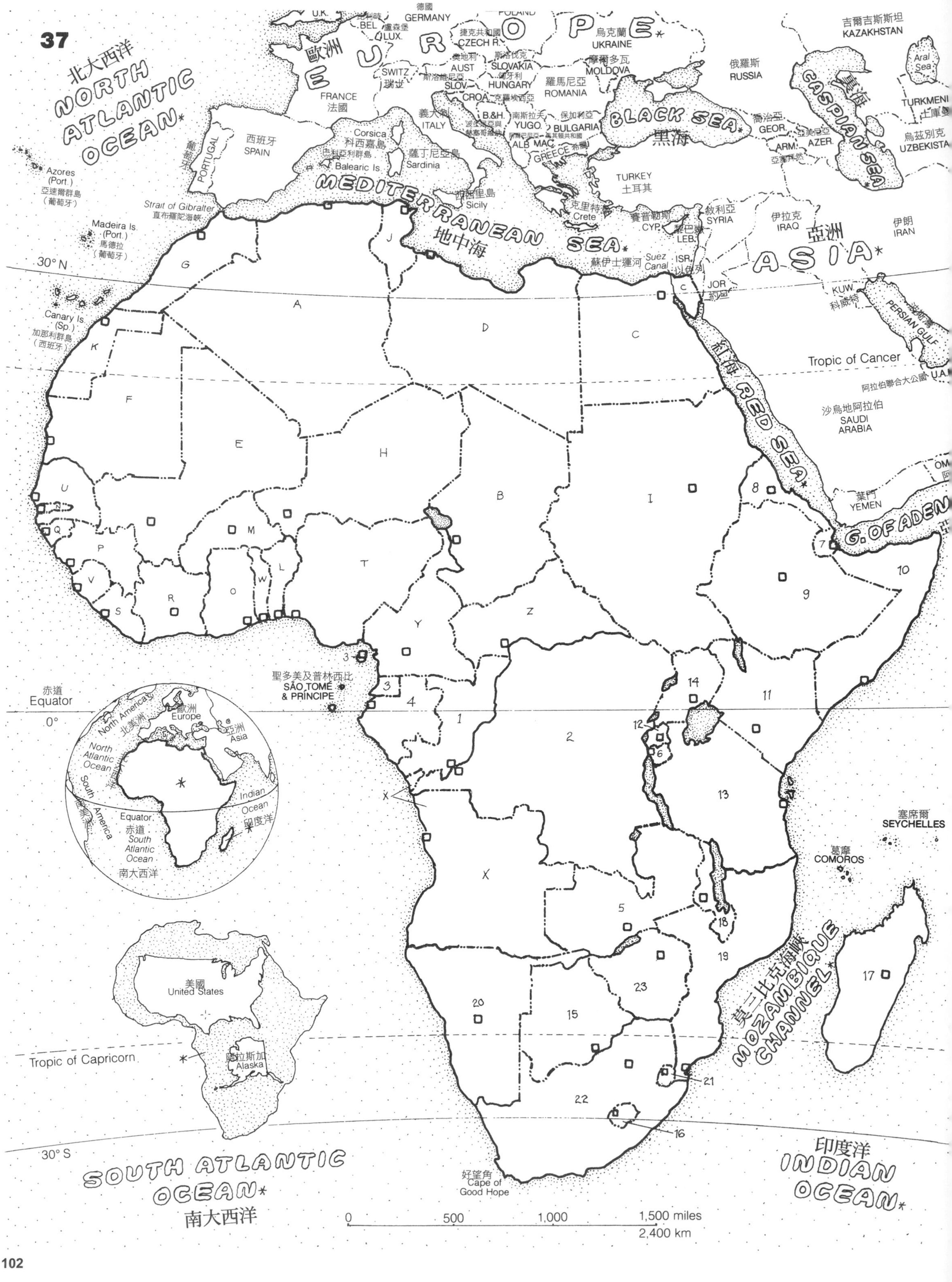

北大西洋
NORTH ATLANTIC OCEAN*
EUROPE*
歐洲
U.K.
BEL.
LUX.
德國
GERMANY
POLAND
捷克共和國
CZECH R.
奧地利
AUST
斯洛伐克
SLOVAKIA
匈牙利
HUNGARY
SWITZ
瑞士
斯洛維尼亞
SLOV.
CROA.
克羅埃西亞
烏克蘭
UKRAINE
摩爾多瓦
MOLDOVA
羅馬尼亞
ROMANIA
俄羅斯
RUSSIA
吉爾吉斯斯坦
KAZAKHSTAN
Aral Sea
FRANCE
法國
義大利
ITALY
B.&H.
南斯拉夫
YUGO.
保加利亞
BULGARIA
ALB
MAC
GREECE
希臘
BLACK SEA*
黑海
喬治亞
GEOR.
亞美尼亞
ARM.
AZER.
CASPIAN SEA*
裏海
TURKMENI
土庫曼
烏茲別克
UZBEKISTA
西班牙
SPAIN
葡萄牙
PORTUGAL
Corsica
科西嘉島
巴利亞利群島
Balearic Is.
薩丁尼亞島
Sardinia
MEDITERRANEAN SEA*
地中海
西西里島
Sicily
克里特島
Crete
TURKEY
土耳其
賽普勒斯
CYP.
LEB.
敘利亞
SYRIA
伊拉克
IRAQ
伊朗
IRAN
亞洲
ASIA*
ISR.
以色列
Suez Canal
蘇伊士運河
JOR
約旦
KUW.
科威特
PERSIAN GULF
Azores
(Port.)
亞速爾群島
（葡萄牙）
Madeira Is.
(Port.)
馬德拉
（葡萄牙）
Strait of Gibraltar
直布羅陀海峽
30° N
Canary Is.
(Sp.)
加那利群島
（西班牙）
Tropic of Cancer
紅海
RED SEA*
阿拉伯聯合大公國
U.A.
沙烏地阿拉伯
SAUDI ARABIA
OM
葉門
YEMEN
G. OF ADEN*
A
B
C
D
E
F
G
H
I
J
K
L
M
O
P
Q
R
S
T
U
V
W
X
Y
Z
1
2
3
4
5
6
7
8
9
10
11
12
13
14
15
16
17
18
19
20
21
22
23
24
聖多美及普林西比
SÃO TOMÉ & PRÍNCIPE
赤道
Equator
0°
North America
北美洲
歐洲
Europe
亞洲
Asia
North Atlantic Ocean
South America
Indian Ocean
印度洋
Equator
赤道
South Atlantic Ocean
南大西洋
塞席爾
SEYCHELLES
葛摩
COMOROS
莫三比克海峽
MOZAMBIQUE CHANNEL*
美國
United States
阿拉斯加
Alaska
Tropic of Capricorn
30° S
SOUTH ATLANTIC OCEAN*
南大西洋
好望角
Cape of Good Hope
印度洋
INDIAN OCEAN*
0
500
1,000
1,500 miles
2,400 km

AFRICA: THE COUNTRIES
非洲：國家

CN:⑴先選一個國家著色，再將國名著色。⑵下方非洲殖民地圖（24-30）用淺色，國界不會看不清。⑶聖多美和普林西比、喀麥隆、塞席爾、摸里西斯以及維德角等島國太小無法著色，因此不列名。

NORTHERN 北非

ALGERIA A ALGIERS 阿爾及利亞 阿爾及爾
CHAD B N'DJAMENA 查德 恩加美納
EGYPT C CAIRO 埃及 開羅
LIBYA D TRIPOLI 利比亞 的黎波里
MALI E BAMAKO 馬利共和國 巴馬科
MAURITANIA F NOUAKCHOTT 茅利塔尼亞 諾克沙
MOROCCO G RABAT 摩洛哥 拉巴特
NIGER H NIAMEY 尼日 尼亞美
SUDAN I KHARTOUM 蘇丹 喀土木
TUNISIA J TUNIS 突尼西亞 突尼斯
WESTERN SAHARA K AAIÚN 西撒哈拉 拉由納

WESTERN 西非

BENIN L PORTO NOVO 貝南 新港柯多努
BURKINA FASO M OUAGADOUGOU 布吉納法索 瓦加杜古
CÔTE D'IVOIRE (IVORY COAST) YAMOUSSOUKRO 象牙海岸 雅穆索戈阿必尚
GAMBIA N BANJUL 甘比亞 班竹市
GHANA O ACCRA 加納 阿克拉
GUINEA P CONAKRY 幾內亞 柯那克里
GUINEA-BISSAU Q BISSAU 幾內亞比索 比索
LIBERIA S MONROVIA 賴比瑞亞 蒙羅維亞
NIGERIA T LAGOS 奈及利亞 拉哥斯
SENEGAL U DAKAR 塞內加爾 達卡
SIERRA LEONE V FREETOWN 獅子山共和國 自由城
TOGO W LOMÉ 多哥共和國 洛美

CENTRAL 中非

ANGOLA X LUANDA 安哥拉 羅安達
CAMEROON Y YAOUNDÉ 喀麥隆 雅溫德
CENTRAL AFRICAN REP. Z BANGUI 中非共和國 班基
CONGO 1 BRAZZAVILLE 剛果 布拉札維爾
DEM. REP. OF CONGO 2 KINSHASA 剛果民主共和國 金夏沙
EQUATORIAL GUINEA 3 MALABO 赤道幾內亞 馬拉波
GABON 4 LIBREVILLE 加彭 利波維爾
ZAMBIA 5 LUSAKA 尚比亞 路沙卡

EASTERN 東非

BURUNDI 6 BUJUMBURA 蒲隆地 布松布拉
DJIBOUTI 7 DJIBOUTI 吉布地 吉布地
ERITREA 8 ASMARA 厄利垂亞 阿斯馬拉
ETHIOPIA 9 ADDIS ABABA 衣索比亞 阿迪斯阿貝巴
SOMALIA 10 MOGADISHU 索馬利亞 摩加迪休
KENYA 11 NAIROBI 肯亞 奈洛比
RWANDA 12 KIGALI 盧安達 吉迦利
TANZANIA 13 DAR ES SALAAM 坦尚尼亞 杜篤瑪三蘭港
UGANDA 14 KAMPALA 烏干達 坎帕拉

SOUTHERN 南非

BOTSWANA 15 GABORONE 波札那 嘉柏隆里
LESOTHO 16 MASERU 賴索托 馬塞魯
MADAGASCAR 17 ANTANANARIVO 馬達加斯加 安塔那那利佛
MALAWI 18 BAMAKO 馬來威 里朗威
MOZAMBIQUE 19 MAPUTO 莫三比克 馬布多
NAMIBIA 20 WINDHOEK 納米比亞 文胡克
SWAZILAND 21 MBABANE 史瓦濟蘭 墨巴本
SOUTH AFRICA 22 PRETORIA 南非 普利托里亞
ZIMBABWE 23 HARARE 辛巴威 哈拉雷

非洲大陸涵蓋 30221532 平方公里，為第二大陸（次於亞洲）。目前有五十五個國家與10.3億人口，為人口第二大洲（次於亞洲）。由撒哈拉沙漠分隔兩種族與文化區。北非國家，以北到地中海沿岸，多為膚色較淺、使用阿拉伯語的穆斯林人口。撒哈拉沙漠以南的國家，主要是非洲黑人，使用數百種不同語言，最普遍的班圖語種為斯瓦希利語，是東非的常用語。穆斯林傳教士與基督教侵害非洲黑人的原生信仰（巫毒教）。伊斯蘭教人口持續成長，因黑人認為伊斯蘭教是非洲信仰，但其實源自西亞；基督教來源與伊斯蘭教相似，卻被認為是歐洲宗教。

雖然 15 世紀，葡萄牙已開始在非洲沿岸建立殖民地，直到 1800 年代歐洲文明才真正開始入侵非洲內陸，到達東部。第一次世界大戰（1914 年）爆發時，只有賴比瑞亞與衣索比亞不受外國統治而獨立。20 世紀後半，非洲快速獨立建國，隨著納米比亞的獨立選舉，殖民主義在 1990 年代正式結束。擁有非洲最大殖民帝國的法國，與前殖民地依然維持緊密關係，許多國家在經濟與軍事仍仰賴法國。

對大多數非洲人而言，獨立並不代表自由，仍受獨裁者統治。由於新興國家的疆界與原本殖民者劃下的疆界相同，沒有考慮原本傳統部落的分布。許多國家因人為疆界，使群體被迫分離，或敵人反而被劃入同一個國家。一個新國家的人民優先對部落忠誠，國家忠誠屈居第二。

非洲新國家面臨很多問題。由於缺乏肥沃的土地與雨水，只有少數地區生產農作物，不夠人口的消耗。多數農地維持殖民地式經濟，耕種經濟作物以利出口，而不是耕種食用作物。 當國際價格下跌時，經濟作物無法提供足夠的經濟收入以購買食物就會導致糧食問題。大多數非洲國家仰賴的外國援助日漸減少，除了少數石油產地，即使國家具有天然資源，也無資金開採，無法販售。其他地區因殘暴腐敗的領導人，將珍貴的收入浪費在錯誤的公共工程或個人紀念碑，造成人民受苦。有些國家長年內戰，饑荒、貧窮、疾病（愛滋病）與文盲，為許多非洲國家日漸嚴重的問題。

1990 年代中期，非洲漸漸改善。由於新政策使經濟成長，人民變得樂觀。政府變得越來越民主，和平與安全取代戰爭，自由企業（與獨立創業合作）在許多地區開創財富。外援直接運用在商業及進取的村民，貪腐與無效率的政府也越來越少。非洲人開始成為自己生活的主人。

非洲殖民版圖
COLONIAL AFRICA

除了賴比瑞亞與衣索比亞，整個非洲大陸在 19 世紀早期受歐洲控制

BELGIAN 24 比利時
BRITISH 25 英國
FRENCH 26 法國
GERMAN 27 德國
ITALIAN 28 義大利
PORTUGUESE 29 葡萄牙
SPANISH 30 西班牙

38

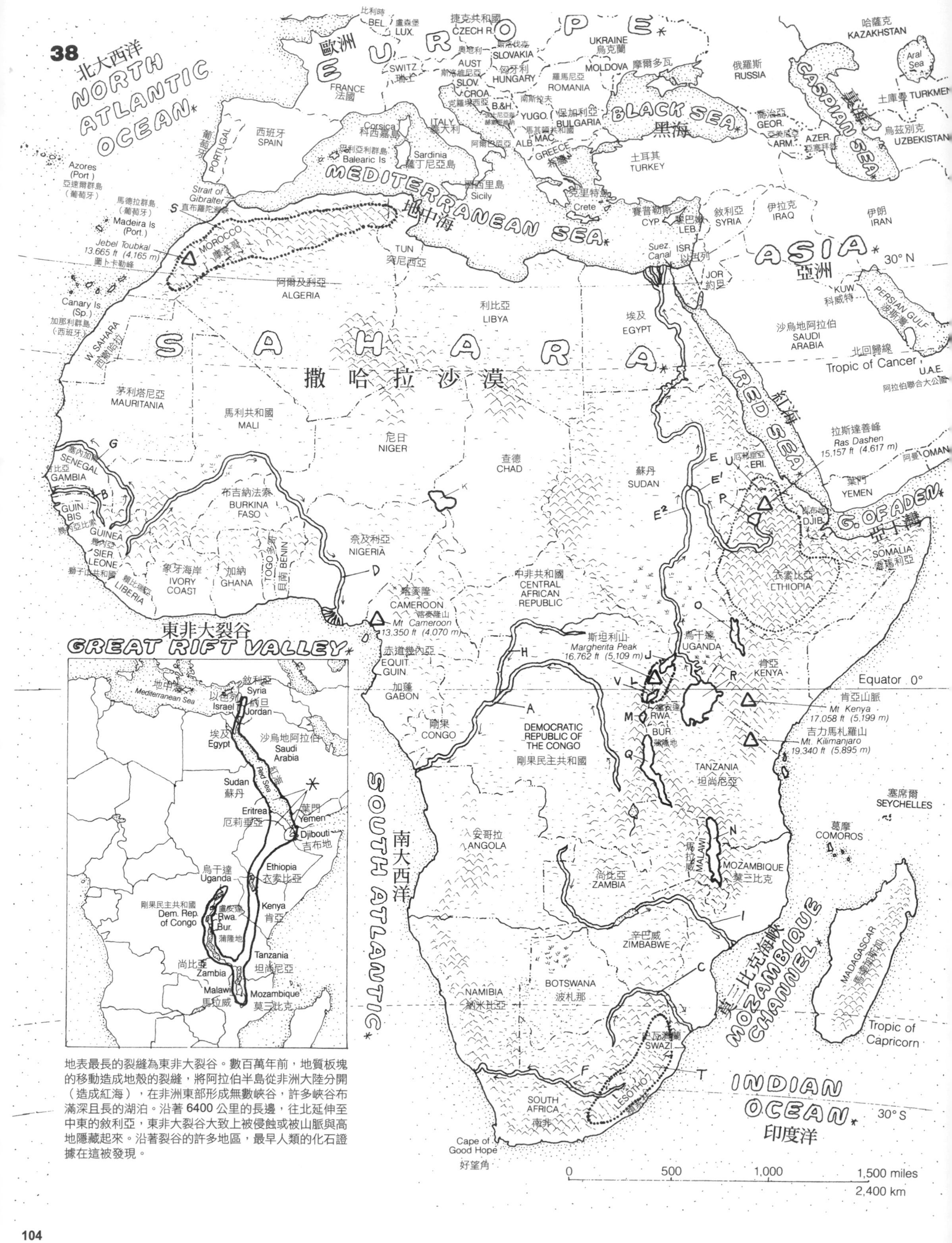

地表最長的裂縫為東非大裂谷。數百萬年前，地質板塊的移動造成地殼的裂縫，將阿拉伯半島從非洲大陸分開（造成紅海），在非洲東部形成無數峽谷，許多峽谷布滿深且長的湖泊。沿著 6400 公里的長邊，往北延伸至中東的敘利亞，東非大裂谷大致上被侵蝕或被山脈與高地隱藏起來。沿著裂谷的許多地區，最早人類的化石證據在這被發現。

AFRICA: THE PHYSICAL LAND

非洲：自然地景

CN: ⑴在地圖中，將重要山峰的三角形塗灰色。⑵地圖左下小圖，將東非大裂谷塗灰色。⑶本頁左下的地形分布圖用淺色。

非洲超過 80%位於北回歸線與南回歸線之間，擁有世界最廣大的熱帶地區。由於日夜溫差大，夜晚等於是非洲的冬天。但非洲所有地區並非都是溫暖的，一些東部山脈雖然靠近赤道，但也有冰河。非洲的赤道地區並不是最熱的，反而是副熱帶高壓所在的地區最炎熱（僅地中海和南部海岸氣候宜人）。非洲大陸大部分乾燥荒蕪，僅赤道地區有豐富的降雨，特別是中非和西非。

非洲地形使肥沃土地較少，土壤層薄，沙漠大，大多溼潤的地區都被濃密的叢林覆蓋。疏林莽原佔據大陸最廣大面積，孕育無數大型動物──大象、長頸鹿、犀牛、獅子等。非洲中部的雨林中，則有猴子、黑猩猩、大猩猩、爬蟲類、鳥類等。

非洲是古老岩石的高地構造。外圍有狹窄的海岸低地，大部分山脈都位於東部與南部（非洲高地），海拔 1800 公尺，形成龍山山脈，使南非海岸變低。最美麗的山脈是冰河覆蓋的魯文佐里山脈，位於愛德華湖與艾伯特湖之間，是剛果民主共和國與烏干達邊界，終年雲霧繚繞，觀賞冰河覆蓋的山峰（高於 4878 公尺）是令人印象深刻的經驗。土壤與氣候使原生植物在魯文佐里山斜坡生長，高度驚人。白雪封頂的吉力馬札羅山，是非洲最高的山（5895 公尺），為形成東非大裂谷的火山峰群之一。

非洲之所以是最後一個被歐洲人開發殖民的大陸，原因是擁有最難突破的地理障礙：海岸線平緩，少半島和島嶼，缺乏天然港口，造成阻礙的內陸沙漠、叢林以及炎熱乾燥的平原，與缺之可探勘的河流。非洲有 4 條主要河流──尼羅河、剛果河、尼日河與尚比亞河，下游有巨大陡峭的瀑布切斷。尼羅河（包括白尼羅河）是世界最長的河流（6640 公里）。維多利亞湖來源是尼羅河，白尼羅河（河水呈白綠色）河水消失於蘇丹南部的沼澤（蒸發）。尼羅河流經埃及的河水，有 90%透過經過藍尼羅河（河水呈藍色），來自衣索比亞的塔納湖。廣大的剛果河在水量方面為世界第二大河（次於亞馬遜河），長 4160 公里。尼羅河的源頭只距離海岸 240 公里，卻經過極長的路徑才流入海洋。主要湖泊位在東非大裂谷。維多利亞湖是世界第二大湖（次於蘇必略湖），位於 2 座河谷之間。坦干依喀湖很陡峭，位於剛果民主共和國與坦尚尼亞邊界，是世界最長的湖（680 公里）。

非洲主要的自然地景是廣大的沙漠，撒哈拉沙漠不停擴張，尺寸與美國接近。降雨稀少、不可預期。唯一可使用的水源在「渴地」，位於尼羅河東緣的綠洲。5000 年前，撒哈拉（阿拉伯語「空蕩」）仍是草原。如今已覆蓋石塊、碎石與鹽沈積物。沙丘占沙漠面積的五分之一。因缺乏道路，駱駝（沙漠之舟）仍是最可靠的運輸方式。駱駝的厚眼瞼、雙層睫毛、可閉合的鼻孔，在可怕的沙暴來臨時也能呼吸，沙暴範圍可達 500 公里，使白天變成黑夜。來自撒哈拉的沙暴最遠可往北吹至瑞士阿爾卑斯山。夏季，沙漠風將高溫送至地中海地區。世界最高溫為攝氏 58 度，在利比亞沿岸測得。納米比沙漠在西南非納米比亞沿岸，有世界最高的沙丘，可高達 305 公尺。來自臨近海岸的霧氣，是唯一的溼度來源。低溫洋流使雨水落在海中，無法上岸，情形與南美洲西部沿岸沙漠的生成狀況相同。

PRINCIPAL RIVERS

主要河流

CONGO A 剛果河
GAMBIA B 甘比亞河
LIMPOPO C 林波波河
NIGER D 尼日河
NILE E 尼羅河
BLUE NILE E¹ 藍尼羅河
WHITE NILE E² 白尼羅河
ORANGE F 奧蘭治河
SENEGAL G 塞內加爾河
UBANGI H 烏班吉河
ZAMBEZI I 尚比西河

PRINCIPAL LAKES

主要湖泊

L. ALBERT J 艾伯特湖
L. CHAD K 查德湖
L. EDWARD L 愛德華湖
L. KIVU M 基伏湖
L. MALAWI N 馬拉威湖
L. TURKANA O 圖爾卡納湖
L. TANA P 塔納湖
L. TANGANYIKA Q 坦干依喀湖
L. VICTORIA R 維多利亞湖

PRINCIPAL MOUNTAIN RANGES 主要山脈

ATLAS MTS. S 阿特拉斯山脈
DRAKENSBERG T 龍山山脈
ETHIOPIAN HIGHLANDS U 衣索比亞高地
RUWENZORI V 魯文佐里山脈

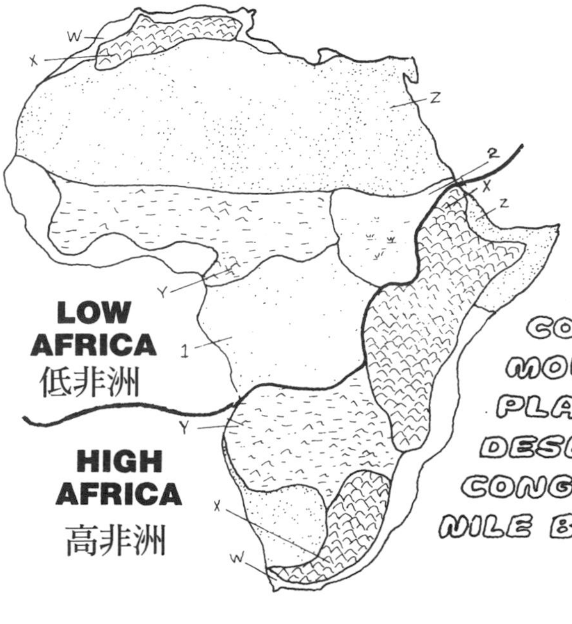

LAND REGIONS 地形分布

COASTAL LOWLANDS W 海岸低地
MOUNTAINS X 山地
PLATEAU Y 高地
DESERT Z 沙漠
CONGO 1 剛果
NILE BASIN 2 尼羅河盆地

左圖穿越非洲的黑線，將下非洲東部與南部分開，南部是非洲高地。雨林覆蓋著剛果盆地和非洲西部低地，這些叢林地區環繞著廣大的半乾燥高地，大多是乾燥的大草原。非洲北部都是沙漠，佔非洲面積的三分之一。

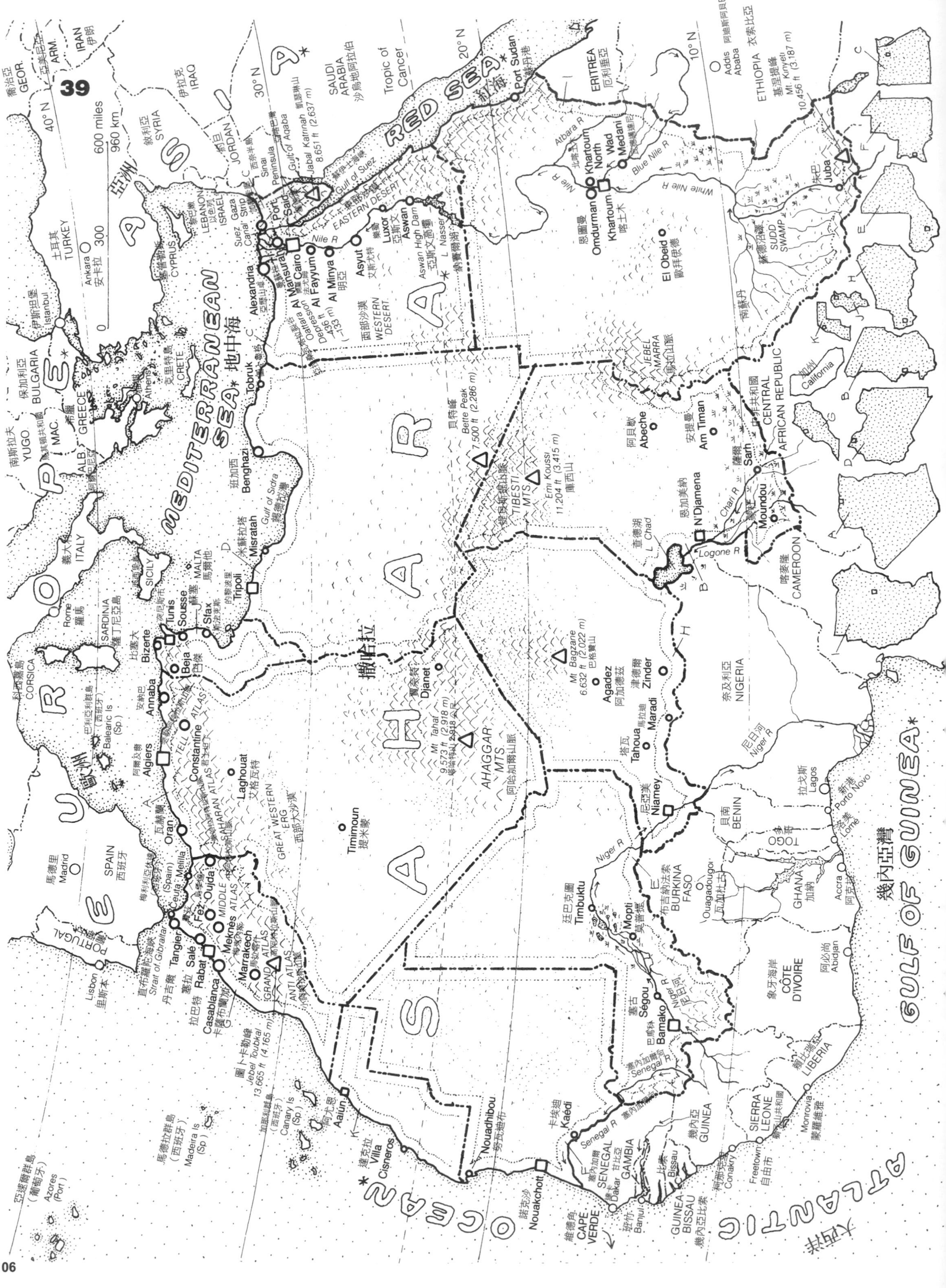
39
600 miles
960 km
0
300
40° N
30° N
20° N
10° N
Tropic of Cancer
EUROPE
歐洲
ASIA
亞洲
SAHARA
撒哈拉
MEDITERRANEAN SEA
地中海
RED SEA
紅海
GULF OF GUINEA
幾內亞灣
ATLANTIC OCEAN
大西洋
PORTUGAL
SPAIN
西班牙
Madrid
馬德里
Lisbon
里斯本
ITALY
義大利
Rome
羅馬
SARDINIA
薩丁尼亞島
CORSICA
科西嘉島
SICILY
MALTA
馬爾他
YUGO.
南斯拉夫
ALB.
MAC.
GREECE
希臘
Athens
CRETE
克里特島
BULGARIA
保加利亞
Istanbul
伊斯坦堡
TURKEY
土耳其
Ankara
安卡拉
CYPRUS
塞普勒斯
GEOR.
喬治亞
ARM.
亞美尼亞
IRAN
伊朗
IRAQ
伊拉克
SYRIA
敘利亞
LEBANON
黎巴嫩
ISRAEL
以色列
JORDAN
約旦
Gaza
SAUDI ARABIA
沙烏地阿拉伯
Sinai Peninsula
西奈半島
Gulf of Aqaba
阿卡巴灣
Jabal Katrinah 8,651 ft (2,637 m)
凱薩琳山
Gulf of Suez
蘇伊士灣
EASTERN DESERT
東部沙漠
Suez Canal
Port Said
Alexandria
亞歷山卓
Al Mansura
Cairo
開羅
Al Fayyum
法尤姆
Al Minya
明亞
Asyut
艾斯尤特
Luxor
樂克索
Aswan
亞斯文
Aswan High Dam
亞斯文高壩
L. Nasser
納賽爾湖
Nile R.
Qattara Depression
卡達拉窪地
-436 ft (-133 m)
WESTERN DESERT
西部沙漠
Port Sudan
蘇丹港
ERITREA
厄利垂亞
Addis Ababa
阿迪斯阿貝巴
ETHIOPIA
衣索比亞
Mt. Kinyeti 10,456 ft (3,187 m)
基涅提峰
Atbara R.
Khartoum North
北喀土木
Khartoum
喀土木
Omdurman
恩圖曼
Wad Medani
Blue Nile R.
White Nile R.
El Obeid
歐拜俄德
JEBEL MARRA
馬拉山脈
Juba
朱巴
SUDD SWAMP
蘇德沼澤
南蘇丹
California
加州
CENTRAL AFRICAN REPUBLIC
中非共和國
Abeche
阿貝歇
Am Timan
安提曼
Sarh
薩爾
N'Djamena
恩加美納
Chari R.
Moundou
蒙杜
L. Chad
查德湖
Logone R.
CAMEROON
喀麥隆
Emi Koussi 11,204 ft (3,415 m)
庫西山
TIBESTI MTS.
提貝斯提山脈
Bette Peak 7,500 ft (2,286 m)
貝特峰
Tobruk
托布魯克
Benghazi
班加西
Gulf of Sidra
錫德拉灣
Misratah
米蘇拉塔
Tripoli
的黎波里
Tunis
突尼斯市
Sousse
蘇塞
Sfax
斯法克斯
Bizerte
比塞大
Beja
巴傑
Annaba
安納巴
Constantine
君士坦丁
TELL ATLAS
Algiers
阿爾及爾
Balearic Is. (Sp.)
巴利亞利群島（西班牙）
Oran
瓦赫蘭
Laghouat
艾格瓦特
SAHARAN ATLAS
撒哈拉亞特拉斯山脈
GREAT WESTERN ERG
西部大沙漠
Timimoun
提米蒙
Djanet
賈奈特
Mt Tahat 9,573 ft (2,918 m)
塔哈特山
AHAGGAR MTS.
阿哈加爾山脈
Mt Bagzane 6,632 ft (2,022 m)
巴格贊山
Agadez
阿加德茲
Zinder
津德爾
Maradi
馬拉迪
Tahoua
塔瓦
Niamey
尼亞美
NIGERIA
奈及利亞
Niger R.
尼日河
Lagos
拉戈斯
Porto Novo
新港
BENIN
貝南
TOGO
多哥
Lomé
洛美
GHANA
迦納
Accra
阿克拉
Ouagadougou
瓦加杜古
BURKINA FASO
布吉納法索
Timbuktu
廷巴克圖
Mopti
莫普提
Ségou
塞古
Bamako
巴馬科
CÔTE D'IVOIRE
象牙海岸
Abidjan
阿必尚
LIBERIA
賴比瑞亞
Monrovia
蒙羅維亞
SIERRA LEONE
獅子山共和國
Freetown
自由市
Conakry
柯那克里
GUINEA
幾內亞
GUINEA-BISSAU
幾內亞比索
Bissau
比索
GAMBIA
甘比亞
Banjul
班竹
SENEGAL
塞內加爾
Dakar
達卡
CAPE VERDE
維德角
Senegal R.
塞內加爾河
Kaédi
卡埃迪
Nouakchott
諾克少
Nouadhibou
努瓦迪布
Villa Cisneros
維拉西斯內羅斯
Aaiún
阿尤恩
Canary Is. (Sp.)
加那利群島（西班牙）
Madeira Is. (Sp.)
馬德拉群島（西班牙）
Azores (Port.)
亞速爾群島（葡萄牙）
Jebel Toubkal 13,665 ft (4,165 m)
圖卜卡勒山
ANTI ATLAS
GRAND ATLAS
MIDDLE ATLAS
Marrakech
馬拉喀什
Casablanca
卡薩布蘭加
Rabat
拉巴特
Salé
塞拉
Meknes
梅克內斯
Fez
費茲
Oujda
烏季達
Tangier
丹吉爾
Strait of Gibraltar
直布羅陀海峽
Ceuta (Spain)
Melilla (Spain)
梅利利亞（西班牙）

AFRICA: NORTHERN
非洲：北非

因撒哈拉沙漠的阻隔和伊斯蘭文化傳播，使北非與非洲其他地區不同。此地區的人民為膚色淺的阿拉伯人、柏柏人，以及兩者混血的摩爾什人、埃及人。非洲幾乎全為沙漠，只有北部沿海，是最多人居住的地方。地中海大量種植葡萄、橄欖、柑橘、椰棗。撒哈拉沙漠南邊和西邊，涵蓋次撒哈拉茅利塔尼亞、馬利、尼日、查德、蘇丹北部。沙漠地區的游牧民族，通常為膚色較淺的穆斯林，與南方各國的黑人不同。這些撒哈拉國家，以軍事統治，為非洲最窮困的國家。位置居中的三個國家（馬利、尼日與查德）四面環陸，很少天然資源，必須仰賴外國援助，在小而肥沃的邊界區進行有限的農業，卻經常遇到乾旱。20 世紀早期，法屬西非控制整個北非，其他為：利比亞（義大利）、西撒哈拉和部分摩洛哥（西班牙）、埃及（英國）、蘇丹（英國與埃及）。法國對此區至今仍有影響力。

ALGERIA A 阿爾及利亞

佔地：238 萬平方公里。人口數：3,700 萬。首都：阿爾及爾，約 157 萬人。政體：單一政黨共和國。語言：阿拉伯語、柏柏語、法語。宗教：伊斯蘭教。出口：石油與天然氣、柑橘、紅酒、椰棗。氣候：海岸為地中海型氣候，內陸炎熱與乾燥。□歷經 130 年的殖民統治，法國認為阿爾及利亞為南方一省。不過 1962 年，在一場血腥的解放戰役之後，法國被迫帶著 100 萬人移民撤離。1990 年代，公投勝利卻被軍隊抹滅的伊斯蘭政權，開始對人民進行恐怖統治。是非洲的第二大國（小於蘇丹），全國多沙漠。游牧民族（50 萬圖瓦雷克人）在撒哈拉沙漠（覆蓋阿爾及利亞 80%）求生。在圖瓦雷克社會中，男人戴面紗。撒哈拉沙漠蘊含高價值的石油與天然氣。在西部大沙漠中，新月形的沙丘每年堆高 120 公尺，擴張 30 公尺。

CHAD B 查德

佔地：1,284,000 平方公里。人口數：1,000 萬。首都：恩加美納，約 10 萬人。政體：軍政府共和國。語言：阿拉伯語，許多非洲方言。宗教：45%伊斯蘭教，30%基督教。出口：棉花與花生。氣候：炎熱乾燥。□四面環陸、人口稀疏的查德，其實是兩個分開的國家。北方的游牧穆斯林少數，持續與南方的非洲黑人農民互相對抗，內戰從未停止。1980 年代末，法國駐軍驅逐協助穆斯林的利比亞勢力，現在國內經常發生政治暴力和軍事政變。查德湖（以尼日、奈及利亞與喀麥隆為界）是世界上唯一的史前內陸海洋，是淡水，也是很特別的沙漠湖，深度與尺寸會因季節而異，因乾旱而萎縮。

EGYPT C 埃及

佔地：1,001,449 平方公里。人口數：8,600 萬。首都：開羅，約 900 萬人。政體：共和國。語言：阿拉伯語、英語。宗教：伊斯蘭教。出口：棉花與棉花製品、橘子、椰棗、石油、稻米。氣候：炎熱乾燥，冬季溫和。□99%人口居住在狹窄的尼羅河河谷，面積只占埃及 4%，是世界最大的綠洲，長 1200 公里，最寬處 16 公里，尼羅河三角洲沖積扇涵蓋 250 公里的地中海沿岸。開羅是一個非常擁擠的沙漠首都，也是非洲最大的城市。埃及為高品質棉花的主要產地，和南非同為非洲最工業化的國家。由於經濟無法滿足人口成長，埃及深陷貧窮。埃及具有偉大的古文明，每年有 100 萬名觀光客參訪非洲最大的建物——金字塔，法老王的陵墓。由於沙漠氣候乾燥，歷史建築保存大致完整。2010 年，埃及超越沙烏地阿拉伯成為中東地區最多旅客到訪的國家，旅遊業是重要收入來源。人民的農作依賴尼羅河每年的氾濫。1968 年尼羅河的亞斯文水壩完工，可以控制河流流向、儲存灌溉用水（為需求量 2 倍），水力發電。並停止氾濫，農人被迫購買化學肥料，造成三角洲地區萎縮。19 世紀建造蘇伊士運河，是歐洲與亞洲之間的快速通道，船隻不必繞行非洲南端一圈。由於運送中東石油的超級油輪無法進入運河，有擴張運河的計劃。埃及是阿拉伯世界的政治中心，位於開羅的艾滋哈爾大學為伊斯蘭教育中心。1979 年，多年敵對的埃及與以色列簽署和平協議，將西奈半島歸還埃及，但屬巴勒斯坦的加薩走廊仍然受以色列控制（地圖 30）。

LIBYA D 利比亞

佔地：1,759,540 平方公里。人口數：617 萬。首都：的黎波里，約 180 萬人。政體：單一政黨社會主義共和國。語言：阿拉伯語。宗教：伊斯蘭教。出口：石油與石油製品。氣候：海岸為地中海型氣候，剩餘地區炎熱且乾燥。□1959 年，在撒哈拉沙漠發現石油，原本世界最貧窮的國家利比亞，快速成為人民最富有的國家。除了 2 條分開的肥沃狹長海岸線，全國幾乎覆蓋在礫石沙漠中。從 1911 年至第二次世界大戰，為義大利殖民地。戰後，英國與法國佔領利比亞，於 1951 年獨立。1969 年，格達費政變奪權，利比亞變成現代化工業國家，施行教育與社會福利計劃。1986 年，美國因格達費協助國際恐怖主義，轟炸黎波里，1988 年聯合國對利比亞實施空中封鎖、武力禁運、經濟和外交制裁等制裁。2011 年，反格達費勢力造成利比亞內戰，格達費死亡。2013 年，利比亞內戰後組建的新政府改國號為「利比亞國」。

MALI E 馬利

佔地：1,240,192 平方公里。人口數：1,451 萬。首都：巴馬科，約 180 萬人。政體：共和國。語言：法語、方言。宗教：90%伊斯蘭教。出口：棉花、花生、魚乾。氣候：沙漠地區炎熱，南方為熱帶氣候。□位於西非的內陸國。14 世紀神話中的城市廷巴克圖，在廣大的馬利帝國中曾是學術與商業中心。1960 年脫離法國獨立，1990 年舉行第一次民主選舉。馬利南部，尼羅河形成河流與湖泊的內陸三角洲。廣大 90%黑人穆斯林人口，面臨乾旱、饑荒與疾病問題。

MAURITANIA F 茅利塔尼亞

佔地：1,030,700 平方公里。人口數：343 萬。首都：諾克沙，約 61 萬人。政體：軍政共和國。語言：阿拉伯語、法語。宗教：伊斯蘭教。出口：魚類、鐵礦、銅、阿拉伯膠。氣候：炎熱且乾燥，南部溫和。□撒哈拉沙漠佔據一半國土，沙塵往大西洋吹送。來自沙漠的難民，使諾克沙的人口從 1 萬擴張至 61 萬。塞內加爾河將茅利塔尼亞與塞內加爾分開，是僅有的肥沃地區。經濟以大西洋漁業以及鐵礦開採為主。茅利塔尼亞人多為摩爾人，許多是游牧民族。

MOROCCO G 摩洛哥

佔地：446,550 平方公里。人口數：3,254 萬。首都：拉巴特，約 62 萬人。政體：君主立憲制。語言：阿拉伯語、柏柏語、法語。宗教：伊斯蘭教。出口：磷肥、柑橘、魚類、製造業、飛機。氣候：沿岸為地中海型氣候，山區氣候極端，沙漠炎熱。□隔著直布羅陀海峽、距離西班牙僅 13 公里，摩洛哥有「西方與伊斯蘭文化橋樑」與「北非花園」之稱。阿特拉斯山脈貫穿，圖卜卡勒峰（4165 尺）為全國最高點。卡薩布蘭加與馬拉喀什舊城牆呈現原始住宅風貌，是著名的觀光景點。丹吉爾位於直布羅陀對面，是一個古老的貿易港。80%的居民是柏柏人。最主要的經濟是旅遊業、漁業和磷酸礦出口，磷酸鹽儲量占世界首位，也是歐洲冬季的主要蔬果供應地。摩洛哥在 1956 年獨立前，曾同時受西班牙與法國統治。

NIGER H 尼日

佔地：1,267,000 平方公里。人口數：1,712 萬。首都：尼亞美，約 130 萬人。政體：軍政共和國。語言：法語、豪薩語。宗教：伊斯蘭教。出口：鈾、花生、牲口、棉花、魚類。氣候：除了南部之外炎熱且乾燥。□尼日是西非內陸國，尼日河流經西部邊緣地區，東南角有查德湖，但水資源缺乏，是世界上最低度開發國家。超過 99%的居民信奉伊斯蘭教。

SUDAN I 蘇丹

佔地：1,886,068 平方公里。人口數：3,089 萬。首都：喀土木，約 64 萬人。政體：聯邦共和國。語言：阿拉伯語、英語、方言。宗教：70%伊斯蘭教、25%民間信仰、5%基督教。出口：阿拉伯膠、棉花、花生、糖、紡織品。氣候：北部炎熱乾燥、南部潮溼。□非洲面積第三大國，僅次於阿爾及利亞和剛果民主共和國。由於軍政府管轄，被稱為「世界上最不安定的國家」。分為南北兩個地理區，南蘇丹是農耕中心，位於白與藍尼羅河之間，土地肥沃，是全國半數以上的人口及 80 %耕地所在。三個最大城（恩圖曼、喀土木與北喀土木）位於河流匯集形成尼羅河的位置。蘇丹的阿拉伯膠樹生產阿拉伯膠與醫藥製品，每年經由蘇丹港出口，占全球阿拉伯膠產的四分之三。蘇丹因戰爭、乾旱與來自查德和衣索比亞的大量難民，使原本有「非洲麵包籃」之稱的蘇丹，耗盡農業產量。南蘇丹於 2011 宣布獨立。

TUNISIA J 突尼西亞

佔地：163,610 平方公里。人口數：1,038 萬。首都：突尼斯，約 120 萬人。政體：社會主義共和國。語言：阿拉伯語、法語。宗教：伊斯蘭教。出口：石油、磷肥、橄欖油、葡萄、椰棗。氣候：地中海型氣候。□首都突尼斯，靠近迦太基，坐落於非洲北海岸，與羅馬對望，西元前 146 年被羅馬人摧毀，腓尼基人曾控制地中海長達 1000 年，如今羅馬殖民地的遺跡吸引了世界觀光客。1956 年脫離法國獨立，在外國事務實行溫和政策，是北非國家中最歐洲化的國家。突尼西亞盛產橄欖油，產量居世界第 4 位，被稱為「世界橄欖油園」。

WESTERN SAHARA K 西撒哈拉

佔地：266,000 平方公里）。人口數：55 萬。首都：阿尤恩，約 19 萬人。語言：阿拉伯語、柏柏語。宗教：伊斯蘭教。出口：磷肥。氣候：溫和且乾燥。□1975 年西班牙放棄西撒哈拉，成為爭議地區，當地獨立武裝組織西撒人陣佔有西撒哈拉以東三分之一的荒蕪地區，其餘大部分都是摩洛哥佔領。目前，共有四十七個國家承認西撒人陣領導的「撒拉威阿拉伯民主共和國」為獨立的阿拉伯國家。主要居民為阿拉伯人、柏柏爾人和撒哈拉人。

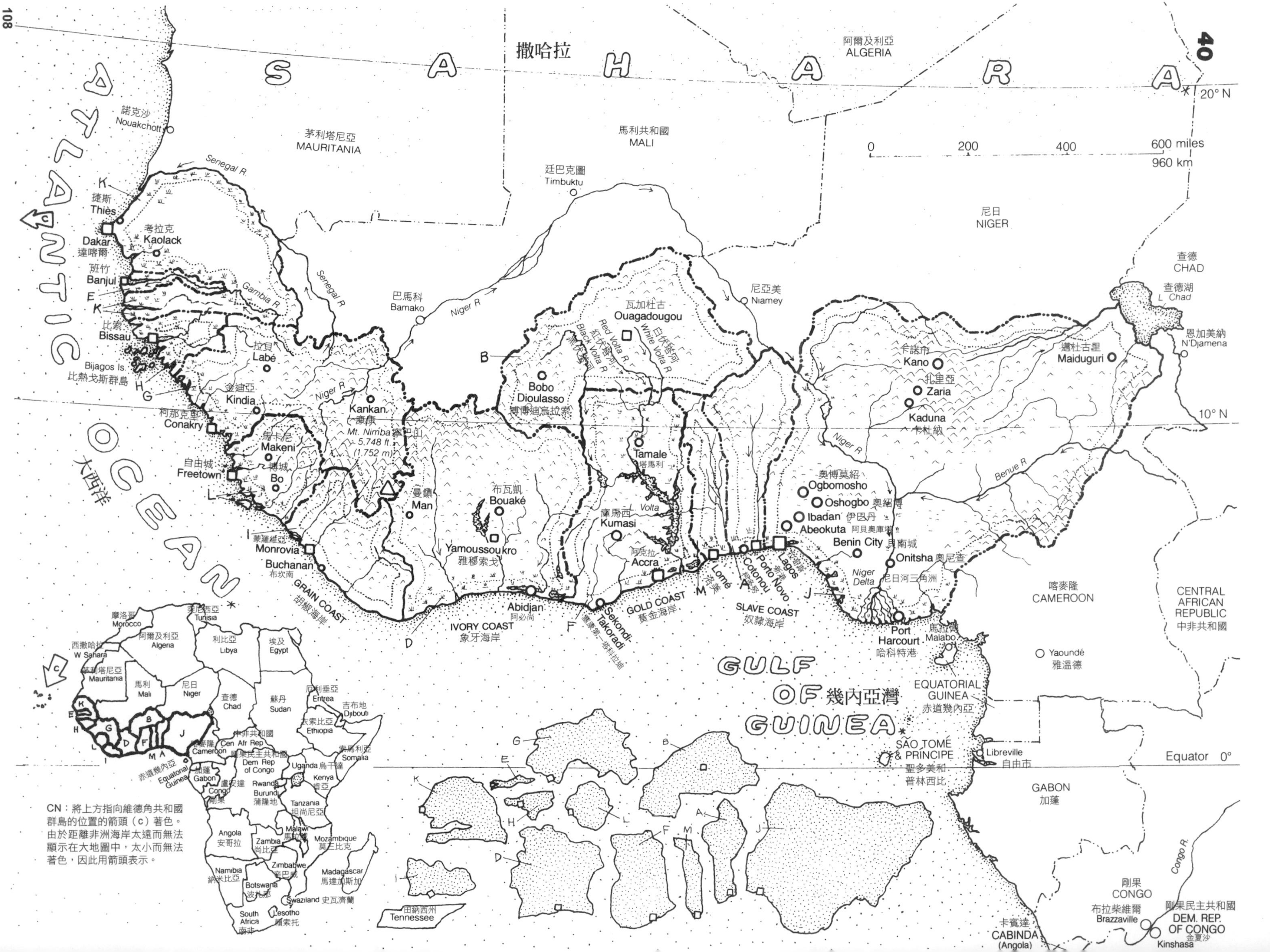

CN：將上方指向維德角共和國群島的位置的箭頭（c）著色。由於距離非洲海岸太遠而無法顯示在大地圖中，太小而無法著色，因此用箭頭表示。

AFRICA: WESTERN
非洲：西非

非洲西部「突出」的沿海國家，擁有類似的地形、氣候、經濟、宗教與歷史。熱帶栽培作物（可可亞、咖啡、棕櫚油與橡膠）是歐洲人引進，為沿岸雨林的主要產品。世界大部份可可亞與巧克力，來自此地的可可樹。花生與棉花種植在內陸較高、較乾燥的薩赫爾地區（環繞撒哈拉的草原）。沿岸海水不夠深，海浪詭譎，因此大型船隻無法抵達海岸，必須在海岸興建港口。曾經是殖民地，如今商業活動已經改變，但相關的地名仍保留：胡椒海岸（利比亞）、象牙海岸、黃金海岸（加納）、奴隸海岸（多哥、貝南、奈及利亞）。在 16 到 18 世紀殖民時期，約有 1000 萬名非洲奴隸被送往美洲，許多人在過程中死亡。奴隸船隻在大西洋三角貿易運送 3 種不同的貨物：從歐洲運送工業產品至非洲交換奴隸，奴隸被送往美洲，再從美洲將原料運到歐洲。

歐洲傳教士將基督教傳入非洲。伊斯蘭教來自北部邊界的撒哈拉國家。大部份西非人為巫毒教者，崇拜亡靈和自然界中的靈魂。

西非國家獨立後，依然保留法語、英語、葡萄牙語等為官方語言。

BENIN A 貝南

佔地：112,620 平方公里。人口數：879 萬。首都：新港，約 26 萬人。政體：軍政共和國。語言：法語、非洲方言。宗教：60%巫毒教、基督教、伊斯蘭教。出口：棕櫚油、棉花、可可亞、花生。氣候：炎熱加上沿岸降雨。□貝南，原名達荷美，人口主要集中在南部。是世界最低度開發國家之一，經濟以農業為主。人民大多信仰巫毒教（貝南被認為是西印巫毒教與黑魔法的產生地）。

BURKINA FASO B 布吉納法索

佔地：273,800 平方公里。人口數：1,573 萬。首都：瓦加杜古，112 萬人。政體：軍政共和國。語言：法語、非洲方言。宗教：65%巫毒教、25 %伊斯蘭教、10 %基督教。出口：牲口、花生與棉花。氣候：溫暖且大致乾燥。□布吉納法索，因位於伏塔河上游，原名上伏塔，是個極貧窮的西非內陸國家，位於撒哈拉沙漠南緣，天然資源少。最長的姆烏河（Mouhoun 舊稱「黑伏塔河」）、納康貝河（Nakambé 舊稱「白伏塔河」）、紅伏塔河（Nazinon）3 條伏塔河支流，但仍受乾旱所苦，土壤層薄，無法吸收來自幾內亞灣的夏季季風降雨。為全球識字率最低的國家。

CAPE VERDE C 維德角

佔地：4,033 平方公里。人口數：56 萬。首都：培亞，約 12 萬人。政體：共和國。語言：葡萄牙語、克里奧爾語。宗教：羅馬天主教。出口：咖啡、香蕉、鹽、煤炭、魚類。氣候：炎熱乾燥。□距離塞內加爾外海 480 公里。15 世紀葡萄牙到達無人居住的維德角群島，將此地變為奴隸交易中心，是來往美洲和葡萄牙之間的重要港口。相較其他非洲國家，維德角政局穩定，旅遊業發達。

CÔTE D'IVOIRE (IVORY COAST) D 象牙海岸

佔地：322,460 平方公里。人口數：2,195 萬。首都：雅穆索戈，約 24 萬人。政體：共和國。語言：法語、非洲方言。宗教：65%巫毒教、23%伊斯蘭教、12%基督教。出口：咖啡、可可亞、硬木、香蕉、橡膠、魚類。氣候：熱帶，沿岸多雨。□象牙海岸，舊有活躍的象牙貿易而名，現在則是世界最大的可可亞產地，也是硬木與咖啡的主要產地。費利克斯．烏弗埃－博瓦尼，從 1960 年到 1993 逝世擔任總統，實行自由經濟政策，曾是非洲最富有的黑人國家，但 1980 年代農產品價格下跌，使國家經濟衰退。政治的腐敗，缺乏改革，國內動盪、內戰，使經濟一蹶不振。港口城市阿必尚有「非洲的巴黎」之稱，曾經是首都所在地，為商業與製造業中心，目前仍是中央政府所在地。

GAMBIA (THE) E 甘比亞

佔地：11,295 平方公里。人口數：178 萬。首都：班竹，約 3.4 萬人。政體：軍政府。語言：英語、非洲方言。宗教：伊斯蘭教。出口：花生、蜂蠟、棕櫚木、棕櫚油。氣候：熱帶潮溼。□是非洲大陸最小的國家，甘比亞河橫跨，將國家分成兩部份，各約為 320 公里長、16 公里寬。甘比亞像一個彎曲的手指，插入塞內加爾，2 國人民具有類似族裔背景，但文化不相似（甘比亞使用英語、塞內加爾使用法語）阻礙雙方合作。族群多樣化，不常衝突，最多的是曼丁哥族。人民 95%為穆斯林，其餘為基督徒。甘比亞是著名作家艾利斯哈利的著名小說《根》的取材來源國家。

GHANA F 加納

佔地：238,535 平方公里。人口數：2,704 萬。首都：阿克拉，約 230 萬人。政體：軍政共和國。語言：英語、非洲方言。宗教：45%巫毒教、40%基督教。出口：可可亞、硬木、鋁礬土、鑽石、黃金。氣候：熱帶潮溼。□3 世紀起就有加納帝國，殖民時代以黃金而聞名，現在加納仍是世界主要黃金生產國之一。曾是世界主要的可可亞出口地，目前仍是主要作物。伏塔湖，位於伏塔河水壩，為世界最大的人工湖之一，水壩提供煉鋁工業用電。

GUINEA G 幾內亞

佔地：245,857 平方公里。人口數：1,000 萬。首都：柯那克里，約 200 萬人。政體：軍政共和國。語言：法語、非洲方言。宗教：伊斯蘭教、天主教。出口：鋁礬土、鐵礦、香蕉、咖啡、鳳梨。氣候：熱帶，加上豐富的沿岸降雨。□「幾內亞」是柏柏語，意指「黑人的土地」。幾內亞，前法屬幾內亞，曾是第一個獨立的法國殖民地（1958 年）。有大量的礦產，卻因共產主義統治而經濟蕭條。為世界第二大鋁礬土產地（次於澳洲）。幾內亞最重要的宗教是伊斯蘭教遜尼派，約九成人民信仰。3 條主要河流（尼日河、塞內加爾河與甘比亞河）發源於高地地區。

GUINEA-BISSAU H 幾內亞比索

佔地：36,120 平方公里。人口數：160 萬。首都：比索，約 35 萬人。政體：共和國。語言：葡萄牙語、非洲方言。宗教：65%巫毒教、30%伊斯蘭教、5%基督教。出口：花生、椰子、棕櫚油、魚類。氣候：熱帶潮溼。□幾內亞比索，前葡屬幾內亞，是歷史上最長殖民時間（超過 500 年）的國家。在 1974 年成為第一個獨立的葡萄牙非洲殖民地。大部分土地為地勢低、多沼澤的地區。位於外海的比熱戈斯群島，有大型水道網絡，是非洲海岸罕見的群島。

LIBERIA I 賴比瑞亞

佔地：111,369 平方公里。人口數：395 萬。首都：蒙羅維亞，約 97 萬人。政體：共和國。語言：英語、非洲方言。宗教：75%巫毒教、15%伊斯蘭教、10%基督教。出口：鐵礦、橡膠、可可亞、咖啡、硬木。氣候：熱帶。□19 世紀初，美國黑奴解放後，有些人移居到這個地區，所以賴比瑞亞是「自由」（liberty）和「解放」（liberated）的意思。1847 年成為非洲第一個獨立黑人國家（海地為世界第一個）。原始移民者的後裔，變成少於 5%的人口，不過他們在傳統上控制賴比瑞亞。這些使用英語的「美洲賴比瑞亞人」接受良好教育，富有，具有美國生活方式。1980 年，武力駐軍瓜分權利，組成腐敗的政府，後來領導人在 1990 年被暗殺，引發六個部落間的內戰，最終建立臨時政府，1990 年代末舉行選舉。美國對賴比瑞亞的關注，使此國成為非洲唯二的非殖民國家。賴比瑞亞為非洲主要的鐵礦與橡膠生產者，擁有世界最大的海洋商隊之一，外國商船因為低稅率而在此地登記。

NIGERIA J 奈及利亞

佔地：923,768 平方公里。人口數：1.74 億。首都：阿布加，約 100 萬人。政體：軍政府。語言：英語、非洲方言。宗教：45%伊斯蘭教、35%基督教、20%巫毒教。出口：石油、可可亞、棉花、橡膠、錫、棕櫚油、花生。氣候：熱帶，內陸乾燥。□非洲最富裕的國家。富含天然資源，種植多元農作物。石油與天然氣資源十分豐富，石油出口收入是最主要的經濟來源。奈及利亞是全非洲人口最多的國家，全世界人口第七多的國家。南方主要信奉基督教，北方信奉伊斯蘭教，基督教佔總人口 44.21%，伊斯蘭教為 52.61%，傳統宗教約 3%。因為有超過 250 個不同族群，衝突不斷。

SENEGAL K 塞內加爾

佔地：196,723 平方公里。人口數：1,185 萬。首都：達喀爾，約 103 萬人。政體：共和國。語言：法語、方言。宗教：伊斯蘭教。出口：花生、棉花、磷肥、魚類。氣候：南部沿岸潮溼，內陸乾燥炎熱。□1960 年獨立，塞內加爾曾為法國在法屬西非最重要的殖民地。「非洲的入口」達喀爾，也曾是殖民時期的首都，這座天然港曾是第二次世界大戰時期，非洲同盟國的主要助力。塞內加爾的主要出口物為花生，工業化程度比其他西非國家高。人口約 90%信仰伊斯蘭教。

SIERRA LEONE L 獅子山共和國

佔地：71740 平方公里。人口數：644 萬。首都：自由城，約 107 萬人。政體：軍政府。語言：英語、原生方言。宗教：75%巫毒教、伊斯蘭教、基督教。出口：鑽石、鋁礬土、可可亞、咖啡。氣候：熱帶潮溼。□1787 年，英國廢奴團體在此建立領地，是第一個由奴隸組成的殖民地。長達 150 年屬於英國殖民地。英國 1807 年廢除奴隸制度，把自由的奴隸送往獅子山地區。1961 年獨立。主要產業為鑽石、鐵礦、鋁礬土開採。內戰導致國家窮困。

TOGO M 多哥共和國

佔地：56,785 平方公里。人口數：662 萬。首都：洛美，約 70 萬人。政體：共和國。語言：法語、原生方言。宗教：60%巫毒教、25%基督教、15%伊斯蘭教。出口：磷肥、可可亞、咖啡、棕櫚油。氣候：南部為熱帶。□多哥共和國是一個狹長的小國，山脈將北部穆斯林（接近布吉納法索與尼日人）與南部多哥人（與加納和貝南具有相同族裔背景）分開。多哥共和國的經濟受世界磷肥價格下跌的打擊。

41

Neb.
Colo.
Kan.
Mo.
N.M.
Okl.
Ark.
Texas
La.
尼日
NIGER
L. Chad
恩賈梅納
N'Djamena
查德
CHAD
10° N
奈及利亞
NIGERIA
Niger R
Benue R
Garoua
加魯阿
Logone R
Chari R
SUDAN
蘇丹
布阿爾
Bouar
哈科特港
Port Harcourt
喀麥隆山
Mt. Cameroon
13,350 ft. (4,070 m)
杜阿拉
Douala
Yaoundé
雅溫德
班基
Bangui
Ubangi R
Berbérati
貝貝拉蒂
馬拉博
Malabo
比奧科島
BIOKO
大陸大區
RÍO MUNI
巴塔
Bata
普林西比
PRÍNCIPE
São Tomé
聖多美
SÃO TOMÉ
自由市
Libreville
Ogooué R
Port-Gentil
讓蒂爾港
Lambarene
蘭巴雷內
Ubangi R
姆班達卡
Mbandaka
Congo R.
剛果河
Stanley Pool
Brazzaville
布拉薩
Kinshasa
金夏沙
Kasai R
卡南加
Kananga
Mbuji-Mayi
姆布吉馬伊
Lualaba R
Congo R.
黑角
Pointe-Noire
卡賓達
CABINDA
(安哥拉)
(Angola)
大西洋
ATLANTIC
OCEAN
Luanda
羅安達
10° S
Cuango R
莫科山
Mt. Moco
8,596 ft. (2,620 m)
洛比托
Lobito
Benguela
本吉拉
Huambo
萬博
Cubango R
Cuando R
Zambezi R
Cunene R
NAMIBIA
納米比亞
20° S
波扎那
BOTSWANA
烏干達
UGANDA
White Nile
L. Albert
坎帕拉
Kampala
斯坦利山
Margherita Peak
16,762 ft. (5,109 m)
Equator 0°
L. Edward
L. Victoria
吉佳利
Kigali
RWANDA
盧安達
L. Kivu
布卡武
Bukavu
布瓊布拉
Bujumbura
BURUNDI
蒲隆地
MITUMBA MOUNTAINS
米通巴山脈
坦尚尼亞
TANZANIA
L. Tanganyika
L. Mweru
L. Malawi
L. Bangweulu
盧本巴希
Lubumbashi
穆欽加山脈
MUCHINGA MOUNTAINS
MALAWI
基特韋
Kitwe
Ndola
恩多拉
里朗威
Lilongwe
路沙卡
Lusaka
莫三比克
MOZAMBIQUE
維多利亞瀑布
Victoria Falls
L. Kariba
Zambezi R
哈拉雷
Harare
辛巴威
ZIMBABWE
0
200
400
600 miles
960 km
突尼西亞
Tunisia
摩洛哥
Morocco
西撒哈拉
W Sahara
Algeria
阿爾及利亞
Libya
利比亞
Egypt
埃及
Mauritania
茅利塔尼亞
馬利
Mali
尼日
Niger
塞內加爾
Senegal
Gambia
甘比亞
Guinea-Bissau
Guinea
Sierra Leone
Liberia
Côte D'Ivoire
Ghana
Togo
Benin
布吉納法索
Burkina Faso
奈及利亞
Nigeria
Chad
查德
Sudan
蘇丹
厄利垂亞
Eritrea
吉布地
Djibouti
Ethiopia
衣索比亞
Somalia
索馬利亞
烏干達
Uganda
Kenya
肯亞
Tanzania
坦尚尼亞
Malawi
馬拉威
Mozambique
莫三比克
Zimbabwe
辛巴威
Namibia
納米比亞
Botswana
波札那
史瓦濟蘭
Swaziland
Lesotho
賴索托
South Africa
南非
Madagascar
馬達加斯加

AFRICA: CENTRAL
非洲：中非

茂密的雨林，形成橫跨非洲中部的寬廣區域（又稱赤道非洲）。對於西方探險者而言，是無法入侵的叢林，加上植被造成的不透光遮蔽，形成潮溼、與世隔絕的未知世界，因此將非洲稱為「黑暗大陸」。僅有少數人居住在叢林中，大多數人住在北部或南部的疏林莽原。中非稀疏的人口，並不只因為不適合居住的叢林。瘟疫，特別是痢疾與昏睡病，奪取了數萬人命。昏睡病透過嗤嗤蠅傳播，這些嗤嗤蠅的叮咬，會導致一些動物死亡，而無法在一些非洲地區豢養牲口（包括一些非洲西部與東部地區）。由於牲口的排泄物為第三世界國家的主要肥料來源，所以也等於限制了農作物生產。

大多數中非人使用班圖語系。班圖人在大約 2500 年前取代俾格米人，現今非洲只有不到 40 萬俾格米人，在與世隔絕的叢林過著打獵與採集生活，平均身高為 140 公尺。由於雨林受破壞，俾格米人正慢慢放棄叢林生活。

盛大的剛果河及其數百條支流，造就非洲有世界第二大的剛果雨林（次於亞馬遜雨林），水道成為國家的運輸道路。布拉薩與金夏沙，一個是剛果共和國，一個是剛果民主共和國（前薩伊）的首都，對峙河的兩岸。

葡萄牙曾是第一個探勘非洲，在中非大西洋海岸劃下大片疆界的歐洲國家。但西非的葡萄牙屬地，後來大多輸給其他更強大的歐洲國家。

ANGOLA A 安哥拉

佔地：1,246,700 平方公里。人口數：1,900 萬。首都：羅安達，約 500 萬人。政體：共和國。語言：葡萄牙語、班圖語。宗教：70%基督教、20%民間信仰。出口：石油、咖啡、鑽石、劍麻。氣候：溫和。□擁有各種天然資源，船隻進出的海岸線、肥沃的土壤、宜人的天氣，這個國家照理應該繁榮。但 14 年獨立戰爭和 27 年內戰，在共產主義控制下的經濟，以及 1975 年葡萄牙政府突然撤出（安哥拉是最後一個獨立的葡萄牙非洲殖民地），使得安哥拉步履蹣跚。唯有石油生產不受影響。1990 年放棄社會主義，1992 年舉行自由選舉。過去在奴隸時代，有 200 萬安哥拉人被送往巴西等葡萄牙殖民地。

CAMEROON B 喀麥隆

佔地：475,440 平方公里。人口數：2,013 萬。首都：雅溫德，約 181 萬人。政體：單一政黨共和國。語言：法語、英語、非洲方言。宗教：50%民間信仰、35%基督教、15%伊斯蘭教。出口：石油、天然氣、可可亞、咖啡、木材、橡膠、棕櫚油、棉花。氣候：海岸炎熱潮溼、北部較乾燥。□對一個擁有超過兩百個民族部落的國家來說，喀麥隆政府的穩定令人驚訝。喀麥隆具有多重殖民的歷史：14 世紀葡萄牙人登陸，19 世紀晚期受德國統治，接著第一次世界大戰後被勝利的英國與法國瓜分。1960 年英屬與法屬喀麥隆統一（英屬喀麥隆北部加入奈及利亞）。喀麥隆是非洲唯一同時使用法語與英語作為官方語言的國家。氣候多變，地勢多山，北部貧瘠，海岸地區則潮溼多綠意。每年，喀麥隆山脈（4070 公尺，非洲中部最高峰，是活火山）會產生 10160 毫米的降雨，形成非洲大陸最溼潤的地區。

CENTRAL AFRICAN REPUBLIC C
中非共和國

佔地：622,984 平方公里。人口數：442 萬。首都：班基，約 62 萬人。政體：共和國。語言：法語、非洲方言。宗教：60%巫毒教、20%基督教、10%伊斯蘭教。□原屬法國領地，這個貧窮的內陸國家，舊名為烏班吉沙里，源自 2 條河流：往北流至查德湖的沙里河以及烏班吉河。烏班吉河在南部與剛果河匯流，是進入海洋的唯一水道，長 1600 公里，有一段鐵路與海岸連結。1976 至 1979 年間，領導人讓．巴度卜卡薩自命為皇帝，成立中非帝國，私人的鑽石與象牙交易，使國家破產，大象瀕臨絕種。國內動盪不斷，經濟倚靠外援。

CONGO D 剛果

佔地：342,000 平方公里。人口數：404 萬。首都：布拉薩，約 117 萬人。政體：共和國。語言：法語、班圖語。宗教：50%民間信仰、40%基督教。出口：石油、木材、木製品、鉀肥、鈾、棕櫚油、菸草。氣候：赤道型氣候潮溼。□13 世紀末，這個地區由班圖人建立剛果王國。15 世紀晚期，歐洲人開始殖民後，政局開始動盪。剛果共和國於 1960 年獨立，是第一個非洲的共產主義政府。1991 年共產主義被推翻，舉行民主選舉，但政治並不穩定。布拉薩曾是法屬赤道非洲（包括加彭、查德與中非）首都。剛果共和國經濟包括農業和手工業，工業部門以石油和相關產業為主，但因為石油價格的波動和政局不穩，現政府在內政和經濟上仍然處境艱難。

DEM. REP. OF CONGO E
剛果民主共和國

佔地：2,345,409 平方公里。人口數：7,100 萬。首都：金夏沙，約 900 萬人。政體：共和國。語言：法語、200 種班圖語。宗教：55%基督教、35%民間信仰、10%伊斯蘭教。出口：鈷、工業鑽石、銅、石油、咖啡、鈾、棕櫚油。氣候：赤道型氣候。□這個地區從 8 萬年前就有人類居住，早期歷史以班圖人為主。1482 年葡萄牙人發現剛果河，開啟歐洲殖民的序幕。1960 年獨立，1971 年改名薩伊共和國，為非洲僅次於阿爾及利亞的第二大國，國土大多屬於內陸，僅有一條 37 公里長的海岸線。剛果民主共和國橫跨赤道，佔剛果盆地大部份，境內剛果河支流密布。剛果河發源於尚比亞境內，長 4669 公里，為世界第十長河。以農業、畜牧業為主，礦產資源極為豐富，石油、天然氣的儲量可觀，森林覆蓋率更是高達 53 %，面積約 1.25 億公頃，占非洲熱帶森林面積的一半。小說家約瑟夫．康拉德在剛果的旅途中，撰寫令人心驚的短篇小說《黑暗之心》。

EQUATORIAL GUINEA F
赤道幾內亞

佔地：28,050 平方公里。人口數：73 萬。首都：馬拉博，約 15 萬人。政體：共和國。語言：西班牙語、班圖語。宗教：80%羅馬天主教、20%巫毒教。出口：石油、可可亞、咖啡、木材。氣候：赤道型氣候、非常潮溼。□赤道幾內亞由兩個部分組成：比奧科島，以及較大的主要陸地區——孟尼河區。首都馬拉博位於比奧科島，距離孟尼河區西邊 160 公里，靠近喀麥隆。在西班牙的殖民統治下，肥沃的火山島土壤（有豐厚雨量）生產世界最好的可可亞。1996 年發現石油，赤道幾內亞為非洲唯一使用西班牙語為官方語言的國家。從前政府的殘忍統治與經濟崩壞中復原，因近期大批石油與天然氣探勘而進步。

GABON G 加彭

佔地：267,745 平方公里。人口數：150 萬。首都：自由市，約 42 萬人。政體：共和國。語言：法語、班圖語。宗教：50%巫毒教、50%基督教。出口：石油、錳、鐵礦、硬木、鈾。氣候：赤道型氣候、潮溼。□經過歐洲移民時期，加彭於 1961 年獨立，收入原本以硬木出口為主，現在則因石油盛產，使加彭比鄰近國家繁榮。觀光客造訪蘭巴雷內，參訪史懷哲年輕時在 1913 年建造的醫院。耗資三億美元的鐵路網路，從位於沿岸的首都自由市，延伸 640 公里到弗朗孔維爾。熱帶雨林資源豐富，十三個國家公園，使加彭成為生態旅遊國。

SÃO TOMÉ & PRÍNCIPE H
聖多美及普林西比

佔地：1,001 平方公里。人口數：18 萬。首都：聖多美，約 6 萬人。政體：共和國。語言：葡萄牙語。宗教：羅馬天主教。出口：可可亞、咖啡、香蕉、棕櫚油、椰子核。氣候：赤道型氣候。□聖多美普林西比，主要由兩座多山的島嶼，以及加彭西部 320 公里處的一些小島組成，位於幾內亞灣，是非洲第二小國。聖多美島佔全國面積 96%，以及九成人口。這些島嶼在葡萄牙於 1470 年發現時無人居住，作為監獄。廢除奴隸制度後，工作環境並沒有改善，在葡萄牙的管控下，數百名工人在勞工抗議行動中死亡。目前勞工主要來自前葡萄牙殖民地：維德角、安哥拉以及莫三比克。可可亞仍是主要出口產物。

ZAMBIA I 尚比亞

佔地：752,614 平方公里。人口數：1,300 萬。首都：路沙卡，約 174 萬人。政體：共和國。語言：英語、原生方言。宗教：60%基督教、40%巫毒教。出口：銅與其他金屬。氣候：熱帶，高海拔地區涼爽。□富含礦產，內陸國尚比亞（前羅德西亞北部）由於沒有港口，出口困難，只能借用鄰國安哥拉、莫三比克與坦尚尼亞的港口，因此運送貨物的鐵路，經常成為游擊行動的目標。1980 年代，政府發展農業，分散對於銅開採的極度倚賴（尚比亞為世界第三大銅產地）。地形為覆蓋草原平坦的高原，具有大型沼澤地區。國名來自尚比西河，與辛巴威隔河為南部邊界。英國探險家大衛．李文斯頓在此發現維多利亞瀑布，為世界七大奇觀之一，又稱莫西奧圖尼亞瀑布。

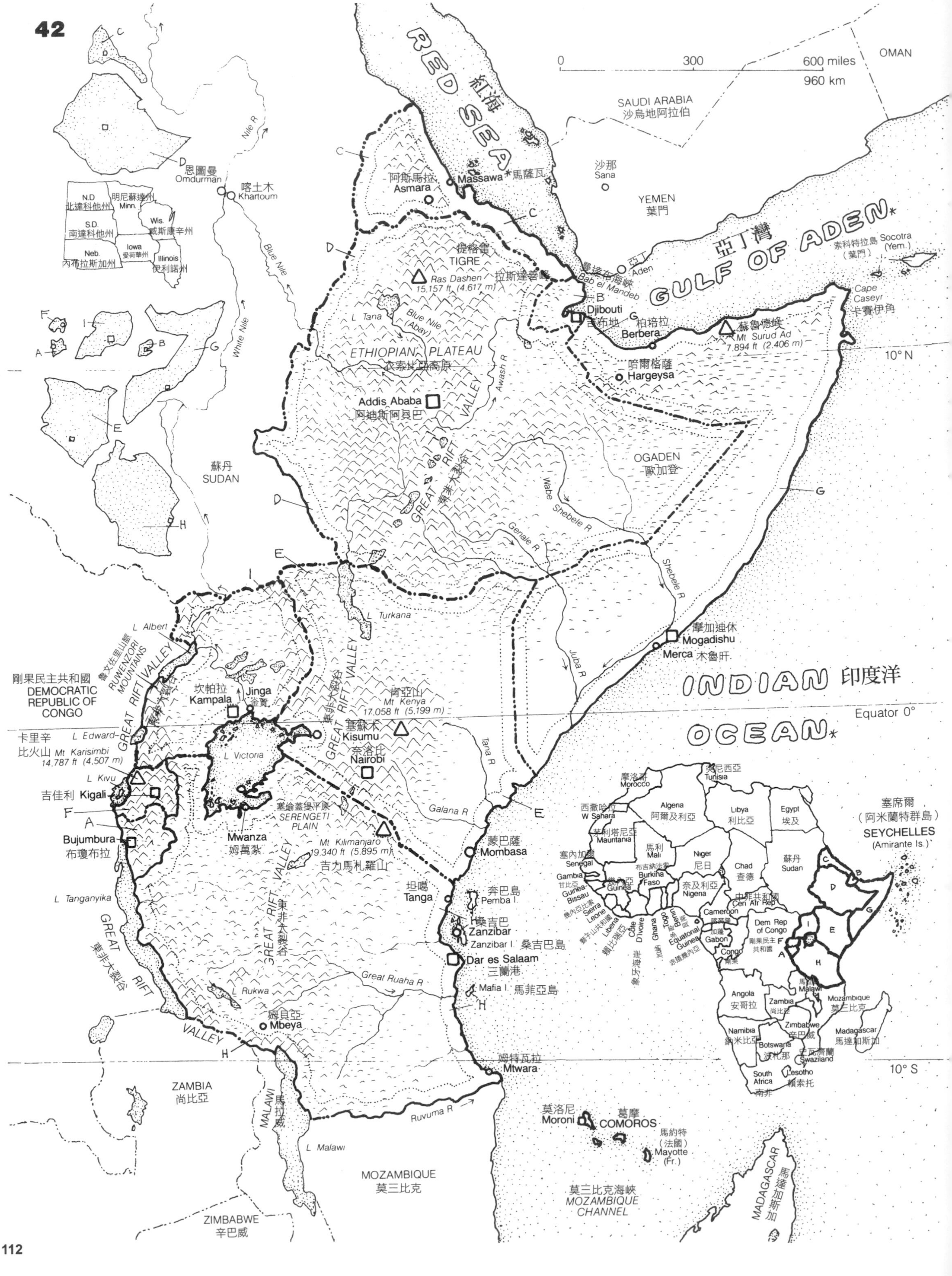
RED SEA 紅海
0 300 600 miles
960 km
OMAN
SAUDI ARABIA
沙烏地阿拉伯
沙那
Sana
YEMEN
葉門
GULF OF ADEN 亞丁灣
索科特拉島 Socotra
（葉門）(Yem.)
Cape Caseyr
卡賽伊角
亞丁
Aden
曼達布海峽
Bab el Mandeb
阿斯馬拉
Asmara
Massawa 馬薩瓦
提格雷
TIGRE
Ras Dashen
15,157 ft (4,617 m)
拉斯達善峰
L Tana
Blue Nile (Abay)
ETHIOPIAN PLATEAU
衣索比亞高原
Djibouti
吉布地
柏培拉
Berbera
蘇魯德峰
Mt Surud Ad
7,894 ft (2,406 m)
10° N
哈爾格薩
Hargeysa
Addis Ababa
阿迪斯阿貝巴
Awash R
GREAT RIFT VALLEY
東非大裂谷
OGADEN
歐加登
Wabe Shebele R
Genale R
Shebele R
Juba R
恩圖曼
Omdurman
喀土木
Khartoum
Nile R
Blue Nile
White Nile
N.D.
北達科他州
明尼蘇達州
Minn.
S.D.
南達科他州
Wis.
威斯康辛州
Neb.
內布拉斯加州
Iowa
愛荷華州
Illinois
伊利諾州
蘇丹
SUDAN
L Turkana
L Albert
魯文佐里山脈
RUWENZORI MOUNTAINS
剛果民主共和國
DEMOCRATIC REPUBLIC OF CONGO
坎帕拉
Kampala
Jinga
金賈
肯亞山
Mt Kenya
17,058 ft (5,199 m)
基蘇木
Kisumu
奈洛比
Nairobi
摩加迪休
Mogadishu
Merca 木魯旰
INDIAN OCEAN 印度洋
Equator 0°
卡里辛比火山 Mt Karisimbi
14,787 ft (4,507 m)
L Edward
L Victoria
L Kivu
吉佳利 Kigali
Bujumbura
布瓊布拉
Tana R
塞倫蓋提平原
SERENGETI PLAIN
Mwanza
姆萬紮
Mt Kilimanjaro
19,340 ft (5,895 m)
吉力馬札羅山
Galana R
蒙巴薩
Mombasa
L Tanganyika
坦噶
Tanga
奔巴島
Pemba I.
桑吉巴
Zanzibar
Zanzibar I. 桑吉巴島
Dar es Salaam
三蘭港
Great Ruaha R
Mafia I. 馬菲亞島
L Rukwa
姆貝亞
Mbeya
姆特瓦拉
Mtwara
10° S
ZAMBIA
尚比亞
MALAWI
馬拉威
L Malawi
Ruvuma R
MOZAMBIQUE
莫三比克
ZIMBABWE
辛巴威
莫洛尼
Moroni
葛摩
COMOROS
馬約特（法國）
Mayotte (Fr.)
莫三比克海峽
MOZAMBIQUE CHANNEL
MADAGASCAR 馬達加斯加
塞席爾
（阿米蘭特群島）
SEYCHELLES
(Amirante Is.)
摩洛哥
Morocco
突尼西亞
Tunisia
西撒哈拉
W Sahara
Algeria
阿爾及利亞
Libya
利比亞
Egypt
埃及
茅利塔尼亞
Mauritania
馬利
Mali
Niger
尼日
Chad
查德
蘇丹
Sudan
塞內加爾
Senegal
Burkina Faso
Gambia
Guinea
Guinea Bissau
Sierra Leone
Liberia
Cote D'Ivoire
Ghana
Togo
Benin
奈及利亞
Nigeria
中非共和國
Cen Afr Rep
Cameroon
Equatorial Guinea
Gabon
Congo
Dem Rep of Congo
剛果民主共和國
Angola
安哥拉
Zambia
尚比亞
Malawi
Mozambique
莫三比克
Zimbabwe
辛巴威
Namibia
納米比亞
Botswana
波札那
Swaziland
Madagascar
馬達加斯加
South Africa
南非
Lesotho
賴索托

AFRICA: EASTERN
非洲：東非

衣索比亞 1980 年代經歷嚴重饑荒，現已改善，漫長的內戰也跟著結束，不過東非地區的糧食問題仍然存在。此地區民族膚色深，體格良好，源自高加索哈姆族，與中東人相近。基督教與伊斯蘭教為主要宗教。非洲之角大多居住使用斯瓦希利語的班圖黑人。這些非洲東部國家與赤道國家相比，非常乾燥、地勢高而涼爽。東非大裂谷長約 1920 公里，將非洲東部與非洲大陸分離。

BURUNDI A 蒲隆地

佔地：27830 平方公里。人口數：838 萬。首都：布瓊布拉，約 30 萬人。政體：共和國。語言：克倫地語、法語。宗教：70%羅馬天主教、25%民間信仰。出口：咖啡、棉花、茶。氣候：溫和。□蒲隆地有大約 85%人口為胡圖族農民，幾世紀以來受圖西族養牛人統治。圖西族人只有一成人口，體格明顯高大（近兩公尺），擁有財富，控制國家，導致胡圖族與圖西族種族衝突，至少有 20 萬的雙方人口遭到屠殺。

葛摩

80 萬名非洲人、中東人以及南亞人祖先，位於非洲東部印度洋的莫三比克海峽的島國，有 3 座主要島嶼（2170 平方公里）。大多數使用斯瓦希利語、阿拉伯語以及法語的穆斯林。葛摩缺乏礦產與肥沃的土壤，倚賴法國援助。在 1975 年獨立，僅馬約特島選擇由法國管轄。

DJIBOUTI B 吉布地

佔地：23200 平方公里。人口數：81 萬。首都：吉布地，約 60 萬人。政體：共和國。語言：阿拉伯語、法語、索馬利語、阿發爾語。宗教：伊斯蘭教。出口：牲口、獸皮。氣候：炎熱乾燥。□炎熱的吉布地，位居曼達布海峽、亞丁灣與紅海之間，具有戰略地位。距阿拉伯半島 32 公里。首都與主要港口為吉布地市，為內陸國衣索比亞首都阿迪斯阿貝巴 400 公里遠處的船運終點。吉布地主要收入來源為貿易中心。

ERITREA C 厄利垂亞

佔地：117600 平方公里。人口數：650 萬。首都：阿斯馬拉，約 50 萬人。政體：共和國。語言：提格尼亞、阿拉伯混合方言。宗教：45%厄利垂亞教（哥普特基督教）、45%伊斯蘭教。出口：棉花、鹽、咖啡、銅。氣候：炎熱乾燥。□厄利垂亞曾為衣索比亞帝國的一部份。19 世紀末，被義大利統治（阿斯馬拉建築可見殖民影響）。1941 年英國接管，1952 年被劃為衣索比亞的一部份。經長達 30 年的漫長內戰，在 1991 年脫離衣索比亞，得到衣索比亞位於紅海的海岸線，1993 年獨立。厄利垂亞和衣索比亞邊境 1998 年爆發戰爭，造成經濟重大打擊，現戰火已停。

ETHIOPIA D 衣索比亞

佔地：1104300 平方公里。人口數：8200 萬。首都：阿迪斯阿貝巴，約 340 萬人。政體：共和國。語言：阿比西尼亞語、蓋拉語、阿拉伯語、錫達馬語。宗教：45%哥普特基督教、45%伊斯蘭教。出口：咖啡、獸皮、橄欖油種子、棉花、芝麻。氣候：沿岸地區極為炎熱，內陸較涼爽。□衣索比亞（前阿比西尼亞）為世界最老的基督教國家之一。直到 1974 年，掌權 44 年的海爾．塞拉西皇帝政權被馬克思主義軍事政府擊退（現已消失），皇帝與國王親族系統可追溯至聖經時期。衣索比亞人大部分為深膚色（衣索比亞在希臘語為「曬傷臉孔之地」），族裔與語言都很多元，人口分為兩個族群：北部使用閃族語的基督教權貴階級，以及南部使用庫什特語的穆斯林。居住的高地被東非大裂谷分開。在北方高地，藍尼羅河源自塔納湖，蜿蜒經過世界最大的峽谷（比美國大峽谷更大），注入蘇丹尼羅河。藍尼羅河的水源 90%來自尼羅河。阿迪斯阿貝巴，現代的首都城市，座落在海拔 2439 公尺的高地上。衣索比亞的出口貨品，經過鐵路，到達吉布地轉運。1990 年代早期，厄利垂亞佔領紅海沿岸，使衣索比亞開始仰賴吉布地的運輸港口。咖啡一直是出口貨物，咖啡這個詞可能源自當地的 Kaffa 宗教。

KENYA E 肯亞

佔地：580367 平方公里。人口數：4500 萬。首都：奈洛比，約 300 萬人。政體：共和國。語言：斯瓦希利語、原生方言。宗教：70%基督教、25%民間信仰、5%伊斯蘭教。出口：咖啡、茶、除蟲菊、腰果、龍舌蘭、棉花。氣候：沿岸炎熱潮溼、高地溫和。□白色沙灘、山景、高地氣候以及野生生態公園保護區，讓肯亞成為著名觀光地區。觀光收入高於主要出口作物咖啡的收入。幾年來，地勢高的奈洛比（阿拉伯語「旅行」之意），以非洲狩獵之都聞名。肯亞海岸在 2000 年前被阿拉伯人最先建立殖民地。蒙巴薩為第二大城以及主要港口。大多數肯亞人使用斯瓦希利語，是班圖語及許多阿拉伯與葡萄牙詞彙混合而成。肯亞最早的人類歷史，可追溯自 200 萬年前。與世隔絕的古老骨骼化石，在東非大裂谷發現。除了肥沃、較為涼爽的高地，肯亞大部份地區是炎熱、乾燥的莽原，是野生動物的家。

RWANDA F 盧安達

佔地：26338 平方公里。人口數：1022 萬。首都：吉佳利，約 90 萬人。政體：單一政黨共和國。語言：金揚萬搭語、法語。宗教：65%羅馬天主教、35%巫毒教。出口：咖啡、茶、錫、鎢、除蟲菊。氣候：溫和。□盧安達為非洲人口最密集的國家。1959 年，組成 90%人口的胡圖族人，擺脫了長達 6 世紀的圖西族人掌控。盧安達與蒲隆地，前身為盧安達—烏隆地，1962 年分離，個別獨立。1990 年代早期，胡圖族總統在空難中死亡，咎責圖西族，掀起與圖西族之間的血戰，1994 年發生盧安達大屠殺的種族滅絕，受胡圖族極端分子屠殺的圖西族人和溫和派胡圖族人估計有 50 至 100 萬，人口五分之一被殺。

塞席爾

位於印度洋，由 90 座島嶼組成的群島（445 平方公里），距離非洲大陸 1600 公里，為 9 萬非洲與歐洲混血後裔的共和國。葡萄牙在 16 世紀發現這些島嶼，法國在 1814 年建立殖民地，1976 年獨立。農耕因為貧瘠的珊瑚礁土地而受限。沒有工業和礦業，一般人民以農漁和觀光為業。

SOMALIA G 索馬利亞

佔地：637661 平方公里。人口數：1000 萬。首都：摩加迪休，約 200 萬人。政體：聯邦共和國。語言：索馬利語。宗教：伊斯蘭教。出口：牲口、獸皮、香蕉、乳香。氣候：亞丁灣沿岸炎熱乾燥，南部較潮溼。□索馬利亞，位於非洲之角，貧窮、炎熱、乾燥，由游牧民族組成。唯一可耕地，位於南部兩條未開拓的河流間。索馬利亞的人口較非洲其他國家較單純，使用索馬利語的穆斯林，以參與四個氏派之一的身份來區別。索馬利語有 2000 年的口語傳統，但一直到 1970 年代才有手寫記錄。1960 年獨立，分為亞丁灣的英屬索馬利亞，以及印度洋的義屬索馬利亞，同年合併為索馬利亞共和國。由於索馬利亞鼓動在衣索比亞、吉布地與肯亞的穆斯林脫離，加入索馬利亞，造成國家衝突，陷入長期混戰，美國與聯合國介入調停，2012 年改國號為索馬利亞聯邦共和國。

TANZANIA H 坦尚尼亞

佔地：945087 平方公里。人口數：4320 萬。首都：杜篤瑪，約 32 萬人。政體：共和國。語言：斯瓦希利語、英語。宗教：40%巫毒教、30%基督教、30%伊斯蘭教。出口：丁香、咖啡、菸草、龍舌蘭。氣候：沿岸熱帶型氣候，內陸溫和。□領土由坦干伊喀和桑吉巴兩部分先後獨立，於 1964 年組成。桑吉巴由島嶼組成，主要工業包括香料、棕櫚屬酒椰以及旅遊業，是世界主要的丁香產地。19 世紀早期，桑吉巴市曾是阿拉伯伊斯蘭教君主領地，為東非主要奴隸交易區。坦干伊喀曾為德國殖民地，後來受英國管轄。首都杜篤瑪掌握內陸國與歐洲的商業活動，多年來是非洲最重要的印度洋港口。境內有白雪覆蓋的吉力馬札羅山，是非洲最高峰（5895 公尺）。坦干伊喀湖，世界最長、最深的湖泊之一。奧杜威峽谷，最早人類祖先化石的發現地之一。塞盧斯禁獵區，世界最大的禁獵區。恩戈羅恩戈羅保護區，有世界第二大火山口（直徑 19 公里），草原為 3 萬隻大型野生動物動物的棲息地。

UGANDA I 烏干達

佔地：236040 平方公里。人口數：3180 萬。首都：坎帕拉，約 150 萬人。政體：共和國。語言：斯瓦希利語、英語。宗教：60%基督教、25%巫毒教、15%伊斯蘭教。出口：咖啡、茶、棉花、銅。氣候：溫和。□美麗的內陸國烏干達，有「非洲珍珠」之稱，擁有肥沃的土地、良好的氣候、充足的降雨、水力發電、礦產、連接至肯亞蒙巴薩的鐵路。由於伊迪．阿敏將軍長達 7 年的恐怖統治（造成 30 萬烏干達人死亡），加上駐軍、入侵、內戰以及部落衝突，使經濟衰退。烏干達有超過 15%地區位於湖泊與河流區。恩德培國際機場位於維多利亞湖，靠近首都。此機場曾發生著名的恐怖攻擊事件，稱為恩德培行動，最後以色列突擊隊平息此事件。

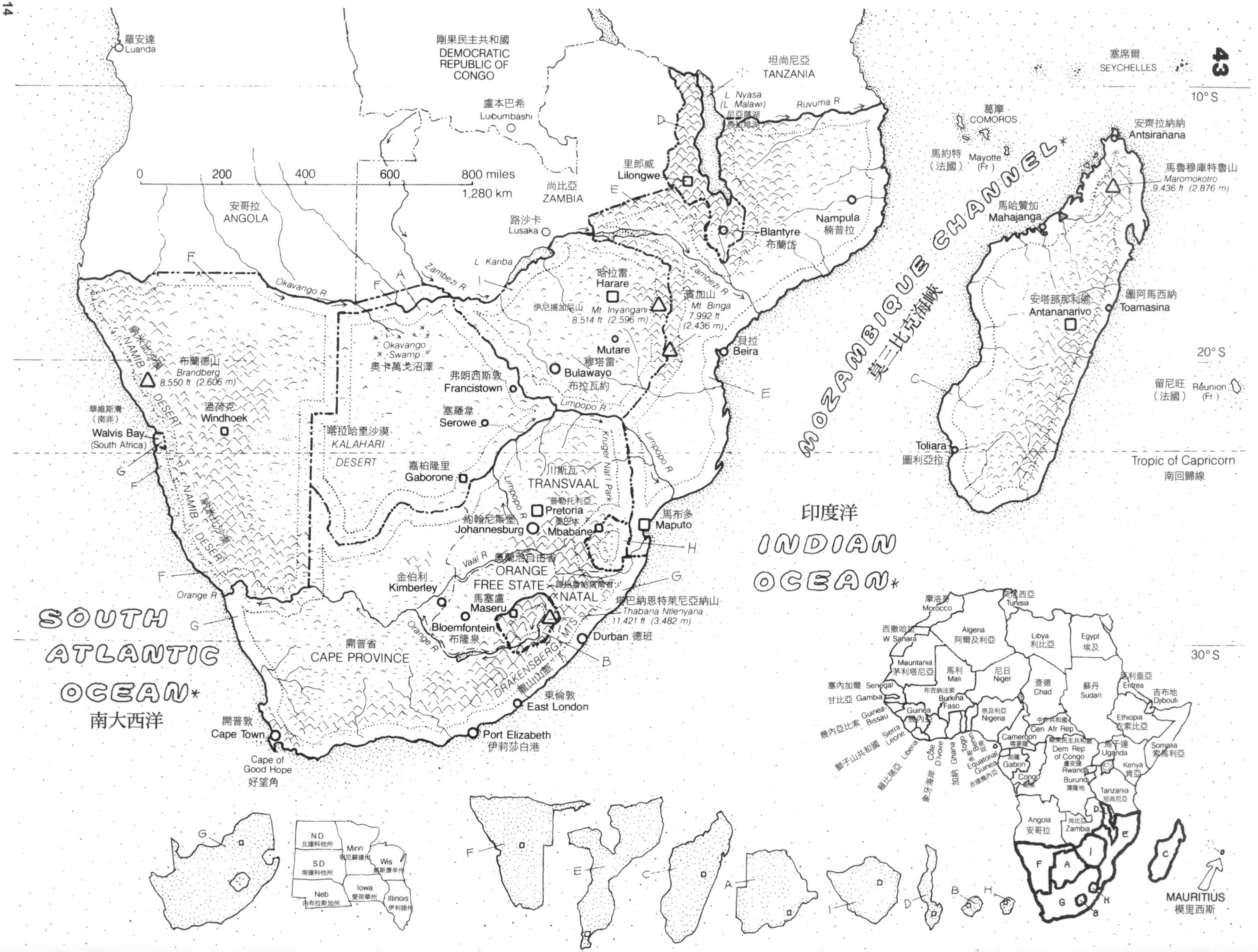
羅安達
Luanda
剛果民主共和國
DEMOCRATIC REPUBLIC OF CONGO
盧本巴希
Lubumbashi
坦尚尼亞
TANZANIA
L. Nyasa
(L. Malawi)
Ruvuma R
塞席爾
SEYCHELLES
10° S
葛摩
COMOROS
安齊拉納納
Antsiranana
馬約特
(法國)
Mayotte
(Fr)
馬魯穆庫特魯山
Maromokotro
9,436 ft (2,876 m)
0
200
400
600
800 miles
1,280 km
安哥拉
ANGOLA
尚比亞
ZAMBIA
里郎威
Lilongwe
路沙卡
Lusaka
馬哈贊加
Mahajanga
Nampula
楠普拉
Blantyre
布蘭岱
MOZAMBIQUE CHANNEL*
莫三比克海峽
L. Kariba
Okavango R
Zambezi R
哈拉雷
Harare
賓加山
Mt Binga
7,992 ft
(2,436 m)
伊尼揚加尼山
Mt Inyangani
8,514 ft (2,596 m)
安塔那那利佛
Antananarivo
圖阿馬西納
Toamasina
Okavango Swamp
奧卡萬戈沼澤
布蘭德山
Brandberg
8,550 ft (2,606 m)
納米比沙漠
NAMIB DESERT
Mutare
穆塔雷
Bulawayo
布拉瓦約
貝拉
Beira
20° S
留尼旺
(法國)
Réunion
(Fr)
弗朗西斯敦
Francistown
Limpopo R
溫荷克
Windhoek
塞羅韋
Serowe
華維斯灣
(南非)
Walvis Bay
(South Africa)
喀拉哈里沙漠
KALAHARI DESERT
Toliara
圖利亞拉
Tropic of Capricorn
南回歸線
嘉柏隆里
Gaborone
川斯瓦
TRANSVAAL
Kruger Nat'l Park
普勒托利亞
Pretoria
約翰尼斯堡
Johannesburg
墨巴本
Mbabane
馬布多
Maputo
印度洋
INDIAN OCEAN*
Vaal R
奧蘭治自由省
ORANGE FREE STATE
那他爾省
NATAL
金伯利
Kimberley
馬塞盧
Maseru
塔巴納恩特萊尼亞納山
Thabana Ntlenyana
11,421 ft (3,482 m)
Orange R
SOUTH ATLANTIC OCEAN*
南大西洋
Bloemfontein
布隆泉
Durban 德班
開普省
CAPE PROVINCE
DRAKENSBERG MTS.
龍山山脈
30° S
東倫敦
East London
開普敦
Cape Town
Port Elizabeth
伊莉莎白港
Cape of Good Hope
好望角
ND
北達科他州
SD
南達科他州
Minn
明尼蘇達州
Wis
威斯康辛州
Neb
內布拉斯加州
Iowa
愛荷華州
Illinois
伊利諾州
摩洛哥
Morocco
突尼西亞
Tunisia
西撒哈拉
W Sahara
Algeria
阿爾及利亞
Libya
利比亞
Egypt
埃及
Mauritania
茅利塔尼亞
馬利
Mali
尼日
Niger
查德
Chad
蘇丹
Sudan
厄利垂亞
Eritrea
吉布地
Djibouti
塞內加爾 Senegal
甘比亞 Gambia
Burkina Faso
布吉納法索
奈及利亞
Nigeria
Ethiopia
衣索比亞
Guinea-Bissau
幾內亞比索
Guinea
幾內亞
Sierra Leone
獅子山共和國
Liberia
賴比瑞亞
Côte D'Ivoire
象牙海岸
Ghana
迦納
Togo
多哥
Benin
貝南
Cen Afr Rep
中非共和國
Cameroon
喀麥隆
Equatorial Guinea
赤道幾內亞
Gabon
加彭
Congo
剛果
Dem Rep of Congo
剛果民主共和國
盧安達
Rwanda
Burundi
蒲隆地
烏干達
Uganda
Somalia
索馬利亞
Kenya
肯亞
Tanzania
坦尚尼亞
Angola
安哥拉
尚比亞
Zambia
MAURITIUS
模里西斯

AFRICA: SOUTHERN
非洲：南非

南非富含礦產。大量的天然資源、溫和的天氣，吸引大量歐洲移民，造成此區域的主要人口——黑人，耗費最多時間取回土地掌控權。非洲南部大多為高地，向東北延伸至龍山山脈，隱沒在印度洋沿岸。西半部則是沙漠（納米比沙漠）和半沙漠（喀拉哈里沙漠）。

BOTSWANA A 波札那

佔地：581,730 平方公里。人口數：215 萬。首都：嘉柏隆里，約 23 萬人。政體：共和國。語言：英語、茨瓦納語。宗教：85% 民間信仰、15% 基督教。氣候：溫和，降雨有限。□大量鑽石（佔全國出口利潤的八成）等礦藏的發現，使波札那繁盛。大多數人口居住在峽窄而翠綠的南非邊界。波札那仰賴南非的商業服務、工作以及連接海岸的鐵路。曾受英國管轄，稱為「貝專納保護地」，1966 年獨立。波札那政府是非洲少數多政黨的共和國。地形為台地，喀拉哈里沙漠覆蓋，這裡是布希曼族的家鄉，是非洲最老的種族之一，這些矮小、黃褐色皮膚的人的祖先，已隱居在半沙漠中長達數百年的時間。他們的語言因為有特殊的滴答聲響而聞名。

LESOTHO B 賴索托

佔地：30,355 平方公里。人口數：194 萬。首都：馬塞魯，約 18 萬人。政體：君主立憲制、議會民主制。語言：賴索托語、英語。宗教：80% 基督教、20% 民間信仰。出口：羊毛、肉、鑽石。氣候：溫帶。□賴索托的主要收入，包括人口有一半在南非工作的男性人口寄回的現金支票。直到 1966 年獨立以前，這個小國曾受英國保護，稱為巴蘇托蘭，因此避免被南非的包圍侵略。當地人的財富，以擁有的牲口數量為標準。保有國王，但施行內閣制。

MADAGASCAR C 馬達加斯加

佔地：587,041 平方公里。人口數：2,320 萬。首都：安塔那那利佛，約 213 萬人。政體：共和國。語言：馬達加斯加語、法語。宗教：55% 民間信仰、40% 基督教。出口：咖啡、香草、香料、肉、魚類。氣候：熱帶型氣候，高地涼爽，東部沿岸潮溼。□距離非洲大陸 480 公里，為世界第四大島。數百萬年前與非洲大陸分離（見地圖 2）。馬達加斯加在 2000 年前，就有東南亞的印尼人與馬來人在此建立殖民地。1896 年法國殖民，1960 年獨立。馬達加斯加人主要為非洲人與亞洲人的後裔。族群有種族的分界。雖然由黑人掌權，但文化深受印尼人影響，因此較為亞洲化。動植物大多為特有種，最為人周知的動物為狐猴（有 22 種）。曾發現史前象鳥的蛋化石（重 9 公斤）。由於東部雨林的破壞加速，不會飛的鳥類已被早期移民殺光。西部地區為落葉林。種類廣泛的樹木，目前正面臨滅絕的危機。

MALAWI D 馬拉威

佔地：118,480 平方公里。人口數：1,288 萬。首都：里朗威，約 78 萬人。政體：共和國。語言：齊切瓦語、英語。宗教：80% 基督教、20% 伊斯蘭教。出口：茶、菸草、花生、棉花。氣候：溫和。□美麗的國家馬拉威，曾被英國保護，稱為尼亞薩蘭。「馬拉威」為古代班圖帝國的名稱。馬拉威湖（尼薩湖）位於東非大裂谷最南部端。馬拉威從 1964 年獨立以來，一直到 1990 年代創立多黨民主政治，都是同一個領導人——海斯廷斯・卡穆祖・班達，因此政局穩定。愛滋病感染率達 14.2%，全國約有 90 萬名愛滋病患者，平均壽命只有 36.97 歲。

模里西斯

這個印度洋上的熱帶群島，於非洲第一大島馬達加斯加以東約 900 公里（見上方地圖右下角箭頭標示），曾被荷蘭、法國以及英國殖民。主要島嶼，模里西斯（2040 平方公里）有 128 萬各種族居民，三分之二為印度人。島嶼半數產業為糖業相關，觀光、漁業以及服飾製造業正在成長。

MOZAMBIQUE E 莫三比克

佔地：801,590 平方公里。人口數：1,910 萬。首都：馬布多，約 176 萬人。政體：共和國。語言：葡萄牙語、原生方言。宗教：65% 巫毒教、20% 基督教、15% 伊斯蘭教。出口：腰果、茶、紡織、銅、棉花。氣候：熱帶型氣候沿岸潮溼。□舊名葡屬東非，鄭和下西洋時，最遠曾達莫三比克的貝拉港。1975 年莫三比克獨立，直到 1992 年，動盪的內戰終於結束，造成 25 萬名葡萄牙人逃離此地。1980 年代接連乾旱與洪水，使國家不振。共產主義政府在教育、健康以及女權方面有所進展，不過卻造成經濟失敗，1990 年放棄馬克思主義，經濟開始有所進展。受葡萄牙 500 年來的殖民統治影響，使右翼的革命者崛起，透過白色羅德西亞人（羅德西亞後來成為尚比亞與辛巴威）與南非人的訓練組織，右翼分子多年來進行攻擊使鄰近地區黑人政權的政策。現在莫三比克終於擺脫殘暴的游擊隊。鐵路四通八達，到達運輸港口，由於是臨近內陸國的出口地，因此帶來可觀收入。

NAMIBIA F 納米比亞

佔地：825,418 平方公里。人口數：200 萬。首都：溫荷克，約 23 萬人。政體：共和國。語言：英語、南非語、原生方言。宗教：90% 基督教、10% 民間信仰。出口：鑽石、銅、鈾、鉛、魚。氣候：溫帶、乾燥。□非洲最後的殖民地，前身為西南非洲，歷經 100 年德國與南非統治，終於在 1990 年獨立。南非 70 年來一直將納米比亞視為一個省，但在國際壓力與西南非人民組織（SWAPO）的軍事行動迫使下，最後放棄。納米比亞的人口，大部分是非白種人（84 %）白人佔奈米比亞總人口的 8%，除了南非以外第二大的白人族群國家。還有約 3 萬住在喀拉哈里沙漠的布希曼人。納米比亞全區乾燥，特別是大西洋沿岸的納米比沙漠。本吉拉涼流（見地圖 59）帶來的冷水，造成與秘魯與智利一樣的沿岸沙漠（見地圖 17）。納米比亞據傳擁有非洲大陸最多的鑽石與鈾藏量。

SOUTH AFRICA G 南非

佔地：1,219,912 平方公里。人口數：5,300 萬。首都：普勒托利亞，約 188 萬人。政體：共和國。語言：南非語、英語、方言。宗教：70% 基督教、30% 民間信仰。出口：黃金、煤炭、鑽石、食品、石棉、金屬礦物。氣候：溫帶乾燥，開普沿岸為地中海型氣候。□南非為非洲最工業化的國家，開發大量礦產，提供世界半數黃金與鑽石。1980 年代，由於南非的種族政策，美國、西歐以及其他國家施加經濟限制政策（對於貿易與投資的限制）。種族隔離政策從 1948 年起，由於膚色的不同，南非嚴格地將人口分成四個階級：黑人（組成人口 70%）、白人（17%）、有色人種（10%）以及亞洲人（3%）。如果黑人以族裔區分，分別居住在十個隔離的「家園」。這些家園，通常設立在無生產力的地區，約佔 15% 領土。南非的白人同樣也有隔離：歐洲血統的白種非洲人，擁有大部分土地，主要居住在內陸的奧蘭治自由邦與川斯瓦。這些早期荷蘭、德國以及法國移民的後裔，使用的南非語，源自荷蘭與法國的方言，也就是所謂的南非人。在南非白人掌控軍隊，統治國家，建立政黨，採取種族隔離政策。英國殖民者的後裔（佔白人族群的 40%）經營學校與大部分的經濟與工業組織。在開普省提供技術勞動力的有色人種，多數為早期居民（何騰托人），為歐洲移民的後代。19 世紀來自印度的契約工的後裔，則在誇祖魯-納塔爾省居住生活。第一批開拓南非的歐洲人，為 17 世紀的荷蘭人，稱為布爾人（農夫）。因 19 世紀早期英國人登陸南非，布爾人只好撤退至內陸，由於他們在內陸發現鑽石和黃金，英國人想要奪取，導致布爾戰爭，最後英國獲勝，殖民整個南非，在 1910 年成為自治邦。1970 年代，南非政府開始消除種族限制。1990 年，南非承認非洲人國民大會（ANC，由黑人軍事反抗組織組成），並釋放監禁長達 27 年的 ANC 領導者曼德拉。種族隔離政策在 1991 年廢除，結束種族階級。1994 年舉行自由選舉，曼德拉是第一個由民主選舉所選出的南非元首，獲得 1993 年的諾貝爾和平獎，2013 年過世。

SWAZILAND H 史瓦濟蘭

佔地：17,363 平方公里。人口數：138 萬。首都：墨巴本，約 7 萬人。政體：君主立憲制。語言：史瓦濟語、英語。宗教：70% 基督教、30% 民間信仰。出口：糖、樹漿、鐵礦、石棉、柑橘。氣候：溫和，高地較涼爽。□史瓦濟蘭為非洲延續至今的三個王國之一（另兩個為賴索托、摩洛哥）。1968 年獨立，曾受英國管轄，因此在南非包圍之下仍維持獨立。擁有良好的土地、氣候、水源、礦物藏量。來自南非的白人後裔，握有大半主要農地、礦產、工業，以及高地人工森林。史瓦濟蘭以度假地聞名。

ZIMBABWE I 辛巴威

佔地：39 萬平方公里。人口數：1,300 萬。首都：哈拉雷，約 160 萬人。政體：共和國。語言：修納語、恩德貝萊語、英語。宗教：58% 基督教，40% 地方宗教，1% 伊斯蘭教。出口：石棉、鉻、黃金、鎳、菸草、食品。氣候：溫和，充足的降雨。□辛巴威在 1980 年獨立前，稱為羅德西亞，後均為古非洲帝國名，直到 20 世紀末期，經濟依然動蕩，曾發行面額 100 萬兆元的辛巴威幣。黑人占總人口的 99%，石頭廢墟為主要觀光景點。大部分土地為肥沃的高地，具有充足的水源、礦產藏量以及水力發電能源。雖然四面環陸，擁有鐵路連接至莫三比克與南非的港口。大約 4000 名富有的白人農夫，擁有全國約三分之一的土地。由於教育計劃很成功，是非洲最高成人識字率的國家。

POLAR REGIONS 極地

地圖 44

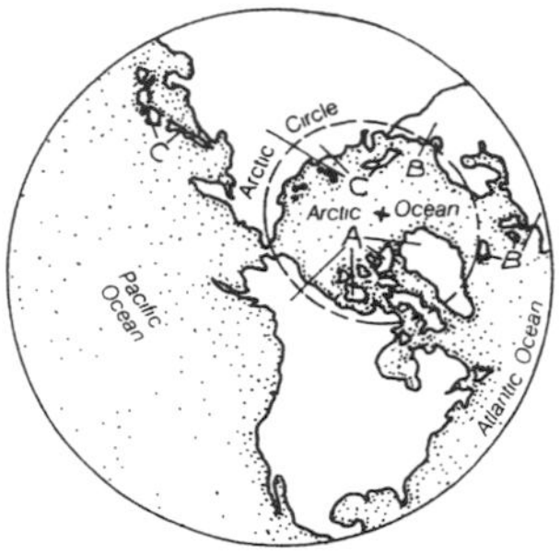

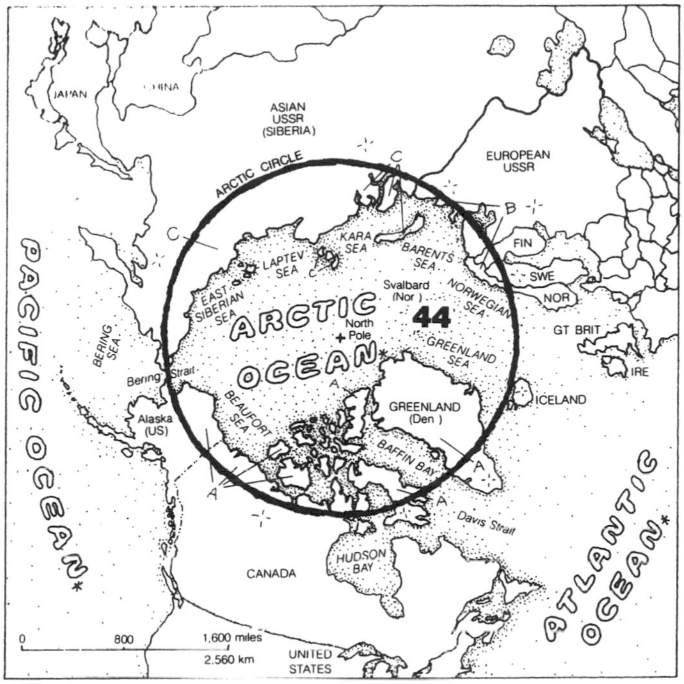

44 THE ARCTIC 北極

North America, Europe, and Asia

北美洲、歐洲與亞洲

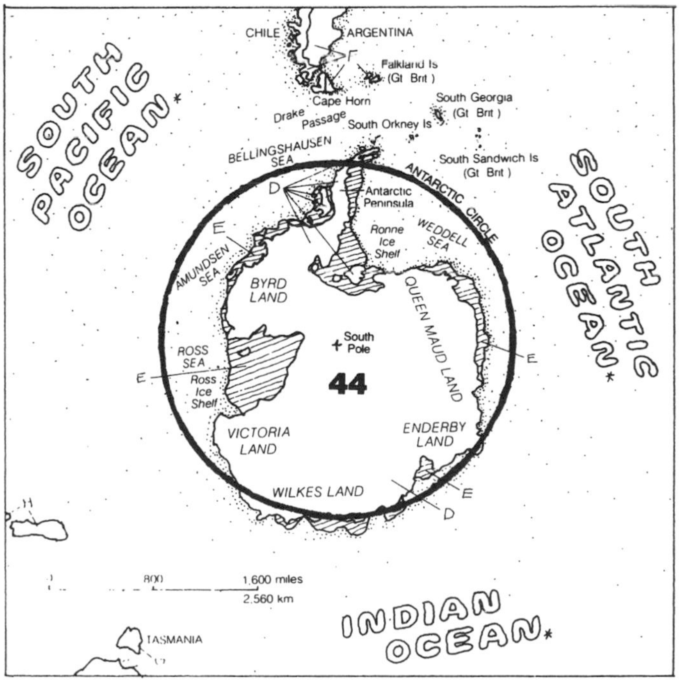

THE ANTARCTIC 南極

Antarctica

南極洲

THE ARCTIC 北極

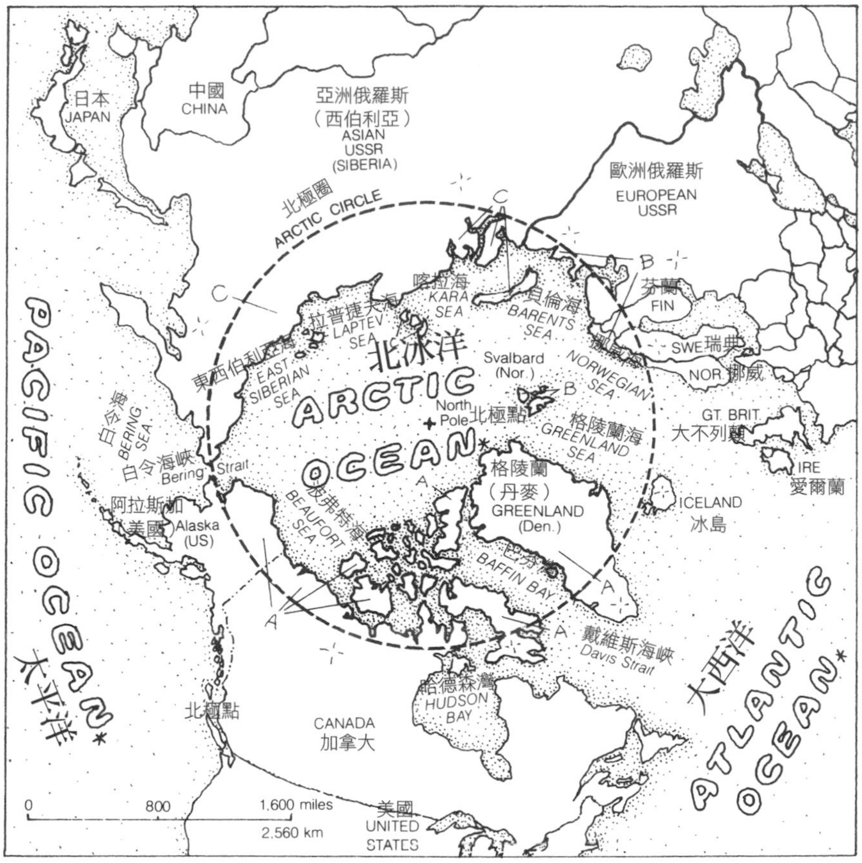

ARCTIC 北極

NORTH AMERICA A 北美洲

EUROPE B 歐洲

ASIA C 亞洲

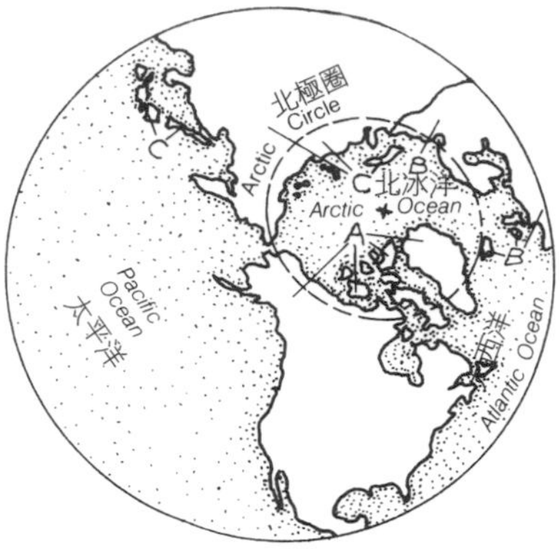

THE ANTARCTIC 南極

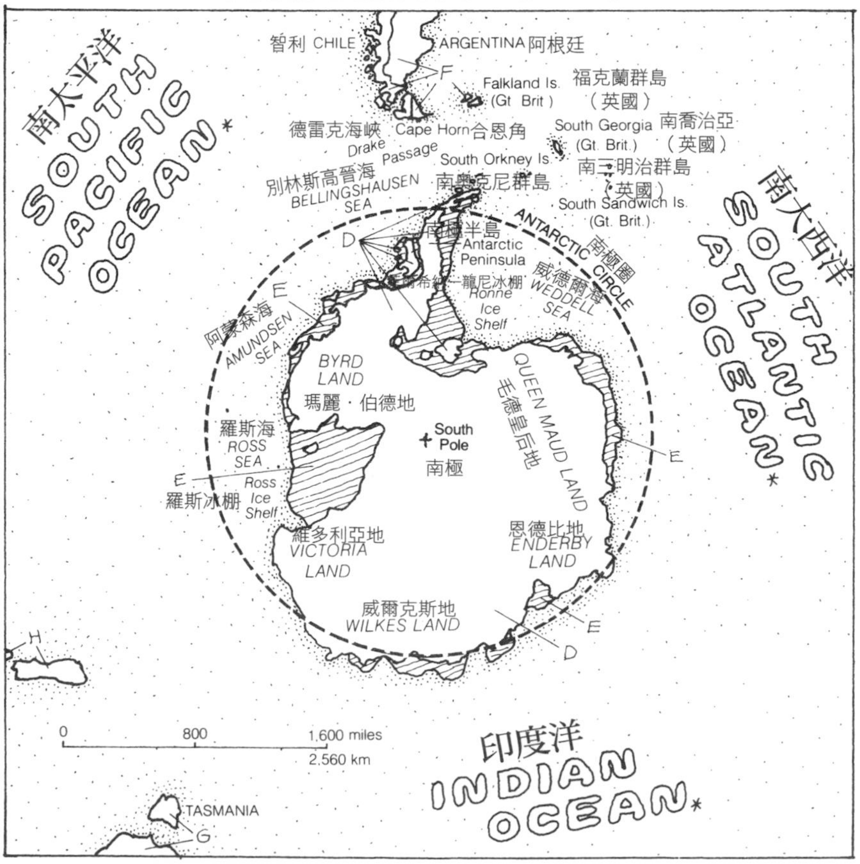

ANTARCTICA 南極

ANTARCTICA D 南極洲

ICE SHELF E 冰棚

SOUTH AMERICA F 南美洲

AUSTRALIA G 澳洲

NEW ZEALAND H 紐西蘭

AFRICA I 非洲

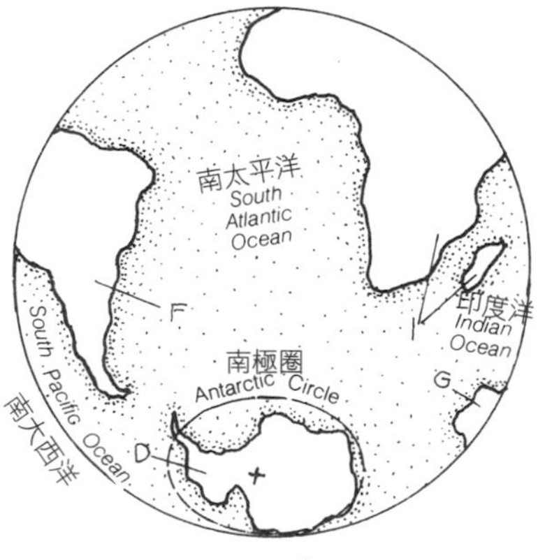

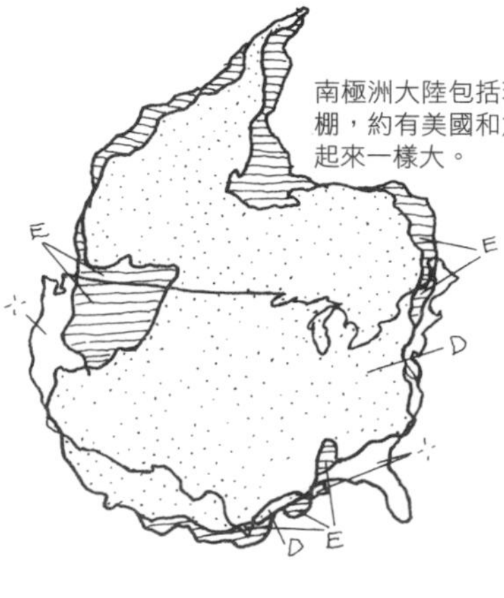

南極洲大陸包括環繞的冰棚，約有美國和加拿大加起來一樣大。

POLAR REGIONS
極地

CN：⑴左頁上方框框的地圖中，只要著色北極圈內的大陸部份（A-C）。在左頁下方框框地圖中，則將大陸完全著色。⑵左頁下方框框地圖中，將南極洲（D）塗淺色。⑶本頁下圖將太陽（J）、陽光與日照部份（J'）塗黃色。

極地位於南北極圈內。極圈內為每年太陽在地平線停留至少24小時以上（永晝）的地區。許多地理學家與科學家偏好將北極定義為「森林線」（樹木生長的最北方地區）或「等溫線」（7月均溫攝氏10度以下）以北的地區。兩種定義大致與天文學定義相符合。

由於降雨有限，極地可歸類為寒漠。南極洲是地球最乾燥的地區，平均年度融雪量相當降雨量100毫米。由於寒冷，少量降雨也不會融化，因此覆蓋在冰帽上。北極降水量較多（15 － 25毫米），由於排水不良、蒸發緩慢，夏季融雪時多沼澤。

北極與南極的面積相當，季節性日照時間相等，降雨非常少，但這兩個地區實際上卻非常不同。北極基本上是被北美洲北部、歐洲與亞洲圍繞的海洋。北冰洋是世界最小的大洋，涵蓋1405萬平方公里。南極地區則是一塊南極大陸（大於歐洲或澳洲），被3座大洋環繞（南大西洋、南太平洋與印度洋）。

經北極的「大圓航線」，是週期性飛過北極的航空路徑。核能潛水艇則在北極冰層下航行。1909年，探險家首次到達「世界的頂端」北極，羅伯特．皮里是第一個踏上北極點的人。2年後，丹麥探險家羅德爾．亞孟森費時34天，在一場抵達南極點的競賽中獲勝，英國人羅伯特．史考特團隊則在回程中死亡。

由於北冰洋的暖流，溫度比內陸的西伯利亞還要高，但依然覆蓋4.5公尺厚的冰層。夏季氣溫較高，冰層融化破裂，永凍冰原厚度300公尺，上層15公分的冰融化成水，提供植物生長的條件。

南極洲沒有什麼季節變化，年均溫比北極低攝氏20度。強風夾帶寒流，形成地球上最嚴峻的天氣。南極冬季曾記錄過風速最高可達時速320公里，最低溫攝氏零下89度。漂浮的冰棚附著在南極洲沿岸，使南極洲的面積擴大。某些地區覆蓋南極洲的冰層有4.5公里厚，這些冰層相當於世界90%的淡水供應量。以冰層厚度來說，北極的格陵蘭地區就很像南極洲。這兩個地區，都有冰河崩落的冰塊造成船隻的危險。

有一百多萬人居住在北極圈，大多數為蒙古利亞種，包括北美洲因紐特人（舊稱愛斯基摩）、斯堪地那維尼拉普人、俄羅斯楚科奇人與薩摩耶人。這些地區引進現代通訊技術、運輸以及科學和採礦技術，改變了原住民的生活形態。雪車取代狗雪橇。北極人口稀疏，南極洲沒有任何永久居民。每年夏季約有數千名來自世界各國的科學家進駐南極。

南極洲是世界最空曠的大陸，也是最高的大陸。平均海拔為1830公尺，部分山脈高4570公尺。蔓延數千公尺的冰層重量，擠壓當地地形，使南極洲的高度受限。南極半島為南美洲安地斯山脈的延伸。

北極地區擁有豐富的陸地動物種類：北極熊、馴鹿（歐洲與亞洲）、北美馴鹿（棲息在北美洲的馴鹿近親）、野狼、狐狸，以及無數小型動物。除了北極熊、海豹、海象以及一些狐狸，大多數的動物會在冬季往南遷徙。南極洲無人居住，也缺少陸地動物。唯一動物為極小的無翅蚊，大約只有2.5毫米長。兩個地區都具有豐富的鳥類與海洋生態。南極洲以企鵝數量聞名。帝王企鵝是世界上最大型的企鵝，站立可達1.2公尺高，可在嚴峻的南極冬天存活。

由於科學研究站以及野生實驗室研究人員積極投入研究，來自南北半球的氣象學家在此區蒐集資料，以預測全球氣象。採礦工程開採各種礦產，例如在阿拉斯加北部斜坡的石油開鑿，但僅在人力可及的地區進行。科學家擔心地球臭氧層的破壞，防止紫外線的防護罩，因工業國家釋放大量污染物，使大氣層變薄。在南極點上方出現臭氧層破洞，造成此地區浮游生物數量下降，這是磷蝦類賴以維生的食物，因此對南極洲海洋食物鏈造成很大的影響。

南極洲的探勘，已有數十個國家建立了永久基地。1959年各國簽署《南極條約》，說明南極不屬於任何一國，條約的主要內容是：南極洲僅能用於和平目的，促進在南極洲地區進行科學考察的自由，促進科學考察中的國際合作，禁止在南極進行一切具有軍事性質的活動及核爆炸和處理放射物，凍結目前各國對南極領土所有權的主張，促進國際在科學方面的合作。目前約有五十個國家簽署這個條約。

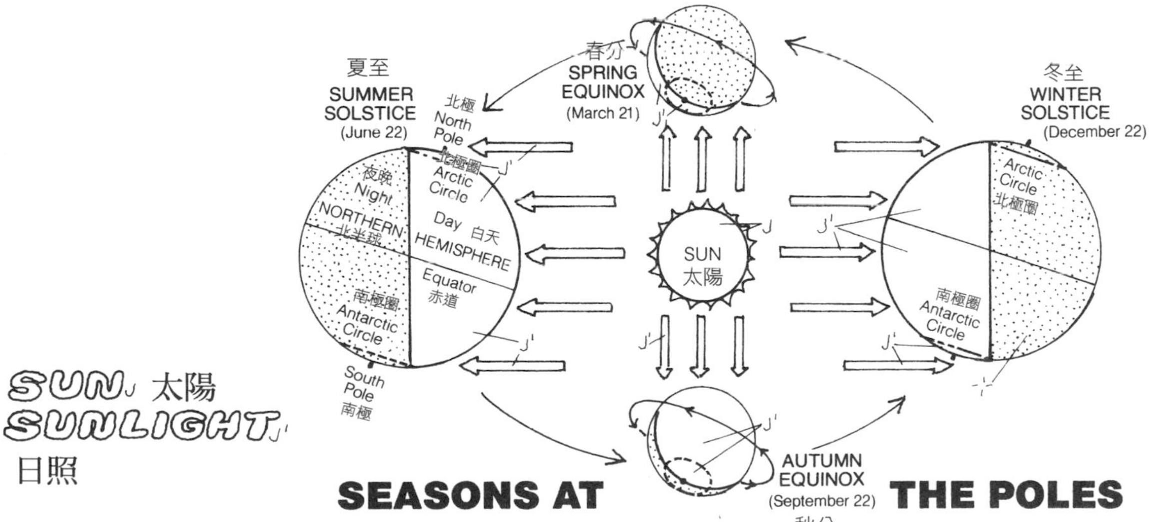

SEASONS AT THE POLES
極地的季節

地球每365又四分之一天繞太陽公轉一周。地球每24小時以地軸（連接兩極的想像線）為中心自轉一周，使地球各地形成晝夜。地軸與環繞太陽的軌道平面成23.5度傾斜。由於這個傾斜，使地球產生季節變化。若沒有這個傾斜角度，地球固定位置每天會有同等的日照，年度氣候不會有變化。夏至大約是6月22日，北半球朝太陽傾斜，此時有1年最長的晝長與最短的夜長。此圖表顯示，夏至的北極圈地區是（24小時永晝），同時南極圈則是永夜，南半球為冬季。

冬至是12月22日，北半球與太陽的傾斜變成夏季的反方向北極圈永夜春分在3月21日與秋分9月22日。春分與秋分落在冬至與夏至的中間，此時地軸與陽光垂直，沒有傾斜（地球傾斜度變成在太陽的「側邊」）。太陽在赤道的正上方，南北半球的所有緯度的晝夜都等長。在春分與秋分之間，北極圈內至少有一天為永晝（午夜太陽），北極點的永晝最長可達6個月。相對地，此時同等的夜長會出現在南極圈。

本頁不需著色

HISTORIC LAND EMPIRES 歷史帝國領土

地圖 45-48

45 PERSIAN EMPIRE 波斯帝國

6th Century B.C. – 4th Century B.C.
公元 6 世紀至公元 4 世紀

45 ALEXANDER THE GREAT 亞歷山大帝國

4th Century B.C.
公元 4 世紀

46 ROMAN EMPIRE 羅馬帝國

4th Century B.C. – 5th Century A.D.
公元 4 世紀至西元 5 世紀

46 BYZANTINE EMPIRE 拜占庭帝國

4th Century A.D. – 15th Century
西元 4 世紀至 15 世紀

47 ISLAMIC EMPIRE 伊斯蘭帝國

7th Century – 11th Century
7 世紀至 11 世紀

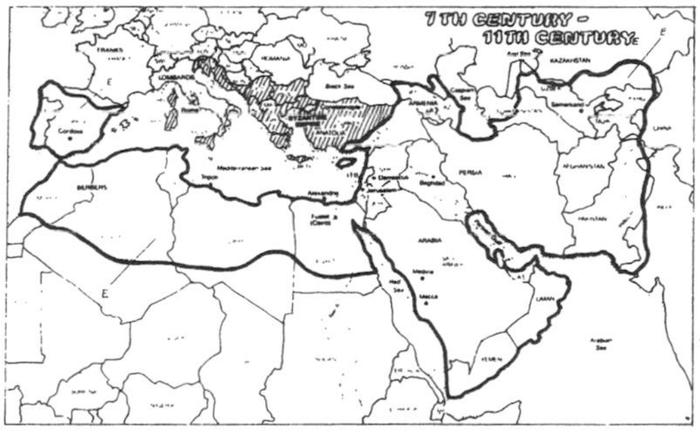

47 OTTOMAN EMPIRE 鄂圖曼帝國

13th Century – 20th Century
13 世紀至 20 世紀

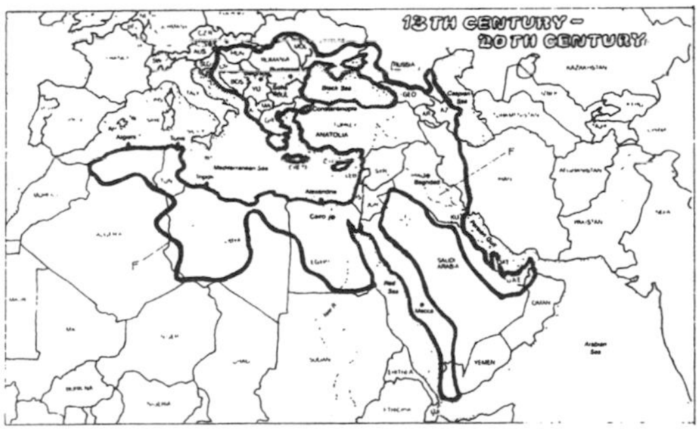

48 MONGOL EMPIRE 蒙古帝國

12th Century – 15th Century
12 世紀至 15 世紀

MOGUL EMPIRE 莫臥兒帝國

16th Century – 19th Century
16 世紀至 19 世紀

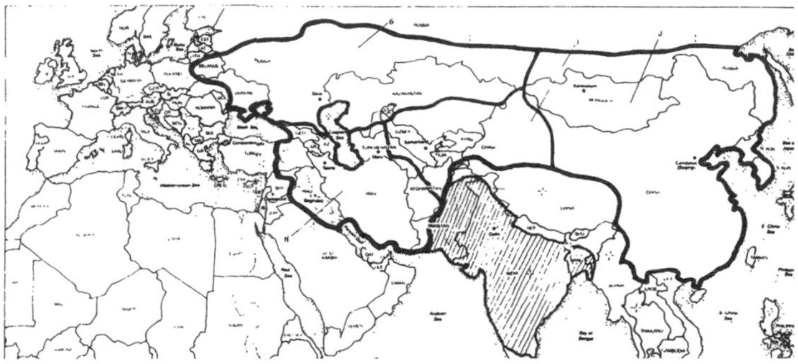

45 HISTORIC LAND EMPIRES
歷史帝國領土

PERSIAN EMPIRE A 波斯帝國

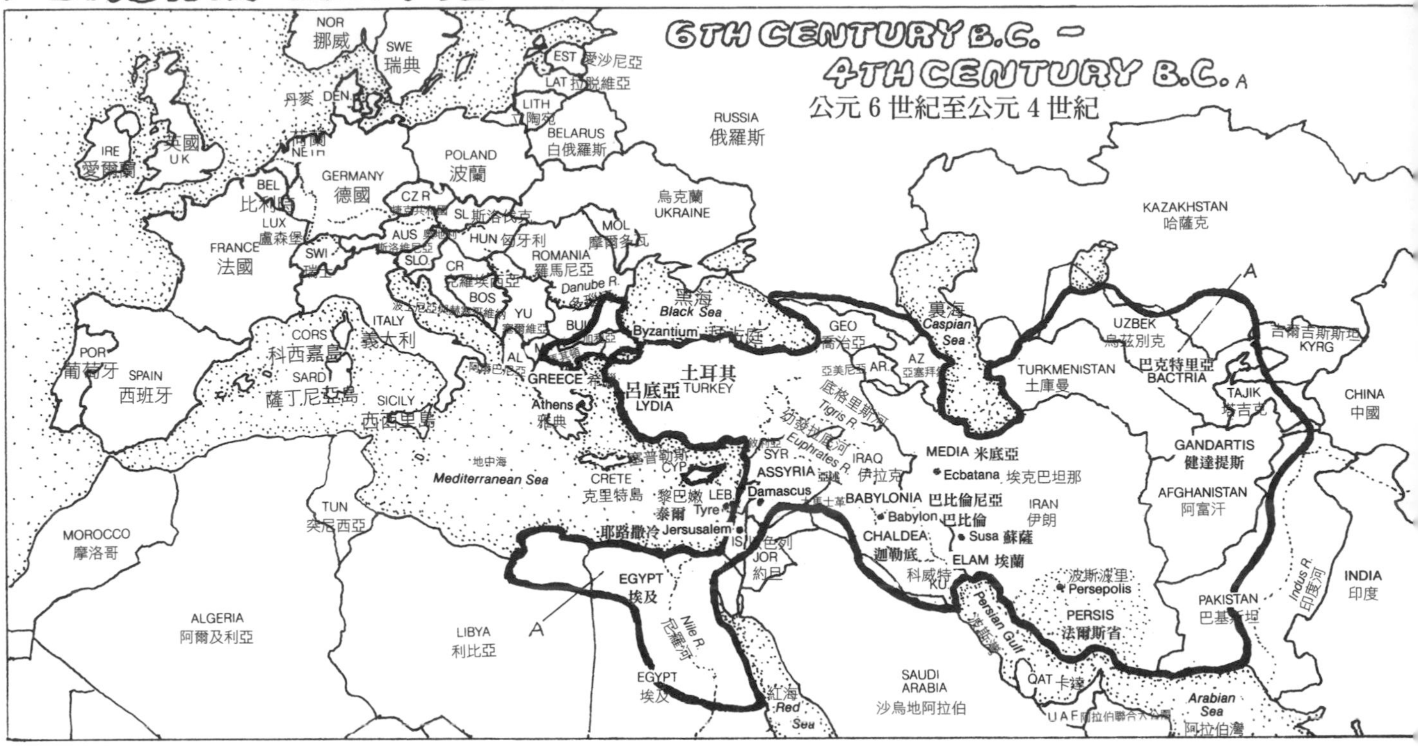

ALEXANDER THE GREAT B 亞歷山大帝國

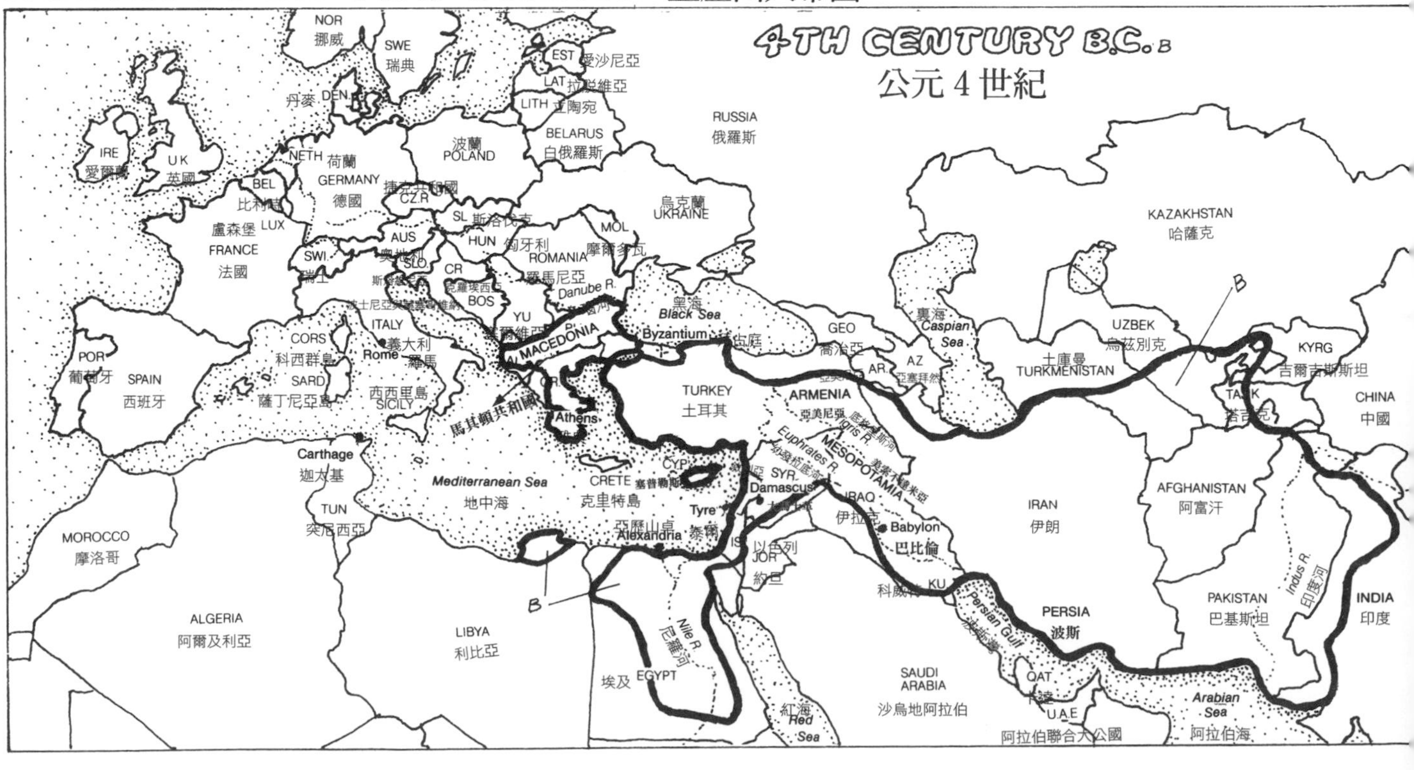

CN：⑴因受到頁面大小限制，地圖 45-48 已盡最大努力呈現各歷史帝國的雄偉版圖。⑵為了不遮蓋地圖上的文字，請用最淺色。若淺色種類不夠畫，可重複使用同一顏色。⑶黑框內各國家的顏色，要與各國家名稱和時間的顏色一致。⑷地圖中標出現代國家的名稱，與歷史國家的名稱。

波斯帝國最早位於現在的伊朗，名稱取自大約公元 2000 年前開拓此地的亞利安人。亞利安人為白皮膚印歐人種，從中亞往南或往西遷徙（大多在歐洲）。其中有米提（Medes）與波斯兩個強大亞利安部落彼此爭奪西南亞。公元 6 世紀，波斯人在居魯士的統治下，推翻米提帝國，建立波斯帝國。新興強大帝國的出現，造成埃及、利底亞（Lydia）以及迦勒底（Chaldea）帝國引起高度關注。這些地區的領導者組織軍事同盟，以抵抗波斯的威脅，卻抵擋不了波斯軍隊的攻擊，拿下利底亞和迦勒底。迦勒底的衰亡，意外地連帶造成巴比倫城的投降。

居魯士將波斯帝國改名為阿契美尼德王朝（Achaemenid，是居魯士的祖先）。居魯士往東向印度、往北向巴基斯坦開疆擴土，後來在戰鬥中被殺死，甘比西士（Cambyses II）繼位，繼續往西征服埃及，擴張帝國版圖，使波斯帝國成為世界前所未見最大的帝國。鼎盛時期，波斯帝國掌控埃及、地中海東岸與南岸、整個安那托利亞半島、中東（沙烏地阿拉伯北部），最遠至印度邊界的西南亞大部分地區，以及希臘、東南歐，和部分俄羅斯南方地區。

大流士（Darius I）執政時期（公元 6 世紀後半），波斯帝國來到繁盛巔峰時期。除了個人治理的埃及與巴比倫尼亞，另外還建立二十個城區（稱為總督）與四個首都：蘇薩（Susa）、埃克巴坦那（Ecbatana）、巴比倫以及波斯波利斯（Persepolis）。這些城區享有自治權，保持原有的律法與風俗習慣。波斯人從新臣民身上所得到的東西，比實際上付出的還要多。征服者的壓迫，導致臣民反抗，當文明先進的社會，受到入侵者的襲擊，總是會發生這樣的情形。

大流士不在乎開闢新領土，更專注經營帝國。建立合理、容忍度高的行政體系，弭平異議與反抗分子。大流士釋放在巴比倫的數千名猶太人囚犯，允許他們在耶路撒冷重建大教堂。波斯帝國的包容政策，可追溯至瑣羅亞斯德教與瑣羅亞斯德先知，強調行善是上天堂之必要條件。

埃及墨水與紙張的書寫，取代泥板刻雕刻楔型文字之後，帝國的商業與交通技術蓬勃發展，以鑄幣進行交易。波斯人建造灌溉水道（稱為坎井），防止太陽蒸發熱影響，建造數公里的地下運河，將廣大的沙漠地區轉為肥沃的耕地。維護良好的大型道路網，使快馬郵政系統快速而有效率。

安那托利亞半島的愛琴海沿岸希臘城市（安那托利亞希臘）開始反抗，加上雅典人建造的船隻協助，波斯的繁榮在公元 5 世紀初期衰落。大流士派遣軍隊與海軍攻擊雅典人，掀起一系列波希戰爭，波斯一開始摧毀雅典，不過最終遭受少數希臘軍隊有組織計畫的破壞性反抗。波斯入侵希臘，使原本敵對的希臘各城邦，一起團結力量，反抗共同的敵人。西元前 331 年，波斯軍隊在亞歷山大大帝帶領入侵波斯，打敗大流士三世軍隊。亞歷山大大帝快速掌控前波斯帝國大部份，但並沒有如預期因波斯燒燬雅典衛城而復仇，而是象徵性在波斯波利斯火燒波斯宮殿，並殺死俘虜，展現不凡的掌權能力與智慧。

他從 20 歲開始（公元 336 年）便試圖統帥父親的軍隊，直到 13 年後過世，亞歷山大大帝以前無古人後無來者的速度，打下大片江山。然而這個掌握世界最大帝國的無敵男子，卻沒有預料到，自己不是死在敵人的劍下，而是被傳播瘧疾的蚊子所殺。

亞歷山大大帝是馬其頓國王腓力二世（也是成功的軍隊領導者）之子，年輕的時候就研究希臘的戰鬥訓練，18 歲時成功帶領腓力二世的軍隊上戰場。

與亞歷山大大帝驚人的軍事技巧相比，他更顯得優雅、仁慈，對征服地的理解。這樣的能力主要源自父王的遠見，教導亞歷山大大帝哲學、文學、科學與藝術。這些研究成為亞歷山大大帝一生的興趣，每一場戰役，亞歷山大大帝都帶回各領域的專家，傾聽建言。由於馬其頓帝國自認文化程度較低，為了要找到最好的老師，腓力二世在鄰近的希臘尋求老師。他安排最偉大的哲學家亞里斯多德，成為亞歷山大的私人導師。亞里斯多德在馬其頓 5 年，教導這個認真學習的學生。

當亞歷山大正在為成為征服者與統治者做準備的時候，腓力二世將馬其頓往北擴張至巴爾幹、往南至希臘。腓力二世透過研究希臘軍隊制度，學習到軍事策略。他將策略變化，改良的武器，征服希臘各城邦。西元前 336 年，腓力二世被刺殺身亡，亞歷山大成為馬其頓國王與軍隊統帥。

此時，希臘城邦意圖擺脫馬其頓的統治，亞歷山大以極短的時間表現自己「有備而來」，他殺雞儆猴，以殘暴的方式壓制反動者，殺死數千名底比斯人，將大量居民變成奴隸。亞歷山大接著夷平整座城市，只留下一個著名詩人的家鄉。再也沒有人敢向他的決心與能力挑戰，所以後來他再也沒有用野蠻的方法去對待敵人。他在戰爭方面表現的專業，是他用尊重反對者的態度來對待臣民。他的軍隊不曾無故施暴，也不許搶劫或殘殺人民。

亞歷山大擁有卓越的天賦，能使被征服者同意與他合作。他允許被征服者保留原有的語言、宗教、風俗習慣，藉此吸收當地文化的精華部分。他鼓勵雙方人民通婚（他自己就與異族通婚 2 次），吸納對方最好的士兵，收編到自己的軍隊中。他前進埃及，增加自己的神秘感，先知預言亞歷山大很快會有神的身份。他在埃及尼羅河口，建立亞歷山卓城，快速發展為地中海主要的港口，並建立一座世界上最大的圖書館，容納所有的希臘智慧結晶，後續並接連建立許多城市，其中 16 座稱作「亞歷山卓」。其中的布西發拉斯，以他最喜愛卻戰死的馬為名。這座城依據希臘傳統棋盤建築設計，涵蓋公民中心、圖書館、圓形劇場、浴場……等等。這些城市將中古世紀希臘化，這些遺跡遍佈在目前的小亞細亞。

亞歷山大後來征服波斯帝國，終結波斯對希臘的威脅，也完成父親未完成的志業。波斯統轄世界最大、最進步的帝國 200 多年（亞歷山大一直無法越過波斯疆界），是東西方的第一個橋樑，亞歷山大對於波斯的成就非常敬佩。他研讀波斯律法與政體，娶波斯公主為妻，遵循波斯文化，穿著波斯皇室服飾，使臣民幾乎無法忍受，造成民心極度低落。歷經戰爭的摧殘，離家太遠太久，怨恨敵軍的情緒不斷累積。在印度一戰嚴重傷亡之後，軍隊拒絕離開恆河河谷。這場兵變代表亞歷山大東征的結束。往西的歸途中，亞歷山大染上熱病，最後死在巴比倫（遺體運回亞歷山卓埋葬）。隨著亞歷山大大帝的死亡，帝國迅速崩解，落入無能的將軍們手中。

46 HISTORIC LAND EMPIRES
歷史帝國領土

ROMAN EMPIRE C 羅馬帝國

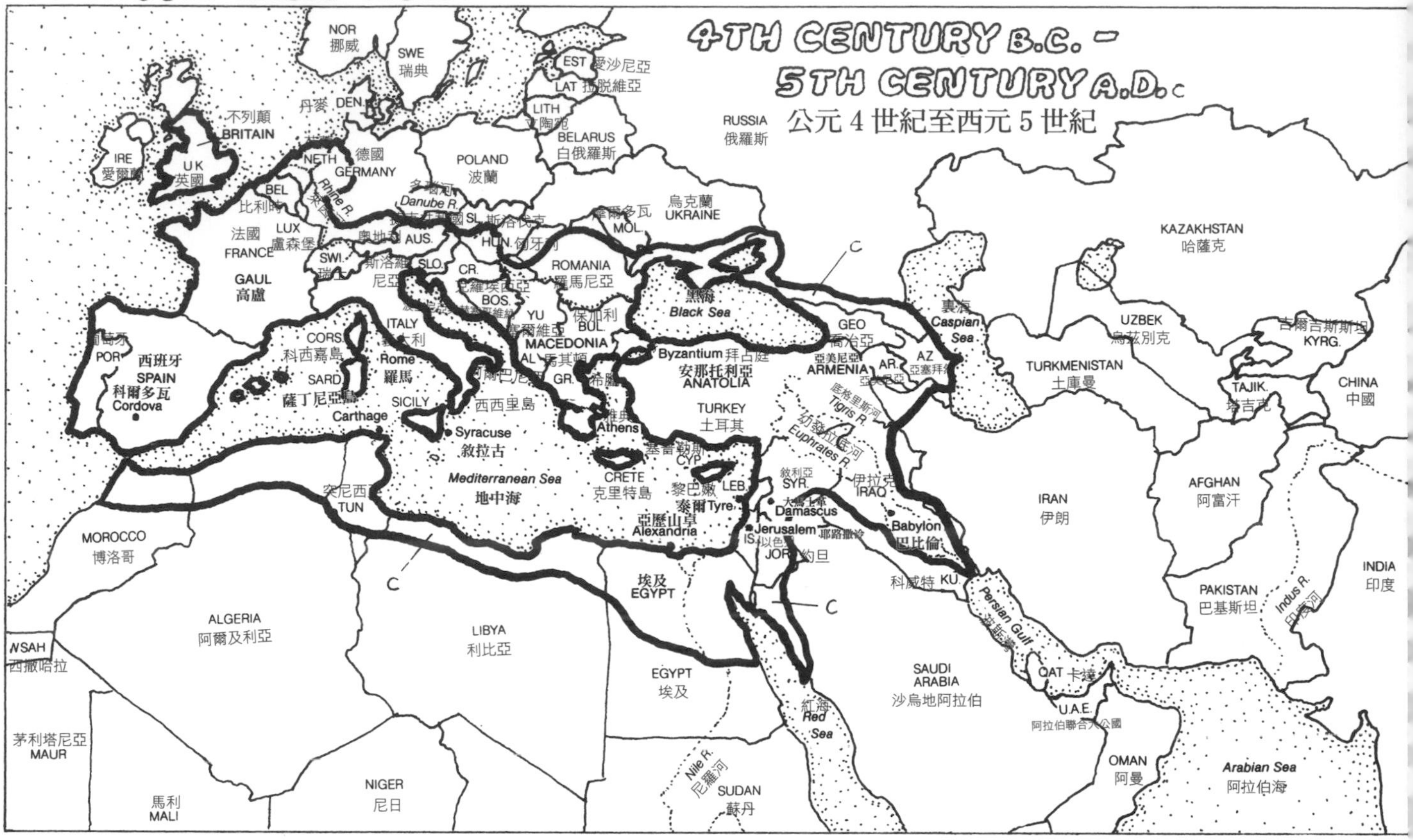

BYZANTINE EMPIRE D 拜占庭帝國

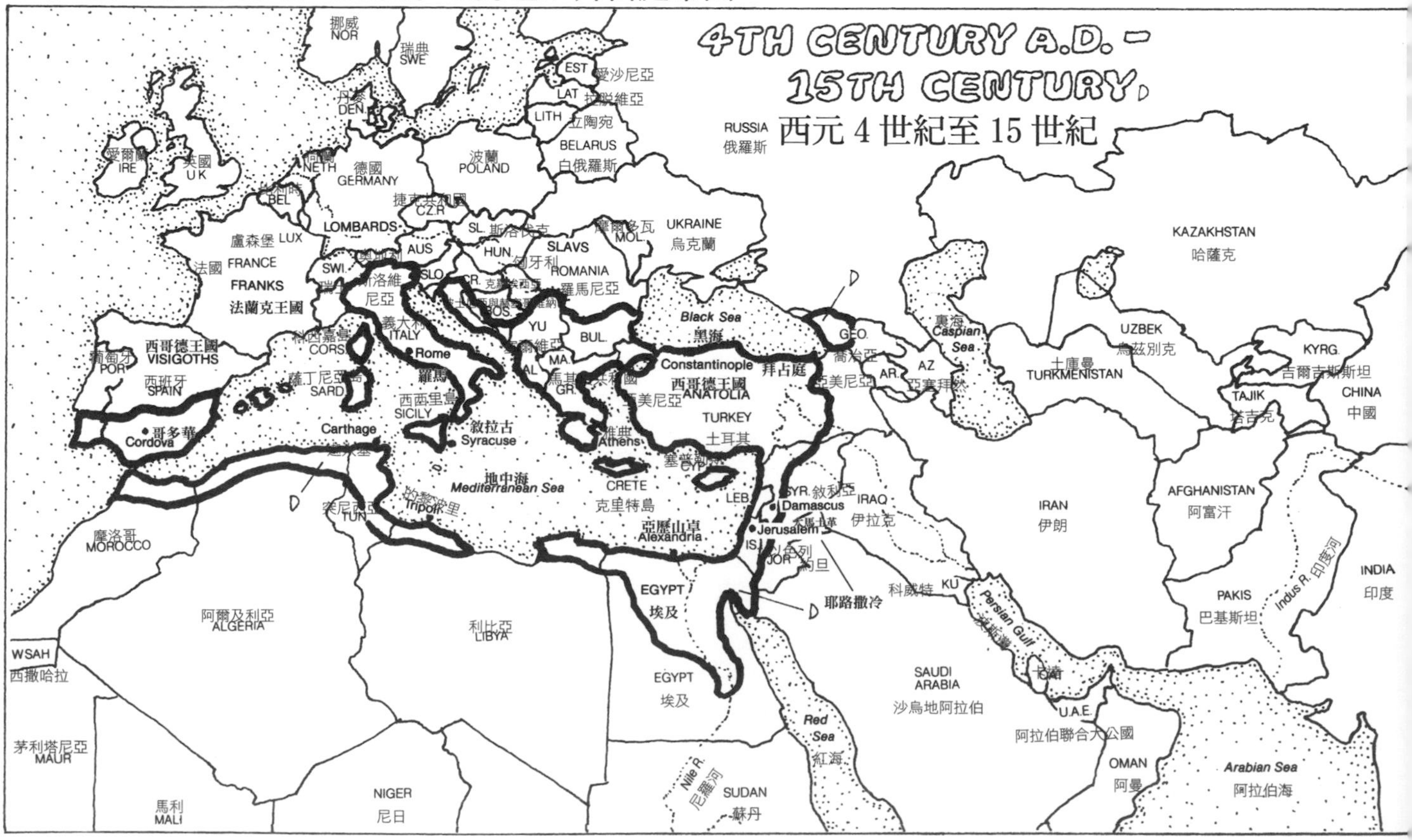

羅馬帝國從 8 世紀建立開始，羅馬城邦便受到帝國統治 400 年。公元 4 世紀，共和國政體成立，由擁有土地的權貴階級組成。隨後 300 年，地中海位置最居中的城市——羅馬，權力與影響力快速茁壯。為了抵禦外侮，軍事防備成為必要。最早的軍隊是由地主組成（可信賴的士兵），後來因為需求，更大的專職軍隊「羅馬軍團」因應而生。

北非地中海勢力——迦太基，是羅馬帝國主要的威脅。公元 264 年至 118 年間，經三次布匿戰爭而瓦解敵軍。第一次戰爭持續 20 年，首先在海上開打，起初迦太基的海軍占優勢，後來由於羅馬打造許多大型艦隊，因而扭轉局勢，掌握地中海地區。第二次戰爭，迦太基以漢尼拔將軍為首，帶著大象軍團自西班牙出征，計畫行軍經阿爾卑斯山到義大利，但所有大象都在旅除中死亡，最後只有一半軍隊存活，雖然如此，漢尼拔依然在義大利南部大敗羅馬軍團。漢尼拔並沒有入侵羅馬，他接著回到西班牙，與入侵的羅馬軍團戰鬥。第三次戰爭結束，羅馬帝國控制迦太基、西班牙以及西西里島、科西嘉島與薩丁尼亞島。

羅馬打下帝國西部的穩固疆界後，往地中海拓展東部勢力，囊括馬其頓、希臘、安那托利亞（土耳其）、敘利亞和埃及。大約西元前 50 年，凱撒率領帝國擴張，到達最遠的不列顛與法國高盧。凱撒是一個有天份的雄辯家、作家、領導者與將軍，他的天份最後導致 60 位羅馬帝國議員，因為畏懼凱撒日益壯大的獨裁野心叛變，會終結羅馬帝國的共和國政府，導致群起殺死凱撒。凱撒後續繼承者，再也沒有率領軍隊繼續往北征服愛爾蘭、蘇格蘭，萊茵河以東以及多瑙河以北的歐洲地區；這些「野蠻人」（不受羅馬帝國管轄者）具有令人畏懼的作戰歷史，羅馬帝國不願冒險失去兵士與財富，他們將軍隊轉而用在更好的用途上：負責建造道路、橋樑、運河、樓房、鄉鎮與城市，都有助於統一，使帝國更繁盛的公共建設。

羅馬帝國的律法，施行於全帝國說拉丁語的權貴階級。一般平民可繼續使用原來的語言與當地風俗習慣，也具有公民權。獲得自由的奴隸，也可以成為公民。由於奴隸通常來自戰爭，但頻繁的戰爭，導致奴隸數量太多，使中產階級也能擁有奴隸。40% 的羅馬帝國人口是奴隸，這些人幾乎包辦羅馬帝國的所有工作，是實際上推動城市的人。奴隸最後導致羅馬帝國的滅亡，由於奴隸提供的「免費」勞力，人們找不到工作。人民當兵回鄉，發現沒有人看顧的農地被富有的地主取得，奴隸取代農民種田開墾。窮人的數量越來越多，羅馬帝國無法提供所有人民工作的需求。直到羅馬帝國爆發一場為期 2 年的暴動，一個逃走的格鬥士，名叫斯巴達，他率領農奴軍隊造反，帝國才發現國內的情況已經不可收拾。

義大利雖然國勢漸衰，但羅馬帝國的權貴階級，卻由於稅收與投資變得更富有，造成貪污與不忠蠶食領導階層。義大利各省的麻煩越來越多。「野蠻人」突襲羅馬帝國的邊疆，他們的野心越來越大。由於帝國疆界實在太龐大，單一首都即使具有最完善的管理系統，也無法統治龐大的帝國。西元 306 年，羅馬帝國分裂，變成西半部由君士坦丁領導的國家，以及由李錫尼國王在拜占庭率領的東半部。西元 330 年，極具野心的君士坦丁打敗了東部的對手，重新統一帝國，讓拜占庭成為羅馬帝國的首都。君士坦丁以從帝國其他城市掠奪而來的藝術品來裝飾拜占庭，並將首都更名為「君士坦丁堡」（現為伊斯坦堡），將基督教設為國教。

後來，395 年，羅馬帝國東西分裂。476 年，最後一任西羅馬皇帝被迫放棄王座，從此西羅馬帝國消失。更富有、更強大的東羅馬帝國，以拜占庭帝國之名，隨後延續了 1000 年。雖然西羅馬帝國消失，但遺留的律法、語言、宗教、社會建設等，對於西歐的發展一直延續著重要的影響，加上後續的殖民主義，羅馬帝國的文化因而散播至全世界。

西元 306 年，衰敗羅馬帝國，分裂為兩個部分：羅馬的西半部，與拜占庭的東半部（以古希臘殖民地為名）。拜占庭面對博斯普魯斯海峽，位居地中海與黑海之間的狹窄水體。今天有陸橋橫跨博斯普魯斯海峽，連接歐洲南部土耳其海岸與土耳其小亞細亞。

西元 324 年，西羅馬帝國國王君士坦丁，擊敗東部帝國，因而接管整個帝國。他將首都從羅馬遷至拜占庭，改名為君士坦丁堡（1930 年土耳其改名為伊斯坦堡）。君士坦丁堡三面環海，高聳的城牆，成為拜占庭帝國百年來堅固的要塞。羅馬帝國在西元 395 年再次分裂後，拜占庭帝國繼承羅馬帝國正統政權，成為擁有東半部領土的帝國。後來的一個世紀，西羅馬帝國在日耳曼國王的手中消滅，更強大、更富裕、更不腐敗的拜占庭帝國，卻終於也走向同樣的命運。

拜占庭帝國在重重敵人包圍之下，依然能夠屹立 1000 年，這都要歸功於高效率的中央政府，加上強大的軍事力量、富裕的經濟，還有不腐敗的神職人員。1000 年以來，君士坦丁堡一直是東羅馬帝國的壁壘，除了西元 1204 年被第四次十字軍東征破壞、征服 57 年。由於威尼斯商人想要與亞洲便利通商，鼓動人民前往聖地，排除穆斯林的控制，加上東正教會脫離羅馬教會，也使得十字軍東征受到羅馬教皇的祝福。

東正教是傳布基督教到東南歐與俄羅斯的重要角色，也深深影響拜占庭藝術中描繪宗教主題的特色。拜占庭帝國與西羅馬帝國不同，對於人類與動物呈現的圖像較不做逼真的描繪，而是以象徵意義為主，用閃耀的玻璃與石頭碎片馬賽克結構來呈現。拜占庭教堂的圓頂設計，深深影響羅馬建築。拜占庭教堂大多具有簡潔的外觀，內部的裝飾卻極度華麗（以對照平實的日常生活，和堂皇的的內在靈魂本質）。最壯觀的教堂建築，是 6 世紀查士丁尼一世所修建的伊斯坦堡聖索菲亞大教堂（希臘文指「神聖的智慧」）。鄂圖曼土耳其在 1453 年將聖索菲亞大教堂改為伊斯蘭清真寺，現在則為博物館，這個宏偉的建築是世界最吸引遊客的建築之一。

查士丁尼一世成功地奪回許多古羅馬帝國在北非、西班牙、義大利的領土，但對於重整領土，使古帝國更加壯大，卻短視近利。軍隊耗費了大量財力，過度的公共建設規劃（使君士坦丁堡成為世界城市表率），造成帝國破產，因此繼承者無法抵抗捲土重來的攻擊。查士丁尼一世的傳世成就不在於軍事，而是一本律法書：《查士丁尼法典》。這本收納所有羅馬法律歷史的書籍，在東羅馬帝國法律學者嚴謹的編輯之下，將即將消失的史料，編撰成書，成為西方社會的法律依據。

在拜占庭帝國統治的 1000 年中，最偉大的成就，就是擔任古今世界的文化橋樑，在中世紀的歐洲「黑暗時期」，保護了古希臘與羅馬智慧。拜占庭帝國的權貴階級都以古希臘文書寫，因此自認為「羅馬人」。希臘文經過簡化，從希臘字衍生出古斯拉夫字母，至今仍在俄羅斯、保加利亞、希拉以及塞爾維亞使用。

在 7 世紀與 15 世紀之間，拜占庭帝國領土的萎縮或擴張，是面對捲土重來的阿拉伯、斯拉夫以及土耳其入侵時，領導人狀況的影響。在這整段時期，世界最大、最宏偉的城市，堂皇的君士坦丁堡，從來沒有被非基督徒敵人毀壞，到了 1204 年，來自西歐的十字軍東征，卻以暴力、縱火、竊盜、破壞，將拜占庭首都夷為平地。雖然「羅馬人」後來在 1261 年奪回城市，但拜占庭帝國再也沒有恢復原貌。1453 年，君士坦丁堡落入土耳其其手中，終結了千年來的古羅馬帝國。

HISTORIC LAND EMPIRES 歷史帝國領土

CN：斜線是拜占庭帝國與伊斯蘭帝國區域，注意兩者有重疊，不必上色。

ISLAMIC EMPIRE E 伊斯蘭帝國

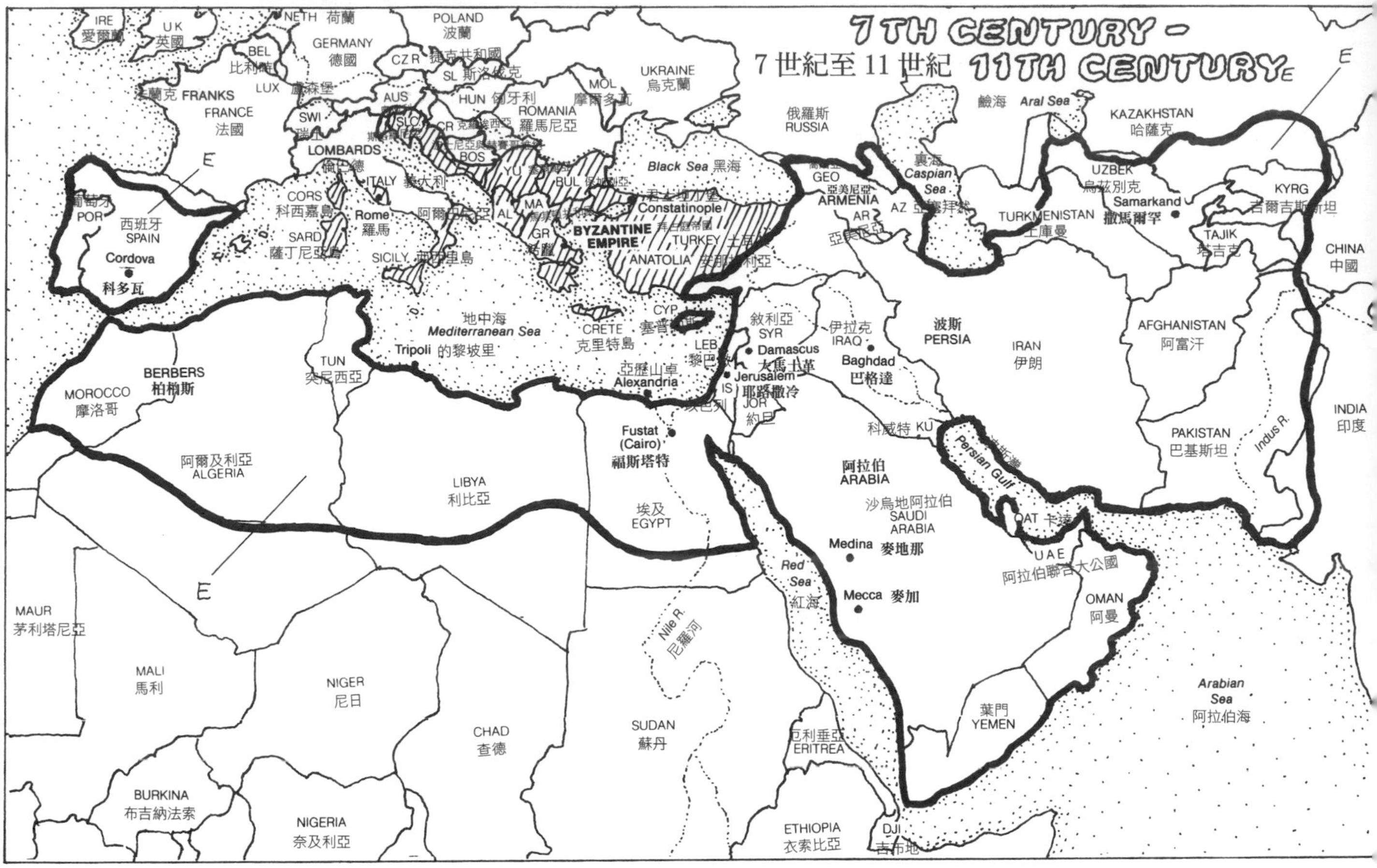

OTTOMAN EMPIRE F 鄂圖曼帝國

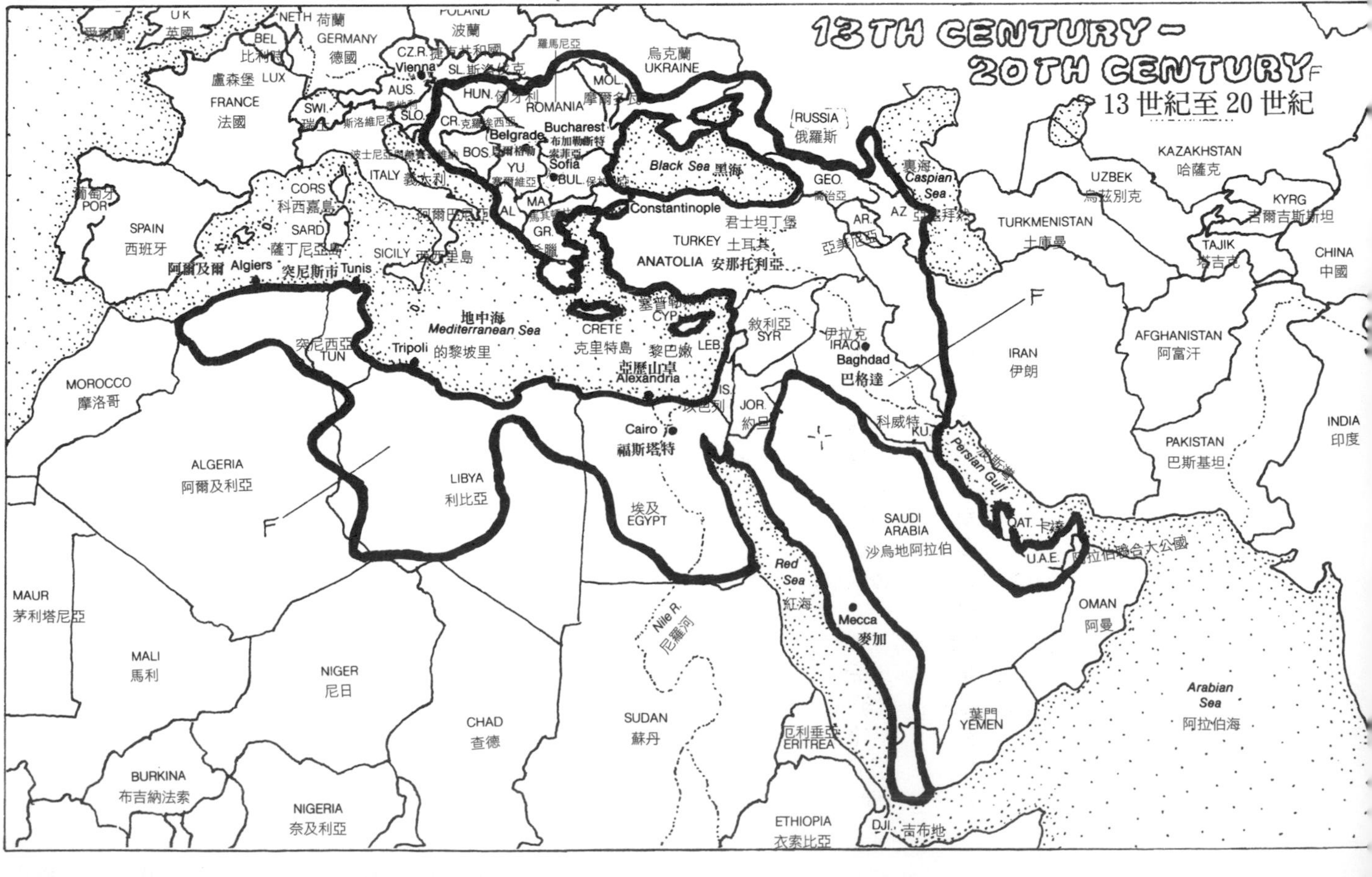

西元 7 世紀之初，世界最偉大的宗教之一，伊斯蘭教，在貧瘠的阿拉伯沙漠崛起。經過不到 100 年，伊斯蘭教佔據了比羅馬帝國大三倍的地區。歷史上從未有任何宗教像伊斯蘭教一樣迅速傳播得如此遙遠，使如此多的人改換宗教。

伊斯蘭意指「順從真主阿拉」。根據伊斯蘭教的聖經《可蘭經》，阿拉為唯一真神，穆罕默德則是神的先知。《可蘭經》是真神給穆罕默德的啟示，認定穆罕默德是真神送往地上 28 位先知中的最後一位，而耶穌、摩西等舊約中其他的先知，都是在穆罕默德之前。伊斯蘭教有一部分奠基在基督教與猶太教的智慧上。伊斯蘭對於審判日的觀點，與基督教、猶太教非常相似，描繪神聖的天堂或恐怖的地獄中，相較下，比基督教或猶太教更加寬容，因此是真神最後唯一的指示。

《可蘭經》對於日常生活有無數的特殊規範，其中最重要的是：每日祝禱五次（面朝麥加）、幫助窮人、聖月齋戒月白天禁食，一生之中至少要到麥加朝聖一次。

穆罕默德大約在西元 570 年出生於麥加，這是一個阿拉伯西部的商業城，靠近紅海。青年時期，他開始接收到神的啟示，經過一段時間隱居、沈思真主的教誨，他認為此生的任務便是讓人改信伊斯蘭教。不久，他因為傳教而被當地政府認為是一個威脅，因此穆罕默德被迫與追隨者離開麥加，622 年逃亡到麥地那，也就是「伊斯蘭曆元年」，這一年代表穆斯林的起點。在麥地那，穆罕默德受到歡迎，成為這座城市與週邊地區的精神與政治領袖。穆罕默德後來與追隨者回到麥加打倒敵人，摧毀原來的宗教建設，只留下克爾白（伊斯蘭教最神聖的寺廟，以神聖的黑石建造）。

穆罕默德於 632 年死亡，他以伊斯蘭教統一了阿拉伯。後續的 30 年，他的繼承者派遣阿拉伯軍隊，以盲目的熱情傳播伊斯蘭教，征服一部分的拜占庭帝國（埃及與敘利亞），還有波斯帝國（伊拉克與伊朗）的大部分。越來越多非阿拉伯人改信伊斯蘭教，其中有些人改用阿拉伯語，也被認為是阿拉伯人。

有人可能會想，為什麼阿拉伯一個小隊的狂熱士兵，可以如此迅速完成傳播伊斯蘭教的使命。事實上，很大部份是由附近的帝國，民心不滿而導致。許多改信者都是受到壓迫的人民，他們渴望一個撫慰人心的新政權。拜占庭與波斯的戰爭，造成漫長的戰事延宕國事，拖垮經濟，再也無法滿足穆斯林。阿拉伯人由於受到信念和使命的驅動，他們即使被俘，也不會受其他文化的影響。阿拉伯人後來漸漸接收新領土的藝術與科學，使自己的專門技術在這些方面開花結果。

最後一次征戰，阿拉伯人到達非洲西北部與西班牙。當穆斯林軍隊橫跨庇里牛斯山，進入法國之際，遭到法蘭克王國查理・馬特的強力攻擊，被迫撤回西班牙，定下 8 世紀伊斯蘭帝國的西界。伊斯蘭帝國往東是到達印度邊界。

交通與貿易在伊斯蘭帝國，因單一語言、普及的教育、單一貨幣以及新數學的引進而蓬勃發展。阿拉伯商人控制了歐洲與遠東地區的商業活動。巴格達成為文化中心，發展模式有如君士坦丁堡，最後取代大馬士革，成為伊斯蘭帝國首都。

伊斯蘭帝國的內部鬥爭，導致國力衰弱。11 世紀，來自中亞的游牧民族，也就是塞爾柱土耳其人（波斯的奴隸），組成強大的穆斯林軍隊，拿下巴格達，佔據亞洲部份的拜占庭和伊斯蘭帝國大部分領土。塞爾柱曾在 13 世紀受蒙古入侵，不過由於蒙古無法建立長久政府，使得另一個更強大的鄂圖曼土耳其取而代之，改信伊斯蘭教，建立偉大的帝國，將阿拉伯穆斯林的伊斯蘭帝國領土全數奪取。

13 世紀初，極富軍事天份的游牧部落領導者，率領一批改信穆斯林的驍勇戰士，在下兩個世紀建立世界最強大的帝國——鄂圖曼土耳其帝國，由奧斯曼一世率領，是從衰亡的伊斯蘭帝國中崛起的最強大土耳其部落。

鄂圖曼帝國首先征服安那托利亞（土耳其），他們跳過君士坦丁堡，直接挑戰東南歐。在往北征討巴爾幹的路上，鄂圖曼帝國征服了匈牙利。1453 年，回到南方終結了拜占庭帝國，奪取首都君士坦丁堡，成為鄂圖曼帝國的行政與文化首都。鄂圖曼帝國最大的領土擴張期，發生在蘇萊曼一世（1520 – 1566）統治期間，最後掌控了北非（包括埃及）到安那托利亞與西南亞地區，以及東南歐。對於未開化的游牧民族而言，在 200 年間達成如此成就，令人驚嘆。

鄂圖曼土耳其的部落治理是繼承，將權利交給最年長或最受寵的子嗣。在其他治理方面，鄂圖曼建立有效率的官僚系統，重要城市都建立土耳其官方單位。不過由於帝國集權治理不嚴格，地方政府可以自行決定事務。他們實踐宗教包容性，支持改信伊斯蘭教，但不強求。由於缺乏文化，鄂圖曼土耳其開放吸取別的文化，拜占庭與波斯藝術提供許多資源，使鄂圖曼藝術誕生，其中最著名的是土耳其建築師建造的清真寺，具有圓頂拜占庭教堂建築，添加富麗堂皇的裝飾，以及伊斯蘭高聳、尖細的尖塔。

在商業方面，由於土耳其商人控制海陸貿易，變得越來越富有。君士坦丁堡的造船中心，使鄂圖曼船隻可以抵抗地中海航行的折損。陸路則建立在前往遠東地區的駱駝與驢子商隊，由於旅途中的居住需求，因此沿途建立許多旅社。

就像歷史上其他帝國一樣，鄂圖曼土耳其由於過度擴張領土，導致防禦能力不足，開始面臨長達 400 年的衰弱期。在 1529 年，發生決定性的失敗關鍵，當時奧地利與波蘭軍隊決心要將神聖羅馬帝國，從伊斯蘭的控制解救出來，因此包圍鄂圖曼帝國的首都維也納，消滅了鄂圖曼帝國。後來鄂圖曼帝國嘗試捲土重來，但再也無法奪回維也納，征戰歐洲地區也變得有限。在下個世紀末，神聖羅馬帝國軍隊將鄂圖曼土耳其趕出匈牙利。土耳其控制的地中海東部在 1571 年的勒班陀戰役中，被歐洲聯合軍隊終結。

鄂圖曼帝國版圖與國力的衰亡，關鍵在於 19 世紀歐洲帝國主義崛起。在鄂圖曼的控制下，歐洲產生爭取自由的風潮。在北非，法國從土耳其手中奪取西北部沿岸地區，英國進攻埃及。在巴爾幹地區，希臘在 1827 年獲得獨立。西伯利亞必須花更長的時間得到自由，不過受惠於俄羅斯在 1878 年俄土戰爭的勝利，西伯利亞、蒙特內哥羅、羅馬尼亞以及保加利亞在同年獨立。俄羅斯人被這些國家的人民視為救世主。

鄂圖曼土耳其本身也沒有對當時的民主風潮免疫。1856 年，土耳其重組，頒布土耳其法令，宣布法律之前人人平等、禁止虐待、建立公平的稅務系統，抵制政府貪污。1876 年，議會啟用，建立國會政治。但還不到 1 年，議會被蘇丹王廢除，迎來極端鎮壓的時代。1908 年，官方軍隊「青年土耳其軍」成功恢復議會。1918 年，在第一次世界大戰中，德國戰敗，導致同盟的鄂圖曼土耳其失勢。土耳其國家主義者，在 1922 年加速取得安那托利亞聯盟地位。次年，土耳其共和國建立，鄂圖曼帝國正式消滅。

如今的巴爾幹地區，依然可見鄂圖曼土耳其統治的影響。在波士尼亞—赫塞哥維納，波士尼亞穆斯林（在鄂圖曼時期改信伊斯蘭教的後裔），受到他們在歷史中的舊敵——波士尼亞東正教徒（基督徒）塞爾維亞人的迫害，成為種族消滅戰爭的受害者，雙方在 70 年的共產主義統治（種族—宗教仇恨情節）結束後開打。由於波士尼亞克羅埃西亞人（仇恨穆斯林，但更仇恨塞爾維亞羅馬天主教徒）的加入，戰爭更不停歇。1995 年和平停戰，不過相對影響兩個波士尼亞地區，一個是由塞爾維亞控制的領土，另一個是穆斯林和克羅埃西亞領土。在歷史的宗教仇恨中，幾世紀以來，伊斯蘭教、天主教與基督教一直征戰不休，直到今日依然如此。

48 HISTORIC LAND EMPIRES 歷史帝國領土

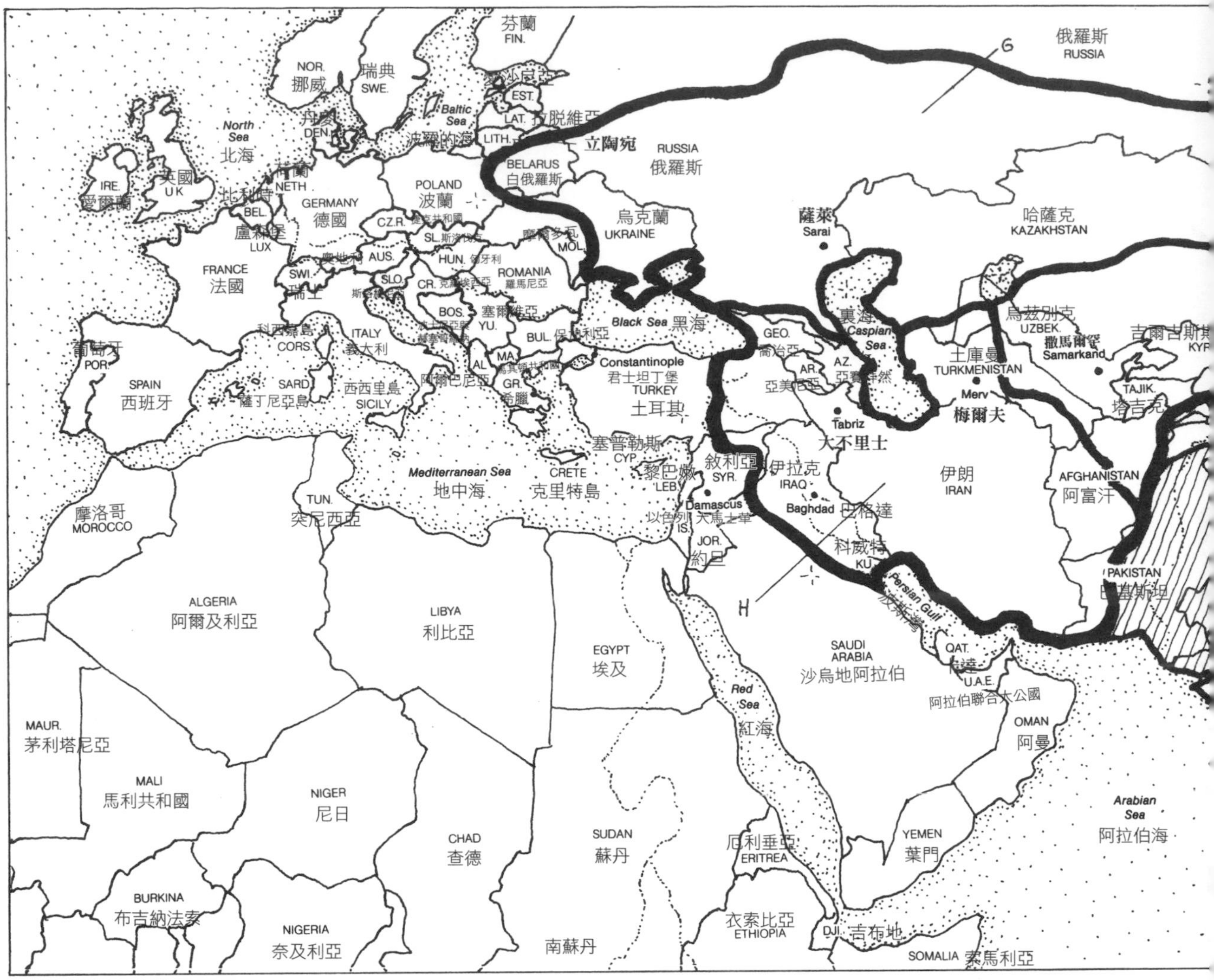

CN：⑴將上圖四個 14 世紀末蒙古帝國的汗國上色。⑵斜線區的蒙古帝國不必上色，注意即可。

MONGOL EMPIRE 蒙古帝國

12TH CENTURY – 15TH CENTURY 12 世紀至 15 世紀

KIPCHAK EMPIRE (GOLDEN HORDE) G 欽察汗國（金帳汗國）

ILKHAN EMPIRE H 伊兒汗國

EMPIRE OF JAGATAI I 察合台汗國

EMPIRE OF THE GREAT KHAN J 大可汗國（元帝國）

MOGUL EMPIRE 莫兀兒帝國

16TH CENTURY – 19TH CENTURY 16 世紀至 19 世紀

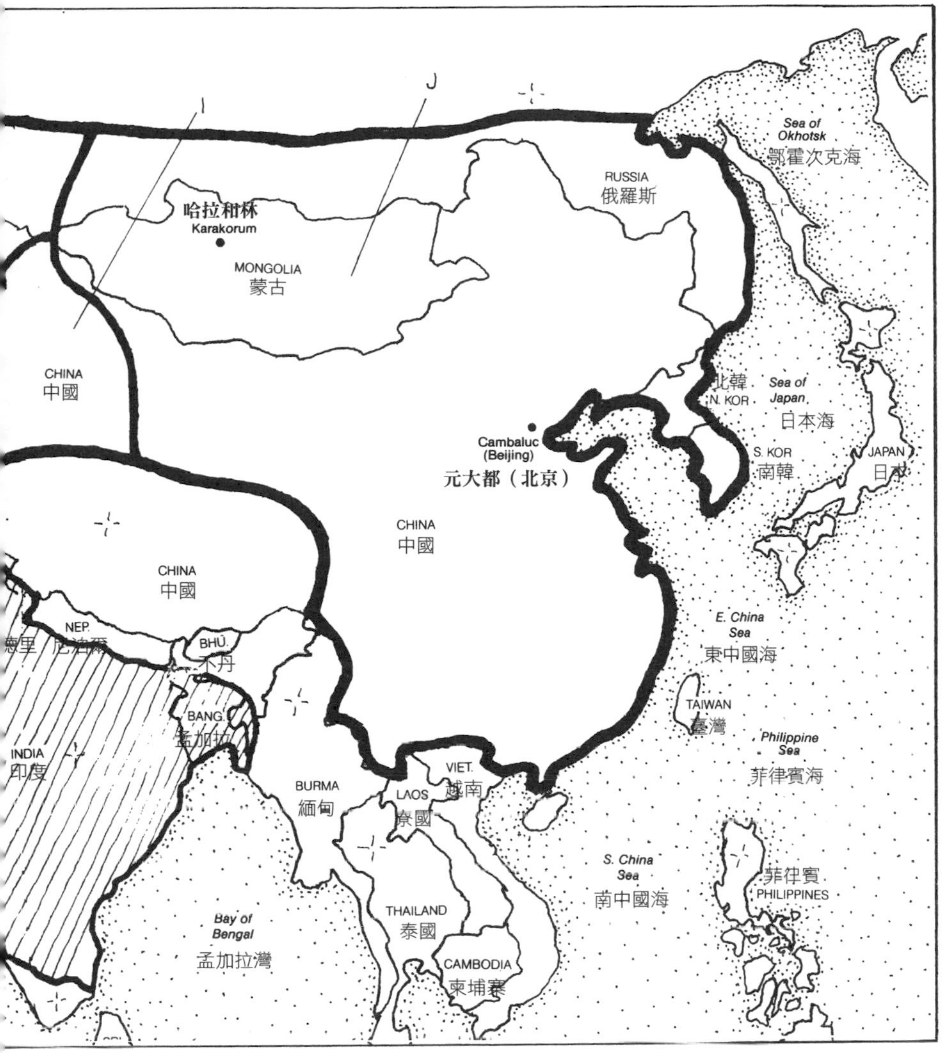

13 世紀世界首次發生蒙古帝國在亞洲與東歐擴張的大規模戰爭行動。蒙古帝國所到之處，沒有人可以存活。在蒙古帝國巔峰時期，這個由游牧民族在中亞建立的大陸帝國，曾是歷史上最大的帝國，從東歐跨越整個亞洲大陸，一直延伸到太平洋沿岸和東南亞的叢林。蒙古騎兵無法跨越海洋與高山的天然阻礙，因此日本與東南亞島嶼國家逃過一劫。

游牧民族部落，在貧瘠的草原過著嚴峻的生活，培養了善戰的戰士。他們帶著牲畜，居住在可移動的毛毯帳篷內，稱為「蒙古包」，抵擋嚴寒的天氣。成吉思汗（蒙古文意指「偉大的領導者」1167 – 1227 年）將部落組成世界上最無敵的軍隊。成吉思汗是一個軍事天才，進行騎兵隊的精兵訓練，騎在馬上全速奔馳，還能精準射箭、擲矛，因此，無論是在開放的原野或有巨大城牆的保護，都無法阻擋這些勇猛的戰士，他們運用改良的特殊技術，以包圍戰術，擊垮所有要塞。

蒙古帝國疆界廣大，他們的惡名更是傳播悠遠。面對敵人，即使你已經戰敗投降，他們也不放過，務必殺光敵人的一兵一卒。膽敢向蒙古軍隊挑戰，或抵抗政治主權，都會死亡。例如位在土庫曼著名「絲路」的大型貿易中心城市──梅爾夫，就有著這樣的命運。當地的居民殺死蒙古稅務官，3 年後，成吉思汗之子率領著軍隊到來，每個士兵受命至少要砍掉三百個居民的腦袋，他們殺光所有人，將這座城市夷為平地，經過 1 年，梅爾夫城才再度出現居民。然而一直到今天，這座曾經宏大的城市，再也沒有恢復以前的地位。

除了令人戰慄的征服，侵略性的蒙古，究竟想要達成什麼目的，沒有人知道。他們佔領的地區，人民都可以保留自己的語言與宗教。由於蒙古缺乏文化，容易受到影響。他們對於治理國家沒有什麼興趣。這個延續了 300 年的大帝國，留給後人最重要的遺產是跨越領土的公路，蒙古人建立了這些通道，使東西方的貿易運輸暢通。

1227 年，成吉思汗死亡，帝國分裂為四個汗國，各汗國由子嗣繼承。成吉思汗最有才能的兒子窩闊台，手裡握有歐洲的命運。歐洲大陸的軍隊，穿著傳統盔甲，重量使他們無法抵抗蒙古輕裝備騎兵的速度和技巧，也無法抵抗他們不按牌理出牌的戰策。1291 年，窩闊台軍隊出擊，首先進攻匈牙利和波蘭，進而攻擊維也納時，蒙古首都哈拉和林傳出大汗的死訊，使維也納因而倖免。韃靼人（蒙古人在歐洲的稱呼）回到蒙古，等待後繼者的指示，他們從此再也沒有回到歐洲，使得西歐文明得以延續。

在遠東地區，成吉思汗最強大的子嗣──忽必烈征服了中國。1275年，開化的蒙古帝國，款待了義大利探險家馬可孛羅。馬可孛羅記錄當時進步而豐饒的中國，首次揭開神秘面紗。他非凡的經驗，刺激歐洲想要與東方貿易的興趣。

15 世紀末期，少數人意圖振興破碎崩壞的蒙古帝國。成吉思汗的威脅，已經是一段遙遠的記憶，許多他的繼承者與追隨者，不是被征服地區同化，就是想要重新回到蒙古大草原。只有印度在 16 世紀早期，成吉思汗的後裔巴博爾，成功振興帝國，建立蒙兀爾帝國，以正義和宗教包容性進行溫和執政。但 2 世紀後被英國打敗。蒙兀爾帝國建造無數的建築奇觀，最有名的是宏偉的泰姬瑪哈陵，是蒙兀爾國王為了紀念深愛妻子所建陵墓。

本頁不需著色

FLAGS & REVIEW OF NATIONS
世界各國旗幟總整理

地圖 49-54

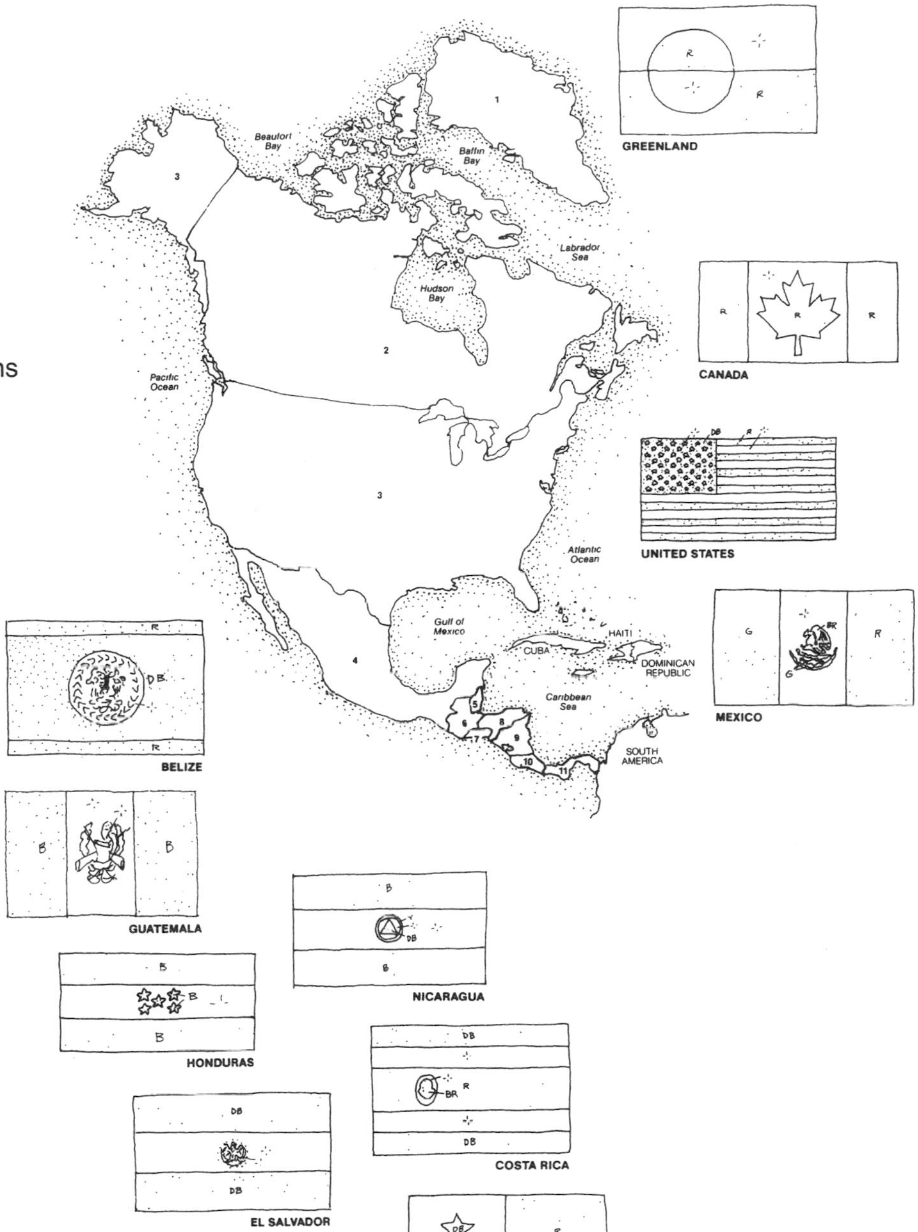

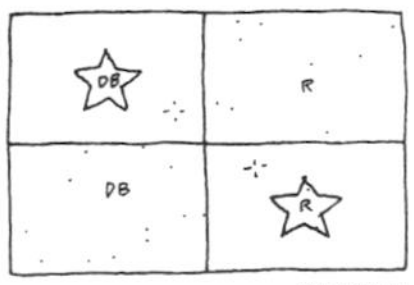

49 FLAGS & RIVIEW OF NATIONS 世界各國旗幟總整理

INTRODUCTION TO FLAGS OF THE WORLD 世界各國旗幟簡介

旗幟的定義是一塊雙面縫有或印有標誌的布（大多為矩形），可用來認定或表示國家、領土一部份、組織（軍事、政治、宗教、商業或社會）、家族或個人。最後二種用途常見於國王、王子以及其他貴族階級時代。

旗幟的用途已經遠遠超過標示，會引起跟著心中與理想中，對於驕傲、忠誠、希望、團結的深層感受。

旗幟在戰爭的歷史中，扮演重要的角色。當雙方在面對面征戰時，旗幟特別重要。旗幟的標示很明確，使軍隊可在戰鬥中集合、跟隨。在戰役間，旗幟的展現非常必要，下墜的旗幟可象徵戰敗。升白旗通常代表投降。中古世紀時期，旗幟與盔甲使用的臂章或家徽，後來運用於一些國旗的設計。

目前世界各國的旗幟，幾乎都是矩形（只有尼泊爾是雙層三角旗），矩形的比例各有不同，例如瑞士與梵蒂岡是正方形。一般普遍的比例，長寬比為二比一。國旗通常只有二或三種顏色，除了黑白，只有其他十四種顏色。特定顏色具有特殊意義，紅色令人聯想革命、勇氣、血、共產主義。綠色代表青年、農業、環境。淺藍或藍代表天空或海。黃色代表太陽。白色代表和平。黑色代表歷史的壓抑、痛苦或非洲族裔。

旗幟常見有條紋，加上星星、太陽、月亮等圖案，主要為伊斯蘭國家的國旗。有些伊斯蘭旗幟具有《可蘭經》的聖諭。有些旗幟反映國家歷史的主要事件或人物。

英國領土，或曾屬於大英帝國殖民地的獨立國家，旗幟沿用英國的紅色，與英國國旗設計。這些旗幟在左上角有英國聯合傑克旗（米字旗），其他部份為紅色或更常見深藍色，加入獨特的象徵，例如澳洲旗幟在深藍色區塊用星星代表南十字星座。

所有的國家都具有國旗的使用法規。有些規章幾乎是世界通用，最普遍的是，在破曉時分升旗，天氣不佳時則收旗。各國對於懸掛國旗的時機、地點、該如何懸掛、存放、運輸旗幟，各有不同考量。

國家將國旗視為主權的延伸，認為毀損國旗為重罪。在和平時期，所有國家都尊重他國的國旗，不會將自己的國旗掛在他國國旗之上。聯合國則是個特例，聯合國旗幟是懸掛在所有國旗之上。在聯合國的紐約總部，聯合國國旗懸掛在所有依照字母排列的各國國旗上方。

HOW TO COLOR THE FLAGS 如何著色旗幟

這是本書唯一要求使用特定顏色的章節。為了精準表現各種旗幟，請務必使用指定顏色著色。

請注意，旗幟的黑色以小黑點表示，白色區則留白，以「白色」十字符號表示。除了有標示的地方，旗幟上較複雜或紋章部分都不要著色。這些區塊太小，無法精準描繪，著色沒有什麼意義。

也請注意，為了著色，本書的旗幟都有邊框，但實際的旗幟是沒有邊框的。著色區塊之間原本也沒有邊框。

HOW TO REVIEW THE NATIONS 如何複習國家

你或許也會希望藉由這些旗幟圖，測試你對國家的熟悉程度，看看是否可以準確辨認這些國家。如果不記得，請查找每頁左下角的標號。

另外有一個更具挑戰性的辨認國家方法，是先去看你已經認識的國家旗幟。國旗依照地圖分布，對照你認識的國旗，看看旗幟下方的國名表，應該可以很快指出地圖上國家的位置。

這種方法還有另一個用途，可以幫助你觀察鄰近地區國家是否在國旗上有相似處，代表這些國家的歷史共通事件。

FLAGS & REVIEW: NORTH AMERICA
世界各國旗幟：北美洲

CN：⑴給國旗塗顏色的時候，請務必依照右方的著色規則。
⑵地圖不用著色，可以和下方的國名表對照，
複習世界各國地理位置和名稱。

COLOR GUIDE: 著色規則
- WHITE 白色
- BLACK 黑色
Y - YELLOW 黃色
O - ORANGE 橘色
R - RED 紅色
DR - DARK RED 深紅色
P - PURPLE 紫色
DB - DARK BLUE 深藍色
B - BLUE 藍色
LB - LIGHT BLUE 淺藍色
BG - BLUE GREEN 藍綠色
G - GREEN 綠色
GG - GRAY GREEN 灰綠色
LG - LIGHT GREEN 淺綠色
YG - YELLOW GREEN 黃綠色
BR - BROWN 棕色

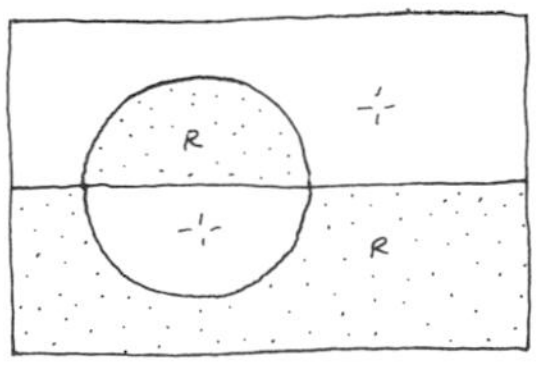

GREENLAND
格陵蘭

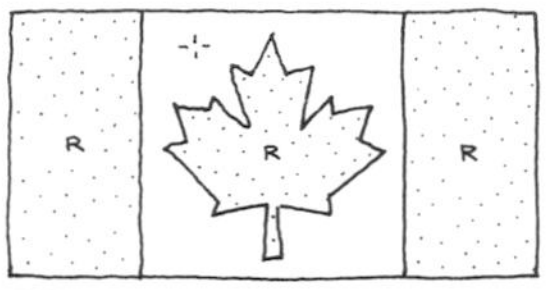

CANADA
加拿大

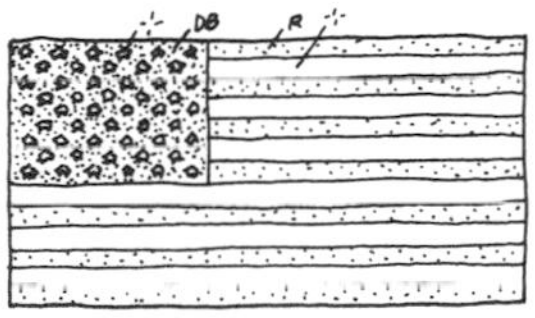

UNITED STATES
美國

MEXICO
墨西哥

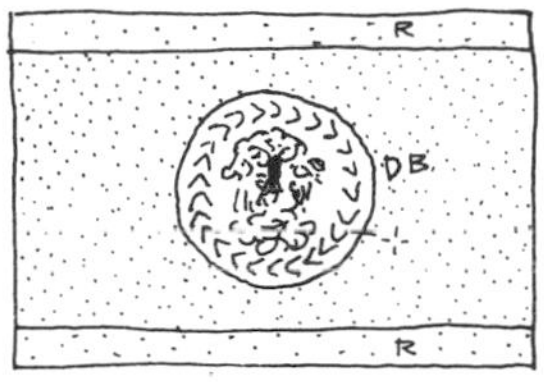

BELIZE 貝里斯

GUATEMALA 瓜地馬拉

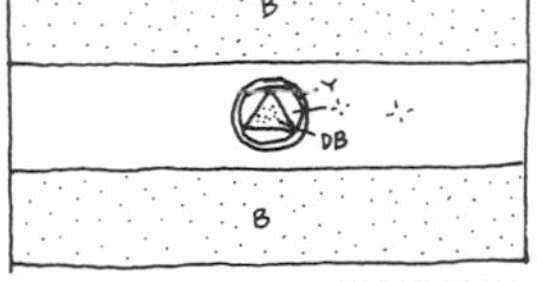

NICARAGUA
尼加拉瓜

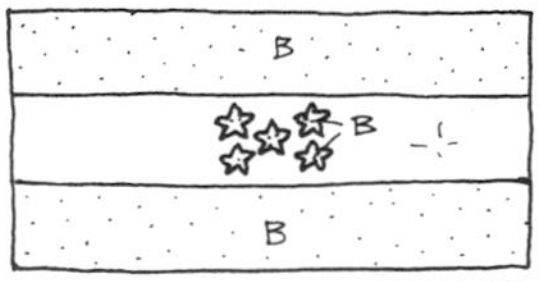

HONDURAS 宏都拉斯

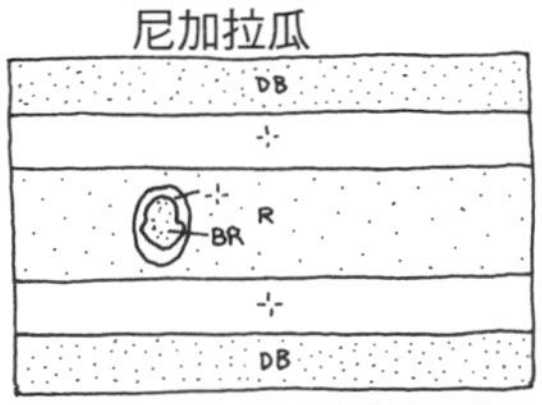

COSTA RICA
哥斯大黎加

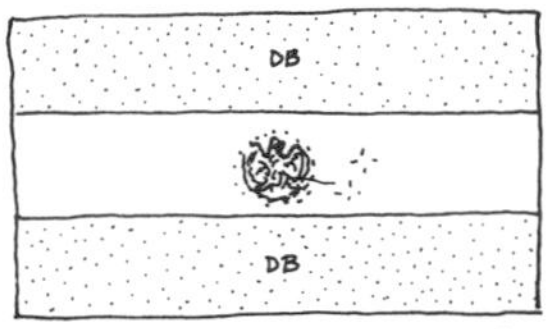

EL SALVADOR
薩爾瓦多

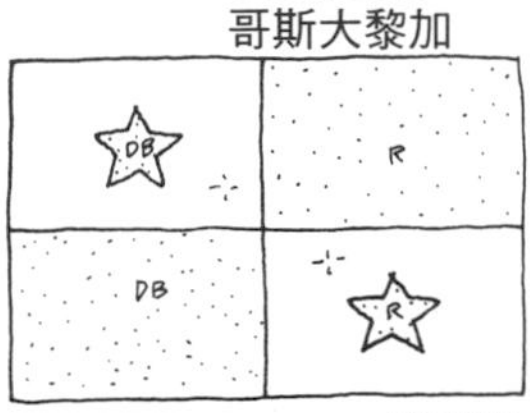

PANAMA
巴拿馬

1 GREENLAND 格陵蘭
2 CANADA 加拿大
3 UNITED STATES 美國
4 MEXICO 墨西哥
5 BELIZE 貝里斯
6 GUATEMALA 瓜地馬拉
7 EL SALVADOR 薩爾瓦多
8 HONDURAS 宏都拉斯
9 NICARAGUA 尼加拉瓜
10 COSTA RICA 哥斯大黎加
11 PANAMA 巴拿馬

格陵蘭是丹麥的海外自治領地，旗幟與丹麥國旗顏色一致，但旗面上的圖形不同，是一個圓形切一半，各代表太陽與冰雪。

現在的加拿大國旗源於 1965 年，是紅色與白色（傳統色），上面有楓葉（加拿大的傳統象徵）。這個設計是為了推動國家統一，使法裔加拿大人對原來國旗的英國紅旗設計不再抗拒。

美國在 1775 年的第一面國旗也是用英國紅旗，紅色區是 13 條紅白線，代表殖民地。2 年後，拿掉聯合傑克旗（左上角米字部份），換上深藍底色的十三個星星。後來美國國旗經過 26 次更動，主要是加上新加入合眾國州的星星。美國國旗曾稱為「古老的榮耀」、「星條旗」、「星條」等。

墨西哥國旗中間的紋章，是根據阿茲特克神話，描述特諾奇蒂蘭城建城地點以及方式，也經過多次更動。

貝里斯國旗紋章設計複雜，其中有一棵桃花心木，代表桃花心木在貝里斯的經濟重要性。

宏都拉斯國旗上的五顆星星，代表哥斯大黎加、薩爾瓦多、瓜地馬拉、尼加拉瓜所組成的中美洲聯邦，中美洲聯邦在 19 世紀早期，脫離西班牙的墨西哥帝國而獨立。

FLAGS & REVIEW: WEST INDIES
世界各國旗幟：西印度群島

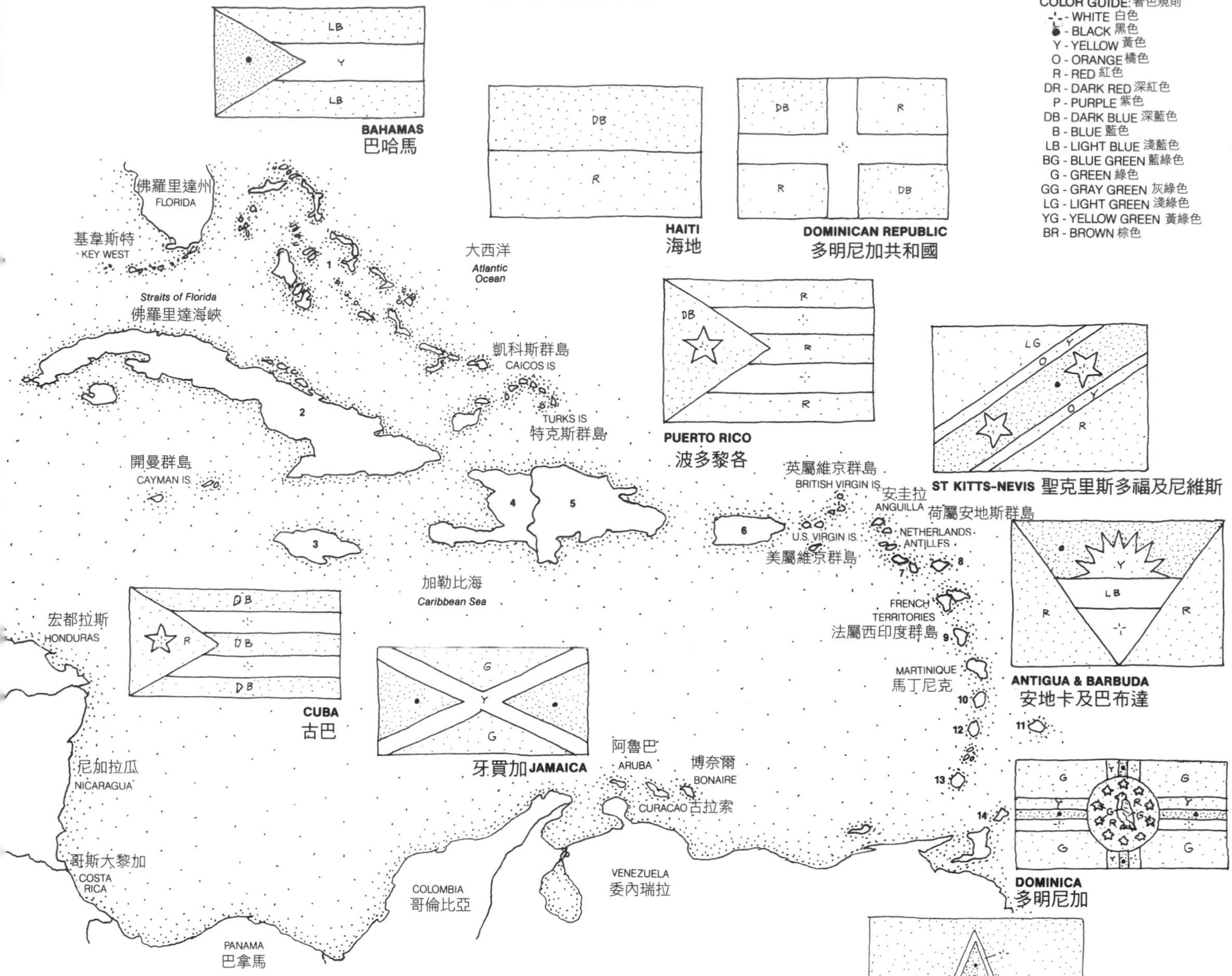

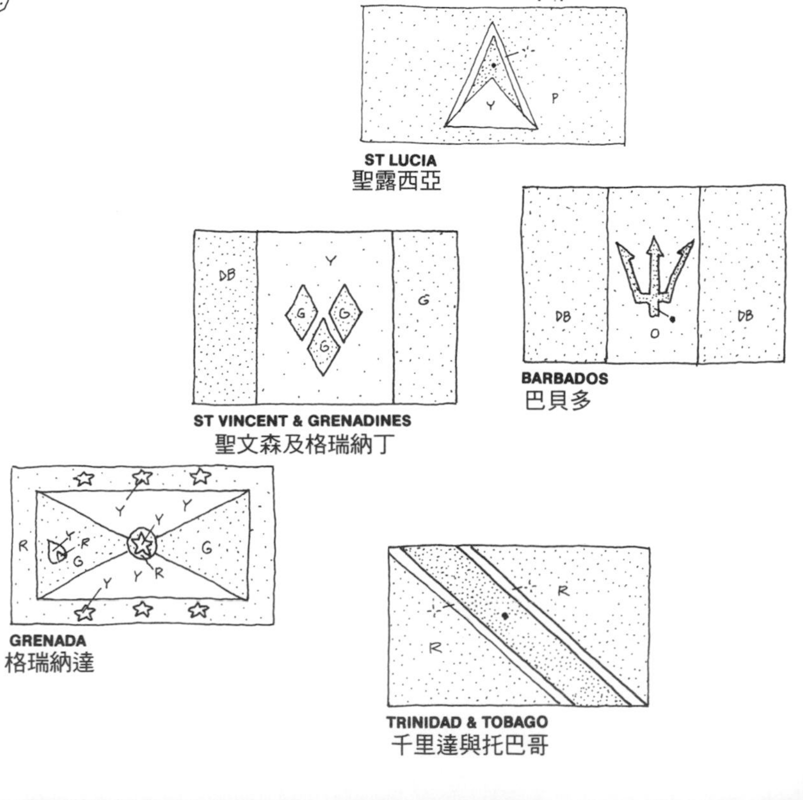

英屬西印度群島地區（百慕達、英屬維京群島、開曼群島、蒙哲臘以及特克斯群島及凱克斯群島）皆為英國紅或藍旗（各旗幟左上角都有聯合傑克旗），例如安圭拉的藍色區有 3 隻海豚的國徽，其他地區也有類似的設計，都在右下方有獨特的紋章。

波多黎各與古巴的旗幟設計完全一樣，但顏色和比例不同。設計源自 19 世紀脫離西班牙。波多黎各旗幟要在美國國旗存在才能懸掛。

西印度群島的旗幟普遍有黑色，代表群島人口有非洲人後裔。

1 BAHAMAS 巴哈馬
2 CUBA 古巴
3 JAMAICA 牙買加
4 HAITI 海地
5 DOMINICAN REPUBLIC 多明尼加共和國
6 PUERTO RICO 波多黎各
7 ST KITTS-NEVIS 聖克里斯多福及尼維斯
8 ANTIGUA & BARBUDA 安地卡及巴布達
9 DOMINICA 多明尼加
10 ST LUCIA 聖露西亞
11 BARBADOS 巴貝多
12 ST VINCENT & GRENADINES 聖文森及格瑞納丁
13 GRENADA 格瑞納達
14 TRINIDAD & TOBAGO 千里達與托巴哥

FLAGS & REVIEW: SOUTH AMERICA
世界各國旗幟：南美洲

巴西國旗在正中央有一個球體，環繞一條白色帶，上面有葡萄牙文：「秩序與進步」，顏色代表制定國旗時的天空顏色，有 27 顆以南十字星座為中心的白星。

哥倫比亞與厄瓜多的旗幟設計很像，只是厄瓜多中央有國徽。2 國國旗都分為兩半，上半為一種顏色，下半部則有兩種顏色。使用色帶是最普遍的旗幟設計，但其他國家的旗幟都沒有這種分成兩半色帶的設計。

委內瑞拉國旗的顏色與哥倫比亞、厄瓜多一樣，但每種顏色的比例相等。法屬蓋亞那的旗幟跟母國法國為一樣的「三色旗」。

蓋亞那的旗幟則呈現動態三角形設計，源於 1966 年從大英帝國獨立。

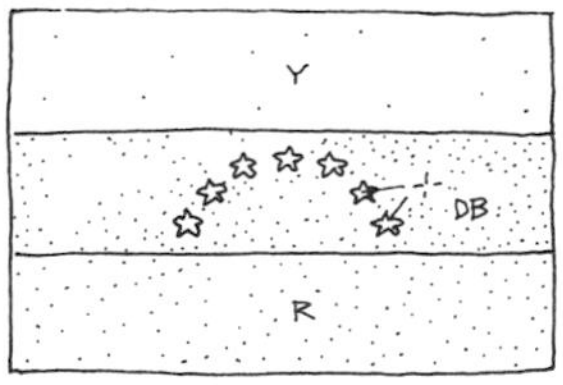

VENEZUELA
委內瑞拉

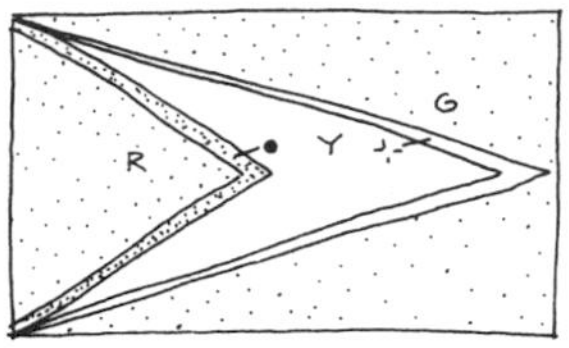

GUYANA
蓋亞那

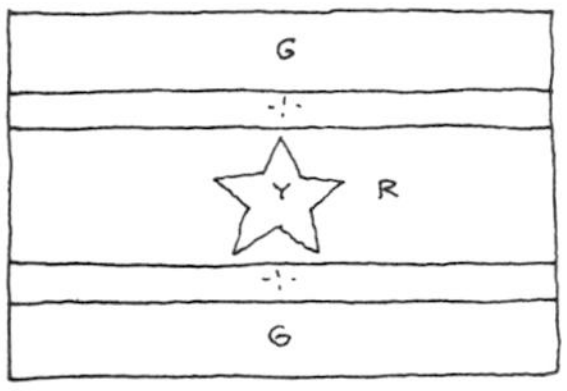

SURINAM
蘇利南

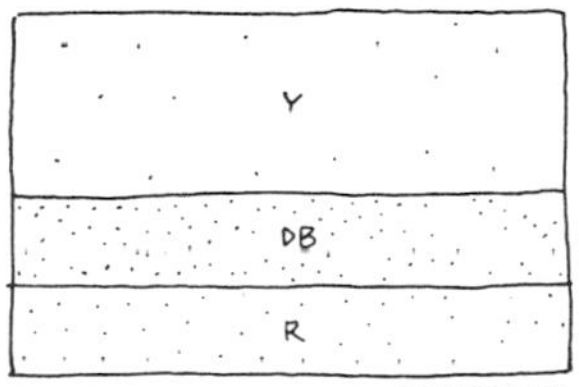

COLOMBIA
哥倫比亞

FRENCH GUIANA
法屬圭亞那

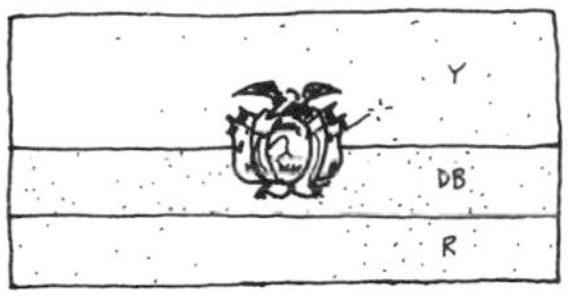

ECUADOR
厄瓜多

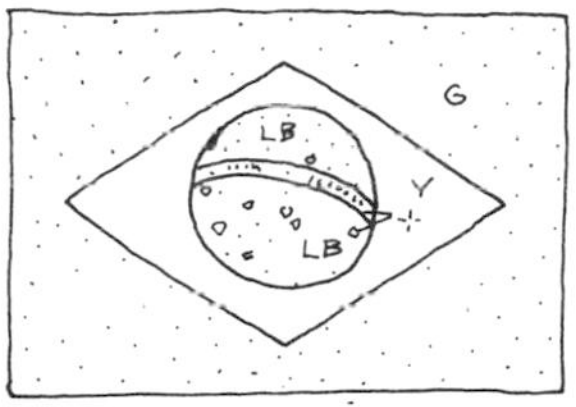

BRAZIL
巴西

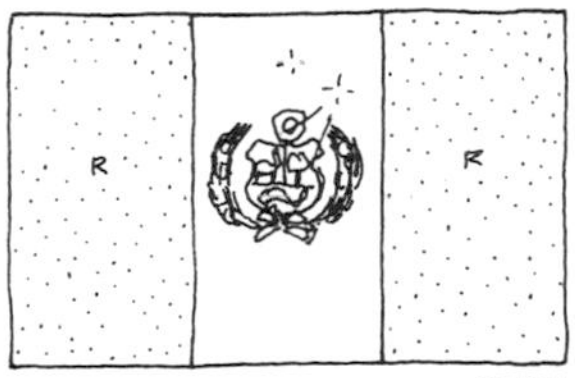

PERU
秘魯

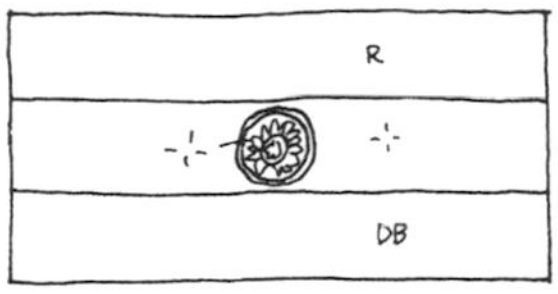

PARAGUAY
巴拉圭

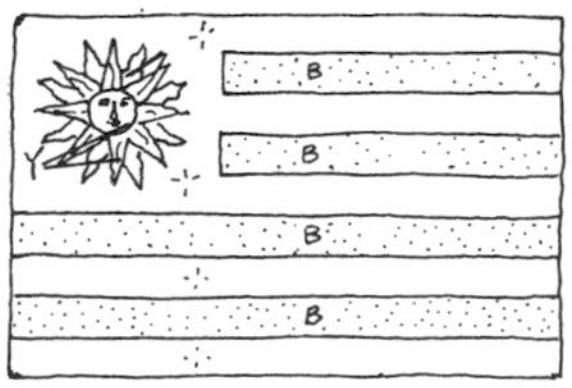

URUGUAY
烏拉圭

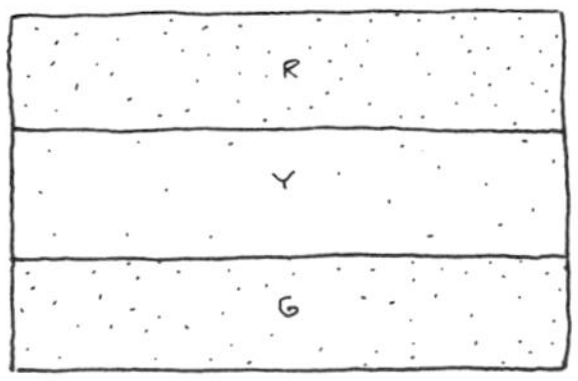

BOLIVIA
玻利維亞

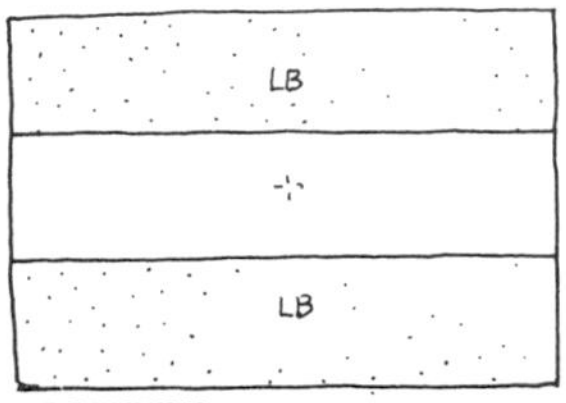

ARGENTINA
阿根廷

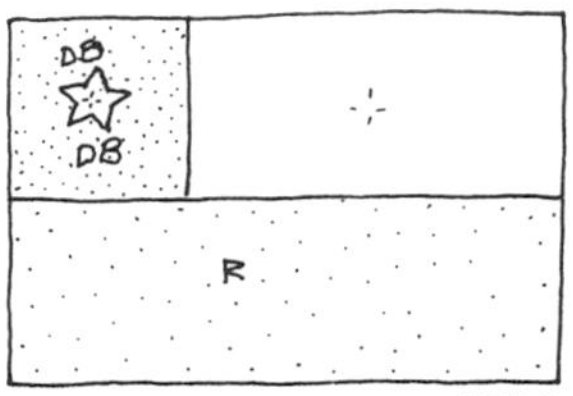

CHILE
智利

1 ECUADOR 厄瓜多
2 COLOMBIA 哥倫比亞
3 VENEZUELA 委內瑞拉
4 GUYANA 蓋亞那
5 SURINAM 蘇利南
6 FRENCH GUIANA 法屬圭亞那
7 BRAZIL 巴西
8 PERU 秘魯
9 BOLIVIA 玻利維亞
10 PARAGUAY 巴拉圭
11 URUGUAY 烏拉圭
12 ARGENTINA 阿根廷
13 CHILE 智利

FLAGS & REVIEW: ERUOPE

51

世界各國旗幟：歐洲

著色規則
COLOR GUIDE:
- WHITE 白色
- BLACK 黑色
- Y - YELLOW 黃色
- O - ORANGE 橘色
- R - RED 紅色
- DR - DARK RED 深紅色
- P - PURPLE 紫色
- DB - DARK BLUE 深藍色
- B - BLUE 藍色
- LB - LIGHT BLUE 淺藍色
- BG - BLUE GREEN 藍綠色
- G - GREEN 綠色
- GG - GRAY GREEN 灰綠色
- LG - LIGHT GREEN 淺綠色
- YG - YELLOW GREEN 黃綠色
- BR - BROWN 棕色

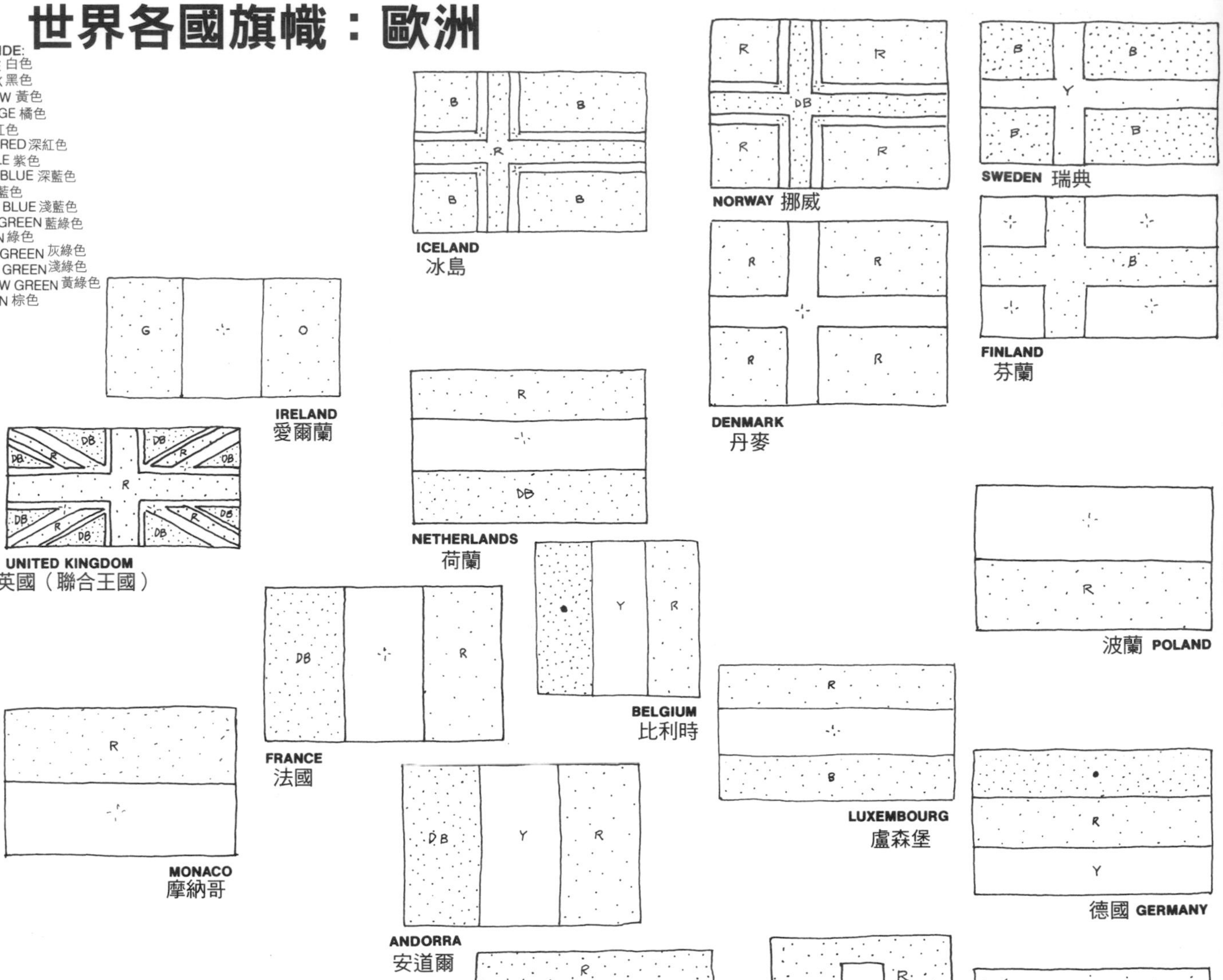

旗幟上擁有十字型的基督教符號，是斯堪地那維尼國家的代表，有些歐洲國家也使用十字。十字自 13 世紀第一次被丹麥使用，丹麥國旗也是歐洲最古老的國旗。瑞典、芬蘭、挪威與冰島國旗也使用十字設計。挪威與冰島國旗則是雙重十字旗。

馬爾他國旗左上角有喬治十字勳章。採用自 1964 年，紀念第二次世界大戰期間的英勇行動。

大英帝國的聯合旗（「聯合傑克」）實際上是三面旗幟合一。結合英格蘭紅十字（加上白底），蘇格蘭白色斜十字，底部則為愛爾蘭的紅色斜十字。

葡萄牙國旗使用渾天儀（象徵早期航海儀器）表示葡萄牙歷史的探險成就。

世界最有名的國旗之一，簡單的法國「三色旗」，由三條垂直色帶——藍色、白色與紅色所組成，已有超過 2 世紀的歷史。是許多其他國旗的設計靈感來源。

安道爾國旗的藍色與黃色，原始設計來自法國與西班牙國旗。這個小國位在法西兩國之間的庇里牛斯山，1993 年加入聯合國。

瑞士與奧地利國旗的紅色與白色，源自 14 世紀前瑞士仍在奧地利統治之下的時期。世界上只有瑞士與梵蒂岡的旗幟是正方形。

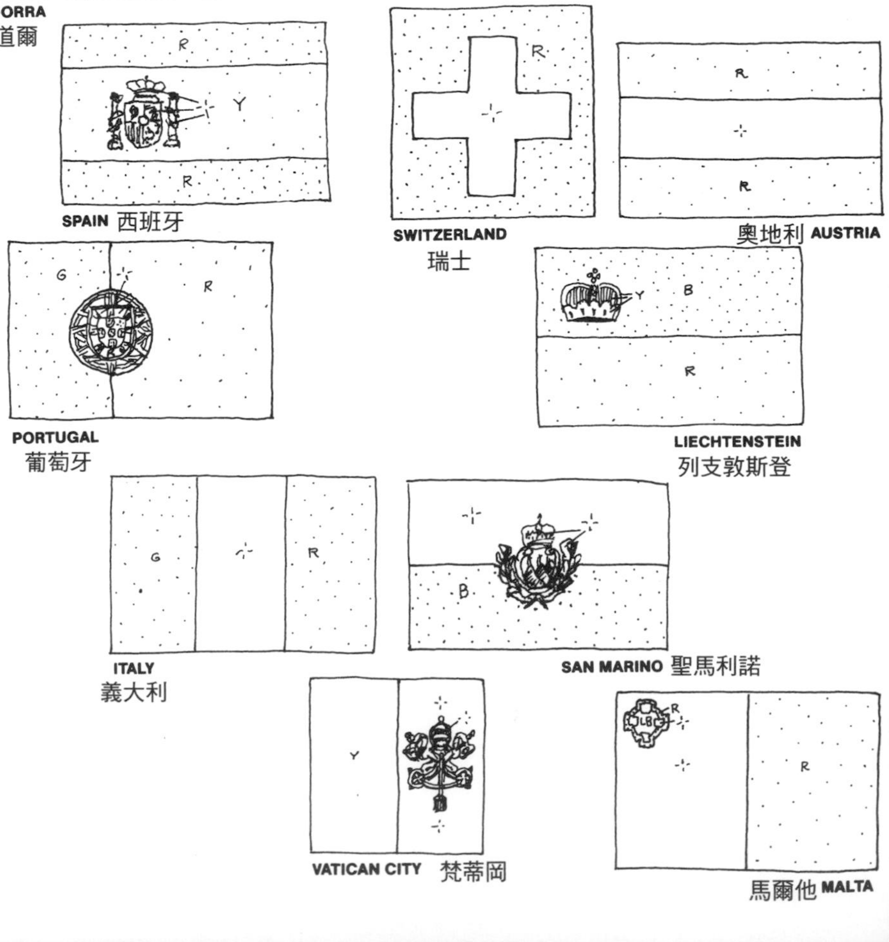

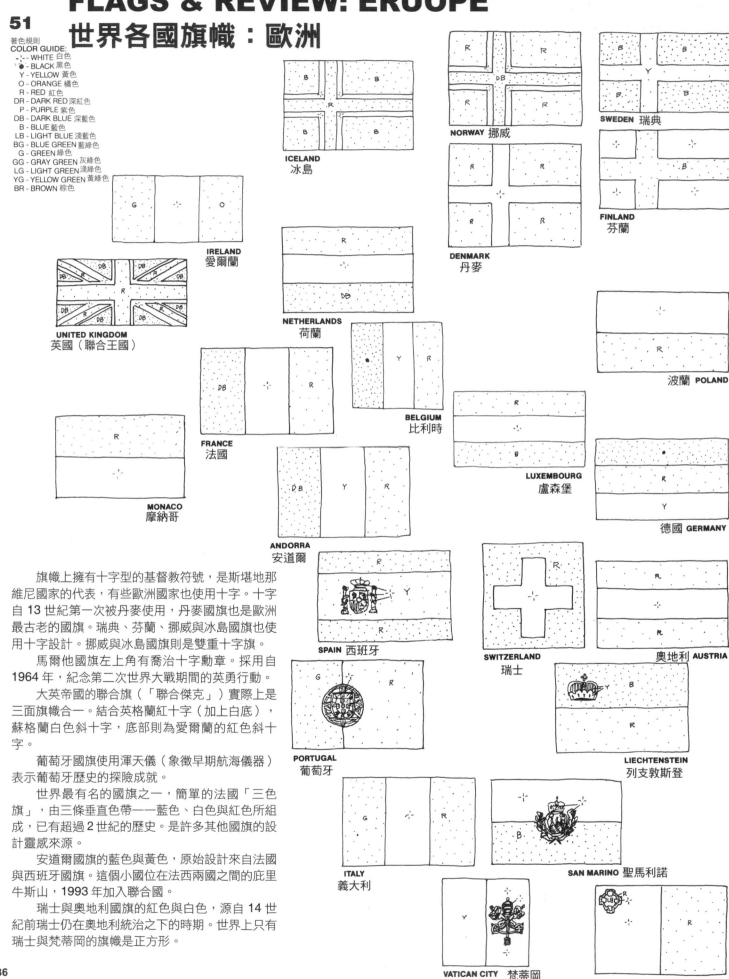

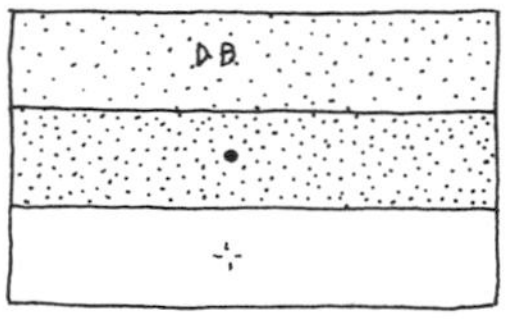

ESTONIA
愛沙尼亞

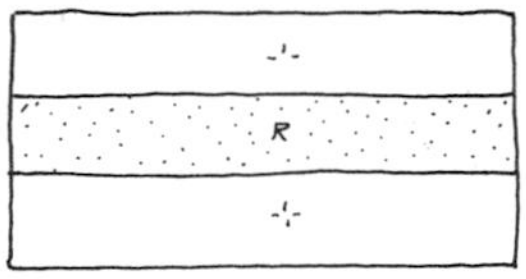

BELARUS
白俄羅斯

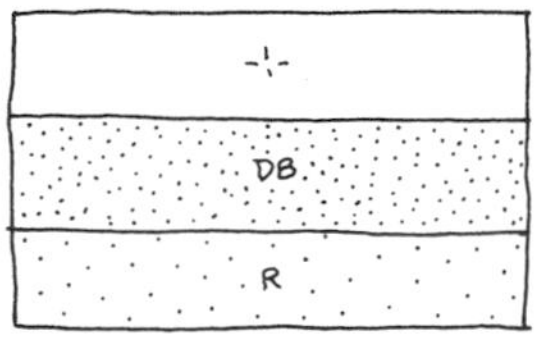

RUSSIAN FEDERATION
俄羅斯

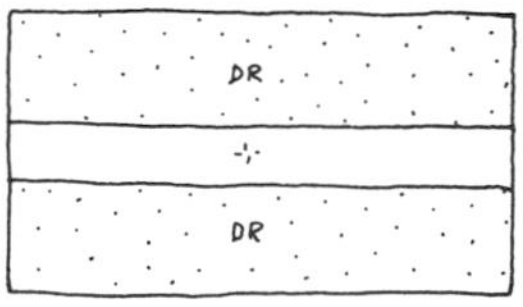

LATVIA
拉脫維亞

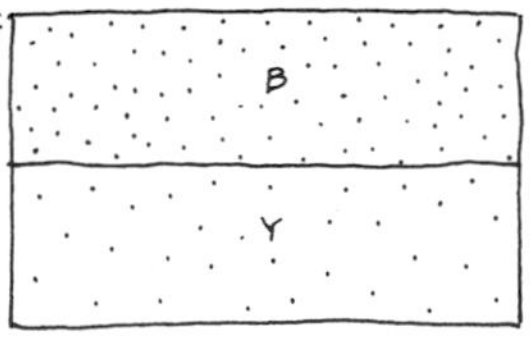

UKRAINE
烏克蘭

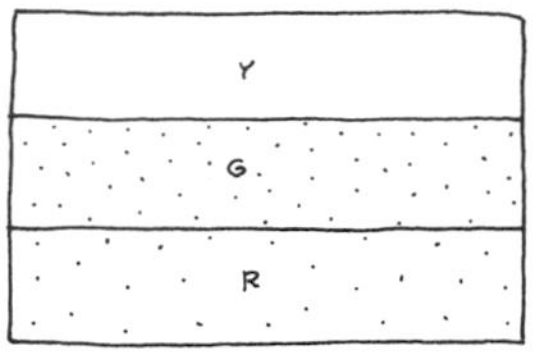

LITHUANIA
立陶宛

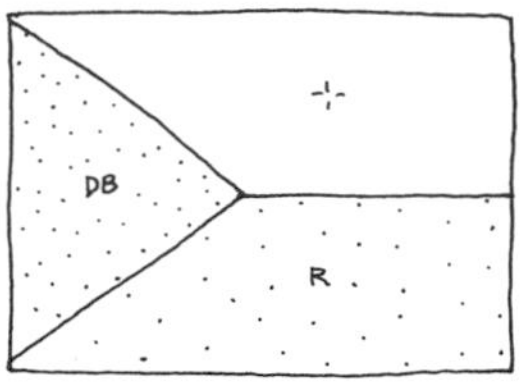

CZECH REPUBLIC
捷克

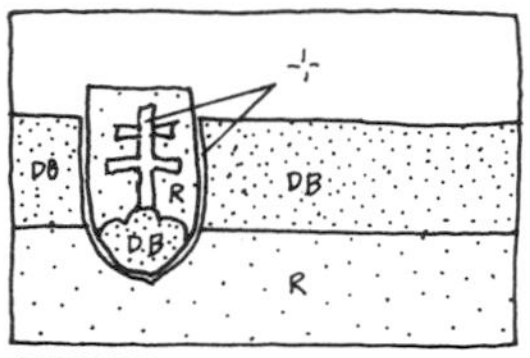

SLOVAKIA
斯洛伐克

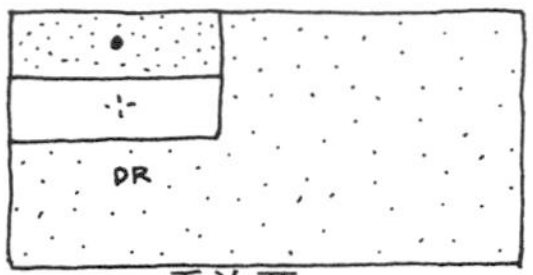

GEORGIA 喬治亞

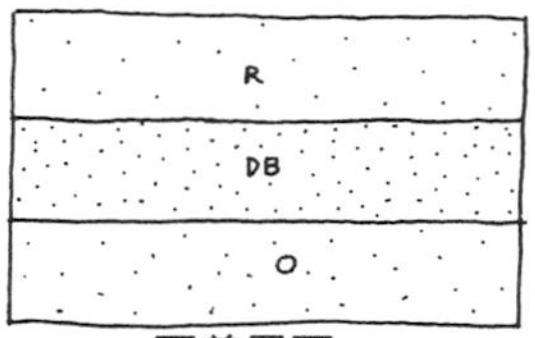

ARMENIA 亞美尼亞

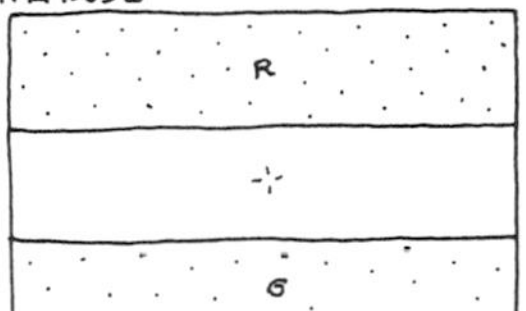

HUNGARY
匈牙利

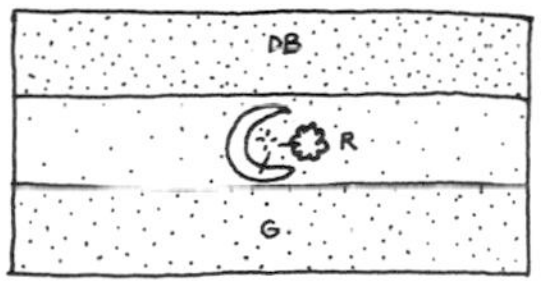

AZERBAIJAN
亞塞拜然

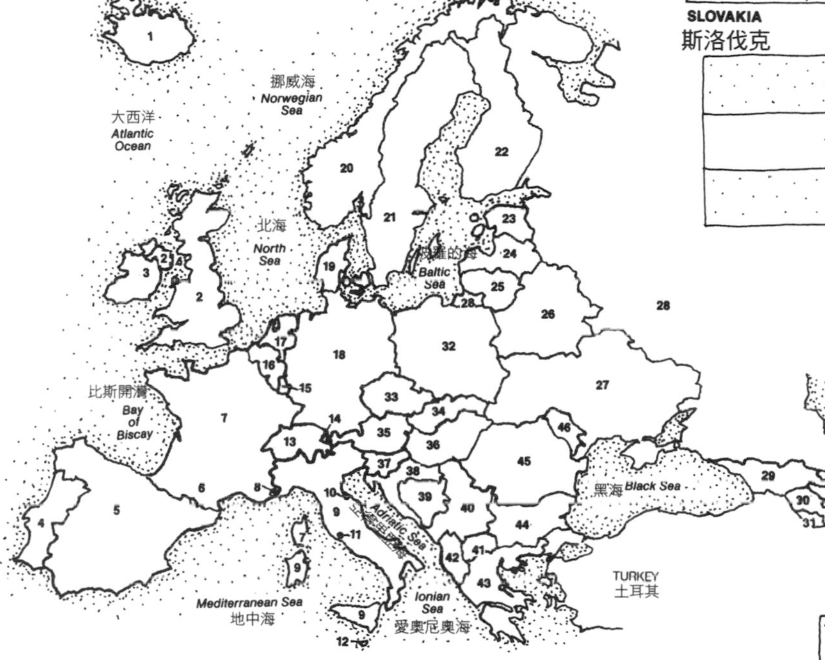

MOLDOVA
摩爾多瓦

1 ICELAND 冰島
2 UNITED KINGDOM 英國
3 IRELAND 愛爾蘭
4 PORTUGAL 葡萄牙
5 SPAIN 西班牙
6 ANDORRA 安道爾
7 FRANCE 法國
8 MONACO 摩納哥
9 ITALY 義大利
10 SAN MARINO 聖馬利諾
11 VATICAN CITY 梵蒂岡
12 MALTA 馬爾他
13 SWITZERLAND 瑞士
14 LIECHTENSTEIN 列支敦斯登
15 LUXEMBOURG 盧森堡
16 NETHERLANDS 荷蘭
17 BELGIUM 比利時
18 GERMANY 德國
19 DENMARK 丹麥
20 NORWAY 挪威
21 SWEDEN 瑞典
22 FINLAND 芬蘭
23 ESTONIA 愛沙尼亞
24 LATVIA 拉脫維亞
25 LITHUANIA 立陶宛
26 BELARUS 白俄羅斯
27 UKRAINE 烏克蘭
28 RUSSIAN FEDERATION 俄羅斯
29 GEORGIA 喬治亞
30 ARMENIA 亞美尼亞
31 AZERBAIJAN 亞塞拜然
32 POLAND 波蘭
33 CZECH REPUBLIC 捷克共和國
34 SLOVAKIA 斯洛伐克
35 AUSTRIA 奧地利
36 HUNGARY 匈牙利
37 SLOVENIA 斯洛維尼亞
38 CROATIA 克羅埃西亞
39 BOSNIA & HERZEGOVINA 波士尼亞及赫塞哥維納
40 YUGOSLAVIA 塞爾維亞

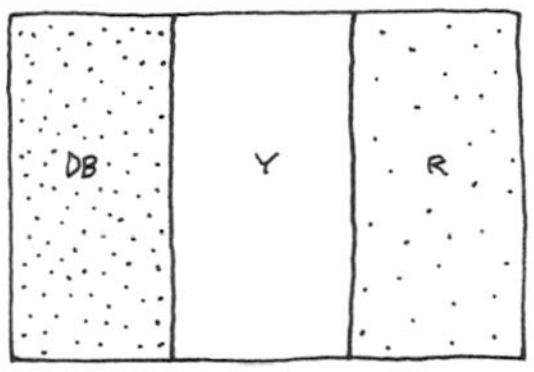

ROMANIA
羅馬尼亞

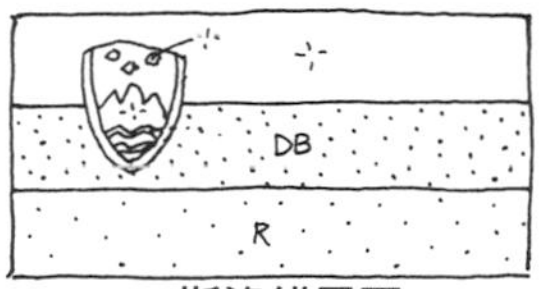

SLOVENIA 斯洛維尼亞

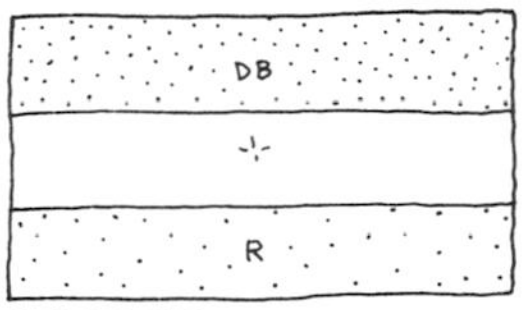

YUGOSLAVIA
塞爾維亞

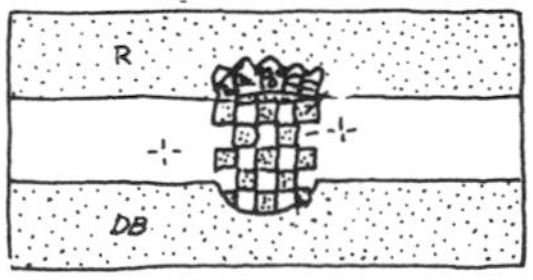

CROATIA
克羅埃西亞

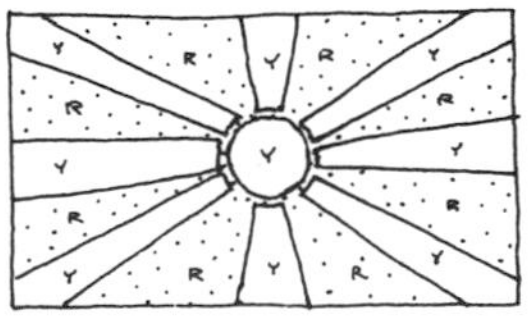

MACEDONIA
馬其頓

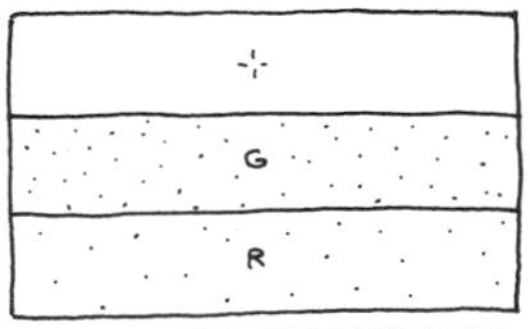

保加利亞 **BULGARIA**

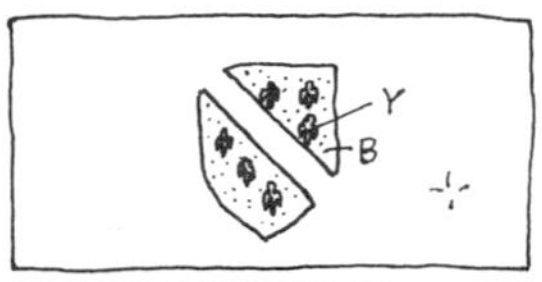

BOSNIA & HERZEGOVINA
波士尼亞及赫塞哥維納

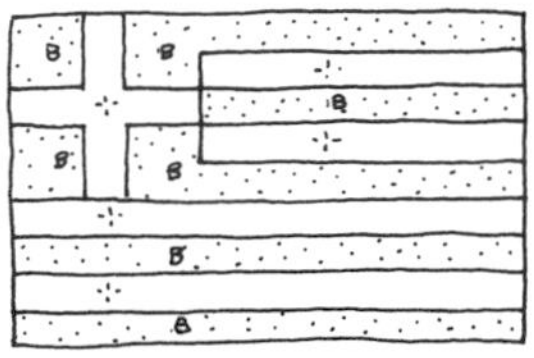

GREECE
希臘

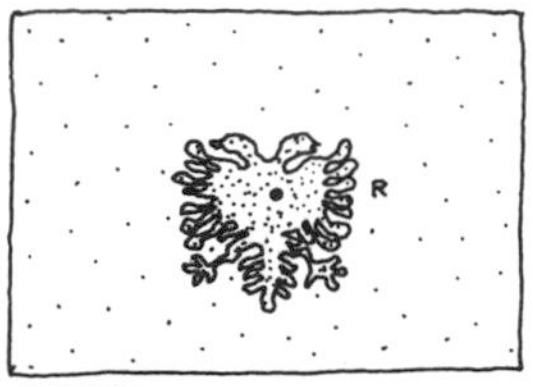

ALBANIA
阿爾巴尼亞

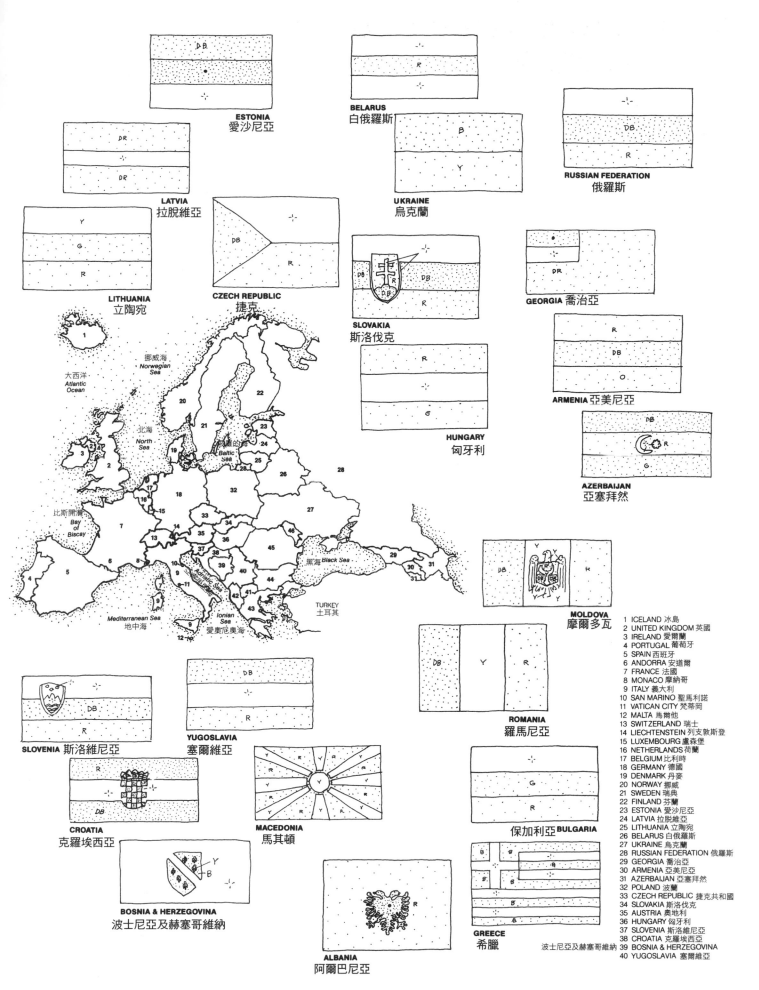

52 FLAGS & REVIEW: AFRICA
世界各國旗幟：非洲

非洲旗幟上最常出現的顏色是紅色、紅色與綠色，是「泛非洲」的意思。1957 年加納建國之後，撒哈拉以南的非洲國家，紛紛擁有自己的國旗，從殖民主權中獨立。

除了共通的顏色，這些旗幟擁有相似的形狀與造型。許多國家都使用最大的長方形比例，有些是搭配平行或垂直的法國三色旗設計，法國曾在非洲擁有最多的殖民地。

賴比瑞亞國旗源自美國國旗，是由美國自由奴隸組成的家園。11 橫條代表賴比瑞亞獨立宣言中的十一個簽名。

南非國旗象徵人民的統一，取代原本只代表少數荷蘭與英國白人的旗幟。

COLOR GUIDE: 著色規則
-¦- - WHITE 白色
● - BLACK 黑色
Y - YELLOW 黃色
O - ORANGE 橘色
R - RED 紅色
DR - DARK RED 深紅色
P - PURPLE 紫色
DB - DARK BLUE 深藍色
B - BLUE 藍色
LB - LIGHT BLUE 淺藍色
BG - BLUE GREEN 藍綠色
G - GREEN 綠色
GG - GRAY GREEN 灰綠色
LG - LIGHT GREEN 淺綠色
YG - YELLOW GREEN 黃綠色
BR - BROWN 棕色

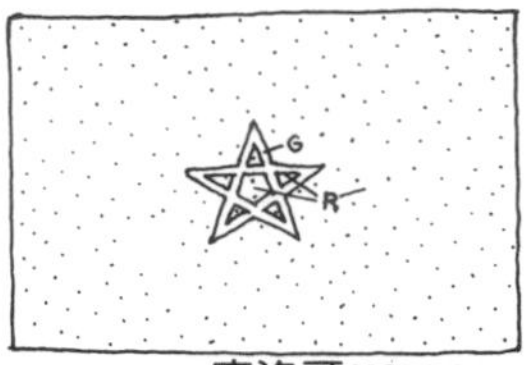
摩洛哥 MOROCCO

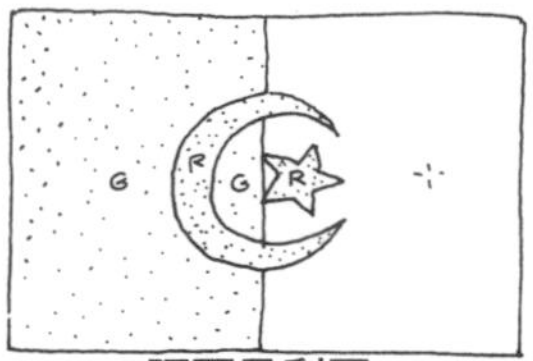
阿爾及利亞 ALGERIA

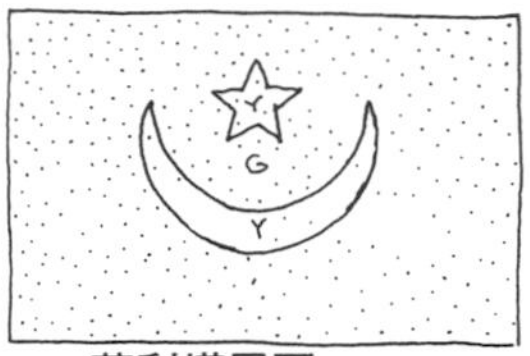
茅利塔尼亞 MAURITANIA

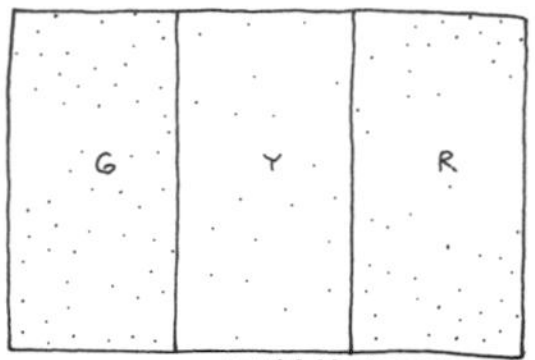
馬利共和國 MALI

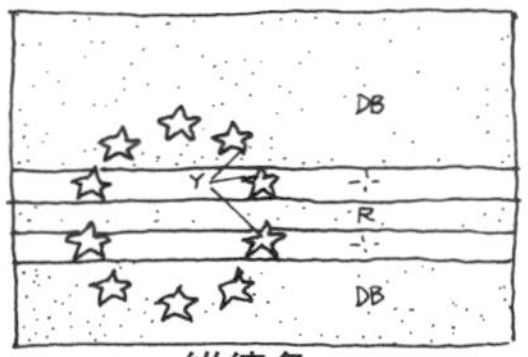
維德角 CAPE VERDE

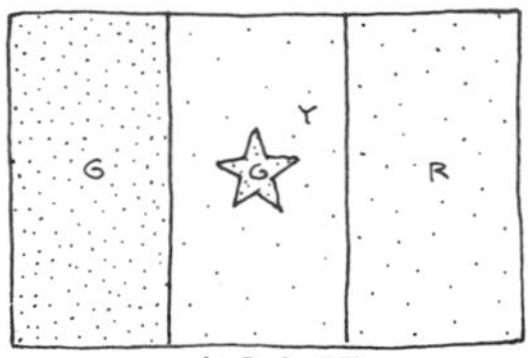
塞內加爾 SENEGAL

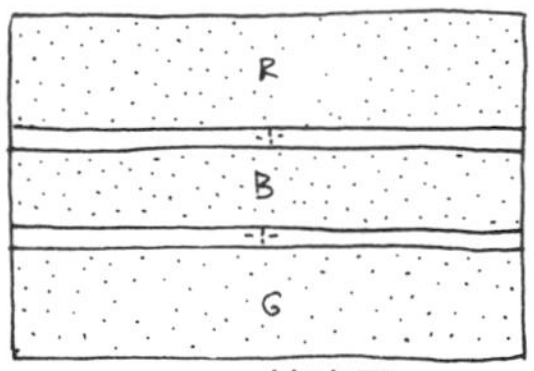
甘比亞 GAMBIA

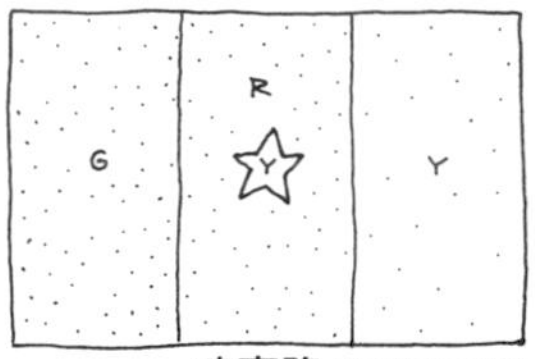
喀麥隆 CAMEROON

1 ALGERIA 阿爾及利亞
2 CHAD 查德
3 EGYPT 埃及
4 LIBYA 利比亞
5 MALI 馬利共和國
6 MAURITANIA 茅利塔尼亞
7 MOROCCO 摩洛哥
8 NIGER 尼日
9 SUDAN 蘇丹
10 TUNISIA 突尼西亞
11 BENIN 貝南
12 BURKINA FASO 布吉納法索
13 SENEGAL 塞內加爾
14 CAPE VERDE 維德角
15 GAMBIA 甘比亞
16 GHANA 加納
17 GUINEA 幾內亞
18 GUINEA-BISSAU 幾內亞比索
19 CÔTE D'IVOIRE (IVORY COAST) 象牙海岸
20 LIBERIA 賴比瑞亞
21 NIGERIA 奈及利亞
22 SIERRA LEONE 獅子山共和國
23 TOGO 多哥
24 ANGOLA 安圭拉
25 CAMEROON 喀麥隆
26 CENTRAL AFRICAN REPUBLIC 中非共和國
27 CONGO 剛果
28 EQUATORIAL GUINEA 赤道幾內亞
29 GABON 加蓬
30 SÃO TOMÉ & PRÍNCIPE 聖多美與普林西比
31 DEM. REP. OF CONGO 剛果民主共和國
32 ZAMBIA 尚比亞
33 BURUNDI 蒲隆地
34 DJIBOUTI 吉布地
35 ETHIOPIA 衣索比亞
36 ERITREA 厄利垂亞
37 SOMALIA 索馬利亞
38 KENYA 肯亞
39 RWANDA 盧安達
40 TANZANIA 坦尚尼亞
41 UGANDA 烏干達
42 BOTSWANA 波札那
43 LESOTHO 賴索托
44 MALAWI 馬拉威
45 MOZAMBIQUE 莫三比克
46 NAMIBIA 納米比亞
47 SWAZILAND 史瓦濟蘭
48 SOUTH AFRICA 南非
49 ZIMBABWE 辛巴威
50 MADAGASCAR 馬達加斯加
51 COMOROS 葛摩
52 SEYCHELLES 塞席爾
53 MAURITIUS 模里西斯

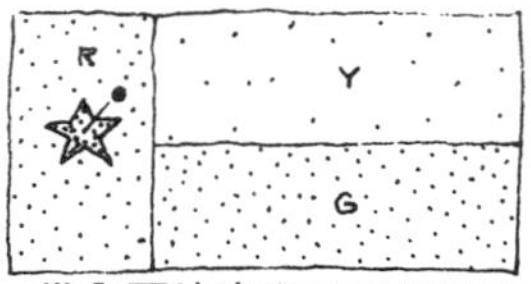
幾內亞比索 GUINEA-BISSAU

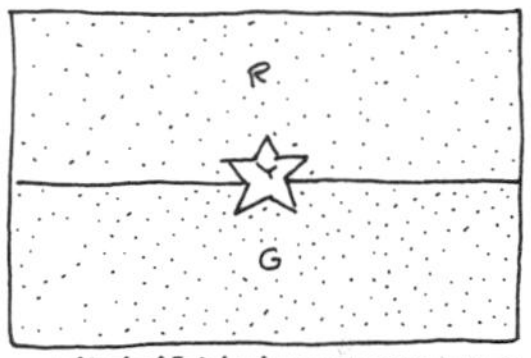
布吉納法索 BURKINA FASO

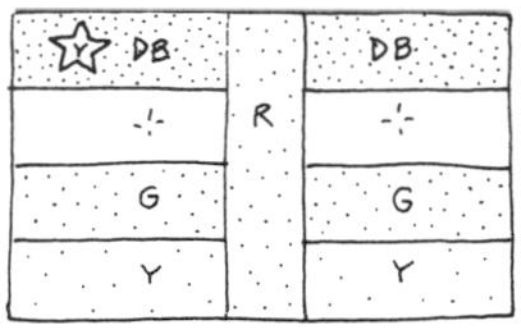
CENTRAL AFRICAN REPUBLIC
中非共和國

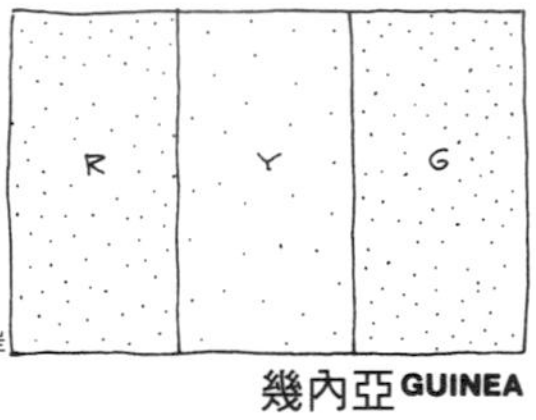
幾內亞 GUINEA

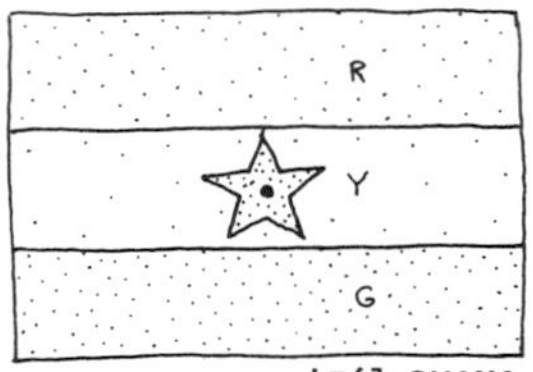
加納 GHANA

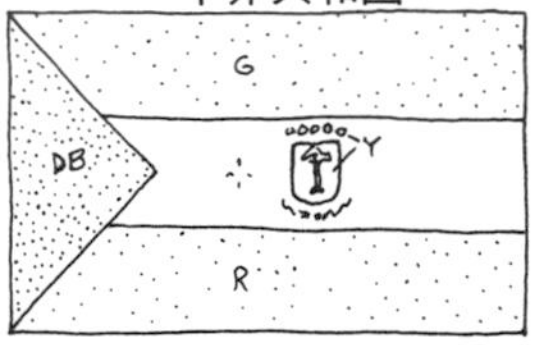
赤道幾內亞 EQUATORIAL GUINEA

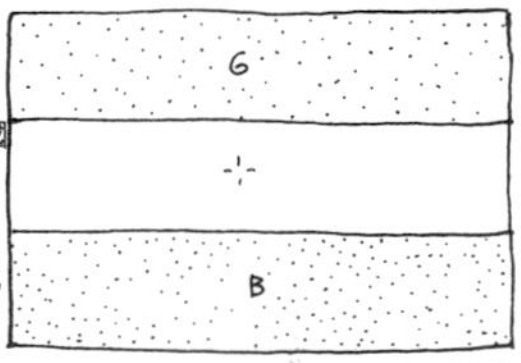
獅子山共和國 SIERRA LEONE

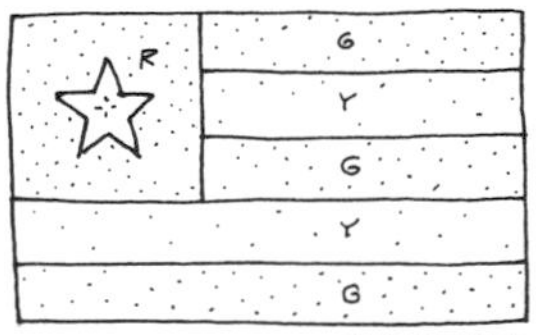
多哥 TOGO

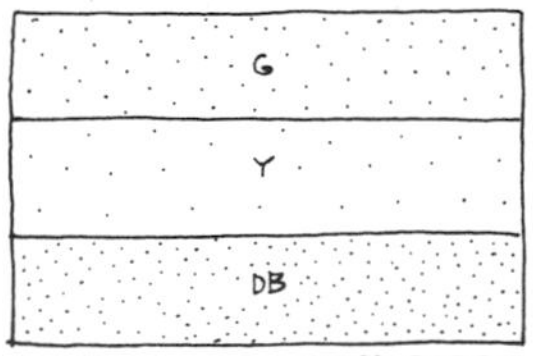
加蓬 GABON

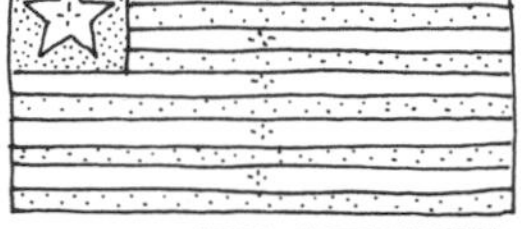
賴比瑞亞 LIBERIA

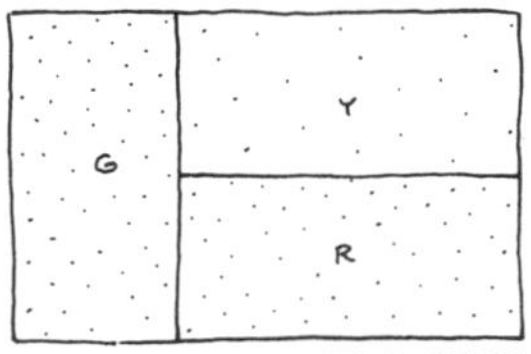
貝南 BENIN

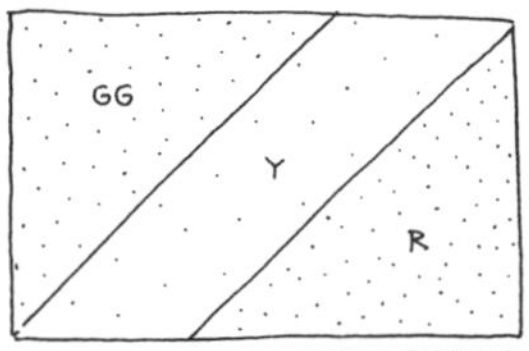
剛果 CONGO

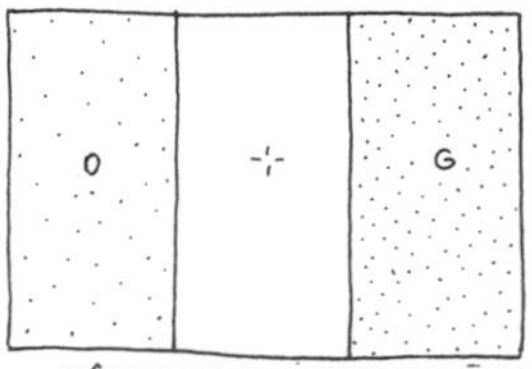
CÔTE D'IVOIRE (IVORY COAST)
象牙海岸

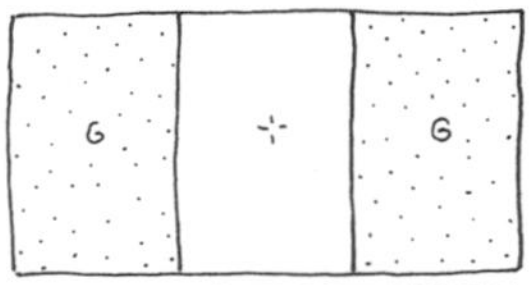
奈及利亞 NIGERIA

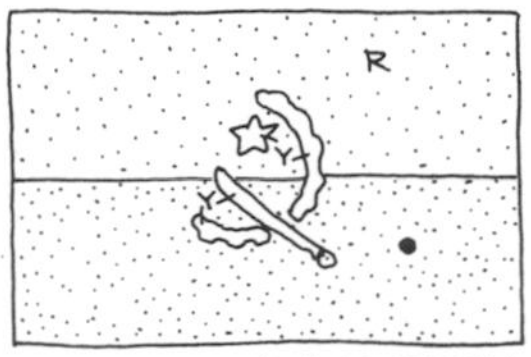
安圭拉 ANGOLA

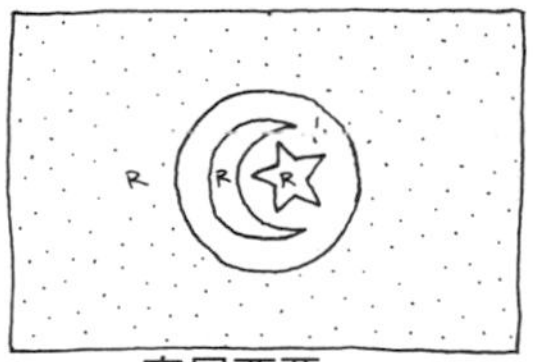
TUNISIA 突尼西亞

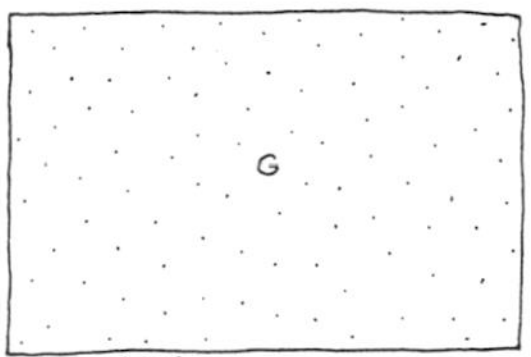
LIBYA 利比亞

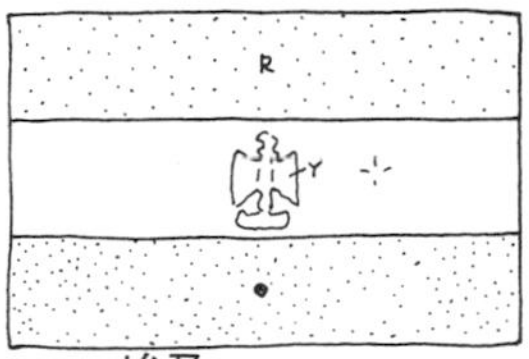
EGYPT 埃及

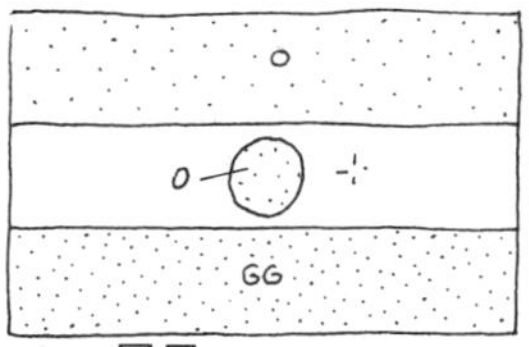
NIGER 尼日

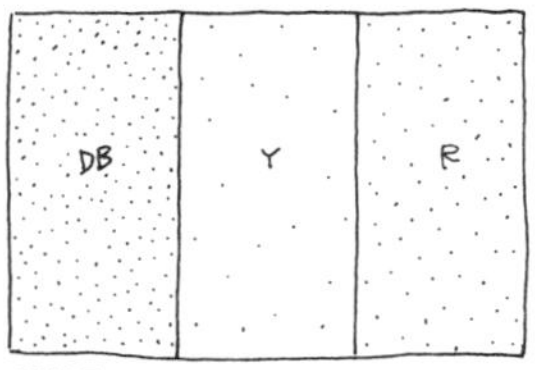
CHAD 查德

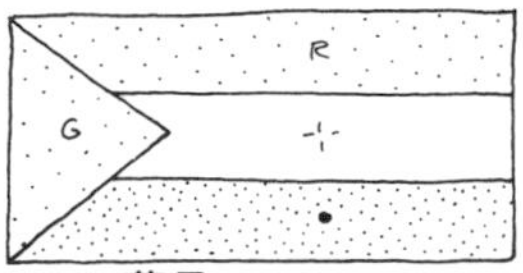
SUDAN 蘇丹

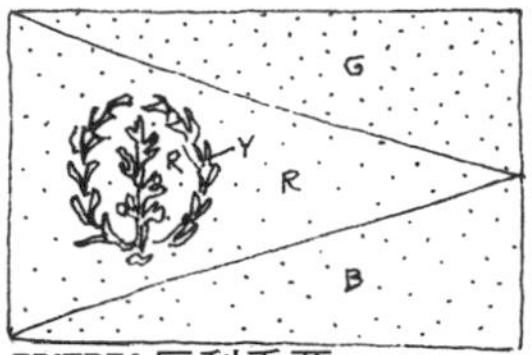
ERITREA 厄利垂亞

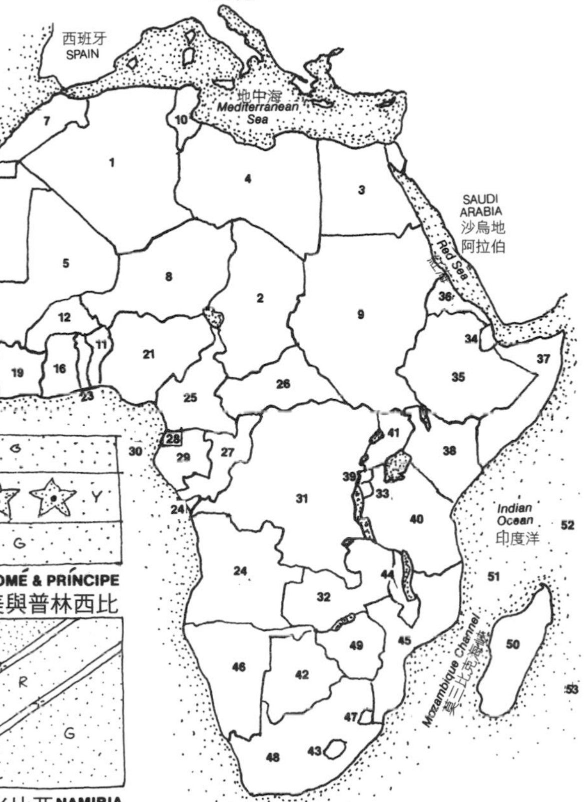

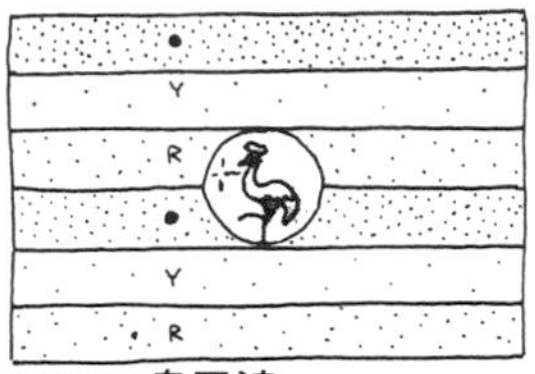
UGANDA 烏干達

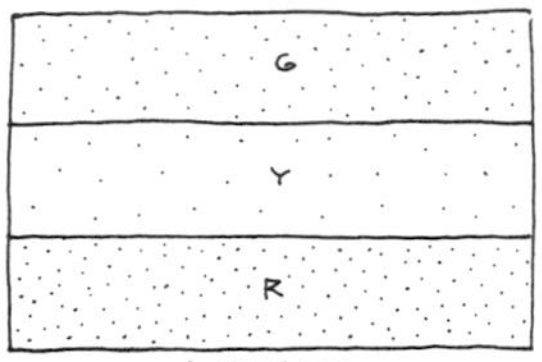
ETHIOPIA 衣索比亞

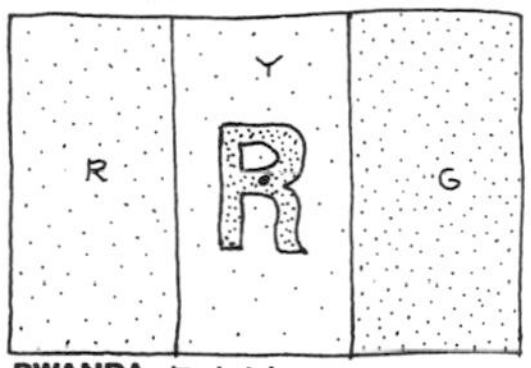
RWANDA 盧安達

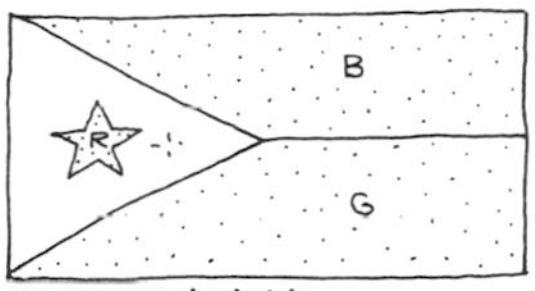
DJIBOUTI 吉布地

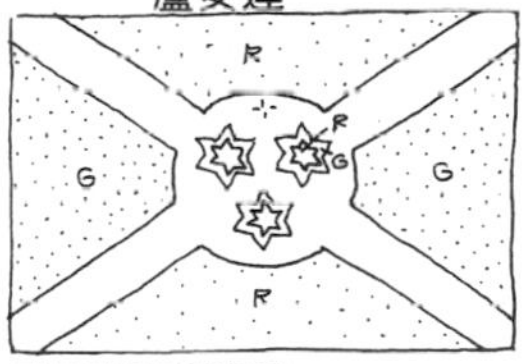
BURUNDI 蒲隆地

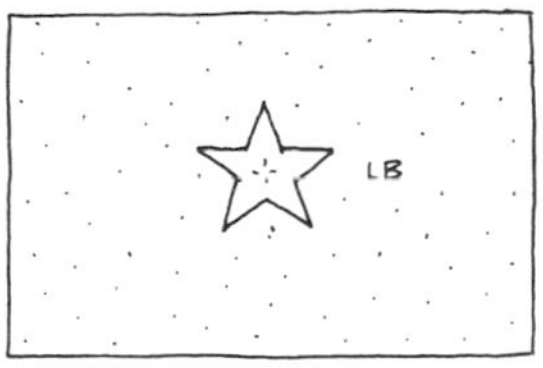
SOMALIA 索馬利亞

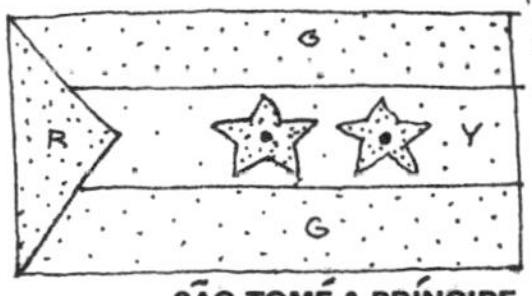
SÃO TOMÉ & PRÍNCIPE
聖多美與普林西比

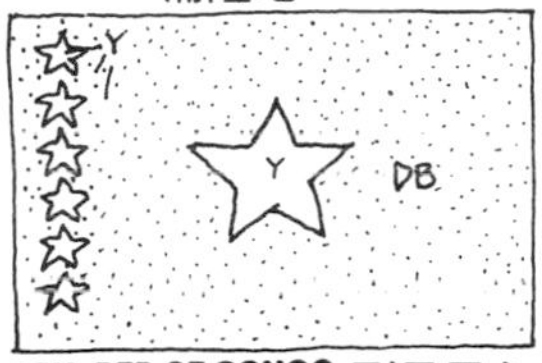
DEM. REP. OF CONGO 剛果民主共和國

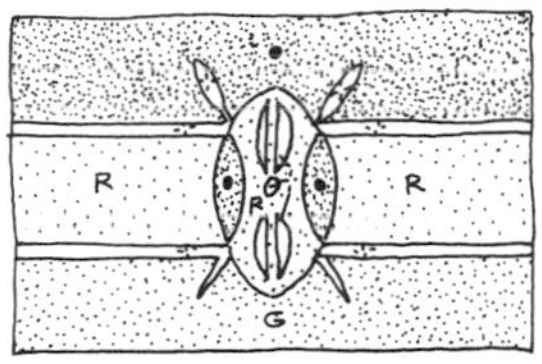
KENYA 肯亞

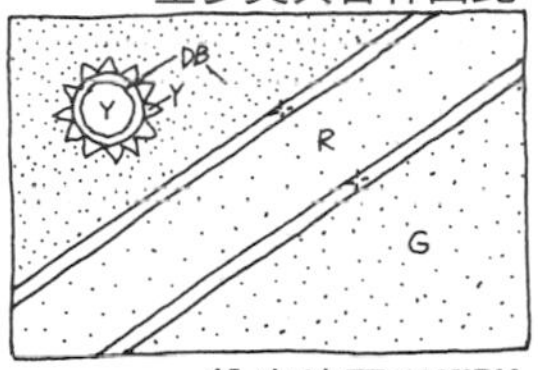
納米比亞 NAMIBIA

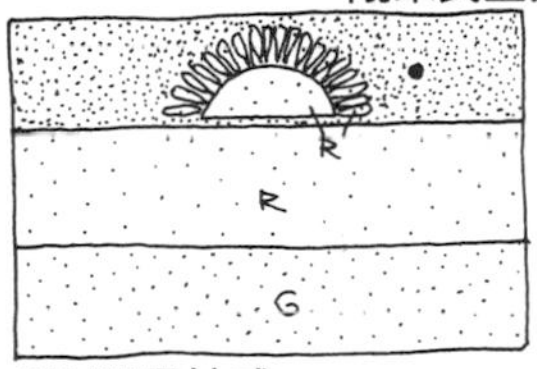
MALAWI 馬拉威

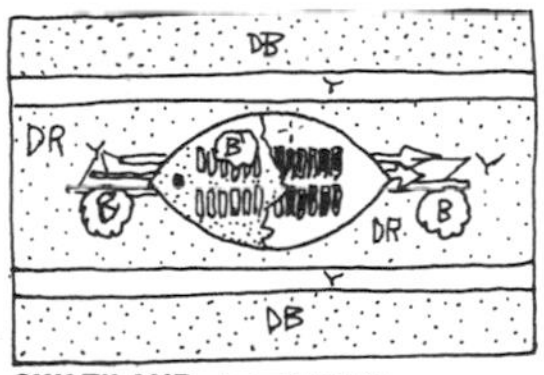
SWAZILAND 史瓦濟蘭

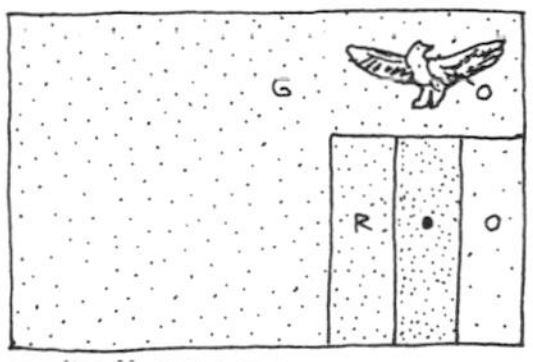
ZAMBIA 尚比亞

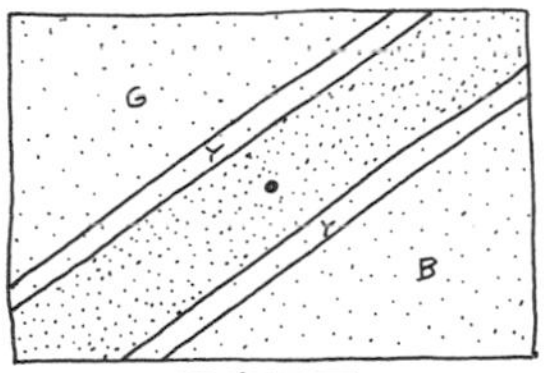
TANZANIA 坦尚尼亞

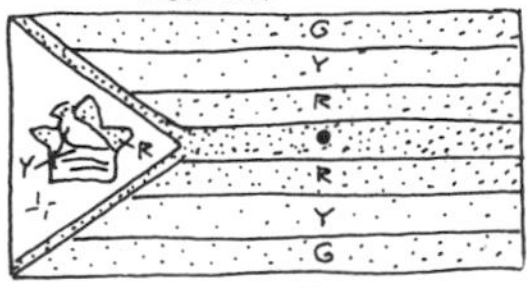
ZIMBABWE 辛巴威

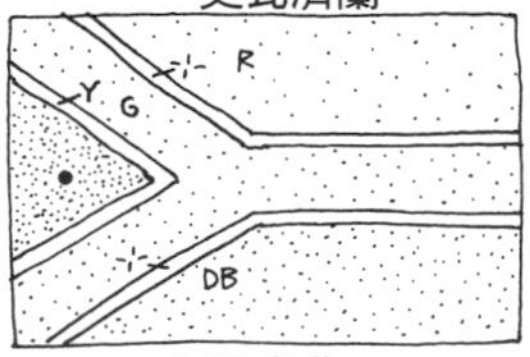
SOUTH AFRICA 南非

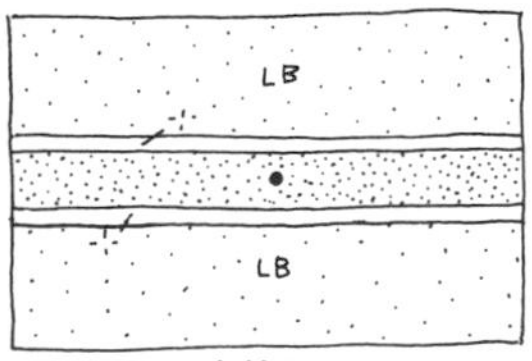
BOTSWANA 波札那

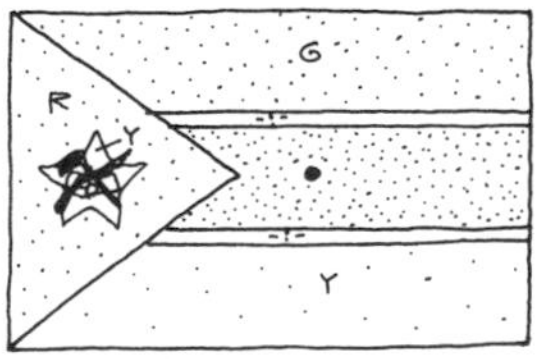
MOZAMBIQUE 莫三比克

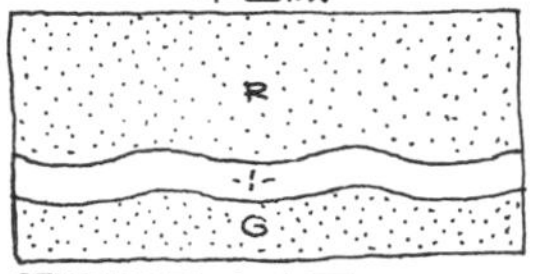
SEYCHELLES 塞席爾

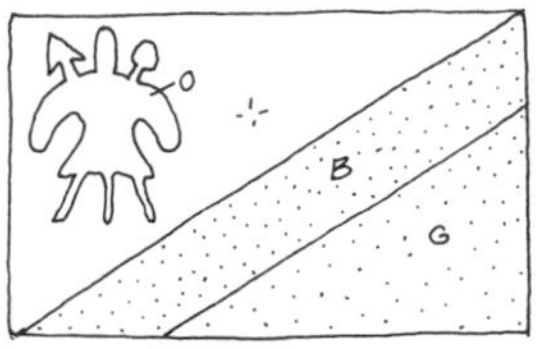
LESOTHO 賴索托

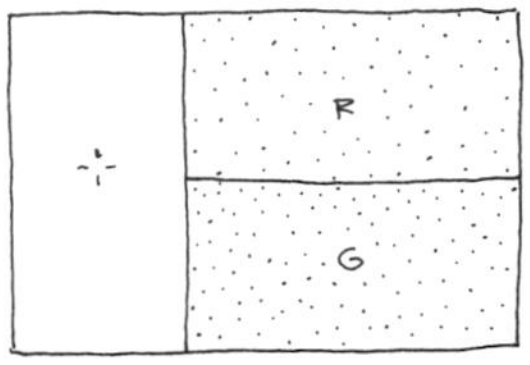
MADAGASCAR 馬達加斯加

COMOROS 葛摩

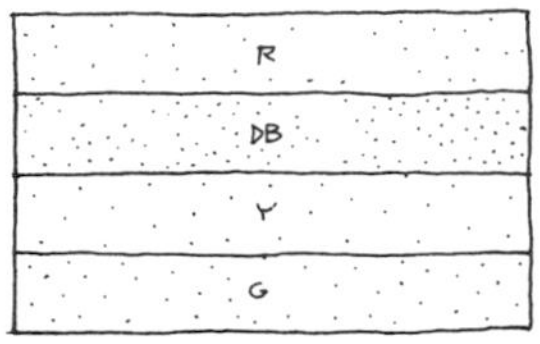
MAURITIUS 模里西斯

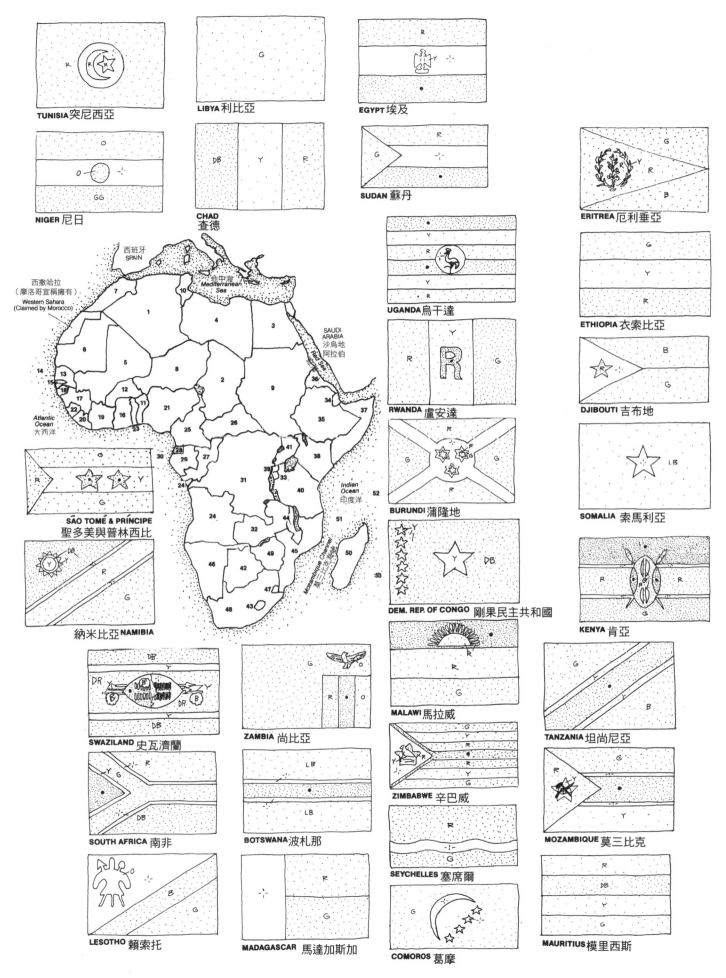

53 FLAGS & REVIEW: ASIA
世界各國旗幟：亞洲

以伊斯蘭教為主要宗教的亞洲國家，旗幟中常使用紅色、白色、綠色以及黑色。這些國家多為阿拉伯國家，稱為「泛阿拉伯色」。

伊斯蘭的象徵——新月與星星被廣泛使用。旗幟的部分設計來自伊斯蘭聖經《可蘭經》。

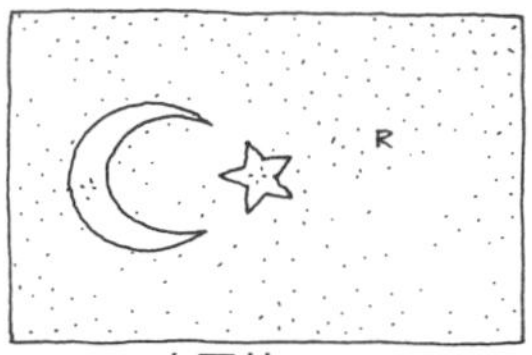
TURKEY 土耳其

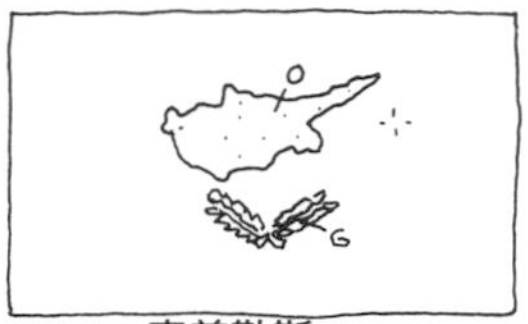
CYPRUS 塞普勒斯

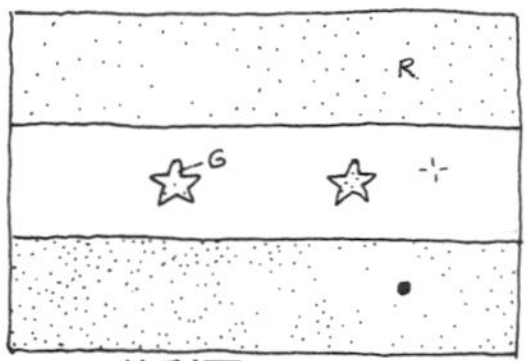
SYRIA 敘利亞

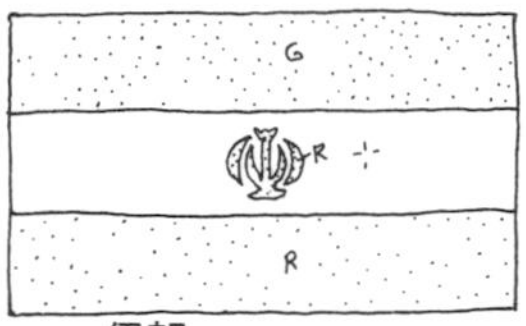
IRAN 伊朗

COLOR GUIDE: 著色規則
- WHITE 白色
- BLACK 黑色
- Y - YELLOW 黃色
- O - ORANGE 橘色
- R - RED 紅色
- DR - DARK RED 深紅色
- P - PURPLE 紫色
- DB - DARK BLUE 深藍色
- B - BLUE 藍色
- LB - LIGHT BLUE 淺藍色
- BG - BLUE GREEN 藍綠色
- G - GREEN 綠色
- GG - GRAY GREEN 灰綠色
- LG - LIGHT GREEN 淺綠色
- YG - YELLOW GREEN 黃綠色
- BR - BROWN 棕色

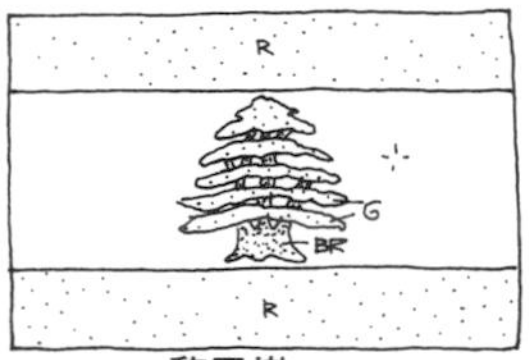
LEBANON 黎巴嫩

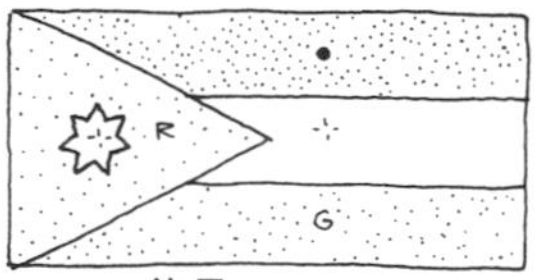
JORDAN 約旦

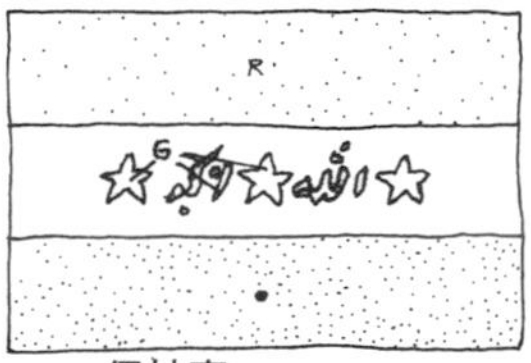
IRAQ 伊拉克

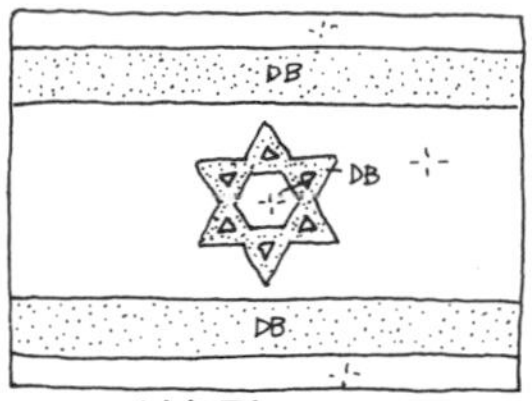
ISRAEL 以色列

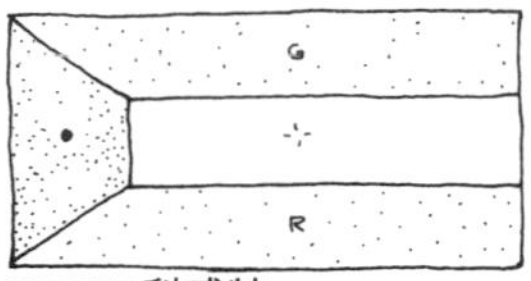
KUWAIT 科威特

1 CYPRUS 塞普勒斯
2 ISRAEL 以色列
3 JORDAN 約旦
4 LEBANON 黎巴嫩
5 SYRIA 敘利亞
6 TURKEY 土耳其
7 BAHRAIN 巴林
8 IRAN 伊朗
9 IRAQ 伊拉克
10 KUWAIT 科威特
11 OMAN 阿曼
12 QATAR 卡達
13 SAUDI ARABIA 沙烏地阿拉伯
14 UNITED ARAB EMIRATES 阿拉伯聯合大公國
15 YEMEN 葉門
16 AFGHANISTAN 阿富汗
17 BANGLADESH 孟加拉
18 BHUTAN 不丹
19 INDIA 印度
20 MALDIVES 馬爾地夫
21 NEPAL 尼泊爾
22 PAKISTAN 巴基斯坦
23 SRI LANKA 斯里蘭卡
24 CHINA 中國
25 JAPAN 日本
26 MONGOLIA 蒙古
27 NORTH KOREA 北韓
28 SOUTH KOREA 南韓
29 TAIWAN 臺灣
30 BRUNEI 汶萊
31 MYANMAR (BURMA) 緬甸
32 CAMBODIA 柬埔寨
33 INDONESIA 印尼
34 LAOS 寮國
35 MALAYSIA 馬來西亞
36 PHILIPPINES 菲律賓
37 SINGAPORE 新加坡
38 THAILAND 泰國
39 VIETNAM 越南
40 KAZAKHSTAN 哈薩克
41 KYRGYSTAN 吉爾吉斯
42 TAJIKISTAN 塔吉克
43 TURKMENISTAN 土庫曼
44 UZBEKISTAN 烏茲別克
45 EAST TIMOR 東帝汶

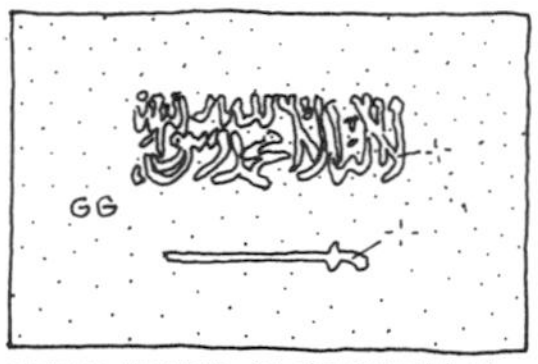
SAUDI ARABIA 沙烏地阿拉伯

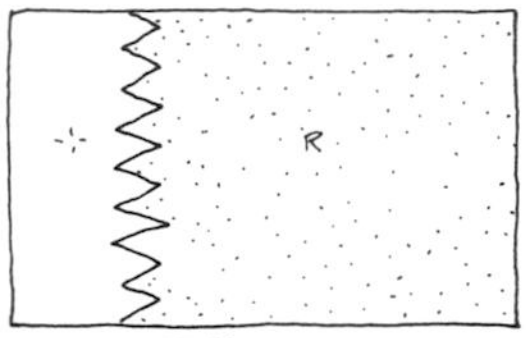
BAHRAIN 巴林

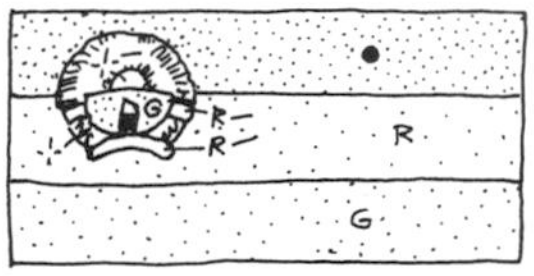
阿富汗 AFGHANISTAN

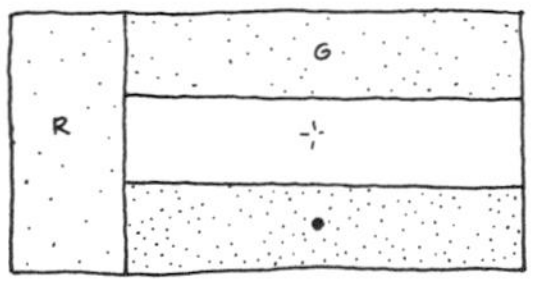
UNITED ARAB EMIRATES 阿拉伯聯合大公國

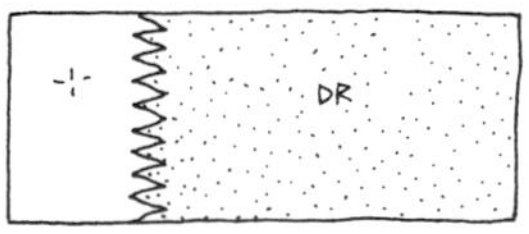
QATAR 卡達

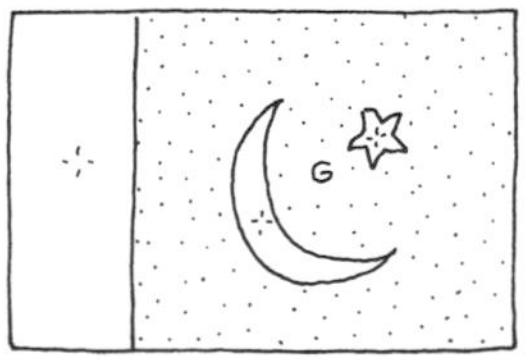
巴基斯坦 PAKISTAN

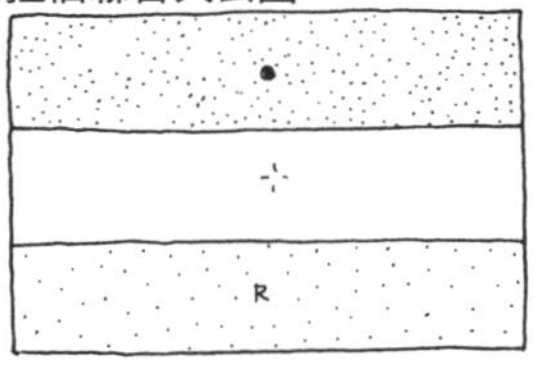
YEMEN 葉門

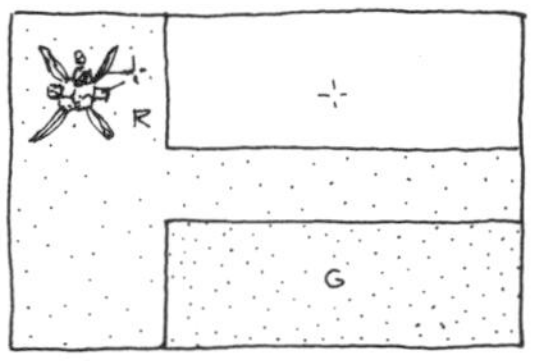
OMAN 阿曼

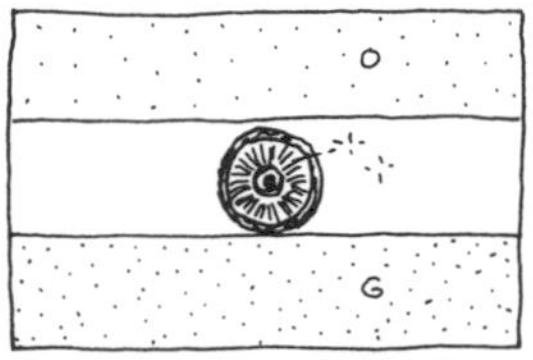
印度 INDIA

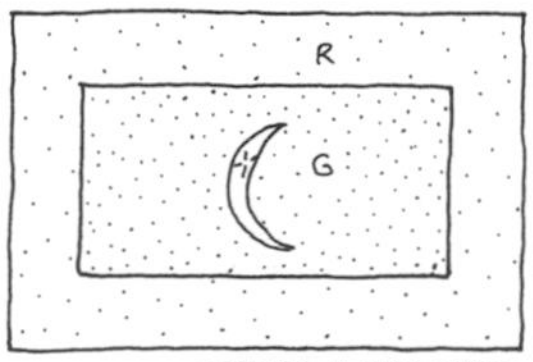
馬爾地夫 MALDIVES

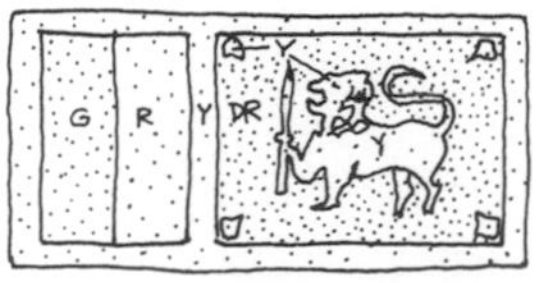
斯里蘭卡 SRI LANKA

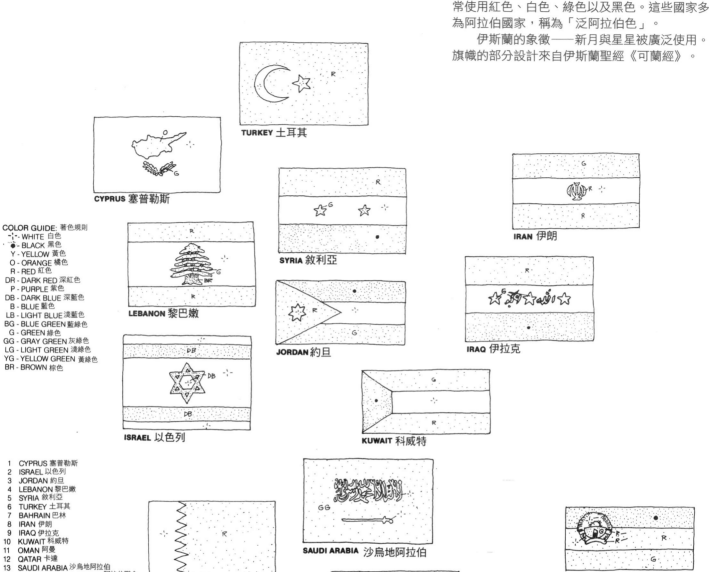

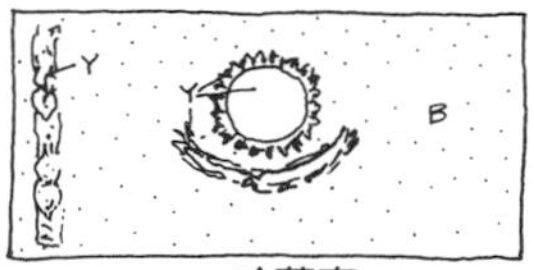

KAZAKHSTAN 哈薩克

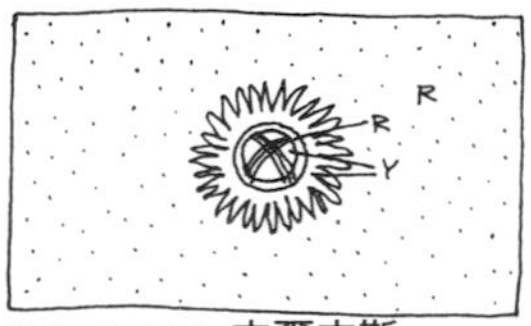

KYRGYSTAN 吉爾吉斯

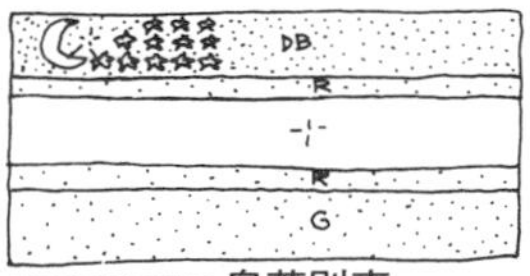

UZBEKISTAN 烏茲別克

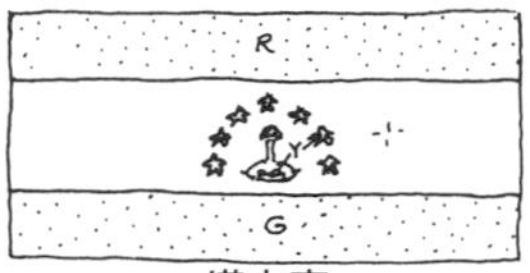

TAJIKISTAN 塔吉克

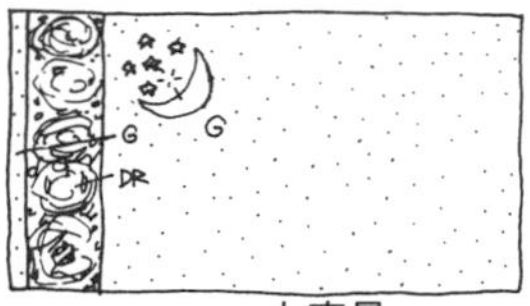

TURKMENISTAN 土庫曼

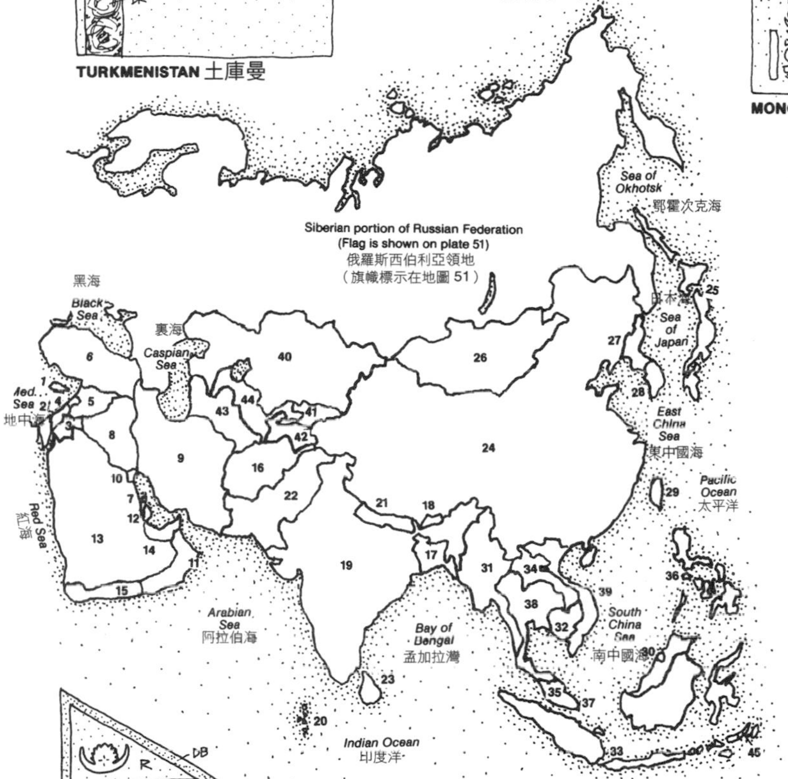

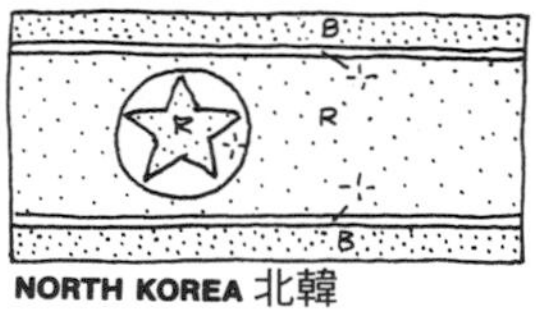

NORTH KOREA 北韓

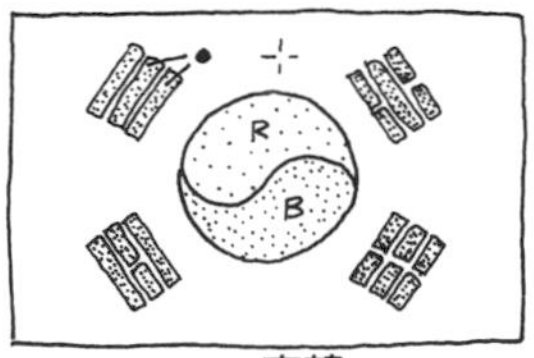

SOUTH KOREA 南韓

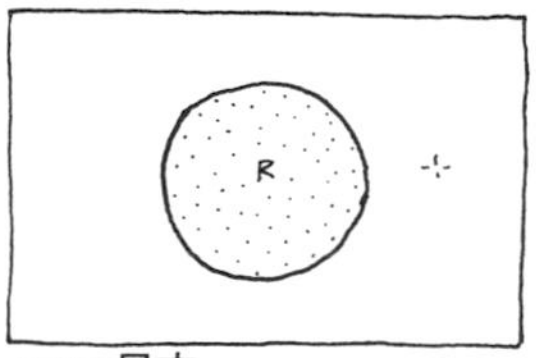

JAPAN 日本

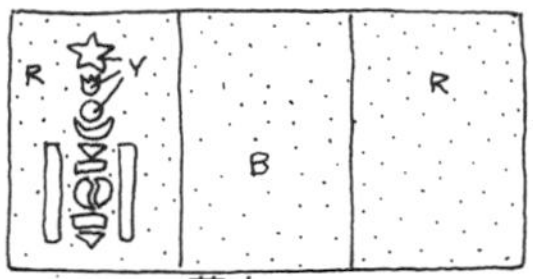

MONGOLIA 蒙古

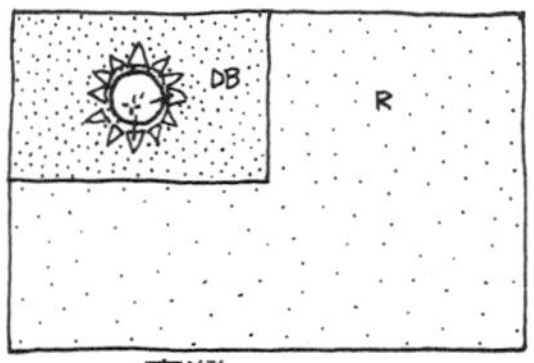

TAIWAN 臺灣

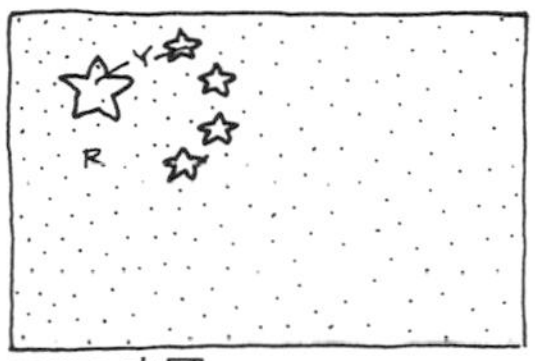

CHINA 中國

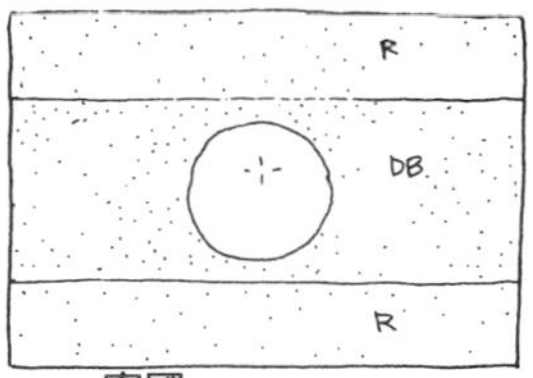

LAOS 寮國

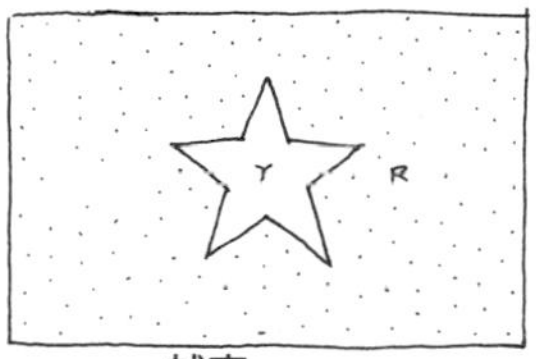

VIETNAM 越南

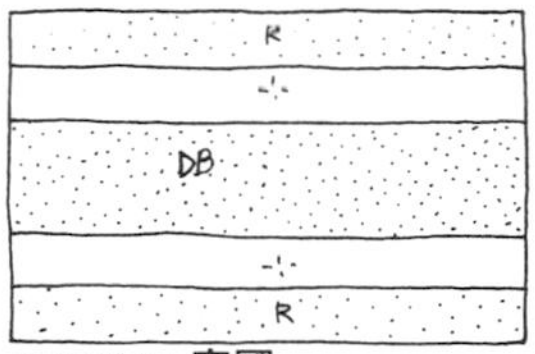

THAILAND 泰國

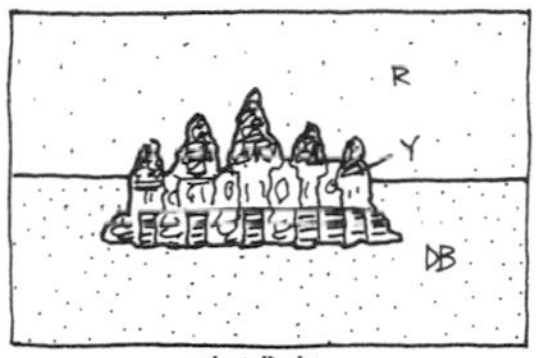

CAMBODIA 柬埔寨

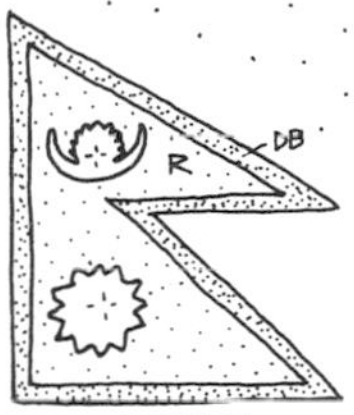

NEPAL 尼泊爾

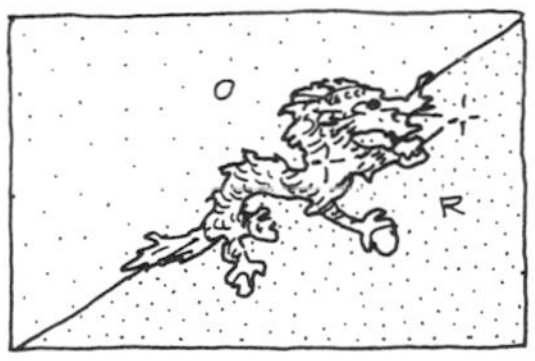

BHUTAN 不丹

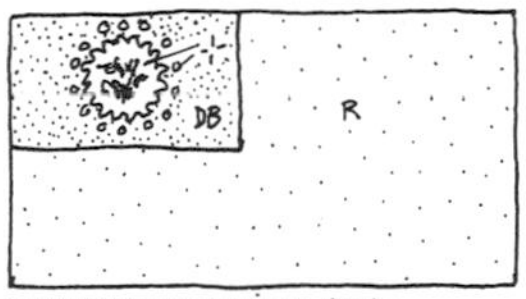

MYANMAR (BURMA) 緬甸

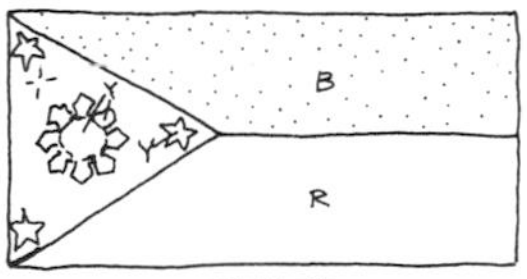

PHILIPPINES 菲律賓

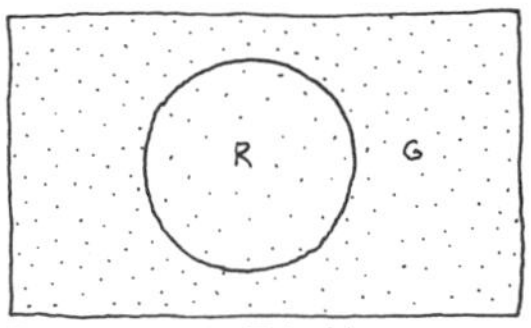

BANGLADESH 孟加拉

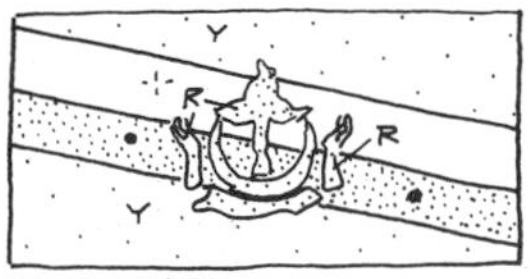

BRUNEI 汶萊

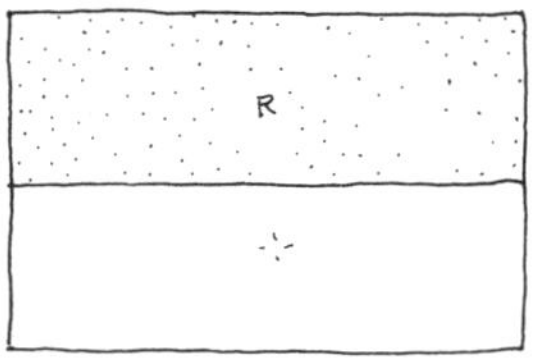

INDONESIA 印尼

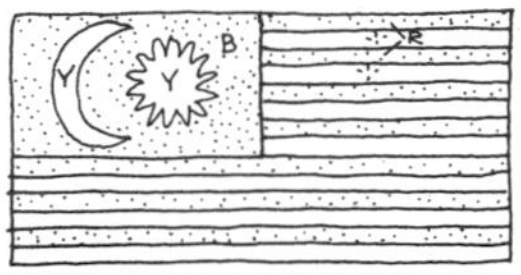

MALAYSIA 馬來西亞

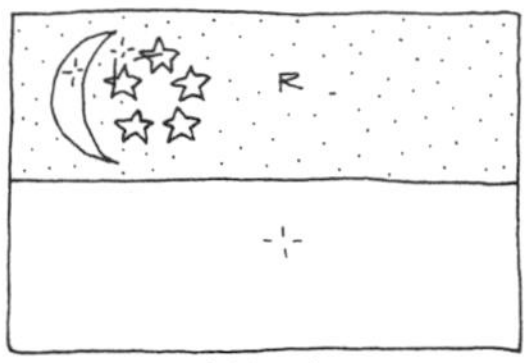

SINGAPORE 新加坡

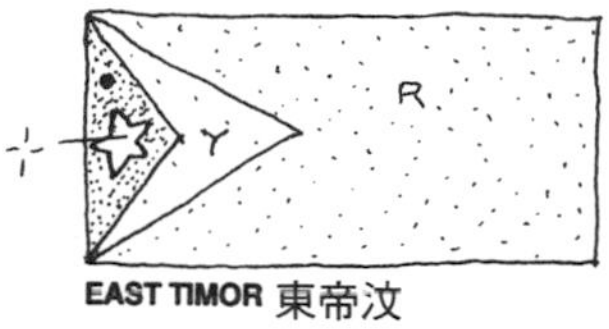

EAST TIMOR 東帝汶

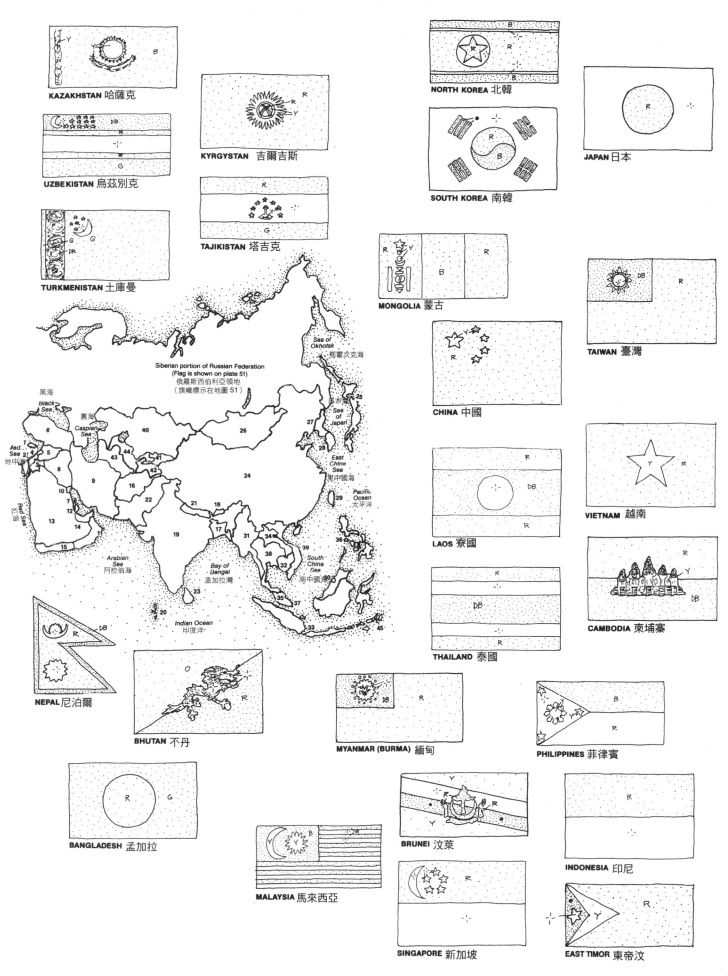

54 FLAGS & REVIEW: OCEANIA
世界各國旗幟：大洋洲

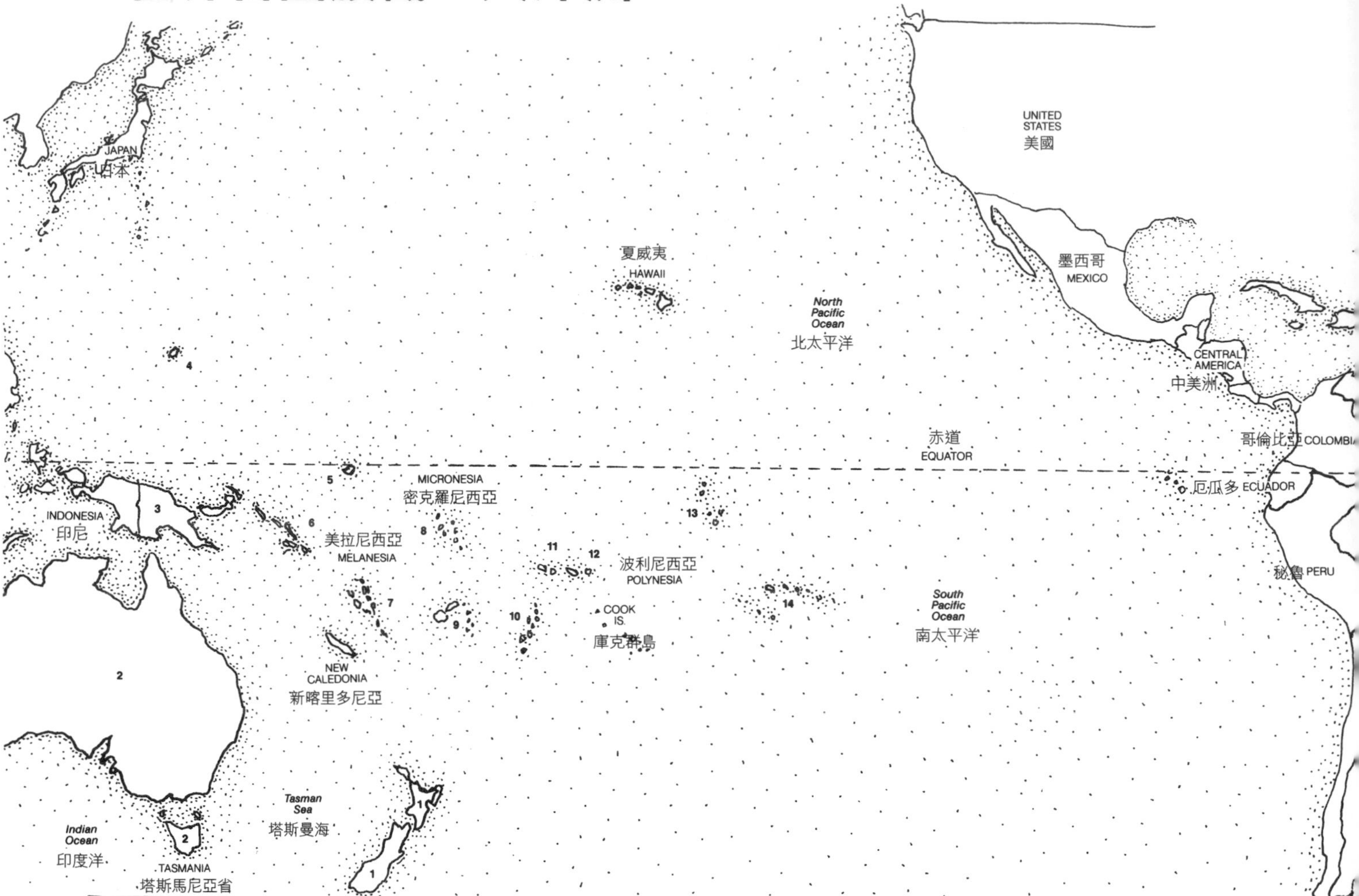

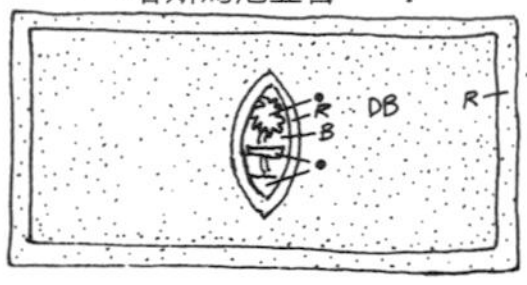

GUAM
關島

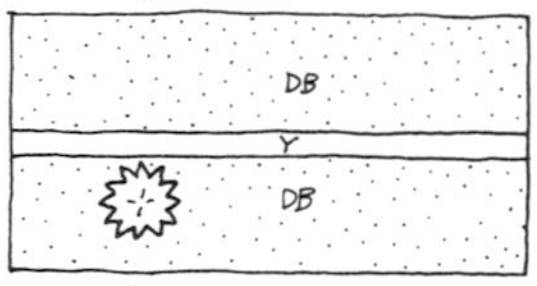

NAURU
諾魯

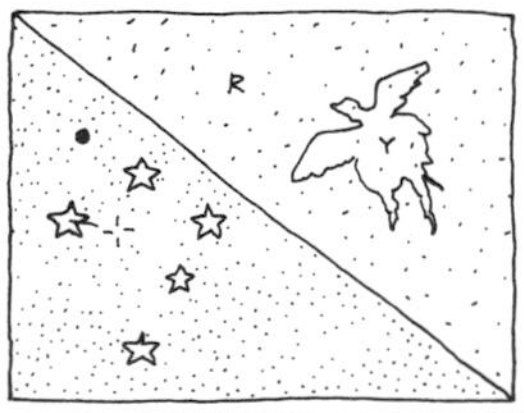

PAPUA NEW GUINEA 巴布亞紐幾內亞

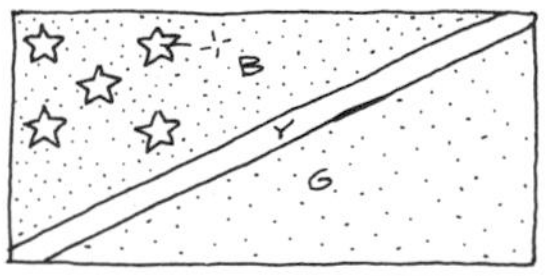

SOLOMON ISLANDS 所羅門群島

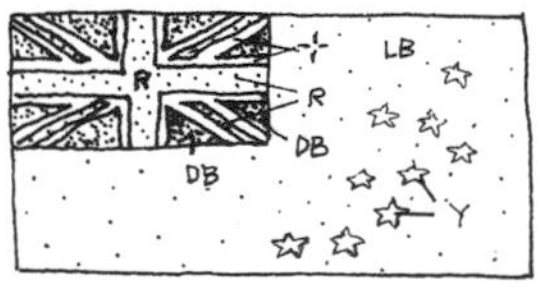

TUVALU
吐瓦魯

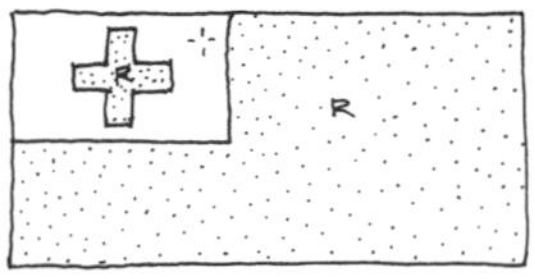

TONGA
東加

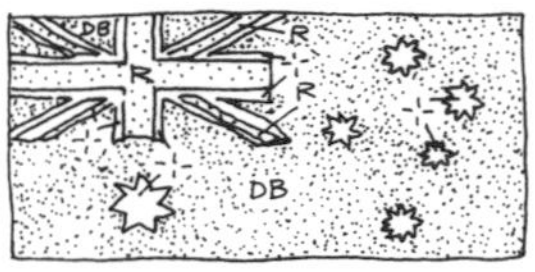

AUSTRALIA
澳大利亞

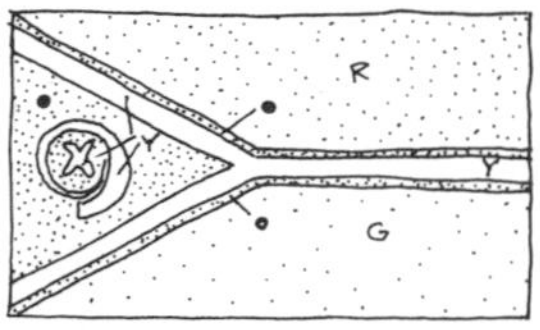

VANUATU
萬那杜

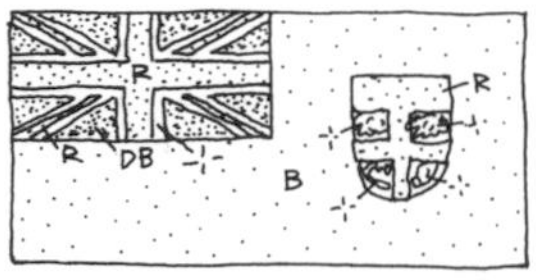

FIJI
斐濟

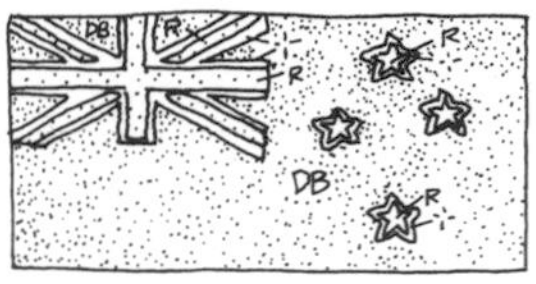

NEW ZEALAND
紐西蘭

澳洲與紐西蘭的國旗，源自英國藍旗的設計。都有星星圖案，代表南十字星，是南半球夜晚天空的主要星座。包括最小的星星，澳洲國旗是 7 角星，代表六個州和首都區。紐西蘭五角星為紅色鑲白邊。

巴布亞紐幾內亞用代表南十字星座的五角星，還有天堂鳥圖案，代表國花。

萬那杜國旗的主體為地理景觀，呈現 Y 字型排列的群島。

太平洋上的大多數法國領土（新咖里多尼亞、留尼旺以及瓦利斯和富圖納群島），使用法國三色旗，下方另有法屬波利尼西亞群島旗。

這些太平洋上的美屬領地，大多數直接使用星條旗，而關島與美屬薩摩亞的旗幟比較特殊。

COLOR GUIDE: 著色規則

- \- WHITE 白色
- \- BLACK 黑色
- Y - YELLOW 黃色
- O - ORANGE 橘色
- R - RED 紅色
- DR - DARK RED 深紅色
- P - PURPLE 紫色
- DB - DARK BLUE 深藍色
- B - BLUE 藍色
- LB - LIGHT BLUE 淺藍色
- BG - BLUE GREEN 藍綠色
- G - GREEN 綠色
- GG - GRAY GREEN 灰綠色
- LG - LIGHT GREEN 淺綠色
- YG - YELLOW GREEN 黃綠色
- BR - BROWN 棕色

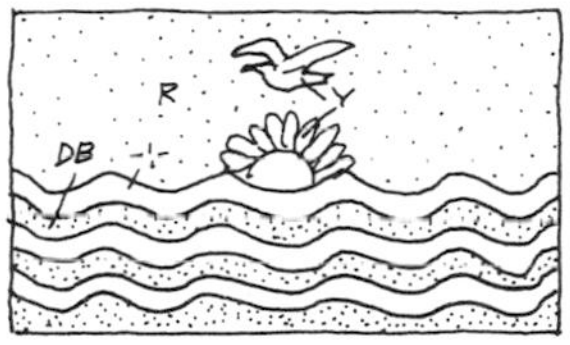

KIRIBATI
基里巴斯

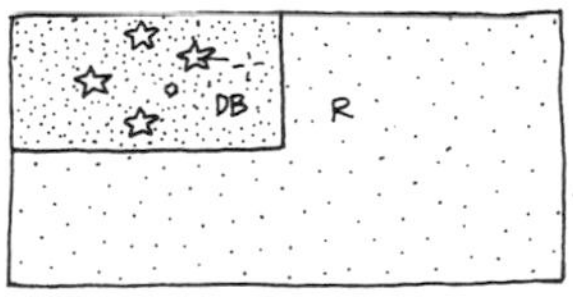

WESTERN SAMOA
西薩摩亞

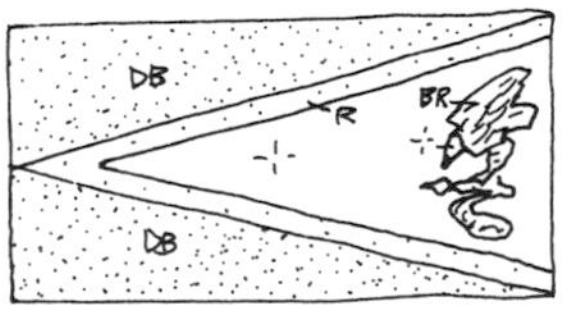

AMERICAN SAMOA
美屬薩摩亞

1. NEW ZEALAND 紐西蘭
2. AUSTRALIA 澳洲
3. PAPUA NEW GUINEA 巴布亞紐幾內亞
4. GUAM 關島
5. NAURU 諾魯
6. SOLOMON ISLANDS 所羅門群島
7. VANUATU 萬那杜
8. TUVALU 吐瓦魯
9. FIJI 斐濟
10. TONGA 東加
11. WESTERN SAMOA 西薩摩亞
12. AMERICAN SAMOA 美屬薩摩瓦
13. KIRIBATI 基里巴斯
14. FRENCH POLYNESIA 法屬波利尼西亞

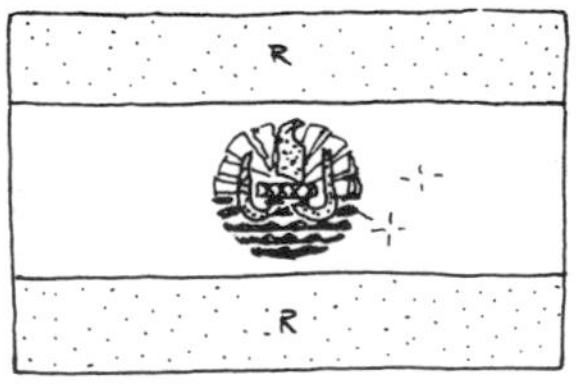

FRENCH POLYNESIA
法屬波利尼西亞

本頁不需著色

WORLD THEMATIC MAPS
世界主題地圖

地圖 55-65

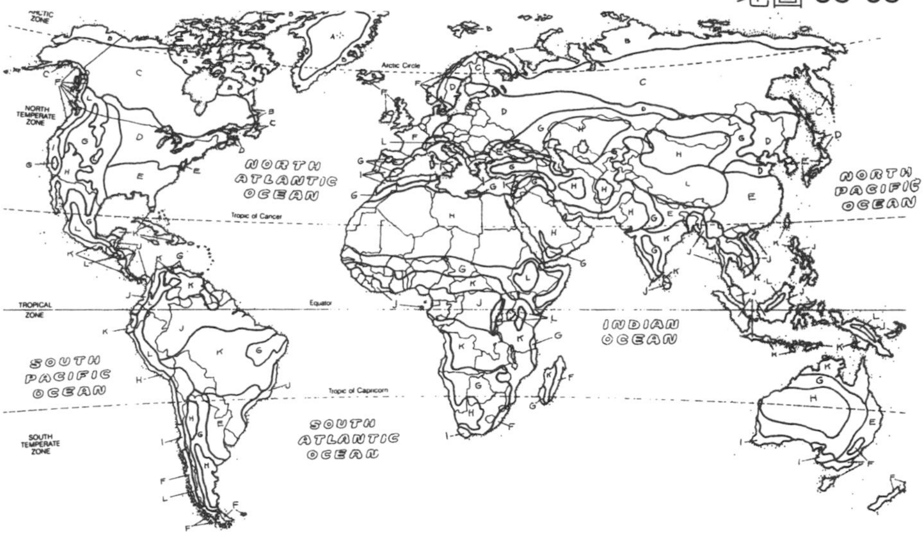

55 WORLD CLIMATE REGIONS 世界氣候區

Polar Zones, Temperate Zones,
Tropical Zones, Mountain Climates
極區、溫帶、熱帶、高山氣候

56 ANNUAL RAINFALL 年降雨量

INCHES (< 10 –> 80) and Centimeters (< 25 –> 200) 小於 10 英吋至大於 80 英吋與小於 25 公分至大於 200 公分

57 REGIONAL TEMPERATURE 區域溫度

Always Hot, Always Mild, Summer, Winter, Always Cold 常年炎熱、常年溫和、夏季、冬季、常年寒冷

58 PREVAILING WINDS 盛行西風帶

Trade Winds, Westerlies, Polar Easterlies, Doldrums, Horse Latitudes
季風、西風、極地東風、赤道無風帶、副熱帶無風帶

59 MAJOR OCEAN CURRENTS 主要洋流

Warm and Cold 暖流與寒流

60 NATURAL VEGETATION REGIONS 自然植被區

Tundra, Coniferous Forest, Deciduous Forest Mixed Coniferous & Deciduous, Tropical Rain Forest, Mediterranean Scrub, Temperate Grassland, Tropical Grassland, Desert Shrub, Mountain
苔原、針葉林、落葉林、針葉落葉混合林、熱帶雨林、地中海灌木林、溫帶草原、熱帶草原、沙漠灌木、山脈區

61 MAJOR USE OF LAND 土地主要利用情形

Nomadic Herding, Hunting & Gathering, Forestry, Shifting Cultivation
Shifting Agriculture, Plantations, Rice Paddies,
Mixed Crop & Animal, Mediterranean, Specialized Farming,
Dairying, Livestock Ranching, Commerical Grain
游牧業、狩獵與採集、林業、輪墾農業、自給農業、耕地、水稻田、畜耕混合、地中海、特殊農業、酪農業、畜牧業、商業性穀業農業

62 POPULATION DISTRIBUTION 人口分布

Population Per Square Mile and Square Kilometer 每平方英里及每平方公里人口數量

63 RACIAL DISTRIBUTION 人種分布

Caucasoid: European, Indian　Negroid: African
Mongoloid: Asiatic, Amerindian　Oceanic: Australian, Melanesian, Micronesian, Polynesian
高加索人：歐洲人、印度人　黑人：非洲人
蒙古人：亞洲人、印第安人　大洋洲人：澳洲人、美拉尼西亞人、密克羅尼西亞人、波里尼西亞人

64 MAJOR OFFICIAL LANGUAGES 主要官方語言

Chinese, English, Russian, Spanish, Hindi, Arabic, Bengali, Portuguese, Japanses, German, Malayo-Polynesian, French
中文、英語、俄羅斯語、西班牙語、印度語、阿拉伯語、孟加拉語、葡萄牙語、日語、德語、馬來一波里尼西亞語、法語

65 MAJOR RELIFIONS 主要宗教

Christianity: Roman Catholic, Protestant, Eastern Orthodox　Islam: Sunni, Shiite
Buddhism: Confucianist-Taoist, Lamaist, Shinto　Hinduism, Judaism, Animism
基督教：羅馬天主教、新教、東正教　伊斯蘭教：遜尼派、什葉派
佛教：儒-道教、喇嘛教、神道教、印度教、猶太教、泛靈論

55

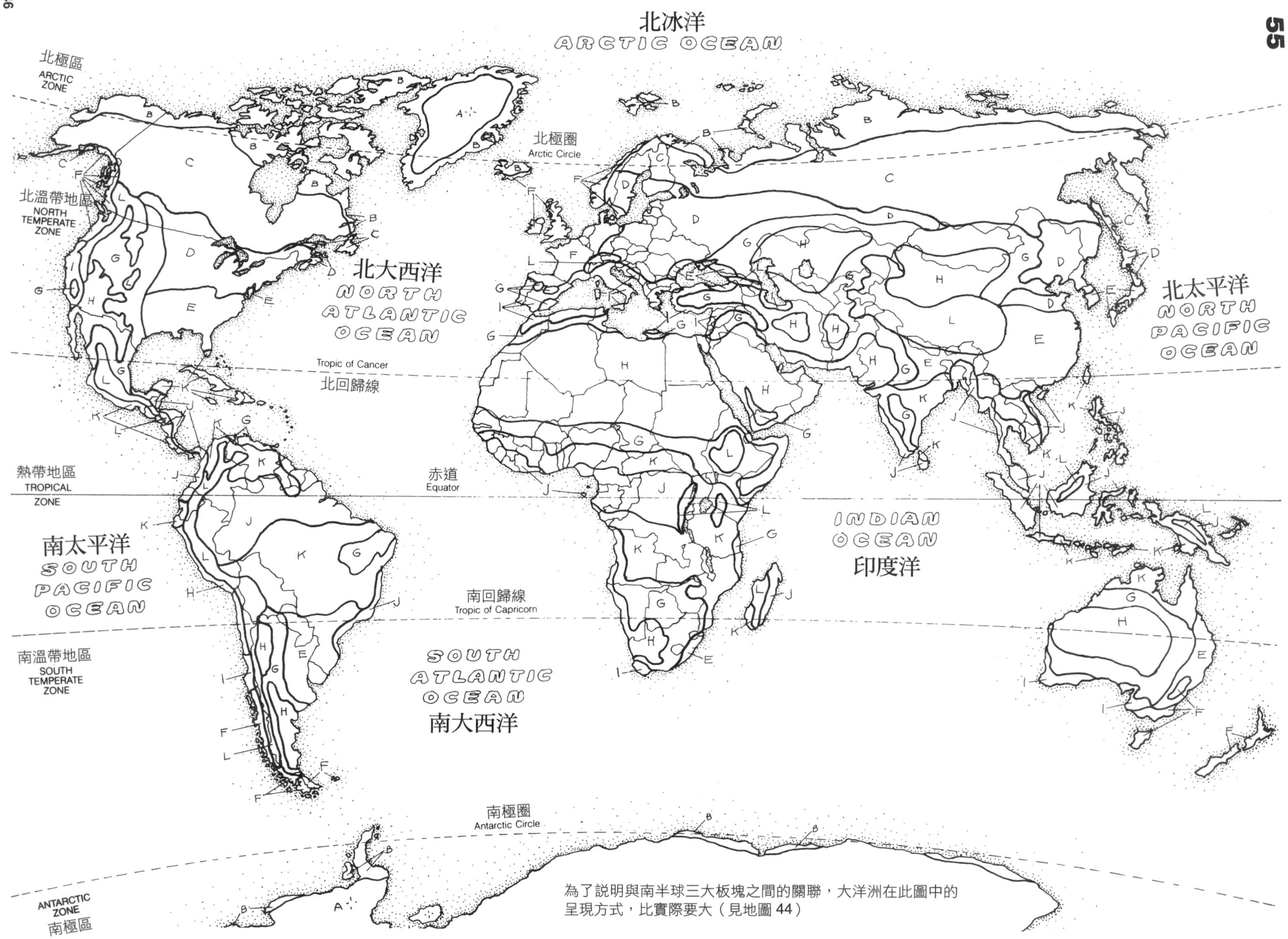

為了說明與南半球三大板塊之間的關聯，大洋洲在此圖中的呈現方式，比實際要大（見地圖 44）

WORLD CLIMATE REGIONS 世界氣候分區

CN：(1)在世界主題地圖的章節中，請用淺色幫地圖著色，以呈現各國國界，有利於複習。地圖上的曲線條不是隨意畫出來的，氣候不會突然變化。(2)所有湖泊都不要上色。(3)海洋名稱都不要上色。(4)你可以先把所有大陸的同一氣候都先上同一種顏色，或先把某個大陸上的所有氣候區著色，再畫其他大陸。(5)冰冠氣候（A）不必上色。

CLIMATE ZONES 氣候區

POLAR 寒帶

ICE CAP A 冰冠
POLAR (TUNDRA) B 極地苔原（凍土層）
SUBPOLAR (SUBARCTIC) C 副極地（副北極氣區）

TEMPERATE 溫帶

HUMID / CONTINENTAL D 溼潤／大陸型（溫帶季風）
HUMID / SUBTROPICAL E 溼潤／副熱帶（夏雨型暖溪）（副熱帶季風）
MOIST / COASTAL F 多雨／海洋性
STEPPE G 草原（半乾燥
DESERT H 沙漠
MEDITERRANEAN I 地中海型

TROPICAL 熱帶

RAINFOREST J 熱帶雨林
WET & DRY SAVANNA K 乾溪分明的熱帶莽原
MOUNTAIN L 高地氣候

氣候為地球某區域長時間的天氣變化。天氣為大氣層的短期狀況。大氣層為厚 160 公里的空氣層，包圍地球。天氣只測量較暖、密度較大的大氣層底部，靠近地表，厚 9.6 公里。空氣溫度、降水、風速、氣壓、雲、溼度等，都是主要因素。

造成天氣變化的主因，是因為地球表面受熱不平均。緯度造成地球表面接收太陽的輻射量不同。在熱帶，太陽終年直射，四季如夏。來自陽光直射的高熱能造成海水蒸發旺盛（暖空氣吸收許多水氣），使熱帶地區降雨最多。溫帶地區的陽光多寡隨季節而變化（見地圖 41），熱能變化，形成此區有地球最多變的氣候。太陽輻射在極區最少，使氣候終年寒冷。

極地。冰冠在格陵蘭和整個南極洲，終年溫度低於攝氏零度。由於空氣太冷，無法儲存水氣，偶爾會下小雪。此地區乾燥，幾乎沒有任何植物能在冰上生長，因此呈現寒漠狀態。極地苔原或凍土區的氣候終年寒冷，只有短暫的夏季時氣溫略高於冰點，降水稀少。夏季時，凍土融冰，冷空氣夾帶一點點水氣，蒸發緩慢，環境變得溼潤且多沼澤。野花與苔蘚植物在這個短短的期間出現。

溫帶。副極地或副北極氣候，特色是漫長、寒冷的冬季，和短而涼爽的夏天。由於蒸發量低，降水量少、地區平坦、排水不良，因此夏季月分溼潤。部份地區覆蓋針葉林，農耕受限。加拿大以及俄羅斯多數地區為此種氣候。大陸型氣候的特色是天氣極端變化（特別是距海遙遠的內陸地區）。大陸型氣候降水適中，降雨大多在溫暖的夏季。副熱帶型氣候擁有溫暖至炎熱的夏季，涼爽至寒冷的冬季，經常有颱風，天氣變化多端。夏季降雨量充足。這些地區通常位於大陸東側以及緯度較低的溫帶地區，例如美國東南部、南美洲東南部、日本南部以及中國和澳洲東部。海洋性氣候，通常溼潤、多雲、小雨。與同緯度其他地區比較，冬暖夏涼。這種氣候通常發生在北半球的大陸西海岸與緯度較高的溫帶地區，例如西歐、不列顛群島、加拿大以及美洲西北部。在南半球則為智利南部、澳洲、紐西蘭。草原型氣候為炎熱夏季的乾燥氣候，因緯度不同，所以有非常嚴寒的冬季。日夜溫差極大。位於沙漠與溼潤氣候地區之間的過渡地區，降水被附近的山脈阻隔。草原型氣候在美西以及墨西哥的廣大地區、橫跨非洲最寬的部分（撒赫爾以南）、亞洲中南部以及澳洲西部沙漠外圈。沙漠氣候的降水非常有限，大多是在漫長乾季之後突然降水。較高緯度溫帶地區的沙漠，冬季非常寒冷。南部廣大的撒哈拉沙漠地區，常年炎熱。沙漠的土地很貧瘠，降雨非常少，不見得到處都是沙土，以撒哈拉沙漠來說，只有 20%有沙。有些熱帶沙漠，例如秘魯、智利與納米比亞沿岸沙漠，可能好幾年都沒有測量到降雨。在臨近的海岸，這些沙漠地區通常被雲霧籠罩，涼流使大氣降溫，造成降雨到海洋中，溼氣無法到達陸地。地中海地區因地中海環繞而得名，夏季溫暖乾燥，冬季潮溼。地中海氣候通常發生在低緯度的部分大陸西岸，如：美國加州中部與南部、智利中部、南非開普敦城地區、澳洲南部海岸等。這些氣候氣溫宜人、低溼度、多日照，是適宜的居住地。這些地區的原生樹木以及灌木叢，可適應漫長的乾季。

熱帶。雨林終年高溫、多雨，降雨量大，亞馬遜盆地每日幾乎都有午後暴雨，南亞則是季節降雨。另一種熱帶莽原，是中美洲加勒比海沿岸和非洲西部沿岸。熱帶炎熱潮溼的環境，形成地球上最豐富的植物生態。熱帶地區會出現乾或溼草原型氣候，有時候比雨林還要炎熱。草原短暫的雨季帶來很多的降雨量，其餘時間多乾燥。圍繞非洲中部的雨林以及南美洲亞馬遜叢林莽原。

高山帶。高山氣候存在任何緯度，高緯度地區寒冷，氣溫涼爽。高山地區一般比平地地區潮溼多風，經常被冰雪覆蓋。高山氣候出現在北美洲西北部、墨西哥中部、南美洲安地斯山脈、西藏高原、亞洲中部、衣索比亞與東非地區。

北冰洋
ARCTIC OCEAN
北極區
ARCTIC ZONE
北極圈
Arctic Circle
北溫帶地區
NORTH TEMPERATE ZONE
北大西洋
NORTH ATLANTIC OCEAN
北太平洋
NORTH PACIFIC OCEAN
Tropic of Cancer
北回歸線
熱帶地區
TROPICAL ZONE
赤道
Equator
南太平洋
SOUTH PACIFIC OCEAN
INDIAN OCEAN
印度洋
南回歸線
Tropic of Capricorn
SOUTH TEMPERATE ZONE
南溫帶地區
SOUTH ATLANTIC OCEAN
南大西洋
南極圈
Antarctic Circle
ANTARCTIC ZONE
南極區
為了說明與南半球三大板塊之間的關聯，大洋洲在此圖中的
呈現方式，比實際要大（見地圖 44）

ANNUAL RAINFALL
年降水量

CN：為了顯示雨量的增加，先用淺色將最乾燥的地區（A）著色，從（B）到（F）再使用越來越深的顏色。

ANNUAL RAINFALL
年度雨量

IN
MM
毫米

UNDER 250 A
小於 25
250 - 500 B
500 - 1000 C
1000 - 1500 D
1500 - 2000 E
OVER 2000 F
大於 200

地球年平均降水量為 890-1020 毫米，不同地區的實際降雨量則有 0-1000 公分的變化。熱帶地區，特別是赤道附近，因太陽熱能最強，而有最多降雨。

熱能越多，海洋、湖泊、水庫的蒸發量也越高（熱空氣會容納最多水氣）。蒸發的水成為水蒸氣，隨著熱空氣上升。高空的空氣涼爽，水蒸氣會在此凝結，形成雲。數千個微滴結合成雨滴，形成降雨。

大型水體的降雨量最多。大陸內陸地區或極地冰原降雨稀少。季風（雨季）從海洋夾帶大量水氣吹往陸地，會帶來大量降雨。史上雨季降雨量最多的記錄是 28470 毫米，發生在孟加拉北方，印度的乞拉朋吉。

山脈的迎風面通常比背風面溼潤，因為夾帶水氣的風往山上吹，遇到涼爽的高海拔氣溫，會加速水氣凝結而降雨。這股水氣消失的風，越過山頂，吹送至背風面，導致這些位於「背風面」下的地區變得很乾燥。美國的太平洋西北沿岸和加拿大，告訴我們高山對氣候的影響。太平洋的雨水，只有極少部分能跨越廣大的高山地區，進入乾燥的內陸。

在非洲西部沿岸和南美洲，沿岸有一些沙漠地區，因為海岸的涼流使雲降溫，造成雨水無法抵達陸地而直接降在海裡。

降雨一般呈現季節性，北美洲東北部和東部沿岸、歐洲北部和西部、南美洲東部沿岸則隨時都在降雨。部分赤道地區，例如亞馬遜盆地幾乎天天降雨。

為了說明與南半球三大板塊之間的關聯，大洋洲在此圖中的呈現方式，比實際要大（見地圖 44）

REGIONAL TEMPOERATURES
區域溫度

CN：⑴格陵蘭冰冠和整個南極洲（上頁地圖下方）是地球上最寒冷的地區（B）不要著色。⑵第二寒冷的地區（C）使用藍色或綠色，常年炎熱的地區（H）使用黃色系或橘紅色系。

REGIONS WITH CONSTANT TEMPERATURES
氣溫恆溫區

ALWAYS MILD A 常年溫和
ALWAYS COLD B, 常年寒冷
ALWAYS HOT H 常年炎熱

REGIONS WITH SEASONAL TEMPERATURES
氣溫隨季節變化的地區

SUMMER 夏季	WINTER 冬季
COOL C 涼爽	VERY COLD C 非常寒冷
MILD D 溫和	COLD D 寒冷
MILD E 溫和	COOL E 涼爽
HOT F 炎熱	COLD F 寒冷
VERY HOT G 非常炎熱	MILD G 溫和

太陽是地球熱能的來源，各地區的氣溫主要是來自接收太陽輻射的多寡。熱帶地區終年為最炎熱的地區，因為接收最多的太陽光，陽光終年直射。同理，極地地區由於太陽斜射，因此是最寒冷的地區，即使是夏季，太陽也位在極地地區靠近地平線的位置。溫帶地區的太陽角度則隨時間變化（地圖 1、44、55），氣溫會隨著季節而變化。

其他影響氣溫的因素為距海遠近、緯度以及盛行風向。水（比熱大）升溫與降溫比陸地慢，夏季的海洋仍涼爽，冬季海洋也不會流失所有熱量。水的溫度會影響海洋氣團，而對沿岸陸地空氣產生影響。水體也會受到洋流作用而升溫或降溫。挪威海岸比同緯度的加拿大或亞洲地區溫暖，是因為北大西洋暖流的作用。

緯度也會影響氣溫。空氣上升後會變稀薄，流失維持熱能的主要成分：水蒸氣和二氧化碳。「垂直溫度遞減率乾空氣每上升 100m→−1°C，溼空氣每上升 100m→−0.6°C」。此「流失速率」就是赤道地區山上為何有雪，以及某些熱帶地區有溫帶氣溫的原故。

環繞地球的風向和洋流，會將熱帶地區的熱量傳遞出來。若缺少這種大氣和洋流活動（由溫度變化產生），熱帶地區會更炎熱，地球其餘地區則會更為寒冷。雖然有風和洋流的作用，但地球氣溫變化仍非常大，記錄最高溫為利比亞阿齊濟耶省的攝氏 58 度和伊朗盧特沙漠的 71 度。最低溫則為南極洲冬季攝氏零下 89 度。

數百萬年來，地球整體均溫由地球吸收的太陽輻射多寡及地球反射回太空輻射間的「熱能平衡」維持穩定。由於人類燃燒化石燃料以及地球的「溫室效應」，使大氣中二氧化碳含量逐漸增加。科學家認為，全球暖化已經開始，不過其他科學家則認為地球將面臨另一個冰河時期，氣溫反而會下降，北半球將再次被冰河覆蓋。冰河時期會受地球環繞太陽的軌道週期影響。

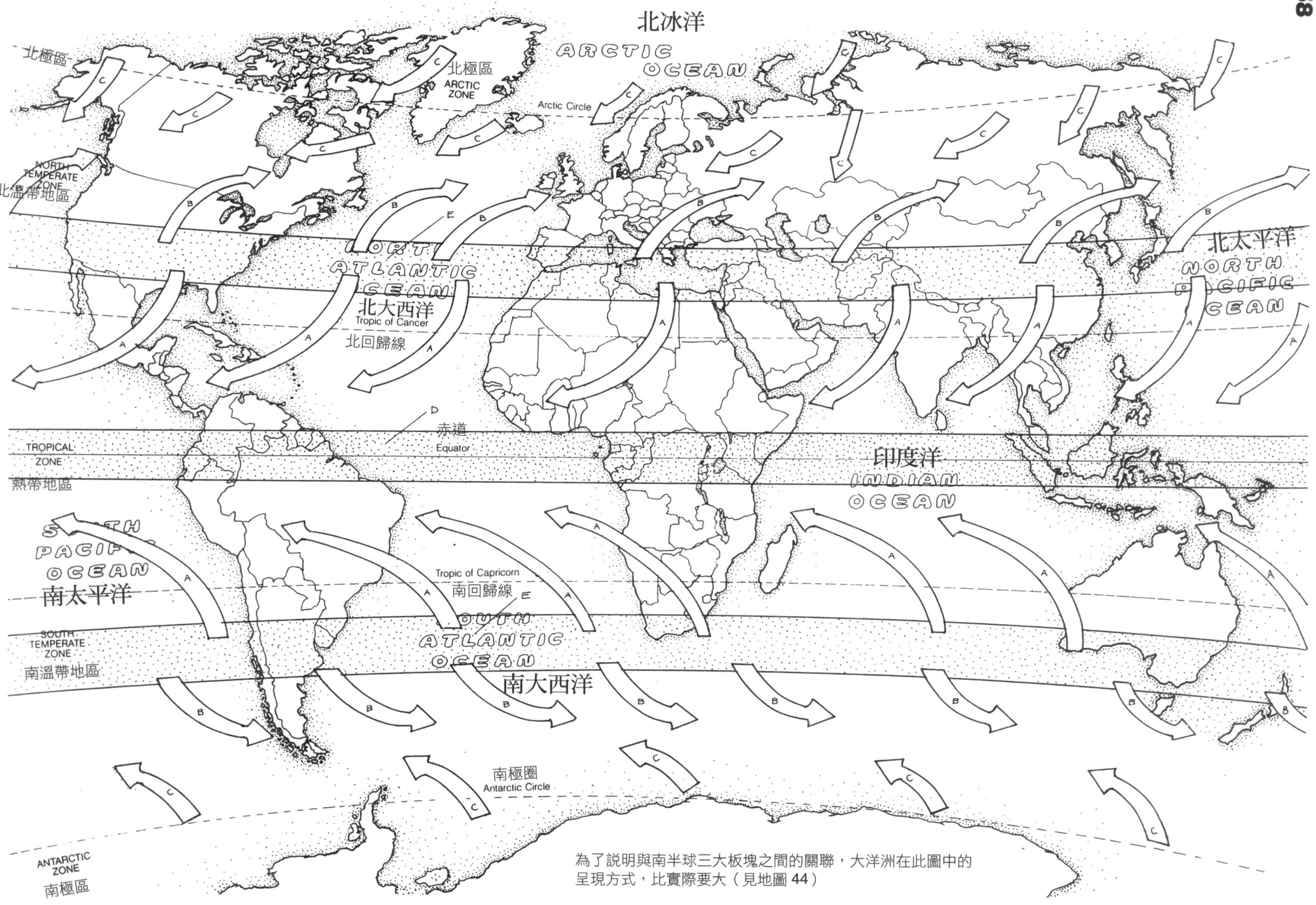

為了說明與南半球三大板塊之間的關聯，大洋洲在此圖中的呈現方式，比實際要大（見地圖 44）

PREVAILING WINDS
行星風系

CN：⑴用淺色在赤道無風帶（D）和兩個副熱帶無風帶（E）。⑵將三種盛行風（A B C）著色。

AIR MASSES 氣團

PREVAILING WINDS

盛行風

TRADE WINDS A 信風

WESTERLIES B 西風

POLAR EASTERLIES C 極地東風

LOW PRESSURE TROUGH

低壓帶

DOLDRUMS D 赤道無風帶

副極地低壓

BELT OF HIGH PRESSURE 高壓帶

HORSE LATITUDES E 副熱帶無風帶（馬緯度無風帶）

極地高壓

天氣大致上是受到冷、熱、乾、溼的大型氣團環繞地球移動產生的影響。氣團自「發源地」產生，穩定的空氣在不同的溼度和溫度條件下，成為鋒面，從而對非常遠的地區造成影響。當空氣從高壓處往低壓處流動，就會產生風。因地球表面的熱能不平均，造成氣壓梯度。一個地區某一時段最常刮的風稱為盛行風向。風主要受大氣環流和地形的影響。

暖空氣從赤道附近的低壓區往上升，稱為赤道無風帶（北緯 5 度到南緯 5 度之間），接著往北與往南流動。這些空氣在副熱帶無風帶地區形成副熱帶高壓。在赤道受熱上升的氣流，升到對流層頂部後，分為兩極方向移動，逐漸冷卻，在南、北緯 30 度附近下沉，變成往赤道吹送的信風，以及往高緯度吹送的西風。從副熱帶高壓吹向副極地低壓的氣流在科氏力的作用下，偏轉成西風（北半球為西南風，南半球為西北風）。在南緯 40 度，靠近副熱帶高壓以南地區，因海洋面積遼闊，風力強，風向穩定，又稱為「咆哮西風帶」。兩極地區，因日照不足，十分寒冷，冷空氣不斷下沉，形成極地高壓，吹向中緯地區，稱為極地東風帶。南極洲有最猛烈的極地東風。

赤道地區，日照強烈，熱空氣不斷上升，風向不定、風力微弱，形成赤道無風帶。副熱帶高壓的英文名稱「馬緯度無風帶」因販售馬匹的船隻在此停滯，必須殺馬解渴而得名。熱帶海洋會形成風暴，在世界各地有不同的名稱。加勒比海稱為「颶風」、太平洋西南部稱為「颱風」，印度洋則稱為「暴風」。

地方風系（多為季風）可帶來大量溼氣（東南亞雨季）和熱能（非洲北部到歐洲南部的熱風），或非季節性的寒冷（從北歐到南歐）。地方風系大多產生在沿海地區。白天，來自海洋的冷空氣，快速補充溫暖陸地向上流動的熱空氣。晚上則相反，風往海面吹送。在山谷，白天風通常沿著山壁往山頂吹，晚上則往山谷吹。

在北半球高層大氣（8 – 20 公里高），主要是吹西風，在高空圍繞地球，形成一種強而窄的高速氣流帶（噴射氣流），可高達時速 400 公里。

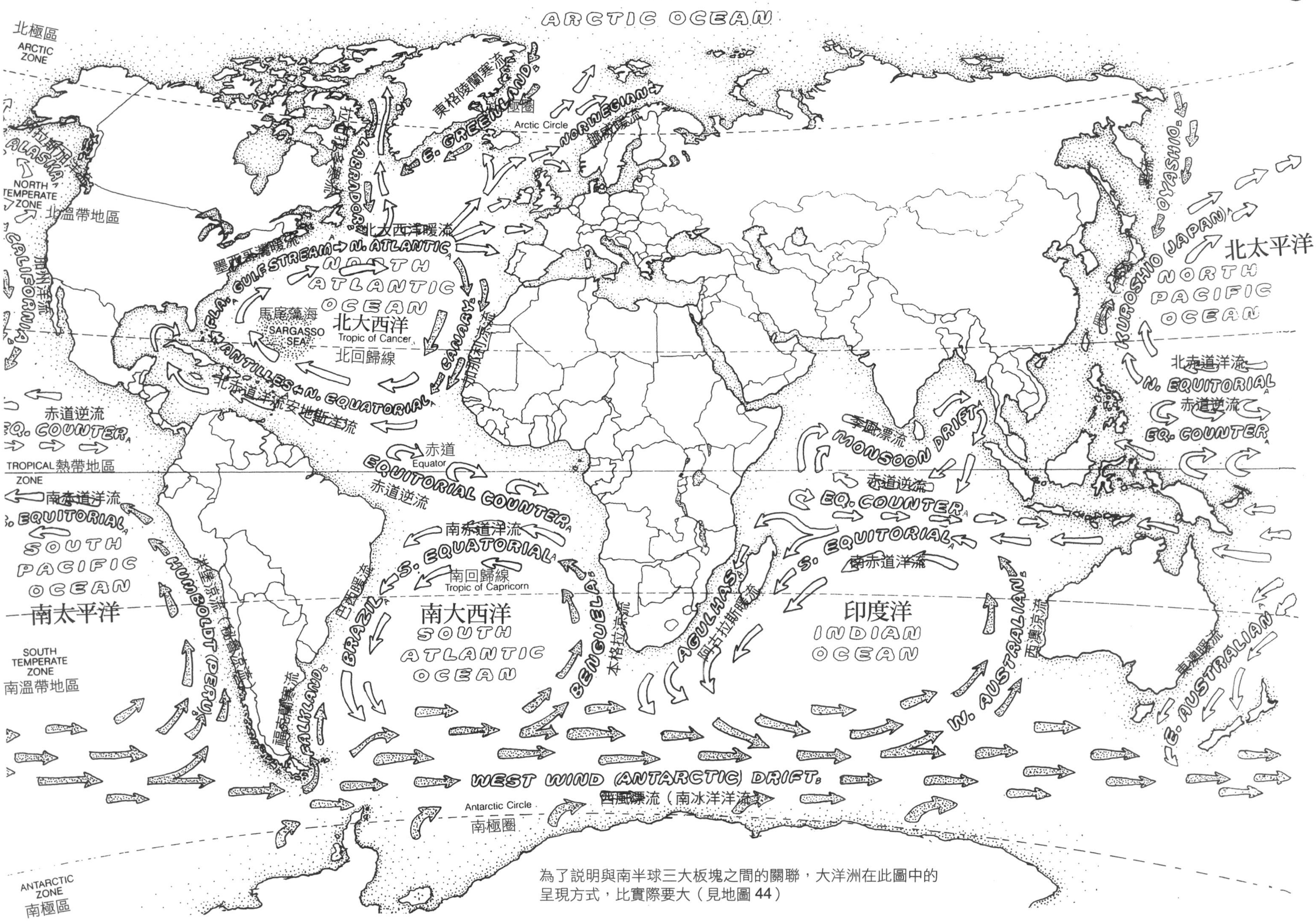
北冰洋
ARCTIC OCEAN
北極區
ARCTIC ZONE
NORTH TEMPERATE ZONE
北溫帶地區
TROPICAL 熱帶地區
ZONE
SOUTH TEMPERATE ZONE
南溫帶地區
ANTARCTIC ZONE
南極區
Arctic Circle
Tropic of Cancer
北回歸線
赤道
Equator
南回歸線
Tropic of Capricorn
Antarctic Circle
南極圈
北大西洋
NORTH ATLANTIC OCEAN
南大西洋
SOUTH ATLANTIC OCEAN
北太平洋
NORTH PACIFIC OCEAN
南太平洋
SOUTH PACIFIC OCEAN
印度洋
INDIAN OCEAN
馬尾藻海
SARGASSO SEA
ALASKA
CALIFORNIA
加州洋流
LABRADOR
E. GREENLAND
東格陵蘭寒流
NORWEGIAN
北大西洋暖流
N. ATLANTIC
GULF STREAM
FLA.
ANTILLES
N. EQUATORIAL
北赤道洋流
CANARY
EQ. COUNTER
赤道逆流
EQUITORIAL COUNTER
S. EQUITORIAL
南赤道洋流
S. EQUATORIAL
BRAZIL
巴西暖流
BENGUELA
本格拉涼流
HUMBOLDT (PERU)
FALKLAND
AGULHAS
阿古拉斯暖流
MONSOON DRIFT
EQ. COUNTER
S. EQUITORIAL
W. AUSTRALIAN
西澳涼流
E. AUSTRALIAN
東澳暖流
KUROSHIO (JAPAN)
OYASHIO
N. EQUITORIAL
EQ. COUNTER
WEST WIND (ANTARCTIC) DRIFT
西風漂流（南冰洋洋流）

為了說明與南半球三大板塊之間的關聯，大洋洲在此圖中的呈現方式，比實際要大（見地圖 44）

MAJOR OCEAN CURRENTS
主要洋流

CN：⑴使用淺的暖色（黃或橘）將暖流名稱和箭頭（A）著色。淺冷色系將寒流和黑點箭頭（B）著色。⑵此地圖沒有顯示重要的北太平洋洋流，是溫暖黑潮的延伸（位於日本外海）。

MAJOR OCEAN CURRENTS
主要洋流

WARM CURRENT A 暖流
COLD CURRENT B 寒流
涼流

橫跨各大洋的寬廣洋流，有的溫暖，有的寒冷，是具有相對穩定流速和流向的大規模海水運動。這些「地球表面流」大多由盛行風推進。這些風造成靠近赤道的水流大致上往西流動，較高緯度地區則往東流動（注意地圖上洋流與風向的相似處）。洋流的範圍，深度可達 760 公尺，時速從 0.8 到 9 公里，視風的強度與維持時間而不同。

地球自轉產生「科氏力」，對地球表面洋流產生影響，造成洋流隨著風向，在北半球往右（順時針）轉動，在南半球則往左（逆時針）轉動。造成五個主要的「環流系統」（循環式），兩個在北半球，三個在南半球。行星風系季移，影響洋流。在印度次大陸南方的季風漂流，由於冬季吹陸風，夏季則有暴風雨從海面登陸，因此會改變洋流方向。

洋流深處，寒冷、強勁的「深層流」的移動很緩慢（大約每天不到 2 公里）（地圖未顯示），從極區一直流動到較溫暖的赤道區域。來自深層流的海水沿著大陸海岸上升，補充被科氏力帶去外海的暖流，這些「湧升流」夾帶豐富的營養到水體表面，吸引大批魚類的攝食。

洋流的移動，使大量暖或冷的水體移動，因此地球氣候溫和。墨西哥灣暖流實際為不同洋流組成系統（北赤道、安地列斯、佛羅里達、墨西哥灣、北大西洋漂流），由於墨西哥灣流的作用，使不列顛群島、歐洲西岸的冬季均溫提升大約攝氏 11 度。南半球大陸的西南沿岸，受到西風寒流降溫。這些海岸地區因此形成地中海型氣候區。

為了說明與南半球三大板塊之間的關聯，大洋洲在此圖中的呈現方式，比實際要大（見地圖 44）

NATURAL VEGETATION REGIONS
自然植被區

CN：⑴標注「無植物」（A）地區不要著色。這些是最乾燥的沙漠，或大型終年冰雪覆蓋地區（例如格陵蘭）。⑵如果你有很多顏色可以選，可以不同深淺的綠色分別塗各種森林（C-F），較暖或較乾燥的地區（G-J）用暖色系（黃色、黃褐色……等等）。

PRGIONS OF NATURAL VEGETATION
自然植被分布

NO VEGETATION A-:- 無植物
TUNDRA B 苔原
CONIFEROUS FOREST C 針葉林
DECIDUOUS FOREST D 落葉闊葉林
MIXED CONIFEROUS DECIDUOUS E
混合林
TROPICAL RAIN FOREST F
熱帶雨林
MEDITERRANEAN SCRUB G
地中海灌木林
TEMPERATE GRASSLAND H
溫帶草原
TROPICAL GRASSLAND I
熱帶莽原
DESERT SHRUB J
沙漠灌木
MOUNTAIN K
高地

植物分布取決於氣溫度與降水量，因此這張世界植被圖與地圖 55 的世界氣候區很相似。

北極圈的苔原，植物生長時間有限，僅在涼爽的短暫夏季生長。當凍土層原開始融雪，苔蘚、野花、矮小的灌木才會出現。

針葉林在北半球的副極地氣候區。這些軟木林在西伯利亞稱為「泰卡」，北美洲與歐洲則稱為「北方針葉林」，樹林呈圓錐狀，能承載雪堆的重量。常青樹有小針狀的樹葉，常見的「聖誕樹」。即是其他樹種包括杉木、雲杉、落葉松、松樹等，種類不多。

闊葉硬木的落葉林，分布在西歐和美國東半部。位於溫帶地區的樹種大多在秋天落葉，種類繁多，例如橡樹、桉樹、櫸木、楓樹、山胡桃木、栗樹等。

混合林位於針葉林與闊葉林的交界帶，有針葉林與闊葉林。

熱帶雨林多為在溼潤的赤道地區生長，樹木高大，樹幹分枝少，組成堅固的樹冠層，使森林底部變得很黑暗。趨光性植物纏繞著這些樹，如：藤蔓植物、寄生植物（例如苔蘚類）。這些闊葉常綠樹種包括：桃花心木、柚木、黑檀木、紫檀等。也是一種雨林，但叢林的陽光可穿透，使低層植物生長。

地中海灌木林的樹木，可以度過漫長乾熱的夏季，並且適應溫和溼潤的冬季。灌木不高，樹葉有一層厚角質，看起來像皮革。由於人類幾個世紀以來在地中海區的活動，目前原生樹木幾乎已經砍光。

溫帶草原區，在美國中西部有「大草原」，在阿根廷有「彭巴草原」，俄羅斯則是「西伯利亞大草原」。都是主要小麥產區，土壤較乾燥，因此樹木無法生長。

熱帶莽原，在非洲稱為「疏林莽原」（圍繞雨林，覆蓋非洲大陸三分之一地區），例如委內瑞拉的「拉諾斯平原」，巴西的「坎普斯莽原」。因降雨集中夏季，因此熱帶莽原的樹木稀疏，多草地。

沙漠真正的沙丘不多，通常是耐旱灌木或矮木，以及多刺的多肉植物。仙人掌常見於美洲西南部。沙漠一般會分布在大陸的西部，緯度 25 度至 30 度之間。

由於高海拔的氣溫較低，高地地區通常都超過一種植物分佈。熱帶雨林中的高山，植物帶往上可見到落葉林、針葉林以及苔原，最頂端為永久冰冠。

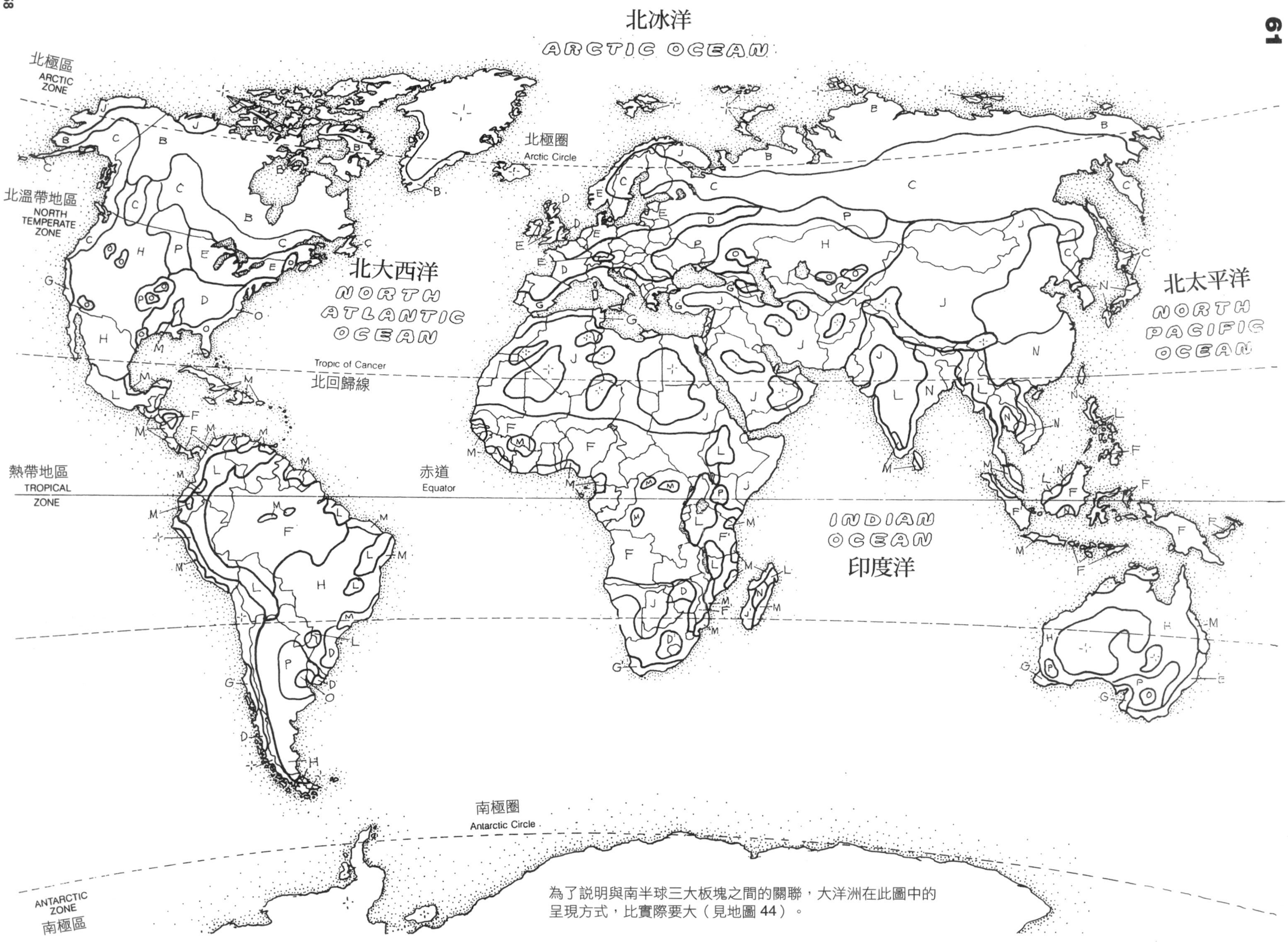

為了說明與南半球三大板塊之間的關聯，大洋洲在此圖中的呈現方式，比實際要大（見地圖 44）。

MAJOR USE OF LAND
土地主要利用情形

CN：(1)由於土地利用與自然植被相關，上方地圖與前面自然植被分布地圖，同樣的字母（B, C, D, F, G, H, J）代表同樣的位置，請用與自然植被分布地圖同樣的顏色。(2)沒有用來耕作的土地（除了礦產區）標示不著色的 -¦- 字星號。

VARIETIES OF LAND USE 土地的利用

NOMADIC HERDING J 游牧

HUNTING & GATHERING B 狩獵與採集

FORESTRY C 林業

SHIFTING CULTIVATION F 游耕

SUBSISTENCE AGRICULTURE L 自給農業

PLANTATIONS M 熱帶栽培業

RICE PADDIES N 稻作農業

MIXED CROP & ANIMAL D 農業混合

MEDITERRANEAN G 地中海型農業

SPECIALIZED FARMING O 園藝作物

DAIRYING E 酪農業

LIVESTOCK RANCHING H 放牧業

COMMERCIAL GRAIN P 商業性穀物農業

一般而論，由於北半球溫帶中緯度地區有最良好的氣候與土壤，因此生產值是世界最大，社會也最先進。

游牧業位於非洲與亞洲的沙漠和半乾燥地區，部落經常移動，逐水草而居。

狩獵與採集為北極的因紐特人與非洲南部喀拉哈里沙漠的布希曼人。狩獵與採集者的人數與游牧民族一樣，正在逐漸下降。

林業（管理與再植林木）成為溫帶地區的主要產業，不過由於熱帶雨林的硬木生長緩慢，因此逐漸消失中。

游耕（焚林火耕）為古老的農耕方式。先砍伐熱帶樹木和植物，乾燥後焚燒，焚燒的草木灰供應土壤少量肥料，最多可耕種 2 到 3 年。

自給農業的耕作方式，農夫必須僱用額外人力，用簡單的機械以種植作物，豢養牲口，僅能勉強餬口。

熱帶栽培業為的大部分位於熱帶地區，專門用來種植單一經濟作物，例如咖啡、香蕉、糖、茶、可可、香料或菸草。由於早期熱帶栽培業為殖民者驅使奴隸來耕種，創造大量財富。

位於東南亞山邊和農田，以季風帶來的降雨與灌溉系統供水，生產當地的主要糧食。這種古老、高度勞力密集的農耕方式，會發生在土地缺乏並有糧食高度需求的地區。運用大量人力、肥料、機具和水。

混合農業的風險最低，不依靠單一作物，有各種人力耕種與動物產品。北美洲與歐洲施以集約耕種，亞洲與拉丁美洲則是粗放耕種（投入較少資源、產量較低）。

地中海型農業主要是耐旱型灌木與樹木（葡萄、橄欖、無花果），可耐乾燥的夏季，穀物的種植則在溫和溼潤的冬季。豢養家畜，利用灌溉，栽種柑橘類作業。

園藝，又稱「商品性蔬菜栽培業」（蔬果農場），一種高度集約的農耕型態，大多在溫帶地區，生產大量水果與蔬菜，提供給臨近都市地區。

酪農業為高度自動化的「牛奶工廠」。牛奶可加工製成保久乳、奶油或起司。

放牧業需要大片土地，使牲口可以得到足夠的食物（牧草）。

商業性穀物農業的生產，為最機械化的糧食生產方式。農田由企業擁有，只在播種時期和收成季節僱用員工。

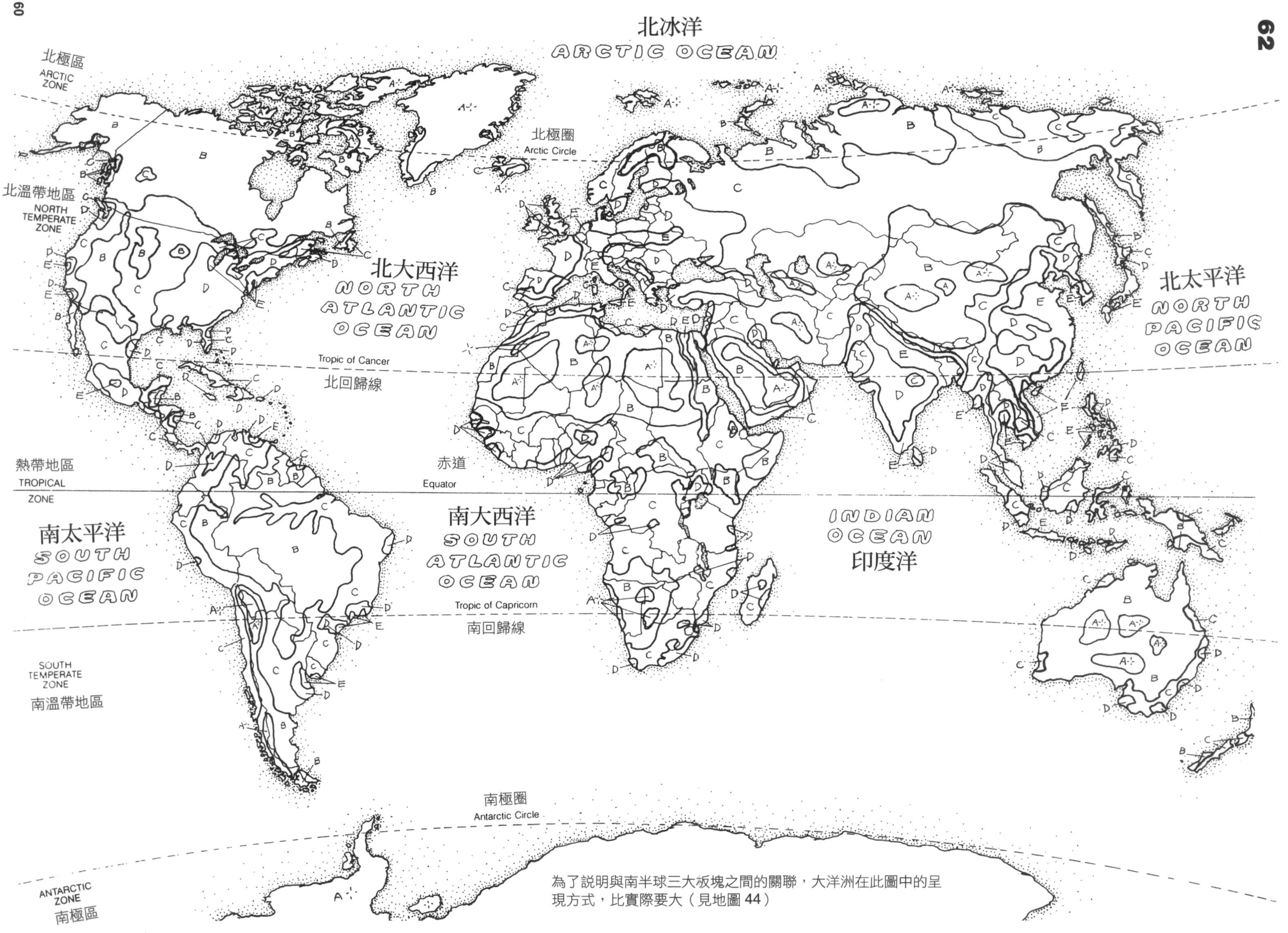

為了說明與南半球三大板塊之間的關聯，大洋洲在此圖中的呈現方式，比實際要大（見地圖 44）

POPULATION DISTRIBUTION
人口分布

CN：⑴無人居住區（A）不著色。將 B 區塗淺色，C 區顏色深一點，D 與 E 顏色漸深，呈現人口越來越密集的情形。開始的顏色一定要用最淺的顏色，以免遮住國界。

RESIDENTS PER
人口密度
SQUARE KILOMETER
每平方公里

UNINHABITED A 無人

UNDER 1 B
少於一人

1-25 C
1-25 人

25-100 D
25-100 人

OVER 100 E
超過 100 人

世界人口增加率在 1963 年出現最高峰，之後人口成長率開始逐年下降。成長率雖然下降，但地球人口總數仍然持續增加，人口過剩成為全世界的共同議題。地球大部分的土地不利居住，導致人口密集極端不平均，使地球上 80%的人居住在三大人口密集區：⑴東亞、東南亞、南亞。⑵歐洲。⑶北美洲中部與東部。主要是在北半球的溫帶中緯度地區，氣候良好，土壤肥沃。

許多國家人口密集，但還不至於「人口過剩」。例如生活品質良好，人口密度最高的國家之一荷蘭，並沒有人口過剩的問題。各國內也都有人口分布不平均的情形。

人口分布最大的問題是，提供工作地區的都是都市（「城市」意指擁有超過 2 萬居民的地區）。世界有近 50%的人口目前居住在城市。在美國，有 75%的人口住在城市。過去人口密集的地區都在糧食產區，如亞洲、非洲、拉丁美洲。在歐洲，鄉村與城市人口的分布平均。國家的出生率高於死亡率，人口會「自然增加」。一般國家的社會增加，不是人口變化的主因（只有美國例外，因大批亞洲與拉丁美洲移民而人口急速成長）。

大多較富裕的歐洲工業國家中，會因低生育率而人口下降。在亞洲、非洲、拉丁美洲，上升的出生率因食物生產增加造成人口暴增，不過這些國家目前的人口成長率卻下降。貧窮國家的農民，需要家庭成員來提供勞力和老人照護。而工業化國家通常不需要子孫提供勞力，由於教育花費高，使經營家庭不易。老人有退休金和社會福利。

開發中國家逐漸提升生活品質（前提是人口成長率降低），可使窮人的家庭成員不再擴張。例如中國的一胎化政策因限制出生率而受世界注意。

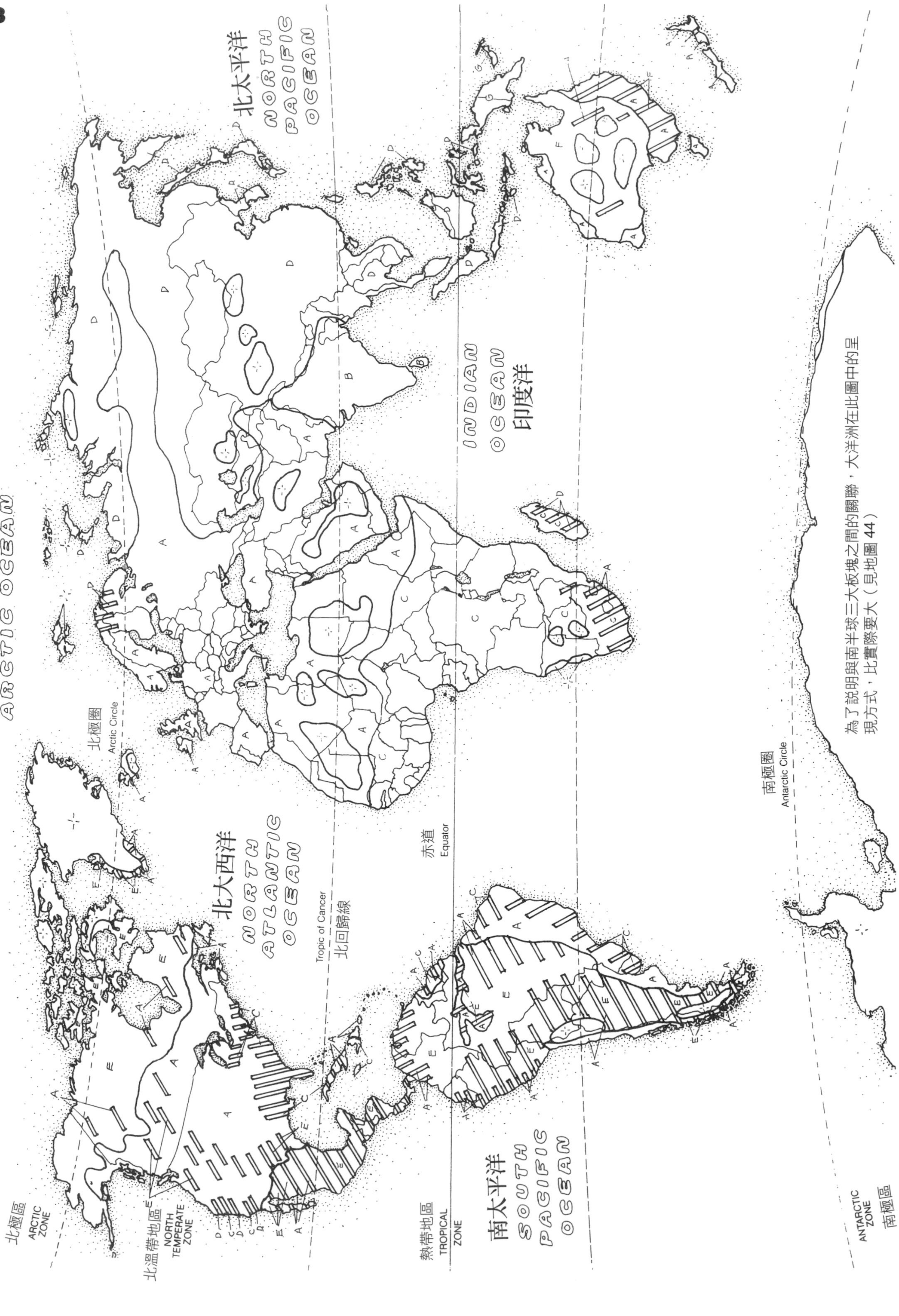

為了說明與南半球三大板塊之間的關聯，大洋洲在此圖中的呈現方式，比實際要大（見地圖44）

RACIAL DISTRIBUTION
人種分布

CN：(1)地圖上的斜直條，代表有超過一個主要人種，或由兩個人種混合（例如拉丁美洲的主要人口為美洲印地安人與歐洲人後裔）。(2)大洋洲除了巴布亞紐幾內亞（G）不必著色，其他都要著色。另一個美拉尼西亞人地區則未顯示於地圖中（見地圖 36 完整大洋區）。

MAJOR RACIAL GROUPS 主要人種

CAUCASOID 高加索人（白人）

EUROPEAN A 歐洲人

INDIAN B 印度人

NEGROID 黑人

AFRICAN C 非洲人

MONGOLOID 蒙古人

ASIATIC D 亞洲人

AMERINDIAN E 印第安人

OCEANIC 大洋洲人

AUSTRALIAN F 澳洲人

MELANESIAN G 美拉尼西亞人

MICRONESIAN H 密克羅尼西亞人

POLYNESIAN I 波里尼西亞人

「人種」一詞，意指因遺傳特徵，使一族群長相相似，有別於其他族群。「人種」是後天的分類，並沒有生物學根據。人類只有一種人種。大多人類學家認為，人類差異太小（存在時間太短），因此在生物學上沒有人種區別。一般認為，人類來自早期非洲東部人類的演化，後來移居至世界各地，為了適應環境的變化，而使外型發生改變。

各地人種都沒有專屬的單一生理特徵。高加索人、蒙古利亞（黃種人）以及黑人的傳統分類，是根據生理特徵（膚色、頭髮、體格、眼睛、鼻子、嘴唇形狀等）。在這一頁，你將會以地理來分類，將九個主要人種族群（包括數百個次族群）。幾世紀以來，這些人種因自然環境的阻隔而分離。自 15 世紀，由於歐洲人的探險和殖民，人種的「純度」瓦解。散布在全世界的歐洲裔人口，與居住在歐洲的歐洲人一樣多。族群融合的趨勢，使種族更多元，這種情形逐漸增加。

現代，單一人種有更大多元性。「白人」高加索人種，包括膚色白皙的斯堪地那維尼人，到膚色較深的北非人，甚至膚色更深的衣索比亞人及深色皮膚的印度人，也屬於高加索人種。居住在美洲的黑人，為非洲次撒哈拉區的黑人種後裔。蒙古人種包括美洲印第安人和亞洲人。美洲人與因努依人原本以跨越白令海峽、來自亞洲的「紅膚色」、「棕膚色」人口為主。「黃膚色」亞洲人（中國人、日本人、韓國人、一部分東南亞人）眼睛與臉型特徵相似。大洋洲人種，範圍涵蓋膚色非常深的澳洲原住民，以及膚色變淺的太平洋島嶼人種，就是從澳洲遷徙至遠東地區的美拉尼西亞人，還有膚色較淺的密克羅尼西亞人及膚色更淺的波里尼西亞人（見地圖 36）。

64

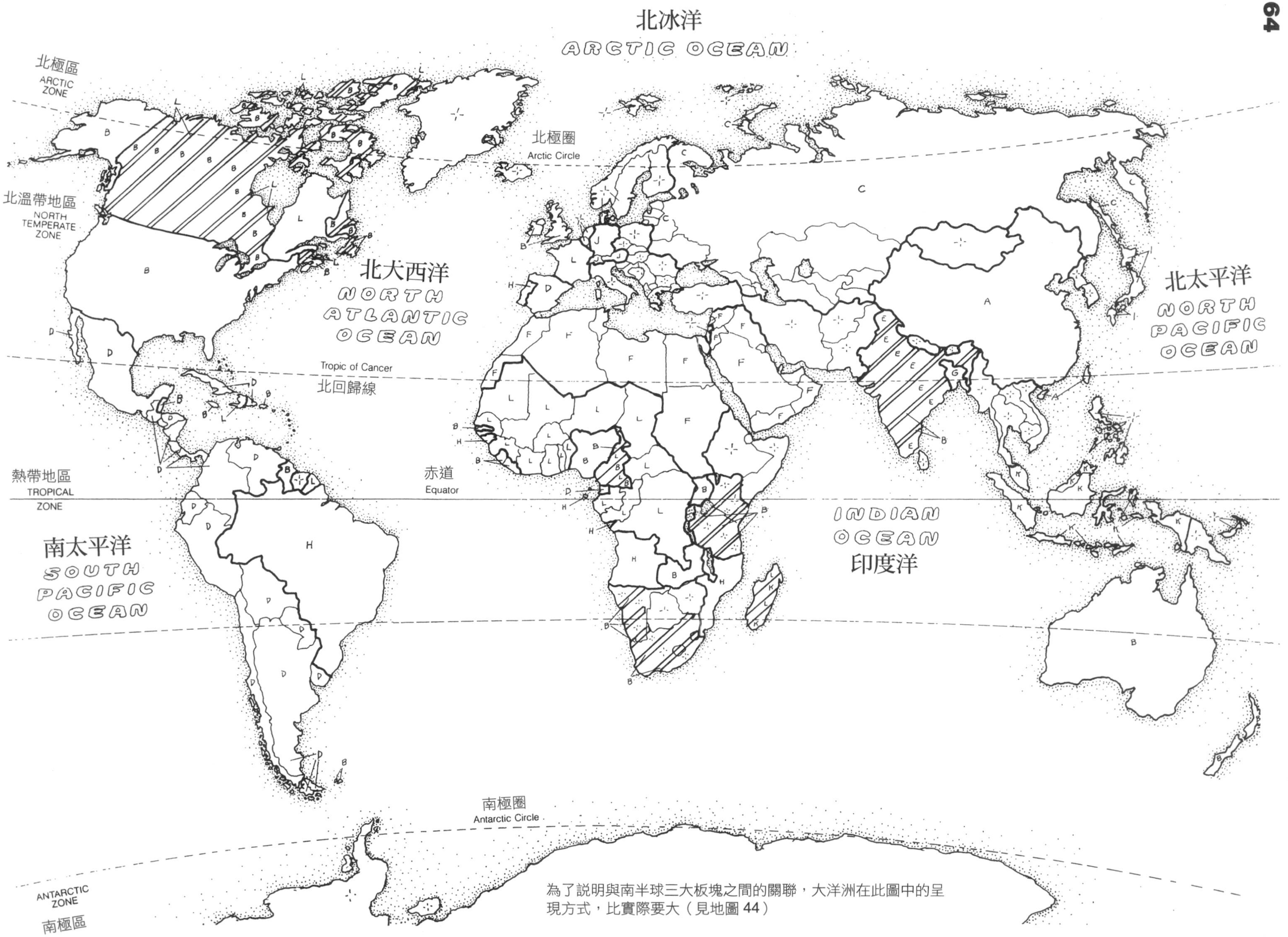
北冰洋
ARCTIC OCEAN
北極區
ARCTIC ZONE
北極圈
Arctic Circle
北溫帶地區
NORTH TEMPERATE ZONE
北大西洋
NORTH ATLANTIC OCEAN
Tropic of Cancer
北回歸線
北太平洋
NORTH PACIFIC OCEAN
熱帶地區
TROPICAL ZONE
赤道
Equator
南太平洋
SOUTH PACIFIC OCEAN
INDIAN OCEAN
印度洋
南極圈
Antarctic Circle
ANTARCTIC ZONE
南極區
為了說明與南半球三大板塊之間的關聯，大洋洲在此圖中的呈現方式，比實際要大（見地圖 44）

MAJOR OFFICIAL LANGUAGES
主要官方語言

CN：(1)斜線地區代表官方語言多於一種。(2)注意，「不著色」的 ⊹ 字星號，代表這些國家的官方語言並不在此地圖中列舉的十二種主要語言中。加拿大雖然有兩種官方語言，但魁北克省只使用法語（L）。

TWELVE MOST POPULAR LANGUAGES
十二種主要語言

（依使用人數排序）

CHINESE A 中文
ENGLISH B 英語
RUSSIAN C 俄羅斯語
SPANISH D 西班牙語
HINDI E 印度語
ARABIC F 阿拉伯語
BENGALI G 孟加拉語
PORTUGUESE H 葡萄牙語
JAPANESE I 日語
GERMAN J 德語
MALAYO-POLYNESIAN K 馬來－波里尼西亞語
FRENCH L 法語

自從人類有語言能力以來，至少出現五千種語言。雖然人類歷史中沒有證據單一源頭，但學者確信，語系是從單一的口語產生。

超過半數世界人口使用印歐語系語言：德語系、拉丁－羅馬語系、波羅的－斯洛伐克語系、凱爾特語系、印度－伊朗語系、希臘語系、阿爾巴尼亞語系、亞美尼亞語系。除了最後 3 種，其他都進入其他語系，產生數百種方言（依地區或社會差異而變化）。方言與原來語言的變化點，通常難以分辨。德語系包括英語、德語、斯堪地那維尼語。由拉丁語變化而來的拉丁－羅馬語系（羅馬帝國接受拉丁語為主要官方語言），包括西班牙語、法語、義大利語、葡萄牙語、羅馬尼亞語。波羅的－斯洛伐克語系，包括俄語、烏克蘭語、波蘭語、捷克語、塞爾維亞－克羅埃西亞語、斯洛維尼亞語、保加利亞語、立陶宛語、拉脱維亞語。凱爾特語系包括愛爾蘭凱爾特語、蘇格蘭語、凱爾特語、威爾斯語以及布雷頓語。印度－伊朗語系，包括亞洲使用的語言：波斯語（伊朗）、普什圖語（阿富汗）、烏都語（巴基斯坦）、印度語（印度）、孟加拉語（孟加拉）。漢藏語系（中文、泰語、緬甸語以及藏語）以單音節字詞為特色。亞非語系包括阿拉伯語、希伯來語、柏柏語、阿比西尼亞語。烏拉阿爾泰語系大部分在亞洲北部，還包括愛沙尼亞語、芬蘭語、土耳其語、匈牙利語，但不包括日語和韓語。德拉威語分布在印度南部與斯里蘭卡。馬來－波里尼西亞語系分布在印度洋與太平洋島嶼，包括馬達加斯加、印尼、馬來西亞、菲律賓群島、夏威夷、紐西蘭。孟高語系在東南亞使用。非洲黑人最廣泛使用的兩千種語言，屬於班圖語種，其中非洲東部最常被使用的語言是斯瓦希利語。有超過一千種美洲印第安語系因地理分隔，在美洲地區使用。

從這份主要官方語言地圖，可以看見五個世紀以來歐洲殖民的影響。印歐語系成為北美洲與南美洲的官方語言（而且使用最廣泛）。歐洲語言進入非洲後，雖然只有少數非洲黑人使用，但仍成為官方語言。受到歐洲語言教育的影響，成為商業階級的主要語言。

為了說明與南半球三大板塊之間的關聯，大洋洲在此圖中的呈現方式，比實際要大（見地圖 44）

MAJOR RELIGIONS
主要宗教

CN：只顯示特定區域的主要宗教。(1)由於基督教（A）、伊斯蘭教（B）、佛教（C）擁有超過一個分支，請將此三大宗教用三種不同色系來呈現。(2)請用淺色，以免遮蓋地圖的標記。

THE MAJOR RELIGIONS
主要宗教

CHRISTIANITY 基督教

- ROMAN CATHOLIC A 羅馬天主教
- PROTESTANT A¹ 新教
- EASTERN ORTHODOX A² 東正教

ISLAM 伊斯蘭教

- SUNNI B 遜尼派
- SHIITE B¹ 什葉派

BUDDHISM C 佛教

- CONFUCIANIST-TAOIST C¹ 儒－道教
- LAMAIST C² 喇嘛教
- SHINTO C³ 神道教

HINDUISM D 印度教
JUDAISM E 猶太教
ANIMISM F 泛靈論

猶太教為最古老的一神教。領導人亞伯拉罕大約是在 3000 多年前接收聖諭，掌管土地。猶太教徒、基督教徒、穆斯林都相信摩西是先知，得到神的律法。猶太教教律（塔木德經）是聖經舊約。1400 萬猶太教徒主要為猶太人。

全球 69 億人口中，有 84%信仰單一宗教。基督教為最大的一神信仰，擁有 20 億忠誠的信徒。基督教在 2000 年前由耶穌基督創立，基督徒認為他是救世主，猶太人則認為他是彌賽亞。西元 1054 年，基督教分裂為二。羅馬天主教教會，由羅馬教宗帶領。以及由傳統基督徒組織的東正教教會。500 年後，宗教改革使羅馬天主教教會分裂，分裂出來的新教，散布在北歐德語系地區，再傳到美國、加拿大。新教拒絕實施教皇祭司制度，專注聖經。全世界的天主教徒有 12 億。

伊斯蘭教是第三大主要宗教，1400 多年前在中東由穆罕默德創立，他自認是繼摩西與耶穌基督之後的最後一個先知。每天有超過 10 億名穆斯林朝沙烏地阿拉伯的聖城麥加方向跪拜禱告，一天五次，他們的神為阿拉，聖經為《可蘭經》。大多數穆斯林為遜尼派，少數什葉派主要位於伊朗與伊拉克。非洲的泛靈信仰信徒很多都改信伊斯蘭教。

印度教是印度以及尼泊爾的主要宗教，崇拜數千位神靈。印度教沒有僧侶，只有《吠陀經》是正規的經典。印度教沒有單一創教者，經過 5000 年歷史，有諸多改變。印度教有約 10 億名信徒，其中超過半數追求淨化，以個人的「業障」（前世的所作所為）以超脫輪迴。轉世有許多種型式。佛教是印度教分支，在 1500 多年前由釋迦摩尼創立。佛陀（開悟者）提倡中庸之道，克服欲望和野心，達到涅槃境界，以超脫輪迴。全世界有 5 億名佛教徒，半數認為靜坐冥想比舉辦儀式典禮還要重要。傳統佛教徒是在東南亞，其他地區則受到民俗宗教影響。中國佛教受到儒家思想影響，敬老、祖先、皇帝，道教哲學是隨緣、簡樸。西藏與蒙古受喇嘛教與神鬼學影響，日本則受到神道教的唯心論、宗教儀式及禪宗的冥想影響。

泛靈信仰崇敬所有自然環境力量的神靈。

本頁不需著色

COMPARATIVE SIZES
國家規模比較
地圖 66、67

66 LARGEST NATIONS COMPARED BY AREA
依佔地比較之國家規模

1. 俄羅斯
2. 加拿大
3. 中國
4. 美國
5. 巴西
6. 澳洲
7. 印度
8. 阿根廷
9. 哈薩克
10. 蘇丹
11. 阿爾及利亞
12. 剛果民主共和國
13. 格陵蘭
14. 沙烏地阿拉伯
15. 墨西哥
16. 印尼
17. 利比亞
18. 伊朗
19. 蒙古
20. 秘魯

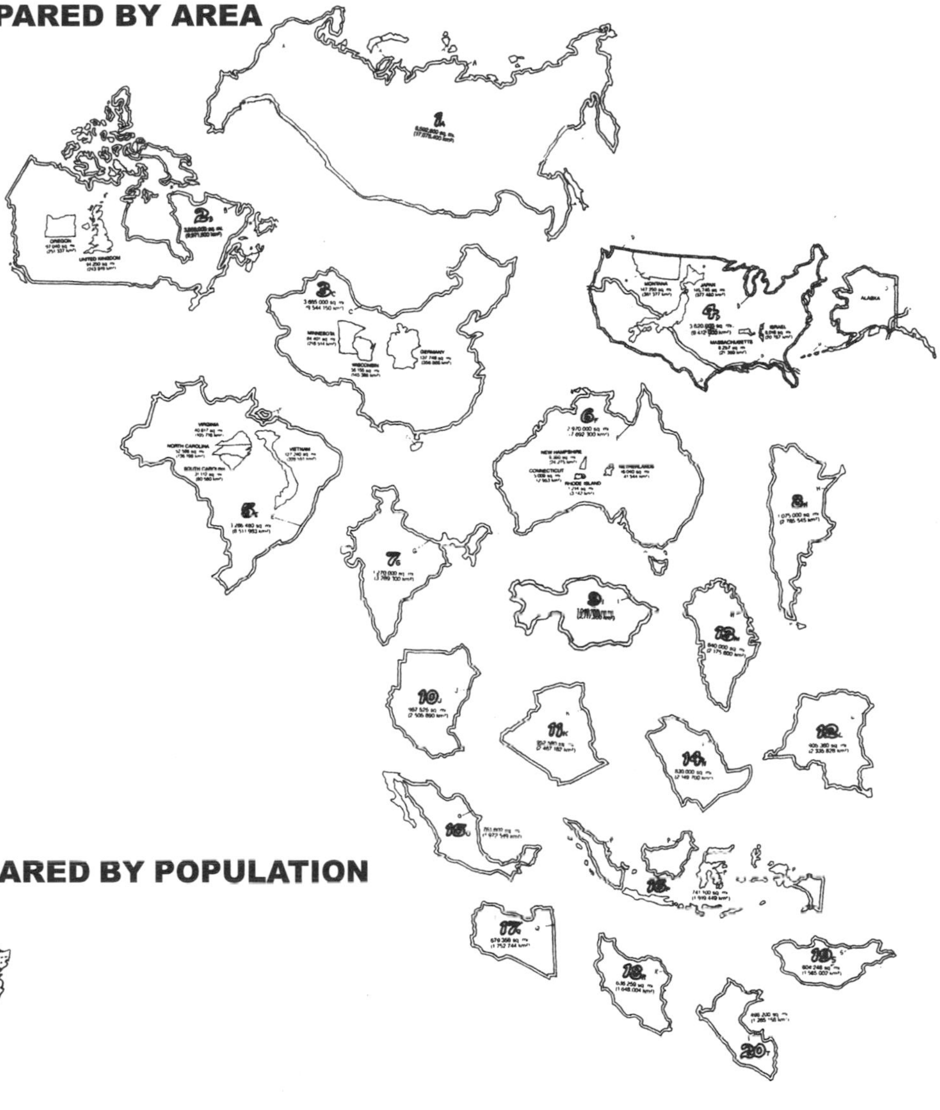

67 LARGEST NATIONS COMPARED BY POPULATION
依人口比較之國家規模

1. 中國
2. 印度
3. 美國
4. 印尼
5. 巴西
6. 巴基斯坦
7. 俄羅斯
8. 孟加拉
9. 日本
10. 奈及利亞
11. 墨西哥
12. 德國
13. 越南
14. 菲律賓
15. 伊朗
16. 埃及
17. 土耳其
18. 衣索比亞
19. 泰國
20. 法國

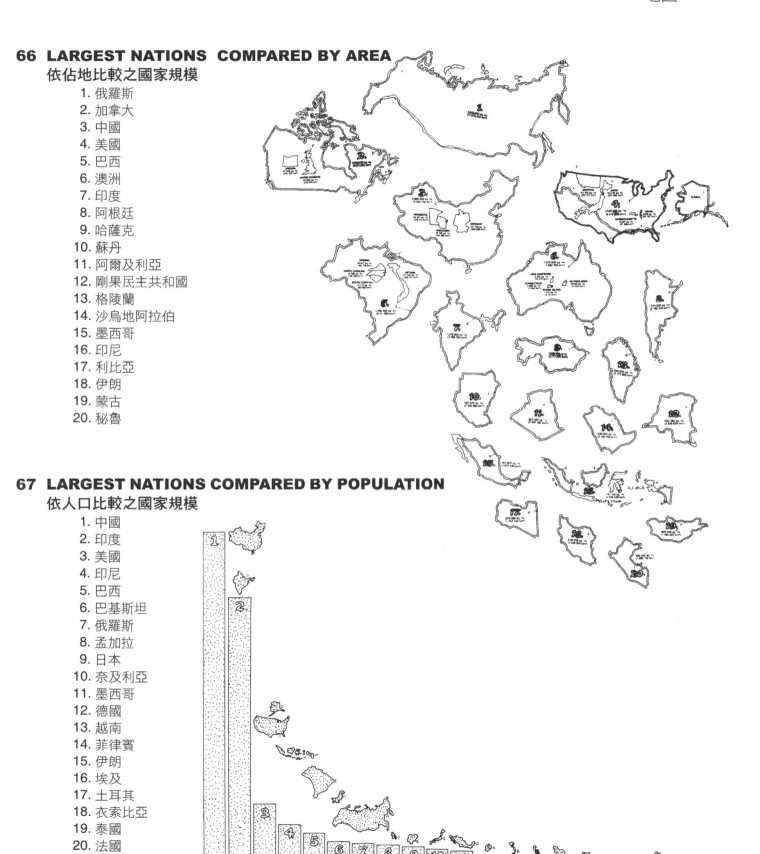

66

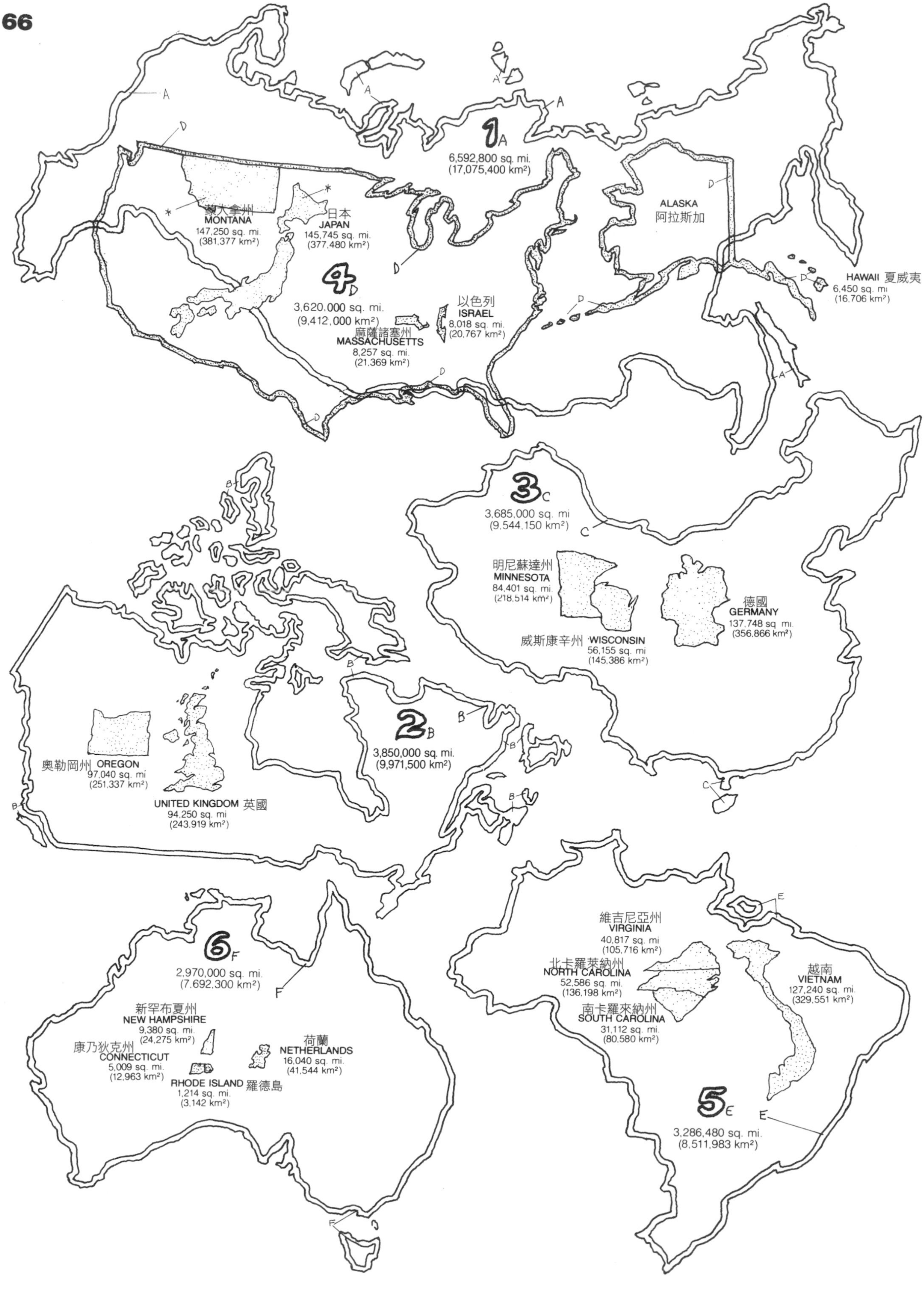
1A
6,592,800 sq. mi.
(17,075,400 km²)
A
D
蒙大拿州
MONTANA
147,250 sq. mi.
(381,377 km²)
日本
JAPAN
145,745 sq. mi.
(377,480 km²)
ALASKA
阿拉斯加
HAWAII 夏威夷
6,450 sq. mi
(16,706 km²)
4D
3,620,000 sq. mi.
(9,412,000 km²)
以色列
ISRAEL
8,018 sq. mi.
(20,767 km²)
麻薩諸塞州
MASSACHUSETTS
8,257 sq. mi.
(21,369 km²)
3C
3,685,000 sq. mi
(9,544,150 km²)
C
明尼蘇達州
MINNESOTA
84,401 sq. mi.
(218,514 km²)
德國
GERMANY
137,748 sq. mi.
(356,866 km²)
威斯康辛州 WISCONSIN
56,155 sq. mi
(145,386 km²)
B
2B
3,850,000 sq. mi.
(9,971,500 km²)
奧勒岡州 OREGON
97,040 sq. mi
(251,337 km²)
UNITED KINGDOM 英國
94,250 sq. mi
(243,919 km²)
6F
2,970,000 sq. mi.
(7,692,300 km²)
F
新罕布夏州
NEW HAMPSHIRE
9,380 sq. mi.
(24,275 km²)
康乃狄克州
CONNECTICUT
5,009 sq. mi.
(12,963 km²)
荷蘭
NETHERLANDS
16,040 sq. mi.
(41,544 km²)
RHODE ISLAND 羅德島
1,214 sq. mi.
(3,142 km²)
E
維吉尼亞州
VIRGINIA
40,817 sq. mi
(105,716 km²)
北卡羅萊納州
NORTH CAROLINA
52,586 sq. mi.
(136,198 km²)
南卡羅來納州
SOUTH CAROLINA
31,112 sq. mi.
(80,580 km²)
越南
VIETNAM
127,240 sq. mi.
(329,551 km²)
5E
3,286,480 sq. mi.
(8,511,983 km²)

LARGEST NATIONS
最大的國家
（依佔地比較）

CN：此地圖呈現佔地最大的世界前 20 大國。由於格陵蘭不是獨立國家，屬於丹麥的治領，放在這裡純粹只是面積的比較。⑴將俄羅斯（A）名稱著色，接著以同樣顏色，塗色土地輪廓和數字排行。其他國家請用同樣的方式著色。⑵注意，與美國各州佔地相近的較小國家，顯示在最大國的邊界內，作為比較。請塗灰色。

RUSSIA A 俄羅斯
CANADA B 加拿大
CHINA C 中國
UNITED STATES D 美國
BRAZIL E 巴西
AUSTRALIA F 澳洲
INDIA G 印度
ARGENTINA H 阿根廷
KAZAKHSTAN I 哈薩克
SUDAN J 蘇丹（南蘇丹獨立）
ALGERIA K 阿爾及利亞
D.R. CONGO L 剛果民主共和國
GREENLAND M 格陵蘭
SAUDI ARABIA N 沙烏地阿拉伯
MEXICO O 墨西哥
INDONESIA P 印尼
LIBYA Q 利比亞
IRAN R 伊朗
MONGOLIA S 蒙古
PERU T 秘魯

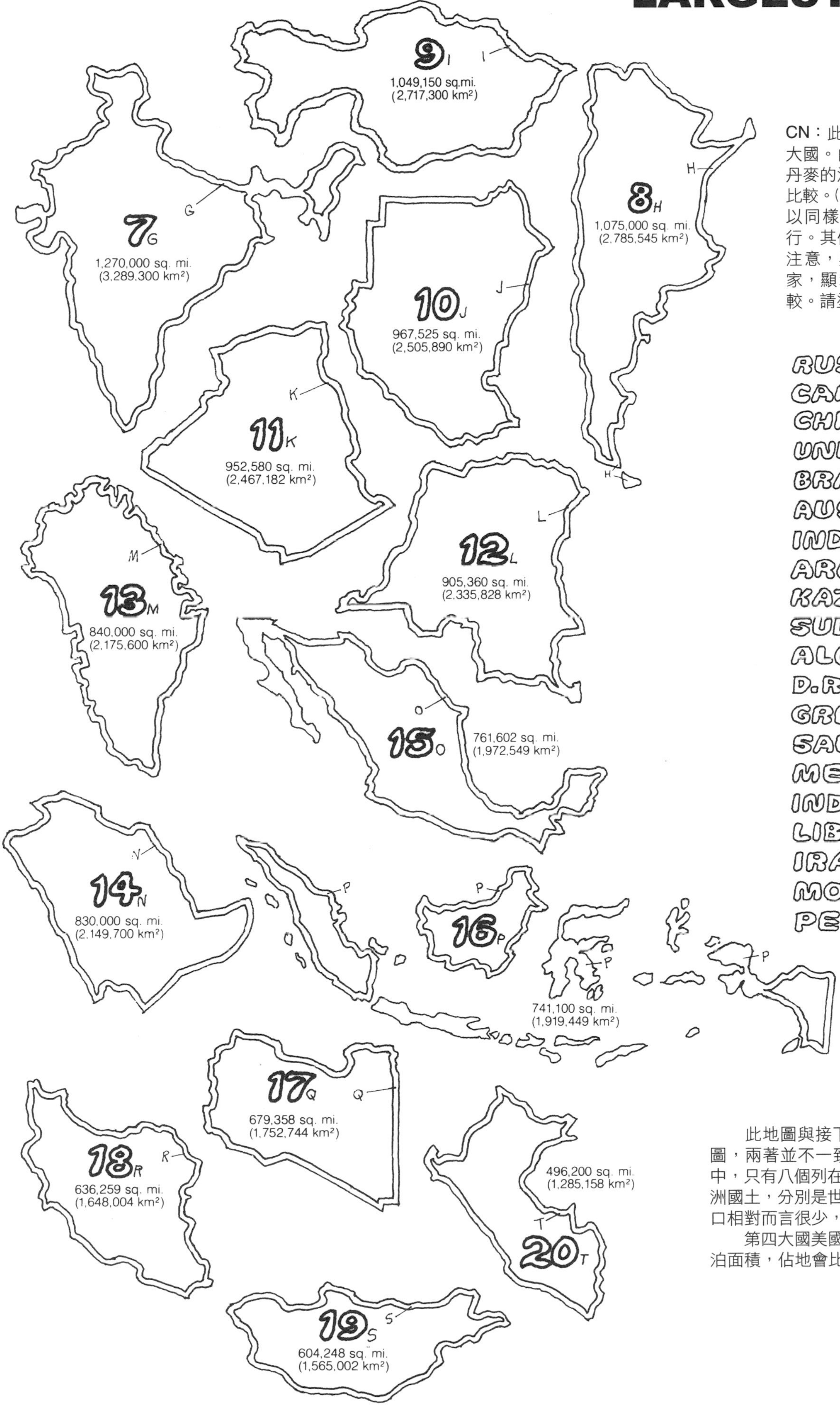

此地圖與接下來的人口與地理尺寸說明的地圖，兩著並不一致。在二十個世界最大人口國家中，只有八個列在此領土最大的國家。加拿大與澳洲國土，分別是世界面積第二和第六大國家，但人口相對而言很少，是世界人口最稀少的國家。

第四大國美國，如果總領土面積包括海洋和湖泊面積，佔地會比中國略大。

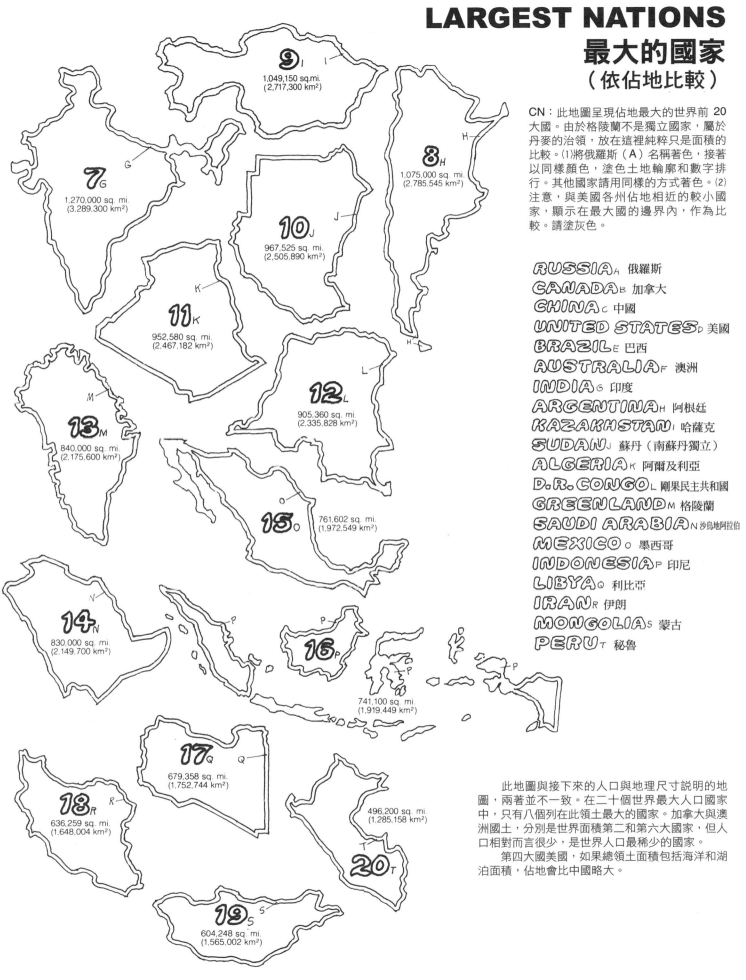

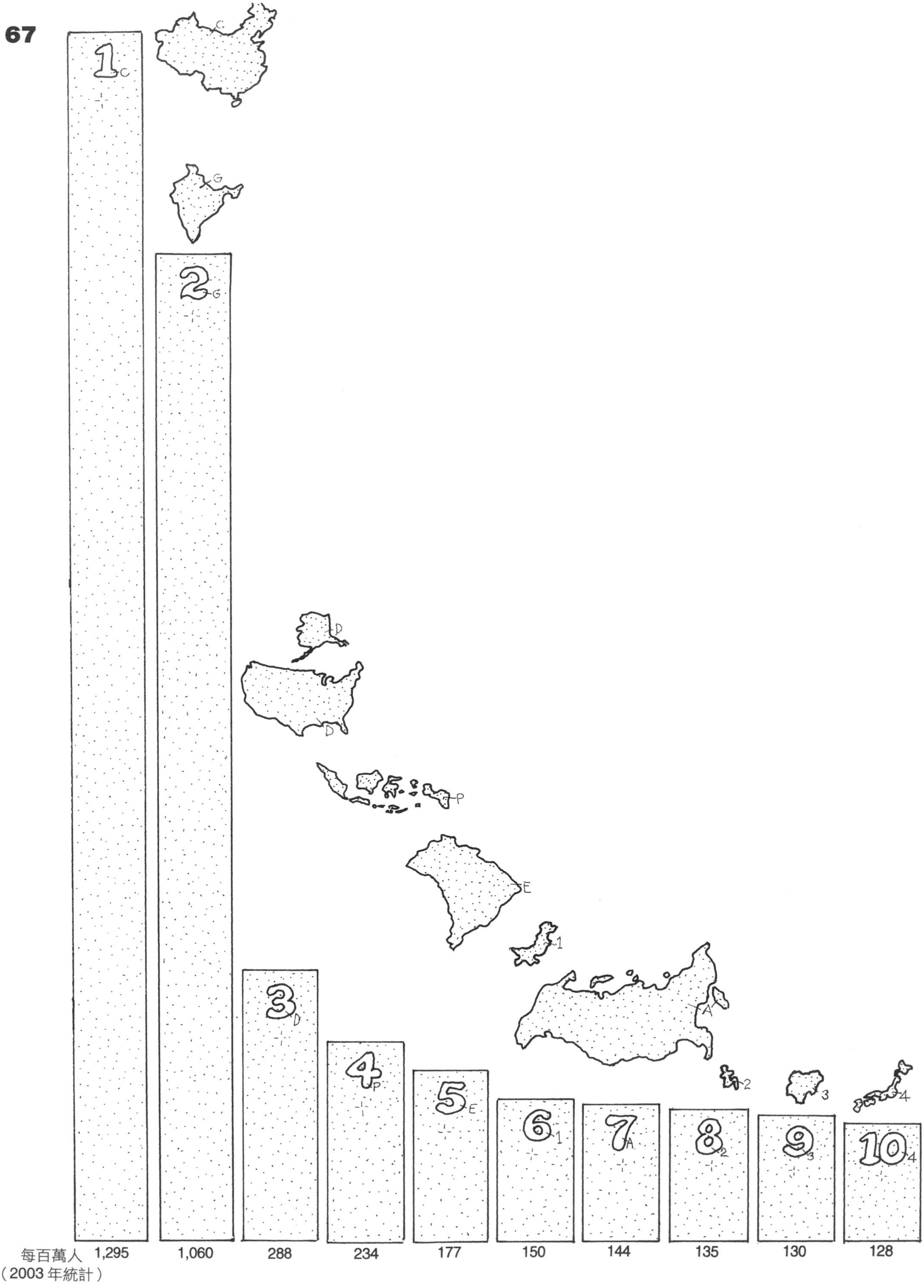
1
2
3
4
5
6
7
8
9
10
每百萬人
（2003年統計）
1,295
1,060
288
234
177
150
144
135
130
128

LARGEST NATIONS
最大的國家
（依人口比較）

CN：此地圖的二十個國家，其中有八個也列在前一張地圖中，因此可以將兩張地圖上相同的國家用同一種顏色。這八個國家以英文字母排列，其餘不在前面二十個國家的，則以數字 1 至 12 來表示，但數字並不是排行，請注意。(1)從中國開始著色，也將國名、直條圖上的大數字、國家小地圖著色。直條有 ＋ 字星號，不要著色。

CHINA C 中國
INDIA G 印度
UNITED STATES D 美國
INDONESIA F 印尼
BRAZIL E 巴西
PAKISTAN 1 巴基斯坦
RUSSIA A 俄羅斯
BANGLADESH 2 孟加拉
NIGERIA 3 奈及利亞
JAPAN 4 日本
MEXICO 0 墨西哥
GERMANY 5 德國
VIETNAM 6 越南
PHILIPPINES 7 菲律賓
IRAN R 伊朗
EGYPT 8 埃及
TURKEY 9 土耳其
ETHIOPIA 10 衣索比亞
THAILAND 11 泰國
FRANCE 12 法國

左下圖人口為 2003 年統計。根據 2012 年統計，已有不同風貌，世界人口最多國家依序為：1 中國、2 印度、3 美國、4 印尼、5 巴西、6 巴基斯坦、7 孟加拉、8 奈及利亞、9 俄羅斯、10 日本。

世界人口成長率的巔峰到達 2%之後下降，各地區的人口成長率因當地狀況及各國情形而有所不同。大多人口成長都是非洲地區的未開發國家（有些則因愛滋病減少）。

全世界人口最多的兩個國家：中國與印度，擁有全球 37%的人口。亞洲一直是全世界人口最多的大洲。目前有大約 42 億人居住在亞洲，占世界人口比例超過 60%。

非洲是世界第二多人口的大洲，約有 10 億人，占全世界人口 15%。印尼幾乎 90%的人口為伊斯蘭教信徒，為世界最大的穆斯林國家。

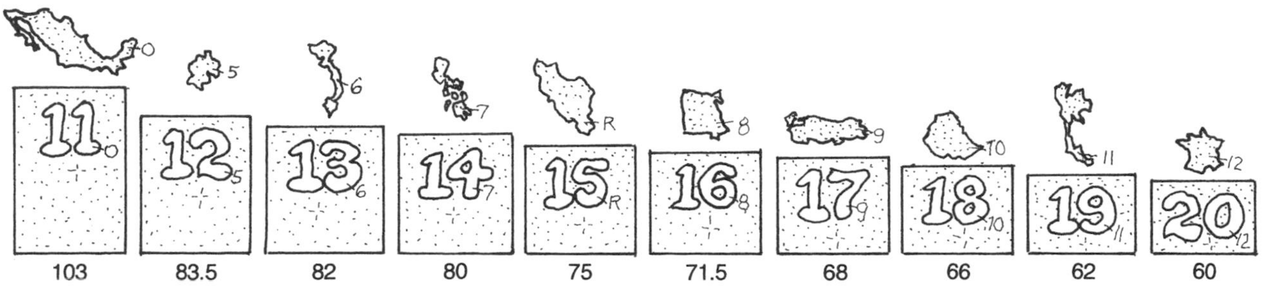

INEDX / DICTIONARY / QUIZ
索引／字典／小考

HOW TO USE THE INDEX
如何使用索引

索引中的地圖編號，代表左頁的地圖及右頁的說明文字。地圖頁的左上角有地圖的編號。如果地圖編號有好幾個，斜體數字表示主要資訊，例如需要著色的主題地圖、重要的說明、敘述中都有提及，或以上皆有。

HOW TO USE THE DICTIONARY
如何使用字典

每個索引條目都有非常簡要的解釋，來定義主題、說明位置，通常會有一個重點。相對應的名稱會在定義中或附加的插入語中提及。
主題或條目的延伸資訊，能查照書中相對應的地圖。雖然每個條目都會在書中出現（大多數在地圖中），但不是每個都會提及相關資訊。

HOW TO USE THE QUIZ
如何使用小考

有兩個方法可以將索引／字典，當作小考挑戰使用：

1. 在顯示主題條目的那一欄（左欄）蓋上一張紙，試著說明名詞在右欄中相對應的定義，可以測試你的地理知識。在思考答案時，可以想想地名的地理位置，說明中通常會提供周遭環境的線索。你可能會想要翻到相關的那一頁釐清腦海中的畫面。在學習這些東西的位置時，視覺化的過程非常重要。
   另一個可以幫助找到問題中的名稱的方法是，記得注意索引中明顯的字母線索。
2. 另一個方法更具挑戰性：將定義的那一欄蓋住。這種方法給你創造自己定義的機會。先讀過一些定義得到概念。雖然這種方法困難許多，卻可以提供更多學習效果。
   不要因為留下很多空白答案而感到沮喪。因為這個小考同時也有索引的功能，所以包括許多你原本已經知道的細節。書中每個地名都存在地球上，總有一天你可能會在媒體或網路中獲得相關資訊，更好的方法是，有興趣的國家，有一天去當地親自拜訪。

● 編註：索引地名後面的數字是地圖編號，往前找即可找到此地圖，因索引地名以原文呈現，讀者不妨到維基百科網站，打入英文就能查到中譯地名。

縮寫

N—north 北部
NW—northwest 西北部
NE—northeas 東北部
W—west 西
WC—west central 中西部
C—central 中部
EC—east central 中東部
E—east 東部
SW—southwest 西南部
SE—southeast 東南部
S—south 西部

A

Addis Ababa, 37, *42* .... The capital of Ethiopia; situated on the 2,440 m Ethiopian Plateau ... (E Africa)
Adelaide, 35 .... The capital of South Australia; a state on Australia's south coast ... (Oceania)
Aden, 31 .... The main port of Yemen; on the southwest coast of the Arabian Peninsula ... (SW Asia)
Adirondack Mts., 7 .... A branch of the Appalachian range in upper New York State ... (N Am)
Adriatic Sea, 18, 23, *24* .... A northcentral sea of the Mediterranean, between Italy and the Balkan Peninsula ... (S Europe)
Aegean Sea, 19, *23* .... An island-filled sea between Greece and Turkey ... (Europe & Asia)
Afghanistan, 28, *32* .... A mountainous country between Iran and Pakistan ... (C Asia)
Africa, 1, 2, *37*, 38 .... The second-largest continent, with the third-largest population
African race, 63 .... Another name for the Negroid race of Subsaharan Africa
Ahaggar Mts., 39 .... A central Saharan Desert mountain range in southern Algeria ... (N Africa)
Akron, 10 .... A northeastern Ohio city, south of Cleveland, noted for rubber manufacturing ... (N Am)
Alabama, 6, *8* .... A southern state on the Gulf of Mexico, between Mississippi and Georgia ... (N Am)
Alaska, 6, *9* .... The 49th, and largest, state, separated from the continental U.S. by Canada ... (N Am)
Albania, 18, *23* .... A Balkan country on the Adriatic Sea, opposite the heel of Italy's ``boot" ... (SE Europe)
Albany, 6, *7* .... The capital of New York; located in the southeast, close to Massachusetts ... (N Am)
Alberta, 4, *5* .... A western Canadian province, between British Columbia and Saskatchewan ... (N Am)
Albuquerque, 11 .... New Mexico's largest city; centrally located, on the Rio Grande river ... (N Am)
Aleutian Islands, *9*, 39 .... A 2,720 km Alaskan archipelago arcing westward across the north Pacific ... (N Am)
Alexander the Great, 45 .... A Macedonian who carved out a short-lived, 4th century B.C. empire, mostly in southwest Asia
Alexandria, 39 .... A Mediterranean port near the Nile Delta, in Egypt; founded by Alexander the Great ... (N Africa)
Algeria, 37, *39*, 66 .... A Mediterranean coastal country in northwest Africa, between Morocco and Tunisia
Algiers, 37, *39* .... Capital of Algeria; an ancient Mediterranean city ... (NW Africa)
Allegheny Mts., 7 .... Part of the Appalachian chain in western Pennsylvania ... (N Am)
Alma-Ata, 27, *28* .... The capital of Kazakhstan; located on the southeast border with Kyrgyzstan ... (C Asia)
Alps, 19 .... A major mountain range across southcentral Europe
Altai Mts., *29*, 33 .... A mountain range in east Kazakhstan, northwest China, and western Mongolia ... (C Asia)
Amazon, *15*, 16, 17 .... The world's second-longest river (and number one in volume); crosses northern South America
American Samoa, 36 .... U.S. Territorial islands in Polynesia, east of Western Samoa, in the South Pacific ... (Oceania)
American Indian race, 63 ...... A branch of the Mongoloid race in the Western Hemisphere
Amman, 28, *30* .... The capital of Jordan; the Middle East's new financial center (replacing Beirut) ... (SW Asia)
Amsterdam, 18, *21* .... The capital of the Netherlands; a dike-protected city on the North Sea ... (W Europe)
Amu Darya River, 27, *29* .... A river in Turkmenistan and Uzbekistan, which feeds the landlocked Aral Sea ... (C Asia)
Amundsen Sea, 44 .... A sea off the Byrd Land coast of Antarctica
Amur River, 26, *29*, 33 .... A river that is part of the border between China and eastern Russia (Siberia) ... (E Asia)
Anatolia, 30 .... The historic name for Turkey, the Turkish peninsula, and Asia Minor ... (SW Asia)
Anchorage, 9 .... The largest city in Alaska; on the southcentral coast ... (N Am)
Andaman Islands, 32 .... Two groups of Indian islands in the far eastern part of the Bay of Bengal ... (SE Asia)
Andaman Sea, 32 .... A sea between the Andaman Islands and the coast of Myanmar (Burma) ... (SE Asia)
Andean Nations, 17 .... The regional name for the mountain nations of Bolivia, Chile, Ecuador, Peru ... (S Am)
Andes Mts., 15, *17* .... The world's longest and second-tallest range; runs down the west coast of South America
Andorra, 21 .... A tiny nation, in the Pyrenees Mts., nestled between Spain and France ... (W Europe)
Angel Falls, 16 .... The world's highest waterfall (20 times taller than Niagara) in southern Venezuela ... (S Am)
Angola, 37, *41* .... A nation on the southwest Atlantic coast of Africa, between Namibia and Dem. Rep. of the Congo
Anguilla, *13*,16 .... A British territorial island, east of Puerto Rico, in the northeastern West Indies ... (N Am)
Animism, 65 .... A religion that worships spirits believed to exist in natural phenomena and natural objects
Ankara, 28, 30 .... The capital of Turkey; an ancient city in the northwest interior ... (SW Asia)
Annapolis, 6, *7* .... Capital of Maryland; on the west coast of Chesapeake Bay; site of the Naval Academy ... (N Am)
Antananarivo, 37, *43* .... Capital of Madagascar; centrally located on the large island off the southeast coast of Africa

Antarctic Circle, 1, 44 . . . . An imaginary latitudinal line encircling the earth, 23.5° latitude from the South Pole

Antarctic zone, *1*, 44 . . . . The most southerly geographic zone, lying between the Antarctic Circle and the South Pole

Antarctica, 1, *44* . . . . The fifth-largest continent is the most southerly; it has the world's harshest climate

Antigua, *13*, 16 . . . . The larger of a two-island, two-named (with Barbuda) nation in the eastern West Indies ... (N Am)

Antwerp, 21 . . . . Belgium's major seaport, with access to the North Sea ... (W Europe)

Apennines, *19*, 23 . . . . A mountain range that runs the length of the Italian peninsula ... (S Europe)

Appalachian Mts., 4 . . . . An ancient, worn-smooth, eastern range in North America; runs from Alabama to southern Canada

Arabian Peninsula, 31 . . . . A large, southwest Asian peninsula; lies between Africa and the Asian mainland

Arabian Sea, *29*, 31, 32 . . . . A sea in the Indian Ocean bounded by the Arabian and Indian peninsulas ... (SW Asia)

Arabic, 64 . . . . A north African and Middle Eastern branch of the Afro-Asian family of languages

Arafura Sea, 34, *35* . . . . A sea lying between northern coast of Australia and the island of New Guinea ... (Oceania)

Araks River, 30 . . . . A river flowing from eastern Turkey, through Iran, to the Caspian Sea ... (SW Asia)

Aral Sea, 26, *27* . . . . A large, but shrinking, inland sea surrounded by Uzbekistan and Kazakhstan ... (C Asia)

Archangel, 26 . . . . A northwest Russian port on the White Sea; close to the Arctic Circle ... (N Europe)

Archipelago, see Glossary. . . . . . A term describing a large group of islands, or sea filled with islands

Arctic Circle, 1, *44* . . . . An imaginary line encircling the earth, 23.5° latitude from the North Pole

Arctic Ocean, 1, 26, *44*. . . . . The world's smallest ocean; the North Pole is near its center

Arctic zone, 1, *44* . . . . The most northerly geographic zone, lying between the Arctic Circle and the North Pole

Argentina, 14, 15, *17*, 66 . . . . . . A large, Atlantic coastal country in southern South America, bordering the length of Chile

Arizona, 6, *11* . . . . The "Grand Canyon state," on the Mexican border, between California and New Mexico ... (N Am)

Arkansas, 6, *9* . . . . A southcentral state between Missouri and Louisiana; on the west bank of the Mississippi ... (N Am)

Arkansas River, *4*, 9 . . . . A major tributary, reaches the Mississippi in Arkansas; originated in the Colorado Rockies ... (N Am)

Armenia, 18, 26, *27* . . . . The world's oldest Christian country; in the Caucasus Mountains, on Turkey's border ... (E Europe)

Aruba, 13 . . . . A newly independent Caribbean island-nation, close to the coast of western Venezuela ... (S Am)

Ashkhabad, *27*, 28 . . . . The capital of Turkmenistan; south of the Kara Kum Desert, close to Iran ... (C Asia)

Asia, 1, 2, *28*, 29 . . . . The largest continent; has 60% of the world's population

Asiatic race, 63 . . . . The Asian branch of the Mongoloid race

Asmara, 37, *42* . . . . The capital of Eritrea, a nation that was Ethiopia's northern province on the Red Sea ... (E Africa)

Asunción, 14, *17*. . . . . The capital city of Paraguay; in the southwest corner,on Argentina's northern border ... (S Am)

Aswan High Dam, 36 . . . . A huge dam in southern Egypt; controls the annual flooding of the Nile ... (NE Africa)

Atacama Desert, 17 . . . . A desert on the northern Pacific coast of Chile; no record of any rainfall ... (S Am)

Athens, 18, *23*. . . . . The capital of Greece; was the classical center of Western civilization ... (SE Europe)

Atlanta, 6, *8* . . . . The capital of Georgia, in the northwest part; the commercial center of the South ... (N Am)

Atlantic City, 7 . . . . A resort/gambling city on the south New Jersey coast; has a famous boardwalk ... (N Am)

Atlantic Ocean, *1*, 2, 4 . . . . The world's second-largest ocean; separates the Americas from Europe and Africa

Atlas Mts., *38*, 39 . . . . A mountain range along the coast of northwest Africa, from Morocco to Tunisia

Atoll, see Glossary . . . . A circular island that encloses a lagoon; usually the top of a submerged volcano

Auckland, 35 . . . . New Zealand's largest city; on the northwest coast of the North Island ... (Oceania)

Augusta, 6, *7* . . . . The capital of Maine; in the southern part, in from the coast ... (N Am)

Austin, 6, *9* . . . . The capital of Texas; in the southeast ranching and farming district ... (N Am)

Australia, 1, *35*, 36, 66 . . . . The "Down Under" nation; also the smallest continent ... (Oceania)

Australian Capital Terr., 35 . . . . . A tiny state in southeast Australia; site of Canberra, the national capital ... (Oceania)

Australian race, 63 . . . . Commonly referred to as Aborigines, they are the darkest-skinned branch of the Oceanic race

Austria, 18, *22*. . . . . An Alpine nation on the southern border of Germany and the Czech Republic ... (C Europe)

Autumn equinox, 44 . . . . Sept. 22; when the sun is above the Equator, and the length of the day equals the length of the night

Ayers Rock, 35 . . . . The world's largest monolith; an enormous reddish rock in central Australia ... (Oceania)

Azerbaijan, 26, *27*. . . . . A nation in the eastern Caucasus Mountains, on the coast of the Caspian Sea ... (E Europe)

Azores, 38, 39 . . . . Portuguese islands in the Atlantic Ocean, 800 mi. (1,280 km) west of Portugal ... (W Europe)

B

Badlands, 10 ... A rugged, eroded landscape in western North Dakota ... (N Am)

Baffin Bay, 4, *5* ... An Arctic bay lying between Greenland and the northern islands of Canada ... (N Am)

Baghdad, 28, *31* ... Iraq's historic capital city; on the Tigris river, in the eastcentral part ... (SW Asia)

Bahama Islands, 8, *13* ... A nation of 2,000 islands, north of Cuba and off the southeast coast of Florida ... (N Am)

Bahrain, 28, *31* ... A tiny island nation in the central Persian Gulf, 25.6 km off the coast of Saudi Arabia ... (SW Asia)

Baja California, 3, *12* ... A narrow peninsula off the shore of northwest Mexico, south of the California border ... (N Am)

Baku, 18, 26, *27* ... The capital city of Azerbaijan; an expanding oil center, on the southwest Caspian coast ... (E Europe)

Balearic Islands, 18, *21* ... Spain's popular resort islands off the Spanish Mediterranean coast ... (W Europe)

Bali, 34 ... An island off the east Java coast of Indonesia; famous for its art, dance, and music ... (SE Asia)

Balkans, 23, 24 ... A name for the region and the countries of the Balkan Peninsula in southeastern Europe

Baltic nations, 25 ... Three small, continental countries (formerly Soviet Republics) on the Baltic Sea coast ... (NE Europe)

Baltic Sea, 18, *20*, 22 ... A sea separating Sweden from continental Poland and the Baltic nations ... (Europe)

Baltimore, 7 ... The largest city in Maryland; a port on the upper west coast of Chesapeake Bay ... (N Am)

Bamako, 37, *39* ... The capital city of Mali, on the Niger River, in the far southwest corner near Guinea ... (W Africa)

Bandar Seri Begawan, 34 ... The capital of Brunei, on the South China Sea coast off the island of Borneo ... (SE Asia)

Bangkok, 28, *34* ... The capital of Thailand; a port on the Gulf of Thailand (in the western South China Sea) ... (SE Asia)

Bangladesh, 28, *32*, 67 ... A former eastern state of India; located on the northern coast of the Bay of Bengal ... (S Asia)

Bangui, 37, *41* ... Capital of the Central African Republic; on the Ubangi, across from the D. R. of Congo ... (C Africa)

Banjul, 37, *40* ... The capital of Gambia; an Atlanic Ocean port at the mouth of the Gambia River ... (W Africa)

Barbados, *13*, 16 ... The most ``British-like" of all the island nations in the West Indies; lies furthest to the east ... (N Am)

Barbuda, *13*, 16 ... One half of a two-island, two-name (with Antigua) nation in the northeast West Indies ... (N Am)

Barcelona, 21 ... The capital of Catalonia; Spain's second-largest city; on the Mediterranean coast ... (S Europe)

Barents Sea, 18, *26* ... An Arctic Ocean sea off the northwestern Russian coast ... (N Europe)

Basel, 21, *22* ... A major city and Rhine river port on Switzerland's northern border ... (C Europe)

Basque Region, 21 ... A rebellious region on the French and Spanish sides of the western Pyrenees ... (W Europe)

Basse-Terre, 13 ... The capital of the French Territorial island of Guadeloupe, in the eastern West Indies ... (N Am)

Basseterre, 13 ... The capital of St. Kitts–Nevis islands; east of Puerto Rico, in the eastern West Indies ... (N Am)

Baton Rouge, 6, *9* ... The capital of Louisiana; in the southcentral part, on the Mississippi River ... (N Am)

Bay, see Glossary ... A body of water, generally wider in the middle, that penetrates a coastline

Bay of Bengal, 29, *32* ... A northeastern bay of the Indian Ocean, bounded by India and southeast Asia ... (S Asia)

Bay of Biscay, 19, *21* ... A bay of the eastern Atlantic Ocean, bordered by France and Spain ... (W Europe)

Bay of Fundy, 7 ... An eastern Canadian bay, known for the world's highest tides; off the north coast of Maine ... (N Am)

Beaufort Sea, *4*, 5 ... An Arctic Ocean sea, on the north coast of Alaska and northwest Canada ... (N Am)

Beijing, 28, *33* ... The capital of China; close to the northeast coast; the historic cultural center ... (E Asia)

Beirut, 25, *30* ... The capital of Lebanon; a Mediterranean port that was the region's center of commerce ... (SW Asia)

Belarus, 18, *25*, 26 ... A former Soviet republic, previously called Belorussia or Byelorussia; between Poland and Russia ... (E Europe)

Belfast, 21 ... The capital of Northern Ireland (U.K.); on the northeast coast, facing Scotland ... (W Europe)

Belgium, 18, *21* ... A North Sea nation bordered by France, Luxembourg, and the Netherlands ... (W Europe)

Belgrade, 18, *24* ... Capital of the current (as well as the former) Yugoslavia; a northern city on the Danube ... (SE Europe)

Belize, 3, 4, *12* ... The only English-speaking nation (and the one without a Pacific coastline) in Central America

Belmopan, 3, *12* ... The new capital of Belize; built inland for protection against hurricanes, in Central America ... (N Am)

Bengali, 64 ... A branch of the Indo-Iranian languages; spoken in Bangladesh ... (S Asia)

Benguela Current, *43*, 59 ... A cold Atlantic current from Antarctica that flows off the coast of southwest Africa

Benin, 37, *40* ... A small, ice cream cone–shaped nation between Togo and Nigeria; on the Gulf of Guinea ... (W Africa)

Bergen, 20 ... Norway's second-largest city; a major west coast port on the North Sea ... (NW Europe)

Bering Sea, 4, *9* ... A sea in the north Pacific; bounded by Russia and Alaska (including the Aleutian Islands) ... (N Am)

Bering Strait, 4, *9* ... A narrow strait separating Alaska from Russia; it was a land bridge during the Ice Age ... (Asia/N Am)

Berlin, 18, *22* ... The capital of Germany; close to the eastern border with Poland ... (C Europe)

Burma, 28, 34 .... The former name of Myanmar, a country between India and Thailand, on the Bay of Bengal ... (SE Asia)

Burundi, 37, *42* .... A small east African country on Lake Tanganyika; south of Rwanda, east of the Dem. Rep. of Congo

Byelorussia, 18, *25* .... The former name of a former Soviet republic (now called Belarus) east of Poland ... (E Europe)

Byzantine Empire, 46 .... A long-lasting Mediterranean empire that grew out of the Roman Empire in the 4th century B.C.

C

Cabinda, 41 .... An Atlantic province separated from the rest of Angola by a strip of the Dem. Rep. of Congo ... (C Africa)

Cagliari, 23 .... The capital of Sardinia, an Italian island in the Tyrrhenian Sea; a port city on the south coast ... (S Europe)

Cairo, 37, *39* .... The crowded capital of Egypt, on the Nile river in northeast Egypt ... (NE Africa)

Calcutta, 32 .... India's largest city; on the Bay of Bengal in northeast India, close to Bangladesh ... (S Asia)

Calgary, 5 .... The second-largest city of Alberta, Canada; located in the south, near the Montana border ... (N Am)

California, 6, *11* .... The most populous state; the world's sixth-largest economy; on the west coast of the U.S. ... (N Am)

Cambodia, 28, *34* .... A nation on the southern end of the Indochina Peninsula, between Thailand and Vietnam ... (SE Asia)

Cambridge, 7 .... A city in the greater Boston, Massachusetts area; the site of Harvard University ... (N Am)

Cameroon, 37, *41* .... A nation with over 200 ethnic tribes; on west Africa's coastal notch (apex of the Gulf of Guinea)

Canada, 3, 4, *5*, 66 .... The world's second-largest country; on the northern border of the U.S. ... (N Am)

Canadian Shield, 4 .... A layer of rock lying under the shallow soil of central Canada, from the Great Lakes to the Arctic Ocean

Canary Islands, 37, 39 .... A group of Spanish islands in the Atlantic, 100 mi. (160 km) from the coast of northwest Africa

Canberra, 35 .... The capital of Australia; located in the Australian Capital Territory, near the southeast coast ... (Oceania)

Canyon, see Glossary .... A deep, usually narrow depression in the earth's surface

Cape, see Glossary .... A point of land, smaller than a peninsula, extending into the sea

Cape Cod, 7 .... A popular Massachusetts resort and residential cape, curving into North Atlantic ... (N Am)

Cape Hatteras, 8 .... A cape on the coast of North Carolina; called the ``Graveyard of the Atlantic" ... (N Am)

Cape Horn, 14, 17 .... A cape with a fearsome reputation; at the southern tip of South America

Cape of Good Hope, 43 .... A cape on the southwestern tip of Africa

Cape Town, 43 .... A scenic port city on the southwestern coast of South Africa, close to the Cape of Good Hope

Cape Verde, 39, *40* .... Africa's most westerly nation: 15 islands lying 300 mi. (480 km) off the Atlantic coast of Senegal

Caracas, 14, *16* .... The capital of Venezuela; a Caribbean port on the northern coast of South America

Caribbean Sea, 4, *13* .... A sea in the western Atlantic, bounded by the West Indies, Central America, and South America

Carpathian Mts., *19*, 22 .... An eastern European range that arcs southeastward through Slovakia, Ukraine, and Romania

Carson City, 6, *11* .... The capital of Nevada; located in the far western part, on the California border ... (N Am)

Cartagena, 16 .... A historic port on Colombia's northwestern Caribbean coast; was Spain's colonial fortress ... (S Am)

Casablanca, 39 .... A classic film was named after this popular Moroccan port on the Atlantic, in northwest Africa

Cascade Mts., 4 .... A west coast mountain range, from northern California to southern British Columbia ... (N Am)

Caspian Depression, 27 .... Below sea-level land surrounding the northern half of the Caspian Sea ... (Europe/Asia)

Caspian Sea, 19, *27* .... An inland sea bounded by eastern Europe and western Asia; actually, the world's largest lake

Castries, 13 .... The capital of St. Lucia, an island in the eastcentral West Indies ... (N Am)

Catalonia, 21 .... The northeast region of Spain; has its own language, and seeks independence ... (SW Europe)

Catskill Mts, NY, 7 .... A branch of the Appalachian Mountains in southern New York; close to the ``Big Apple" ... (N Am)

Caucasoid race, 63 .... A race that includes Europeans, North Africans, Southwest Asians, and Asian Indians

Caucasus, 19, *27* .... The name of a region and of a mountain range; contains Europe's highest peak ... (SE Europe)

Cayenne, 14, *16* .... The capital city of French Guiana; an Atlantic port on the north coast of South America

Cayman Islands, 13 .... Three British islands in the West Indies; south of Cuba and west of Jamaica ... (N Am)

Celebes Sea, 29, *34* .... A sea in southeast Asia; bounded by Borneo, Celebes (Indonesia), and the Philippines

Central African Rep., 41 .... A poor, central African nation between Cameroon on the west and Sudan on the east

Central America, 3, *12* .... A region bounded by Mexico, the Atlantic and Pacific Oceans, and Colombia ... (N Am)

Chad, 37, *39* .... A drought-striken, northcentral African nation, bordering a shrinking lake with the same name

Channel Islands, 21 .... A group of nine British islands in the English Channel, close to the coast of France ... (W Europe)

Charleston (S. Car.), 8 .... A charming, historic Atlantic port in South Carolina; the American Civil War broke out here ... (N Am)

Curacao, 13 .... A Dutch island, just off the Caribbean coast of western Venezuela ... (S Am)
Cuzco, 17 .... The former Inca capital, in the Peruvian Andes; the oldest city in the Western Hemisphere ... (S Am)
Cyprus, 30 .... Island in the eastern corner of the Mediterranean; Turkey contests control by Greece ... (SE Europe)
Czech Republic, 18, *22* .... The Bohemian and Moravian western half of the former Czechoslovakia ... (C Europe)

D

Dakar, 37, *40* .... The capital of Senegal and a major west coast port on the Atlantic; called the ``Gateway to Africa"
Dallas, 9 .... A northeast Texas city, east of Ft. Worth; a center for oil, banking, and insurance ... (N Am)
Dalmatian Coast, 24 .... The island-filled northeast Adriatic coast of Croatia; a popular Balkan recreational area ... (SE Asia)
Damascus, 28, *30* .... The capital of Syria; an ancient city in the southwest corner, near Lebanon ... (SW Asia)
Danube River, *19*, 22, 24 .... The longest river in western Europe; flows eastward, through three capitals, on its way to Black Sea
Dar Es Salaam, 37, *42* .... The capital of Tanzania; a major Indian Ocean port for the landlocked nations of southeastern Africa
Dardanelles, 27, *30* .... A strait on Turkey's west coast; connects the Aegean Sea with the Sea of Marmara ... (Europe/Asia)
Dead Sea, 30 .... The saltiest body of water and the lowest point on earth; lies between Israel and Jordan ... (SW Asia)
Death Valley, 11 .... A valley in southeast California; the hottest and lowest place in the Western Hemisphere ... (N Am)
Deciduous forests, 60 .... Forests in temperate zones, where trees lose their leaves in the fall ... (W Europe and Eastern N Am)
Delaware, 6, *7* .... The second-smallest state; shares the Delmarva peninsula with Maryland, on the Atlantic ... (N Am)
Delaware Bay, 7 .... A narrrow bay (a long Atlantic inlet), separating New Jersey from Delaware ... (N Am)
Delaware River, 7 .... An east coast river separating Pennsylvania and New Jersey; George Washington crossed it ... (N Am)
Delta, see Glossary .... Triangular-shaped land formed by silt deposited at the mouth of certain large rivers
Denmark, 18, *20* .... The most southern Scandinavian country; consists of a peninsula and its eastern islands ... (N Europe)
Denver, 6, *11* .... The capital of Colorado; the ``Mile High City," on the eastern slopes of the Rockies ... (N Am)
Des Moines, 6, *10* .... The capital of Iowa; centrally located, on a Mississippi tributary with the same name ... (N Am)
Desert, 38 .... A barren region with little or no rainfall; not usually sandy, and occasionally found along a coast
Desert shrub, 60 .... A name for drought-resistant, low-growing, scrubby plants found in regions of very low moisture
Detroit, 10 .... The ``Auto Capital" of the world; in southeast Michigan, across the river from Canada ... (N Am)
Devil's Island, 16 .... A notorious former island prison; a part of French Guiana, on the northern coast of South America
Dhaka, 28, *32* .... The capital of Bangladesh; located on a massive river delta, near the Bay of Bengal ... (S Asia)
Djibouti, 37, *42* .... The name of a small east African country and its capital; between Eritrea, Ethiopia, and Somalia
Dneper River, *19*, 25 .... A river flowing in Russia, Belarus,and Ukraine; the name varies slightly in each nation ... (E Europe)
Doha, 28, *31* .... The capital of Qatar; a port on the south Persian Gulf, on the east coast of Saudi Arabia ... (SW Asia)
Doldrums, 58 .... Regions of windless, stagnant air conditions, often occuring in tropical oceans
Dominica, 13 .... An eastern West Indies island known for its rugged landscape and exotic flora and fauna ... (N Am)
Dominican Republic, 13 .... A West Indies nation occupying the eastern 2/3 of Hispaniola Island, which it shares with Haiti ... (N Am)
Don River, *19*, 26, 27 .... A Russian river that flows from south of Moscow, south to the Sea of Azov ... (E Europe)
Dover, 6, *7* .... The capital of Delaware; centrally located, but still close to Delaware Bay ... (N Am)
Drakensberg Mts., *38*, 40 .... A mountain range in South Africa; towers over the southeast coastline on the Indian Ocean
Dresden, 22 .... Historic city on the Elbe, in eastern Germany; was completely destroyed in WW II ... (C Europe)
Dublin, 18, *21* .... The capital of Ireland; a port on the Irish Sea, opposite Wales ... (W Europe)
Dubrovnik, 24 .... A resort city on Croatia's Dalmatian coast; was a medieval center of trade and culture ... (SE Europe)
Duluth, 10 .... A Minnesota city on the western corner of Lake Superior; the busiest port in the Great Lakes ... (N Am)
Dushanbe, 18, *27* .... The capital of Tajikistan; close to the western border with Uzbekistan ... (C Asia)
Dusseldorf, 22 .... A major city and Rhine river port in western Germany's industrial Ruhr Valley ... (C Europe)

E

Earthquake zones, 2 .... Zones where violent earth tremors occur, caused by the movement of tectonic plates
East China Sea, 33 .... A sea in the Western Pacific, off the coast of eastcentral China ... (E Asia)
East Siberian Sea, 26 .... A sea in the Arctic Ocean off the northeast coast of Russia (Siberia) ... (NE Asia)
East Timor, 34 .... A newly formed nation that occupies the eastern half of the Indonesian island of Timor ... (SE Asia)
Easter Island, 36 .... A Chilean island in the southeastern Pacific; known for huge, mysterious head sculptures ... (S Am)

Eastern Orthodox, 60 . . . . An eastern European, Christian religion; it split from the Roman Catholic Church in 1054
Ebro River, *19*, 21 . . . . A river in northeastern Spain; flows eastward to the Mediterranean, south of Barcelona ... (SW Europe)
Ecuador, 14, *17* . . . . An equatorial nation on the west coast of South America, between Colombia and Peru
Edinburgh, 21 . . . . The capital of Scotland; a beautiful city and cultural center, on the North Sea ... (W Europe)
Edmonton, 5 . . . . The capital of Alberta, a western Canadian province known for its beautiful national parks ... (N Am)
Egypt, 37, *39*, 67 . . . . The nation of the ancient Nile civilization; in the northeast corner of Africa
El Paso, 9 . . . . A city on the Rio Grande River, at the tip of the western horn of Texas ... (N Am)
El Salvador, 12 . . . . Nation between Guatemala and Honduras; the only Central American nation without an Atlantic coast
Elba, 23 . . . . An Italian island between Corsica and the coast of northwest Italy; site of Napoleon's exile ... (S Europe)
Elbe River, *19*, 22 . . . . A central European river flowing from the Czech Republic through Germany to the North Sea
Elburz Mts., *29*, 31 . . . . A mountain range in northern Iran, at the southern end of Caspian Sea ... (C Asia)
England, 21 . . . . The largest country in the United Kingdom; on the island of Great Britain ... (W Europe)
English Channel, 21 . . . . A narrow arm of the Atlantic separating Great Britain from the European continent ... (W Europe)
English language, 64 . . . . The world's second most popular language; a branch of the Germanic languages
Equator, 1 . . . . An imaginary latitudinal line circling the earth, equidistant from the North and South Poles
Equatorial Guinea, 37, *41* . . . . . . A small, two-part country, on central Africa's Atlantic coast between Gabon and Cameroon
Erie Canal, 7 . . . . An old canal in western N.Y.; an expansion, plus two rivers, links Lake Erie with the Atlantic ... (N Am)
Erie, PA, 7 . . . . Pennsylvania's only port on the Great Lake with the same name ... (N Am)
Eritrea, 37, *42* . . . . A newly created east African nation on the Red Sea; was Ethiopia's northern province ... (E Africa)
Estonia, 19, *24* . . . . The most northern of the three Baltic nations; culturally related to Finland ... (N Europe)
Estuary, see Glossary . . . . An ocean inlet that merges with the mouth of a river; river flow and ocean tides determine its salinity
Ethiopia, 37, *42*, 67 . . . . One of world's oldest Christian nations; in the horn of east Africa, close to the Red Sea
Euphrates River, *29*, 31 . . . . One of two (Tigris is the other) nearly parallel rivers that have supported civilizations in Iraq ... (SW Asia)
Europe, *18*, 19 . . . . The second-smallest continent, and the most densely populated
European race, 63 . . . . One of two branches of the Caucasoid race; Asian Indian is the other
Everglades, 8 . . . . A National Park in south Florida; a large, swampy, subtropical wilderness ... (N Am)

F

Faeroe Islands, 20 . . . . A group of Danish islands, in the northeast Atlantic between Iceland and Scotland
Fairbanks, 9 . . . . Alaska's largest interior city; in the sparsely populated, eastcentral region ... (N Am)
Falkland Islands, 17 . . . . British islands off southern Argentina, which claims ownership despite losing a war over them ... (S Am)
Far East, 30 . . . . Traditional western name for a region including China, Mongolia, the two Koreas, and Japan
Fiji, 36 . . . . Southwest Pacific islands, north of New Zealand, in Melanesia ... (Oceania)
Finland, 18, *20* . . . . A nation lying between Sweden and Russia, mistakenly called Scandinavian ... (N Europe)
Fjord, see Glossary . . . . A narrow, winding ocean inlet that penetrates a coastal mountain range
Florence, 23 . . . . A city in northcentral Italy known for palaces and museums filled with Renaissance art ... (S Europe)
Florida, 6, *8* . . . . A fast-growing southeastern tourist state, on a low, flat peninsula in the subtropical Atlantic ... (N Am)
Florida Keys, *8*, 13 . . . . A chain of coral islands arcing west from the tip of Florida into the Gulf of Mexico ... (N Am)
Forestry, 61 . . . . An industry that manages and replenishes the timber wealth of the temperate zones
Formosa Strait, 33 . . . . A strait that separates the island of Taiwan from the Chinese mainland ... (E Asia)
Fort-de-France, 13 . . . . The capital of Martinique; an island port in the eastern West Indies ... (N Am)
France, 18, *21*, 67 . . . . The largest country in western Europe, with an uncommon mixture of provincialism and sophistication
Frankfort, 6, *8* . . . . The capital of Kentucky; north centrally located, just south of the Ohio river border ... (N Am)
Frankfurt, 22 . . . . A southwest German city on the Main River; a commercial center with a long history ... (C Europe)
Franz Josef Land, 26 . . . . Russian islands in the Arctic Ocean; the most northerly lands in the Eastern Hemisphere ... (N Europe)
Fraser River, *4*, 5 . . . . British Columbia river that empties into the Pacific at Vancouver; origin in Alberta's Rockies ... (N Am)
Fredericton, 5 . . . . Capital of New Brunswick, an eastern Canadian province on Maine's border ... (N Am)
Freetown, 37, *40* . . . . Capital of Sierra Leone; west African Atlantic port created as a haven for slaves freed by British Fleet
French Guiana, 14, *16* . . . . Last foreign colony on the South American continent; on the north coast, between Suriname and Brazil

French language, 64 .... One of the Latin-Romance languages; was the language of diplomacy
French Polynesia, 36 .... Encompasses 130 French islands in the South Pacific; the most famous of these is Tahiti ... (Oceania)
Ft. Lauderdale, 8 .... A southeast Florida coastal city known for its huge yacht harbor and network of canals ... (N Am)
Ft. Worth, 9 .... The western half (with Dallas) of the twin centers of commerce in east Texas ... (N Am)
Fuzhou, 30 .... An important Chinese seaport on the Formosa Strait, opposite Taiwan ... (E Asia)

G

Gabarone, 37, *43* .... The capital of Botswana; east of the Kalahari Desert, on the southern border with South Africa
Gabon, 37, *41* .... Oil-rich country on central Africa's Atlantic coast, between Cameroon and the Republic of the Congo
Galapagos Islands, 14 .... Ecuadorian Pacific Islands, 960 km from mainland; visited by Charles Darwin ... (S Am)
Gambia (The), 37, *39* .... Continental Africa's smallest nation; on the Atlantic coast, almost surrounded by Senegal ... (W Africa)
Gambia River, *38*, 39 .... A west African river that flows down the middle of The Gambia on its way to the Atlantic ... (W Africa)
Ganges River, *29*, 32 .... Hinduism's holiest river; crosses northern India on its way east to the Bay of Bengal ... (S Asia)
Gaza Strip, *30*, 39 .... A strip on the Mediterranean between Egypt and Israel; self-governed by Palestinians ... (SW Asia)
Gdansk, 22 .... Poland's main port on the Baltic Sea; was the Free City of Danzig before WW II ... (C Europe)
Geneva, 22 .... A city in the southwest thumb of Switzerland, surrounded by France ... (C Europe)
Genoa, 23 .... Italy's principal seaport, on the northwest coast; the birthplace of Columbus ... (S Europe)
Georgetown, 14, *16* .... Capital of Guyana; a dike-protected, sub–sea level Atlantic port on the north coast ... (S Am)
Georgia (Eur.), 18, *27* .... A west Caucasus nation on the Black Sea; a former republic of the Soviet Union ... (E Europe)
Georgia (U.S)., 6, *8* .... The largest state east of the Mississippi; on the Atlantic, between South Carolina and Florida ... (N Am)
German language, 64 .... The tenth most popular language; speakers are mostly in central Europe
Germany, 18, *22*, 67 .... Europe's industrial giant; started the two World Wars of the Twentieth Century ... (C Europe)
Ghana, 37, *40* .... A west African coastal nation, between Cote d'Ivoire and Benin; was called the Gold Coast
Ghats, 29 .... Mountains on the east and west coasts of India; converge at the tip of the Deccan Peninsula ... (S Asia)
Gibraltar, 21 .... Britain's rock on the Spanish side of a strait linking the Atlantic and the Mediterranean ... (SW Europe)
Glacier, see Glossary .... A river of ice that moves very slowly down a mountain slope
Glasgow, 21 .... Scotland's largest city; a port on the west coast, facing Northern Ireland ... (W Europe)
Gobi Desert, 33 .... A high desert in southern Mongolia, subject to extremes of temperature ... (C Asia)
Godthab, 3, *5* .... The capital of Greenland; a port on the island's southwest coast, on the Davis Strait ... (N Am)
Golan Heights, 30 .... Mountains on Syria's southwest border, overlooking Israel; currently under Israel's control ... (SW Asia)
Gold Coast, 40 .... A name for the coast of Ghana; recalls the time when British colonialists were mining gold ... (W Africa)
Goteborg, 20 .... Sweden's second-largest city; the nation's main port, on a strait opposite Denmark ... (N Europe)
Gotland, 20 .... The largest island in the Baltic Sea; played a significant role in Sweden's medieval past ... (N Europe)
Gran Chaco, 17 .... The western half of Paraguay; a harsh region that can be either a desert or a swamp ... (S Am)
Grand Canyon, 1 .... A spectacular gorge in northern Arizona; eroded by six million years of Colorado River activity ... (N Am)
Grasslands (temperate), 60 .... Grassy, treeless regions called ``prairies" in the U.S. midwest and ``pampas" in central Argentina
Grasslands (tropical), 60 .... Grassy regions called ``savannas" in Africa, ``llanos" in Venezuela, and ``campos" in Brazil
Great Barrier Reef, 35 .... World's longest coral reef 2,000 km lies off the northeast coast of Australia ... (Oceania)
Great Bear Lake, 4, 5 .... A lake in the Canadian Northwest Territories; North America's fourth-largest lake
Great Britain, 18, 21 .... The largest island in the British Isles; contains England, Scotland, and Wales ... (W Europe)
Great Dividing Range, 35 .... A network of mountain ranges that run the full length of the east coast of Australia ... (Oceania)
Great Lakes, 5, 6 .... The name for Lakes Superior, Michigan, Huron, Erie, and Ontario ... (N Am)
Great Rift Valley, 38 .... The longest crack in the earth's surface 6,400 km from southeast Africa to southwest Asia
Great Salt Lake, 4, *11* .... A large, freshwater-fed lake in northwest Utah; six times saltier than any ocean ... (N Am)
Great Slave Lake, 4, *5* .... The deepest lake 610 m in North America; in Canada's Northwest Territories
Great Smoky Mts., 8 .... Part of the Appalachian chain that straddles the Tennessee/North Carolina border ... (N Am)
Great Wall of China, 8 .... The world's largest structure 2,400 km built over a period of 2,000 years ... (E Asia)
Greater Antilles, 4, *13* .... The largest islands (Cuba, Hispaniola, Jamaica, Puerto Rico) in the West Indies ... (N Am)
Greece, 18, *23* .... A nation at the south end of the Balkan Peninsula; the birthplace of western civilization ... (SE Europe)

H

I

Istanbul, 28, *30* . . . . Turkey's largest city; called Byzantium by the Greeks and Constantinople by the Romans … (SW Asia)
Isthmus, see Glossary . . . . A narrow strip of land with water on both sides, connecting two larger land masses
Italy, 18, *23* . . . . A southern European Mediterranean nation; on a peninsula surrounded by four seas
Ivory Coast, 37, *40* . . . . The former name of Cote d'Ivoire; on the Ivory Coast of west Africa's Atlantic coast

J

Jackson, 6, *8* . . . . The capital of Mississippi; a Pearl River port in the south, with access to Gulf of Mexico … (N Am)
Jacksonville, 8 . . . . Florida's largest city; on the St. Johns River, near the northeast coast … (N Am)
Jakarta, 28, *34* . . . . Capital of Indonesia; the largest city in southeast Asia, on the west end of the island of Java
Jamaica, 3, *13* . . . . A former British colony, south of eastern Cuba; island is noted for its rugged beauty … (N Am)
Japan, 28, *33*, 67 . . . . An multi-island nation, east of the Asian mainland; the "Land of the Rising Sun" is an industrial giant
Japanese, 64 . . . . The ninth most widely spoken language; related to Korean
Jefferson City, 6, *9* . . . . The capital of Missouri; centrally located, on the Missouri River, west of St. Louis … (N Am)
Jerusalem, 28, *30* . . . . The capital of Israel; the "Old City" section is a holy place for Jews, Christians, and Muslims … (SW Asia)
Jidda, 31 . . . . Saudi Arabian port on the Red Sea; pilgrims bound for Mecca arrive at this western port … (SW Asia)
Johannesburg, 40 . . . . South Africa's largest city; the nation's business center, in the northeast gold mining region
Jordan, 28, *30* . . . . A Middle Eastern nation with a Palestinian majority; shares most of Israel's eastern border … (SW Asia)
Juan Fernandez Is., 14 . . . . An island group west of the coast of Chile; a resident was the model for Robinson Crusoe … (S Am)
Judaism, 60 . . . . The oldest of the monotheistic religions to come out of the Middle East
Juneau, 6, *9* . . . . The capital of Alaska; located in the panhandle, next to Canada; reached only by sea or air

K

Kabul, 28, *32* . . . . The capital of Afghanistan; located in the historic overland trade routes of the Hindu Kush … (C Asia)
Kalahari Desert, 43 . . . . A desert region in western Botswana and eastern Namibia; home of the African Bushmen … (S Africa)
Kalimantan, 34 . . . . Indonesia's largest province; occupies the southern 3/4 of the island of Borneo … (SE Asia)
Kaliningrad, *25*, 26 . . . . Capital of Kaliningrad Oblast; Baltic port on the Gulf of Gdansk, near the Polish border … (C Europe)
Kaliningrad Oblast, 25 . . . . A detached part of Russia on the Baltic coast; was German East Prussia prior to WW II … (C Europe)
Kamchatka Peninsula, 26 . . . . . . A volcanically active peninsula on the east coast of Siberia (Russia), northeast of Japan … (E Asia)
Kampala, 37, *42* . . . . Capital of Uganda; close to the shore of Lake Victoria, between the Rift Valleys … (E Africa)
Kansas, 6, *9* . . . . The leading wheat-producing state; the geographical center of the 48 states … (N Am)
Kansas City, 9 . . . . The name of cities in both Kansas and Missouri, facing each other on the Missouri River … (N Am)
Kaohsiung, 30 . . . . Taiwan's second-largest city; industrial center and main seaport near the island's south end … (E Asia)
Kara Kum Desert, 27 . . . . A desert covering most of Turkmenistan; east of the Caspian Sea … (C Asia)
Kara Sea, 26 . . . . An Arctic Ocean sea, usually frozen, off the coast of Siberia, north of the Urals … (N Asia)
Karachi, 32 . . . . The former capital of Pakistan; an industrial city and Arabian Sea port at the mouth of the Indus … (Asia)
Karakorum, 48 . . . . The capital of the Mongol Empire; very little remains of Khan's city in northern Mongolia … (C Asia)
Kashmir, 32 . . . . A northern province of India, on the Pakistan border; claimed by Pakistan and India … (C Asia)
Kathmandu, 28, *32* . . . . The capital of Nepal; a mountaineer's mecca, in the Himalayas, near Mt. Everest … (C Asia)
Kattegat, 20 . . . . A strait between Sweden and Denmark; with Skagerrak, it links the North and Baltic Seas … (N Europe)
Kazakhstan, 18, *27*, 66 . . . . After Russia, the largest of the former Soviet republics; on Russia's southern border … (C Asia)
Kentucky, 6, 8 . . . . The "Bluegrass State"; the Ohio River creates its ragged northern border … (N Am)
Kenya, 37, *42* . . . . An east African country noted for its wildlife parks; the nation has the world's highest population growth rate
Key West, *8*, 13 . . . . The most southerly city in the U.S.; an artist colony near the western end of the Florida Keys … (N Am)
Kharkiv, 25 . . . . The second-largest city in Ukraine; industrial and agricultural center near the Russian border … (E Europe)
Khartoum, 37, *39* . . . . The capital of Sudan; located where the Blue and White Niles join to form the Nile River … (NE Africa)
Khyber Pass, 32 . . . . A historic pass and trade route in the Hindu Kush Mts. between Afghanistan and Pakistan … (C Asia)
Kiel Canal, 22 . . . . World's busiest canal; crosses the Jutland Peninsula in Germany, linking the North and Baltic Seas
Kiev, 18, *25* . . . . Capital of Ukraine; ancient Russian capital, on the Dnipro River in the north, near Belarus … (E Europe)
Kigali, 37, *42* . . . . The capital of Rwanda; located close to the southern border with Burundi … (E Africa)

Kings Canyon, 11 . . . . A large California National Park with two canyons; south of Yosemite in the Sierras ... (N Am)
Kingston (Jam.), 12, *13* . . . . Capital of Jamaica; the island's industrial center has a history of earthquake devastation ... (N Am)
Kingston (St. Vin.), 13 . . . . Capital of St. Vincent & Grenadines; in the eastern West Indies ... (N Am)
Kinshasa, 37, *41* . . . . Capital of the Democratic Republic of the Congo; on the Congo River, opposite Brazzaville ... (C Africa)
Kiribati, 36 . . . . A nation of small islands widely spread along the Equator; north of Samoa, in the central Pacific
Korea Strait, 33 . . . . A wide strait between South Korea and Japan; connects Sea of Japan and East China Sea ... (E Asia)
Kosovo, 24 . . . . A southern Yugoslavian province on the Albanian border; seeks independence ... (Europe)
Krakow, 22 . . . . A major tourist city, near Poland's southern border; an early capital, and center of culture ... (C Europe)
Kuala Lumpur, 28, *34* . . . . The capital of Malaysia, on the southwest Maylay Peninsula, across a strait from Indonesia ... (SE Asia)
Kunlun Mts., 29, *33* . . . . A tall mountain range forming the northern ridge of Tibetan plateau in western China ... (C Asia)
Kurdistan, 31 . . . . ``Borderless nation" of Kurdish tribes, traditionally persecuted, seeking their own nation ... (SW Asia)
Kurile Islands, 26, *36* . . . . Islands between Japan and Russia's Kamchatka Peninsula; currently controlled by Russia ... (E Asia)
Kuwait, 28, *31* . . . . A small, oil-rich nation at the northern end of the Persian Gulf, between Saudi Arabia and Iraq ... (SW Asia)
Kuwait (City), 28, *31* . . . . The capital of Kuwait; a modern port city with a population dominated by imported workers ... (SW Asia)
Kyoto, 33 . . . . Japan's ancient capital, cultural and religious center; on Honshu Island, near Osaka ... (E Asia)
Kyrgyzstan, 26, *27* . . . . A former Soviet republic (Kirghizia); between Kazakhstan and China ... (C Asia)
Kyushu Island, 33 . . . . Japan's third-largest island; a center for electronics, south of the other three islands ... (E Asia)
Kyzyl Kum Desert, 27 . . . . A desert in central Uzbekistan and southern Kazakhstan; on the east coast of the Aral Sea ... (C Asia)

L

La Paz, 14, *17* . . . . The world's highest capital 3,659 m on an Andean plateau in western Bolivia ... (S Am)
La Plata, 17 . . . . Argentina's major seaport; on the Rio de la Plata, near Buenos Aires; opposite Uruguay ... (S Am)
Labrador, 5 . . . . The mainland portion of Newfoundland, Canada's most easterly, Atlantic coastal province ... (N Am)
Laccadive Islands, 32 . . . . Indian islands in the Arabian Sea, off the southwest coast of India ... (S Asia)
Lagos, 37, *40* . . . . The capital of Nigeria; a port close to the border of Benin, on the Gulf of Guinea ... (W Africa)
Lahore, 32 . . . . A former capital of Pakistan; an ornate city on the northeastern border with India ... (C Asia)
Lake Albert, *38*, 42 . . . . A narrow lake in the Great Rift Valley between Dem. Rep. of Congo and Uganda ... (E Africa)
Lake Baikal, 26, 33 . . . . World's deepest lake, in southcentral Siberia; holds more water than all of the Great Lakes ... (C Asia)
Lake Balaton, 22 . . . . The largest lake in central Europe; southwest of Budapest, in western Hungary ... (C Europe)
Lake Balkhash, 27 . . . . A large, crescent-shaped lake in eastern Kazakhstan ... (C Asia)
Lake Chad, *38*, 40 . . . . A north African lake, known to expand and shrink; prolonged droughts have reduced its size
Lake Constance, 22 . . . . An Alpine lake on the Swiss/German border; Rhine River flows through the length of it ... (C Europe)
Lake Edward, 38, 42 . . . . A Rift Valley lake south of Lake Albert; border between the D.R. of Congo and Uganda ... (E Africa)
Lake Erie, 4, *7* . . . . Second-smallest Great Lake; east end drains into Lake Ontario via the Niagara River and Falls ... (N Am)
Lake Geneva, 22 . . . . An Alpine lake on the Swiss/French border; Rhone River flows through the length of it ... (C Europe)
Lake Huron, 4, *10* . . . . The central Great Lake; largely a Canadian lake except for Michigan, on its western shore ... (N Am)
Lake Kivu, *38*, 42 . . . . A Rift Valley lake, south of Lakes Albert and Edward; on D.R. of Congo/Rwanda border ... (E Africa)
Lake Ladoga, *19*, 26 . . . . Europe's largest lake; in northwest Russia, near the southeastern Finnish border ... (N Europe)
Lake Maracaibo, 13, *16* . . . . An oil-rich lake in Venezuela; actually, an ocean inlet on the Caribbean coast ... (S Am)
Lake Mead, 11 . . . . A lake on the Nevada/Arizona border; created by the Hoover Dam on the Colorado River ... (N Am)
Lake Michigan, 4, *10* . . . . Only Great Lake entirely within the U.S.; much of it is bordered by a state with same name ... (N Am)
Lake Nasser, 39 . . . . A long lake on Egypt's southern Nile; created by the Aswan High Dam ... (Africa)
Lake Nicaragua, 4, *12* . . . . Central America's largest lake, in Nicaragua; narrowly sealed off from the Pacific by volcanic debris
Lake Malawi, 38, *43* . . . . A lake (formerly Nyasa) nearly the length of Malawi, at the southern end of the Rift Valley ... (SE Africa)
Lake of the Woods, 10 . . . . A large, irregularly shaped Canadian lake, on Minnesota border; a major recreational area ... (N Am)
Lake Okeechobee, 8 . . . . A lake north of the Florida Everglades; second-largest (after Michigan) freshwater lake in the U.S.
Lake Onega, 26 . . . . Europe's second-largest lake; in northwest Russia, east of the largest, Lake Ladoga ... (N Europe)
Lake Ontario, 4, 7 . . . . Smallest and most eastern of the Great Lakes; leads to the Atlantic via the St. Lawrence ... (N Am)
Lake Turkana, *38*, 42 . . . . Rift Valley lake in Kenya, touching Ethiopian border; water is salty due to evaporation ... (E Africa)

Lake Superior, *4*, 10 .... The largest of the Great Lakes; world's largest freshwater lake; subject to fierce storms ... (N Am)
Lake Tana, *38*, 42 .... Lake in northern Ethiopian Plateau; source of the Blue Nile (the Nile's chief source) ... (E Africa)
Lake Tanganyika, *38*, 42 .... Africa's second-largest lake; in the lower Rift Valley, on D.R. of Congo/Tanzania border ... (E Africa)
Lake Titicaca, 16, 17 .... The world's highest navigable lake; 3,659 m up in the Andes between Peru and Bolivia
Lake Vanem, 20 .... Sweden's largest lake; in the southwest, with access to the Kattegat Strait ... (N Europe)
Lake Victoria, *38*, 42 .... Africa's largest lake; between Uganda and Tanzania; source of the White Nile ... (E Africa)
Lake Volta, 40 .... An artificial lake in Ghana; provides transportation and powers the nation's bauxite industry ... (W Africa)
Lake Winnipeg, 4, *5* .... A long lake in southern Manitoba, Canada; provides access to Hudson Bay, in the north ... (N Am)
Lamaism, 65 .... A modified form of Buddhism practiced in Tibet and Mongolia
Lambarene, 41 .... An African town made famous by Albert Schweitzer; his hospital is near the coast of Gabon ... (C Africa)
Land of Midnight Sun, 20 ...... The name Scandinavians give to their Arctic region, where the summer sun never sets (NW Europe)
Lansing, 6, *10* .... The capital of Michigan; an auto production center in the southcentral part of the state ... (N Am)
Laos, 28, 34 .... A long, narrow country between Vietnam and Thailand; on the Indochina Peninsula ... (SE Asia)
Lapland, 20 .... The Arctic region of Scandinavia, Finland, and western Russia; home of the Lapps ... (N Europe)
Laptev Sea, 26 .... An Arctic sea on the coast of Siberia (Russia); generally frozen except for summer months ... (N Asia)
Las Vegas, 11 .... The world's gambling capital; in southern Nevada, near the California/Arizona border ... (N Am)
Latvia, 20, *25*, 26 .... The middle of the three Baltic nations; also bordered by Russia and Belarus ... (NE Europe)
Lebanon, 28, *30* .... Eastern Mediterranean nation bordered by Syria and Israel; has been ruined by civil war ... (SW Asia)
Leipzig, 22 .... The most important cultural city in eastern Germany; being restored to past greatness (C Europe)
Lena River, 26 .... A major river in eastern Siberia (Russia); wends its way northward to the Arctic's Laptev Sea ... (N Asia)
Leningrad, 26 .... Soviet name for St. Petersburg; Russia's cultural center and second-largest city, near Finland ... (NE Europe)
Lesotho, 37, *43* .... A small, mountainous nation entirely surrounded by South Africa; near the southeast corner of Africa
Lesser Antilles, 4, *13* .... A group of smaller, eastern West Indian islands forming an arc toward the coast of South America
Liberia, 37, *40* .... Africa's first independent black nation (1847); was a homeland for freed American slaves ... (W Africa)
Libreville, 37, *41* .... Capital of Gabon; the name of the port suggests its past as a haven for freed slaves ... (W Africa)
Libya, 37, *39*, 66 .... Oil-rich north African nation on the Mediterranean, between Algeria and Egypt
Liechtenstein, 18, *22* .... A tiny, German-speaking Alpine nation; wedged between Switzerland and Austria ... (C Europe)
Ligurian Sea, 23 .... A Mediterranean sea off the northwest coast of Italy; Gulf of Genoa is at its apex ... (S Europe)
Lilongwe, 37, *43* .... The capital of Malawi; centrally located, close to the Zambia/Mozambique borders ... (SE Africa)
Lima, 14, *17* .... Capital of Peru; this city on the central Pacific coast was headquarters for the Spanish conquerors ... (S Am)
Limpopo River, *38*, 43 .... A river from South Africa that flows in a semi-circle; borders Botswana, Zimbabwe, and into Mozambique
Lincoln, 6, *10* .... The capital of Nebraska; a city in the southeastern corner, south of Omaha ... (N Am)
Lisbon, 18, *21* .... Capital of Portugal; a beautiful city on an Atlantic estuary of the Tagus River ... (W Europe)
Lithuania, 18, *25* .... The most southern of the three Baltic nations; population is Catholic, unlike the others ... (E Europe)
Little Rock, 6, *9* .... The capital of Arkansas; on the Arkansas tributary of the Mississippi, in the center of the state ... (N Am)
Liverpool, 21 .... England's west coast port on the Irish Sea; once was the shipping center of Britain ... (W Europe)
Llanos, 15 .... South American term for tropical grasslands; region between Colombian Andes and Brazilian jungle
Lome, 37, *40* .... Capital of Togo; a Gulf of Guinea port for west Africa's landlocked nations of the southern Sahara
London, 18, *21* .... Capital of England and the United Kingdom; on the Thames, near the southeast coast ... (W Europe)
Londonderry, 21 .... The second-largest city (after Belfast) in northern Ireland (UK) ... (W Europe)
Long Island, 7 .... A New York island off the coast of Connecticut; primarily residential and recreational ... (N Am)
Los Angeles, 11 .... The second-largest city and a leading manufacturing center of U.S.; in southern California ... (N Am)
Louisiana, 6, *9* .... A central Gulf Coast state; the only state in the U.S. with a distinctly French influence ... (N Am)
Louisville, 8 .... Kentucky's largest city and Ohio river port; home of the "Kentucky Derby" ... (N Am)
Low Countries, 21 .... A name for the Netherlands, Belgium, and Luxembourg (not accurate, as to the latter) ... (W Europe)
Luanda, 37, *41* .... The capital of Angola; Atlantic port founded by the Portuguese in the 16th century ... (C Africa)
Lusaka, 37, *41* .... The capital of Zambia; in the southcentral part, close to Zimbabwe border ... (C Africa)
Luxembourg, 18, *21* .... The highest of the "low countries"; bordered by Belgium, France, and Germany ... (W Europe)
Luzon, 34 .... Philippines' largest and most northern island; between South China and Philippine Seas ... (E Asia)

Mbabane, 37, *43* .... The capital of Swaziland; on its northwest border with South Africa, east of Johannesburg ... (SE Africa)

Mecca, 31 .... The birthplace of Muhammad, and Islam's holiest city; near Saudi Arabia's Red Sea coast ... (SW Asia)

Medellin, 16 .... Colombia's second-largest city, high in the Andes; has been associated with drug cartels

Medina, 31 .... Islam's second-holiest city, in western Saudi Arabia; Muhammad fled here from Mecca ... (SW Asia)

Mediterranean climate, 42 ..... A climate characterized by hot, dry summers, and mild, wet winters

Mediterranean scrub, 45 ...... A type of vegetation (low, leathery leaves) that can survive long, hot, dry summers

Mediterranean Sea, 19 .... A large, salty sea that separates Europe and Africa; an eastern arm of the Atlantic

Mekong River, 29, *34* .... Southeast Asia's longest river; begins in Tibet and flows through Indochina to the South China Sea

Melanesia, 36 .... A region in the western Pacific where natives are darker than those in Micronesia or Polynesia

Melanesian race, 63 .... One of the Oceanic races; the members tend to be short, dark-skinned, and curly-haired

Melbourne, 35 .... Australia's second-largest city; the capital of the state of Victoria on the southeast corner ... (Oceania)

Memphis, 8 .... Tennessee's largest city; a busy Mississippi port in the state's southeast corner ... (N Am)

Merida, 12 .... A Mexican city built by the Spanish on Mayan ruins; on the northern Yucatan Peninsula ... (N Am)

Mesa, see Glossary .... A flat-topped mountain with steep vertical sides; created by the erosion of the surroundings

Meseta Plateau, 21 .... The high, dry, treeless plateau that covers most of Spain ... (SW Europe)

Meshed, 31 .... Iran's holy city for Shiite Muslims; a place of pilgrimage, on the border with Afghanistan ... (C Asia)

Mexico, 3, *12*, 66, 67 .... A country between the U.S. and Central America; has the majority of the world's Spanish speakers

Mexico City, 3, *12* .... The capital of Mexico; the world's largest city, built on an ancient Aztec site in central Mexico ... (N Am)

Miami, *8*, 13 .... A Cuban-flavored, southeast Florida city; U.S. center for Latin American trade and commerce ... (N Am)

Michigan, 6, *10* .... The only U.S. state on two peninsulas: a forested north, and a populated, industrial south ... (N Am)

Micronesia, 36 .... A region of islands, north of Melanesia, in the western Pacific; natives tend to be lighter-skinned

Micronesian race, 63 .... An oceanic race whose physical characteristics fall between those of Melanesians and Polynesians

Middle East, 30, 31 .... The region of southwest Asia that includes Iran and all of the nations to its west

Midway, 36 .... U.S. Islands, northwest of Hawaii, where a U.S. naval victory in WW II turned the tide of the war

Milan, 23 .... Italy's second-largest city, in the far north; an industrial powerhouse and financial center ... (S Europe)

Milwaukee, 10 .... Wisconsin's largest city; America's brewery center is a port on southwest Lake Michigan ... (N Am)

Mindanao, 34 .... Philippines' second largest and most southerly island; agriculturally and minerally productive ... (SE Asia)

Minneapolis, 10 .... Minnesota's leading and largest city; across the Mississippi River from its twin, St. Paul ... (N Am)

Minnesota, 6, *10* .... Northcentral state with 15,000 lakes; an iron-ore producer on the west end of Lake Superior ... (N Am)

Minsk, 25 .... The capital of Belarus (former Soviet republic); the centrally located industrial center ... (E Europe)

Mississippi, 6, *8* .... Gulf Coast state with Alabama on the east and a river of the same name on the west ... (N Am)

Mississippi River, *4*, 8, 10 ...... The second-longest river in the U.S.; flows from northern Minnesota to the Gulf of Mexico ... (N Am)

Missouri, 6, *9* .... A central state with Kansas City on its western border and St. Louis on the eastern border ... (N Am)

Missouri River, *4*, 9, 10, 11 ..... Longest river in the U.S.; flows from Montana diagonally south to the Mississippii at St.Louis ... (N Am)

Mobile, 8 .... A major port on Alabama's narrow Gulf of Mexico coastline ... (N Am)

Mogadishu, 37, *42* .... Capital of Somalia; Indian Ocean port on the south coast of the horn of east Africa

Mogul Empire, 48 .... An Indian empire, 16th–19th century, created by a descendant of Genghis Khan ... (S Asia)

Mojave Desert, 11 .... A desert in southcentral California, east of Los Angeles and south of Death Valley ... (N Am)

Moldova, 18, *25* .... A nation known as Moldavia when it was a Soviet repubic; culturally linked to Romania ... (E Europe)

Mombasa, 42 .... The second-largest city of Kenya; a major trading port on the Indian Ocean ... (E Africa)

Monaco, *21*, 23 .... The name of a tiny country and its capital, on the French Riviera; a haven for millionaires ... (S Europe)

Mongol Empire, 48 .... The largest land empire in history; originated in Mongolia, by Ghengis Khan and his heirs ... (Asia)

Mongolia, 28, *33*, 66 .... A stark, sparsely populated nation between China and Russia; Gobi Desert is in the south ... (C Asia)

Mongoloid races, 63 .... The racial classification for the Asiatic and Amerindian races

Monrovia, 37, *40* .... Capital of Liberia; a west African Atlantic port, named after American President James Monroe

Montana, 6, *11* .... Rocky Mountain state whose name means ``mountain" in Spanish; on the Canadian border ... (N Am)

Montenegro, 24 .... A region of Yugoslavia on the Adriatic coast; its name means ``Black Mountain" in Italian ... (SE Europe)

Monterrey, 12 .... Mexico's third-largest city; an industrial center in the northeast, close to the Texas border ... (N Am)

Montevideo, 4, *17* .... Capital of Uruguay; a port opposite Buenos Aires, on the Rio de la Plata ... (S Am)

Montgomery, 6, *8* ... Capital of Alabama; located in the southern part of the state ... (N Am)

Montpelier, 6, *7* ... Capital of Vermont, in a granite-quarrying region in the northcentral part ... (N Am)

Montreal, 5, *7* ... Canada's second-largest city; has more French speakers than any other city except Paris ... (N Am)

Montserrat, 13 ... A British Territory in the eastern West Indies; an island between Antigua and Martinique ... (N Am)

Morocco, 37, *39* ... A northwest African, Atlantic coastal nation, 13 km from Spain, across the Strait of Gibraltar

Moscow, 26 ... Capital of Russia (was also the capital of the former Soviet Union); in the nation's far west ... (E Europe)

Mostar, 24 ... The former capital of Herzegovina; a city in the southern part of Bosnia-Herzegovina ... (SE Europe)

Mountain climate, 55 ... A climate that is usually colder, windier, and wetter than sea level regions within the same latitude

Mt. Ararat, 30 ... Turkey's tallest mountain; on its border with Armenia; thought to be the site of Noah's Ark ... (SW Asia)

Mt. Blanc, 21 ... Tallest Alpine mountain 4,808 m in southeastern France, on the Italian border ... (C Europe)

Mt. Cameroon, 38 ... West Africa's tallest mountain 4,070 m an active volcano on Cameroon's Atlantic coast

Mt. Elbrus, 19, 26, 27 ... Europe's tallest peak 5,634 m in the Russian Caucasus, by the Black Sea ... (E Europe)

Mt. Etna, 23 ... Europe's largest active volcano 3,324 m in eastern Sicily ... (S Europe)

Mt. Everest, 29, *33* ... World's tallest peak 7,723m in Nepal's Himalayas, on the Tibet (China) border ... (C Asia)

Mt. Fuji, 33 ... Japan's tallest, most sacred mountain 3,776 m colse to Tokyo ... (E Asia)

Mt. Godwin Austen (K2), 32 ... World's second-tallest peak 7,485 m on the Pakistan/China border ... (C Asia)

Mt. Kilimanjaro, 38, *42* ... Africa's tallest peak 5,895 m in Tanzania on the Kenyan border ... (E Africa)

Mt. Logan, 4, 5 ... Canada's highest peak 6,050 m in southern Yukon Territory, on Alaskan Border ... (N Am)

Mt. McKinley, 4, 9 ... North America's tallest peak 6,194 m in southcentral Alaska, north of ... (N Am)

Mt. Olympus, 23 ... Tallest mountain in the Balkans 2,198 m Greece's home of mythical gods ... (SE Europe)

Mt. Rainier, 4, 11 ... Washington's glacier-covered peak 4,392 m looms up behind Puget Sound ... (N Am)

Mt. Rushmore, 10 ... Mountain in western South Dakota's Black Hills; has the carved heads of four U.S. presidents ... (N Am)

Mt. St. Helens, 11 ... Southwest Washington volcanic peak; violently erupted in 1980 ... (N Am)

Mt. Vesuvius, 23 ... Volcano near Naples, Italy; eruption buried the Roman cities of Pompeii and Herculaneum ... (SE Europe)

Mt. Washington, 7 ... New Hampshire peak is the tallest in the northeast 1,917 m extremely cold and windy ... (N Am)

Mt. Whitney, 4, 11 ... Tallest peak 4,418 m in the 48 states; in the California Sierra, south of Yosemite ... (N Am)

Mt. Wilhelm, 35 ... Tallest peak in Oceania 4,509 m in the heart of Papua New Guinea

Mozambique, 37, *43* ... An east African coastal nation between Tanzania and South Africa, opposite the island of Madagascar

Mozambique Channel, 37 ... A wide Indian Ocean channel between Mozambique and Madagascar ... (SE Africa)

Munich, 22 ... The world's ``beer capital"; an industrial city in southern Germany's Bavarian region ... (C Europe)

Murmansk, 26 ... World's only major city north of Arctic Circle; a Russian port, warmed by Atlantic currents ... (N Europe)

Muscat, 28, *31* ... Capital of Oman; port on the Gulf of Oman, at the southeastern tip of Arabian Peninsula ... (SW Asia)

N

Nagasaki, 30 ... Port city on Japan's southern Kyushu Island; victim of the world's second atomic bomb ... (E Asia)

Nagorno-Karabakh, 27 ... Armenian enclave within the borders of Azerbaijan; both nations have claimed ownership ... (E Europe)

Nairobi, 37, *42* ... Capital of Kenya; a rapidly growing city, in the south, close to the Tanzania border ... (E Africa)

Namib Desert, 38, *43* ... Atlantic coastal desert in Namibia; arid because of the cold, offshore Benguela Current ... (SW Africa)

Namibia, 37, *43* ... A nation on the South Atlantic coast of Africa; formerly Southwest Africa, Africas's last colony

Nanjing, 33 ... Major Chinese city on the Yangtze near Shanghai; was the capital during the 1930s ... (E Asia)

Naples, 23 ... Italy's third-largest city; city of contrasts, near Mt. Vesuvius on the southwest coast ... (SE Asia)

Nashville, 6, *8* ... Capital of Tennessee; centrally located; world capital of country music ... (N Am)

Nassau, 13 ... Capital of the Bahama Islands; a haven for tourists and their bank deposits ... (N Am)

Natal, 43 ... Eastern province of South Africa; Gandhi once lived among its large Indian population ... (SE Africa)

Nauru, 36 ... A tiny island in Pacific's Micronesia; one of the world's richest countries, per capita ... (Oceania)

N'Djamena, 37, *39* ... Capital of Chad; on the southwest border with Nigeria, in northcentral Africa

Nebraska, 6, *10* ... ``Cornhusker State" in the Great Plains, north of Kansas; almost entirely agricultural ... (N Am)

Negroid race, 63 ... A classification for the African race

Nelson River, 4, *5* ... A Canadian river linking Manitoba's Lake Winnipeg with Hudson Bay to the north ... (N Am)

Nepal, 28, *32* . . . . A Himalayan Mountain nation; between India and China ... (C Asia)
Netherlands, 18, *21* . . . . The "Low Country," on the North Sea between Germany and Belgium ... (W Europe)
Netherlands Antilles, 13 . . . . Two groups of Dutch territories in the West Indies; east of Puerto Rico and close to Venezuela ... (N Am)
Nevada, 6, *11* . . . . The state east of California, with the lowest rainfall; legalized gambling reigns supreme ... (N Am)
New Brunswick, 3, *5* . . . . A small Atlantic province of Canada, on Maine's northeastern border ... (N Am)
New Caledonia, 36 . . . . French Overseas Territory east of Australia; Melanesian residents seek independence ... (Oceania)
New Delhi, 28, *32* . . . . Capital of India; city in northcentral India, whose "new" section is the nation's political capital ... (S Asia)
New England, 8 . . . . A region of six states northeast of New York; they were among the first 13 American colonies ... (N Am)
New Guinea, 34, *35* . . . . A large island north of Australia, occupied by Irian Jaya (Indonesia) and Papua New Guinea ... (Oceania)
New Hampshire, 6, *7* . . . . The "Granite State"; between Vermont and Maine, in New England ... (N Am)
New Haven, 7 . . . . Connecticut's port city on the Atlantic's Long Island Sound; home of Yale University ... (N Am)
New Jersey, 6, *7* . . . . "Garden State"; despite the name, it's a major industrial state, across the Hudson from N.Y. ... (N Am)
New Mexico, 6, *11* . . . . Southwestern state on the Mexico/Texas borders; the Rio Grande flows down the center ... (N Am)
New Orleans, 3, *9* . . . . Louisiana's largest city, on the lower Mississippi; noted for its colorful French atmosphere ... (N Am)
New South Wales, 35 . . . . Australia's most populous state, on the southeast coast; includes the Capital Territory ... (Oceania)
New York, 6, *7* . . . . The second most populous state in the U.S.; New England lies to the east ... (N Am)
New York City, 3, *7* . . . . The largest city in the U.S.; a world center for trade, finance, fashion, and art ... (N Am)
New Zealand, 35, *36* . . . . A prosperous, two-island agricultural nation, 1,600 km southeast of Australia ... (N Am)
Newark, 7 . . . . New Jersey's largest city; a major port that is part of New York's metropolitan area ... (N Am)
Newfoundland, 3, *5* . . . . Canada's most easterly province; in two parts: an Atlantic island and Labrador on the mainland ... (N Am)
Ngorongoro Crater, 42 . . . . A huge volcanic crater in northern Tanzania; its grass floor supports over 30,000 animals ... (E Africa)
Niagara Falls, 7 . . . . Famous falls on the Canadian/New York border; on the Niagara, between Lakes Erie and Ontario ... (N Am)
Niamey, 37, *39* . . . . Capital of Niger; on the Niger River, in the western "tail" of the fish-shaped country ... (W Africa)
Nicaragua, 3, *12* . . . . The largest nation in Central America; between Honduras and Costa Rica ... (N Am)
Nice, 21 . . . . A resort city on the Mediterranean's French Riviera; close to the Italian border ... (S Europe)
Nicobar Islands, *32*, 34 . . . . Indian islands, south of the Andamans; in the Indian Ocean, west of the Malay peninsula ... (SE Asia)
Nicosia, 28, *30* . . . . Capital of Cyprus; the city (and the island) are divided between Greeks and Turks ... (SW Asia)
Niger, 37, *39* . . . . A drought-stricken, west African nation, north of Nigeria, between Mali and Chad
Niger River, *38*, 39, 40 . . . . Africa's third-longest river; begins in the far west and arcs eastward to Gulf of Guinea
Nigeria, 37, *40*, 67 . . . . Africa's most populous nation; rich in oil, minerals, and farm land; on the Gulf of Guinea ... (W Africa)
Nile River, 38, *39* . . . . World's longest river 6,640 km flows from Lake Victoria to the Mediterranean ... (E Africa)
Norfolk, 8 . . . . Virginia's largest city; a major port at the southern end (the mouth) of the Chesapeake Bay ... (N Am)
Norfolk Island, 36 . . . . Early English penal colony, east of Australia; in the Tasman Sea, halfway to New Zealand ... (Oceania)
North America, 1, 2, 3, 4 . . . . The third-largest continent; has the fourth-largest population (includes Central America)
North Atlantic Drift, 18, 57, *59* . . The European name for the Gulf Stream, an ocean current that warms the NW coast of Europe
North Carolina, 6, *8* . . . . An Atlantic coastal state with dangerous reefs; known for tobacco, textiles, and furniture ... (N Am)
North Dakota, 6, *10* . . . . A northcentral agricultural state, bordering Canada's Saskatchewan and Manitoba ... (N Am)
North Island, 35 . . . . New Zealand's smaller island; the more populated of its two major islands ... (Oceania)
North Korea, 28, *33* . . . . A rigidly controlled communist nation; south of China, on the Korean peninsula ... (E Asia)
North Pole, 1, 28, *44* . . . . A geographic point representing the northern end of the earth's rotational axis
North Sea, 18, 20, 21 . . . . A northeastern Atlantic sea, bounded by Great Britain, Norway, and northwestern continental Europe
North European Plain, 19 . . . . . . Europe's most productive agricultural and industrial region; from the Urals to the Atlantic Ocean
Northern Ireland, 21 . . . . The strife-torn part of Ireland; the region that is part of the United Kingdom (UK) ... (W Europe)
Northern Marianas, 36 . . . . U.S. Territorial islands in Micronesia, south of Japan; have Puerto Rico–type commonwealth status
Northern Territory, 35 . . . . Sparsely populated, northcentral Australian state; northern coast is on the Arafura Sea ... (Oceania)
Northwest Territories, 5 . . . . Northwestern Canadian region, from the Yukon border to the Hudson Bay ... (N Am)
Norway, 18, *20* . . . . An oil-rich, mountainous Scandinavian country; its Atlantic coast is lined with fjords ... (NW Europe)
Norwegian Sea, 18, 20 . . . . A sea in the northeastern part of the Atlantic, between Iceland and Norway ... (NW Europe)
Nouakchott, 37, *39* . . . . Capital of Mauritania; its population is exploding with refugees from an encroaching Sahara ... (W Africa)

Nova Scotia, 3, 5 .... An eastern Canadian province on the Atlantic; a large cape off the coast of Maine ... (N Am)
Novaya Zemlya, 26 .... Two large islands, closely aligned, between the Barents and Kara Seas; in the Russian Arctic
Novosibirsk, 26 .... A major Russian scientific and industrial center on the Ob, in Siberia; near Kazakhstan ... (C Asia)
Nunavut, 5 .... A huge northern Canadian territory self-governed by aborigines (Inuits); will be created in 1999 ... (N Am)

O

Oahu, 9 .... One of the major Hawaiian islands, between Kauai and Molokai; site of the capital, Honolulu ... (N Am)
Oakland, 11 .... A major California coastal port and rail center; across the bay from San Francisco ... (N Am)
Ob River, 26 .... A long Russian river; flows from Mongolia across the West Siberian Plain to the Kara Sea ... (C Asia)
Ocean currents, 59 .... Shallow or deep rivers of warm or cool water streaming across the oceans
Oceania, 1, 2, 35, *36* .... A huge Pacific Ocean region, including a continent; also called Australasia
Oceanic races, 63 .... A racial category including Native Australians, Melanesians, Micronesians, and Polynesians
Oder River, 19, *22* .... A German river that (with the Neisse) forms the border with Poland, on its way to the Baltic Sea ... (C Europe)
Odessa, 25 .... A Ukrainian resort, cultural center, and enormous naval port; north coast of the Black Sea ... (E Europe)
Ogaden, 42 .... Eastern region of Ethiopia, in the horn of Africa; inhabitants seek unification with Somalia ... (E Africa)
Ohio, 6, 10 .... The ``Buckeye State"; a major agricultural and industrial power on the coast of Lake Erie ... (N Am)
Okavango Swamp, 43 .... River delta and swamp in northern Botswana; rich in animal life ... (SC Africa)
Okefenokee Swamp, 8 .... A large swamp straddling the eastern Georgia/Florida border; a wildlife refuge ... (N Am)
Okinawa, 33 .... Largest of the Ryukyus, Japan's islands in the East China Sea; scene of fierce WW II battle ... (E Asia)
Oklahoma, 6, *9* .... A southcentral, oil-rich state; its name means ``land of red people" ... (N Am)
Oklahoma City, 6, *9*........... Capital of Oklahoma; centrally located, on the North Canadian, a tributary of the Mississippi ... (N Am)
Oland, 20 .... Long, narrow island in the Baltic Sea; linked by bridge to the southeast coast of Sweden ... (N Europe)
Olduvai Gorge, 42 .... A gorge in northern Tanzania; a site where pre-human fossils have been discovered ... (E Africa)
Olympia, 6, *11* .... The capital of Washington; a port on the south end of Puget Sound, in western Washington ... (N Am)
Olympic National Park, 11 ..... A National Park in western Washington; occupies most of the Olympic Peninsula ... (N Am)
Omaha, 10 .... Nebraska's largest city; a financial and insurance center, on the Missouri river border with Iowa ... (N Am)
Oman, 28, 31 .... An ancient, sea-faring nation on the southeast corner of the Arabian Peninsula ... (SW Asia)
Omdurman, 39 .... A city at the junction of the White and Blue Niles, in the eastern part of Sudan ... (NE Africa)
Ontario, 3, 5 .... Canada's most populated province; borders all of the Great Lakes except Michigan ... (N Am)
Oran, 39 .... Algeria's second-largest city; a historic port on the Mediterranean, opposite Spain ... (NW Africa)
Orange River, *38*, 43 .... Southern Africa's longest river; flows west from Lesotho through South Africa to the Atlantic Ocean
Oregon, 6, *11* .... Leading timber state is in the Pacific northwest; across the Columbia River from Washington ... (N Am)
Orinoco River, *15*, 16 .... The main river in northern South America; from the Guiana Highlands it arcs eastward to the Atlantic
Orkney Islands, 21 .... An island group off the northern coast of Scotland; was a Viking settlement ... (NW Europe)
Orlando, 8 .... A rapidly growing city in central Florida; sparked by the presence of Disney World ... (N Am)
Osaka, 33 .... Japan's third-largest city, known for an immense castle and ancient shrines ... (E Asia)
Oslo, 8, *20* .... Capital of Norway; an industrial and cultural center, on a southern fjord, close to Sweden ... (N Europe)
Ottawa, 3, *5* .... Capital of Canada; in the southeastern tip of Ontario,on Quebec's southern border ... (N Am)
Ottoman Empire, 47 .... Turkish empire that ruled parts of Asia, Africa, and Europe for almost 7 centuries; collapsed after WW I
Ouagadougou, 37, *40* .... The capital of Burkina Faso; centrally located in a rare wooded area of the parched west African nation

P

Pacific Ocean, 1, *36* .... The world's largest ocean; larger than all of the continents combined
Pakistan, 28, *32*, 67 .... A very dry, mountainous Islamic nation between Afghanistan and India ... (C Asia)
Palau Islands, 36 .... Former U.S. Territorial islands, southeast of the Philippines; in the western Pacific ... (Oceania)
Palermo, 23 .... Capital of Sicily; a port city on the coast of the Tyrrhenian Sea, west of the Italian mainland ... (S Europe)
Palestine, 30 .... Arab land that ceased to exist after WW II; part became Israel, the rest was lost in war ... (SW Asia)
Palmyra, 30 .... The largely restored ruins of a central Syrian city, known for its hundreds of columns ... (SW Asia)
Pampas, 17 .... An Argentinian term for the grasslands that cover its central, temperate region ... (S Am)

Panama, 3, *12* . . . . An isthmus connecting the rest of Central America with South America ... (N Am)

Panama Canal, 3, 12 . . . . North American canal, across Panama; links the Atlantic (Caribbean Sea) and Pacific Oceans ... (N Am)

Panama City, 3, 12 . . . . The capital of Panama; a city on the east side, and the Pacific end of the Panama Canal ... (N Am)

Pangaea, 2 . . . . A single continent that contained the current continents around 200 million years ago

Papeete, 36 . . . . The capital of French Polynesia; on the island of Tahiti, in the central south Pacific ... (Oceania)

Papua New Guinea, 35 . . . . A nation that includes the eastern half of New Guinea and the islands adjacent to it ... (Oceania)

Paraguay, 14, *17* . . . . A nation on Argentina's northern border, divided into two distinctly different regions ... (S Am)

Paraguay River, *15*, 17 . . . . A Brazilian river that flows through Paraguay; combines with the Paraná to provide Atlantic access ... (S Am)

Paramaribo, 14, *16* . . . . The capital of Suriname; an Atlantic port on the northern coast of South America

Paraná River, *15*, 17 . . . . South America's second-longest river; flows south from Brazil through Argentina to the Rio de la Plata

Paris, 18, *21* . . . . The capital of France; Europe's most elegant city, on the Seine River in northcentral France

Patagonia, 15, *17* . . . . A dry, cold, windswept and thinly populated plateau in southeastern Argentina ... (S Am)

Peloponnese, 23 . . . . A peninsula separated from Greece by the Gulf of Corinth; the site of ancient battles ... (SE Europe)

Peninsula, see Glossary . . . . A landmass, mostly surrounded by water, connected to a larger landmass by a neck or isthmus

Pennsylvania, 6, *7* . . . . ``Keystone State"; an eastern state named for its central location among the thirteen colonies ... (N Am)

Permafrost, 26 . . . . Permanently frozen ground generally found north of the Arctic Circle; surface may thaw in the summer

Persian Empire, 45 . . . . A mostly southwest Asian empire (6th cent. B.C.–4th cent. B.C.); superseded by Alexander's empire

Persian Gulf, 31 . . . . A far western gulf of the Arabian Sea; separates Iran from the Arabian Peninsula ... (SW Asia)

Perth, 35 . . . . Capital of Western Australia; port city on the southwest tip of Australia's far western state ... (Oceania)

Peru, 14, *17*, 66 . . . . A coastal Pacific Andean nation, north of Chile; was the center of the Inca Empire ... (S Am)

Petrified Forest, 11 . . . . A National Park in eastern Arizona; strewn with fossils of giant, ancient conifers ... (N Am)

Philadelphia, 7 . . . . Pennsylvania's largest city and the nation's first capital; a business and cultural center ... (N Am)

Philippine Sea, 34 . . . . A sea in the far western Pacific, off the east coast of the Philippines ... (E Asia)

Philippine Trench, 34 . . . . One of the deepest ocean regions -10,539 m off Philippines' east coast ... (Oceania)

Philippines, 28, *34*, 67 . . . . An archipelago of over 7,000 islands between the South China and the Philippine Seas ... (E Asia)

Phnom Penh, 28, *34* . . . . Capital of Cambodia; a Mekong River port near the south coast of the Indochina Peninsula ... (SE Asia)

Phoenix, 6, *11* . . . . The capital of Arizona; a rapidly growing industrial center, at the confluence of several rivers ... (N Am)

Piedmont, 8 . . . . A plateau along the southeast U.S., between the Appalachians and the Atlantic coastal plain ... (N Am)

Pierre, 6, *10* . . . . The centrally located capital of South Dakota; a Missouri River port ... (N Am)

Pitcairn Island, 36 . . . . Islands in the south Pacific, west of Chile; settled by mutineers of the HMS Bounty ... (S Am)

Pittsburgh, 7 . . . . The nation's steel city; in western Pennsylvania, close to the Ohio border ... (N Am)

Plateau, see Glossary . . . . A broad expanse of usually high and flat land, either above lowlands or within a mountain range

Platte River, 10 . . . . A major tributary of the Missouri in Nebraska; fed by the the North and South Platte Rivers ... (N Am)

Plymouth (Mass.), 3 . . . . A Massachusetts village at the base of Cape Cod; site of first New England settlement ... (N Am)

Plymouth (Montserrat), 13 . . . . . Capital and port city of Montserrat, a British Territory in the eastern West Indies ... (N Am)

Po River, *19*, 23 . . . . Italy's longest river; flows from the western Alps to a delta on the Adriatic, south of Venice ... (S Europe)

Pointe-Noire, 41 . . . . The Republic of Congo's port on the Atlantic; connected to Brazzaviille by a rail network ... (WC Africa)

Poland, 18, *22* . . . . Large country on central Europe's Baltic coast; wars have often changed its boundaries ... (C Europe)

Polar climate, 45 . . . . A very dry climate that is below freezing, except for brief, chilly summers

Polder, 21 . . . . Land below sea level that has been reclaimed from the sea; requires dikes to keep out the sea

Polar easterlies, 47 . . . . Cold, unpredictable winds that arise near the polar regions and blow from the east to the west

Polar region, 1, *44* . . . . Region lying between the Arctic Circle and North Pole or the Antarctic Circle and South Pole

Polynesia, 36 . . . . A large region of central Pacific Islands, east of the International Date Line ... (Oceania)

Polynesian race, 57 . . . . The lightest skinned and generally the largest people of the four Oceanic races

Pompeii, 23 . . . . Roman city buried by an eruption of Mt. Vesuvius; ruins include victims; near Naples ... (S Europe)

Popocatépetl, 12 . . . . A tall 5,452 m dormant but occasionally smoking, volcano near Mexico City ... (N Am)

Port Harcourt, 40 . . . . Nigeria's oil center and Gulf of Guinea port, on the east delta of the Niger River ... (W Africa)

Port Jackson, 35 . . . . The harbor of Sydney, on the southeast coast of Australia; one of the world's finest harbors ... (Oceania)

Port Louis, 43 . . . . Capital of Mauritius; a sugar-exporting port on the island east of Madagascar ... (E Africa)

Port Moresby, 35 . . . . Capital of Papua New Guinea; a Coral Sea port on the southeast coast, opposite Australia ... (Oceania)
Port of Spain, 13 . . . . Capital of Trinidad; port city on the island's west coast, off the tip of eastern Venezuela ... (S Am)
Port Said, *30*, 39 . . . . An Egyptian port, on the Sinai side of the Mediterranean entrance to the Suez Canal ... (SW Asia)
Port Sudan, 39 . . . . The major Sudanese port on its Red Sea coast, close to Eritrea ... (NE Africa)
Port-au-Prince, 3, *13* . . . . Capital of Haiti; a port at the base of Hispaniola's southwest peninsula ... (N Am)
Portland (Maine), 7 . . . . Maine's most important port on the Atlantic; on the southeast coast ... (N Am)
Portland (Oregon), 11 . . . . Oregon's largest city; a major Columbia River port, close to the Pacific ... (N Am)
Porto, 21 . . . . Portugal's second-largest city; an Atlantic port at the mouth of the Douro River ... (SW Europe)
Porto Novo, 37, *40* . . . . Capital of Benin; a Gulf of Guinea port, close to Nigeria's Lagos ... (W Africa)
Portugal, 18, *21* . . . . Western Europe's poorest nation; shares the Iberian Peninsula with Spain ... (SW Europe)
Portuguese, 60 . . . . The seventh most widely spoken language; spoken in Brazil in addition to its homeland
Potomac River, 7 . . . . An East Coast river that separates Maryland and Washington, D.C. from Virginia ... (N Am)
Prague, 18, *22* . . . . The capital of the Czech Republic; one of Europe's most cosmopolitan cities, in Bohemia ... (C Europe)
Prairie, 10 . . . . The American term for ``grasslands"; the Great Plains of the midwest, a temperate region ... (N Am)
Pretoria, 37, *43* . . . . Administrative capital of South Africa; Capetown is the legislative, Bloemfontein the judicial ... (S Africa)
Prince Edward Island, 5 . . . . Canada's smallest province; an island on the south end of the Atlantic's Gulf of St. Lawrence ... (N Am)
Protestantism, 65 . . . . Branch of Christianity that objects to Catholicism's priests and Papacy; outgrowth of the Reformation
Providence, 6, *7* . . . . Capital of Rhode Island; 65% of the state's population lives in this city on Narragansett Bay ... (N Am)
Prut River, 25 . . . . Eastern European river creates the Romania/Moldova border, before joining the Danube ... (E Europe)
Puerto Rico, 3, *13* . . . . A self-governing U.S. commonwealth in the West Indies; Spanish is the native language ... (N Am)
Punta Arenas, 17 . . . . World's most southern major city; along Chile's Pacific coast, close to Cape Horn ... (S Am)
Punta del Este, 17 . . . . A popular Atlantic resort at the mouth of the Rio de la Plata, near Montevideo, Uruguay ... (S Am)
Pusan, 33 . . . . South Korea's second-largest city and leading port, on the Korea Strait, close to Japan ... (E Asia)
Pyongyang, 28, *33* . . . . Capital of North Korea; an industrial center and west coast port on the Yellow Sea ... (E Asia)
Pyrenees, *19*, 21 . . . . A mountain range that seals off the Iberian Peninsula and separates Spain from France ... (SW Europe)

Q

Qatar, 28, *31* . . . . A nation on a small oil-rich peninsula in the Persian Gulf, on Saudi Arabia's border ... (SW Asia)
Qingdao, 33 . . . . Port city and industrial center on China's Yellow Sea coast; reflects past German influence ... (E Asia)
Quebec (City), *5*, 7 . . . . Capital of the province of Quebec; Canada's oldest city, on the St. Lawrence River, in the east ... (N Am)
Quebec (Province), *5*, 7 . . . . Canada's largest province; a French-speaking region on New England's northern border ... (N Am)
Queen Charlotte Isands, 5 . . . . . Group of British Columbian islands, opposite port of Prince Rupert on Canada's Pacific coast ... (N Am)
Queensland, 35 . . . . Australia's northeastern state; its Cape York Penisula is close to Papua New Guinea ... (Oceania)
Quito, 14, *17* . . . . Capital of Ecuador; high altitude keeps the climate of the equatorial city continually pleasant ... (S Am)

R

Rabat, 37, *39* . . . . Capital of Morocco; a colorful, Atlantic port city, up the coast from Casablanca ... (NW Africa)
Rainforest climate, 55 . . . . A tropical climate that is uniformly sunny (warm or hot) and humid, with consistent rainfall
Raleigh, 6, *8* . . . . Capital of North Carolina; centrally located, in the heart of tobacco country ... (N Am)
Rangoon, 28, *34* . . . . Capital of Myanmar (Burma); Irrawaddy River delta port on the Indian Ocean's Andaman Sea ... (SE Asia)
Recife, 16 . . . . A port and tourist city on the coast of Brazil's eastern bulge into the Atlantic ... (S Am)
Red River, 4, *9* . . . . A western tributary of the Mississippi that forms the southern Oklahoma/Texas border ... (N Am)
Red River of the North, 10 . . . . . A river that forms the North Dakota/Minnesota border; river valley has remarkably fertile soil ... (N Am)
Reef, see Glossary . . . . A narrow ridge of land or coral, connected to or lying off the coast
Red Sea, *31*, 38 . . . . A northwestern arm of the Indian Ocean; separates the Arabian Peninsula from northeast Africa
Reno, 11 . . . . The second-largest city in Nevada; on the border of northern California ... (N Am)
Reunion, 43 . . . . French island in the Indian Ocean, east of Madagascar; depends on tourism and sugar ... (E Africa)
Reykjavik, 18, *20* . . . . Capital of Iceland; naturally heated city with the most bookstores in the world (per capita) ... (W Europe)
Rhine River, *19*, 21, 22 . . . . Europe's busiest river; flows from the Alps north through western Europe to the North Sea

S

Serbia, 24	A republic of the former Yugoslavia; with Montenegro, it is still called Yugoslavia ... (SE Europe)
Serengeti Plain, 42	A savanna in Tanzania, southeast of Lake Victoria; known for its wide variety of wildlife ... (E Africa)
Sevastopol, 25	A Black Sea port on the southern tip of the Crimean peninsula of Ukraine ... (E Europe)
Severnaya Zemlya, 26	A group of large Russian islands off the coast of northcentral Siberia, in the Arctic Ocean ... (N Asia)
Seychelles, 40, 43	Former French islands in the Indian Ocean, north of Madagascar; popular tourist resort ... (E Africa)
Shanghai, 33	China's largest city and manufacturing center; on the coast of the East China Sea ... (E Asia)
Shatt al Arab, 31	Short river on the Iraq/Iran border, formed by Tigris and Euphrates; flows to Persian Gulf ... (SW Asia)
Shetland Islands, 20	A group of Scottish islands, between northern Scotland and southwest Norway ... (NW Europe)
Shikoku Island, 33	The smallest of Japan's four major islands; between Kyushu and Honshu Islands ... (E Asia)
Shintoism, 65	A spiritual and contemplative form of Buddhism, as practiced in Japan
Siberia, 26	The enormous Asian part of Russia; from the Ural Mountains to the Pacific coast
Sicily, 23	A large triangular island separated from the tip of Italy's boot by the Strait of Messina ... (S Europe)
Sierra Leone, 37, *40*	A west African coastal nation between Guinea and Liberia; was the first colony for freed slaves
Sierra Madre Mts., *4*, 12	A pair of mountain ranges in northern Mexico; converge in the south to form a volcanic chain ... (N Am)
Sierra Nevada, *4*, 11	The largest range west of the U.S. Rockies; runs down the eastern border of California ... (N Am)
Silk Road, 27, *48*	Ancient trade route from China through central and SW Asia; Marco Polo traveled it ... (Asia)
Sinai Peninsula, 30	Asian part of Egypt on the northeast end of the Suez Canal; returned to Egypt by Israel ... (SW Asia)
Singapore, 28, *34*	A tiny, island republic at the tip of the Malay Peninsula; one of Asia's commercial centers ... (SE Asia)
Skagerrak, 20	Strait between Norway and Denmark; joins with Kattegat to link the Baltic and North Seas ... (N Europe)
Slave Coast, 40	The Gulf of Guinea coast of Togo, Benin, and Nigeria; named for past trade in human life ... (W Africa)
Slave River, 4, 5	A northwest Canadian river that feeds Great Slave Lake; part of the Mackenzie system ... (N Am)
Slovakia, 18, 22	A central European nation that was the eastern, rural half of the former Czechoslovakia
Slovenia, 24	The most prosperous of the former republics of Yugoslavia; between Austria and Croatia ... (C Europe)
Snake River, *4*, 11	A river that flows west from Yellowstone, through southern Idaho, to join the Columbia River ... (N Am)
Society Islands, 36	Two groups of islands in French Polynesia; one includes Tahiti, the other Bora Bora ... (Oceania)
Socotra, 42	A Yemenese island off the tip of African horn; at the mouth of Gulf of Aden in Arabian Sea ... (E Africa)
Sofia, 18, *23*	Capital of Bulgaria; a transportation and industrial city on a tributary of the Danube ... (SE Europe)
Sogne Fjord, 20	Longest fjord 204 km in Norway; on southwest Atlantic coast, north of Bergen ... (N Europe)
Solomon Islands, 36	An island group east of Papua New Guinea; has some of the most primitive tribes in Oceania
Solstice (summer), 44	Longest day of the year (June 22, in the Northern Hemisphere); tilt of earth's axis is toward the sun
Solstice (winter), 44	Shortest day of the year (Dec. 22, in the Northern Hemisphere); tilt of earth's axis is away from sun
Somalia, 37, *42*	A poor, hot, dry, coastal nation on the horn of east Africa; occupied by four nomadic Muslim tribes
South Africa, 37, *43*	Africa's most industrial and mineral-rich nation; covers the continent's southern tip
South America, 2, *14*, 15	The fourth-largest continent; shares a common geology with Africa, from which it separated
South Australia, 35	Australia's sparsely populated state on the nation's southcentral coast on the Indian Sea ... (Oceania)
South Carolina, 6, *8*	A southeastern state on the Atlantic coast between Georgia and North Carolina ... (N Am)
South China Sea, 34	A western arm of the Pacific bounded by Indochina, Malaysia, and the Philippines ... (SE Asia)
South Dakota, 6, *10*	State on Nebraska's northern border; known for the Black Hills, Badlands, and Mt. Rushmore ... (N Am)
South Georgia Island, 44	A British island off the southeastern tip of South America; not far from Antarctica
South Island, 35	New Zealand's larger island; contains fiords (English spelling) with the world's highest cliffs ... (Oceania)
South Korea, 28, *33*	An industrial nation south of North Korea; separated from the North by a demilitarized zone ... (E Asia)
South Orkney Islands, 44	British islands, south of Cape Horn, close to Antarctica; claimed by Argentina
South Pole, 1, 44	A point in the middle of Antarctica; represents the southern end of the earth's axis
South Sandwich Islands, 44	An island group in the region of other British islands in the southern Atlantic, near Antarctica
Southeast Asia, 34	The region of Asia including Indochina, Malaysia, Indonesia, and the Philippines ... (SE Asia)
Southampton, 21	A port on southern England's Channel coast; changed from an ocean-liner port to oil and container traffic
Soviet Union, 26	Formerly the world's largest nation; the end of communism caused it to break up in the early 1990s
Spain, 18, *21*	A large, southwestern European nation; contains a unique blend of Western and Moorish cultures
Spanish, 64	The Latin-Romance language with the greatest number of speakers

Spitsbergen, 20 ... A large island in Norway's Svalbard group, east of northern Greenland ... (NW Europe)
Springfield, 6, *10* ... The capital of Illinois; the centrally located city is the burial site of Abraham Lincoln ... (N Am)
Sri Lanka, 28, *32* ... A large island nation linked to the southeast tip of India by a string of sandy islands ... (S Asia)
Srinagar, 32 ... Capital of the Indian state of Kashmir; an exotic Indian city, near the N border with Pakistan ... (C Asia)
Stavanger, 20 ... Norway's chief oil and natural gas port; on southern North Sea coast, south of Bergen ... (N Europe)
Steppes, 55 ... The name for the grasslands of Russia and the temperate climate that produces them ... (E Europe)
Stockholm, 18, *20* ... The capital of Sweden; a Baltic Sea port, built on 14 bridge-connected islands ... (N Europe)
Strait, see Glossary ... A narrow passage of water between bodies of land, connecting two larger bodies of water
Strait of Dover, 21 ... A strait between England and France; connects the North Sea and the English Channel ... (W Europe)
Strait of Gibraltar, 21 ... A strait between SW Europe and NW Africa; connects the Atlantic Ocean and the Mediterranean Sea
Strait of Hormuz, 31 ... A strait between the Arabian Peninsula and Iran; connects the Persian and Oman Gulfs ... (SW Asia)
Strait of Magellan, 17 ... A strait between South America and Tierra del Fuego; connects the Atlantic and Pacific Oceans
Strait of Messina, 23 ... A strait between Italy and Sicily; connects the Tyrrhenian and Ionian Seas ... (S Europe)
Strait of Otranto, 23 ... A strait between Italy and Albania; connects the Adriatic and Ionian Seas ... (S Europe)
Stuttgart, 22 ... Industrial city on a Rhine tributary in SW Germany; home of world's oldest car company ... (C Europe) .
Sucre,14, *17* ... Judicial capital of Bolivia, once the capital (which is now La Paz); in southern Bolivia ... (S Am)
Sudan, 37, *39*, 66 ... Largest nation in Africa, south of Egypt, west of Ethiopia; beset by a north/south civil war ... (E Africa)
Sudd Swamp, 39 ... A huge swamp in most of southern Sudan; fed by tributaries of the White Nile ... (E Africa)
Suez Canal, 30 ... Canal linking the Mediterranean with the Gulf of Suez and, ultimately, with the Indian Ocean ... (SW Asia)
Sulu Sea, 34 ... A sea bounded by the islands of the southwestern Philippines and the island of Borneo ... (SE Asia)
Sumatra, 34 ... The largest island in Indonesia; across the Malacca Strait from the Malay peninsula ... (SE Asia)
Surabaya, 34 ... Indonesia's second-largest city; on the north coast of Java, close to the island of Bali ... (SE Asia)
Suriname, 14, 16 ... A former Dutch colony, between Guyana and French Guyana; on the north coast of South America
Svalbard, 20 ... A group of large Norwegian islands off the northeast coast of Greenland ... (NW Europe)
Sverdlovsk, 26 ... Industrial center in Russia's southern Urals; in 1918, the royal family was executed here ... (E Europe)
Swaziland, 37, 43 ... A nation almostly entirely surrounded by South Africa; on Mozambique's southern border ... (SE Africa)
Sweden, 18, *20* ... The largest of Europe's northern nations; a socially progressive society between Norway and Finland
Switzerland, 18, *22* ... An Alpine nation noted for its neutrality; enjoys Europe's highest standard of living ... (C Europe)
Sydney, 35 ... Australia's largest city, on the southeast coast; has one of the world's great harbors ... (Oceania)
Syria, 28, *30* ... Mediterrranean nation bordering Lebanon and Israel; rich with ruins of ancient civilizations ... (SW Asia)

T

Tagus River, 19, *21* ... A Spanish river that flows westward through Portugal to Lisbon and the Atlantic Ocean ... (SW Europe)
Tahiti, 36 ... Largest island in French Polynesia; attractive residents were immortalized by Paul Gauguin ... (Oceania)
Taipei, 28, *33* ... Capital of Taiwan; East China Sea port on north end, opposite Fuzhou, on the China coast ... (E Asia)
Taiwan, 28, *34* ... An island off China's east coast; was a haven for Chinese Nationalists who fled communism ... (E Asia)
Tajikistan, *27*, 28 ... The most southeastern of the five former Soviet Asian republics; formerly Tadzhikistan ... (C Asia)
Tallahassee, 6, *8* ... Capital of Florida; located in the western panhandle, close to the south Georgia border ... (N Am)
Tallinn, 18, 25 ... Capital of Estonia; a Gulf of Finland port, on the nation's north coast, opposite Finland ... (NE Europe)
Tampa, 8 ... Florida's major west coast city; on a bay it shares with St.Petersburg, on the Gulf of Mexico ... (N Am)
Tangier, 39 ... A Moroccan trading city; on the Atlantic and NW African side of the entrance to the Strait of Gibraltar
Tanzania, 37, *42* ... East African coastal nation that was formed when Tanganyika and the island of Zanzibar were joined
Taoism, 65 ... A Chinese branch of Buddhism that emphasizes passivity and simplicity
Tashkent, *27*, 28 ... Capital of Uzbekistan; an industrial city in the east, on Kazakhstan border, near Kyrgyzstan ... (C Asia)
Tasman Sea, 35 ... A sea in the southwest Pacific between Australia and New Zealand ... (Oceania)
Tasmania, 35 ... The smallest Australian state; an island off the southeastern corner of the mainland ... (Oceania)
Taurus Mountains, 30 ... A mountain range along the Mediterranean coast of southern Turkey ... (SW Asia)
Tbilisi, 18, *27* ... Capital of Georgia; an ancient city, close to Armenia and Azerbaijan, in the central Caucasus ... (E Europe)
Tectonic plates, 2 ... Slowly moving sections of the earth's crust, which carry along the continents

Tegucigalpa, 3, *12* . . . . Capital of Honduras; mountainous city in the south corner of the Central American nation ... (N Am)
Teheran, 28, *31* . . . . Capital of Iran; in the Elburz mountains, in the northern part, close to the Caspian Sea ... (SW Asia)
Tel Aviv–Jaffa, 31 . . . . Israel's second-largest city; the former capital; a Mediterranean port and industrial center ... (SW Asia)
Temperate Zone, 1 . . . . Northern and southern earth zones that to a certain extent experience all four seasonal changes
Tennessee, 6, *8* . . . . State that slopes westward from a mountainous border with N. Carolina to the Mississippi plains ... (N Am)
Tennessee River, 8 . . . . A river that meanders through Tennessee and divides the state into three parts, with 32 dams ... (N Am)
Texas, 6, *9* . . . . The largest of the 48 states; big in many ways: it has a ranch larger than Rhode Island ... (N Am)
Thailand, 28, *34*, 67 . . . . A Southeast Asian nation that sits on two peninsulas: the Indochina and the Malay
Thames River, *19*, 21 . . . . A short, southeastern English river that flows through London on its way to the North Sea ... (W Europe)
Thar Desert, 32 . . . . A large northwest Indian desert that spreads across the Pakistan border to the Indus River ... (S Asia)
The Valley, 13 . . . . Capital of Anguilla, a British possession in the northeastern West Indies ... (N Am)
Thimphu, 28, *32* . . . . Capital of Bhutan, a remote kingdom in the eastern Himalayas, east of Nepal ... (C Asia)
Thracian Peninsula, 30 . . . . A Turkish peninsula on the southeastern tip of the Balkans; the European part of the Asian country
Three Gorges Dam, 33 . . . . The world's largest hydroelectric dam; under construction, on the Yangtze River in east China
Tian Shan Mts., *29*, 33 . . . . A very tall mountain range in China's far west; borders Kyrgyzstan ... (C Asia)
Tiber River, 23 . . . . A historic Italian river that flows through Rome on its way to the Tyrrhenian Sea ... (S Europe)
Tibet, 3 . . . . The world's highest inhabited region; has been absorbed by China, against its will ... (C Asia)
Tibetan Plateau, 33 . . . . A large, very high plateau in southwest China, bordered on the south by the Himalayas ... (C Asia)
Tierra del Fuego, 17 . . . . One large and many smaller islands, separated from South America by the Strait of Magellan
Tigre, 42 . . . . A secession-minded, northern Ethiopian province; on the border with Eritrea ... (E Africa)
Tigris River, *29*, 31, 45 . . . . One of two parallel rivers (with Euphrates) that have supported historic civilizations in Iraq ... (SW Asia)
Tijuana, 12 . . . . A booming Mexican city, across the border from San Diego, California ... (N Am)
Timbuktu, 39 . . . . City in Mali, in the southwest Sahara; was a medieval center of Islamic trade and learning ... (W Africa)
Timor, *34*, 35 . . . . A former Portuguese island, north of Australia; has been brutally suppressed by Indonesia ... (SE Asia)
Timor Sea, 35 . . . . An Indian Ocean sea between Indonesia and the northwest coast of Australia ... (SW Asia)
Tirana, 18, *23* . . . . Capital of Albania; built by the Ottoman Turks; close to the Adriatic coast ... (SE Asia)
Tobago, 3, *13* . . . . The smaller and less populated of the two-island nation off east Venezuelan coast ... (S Am)
Togo, 37, *40* . . . . A small, poor nation between Ghana and Benin, on west Africa's Gulf of Guinea
Tokyo, 28, *33* . . . . Capital of Japan; the nation's leading city, on the Pacific coast side of Honshu island ... (E Asia)
Toledo, 10 . . . . A major Ohio shipping port on Lake Erie; on the western border with Michigan ... (N Am)
Tonga, 36 . . . . A nation in the Polynesian islands, north of New Zealand; some natives known for large size ... (Oceania)
Tonle Sap, 34 . . . . A large lake in the center of Cambodia; annual flooding spreads fertile silt to countryside ... (SE Asia)
Topeka, 6, *9* . . . . Capital of Kansas; on the Kansas River, in the eastern part, near the Missouri border ... (N Am)
Toronto, *5*, 7 . . . . The largest city in Canada and the capital of Ontario; on the northwest coast of Lake Ontario ... (N Am)
Trade winds, 57 . . . . Bands of winds around the globe, blowing from the east and toward the equatorial regions
Transvaal, 43 . . . . South Africa's northeastern province; the nation's most industrial and commercial region ... (SE Africa)
Transylvania, 23 . . . . A northcentral region of Romania; the fictional home of Count Dracula ... (Europe)
Trenton, 6, *7* . . . . Capital of New Jersey, on the Delaware River border with Pennsylvania ... (N Am)
Trieste, 23 . . . . An Italian seaport in the northeast corner of the Gulf of Venice; on the Slovenian border ... (S Europe)
Trinidad, 3, *13* . . . . The larger island of the two-island nation off the eastern coast of Venezuela ... (S Am)
Tripoli (Lebanon), 30 . . . . Lebanon's second-largest city; an ancient Mediterranean port, north of Beirut ... (SW Asia)
Tripoli (Libya), 37, *39* . . . . Capital of Libya; an ancient Mediterranean port, on the coast of north Africa, south of Sicily
Trondheim, 20 . . . . A Norwegian seaport, on a fjord on the Norwegian Sea; was Norway's medieval capital ... (N Europe)
Tropic of Cancer, 1 . . . . An artificial, latitudinal line that constitutes the northern boundary of the earth's tropical regions
Tropic of Capricorn, 1 . . . . An artificial, latitudinal line that constitutes the southern boundary of the earth's tropical regions
Tropical climate, 55 . . . . A climate that is always warm; can be always damp or periodically wet and dry
Tropical zone, 1, 55 . . . . A wide region straddling the Equator, between the Tropics of Cancer and Capricorn
Trust Terr. of Pacific Islands, 33 . Groups of islands in Micronesia administrated by the U.S., by order of the U.N., after WW II ... (Oceania)
Tucson, 11 . . . . Arizona's rapidly growing second-largest city; located in the southeast, close to Mexico ... (N Am)

U

V

W

X

Y

Z

國家圖書館出版品預行編目（CIP）資料

世界地理地圖著色手冊 /維恩．凱彼特（Wynn Kapit）
作；筆鹿工作室、謝璇譯.
-- 初版. -- 新北市 : 世茂, 2015.09
面；　公分. --（自學館 ; 5）
ISBN 978-986-5779-81-8（平裝）

1.世界地理　2.地圖集

716　　104008069

自學館 5

世界地理地圖著色手冊

作　　者／維恩．凱彼特
譯　　者／筆鹿工作室、謝璇
審　　訂／賴致瑋、黃柏欽
主　　編／陳文君
責任編輯／張瑋之
出 版 者／世茂出版有限公司
發 行 人／簡泰雄
地　　址／（231）新北市新店區民生路 19 號 5 樓
電　　話／（02）2218-3277
傳　　真／（02）2218-3239（訂書專線）
（02）2218-7539
劃撥帳號／ 19911841
戶　　名／世茂出版有限公司　單次郵購總金額未滿 500 元（含），請加 50 元掛號費
世茂官網／ www.coolbooks.com.tw
排版製版／辰皓國際出版製作有限公司
印　　刷／祥新印刷股份有限公司
初版一刷／ 2015 年 9 月
七刷／ 2019 年 7 月

ＩＳＢＮ／ 978-986-5779-81-8
定　　價／ 699 元